H°Y² 5539.

ADMINISTRATION DE LIBRAIRIE
RUE NOTRE-DAME-DES-VICTOIRES, 32 (PRÈS LA BOURSE).

LE
DICTIONNAIRE UNIVERSEL
PANTHÉON LITTÉRAIRE ET ENCYCLOPÉDIE ILLUSTRÉE
PAR
MAURICE LA CHATRE
AVEC LE CONCOURS DE SAVANTS, D'ARTISTES ET D'HOMMES DE LETTRES,
ET D'APRÈS LES TRAVAUX DE

Ampère, Andral, Arago, Audouin, Balbi, Becquerel, Berzélius, Bescherelle, Beudant, Biot, de Blainville, Blanqui, Bouillaud, Bréguet, Breschet, Brongniart, Brown, Burnouf, de Candolle, Cauchy, Chateaubriand, Chevreul, Chomel, Cruveilhier, Cuvier, Decaisne, Dejean, Deshayes, Despretz, Dufrénoy, Duhamel, Dujardin, Dulong, Alexandre Dumas, Duméril, Ch. Dutrochet, Duvernoy, Milne Edwards, Edgard Quinet, Elie de Beaumont, Fétis, Flourens, Franck, Francœur, Gay-Lussac, Geoffroy-Saint-Hilaire, Emile de Girardin, Guizot, Georges Sand, Herschell, Humboldt, Jomard, de Jussieu, Kœmtz, Laboulaye, Lacroix, Lagrange, Lamartine, Lamennais, Laplace, Latreille, Legendre, Lesson, Letronne, Liebig, Liouville, Lyen, Magendie, Ch. Magnin, M'Culloch, Michelet, de Mirbel, J. Müller, Ch. Nodier, Eugène Pelletan, d'Orbigny, Orfila, Owen, Payen, Pelouze, Péclet, Poinsot, Poisson, Poncelet, Pouillet, Proudhon, Puissant, Quatremère de Quincy, Quételet, Raspail, Rostan, Roulin, Sylvestre de Sacy, Seigey, J. B. Say, Schnitzler, de Sismondi, Eugène Süe, Thénard, Thiers, Valenciennes, Valentin, Velpeau, Victor Hugo, Villemain, Villermé, de Walckenaer, Young, etc., etc., etc.

DEUX MAGNIFIQUES VOLUMES GRAND IN-4° A TROIS COLONNES
ILLUSTRÉS D'ENVIRON **50,000** SUJETS GRAVÉS SUR BOIS, INTERCALÉS DANS LE TEXTE;

Une Livraison par semaine. — 25 centimes la Livraison.

L'édition spéciale avec **PRIME-PENDULE** ou **MONTRE EN OR** est publiée, en séries de trois livraisons, chaque semaine ou chaque quinzaine; chaque série contient 500,000 lettres, c'est-à-dire la matière de quatre forts volumes et un grand nombre de gravures intercalées dans le texte. L'ouvrage sera complet en 100 séries.

Cette œuvre, la plus gigantesque des entreprises littéraires de notre époque, renferme l'analyse des 400,000 ouvrages qui existent dans les bibliothèques nationales, et peut être considérée à bon droit comme le plus vaste répertoire des connaissances humaines.

Le DICTIONNAIRE UNIVERSEL *est le plus exact, le plus complet et le plus progressif de tous les Dictionnaires, le seul qui embrasse dans ses développements tous les Dictionnaires spéciaux:*

Le dictionnaire de la langue usuelle.
Le dictionnaire de la langue littéraire.
Le dictionnaire de la langue poétique.
Le dictionnaire des synonymes.
Le dictionnaire du vieux langage.
Le dictionnaire des difficultés grammaticales.
Le dictionnaire des voyages.
Le dictionnaire infernal, de cabalistique et des sciences occultes.
Le dictionnaire de l'argot et de la gaie science.
Le dictionnaire des arts et métiers.
Le dictionnaire fantastique, de magie, de sorcellerie, de nécromancie, de cartomancie et de chiromancie.
Le dictionnaire des manufactures.
Le dictionnaire de la théologie.
Le dictionnaire de l'industrie.
Le dictionnaire de la télégraphie électrique.
Le dictionnaire de l'astronomie.
Le dictionnaire du magnétisme.
Le dictionnaire des dames.
Le dictionnaire des modes.
Le dictionnaire de l'architecture.
Le dictionnaire des légendes, traditions et anecdotes.
Le dictionnaire des mœurs et coutumes.
Le dictionnaire des merveilles de la nature.
Le dictionnaire de la médecine.

Le dictionnaire des chemins de fer.
Le dictionnaire de la pharmacie.
Le dictionnaire de l'homœopathie.
Le dictionnaire des beaux-arts.
Le dictionnaire des idées philosophiques et humanitaires.
Le dictionnaire des sciences.
Le dictionnaire de la pénalité.
Le dictionnaire de l'agriculture.
Le dictionnaire du commerce et des marchandises.
Le dictionnaire des sciences mathématiques.
Le dictionnaire de la mythologie.
Le dictionnaire des religions, des sectes et des hérésies.
Le dictionnaire des antiquités.
Le dictionnaire de la législation.
Le dictionnaire des anciennes coutumes.
Le dictionnaire de jurisprudence.
Le dictionnaire de la féodalité.
Le dictionnaire de la finance.
Le dictionnaire des codes.
Le dictionnaire des offices publics et de l'enregistrement.
Le dictionnaire du notariat et des hypothèques.
Le dictionnaire des lois et des décrets.
Le dictionnaire des maires.

Le dictionnaire de la conversation.
Le dictionnaire des villes et communes.
Le dictionnaire historique et biographique.
Le dictionnaire de la chasse.
Le dictionnaire des victoires et conquêtes.
Le dictionnaire de la pêche.
Le dictionnaire de la marine.
Le dictionnaire de la géographie.
Le dictionnaire des ponts et chaussées.
Le dictionnaire de la mécanique.
Le dictionnaire de la physique.
Le dictionnaire de la chimie.
Le dictionnaire du ménage, de l'office et de la cuisine.
Le dictionnaire d'histoire naturelle.
Le dictionnaire des monnaies.
Le dictionnaire des poids et mesures.
Le dictionnaire d'économie politique.
Le dictionnaire du blason.
Le dictionnaire des jeux et divertissements.
Le dictionnaire de la franc-maçonnerie.
Le dictionnaire des inventions.
Le dictionnaire des hommes utiles.
Le dictionnaire de la santé et de l'hygiène domestique.
Le dictionnaire des fêtes et cérémonies chez tous les peuples.
Etc., etc., etc.

Les abonnés reçoivent en prime une MONTRE EN OR à cylindre,
Ou une BELLE PENDULE DE SALON, tout bronze, à sonnerie, garantie deux ans, ou deux primes ordinaires à choisir dans les magasins de l'administration.

Les séries sont remises au domicile des abonnés, à Paris et dans les Départements, sans aucune augmentation de prix. La PRIME doit être retirée par les abonnés, au siège de l'administration. Les frais de caisse, de port et d'emballage sont fixés à 5 fr. pour les départements.

Les abonnés qui éprouveraient quelque interruption dans la distribution des séries des livraisons sont priés d'adresser leurs réclamations par écrit à M. Chabot-Fontenay, qui y fera droit sans aucun retard. La PRIME est remise soit aux abonnés servis directement par l'administration, soit aux libraires ou correspondants qui ont souscrit en leur nom personnel pour des clients de leurs maisons. Dans ce dernier cas, l'administration délivre la PRIME aux libraires ou correspondants, et non à leurs clients, qu'elle ne peut considérer comme ses abonnés directs; c'est à leurs libraires respectifs que ces abonnés doivent s'adresser pour avoir la PRIME-PENDULE ou la montre en or.

L'administration reçoit les demandes d'abonnements directement pour les départements, pour l'ouvrage complet, avec un mandat sur la poste, et expédie de suite les séries parues et la PRIME; le restant des séries à paraître est adressé *franco*, lors de l'apparition de chaque volume. Les abonnements par livraisons ou par séries sont exclusivement réservés aux libraires, correspondants et directeurs des messageries. Pour Paris, les abonnements sont reçus au siège de l'administration, ou recueillis à domicile par les employés.

Les Bureaux sont ouverts tous les jours, pendant la se
et le dimanche j

LE

JUIF ERRANT.

PARIS.—Imp. SERRIERE et Cᵉ, rue Montmartre, 131.

LE
JUIF ERRANT

PAR

EUGÈNE SUE.

PREMIER VOLUME.

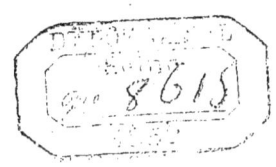

PARIS.

A L'ADMINISTRATION DE LIBRAIRIE,
RUE NOTRE-DAME-DES-VICTOIRES, 32.

—

1852.

PROLOGUE.

LES DEUX MONDES.

L'océan Polaire entoure d'une ceinture de glace éternelle les bords déserts de la Sibérie et de l'Amérique du Nord!... ces dernières limites des deux mondes, que sépare l'étroit canal de *Behring*.

Le mois de septembre touche à sa fin.

L'équinoxe a ramené les ténèbres et les tourmentes boréales ; la nuit va bientôt remplacer un de ces jours polaires si courts, si lugubres...

Le ciel, d'un bleu sombre violacé, est faiblement éclairé par un soleil sans chaleur, dont le disque blafard, à peine élevé au dessus de l'horizon, pâlit devant l'éblouissant éclat de la neige qui couvre à perte de vue l'immensité des steppes.

Au nord, ce désert est borné par une côte hérissée de roches noires, gigantesques : au pied de leur entassement titanique, est enchaîné cet océan pétrifié qui a pour vagues immobiles de grandes chaînes de montagnes de glace dont les cimes bleuâtres disparaissent au loin dans une brume neigeuse...

A l'Est, entre les deux pointes du cap *Oulikine*, confin oriental de la Sibérie, on aperçoit une ligne d'un vert obscur, où la mer charrie lentement d'énormes glaçons blancs...

C'est le détroit de *Behring*.

Enfin, au delà du détroit, et le dominant, se dressent les masses granitiques du cap de *Galles*, pointe extrême de l'Amérique du Nord.

Ces latitudes désolées n'appartiennent plus au monde habitable ; par leur froid terrible, les pierres éclatent, les arbres se fendent, le sol se crevasse en lançant des gerbes de paillettes glacées.

Nul être humain ne semble pouvoir affronter la solitude de ces régions de frimas et de tempête, de famine et de mort...

Pourtant... chose étrange! on voit des traces de pas sur la neige qui couvre ces déserts, dernières limites des deux continens, divisés par le canal de Behring.

Du côté de la terre américaine, l'empreinte des pas, petite et légère, annonce le passage d'une femme...

Elle s'est dirigée vers les roches, d'où l'on aperçoit, au delà du détroit, les steppes neigeuses de la Sibérie.

Du côté de la Sibérie, l'empreinte plus grande, plus profonde, annonce le passage d'un homme.

Il s'est aussi dirigé vers le détroit.

On dirait que cet homme et que cette femme, arrivant ainsi en sens contraire aux extrémités du globe, ont espéré s'entrevoir à travers l'étroit bras de mer qui sépare les deux mondes !

Chose plus étrange encore! cet homme et cette femme ont traversé ces solitudes pendant une horrible tempête...

Quelques noirs mélèzes centenaires, pointant naguère çà et là dans ces déserts, comme des croix sur un champ de repos, ont été arrachés, brisés, emportés au loin par la tourmente.

A cet ouragan furieux, qui déracine les grands arbres, qui ébranle les mon-

PROLOGUE.

tagnes de glace, qui les heurte masse contre masse, avec le fracas de la foudre... à cet ouragan furieux ces deux voyageurs ont fait face.

Ils lui ont fait face, sans dévier un moment de la ligne invariable qu'ils suivaient... on le devine à la trace de leur marche égale, droite et ferme.

Quels sont donc ces deux êtres, qui cheminent toujours calmes au milieu des convulsions, des bouleversemens de la nature?

Hasard, vouloir ou fatalité, sous la semelle ferrée de l'homme, sept clous saillans forment une croix.

Partout il laisse cette trace de son passage...

A voir sur la neige dure et polie ces empreintes profondes, on dirait un sol de marbre creusé par un pied d'airain.

Mais bientôt une nuit sans crépuscule a succédé au jour.

Nuit sinistre...

A la faveur de l'éclatante réfraction de la neige, on voit la steppe dérouler sa blancheur infinie sous une lourde coupole d'un azur si sombre, qu'il semble noir; de pâles étoiles se perdent dans les profondeurs de cette voûte obscure et glacée.

Le silence est solennel...

Mais voilà que vers le détroit de *Behring* une faible lueur apparaît à l'horizon.

C'est d'abord une clarté douce, bleuâtre, comme celle qui précède l'ascension de la lune... puis, cette clarté augmente, rayonne et se colore d'un rose léger.

Sur tous les autres points du ciel, les ténèbres redoublent; c'est à peine si la blanche étendue du désert, tout à l'heure si visible, se distingue de la noire voussure du firmament.

Au milieu de cette obscurité, on entend des bruits confus, étranges.

On dirait le vol tour à tour crépitant ou appesanti de grands oiseaux de nuit qui, éperdus, rasent la steppe et s'y abattent.

Mais on n'entend pas un cri.

Cette muette épouvante annonce l'approche d'un de ces imposans phénomènes qui frappent de terreur tous les êtres animés, des plus féroces aux plus inoffensifs... Une aurore boréale, spectacle si magnifique et si fréquent dans les régions polaires, resplendit tout à coup...

A l'horizon se dessine un demi-globe d'éclatante clarté. Du centre de ce foyer éblouissant jaillissent d'immenses colonnes de lumière, qui, s'élevant à des hauteurs incommensurables, illuminent le ciel, la terre, la mer... Alors ces reflets ardens comme ceux d'un incendie, glissent sur la neige du désert, empourprent la cime bleuâtre des montagnes de glace, et colorent d'un rouge sombre les hautes roches noires des deux continens...

Après avoir atteint ce rayonnement magnifique, l'aurore boréale pâlit peu à peu, ses vives clartés s'éteignirent dans un brouillard lumineux.

A ce moment, grâce à un singulier effet de mirage, fréquent dans ces latitudes, quoique séparée de la Sibérie par la largeur d'un bras de mer, la côte américaine sembla tout à coup si rapprochée, qu'on aurait cru pouvoir jeter un pont de l'un à l'autre monde.

Alors, au milieu de la vapeur azurée qui s'étendait sur les deux terres, deux figures humaines apparurent.

Sur le cap sibérien, un homme à genoux étendait les bras vers l'Amérique avec une expression de désespoir indéfinissable.

Sur le promontoire américain, une femme jeune et belle répondait au geste désespéré de cet homme en lui montrant le ciel. . . . .

Pendant quelques secondes, ces deux grandes figures se dessinèrent ainsi, pâles et vaporeuses, aux dernières lueurs de l'aurore boréale.

Mais le brouillard s'épaississant peu à peu, tout disparut dans les ténèbres.

D'où venaient ces deux êtres qui se rencontraient ainsi sous les glaces polaires, à l'extrémité des mondes?

Quelles étaient ces deux créatures, un instant rapprochées par un mirage trompeur, mais qui semblaient séparées pour l'éternité?

LE JUIF ERRANT.

PREMIERE PARTIE.

L'AUBERGE DU FAUCON-BLANC.

CHAPITRE PREMIER.

MOROK.

Le mois d'octobre 1831 touche à sa fin.

Quoiqu'il soit encore jour, une lampe de cuivre à quatre becs éclaire les murailles lézardées d'un vaste grenier dont l'unique fenêtre est fermée à la lumière; une échelle, dont les montans dépassent la baie d'une trappe ouverte, sert d'escalier.

Çà et là, jetés sans ordre sur le plancher, sont des chaînes de fer, des carcans à pointes aiguës, des caveçons à dents de scie, des muselières hérissées de clous, de longues tiges d'acier emmanchées de poignées de bois. Dans un coin est posé un petit réchaud portatif, semblable à ceux dont se servent les plombiers pour mettre l'étain en fusion; le charbon y est empilé sur des copeaux secs; une étincelle suffit pour allumer en une seconde cet ardent brasier.

Non loin de ce fouillis d'instrumens sinistres, qui ressemblent à l'attirail d'un bourreau, sont quelques armes appartenant à un âge reculé. Une cotte de maille, aux anneaux à la fois si flexibles, si fins, si serrés, qu'elle ressemble à un souple tissu d'acier, est étendue sur un coffre, à côté de jambards et de brassards de fer, en bon état, garnis de leurs courroies; une masse d'armes, deux longues piques triangulaires à hampes de frêne, à la fois solides et légères, sur lesquelles on remarque de récentes taches de sang, complètent cette panoplie, un peu rajeunie par deux carabines tyroliennes armées et amorcées.

A cet arsenal d'armes meurtrières, d'instrumens barbares, se trouve étrangement mêlée une collection d'objets très différens : ce sont de petites caisses vitrées, renfermant des rosaires, des chapelets, des médailles, des *agnus Dei*, des bénitiers, des images de saints encadrés; enfin bon nombre de ces livrets imprimés à *Fribourg* sur gros papier bleuâtre, livrets où l'on raconte divers miracles modernes, où l'on cite une lettre autographe de J. C., adressée à un fidèle; où l'on fait, enfin, pour les années 1831 et 1832, les prédictions les plus effrayantes contre la France impie et révolutionnaire.

Une de ces peintures sur toile dont les bateleurs ornent la devanture de leurs théâtres forains est suspendue à l'une des poutres transversales de la toîture, sans doute pour que ce tableau ne se gâte pas en restant trop longtemps roulé.

Cette toile porte cette inscription :

LA VÉRIDIQUE ET MÉMORABLE CONVERSION D'IGNACE MOROK, SURNOMMÉ LE *Prophète*, ARRIVÉE EN L'ANNÉE 1828, A FRIBOURG.

Ce tableau, de proportion plus grande que nature, d'une couleur violentée, d'un caractère barbare, est divisé en trois compartimens, qui offrent en action trois phases importantes de la vie de ce converti surnommé le *Prophète*.

Dans le premier, on voit un homme à longue barbe, d'un blond presque blanc, à figure farouche, et vêtu de peaux de rennes, comme le sont les sauvages peuplades du nord de la Sibérie ; il porte un bonnet de renard noir, terminé par une tête de corbeau ; ses traits expriment la terreur ; courbé sur son traîneau, qui, attelé de deux grands chiens fauves, glisse sur la neige, il fuit la poursuite d'une bande de renards, de loups, d'ours monstrueux, qui, tous, la gueule béante et armée de dents formidables, semblent capables de dévorer cent fois l'homme, les chiens et le traîneau.

Au-dessous de ce premier tableau on lit :

EN 1810, MOROK EST IDOLATRE ; IL FUIT DEVANT LES BÊTES FÉROCES.

Dans le second compartiment, *Morok*, candidement revêtu de la robe blanche de catéchumène, est agenouillé, les mains jointes, devant un homme portant une longue robe noire et un rabat blanc ; dans un coin du tableau, un grand ange à mine rébarbative tient d'une main une trompette et de l'autre une épée flamboyante ; les paroles suivantes lui sortent de la bouche en caractères rouges sur un fond noir :

MOROK, L'IDOLATRE, FUYAIT LES BÊTES FÉROCES ; LES BÊTES FÉROCES FUIRONT DEVANT IGNACE MOROK, CONVERTI ET BAPTISÉ A FRIBOURG.

En effet, dans le troisième compartiment, le nouveau converti se cambre, fier, superbe, triomphant, sous sa longue robe bleue à plis flottans ; la tête altière, le poing gauche sur la hanche, la main droite étendue, il semble terrifier une foule de tigres, de hyènes, d'ours, de lions, qui, rentrant leurs griffes, cachant leurs dents, rampent à ses pieds, soumis et craintifs.

Au-dessous de ce dernier compartiment, on lit en forme de conclusion morale :

IGNACE MOROK EST CONVERTI ; LES BÊTES FÉROCES RAMPENT A SES PIEDS.

Non loin de ces tableaux se trouvent plusieurs ballots de petits livres aussi imprimés à *Fribourg*, dans lesquels on raconte par quel étonnant miracle l'idolâtre Morok, une fois converti, avait tout à coup acquis un pouvoir surnaturel, presque divin, auquel les animaux les plus féroces ne pouvaient échapper, ainsi que le témoignaient chaque jour les exercices auxquels se livrait le dompteur de bêtes, moins pour faire montre de son courage et de son audace que pour glorifier le Seigneur.

. . . .

A travers la trappe ouverte dans le grenier, s'exhale, comme par bouffées, une odeur sauvage, âcre, forte, pénétrante.

De temps à autre, on entend quelques râlemens sonores et puissans, quelques aspirations profondes, suivies d'un bruit sourd, comme celui de grands corps qui s'étalent et s'allongent pesamment sur un plancher.

Un homme est seul dans ce grenier.

Cet homme est Morok, le dompteur de bêtes féroces, surnommé le *Prophète*.

Il a quarante ans, sa taille est moyenne, ses membres grê'es, sa maigreur extrême ; une longue pelisse d'un rouge de sang, fourrée de noir, l'enveloppe entièrement ; son teint, naturellement blanc, est bronzé par l'existence voyageuse qu'il mène depuis son enfance ; ses cheveux, de ce blond jaune et mat particulier à certaines peuplades des contrées polaires, tombent droits et roides sur ses épaules ; son nez est mince, tranchant, recourbé ; autour de ses pommettes saillantes se dessine une longue barbe, presque blanche à force d'être blonde.

Ce qui rend étrange la physionomie de cet homme, ce sont ses paupières très ouvertes et très relevées, qui laissent voir sa prunelle fauve, toujours entourée d'un cercle blanc... Ce regard fixe, extraordinaire, exerçait une véritable fascination sur les animaux, ce qui d'ailleurs n'empêchait pas le *Prophète* d'employer aussi, pour les dompter, le terrible arsenal épars autour de lui.

Assis devant une table, il vient d'ouvrir le double fond d'une petite caisse remplie de chapelets et autres bimbeloteries semblables, à l'usage des dévotieux ; dans ce double fond, fermé par une serrure à secret, se trouvent plusieurs enveloppes cachetées, ayant seulement pour adresses un numéro combiné avec une lettre de l'alphabet. Le *Prophète* prend un de ces paquets, le met dans la poche de sa pelisse ; puis, fermant le secret du double fond, il replace la caisse sur la tablette.

Cette scène se passe sur les quatre heures de l'après-dîner, à l'auberge du *Faucon-Blanc*, unique hôtellerie du village de *Mockern*, situé près de Leipsick, en venant du Nord vers la France.

Au bout de quelques momens un rugissement rauque et souterrain fit trembler le grenier.

— *Judas !* tais-toi ! dit le Prophète d'un ton menaçant, en tournant la tête vers la trappe.

Un autre grondement sourd, mais aussi formidable qu'un tonnerre lointain, se fit alors entendre.

— *Caïn !* tais-toi ! crie Morok en se levant.

Un troisième rugissement d'une férocité inexprimable éclate tout à coup.

— *La Mort !* te tairas-tu ! s'écrie le Prophète, et il se précipite vers la trappe, s'adressant à un troisième animal invisible qui porte ce nom lugubre, *la Mort*.

Malgré l'habituelle autorité de sa voix, malgré ses menaces réitérées, le dompteur de bêtes ne peut obtenir le silence ; bientôt, au contraire, les aboiemens de plusieurs dogues se joignirent aux rugissemens des bêtes féroces.

Morok saisit une pique, s'approche de l'échelle, il va descendre, lorsqu'il voit quelqu'un sortir de la trappe.

Ce nouveau venu a une figure brune et hâlée ; il porte un chapeau gris à forme ronde et à larges bords, une veste courte et un large pantalon de drap vert ; ses guêtres de cuir poudreuses annoncent qu'il vient de parcourir une longue route ; une gibecière est attachée sur son dos par une courroie.

— Au diable les animaux ! — s'écria-t-il en mettant le pied sur le plancher, — depuis trois jours on dirait qu'ils m'ont oublié... *Judas* a passé sa patte à travers les barreaux de sa cage... et *la Mort* a bondi comme une furie... ils ne me reconnaissent donc plus ? »

Ceci fut dit en allemand.

Morok répondit en s'exprimant dans la même langue, avec un léger accent étranger :

— Bonnes ou mauvaises nouvelles, Karl ? — demanda-t-il avec inquiétude.

— Bonnes nouvelles.

— Tu les as rencontrés ?

— Hier, à deux lieues de Wittemberg...

— Dieu soit loué ! s'écria Morok en joignant les mains avec une expression de satisfaction profonde.

— C'est tout simple... de Russie en France, c'est la route obligée ; il y avait mille à parier contre un qu'on les rencontrerait entre Wittemberg et Leipsick.

— Et le signalement ?

— Très-fidèle : les deux jeunes filles sont en deuil ; le cheval est blanc ; le vieillard a une longue moustache, un bonnet de police bleu, une houppelande grise... et un chien de Sibérie sur les talons.

— Et tu les as quittés ?

— A une lieue... Avant une demi-heure ils arriveront ici.

— Et dans cette auberge... puisqu'elle est la seule de ce village — dit Morok d'un air pensif.

— Et que la nuit vient... — ajouta Karl.

— As-tu fait causer le vieillard ?

— Lui ? vous n'y pensez pas.

— Comment ?

— Allez donc vous y frotter.

— Et quelle raison ?

— Impossible !

— Impossible ! pourquoi ?

— Vous allez le savoir... Je les ai d'abord suivis jusqu'à la couchée d'hier, ayant l'air de les rencontrer par hasard ; j'ai parlé au grand vieillard, en lui disant ce qu'on se dit entre piétons voyageurs : *Bonjour et bonne route, camarade !* Pour toute réponse il m'a regardé de travers, et du bout de son bâton m'a montré l'autre côté de la route.

— Il est Français, il ne comprend peut-être pas l'allemand ?

— Il le parle au moins aussi bien que vous, puisqu'à la couchée je l'ai entendu demander à l'hôte ce qu'il lui fallait pour lui et pour les jeunes filles.

— Et à la couchée... tu n'as pas essayé encore d'engager la conversation ?

— Une seule fois... mais il m'a si brutalement reçu, que pour ne rien compromettre je n'ai pas recommencé. Aussi, entre nous, je dois vous en prévenir, cet homme a l'air méchant en diable ; croyez-moi, malgré sa moustache grise, il paraît encore si vigoureux et si résolu, quoique décharné comme une carcasse, que je ne sais qui, de lui ou de mon camarade le géant Goliath, aurait l'avantage dans une lutte... Je ne sais pas vos projets... mais prenez garde, maître... prenez garde.

— Ma panthère noire de Java était aussi bien vigoureuse et bien méchante... — dit Morok avec un sourire dédaigneux et sinistre.

— *La Mort ?*... Certes, et elle est encore aussi vigoureuse et aussi méchante que jamais... Seulement, pour vous, elle est presque douce.

— C'est ainsi que j'assouplirai ce grand vieillard, malgré sa force et sa brutalité.

— Hum ! hum ! défiez-vous, maître ; vous êtes habile, vous êtes aussi brave que personne ; mais, croyez-moi, vous ne ferez jamais un agneau du vieux loup qui va arriver ici tout à l'heure.

— Est-ce que mon Caïn, est-ce que mon tigre Judas, ne rampent pas devant moi avec épouvante ?

— Je le crois bien, parce que vous avez de ces moyens qui...

— Parce que j'ai *la foi...* Voilà tout... Et c'est tout... » dit impérieusement Morok en interrompant Karl, et en accompagnant ces mots d'un tel regard, que l'autre baissa la tête et resta muet.

—Pourquoi celui que le Seigneur soutient dans sa lutte contre les bêtes ne serait-il pas aussi soutenu par lui dans ses luttes contre les hommes... quand ces hommes sont pervers et impies ?— ajouta le Prophète d'un air triomphant et inspiré.

Soit par créance à la conviction de son maître, soit qu'il ne fût pas capable d'engager avec lui une controverse sur ce sujet si délicat, Karl répondit humblement au Prophète :

—Vous êtes plus savant que moi, maître ; ce que vous faites doit être bien fait.

— As-tu suivi ce vieillard et ces deux jeunes filles toute la journée ? — reprit le Prophète après un moment de silence.

— Oui, mais de loin ; comme je connais bien le pays, j'ai tantôt coupé au court à travers la vallée, tantôt dans la montagne, en suivant la route où je les apercevais toujours ; la dernière fois que je les ai vus, je m'étais tapi derrière le moulin à eau de la tuilerie... Comme ils étaient en plein grand chemin et que la nuit approchait, j'ai hâté le pas pour prendre les devants et annoncer ce que vous appelez une bonne nouvelle.

— Très-bonne... oui... très-bonne... et tu seras recompensé... car si ces gens m'avaient échappé...

Le Prophète tressaillit, et n'acheva pas.

A l'expression de sa figure, à l'accent de sa voix, on devinait de quelle importance était pour lui la nouvelle qu'on lui apportait.

— Au fait, — reprit Karl, — il faut que ça mérite attention, car ce courrier russe tout galonné est venu de Saint-Pétersbourg à Leipsick pour vous trouver... C'était peut-être pour...

Morok interrompit brusquement Karl et reprit :

— Qui t'a dit que l'arrivée de ce courrier ait eu rapport à ces voyageurs? tu te trompes, tu ne dois savoir que ce que je t'ai dit...

— A la bonne heure, maître, excusez-moi, et n'en parlons plus... Ah çà! maintenant, je vais quitter mon carnier et aller aider Goliath à donner à manger aux bêtes, car l'heure du souper approche, si elle n'est passée. Est-ce qu'il se négligerait, maître, mon gros géant?

— Goliath est sorti, il ne doit pas savoir que tu es rentré, il ne faut pas surtout que ce grand vieillard et les jeunes filles te voient ici, cela leur donnerait des soupçons.

— Où voulez-vous donc que j'aille?

— Tu vas te retirer dans la petite soupente au fond de l'écurie ; là tu attendras mes ordres, car il est possible que tu partes cette nuit pour Leipsick.

— Comme vous voudrez ; j'ai dans mon carnier quelques provisions de reste, je souperai dans la soupente en me reposant.

— Va...

— Maître, rappelez-vous ce que je vous ai dit, défiez-vous du vieux à moustache grise, je le crois diablement résolu ; je m'y connais, c'est un rude compagnon, défiez-vous...

— Sois tranquille... je me défie toujours, — dit Morok.

— Alors donc, bonne chance, maître !

Et Karl, regagnant l'échelle, disparut peu à peu.

Après avoir fait à son serviteur un signe d'adieu amical, le Prophète se promena quelque temps d'un air profondément méditatif ; puis, s'approchant de la cassette à double fond qui contenait quelques papiers, il y prit une assez longue lettre qu'il relut plusieurs fois avec une extrême attention.

De temps à autre il se levait pour aller jusqu'au volet fermé qui donnait sur la cour intérieure de l'auberge, et prêtait l'oreille avec anxiété : car il attendait impatiemment la venue de trois personnes dont on venait de lui annoncer l'approche.

CHAPITRE II.

LES VOYAGEURS.

Pendant que la scène précédente se passait à l'auberge du *Faucon-Blanc* à *Mockern*, les trois personnes dont Morok, le dompteur de bêtes, attendait si ardemment l'arrivée, s'avançaient paisiblement au milieu de riantes prairies, bornées d'un côté par une rivière dont le courant faisait tourner un moulin, et, de l'autre, par la grande route conduisant au village de *Mockern*, situé à une lieue environ au sommet d'une colline assez élevée.

Le ciel était d'une sérénité superbe, le bouillonnement de la rivière, battue par la roue du moulin et ruisselante d'écume, interrompait seul le silence de cette soirée d'un calme profond ; des saules touffus, penchés sur les eaux, y jetaient leurs ombres vertes et transparentes, tandis que plus loin la rivière réfléchissait si splendidement le bleu du zénith et les teintes enflammées du couchant, que, sans les collines qui la séparaient du ciel, l'or, l'azur de l'onde se fussent confondus dans une nappe éblouissante avec l'or et l'azur du firmament. Les grands roseaux du rivage courbaient leurs aigrettes de velours noir sous le léger souffle de la brise qui s'élève souvent à la fin du jour ; car le soleil disparaissait lentement derrière une large bande de nuages pourpre, frangés de feu... L'air vif et sonore apportait le tintement lointain des clochettes d'un troupeau.

A travers un sentier frayé dans l'herbe de la prairie, deux jeunes filles, presque deux enfans, car elles venaient d'avoir quinze ans, chevauchaient sur un cheval blanc de taille moyenne, assises dans une large selle à dossier où elles tenaient aisément toutes deux, car elles étaient de taille mignonne et délicate...

Un homme de grande taille, à figure basanée, à longues moustaches grises, conduisait le cheval par la bride, et se retournait de temps à autre vers les jeunes filles, avec un air de sollicitude à la fois respectueuse et paternelle; il s'appuyait sur un long bâton; ses épaules encore robustes portaient un sac de soldat; sa chaussure poudreuse, ses pas un peu traînans annonçaient qu'il marchait depuis longtemps.

Un de ces chiens que les peuplades du nord de la Sibérie attellent aux traîneaux, vigoureux animal, à peu près de la taille, de la forme et du pelage d'un loup, suivait scrupuleusement le pas du conducteur de la petite caravane, *ne quittant pas,* comme on dit vulgairement, *les talons de son maître.*

Rien de plus charmant que le groupe des deux jeunes filles.

L'une d'elles tenait de sa main gauche les rênes flottantes, et de son bras droit entourait la taille de sa sœur endormie, dont la tête reposait sur son épaule. Chaque pas du cheval imprimait à ces deux corps souples une ondulation pleine de grâce, et balançait leurs petits pieds appuyés sur une palette de bois servant d'étrier.

Ces deux sœurs jumelles s'appelaient, par un doux caprice maternel, *Rose* et *Blanche;* alors elles étaient orphelines, ainsi que le témoignaient leurs tristes vêtemens de deuil à demi usés.

D'une ressemblance extrême, d'une taille égale, il fallait une constante habitude de les voir pour distinguer l'une de l'autre. Le portrait de celle qui ne dormait pas pourrait donc servir pour toutes deux; la seule différence qu'il y eût entre elles à ce moment, c'était que Rose veillait et remplissait ce jour-là les fonctions d'*aînée,* fonctions ainsi partagées, grâce à une imagination de leur guide; vieux soldat de l'empire, fanatique de la discipline, il avait jugé à propos d'alterner ainsi entre les deux orphelines la subordination et le commandement.

Greuze se fût inspiré à la vue de ces deux jolis visages, coiffés de béguins de velours noir, d'où s'échappait une profusion de grosses boucles de cheveux châtain-clair, ondoyant sur le cou, sur leurs épaules, et encadrant leurs joues rondes, fermes, vermeilles et satinées; un œillet rouge, humide de rosée, n'était pas d'un incarnat plus velouté que leurs lèvres fleuries; le tendre bleu de la pervenche eût semblé sombre auprès du limpide azur de leurs grands yeux, où se peignaient la douceur de leur caractère et l'innocence de leur âge; un front pur et blanc, un petit nez rose, une fossette au menton achevaient de donner à ces gracieuses figures un adorable ensemble de candeur et de bonté charmante.

Il fallait encore les voir lorsqu'à l'approche de la pluie ou de l'orage, le vieux soldat les enveloppait soigneusement toutes les deux dans une grande pelisse de peau de renne, et rabattait sur leurs têtes le vaste capuchon de ce vêtement imperméable; alors... rien de plus ravissant que ces deux petites figures fraîches et souriantes, abritées sous ce camail de couleur sombre.

Mais la soirée était belle et calme; le lourd manteau se drapait autour des genoux des deux sœurs, et son capuchon retombait sur le dossier de la selle.

Rose, entourant toujours de son bras droit la taille de sa sœur endormie, la contemplait avec une expression de tendresse ineffable, presque maternelle... car *ce jour-là* Rose était l'aînée, et une sœur aînée est déjà une mère...

Non-seulement les deux jeunes filles s'idolâtraient, mais, par un phénomène psychologique fréquent chez les êtres jumeaux, elles étaient presque toujours simultanément affectées; l'émotion de l'une se réfléchissait à l'instant sur la physionomie de l'autre; une même cause les faisait tressaillir et rougir, tant leurs jeunes cœurs battaient à l'unisson; enfin, joies ingénues, chagrins amers, tout entre elles était mutuellement ressenti et aussitôt partagé.

Dans leur enfance, atteintes à la fois d'une maladie cruelle, comme deux fleurs sur une même tige, elles avaient plié, pâli, langui ensemble, mais ensemble aussi elles avaient rétrouvé leurs fraîches et pures couleurs.

Est-il besoin de dire que ces liens mystérieux, indissolubles, qui unissaient les deux jumelles, n'eussent pas été brisés sans porter une mortelle atteinte à l'existence de ces pauvres enfans?

Ainsi, ces charmans couples d'oiseaux, nommés *inséparables*, ne pouvant vivre que d'une vie commune, s'attristent, souffrent, se désespèrent et meurent lorsqu'une main barbare les éloigne l'un de l'autre.

Le conducteur des orphelines, homme de cinquante ans environ, d'une tournure militaire, offrait le type immortel des soldats de la république et de l'empire, héroïques enfans du peuple, devenus en une campagne les premiers soldats du monde, pour prouver au monde ce que peut, ce que vaut, ce que fait le peuple, lorsque ses vrais élus mettent en lui leur confiance, leur force et leur espoir.

Ce soldat, guide des deux sœurs, ancien grenadier à cheval de la garde impériale, avait été surnommé *Dagobert;* sa physionomie grave et sérieuse était durement accentuée; sa moustache grise, longue et fournie, cachait complètement sa lèvre inférieure et se confondait avec une large impériale lui couvrant presque le menton; ses joues maigres, couleur de brique, et tannées comme du parchemin, étaient soigneusement rasées; d'épais sourcils, encore noirs, couvraient presque ses yeux d'un bleu clair; ses boucles d'oreilles d'or descendaient jusque sur son col militaire à liséré blanc; une ceinture de cuir serrait autour de ses reins sa houppelande de gros drap gris, et un bonnet de police bleu à flamme rouge, tombant sur l'épaule gauche, couvrait sa tête chauve.

Autrefois doué d'une force d'Hercule, mais ayant toujours un cœur de lion, bon et patient, parce qu'il était courageux et fort, Dagobert, malgré la rudesse de sa physionomie, se montrait, pour les orphelines, d'une sollicitude exquise, d'une prévenance inouïe, d'une tendresse adorable, presque maternelle... Oui, maternelle! car pour l'héroïsme de l'affection, cœur de mère, cœur de soldat.

D'un calme stoïque, comprimant toute émotion, l'inaltérable sang-froid de Dagobert ne se démentait jamais; aussi, quoique rien ne fût moins plaisant que lui, il devenait quelquefois d'un comique achevé, en raison même de l'imperturbable sérieux qu'il apportait à toute chose.

De temps en temps, et tout en cheminant, Dagobert se retournait pour donner une caresse ou dire un mot amical au bon cheval blanc qui servait de monture aux orphelines, et dont les salières, les longues dens trahissaient l'âge respectable; deux profondes cicatrices, l'une au flanc, l'autre au poitrail, prouvaient que ce cheval avait assisté à de chaudes batailles; aussi n'était-ce pas sans une apparence de fierté qu'il secouait parfois sa vieille bride militaire, dont la bossette de cuivre offrait encore un aigle en relief; son allure était régulière, prudente et ferme; son poil vif, son embonpoit médiocre, l'abondante écume qui couvrait son mors, témoignaient de cette santé que les chevaux acquièrent par le travail continu mais modéré d'un long voyage à petites journées; quoiqu'il fût en route depuis plus de six mois, ce brave animal portait aussi allègrement qu'au départ les deux orphelines et une assez lourde valise attachée derrière leur selle.

Si nous avons parlé de la longueur démesurée des dents de ce cheval (signe irrécusable de grande vieillesse), c'est qu'il les montrait souvent dans l'unique but de rester fidèle à son nom (il se nommait *Jovial*) et de faire une assez mauvaise plaisanterie dont le chien était victime.

Ce dernier, sans doute par contraste, nommé *Rabat-Joie*, ne quittant pas les talons de son maître, se trouvait à la portée de *Jovial*, qui de temps à autre le prenait délicatement par la peau du dos, l'enlevait et le portait ainsi pendant quelques instans; le chien, protégé par son épaisse toison, et sans doute habitué depuis longtemps aux facéties de son compagnon, s'y soumettait avec une complaisance stoïque; seulement, quand la plaisanterie lui avait paru d'une suffisante durée, *Rabat-Joie* tournait la tête en grondant. *Jovial* l'entendait à demi-mot, et s'empressait de le remettre à terre. D'autres fois, sans doute pour éviter la monotonie, *Jovial* mordillait légèrement le havre-sac du soldat, qui semblait, ainsi que son chien, parfaitement habitué à ces joyeusetés.

2

Ces détails feront juger de l'excellent accord qui régnait entre les deux sœurs jumelles, le vieux soldat, le cheval et le chien.

La petite caravane s'avançait assez impatiente d'atteindre avant la nuit le village de Mockern, que l'on voyait au sommet de la côte.

Dagobert regardait par momens autour de lui, et semblait rassembler ses souvenirs : peu à peu ses traits s'assombrirent; lorsqu'il fut à peu de distance du moulin dont le bruit avait attiré son attention, il s'arrêta, et passa à plusieurs reprises ses longues moustaches entre son pouce et son index, seul signe qui révélât chez lui une émotion forte et concentrée.

Jovial ayant fait un brusque temps d'arrêt derrière son maître, Blanche, éveillée en sursaut par ce brusque mouvement, redressa la tête; son premier regard chercha sa sœur, à qui elle sourit doucement, puis toutes deux échangèrent un signe de surprise à la vue de Dagobert immobile, les mains jointes sur son long bâton, et paraissant en proie à une émotion pénible et recueillie...

Les orphelines se trouvaient alors au pied d'un tertre peu élevé, dont le faîte disparaissait sous le feuillage épais d'un chêne immense planté à mi-côte de ce petit escarpement.

Rose, voyant Dagobert toujours immobile et pensif, se pencha sur sa selle, et appuyant sa petite main blanche sur l'épaule du soldat, qui lui tournait le dos, elle lui dit doucement :

— Qu'as-tu donc, Dagobert?

Le vétéran se retourna; au grand étonnement des sœurs, elles virent une grosse larme qui, après avoir tracé son humide sillon sur sa joue tannée, se perdait dans son épaisse moustache.

— Tu pleures... toi !! — s'écrièrent Rose et Blanche profondément émues.

— Nous t'en supplions... dis-nous ce que tu as...

Après un moment d'hésitation, le soldat passa sur ses yeux sa main calleuse, et dit aux orphelines d'une voix émue, en leur montrant le chêne centenaire auprès duquel elles se trouvaient :

— Je vais vous attrister, mes pauvres enfans... mais pourtant c'est comme sacré... ce que je vais vous dire... Eh bien ! il y a dix-huit ans... la veille de la grande bataille de Leipsick, j'ai porté votre père auprès de cet arbre... il avait deux coups de sabre sur la tête... un coup de feu à l'épaule... C'est ici que lui, et moi qui avais deux coups de lance pour ma part, nous avons été faits prisonniers... et par qui encore ! par un renégat... Oui, par un Français, un marquis émigré, colonel au service des Russes... et qui plus tard... Enfin un jour... vous saurez tout cela...

Puis, après un silence, le vétéran, montrant du bout de son bâton le village de Mockern, ajouta :

— Oui... oui, je m'y reconnais, voilà les hauteurs où votre brave père, qui nous commandait, nous et les Polonais de la garde, a culbuté les cuirassiers russes après avoir enlevé une batterie... Ah! mes enfans, — ajouta naïvement le soldat, — il aurait fallu le voir, votre brave père, à la tête de notre brigade de grenadiers à cheval, lancer une charge à fond au milieu d'une grêle d'obus! il n'y avait rien de beau comme lui.

Pendant que Dagobert exprimait à sa manière ses regrets et ses souvenirs, les deux orphelines, par un mouvement spontané, se laissèrent légèrement glisser de cheval, et, se tenant par la main, allèrent s'agenouiller au pied du vieux chêne.

Puis là, pressées l'une contre l'autre elles se mirent à pleurer, pendant que, debout derrière elles, le soldat, croisant ses mains sur son long bâton, y appuyait son front chauve.

— Allons... allons, il ne faut pas vous chagriner, — dit-il doucement, au bout de quelques minutes, en voyant des larmes couler sur les joues vermeilles de Rose et de Blanche toujours à genoux; — peut-être retrouverons-nous le général Simon à Paris, — ajouta-t-il; — je vous expliquerai cela ce soir à la couchée... j'ai voulu exprès attendre ce jour-ci pour vous dire bien des choses sur votre père; c'était une idée à moi... parce que ce jour est comme un anniversaire.

— Nous pleurons, parce que nous pensons aussi à notre mère, — dit Rose.

— A notre mère, que nous ne reverrons plus que dans le ciel, — ajouta Blanche.

Le soldat releva les orphelines, les prit par la main, et les regardant tour à tour avec une expression d'ineffable attachement, rendue plus touchante encore par le contraste de sa rude figure :

— Il ne faut pas vous chagriner ainsi, mes enfans. Votre mère était la meilleure des femmes, c'est vrai.. Quand elle habitait la Pologne, on l'appelait la *Perle de Varsovie*; c'est la perle du monde entier qu'on aurait dû dire... car dans le monde entier on n'aurait pas trouvé sa pareille... Non... non. »

La voix de Dagobert s'altérait ; il se tut, et passa ses longues moustaches grises entre son pouce et son index, selon son habitude.

— Ecoutez, mes enfans, — reprit-il après avoir surmonté son attendrissement, — votre mère ne pouvait vous donner que les meilleurs conseils, n'est-ce pas?

— Oui, Dagobert.

— Eh bien! qu'est-ce qu'elle vous a recommandé avant de mourir? De penser souvent à elle, mais sans vous attrister.

— C'est vrai ; elle nous a dit que Dieu, toujours bon pour les pauvres mères dont les enfans restent sur terre, lui permettrait de nous entendre du haut du ciel, — dit Blanche.

— Et qu'elle aurait toujours les yeux ouverts sur nous, — ajouta Rose.

Puis les deux sœurs, par un mouvement spontané rempli d'une grâce touchante, se prirent par la main, tournèrent vers le ciel leurs regards ingénus, et dirent avec l'adorable foi de leur âge :

— N'est-ce pas, mère... tu nous vois?... tu nous entends?...

— Puisque votre mère vous voit et vous entend, — dit Dagobert ému, — ne lui faites donc plus de chagrin en vous montrant tristes... Elle vous l'a défendu...

— Tu as raison, Dagobert, nous n'aurons plus de chagrin.

Et les orphelines essuyèrent leurs yeux.

Dagobert, au point de vue dévot, était un vrai païen : en Espagne, il avait sabré avec une extrême sensualité ces moines de toutes robes et de toutes couleurs qui, portant le crucifix d'une main et le poignard de l'autre, défendaient, non la liberté (l'inquisition la bâillonnait depuis des siècles), mais leurs monstrueux priviléges. Pourtant, Dagobert avait depuis quarante ans assisté à des spectacles d'une si terrible grandeur, il avait tant de fois vu la mort de près, que l'instinct de *religion naturelle*, commune à tous les cœurs simples et honnêtes, avait toujours surnagé dans son âme. Aussi, quoiqu'il ne partageât point la consolante illusion des deux sœurs, il eût regardé comme un crime d'y porter la moindre atteinte.

Les voyant moins tristes, il reprit :

— A la bonne heure, mes enfans, j'aime mieux vous entendre babiller comme vous faisiez ce matin et hier... en riant sous cape de temps en temps, et ne me répondant pas à ce que je vous disais... tant vous étiez occupées de votre entretien... Oui, oui, mesdemoiselles... voilà deux jours que vous paraissez avoir de fameuses affaires ensemble... Tant mieux, surtout si cela vous amuse.

Les deux sœurs rougirent, échangèrent un demi-sourire qui contrasta avec les larmes qui remplissaient encore leurs yeux, et Rose dit au soldat avec un peu d'embarras :

— Mais non, je t'assure, Dagobert, nous parlions de choses sans conséquence.

— Bien, bien, je ne veux rien savoir... A ça! reposez-vous quelques momens encore, et puis en route; car il se fait tard, et il faut que nous soyons à Mockern avant la nuit... pour nous remettre en route demain matin de bonne heure.

— Nous avons encore bien, bien du chemin ? — demanda Rose.

— Pour aller jusqu'à Paris ?... Oui, mes enfans, une centaine d'étapes... Nous n'allons pas vite, mais nous avançons... et nous voyageons à bon marché, car notre bourse est petite; un cabinet pour vous, une paillasse et une couverture pour moi à votre porte avec *Rabat-Joie* sur mes pieds, une litière de paille fraîche pour le vieux Jovial, voilà nos frais de route ; je ne parle pas de la nourriture, parce que vous mangez à vous deux comme une souris, et que j'ai appris en Egypte et en Espagne à n'avoir faim que quand ça se pouvait...

— Et tu ne dis pas que, pour économiser davantage encore, tu veux faire toi-même notre petit ménage en route, et que tu ne nous laisses jamais t'aider.

— Enfin, bon Dagobert, quand on pense que tu savonnes presque chaque soir à la couchée... comme si ce n'était pas nous... qui...

— Vous!... dit le soldat en interrompant Blanche; je vais vous laisser gercer vos jolies petites mains dans l'eau de savon, n'est-ce pas? D'ailleurs, est-ce qu'en campagne, un soldat ne savonne pas son linge? Tel que vous me voyez, j'étais la meilleure blanchisseuse de mon escadron... et comme je repasse, hein? sans me vanter.

— Le fait est que tu repasses très bien, très bien...

— Seulement tu roussis quelquefois... — dit Rose en souriant.

— Quand le fer est trop chaud, c'est vrai... Dame... j'ai beau l'approcher de ma joue... ma peau est si dure que je ne sens pas le trop de chaleur...— dit Dagobert avec un sérieux imperturbable.

— Tu ne vois pas que nous plaisantons, bon Dagobert.

— Alors, mes enfans, si vous trouvez que je fais bien mon métier de blanchisseuse, continuez-moi votre pratique, c'est moins cher, et en route il n'y a pas de petite économie, surtout pour de pauvres gens comme nous; car il faut au moins que nous ayons de quoi arriver à Paris... Nos papiers et la médaille que vous portez feront le reste, — il faut l'espérer du moins...

— Cette médaille est sacrée pour nous... notre mère nous l'a donnée en mourant....

— Aussi, prenez bien garde de la perdre; assurez-vous de temps en temps que vous l'avez.

— La voilà, dit Blanche.

Et elle tira de son corsage une petite médaille de bronze qu'elle portait au cou, suspendue par une chaînette de même métal.

Cette médaille offrait sur ses deux faces les inscriptions ci-dessous:

— Qu'est-ce que cela signifie, Dagobert? — reprit Blanche en considérant ces lugubres inscriptions. — Notre mère n'a pu nous le dire.

— Nous parlerons de tout cela ce soir à la couchée, — répondit Dagobert; — il se fait tard, partons; serrez bien cette médaille... et en route! nous avons près d'une heure de marche avant d'arriver à l'étape... Allons, mes pauvres enfans, encore un coup d'œil à ce tertre où votre brave père est tombé.... et à cheval! à cheval!

Les deux orphelines jetèrent un dernier et pieux regard sur la place qui avait rappelé de si pénibles souvenirs à leur guide, et avec son aide remontèrent sur *Jovial*.

Ce vénérable animal n'avait pas songé un moment à s'éloigner; mais, en vétéran d'une prévoyance consommée, il avait provisoirement mis les momens à profit, en prélevant sur le *sol étranger* une large dîme d'herbe verte et tendre, le tout aux regards quelque peu envieux de *Rabat-Joie*, commodément établi sur le pré, son museau allongé entre ses deux pattes de devant; au signal du départ, le chien reprit son poste derrière son maître. Dagobert, sondant le terrain du bout de son long bâton, conduisait le cheval par la bride avec précaution, car la prairie devenait de plus en plus marécageuse ; au bout de quelques pas, il fut même obligé d'obliquer vers la gauche, afin de rejoindre la grande route.

Dagobert ayant demandé, en arrivant à Mockern, la plus modeste auberge du village, on lui répondit qu'il n'y en avait qu'une : l'auberge du *Faucon-Blanc*.

— Allons donc à l'auberge du *Faucon-Blanc*, avait répondu le soldat.

CHAPITRE III.

L'ARRIVÉE.

Déjà plusieurs fois Morok, le dompteur de bêtes, avait impatiemment ouvert le volet de la lucarne du grenier donnant sur la cour de l'auberge du *Faucon-Blanc*, afin de guetter l'arrivée des deux orphelines et du soldat ; ne les voyant pas venir, il se remit à marcher lentement, les bras croisés sur sa poitrine, la tête baissée, cherchant le moyen d'exécuter le plan qu'il avait conçu ; ses idées le préoccupaient sans doute d'une manière pénible, car ses traits semblaient plus sinistres encore que d'habitude.

Malgré son apparence farouche, cet homme ne manquait pas d'intelligence ; l'intrépidité dont il faisait preuve dans ses exercices, et que, par un adroit charlatanisme, il attribuait à son récent état de grâce, un langage quelquefois mystique et solennel, une hypocrisie austère, lui avaient donné une sorte d'influence sur les populations qu'il visitait souvent dans ses pérégrinations.

On se doute bien que, dès longtemps avant sa conversion, Morok s'était familiarisé avec les mœurs des bêtes sauvages... En effet, né dans le nord de la Sibérie, il avait été, jeune encore, l'un des plus hardis chasseurs d'ours et de rennes ; plus tard, en 1810, abandonnant cette profession pour servir de guide à un ingénieur russe chargé d'explorations dans les régions polaires, il l'avait ensuite suivi à Saint-Pétersbourg ; là Morok, après quelques vicissitudes de fortune, fut employé parmi les courriers impériaux, automates de fer que le moindre caprice du despote lance sur un frêle traîneau, dans l'immensité de l'empire, depuis la Perse jusqu'à la mer Glaciale. Pour ces gens, qui voyagent jour et nuit avec la rapidité de la foudre, il n'y a ni saisons, ni obstacles, ni fatigues, ni dangers ; projectiles humains, il faut qu'ils soient brisés ou qu'ils arrivent au but. On conçoit dès lors l'audace, la vigueur et la résignation d'hommes habitués à une vie pareille.

Il est inutile de dire maintenant par suite de quelles singulières circonstances Morok avait abandonné ce rude métier pour une autre profession, et était enfin entré comme catéchumène, dans une maison religieuse de Fribourg ; après quoi, bien et dûment converti, il avait commencé ses excursions nomades avec une ménagerie dont il ignorait l'origine.

. . . .

Morok se promenait toujours dans son grenier. — La nuit était venue. — Les trois personnes dont il attendait si impatiemment l'arrivée ne paraissaient pas. Sa marche devenait de plus en plus nerveuse et saccadée. — Tout à coup il s'arrêta brusquement, pencha la tête du côté de la fenêtre et écouta. Cet homme avait l'oreille fine comme un sauvage. « Les voilà... s'écria-t-il.

Et sa prunelle fauve brilla d'une joie diabolique. Il venait de reconnaître le pas d'un homme et d'un cheval. Allant au volet de son grenier, il l'entr'ouvrit prudemment, et vit entrer dans la cour de l'auberge les deux jeunes filles à cheval, et le vieux soldat qui leur servait de guide.

La nuit était venue, sombre, nuageuse ; un grand vent faisait vaciller la lumière des lanternes à la clarté desquelles on recevait ces nouveaux hôtes ; le signalement donné à Morok était si exact, qu'il ne pouvait s'y tromper.

Sûr de sa proie, il ferma la fenêtre.

Après avoir encore réfléchi un quart-d'heure, sans doute pour bien coordonner ses projets, il se pencha au-dessus de la trappe où était placée l'échelle qui servait d'escalier, et appela « *Goliath !* »

— Maître ! — répondit une voix rauque.
— Viens ici.
— Me voilà... je viens de la boucherie, j'apporte la viande.

Les montans de l'échelle tremblèrent, et bientôt une tête énorme apparut au niveau du plancher.

Goliath, le bien nommé (il avait plus de six pieds et une carrure d'hercule), était hideux ; ses yeux louches se renfonçaient sous un front bas et saillant ; sa chevelure et sa barbe fauve, épaisse et drue comme du crin, donnaient à ses traits un caractère bestialement sauvage ; entre ses larges mâchoires, armées de dents ressemblant à des crocs, il tenait par un coin un morceau de bœuf cru pesant dix ou douze livres, trouvant sans doute plus commode de porter ainsi cette viande, afin de se servir de ses mains pour grimper à l'échelle, qui vacillait sous le poids du fardeau.

Enfin ce gros et grand corps sortit tout entier de la trappe : à son cou de taureau, à l'étonnante largeur de sa poitrine et de ses épaules, à la grosseur de ses bras et de ses jambes, on devinait que ce géant pouvait sans crainte lutter corps à corps avec un ours. Il portait un pantalon vieux à bandes rouges, garni de basane, et une sorte de casaque, ou plutôt de cuirasse de cuir très épais, çà et là éraillé par les ongles tranchans des animaux.

Lorsqu'il fut debout, *Goliath* desserra ses crocs, ouvrit la bouche, laissa tomber à terre le quartier de bœuf, en léchant ses moustaches sanglantes avec gourmandise. — Cette espèce de monstre avait, comme tant d'autres saltimbanques, commencé par manger la viande crue dans les foires, moyennant rétribution du public ; puis, ayant pris l'habitude de cette nourriture de sauvage, et alliant son goût à son intérêt, il préludait aux exercices de Morok en dévorant devant la foule quelques livres de chair crue.

— La part de *la Mort* et la mienne sont en bas, voilà celle de *Caïn* et de *Judas*, — dit Goliath en montrant le morceau de bœuf. — Où est le couperet ?... que je la sépare en deux... pas de préférence... bête ou homme, à chaque gueule... sa viande...

Retroussant alors une des manches de sa casaque, il fit voir un avant-bras velu comme la peau d'un loup, et sillonné de veines grosses comme le pouce.

— Ah çà, voyons, maître, où est le couperet ? » reprit-il en cherchant des yeux cet instrument.

Au lieu de répondre à cette demande, le Prophète fit plusieurs questions à son acolyte.

— Etais-tu en bas, quand tout à l'heure de nouveaux voyageurs sont arrivés dans l'auberge ?

— Oui, maître, je revenais de la boucherie.

— Quels sont ces voyageurs ?

— Il y a deux petites filles montées sur un cheval blanc ; un vieux bonhomme à grandes moustaches les accompagne... Mais le couperet... les bêtes ont grand faim... moi aussi... le couperet...

— Sais-tu... où on a logé ces voyageurs ?

— L'hôte a conduit les petites et le vieux au fond de la cour.

— Dans le bâtiment qui donne sur les champs ?

— Oui, maître.... mais le...

— Un concert d'horribles mugissemens ébranla le grenier et interrompit Goliath.

— Entendez-vous ? — s'écria-t-il, — la faim rend ces bêtes furieuses. Si je pouvais rugir... je ferais comme elles. Je n'ai jamais vu et *Judas* et *Caïn* comme ce soir, ils font des bonds dans leur cage à tout briser... Quant à *la Mort*, ses yeux brillent encore plus qu'à l'ordinaire... on dirait deux chandelles... Pauvre *Mort* !

Morok reprit sans avoir égard aux observations de Goliath :

— Ainsi les jeunes filles sont logées dans le bâtiment du fond de la cour.

— Oui, oui ; mais pour l'amour du diable, le couperet. Depuis le départ de Karl, il faut que je fasse tout l'ouvrage, et ça met du retard à notre manger.

— Le vieux bonhomme est-il resté avec les jeunes filles ? demanda Morok.

Goliath, stupéfait de ce que malgré ses instances son maître ne songeait pas au souper des animaux, contemplait le Prophète avec une surprise croissante.

— Réponds donc, brute !...

— Si je suis brute, j'ai la force des brutes, — dit Goliath d'un ton bourru; — et brute contre brute, je n'ai pas toujours le dessous.

— Je te demande si le vieux est resté avec les jeunes filles, — répéta Morok.

— Eh bien! non, — répondit le géant; — le vieux, après avoir conduit son cheval à l'écurie, a demandé un baquet, de l'eau; il s'est établi sous le porche, et à la clarté de la lanterne... il savonne... Un homme à moustaches grises... savonner comme une lavandière, c'est comme si je donnais du millet à des serins, — ajouta Goliath en haussant les épaules avec mépris. — Maintenant que j'ai répondu, maître, laissez-moi m'occuper du souper des bêtes; puis, cherchant quelque chose des yeux, il ajouta : — Mais où donc est ce couperet?

Après un moment de silence méditatif, le Prophète dit à Goliath :

— Tu ne donneras pas à manger aux bêtes, ce soir.

D'abord Goliath ne comprit pas, tant cette idée était, en effet, incompréhensible pour lui.

— Plaît-il, maître? — dit-il.

— Je te défends de donner à manger aux bêtes ce soir.

Goliath ne répondit rien, ouvrit ses yeux louches d'une grandeur démesurée, joignit les mains et recula de deux pas.

— Ah çà, m'entends-tu? — dit Morok avec impatience. — Est-ce clair?

— Ne pas manger! quand notre viande est là, quand notre souper est déjà en retard de trois heures!... — s'écria Goliath avec une stupeur croissante.

— Obéis... et tais-toi!

— Mais vous voulez donc qu'il arrive un malheur, ce soir?... La faim va rendre les bêtes furieuses! Et moi aussi...

— Tant mieux!

— Enragées!...

— Tant mieux!

— Comment, tant mieux?... Mais...

— Assez.

— Mais par la peau du diable, j'ai aussi faim qu'elles, moi...

— Mange... qui t'empêche? ton souper est prêt puisque tu le manges cru.

— Je ne mange jamais sans mes bêtes... ni elles sans moi...

— Je te répète que si tu as le malheur de donner à manger aux bêtes je te chasse.

Goliath fit entendre un grognement sourd, aussi rauque que celui d'un ours, en regardant le Prophète d'un air à la fois stupéfait et courroucé.

Morok, ces ordres donnés, marchait en long et en large dans le grenier, paraissant réfléchir. Puis, s'adressant à Goliath, toujours plongé dans un ébahissement profond :

— Tu te rappelles où est la maison du bourgmestre chez qui j'ai été ce soir faire viser mon permis, et dont la femme a acheté des petits livres et un chapelet?

— Oui, — répondit brutalement le géant.

— Tu vas aller demander à sa servante si je peux être sûr de trouver demain le bourgmestre de bon matin.

— Pourquoi faire?

— J'aurai peut-être quelque chose d'important à lui apprendre; en tout cas, dis-lui que je le prie de ne pas sortir avant de m'avoir vu.

— Bon... mais les bêtes... je ne peux pas leur donner à manger avant d'aller chez le bourgmestre?... Seulement à la panthère de Java... c'est la plus affamée... Voyons, maître, seulement à *la Mort*? Je ne prendrai qu'une bouchée pour la lui faire manger. *Caïn*, moi et *Judas* nous attendrons.

— C'est surtout à la panthère que je te défends de donner à manger. — Oui, à elle... encore moins qu'à toute autre...

— Par les cornes du diable! — s'écria Goliath, — qu'est-ce que vous avez donc aujourd'hui? Je ne comprends rien à rien. C'est dommage que Karl ne soit pas ici; lui qui est malin, il m'aiderait à comprendre pourquoi vous empêchez des bêtes qui ont faim... de manger.

— Tu n'as pas besoin de comprendre.

— Est-ce qu'il ne viendra pas bientôt, Karl?

— Il est revenu...

— Où est-il donc?

— Il est reparti...

— Qu'est-ce qu'il se passe donc ici ? Il y a quelque chose ; Karl part, revient, repart... et...

— Il ne s'agit pas de Karl, mais de toi, quoique affamé comme un loup, tu es malin comme un renard, et quand tu veux, aussi malin que Karl... —

Et Morok frappa cordialement sur l'épaule du géant, changeant tout à coup de physionomie et de langage.

— Moi, malin ?

— La preuve, c'est qu'il y aura dix florins à gagner cette nuit... et que tu seras assez malin pour les gagner...

— A ce compte-là, oui, je suis assez malin, dit le géant en souriant d'un air stupide et satisfait. — Qu'est-ce qu'il faudra faire pour gagner ces dix florins ?

— Tu le verras...

— Est-ce difficile ?

— Tu le verras... Tu vas commencer par aller chez le bourgmestre, mais avant de partir tu allumeras ce réchaud. — Il le montra du geste à Goliath.

— Oui, maître... — dit le géant un peu consolé du retard de son souper par l'espérance de gagner dix florins.

— Dans ce réchaud, tu mettras rougir cette tige d'acier, — ajouta le Prophète.

— Oui, maître.

— Tu l'y laisseras ; tu iras chez le bourgmestre, et tu reviendras m'attendre ici.

— Oui, maître.

— Tu entretiendras toujours le feu du fourneau.

— Oui, maître.

Morok fit un pas pour sortir ; puis, se ravisant :

— Tu dis que le vieux bonhomme est occupé à savonner sous le porche ?

— Oui, maître.

— N'oublie rien, la tige d'acier au feu, le bourgmestre, et tu reviens ici attendre mes ordres.

Ce disant, le Prophète descendit du grenier par la trappe et disparut.

CHAPITRE IV.

MOROK ET DAGOBERT.

Goliath ne s'était pas trompé... Dagobert savonnait avec le sérieux imperturbable qu'il mettait à toutes choses.

Si l'on songe aux habitudes du soldat en campagne, on ne s'étonnera pas de cette apparente excentricité ; d'ailleurs, Dagobert ne pensait qu'à économiser la petite bourse des orphelines et à leur épargner tout soin, toute peine ; aussi le soir, après chaque étape, se livrait-il à une foule d'occupations féminines. Du reste, il n'en était pas à son apprentissage : bien des fois, durant ses campagnes, il avait très industrieusement réparé le dommage et le désordre qu'une journée de bataille apporte toujours dans les vêtemens d'un soldat, car ce n'est pas tout que de recevoir des coups de sabre, il faut encore raccommoder son uniforme, puisqu'en entamant la peau, la lame fait aussi à l'habit une entaille incongrue.

Aussi, le soir ou le lendemain d'un rude combat, voit-on les meilleurs soldats (toujours distingués par leur belle tenue militaire) tirer de leur sac ou de leur porte-manteau, une petite *trousse* garnie d'aiguilles, de fil, de ciseaux, de boutons et autres merceries, afin de se livrer à toutes sortes de raccommodages et de reprises perdues, dont la plus soigneuse ménagère serait jalouse.

On ne saurait trouver une transition meilleure pour expliquer le surnom de *Dagobert* donné à François Beaudoin (conducteur des deux orphelines), lorsqu'il était cité comme l'un des plus beaux et des plus braves grenadiers de la garde impériale.

On s'était rudement battu tout le jour sans avantage décisif... Le soir, la compagnie dont notre homme faisait partie avait été envoyée en grand'garde pour occuper les ruines d'un village abandonné; les vedettes posées, une moitié des cavaliers resta à cheval, et l'autre put prendre quelque repos en mettant ses chevaux au piquet. Notre homme avait vaillamment chargé sans être blessé cette fois, car il ne comptait que *pour mémoire* une profonde égratignure qu'un *kaiserlitz* lui avait faite à la cuisse, d'un coup de baïonnette maladroitement porté de bas en haut.

— Brigand! ma culotte neuve!... — s'était écrié le grenadier en voyant bâiller sur sa cuisse une énorme déchirure, qu'il vengea en ripostant d'un coup de *latte* savamment porté de haut en bas, et qui transperça l'Autrichien. Si notre homme se montrait d'une stoïque indifférence au sujet de ce léger accroc fait à sa peau, il n'en était pas de même pour l'accroc fait à sa culotte de grande tenue.

Il entreprit donc le soir même, au bivouac, de remédier à cet accident : tirant de sa poche sa trousse, y choisissant son meilleur fil, sa meilleure aiguille, armant son doigt de son dé, il se met en devoir de faire le tailleur à la lueur du feu de bivouac, après avoir préalablement ôté ses grandes bottes à l'écuyère, puis, il faut bien l'avouer, sa culotte, et l'avoir retournée, afin de travailler sur l'envers pour que la reprise fût mieux dissimulée.

Ce déshabillement partiel péchait quelque peu contre la discipline ; mais le capitaine, qui faisait sa ronde, ne put s'empêcher de rire à la vue du vieux soldat qui, gravement assis sur ses talons, son bonnet à poil sur la tête, son grand uniforme sur le dos, ses bottes à côté de lui, sa culotte sur ses genoux, cousait et recousait avec le sang-froid d'un tailleur installé sur son établi.

Tout à coup une mousquetade retentit, et les vedettes se replièrent sur le détachement en criant aux armes!

« A cheval! s'écrie le capitaine d'une voix de tonnerre.

En un instant les cavaliers sont en selle, le malencontreux faiseur de reprises était guide de premier rang ; n'ayant pas le temps de retourner sa culotte à l'endroit, hélas! il la passe, tant bien que mal, à l'envers, et sans prendre le temps de mettre ses bottes, il saute à cheval.

Un parti de cosaques, profitant du voisinage d'un bois, avait tenté de surprendre le détachement ; la mêlée fut sanglante ; notre homme écumait de colère, il tenait beaucoup à ses *effets*, et la journée lui était fatale : sa culotte déchirée, ses bottes perdues! aussi ne sabra-t-il jamais avec plus d'acharnement. Un clair de lune superbe éclairait l'action ; la compagnie put admirer la brillante valeur du grenadier, qui tua deux cosaques et fit de sa main un officier prisonnier.

Après cette escarmouche, dans laquelle le détachement conserva sa position, le capitaine mit ses hommes en bataille pour les complimenter, et ordonna au faiseur de reprises de sortir des rangs, voulant le féliciter publiquement de sa belle conduite. Notre homme se fût passé de cette ovation, mais il fallut obéir.

Que l'on juge de la surprise du capitaine et de ses cavaliers, lorsqu'ils virent cette grande et sévère figure s'avancer au pas de son cheval, en appuyant ses pieds nus sur ses étriers et pressant sa monture entre ses jambes également nues.

Le capitaine stupéfait, s'approcha, et, se rappelant l'occupation de son soldat au moment où l'on avait crié aux armes, il comprit tout.

—Ah! ah! vieux lapin! lui dit-il, tu fais donc comme le roi Dagobert, toi? tu mets ta culotte à l'envers!...

Malgré la discipline, des éclats de rire mal contenus accueillirent ce lazzi du capitaine. Mais notre homme, droit sur sa selle, le pouce gauche sur le bouton de ses rênes parfaitement ajustées, la poignée de son sabre appuyée à sa cuisse droite, garda son imperturbable sang-froid, fit demi-tour, et regagna son rang sans sourciller, après avoir reçu les félicitations de son capitaine. De ce jour, François Baudoin reçut et garda le surnom de Dagobert.

Dagobert était donc sous le porche de l'auberge, occupé à savonner, au grand ébahissement de quelques buveurs de bière, qui, de la grand'salle commune où ils s'assemblaient, le contemplaient d'un œil curieux.

De fait, c'était un spectacle assez bizarre.

3

Dagobert avait mis bas sa houppelande grise et relevé les manches de sa chemise; d'une main vigoureuse il frottait à grand renfort de savon un petit mouchoir mouillé, étendu sur une planche, dont l'extrémité inférieure plongeait inclinée dans un baquet rempli d'eau; sur son bras droit, tatoué d'emblèmes guerriers rouges et bleus, on voyait des cicatrices profondes à y mettre le doigt.

Tout en fumant leur pipe et en vidant leur pot de bière, les Allemands pouvaient donc à bon droit s'étonner de la singulière occupation de ce grand vieillard à longues moustaches, au crâne chauve et à la figure rébarbative, car les traits de Dagobert reprenaient une expression dure et refrognée lorsqu'il n'était plus en présence des petites filles.

L'attention soutenue dont il se voyait l'objet commençait à l'impatienter, car il trouvait fort simple de faire ce qu'il faisait.

A ce moment, le Prophète entra sous le porche; avisant le soldat, il le regarda très attentivement pendant quelques secondes; puis, s'approchant, il lui dit en français d'un ton assez narquois :

— Il paraît, camarade, que vous n'avez pas confiance dans les blanchisseuses de Mockern?

Dagobert, sans discontinuer son savonnage, fronça les sourcils, tourna la tête à demi, jeta sur le Prophète un regard de travers et ne répondit rien.

Etonné de ce silence, Morok reprit :

— Je ne me trompe pas... vous êtes Français, mon brave, ces mots que je vois tatoués sur votre bras le prouvent de reste; et puis, à votre figure militaire, on devine que vous êtes un vieux soldat de l'empire. Aussi, je trouve que pour un héros... vous finissez un peu en quenouille.

Dagobert resta muet, mais il mordilla sa moustache du bout des dents, et imprima au morceau de savon dont il frottait le linge un mouvement de va-et-vient des plus précipités, pour ne pas dire des plus irrités; car la figure et les paroles du dompteur de bêtes lui déplaisaient plus qu'il ne voulait le laisser paraître. Loin de se rebuter, le Prophète continua :

— Je suis sûr, mon brave, que vous n'êtes ni sourd ni muet; pourquoi donc ne voulez-vous pas me répondre?

Dagobert, perdant patience, retourna brusquement la tête, regarda Morok entre les deux yeux, et lui dit d'une voix brutale :

— Je ne vous connais pas; je ne veux pas vous connaître : *donnez*-moi la paix... — et il se remit à sa besogne.

— Mais on fait connaissance... en buvant un verre de vin du Rhin; nous parlerons de nos campagnes... car j'ai vu aussi la guerre, moi... je vous en avertis : cela vous rendra peut-être plus poli...

Les veines du front chauve de Dagobert se gonflaient fortement; il trouvait dans le regard et dans l'accent de son interlocuteur obstiné quelque chose de sournoisement provoquant, pourtant il se contint.

— Je vous demande pourquoi vous ne voudriez pas boire un verre de vin avec moi;... nous causerions de la France... J'y suis longtemps resté, c'est un beau pays. Aussi, quand je rencontre des Français quelque part, je suis flatté... surtout lorsqu'ils manient le savon aussi bien que vous; si j'avais une ménagère... je l'enverrais à votre école.

Le sarcasme ne se dissimulait plus; l'audace et la bravade se lisaient dans l'insolent regard du Prophète. Pensant qu'avec un pareil adversaire la querelle pouvait devenir sérieuse, Dagobert, voulant à tout prix l'éviter, emporta son baquet dans ses bras et alla s'établir à l'autre bout du porche, espérant ainsi mettre un terme à une scène qui éprouvait sa patience.

Un éclair de joie brilla dans les yeux fauves du dompteur de bêtes. Le cercle blanc qui entourait sa prunelle sembla se dilater : il plongea deux ou trois fois ses doigts crochus dans sa barbe jaunâtre, en signe de satisfaction, puis il se rapprocha lentement du soldat, accompagné de quelques curieux sortis de la grand'salle.

Malgré son flegme, Dagobert, stupéfait et outré de l'impudente obsession du Prophète, eut d'abord la pensée de lui casser sur la tête sa planche à savonner? mais, songeant aux orphelines, il se résigna.

Croisant ses bras sur sa poitrine, Morok lui dit d'une voix sèche et insolente :

— Décidément, vous n'êtes pas poli... l'homme au savon! — puis se tournant vers les spectateurs, il continua en allemand : — Je dis à ce Français à longues moustaches qu'il n'est pas poli... Nous allons voir ce qu'il va répondre ; il faudra peut-être lui donner une leçon. Me préserve le ciel d'être querelleur, — ajouta-t-il avec componction ; mais le Seigneur m'a éclairé, je suis son œuvre, et, par respect pour lui, je dois faire respecter son œuvre...

Cette péroraison mystique et effrontée fut fort goûtée des curieux : la réputation du Prophète était venue jusqu'à Mockern ; ils comptaient sur une représentation le lendemain, et ce prélude les amusait beaucoup.

En entendant la provocation de son adversaire, Dagobert ne put s'empêcher de lui dire en allemand :

— Je comprends l'allemand... parlez en allemand, on entendra...

De nouveaux spectateurs arrivèrent et se joignirent aux premiers ; l'aventure devenait piquante, on fit cercle autour des deux interlocuteurs.

Le Prophète reprit en allemand :

— Je disais que vous n'étiez pas poli, et je dirai maintenant que vous êtes impudemment grossier ; que répondez-vous à cela?

— Rien... — dit froidement Dagobert en passant au savonnage d'une autre pièce de linge.

— Rien... — reprit Morok, — c'est peu de chose ; je serai moins bref, moi, et je vous dirai que lorsqu'un honnête homme offre poliment un verre de vin à un étranger, cet étranger n'a pas le droit de répondre insolemment... ou bien il mérite qu'on lui apprenne à vivre.

De grosses gouttes de sueur tombaient du front et des joues de Dagobert ; sa large impériale était incessamment agitée par un tressaillement nerveux, mais il se contenait ; prenant par les deux coins le mouchoir qu'il venait de tremper dans l'eau, il le secoua, le tordit pour en exprimer l'eau, et se mit à fredonner entre ses dents ce vieux refrain de caserne :

> De Tirlemont, taudion du diable,
> Nous partirons demain matin
> Le sabre en main,
> Disant adieu à... etc., etc.

(Nous supprimons la fin du couplet, un peu trop librement accentuée.) Le silence auquel se condamnait Dagobert l'étouffait ; cette chanson le soulagea.

Morok, se tournant du côté des spectateurs, leur dit d'un air de contrainte hypocrite :

— Nous savions bien que les soldats de Napoléon étaient des païens qui mettaient leurs chevaux coucher dans des églises, qui offensaient le Seigneur cent fois par jour, et qui, pour récompense, ont été justement noyés et foudroyés à la Bérésina comme des Pharaons ; mais nous ignorions que le Seigneur, pour punir ces mécréants, leur eût ôté le courage, leur seule vertu!... Voilà un homme qui a insulté en moi une créature touchée de la grâce de Dieu, et il a l'air de ne pas comprendre que je veux qu'il me fasse des excuses... ou sinon...

— Ou sinon ! — reprit Dagobert sans regarder le Prophète.

— Sinon, vous me ferez réparation... Je vous l'ai dit, j'ai vu aussi la guerre ; nous trouverons bien ici, quelque part, deux sabres ; et demain matin au point du jour, derrière un pan de mur, nous pourrons voir de quelle couleur nous avons le sang... si vous avez du sang dans les veines!...

Cette provocation commença d'effrayer un peu les spectateurs, qui ne s'attendaient pas à un dénoûment si tragique.

— Vous battre! voilà une belle idée ! — s'écria l'un, — pour vous faire coffrer tous deux... Les lois sur le duel sont sévères.

— Surtout quand il s'agit de petites gens ou d'étrangers, — reprit un autre ; — s'il vous surprenait les armes à la main, le bourgmestre vous mettrait provisoirement en cage, et vous en auriez pour deux ou trois mois de prison avant d'être jugés.

— Seriez-vous donc capables de nous aller dénoncer? — demanda Morok.

— Non certes! dirent les bourgeois. — Arrangez-vous... c'est un conseil d'amis que nous vous donnons... Faites-en votre profit, si vous voulez...

— Que m'importe la prison, à moi? — s'écria le Prophète. — Que je trouve seulement deux sabres... et vous verrez si demain matin je songe à ce que peut dire ou faire le bourgmestre !

— Qu'est-ce que vous feriez de deux sabres ?— demanda flegmatiquement Dagobert au Prophète.

— Quand vous en aurez un à la main, et moi un autre, vous verrez... Le Seigneur ordonne de soigner son honneur !...

Dagobert haussa les épaules, fit un paquet de son linge dans son mouchoir, essuya le savon, l'enveloppa soigneusement dans un petit sac de toile cirée, puis, sifflant entre ses dents son air favori de Tirlemont, il fit un pas en avant.

Le Prophète fronça les sourcils ; il commençait à craindre que sa provocation ne fût vaine. Il fit deux pas à l'encontre de Dagobert, se plaça debout devant lui, comme pour lui barrer le passage, puis, croisant ses bras sur sa poitrine, et le toisant avec la plus amère insolence, il lui dit :

— Ainsi, un ancien soldat de ce brigand de Napoléon n'est bon qu'à faire le métier de lavandière, et il refuse de se battre !...

— Oui, il refuse de se battre... répondit Dagobert d'une voix ferme, mais en devenant d'une pâleur effrayante.

Jamais, peut-être, le soldat n'avait donné aux orphelines confiées à ses soins une marque plus éclatante de tendresse et de dévouement. Pour un homme de sa trempe, se laisser ainsi impunément insulter et refuser de se battre, le sacrifice était immense.

— Ainsi, vous êtes un lâche... vous avez peur... vous l'avouez...

A ces mots, Dagobert fit, si cela se peut dire, un soubresaut sur lui-même, comme si, au moment de s'élancer sur le Prophète, une pensée soudaine l'avait retenu...

En effet, il venait de penser aux deux jeunes filles et aux funestes entraves qu'un duel, heureux ou malheureux, pouvait mettre à leur voyage.

Mais ce mouvement de colère du soldat, quoique rapide, fut tellement significatif, l'expression de sa rude figure, pâle et baignée de sueur, fut si terrible, que le Prophète et les curieux reculèrent d'un pas.

Un profond silence régna pendant quelques secondes, et, par un revirement soudain, l'intérêt général fut acquis à Dagobert. L'un des spectateurs dit à ceux qui l'entouraient :

— Au fait, cet homme n'est pas un lâche...

— Non, certes.

— Il faut quelquefois plus de courage pour refuser de se battre que pour accepter...

— Après tout, le Prophète a eu tort de lui chercher une mauvaise querelle ; c'est un étranger...

— Et comme étranger, s'il se battait et qu'il fût pris, il en aurait pour un bon temps de prison...

— Et puis enfin... — ajouta un autre, — il voyage avec deux jeunes filles. Est-ce que dans cette position-là il peut se battre pour une misère? S'il était tué ou prisonnier, qu'est-ce qu'elles deviendraient, ces pauvres enfans !...

Dagobert se tourna vers celui des spectateurs qui venait de prononcer ces mots. Il vit un gros homme à figure franche et naïve ; le soldat lui tendit la main et lui dit d'une voix émue : — Merci, monsieur !

L'Allemand serra cordialement la main que Dagobert lui offrait.

— Monsieur, — ajouta-t-il en tenant toujours dans ses mains les mains du soldat, — faites une chose... acceptez un bol de punch avec nous ; nous forcerons bien ce diable de Prophète à convenir qu'il a été trop susceptible, et à trinquer avec vous...

Jusqu'alors le dompteur de bêtes, désespéré de l'issue de cette scène, car il espérait que le soldat accepterait sa provocation, avait regardé avec un dédain farouche ceux qui abandonnaient son parti ; peu à peu ses traits s'adoucirent ; croyant utile à ses projets de cacher sa déconvenue, il fit un pas vers le soldat, et lui dit d'assez bonne grâce :

— Allons, j'obéis à ces messieurs, j'avoue que j'ai eu tort ; votre mauvais accueil m'avait blessé, je n'ai pas été maître de moi... je répète que j'ai eu tort.., ajouta-t-il avec un dépit concentré. — Le Seigneur commande l'humilité... Je vous demande excuse...

Cette preuve de modération et de repentir fut vivement applaudie et appréciée par les spectateurs.

— Il vous demande pardon, vous n'avez rien à dire à cela, mon brave, — reprit l'un d'eux en s'adressant à Dagobert ; — allons trinquer ensemble ; nous vous faisons cette offre de tout cœur, acceptez-la de même...

— Oui, acceptez, nous vous en prions, au nom de vos jolies petites filles, dit le gros homme afin de décider Dagobert.

Celui-ci, touché des avances cordiales des Allemands, leur répondit :

— Merci, messieurs... vous êtes de dignes gens. Mais quand on a accepté à boire, il faut offrir à boire à son tour.

— Eh bien ! nous acceptons... c'est entendu... chacun son tour... c'est trop juste. Nous paierons le premier bol et vous le second.

— Pauvreté n'est pas vice, — reprit Dagobert. — Aussi je vous dirai franchement que je n'ai pas le moyen de vous offrir à boire à mon tour ; nous avons encore une longue route à parcourir, et je ne dois pas faire d'inutile dépense.

Le soldat dit ces mots avec une dignité si simple, si ferme, que les Allemands n'osèrent pas renouveler leur offre, comprenant qu'un homme du caractère de Dagobert ne pouvait l'accepter sans humiliation.

— Allons, tant pis, — dit le gros homme. — J'aurais bien aimé à trinquer avec vous. Bonsoir, mon brave soldat !... bonsoir !... Il se fait tard, l'hôtelier du *Faucon-Blanc* va nous mettre à la porte.

— Bonsoir, messieurs ! dit Dagobert en se dirigeant vers l'écurie pour donner à son cheval la seconde moitié de sa provende.

Morok s'approcha, et lui dit d'une voix de plus en plus humble :

— J'ai avoué mes torts, je vous ai demandé excuse et pardon... Vous ne m'avez rien répondu... m'en voudriez-vous encore ?

— Si je te retrouve jamais... lorsque mes enfans n'auront plus besoin de moi, — dit le vétéran d'une voix sourde et contenue, — je te dirai deux mots, et ils ne seront pas longs.

Puis il tourna brusquement le dos au Prophète, qui sortit lentement de la cour.

L'auberge du *Faucon-Blanc* formait un parallélogramme. A l'une de ses extrémités s'élevait le bâtiment principal ; à l'autre, des communs où se trouvaient quelques chambres louées à bas prix aux voyageurs pauvres ; un passage voûté, pratiqué dans l'épaisseur de ce corps de logis, donnait sur la campagne ; enfin, de chaque côté de la cour, s'étendait des remises et des hangars surmontés de greniers et de mansardes.

Dagobert, entrant dans une des écuries, alla prendre sur un coffre une ration d'avoine préparée pour son cheval ; il la versa dans une vannette et l'agita en s'approchant de Jovial.

A son grand étonnement, son vieux compagnon ne répondit pas par un hennissement joyeux au bruissement de l'avoine sur l'osier ; inquiet, il appela Jovial d'une voix amie ; mais celui-ci, au lieu de tourner aussitôt vers son maître son œil intelligent, et de frapper des pieds de devant avec impatience, resta immobile.

De plus en plus surpris, le soldat s'approcha.

A la lueur douteuse d'une lanterne d'écurie, il vit le pauvre animal dans une attitude qui annonçait l'épouvante, les jarrets à demi fléchis, la tête au vent, les oreilles couchées, les naseaux frissonnans ; il raidissait sa longe comme s'il eût voulu la rompre, afin de s'éloigner de la cloison où s'appuyaient sa mangeoire et le râtelier ; une sueur abondante et froide marbrait sa robe de tons bleuâtres, et au lieu de se détacher lisse et argenté sur le fond sombre de l'écurie, son poil était partout *piqué*, c'est-à-dire terne et hérissé ; enfin, de temps à autre, des tressaillemens convulsifs agitaient son corps.

— Eh bien !... eh bien ! vieux Jovial... — dit le soldat en posant la vannette par terre afin de pouvoir caresser son cheval — tu es donc comme ton maître... tu as peur ? — ajouta-t-il avec amertume en songeant à l'offense qu'il avait dû supporter. — Tu as peur... toi qui n'es pourtant pas poltron d'habitude...

Malgré les caresses et la voix de son maître, le cheval continua de donner des signes de terreur ; pourtant il roidit moins sa longe, approcha ses naseaux de la main de Dagobert avec hésitation, et en flairant bruyamment comme s'il eût douté que ce fût lui.

— Tu ne me connais plus! — s'écria Dagobert, — il se passe donc ici quelque chose d'extraordinaire?

Et le soldat regarda autour de lui avec inquiétude.

L'écurie était spacieuse, sombre et à peine éclairée par la lanterne suspendue au plafond, que tapissaient d'innombrables toiles d'araignées; à l'autre extrémité, et séparés de Jovial de quelques places marquées par des barres, on voyait les trois vigoureux chevaux noirs du dompteur de bêtes... aussi tranquilles que Jovial était tremblant et effarouché.

Dagobert, frappé de ce singulier contraste, dont il devait bientôt avoir l'explication, caressa de nouveau son cheval, qui, peu à peu rassuré par la présence de son maître, lui lécha les mains, frotta sa tête contre lui, hennit doucement et lui donna enfin comme d'habitude mille témoignages d'affection.

— A la bonne heure... Voilà comme j'aime à te voir, mon vieux Jovial, — dit Dagobert en ramassant la vannette et en versant son contenu dans la mangeoire. — Allons, mange... bon appétit! nous avons une longue étape à faire demain. Et surtout n'aie plus de ces folles peurs à propos de rien... Si ton camarade Rabat-Joie était ici... cela te rassurerait... mais il est là-haut avec les enfans; c'est leur gardien en mon absence... Voyons, mange donc... au lieu de me regarder.

Mais le cheval, après avoir remué son avoine du bout des lèvres comme pour obéir à son maître, n'y toucha plus, et se mit à mordiller la manche de la houppelande de Dagobert.

— Ah! mon pauvre Jovial... tu as quelque chose; toi qui manges ordinairement de si bon cœur... tu laisses ton avoine... C'est la première fois que cela lui arrive depuis notre départ, — dit le soldat, sérieusement inquiet, car l'issue de son voyage dépendait en grande partie de la vigueur et de la santé de son cheval.

Un rugissement effroyable, et tellement proche qu'il semblait sortir de l'écurie même, surprit si violemment Jovial, que d'un coup il brisa sa longe, franchit la barre qui marquait sa place, courut à la porte ouverte, et s'échappa dans la cour.

Dagobert ne put s'empêcher de tressaillir à ce grondement soudain, puissant, sauvage, qui lui expliqua la terreur de son cheval.

L'écurie voisine, occupée par la ménagerie ambulante du dompteur de bêtes, n'était séparée que par la cloison où s'appuyaient les mangeoires; les trois chevaux du Prophète, habitués à ces hurlemens, étaient restés parfaitement tranquilles.

— Bon, bon, — dit le soldat rassuré, — je comprends maintenant;... sans doute, Jovial avait déjà entendu un rugissement pareil; il n'en fallait pas plus pour l'effrayer, — ajouta le soldat en ramassant soigneusement l'avoine dans la mangeoire: — une fois dans une autre écurie, et il doit y en avoir ici, il ne laissera pas son picotin, et nous pourrons nous mettre en route demain matin de bonne heure.

Le cheval effaré, après avoir couru et bondi dans la cour, revint à la voix du soldat, qui le prit facilement par son licou; un palefrenier, à qui Dagobert demanda s'il n'y avait pas une autre écurie vacante, lui en indiqua une qui ne pouvait contenir qu'un seul cheval; Jovial y fut convenablement établi.

Une fois délivré de son farouche voisinage, le cheval redevint tranquille, s'égaya même beaucoup aux dépens de la houppelande de Dagobert, qui, grâce à cette belle humeur, aurait pu, le soir même, exercer son talent de tailleur; mais il ne songea qu'à admirer la prestesse avec laquelle Jovial dévorait sa provende.

Complétement rassuré, le soldat ferma la porte de l'écurie, se dépêcha d'aller souper, afin de rejoindre ensuite les orphelines, qu'il se reprochait de laisser seules depuis si longtemps.

CHAPITRE V.

ROSE ET BLANCHE.

Les orphelines occupaient, dans l'un des bâtimens les plus reculés de l'auberge, une petite chambre délabrée, dont l'unique fenêtre s'ouvrait sur la campagne; un lit sans rideaux une table et deux chaises, composaient l'ameublement plus que modeste de ce réduit éclairé par une lampe; sur la table, placée près de la croisée, était déposé le sac de Dagobert.

Rabat-Joie, le grand chien fauve de Sibérie, couché auprès de la porte, avait déjà deux fois sourdement grondé, en tournant la tête vers la fenêtre, sans pourtant donner suite à cette manifestation hostile.

Les deux sœurs, à demi couchées dans leur lit, étaient enveloppées de longs peignoirs blancs, boutonnés au cou et aux manches. Elles ne portaient pas de bonnet; un large ruban de fil ceignait à la hauteur des tempes leurs beaux cheveux châtains, pour les tenir en ordre pendant la nuit. Ces vêtemens blancs, cette espèce de blanche auréole qui entourait leur front, donnaient un caractère plus candide encore à leurs fraîches et charmantes figures.

Les orphelines riaient et causaient; car, malgré bien des chagrins précoces, elles conservaient la gaîté ingénue de leur âge; le souvenir de leur mère les attristait parfois, mais cette tristesse n'avait rien d'amer, c'était plutôt une douce mélancolie qu'elles recherchaient au lieu de la fuir; pour elles, cette mère toujours adorée n'était pas morte... elle était absente.

Presque aussi ignorantes que Dagobert en fait de pratiques dévotieuses, — car dans le désert où elles avaient vécu, il ne se trouvait ni église ni prêtre, — elles croyaient seulement, on l'a dit, que Dieu, juste et bon, avait tant de pitié pour les pauvres mères dont les enfans restaient sur la terre, que, grâce à lui, du haut du ciel, elles pouvaient les voir toujours, les entendre toujours, et qu'elles leur envoyaient quelquefois de beaux anges gardiens pour les protéger.

Grâce à cette illusion naïve, les orphelines, persuadées que leur mère veillait incessamment sur elles, sentaient que mal faire serait l'affliger et cesser de mériter la protection des bons anges.

A cela se bornait la théologie de Rose et de Blanche, théologie suffisante pour ces âmes aimantes et pures.

Ce soir-là, les deux sœurs causaient en attendant Dagobert.

Leur entretien les intéressait beaucoup; car, depuis quelques jours, elles avaient un secret, un grand secret, qui souvent faisait battre leur cœur virginal, agitait leur sein naissant, changeait en incarnat le rose de leurs joues, et voilait quelquefois en langueur inquiète et rêveuse leurs grands yeux d'un bleu si doux.

Rose, ce soir-là, occupait le bord du lit, ses deux bras arrondis se croisaient derrière sa tête, qu'elle tournait à demi vers sa sœur; celle-ci, accoudée sur le traversin, la regardait en souriant, et lui disait :

— Crois-tu qu'il vienne encore cette nuit?
— Oui, car hier... il nous l'a promis.
— Il est si bon... il ne manquera pas à sa promesse.
— Et puis si joli, avec ses longs cheveux blonds bouclés.
— Et son nom... quel nom charmant... comme il va bien à sa figure!
— Et quel doux sourire, et quelle douce voix, quand il nous dit, en nous prenant par la main...— Mes enfans, bénissez Dieu de ce qu'il vous a donné la même âme..... Ce que l'on cherche ailleurs, vous le trouverez en vous-mêmes...

— Puisque vos deux cœurs n'en font qu'un... a-t-il ajouté.
— Quel bonheur pour nous de nous souvenir de toutes ses paroles, ma sœur!
— Nous sommes si attentives... tiens... te voir l'éc___, c'est comme si je me voyais l'écouter moi-même, mon cher petit mir__! — dit Rose en sou-

riant et en baisant sa sœur au front. — Eh bien! quand il parle, tes yeux... ou plutôt nos yeux... sont grands, grands ouverts, nos lèvres s'agitent comme si nous répétions en nous-mêmes chaque mot après lui... Il n'est pas étonnant que, de ce qu'il dit, rien ne soit oublié de nous.

— Et ce qu'il dit est si beau, si noble, si généreux!

— Puis, n'est-ce pas, ma sœur, à mesure qu'il parle, que de bonnes pensées on sent naître en soi! Pourvu que nous nous les rappelions toujours...

— Sois tranquille, elles resteront dans notre cœur, comme de petits oiseaux dans le nid de leur mère.

— Sais-tu, Rose, que c'est un grand bonheur qu'il nous aime toutes deux à la fois!

— Il ne pouvait faire autrement, puisque nous n'avons qu'un cœur à nous deux.

— Comment aimer Rose sans aimer Blanche?

— Que serait devenue la délaissée?

— Et puis il aurait été si embarrassé de choisir!

— Nous nous ressemblons tant!

— Aussi, pour s'épargner cet embarras, — dit Rose en riant, — il nous a choisies toutes deux...

— Cela ne vaut-il pas mieux? Il est seul à nous aimer... Nous sommes deux à le chérir...

— Pourvu qu'il ne nous quitte pas jusqu'à Paris.

— Et qu'à Paris... nous le voyions aussi...

— C'est surtout à Paris... qu'il sera bon de l'avoir avec nous... et avec Dagobert... dans cette grande ville... Mon Dieu, Blanche, que cela doit être beau!...

— Paris? ça doit être comme une ville d'or...

— Une ville où tout le monde doit être heureux... puisque c'est si beau!...

— Mais nous, pauvres orphelines, oserons-nous y entrer seulement?... Comme on nous regardera!

— Oui... mais puisque tout le monde y est heureux, tout le monde doit y être bon.

— Et l'on nous aimera...

— Et puis nous serons avec notre ami... aux cheveux blonds et aux yeux bleus.

— Il ne nous a encore rien dit de Paris...

— Il n'y aura pas songé... Il faudra lui en parler cette nuit.

— S'il est en train de causer... car souvent, tu sais, il a l'air d'aimer à nous contempler en silence, ses yeux sur nos yeux...

— Oui, et dans ces momens-là son regard me rappelle quelquefois le regard de notre mère chérie.

— Et elle... combien elle doit être heureuse de ce qui nous arrive... puisqu'elle nous voit!

— Car si l'on nous aime autant, c'est que sans doute nous le méritons...

— Voyez-vous, la vaniteuse... — dit Blanche en se plaisant à lisser, du bout de ses doigts déliés, les cheveux de sa sœur séparés sur son front.

Après un moment de réflexion, Rose lui dit :

— Ne trouves-tu pas que nous devrions tout raconter à Dagobert?

— Si tu le crois... faisons-le...

— Nous lui disons tout, comme nous disions tout à notre mère; pourquoi lui cacher quelque chose?...

— Et surtout quelque chose qui nous est un si grand bonheur.

— Ne trouves-tu pas que, depuis que nous connaissons notre ami, notre cœur bat plus vite et plus fort?

— Oui, on dirait qu'il est plus plein.

— C'est tout simple, notre ami y tient une si bonne petite place!

— Aussi nous ferons bien d'apprendre à Dagobert quelle a été notre bonne étoile.

— Tu as raison.

A ce moment le chien grogna de nouveau sourdement.

— Ma sœur, — dit Rose en se pressant contre Blanche, — voilà encore le chien qui gronde; qu'est-ce qu'il a donc?

Rabat-Joie... ne gronde pas; viens ici! reprit Blanche en frappant de sa petite main sur le bord de son lit.

Le chien se leva, fit encore entendre un grognement sourd, et vint poser sur la couverture sa grosse tête intelligente, en jetant obstinément un regard de côté vers la croisée; les deux sœurs se penchèrent vers lui pour caresser son large front bossué vers le milieu par une protubérance remarquable, signe évident d'une grande pûreté de race.

— Qu'est-ce que vous avez à gronder ainsi, *Rabat-Joie?* — dit Blanche en lui tirant légèrement les oreilles, hein?... mon bon chien?

— Pauvre bête, il est toujours si inquiet quand Dagobert n'est pas là!

— C'est vrai, on dirait qu'il sait alors qu'il faut qu'il veille encore plus sur nous.

— Ma sœur, il me semble que Dagobert tarde bien à nous dire bonsoir.

— Sans doute, il panse *Jovial.*

— Cela me fait songer que nous ne lui avons pas dit bonsoir, à notre vieux *Jovial.*

— J'en suis fâchée.

— Pauvre bête... il a l'air si content de nous lécher les mains!... On croirait qu'il nous remercie de notre visite.

— Heureusement Dagobert lui aura dit bonsoir pour nous.

— Bon Dagobert! il s'occupe toujours de nous; comme il nous gâte!... Nous faisons les paresseuses, et il se donne tout le mal...

— Pour l'en empêcher... comment faire?

— Quel malheur de n'être pas riches pour lui assurer un peu de repos!

— Riches... nous... hélas! ma sœur... nous ne serons jamais que de pauvres orphelines.

— Mais cette médaille, enfin?

— Sans doute quelque espérance s'y rattache, sans cela nous n'aurions pas fait ce grand voyage.

— Dagobert nous a promis de nous tout dire ce soir.

La jeune fille ne put continuer : deux carreaux de la croisée volèrent en éclats avec un grand bruit. Les orphelines, poussant un cri d'effroi, se jetèrent dans les bras l'une de l'autre, pendant que le chien se précipitait vers la croisée en aboyant avec furie...

Pâles, tremblantes, immobiles de frayeur, étroitement enlacées, les deux sœurs suspendaient leur respiration; dans leur épouvante, elles n'osaient pas jeter les yeux du côté de la fenêtre.

Rabat-Joie, les pattes de devant appuyées sur la plinthe, ne cessait pas ses aboiemens irrités.

— Hélas!... qu'est-ce donc? — murmurèrent les orphelines; — et Dagobert qui n'est pas là...

Puis, tout à coup, Rose s'écria en saisissant le bras de Blanche :

— Ecoute... écoute!... on monte l'escalier.

Mon Dieu! il me semble que ce n'est pas la marche de Dagobert; entends-tu comme ces pas sont lourds?

— *Rabat-Joie!* ici tout de suite... viens nous défendre! s'écrièrent les deux sœurs au comble de l'épouvante.

En effet, des pas d'une pesanteur extraordinaire retentissaient sur les marches sonores de l'escalier de bois, et une espèce de frôlement singulier s'entendait le long de la mince cloison qui séparait la chambre du palier.

Enfin un corps lourd tombant derrière la porte, l'ébranla violemment. Les jeunes filles, au comble de la terreur, se regardèrent sans prononcer une parole; la porte s'ouvrit : c'était Dagobert.

A sa vue, Rose et Blanche s'embrassèrent avec joie, comme si elles venaient d'échapper à un grand danger.

— Qu'avez-vous? pourquoi cette peur? — leur demanda le soldat surpris.

— Oh! si tu savais! — dit Rose d'une voix palpitante, car son cœur et celui de sa sœur battaient avec violence.

— Si tu savais ce qui vient d'arriver... Ensuite, nous n'avions pas reconnu ton pas... il nous avait semblé si lourd... et puis ce bruit... derrière la cloison.

— Mais, petites peureuses, je ne pouvais pas monter l'escalier avec des jambes de quinze ans, vu que j'apportais mon lit sur mon dos, c'est-à-dire

4.

une paillasse que je viens de jeter derrière votre porte, pour m'y coucher comme d'habitude.

— Mon Dieu! que nous sommes folles, ma sœur, de n'avoir pas songé à cela! dit Rose en regardant Blanche.

Et ces deux jolis visages pâlis ensemble, reprirent ensemble leurs fraîches couleurs.

Pendant cette scène, le chien, toujours dressé contre la fenêtre, ne cessait d'aboyer.

— Qu'est-ce que *Rabat-Joie* a donc à aboyer de ce côté-là, mes enfans? — dit le soldat.

— Nous ne savons pas... on vient de casser des carreaux à la croisée, c'est ce qui avait commencé à nous effrayer si fort.

Sans répondre un mot, Dagobert courut à la fenêtre, l'ouvrit vivement, poussa la persienne et se pencha en dehors... il ne vit rien... que la nuit noire... il écouta... il n'entendit rien que les mugissemens du vent.

— *Rabat-Joie* — dit-il à son chien en lui montrant la fenêtre ouverte... — saute là, mon vieux, et cherche!

Le brave animal fit un bond énorme et disparut par la croisée élevée seulement de huit pieds environ au-dessus du sol. Dagobert, penché, excitait son chien de la voix et du geste.

— Cherche, mon vieux, cherche!... S'il y a quelqu'un, saute dessus, tes crocs sont bons... et ne lâche pas avant que je sois descendu.

Rabat-Joie ne trouva personne.

On l'entendait aller et venir, en cherchant une trace de côté et d'autre, jetant parfois un cri étouffé, comme un chien courant qui quête.

— Il n'y a donc personne, mon brave chien, car s'il y avait quelqu'un, tu le tiendrais déjà à la gorge. — Puis se tournant vers les jeunes filles, qui écoutaient ses paroles et suivaient ses mouvemens avec inquiétude : — Comment ces carreaux ont-ils été cassés? Mes enfans, l'avez-vous remarqué?

— Non, Dagobert; nous causions ensemble, nous avons entendu un grand bruit, et puis les carreaux sont tombés dans la chambre.

— Il m'a semblé, — ajouta Rose, — avoir entendu comme un volet qui aurait tout à coup battu contre la fenêtre.

Dagobert examina la persienne, et remarqua un assez long crochet mobile destiné à la fermer en dedans.

— Il vente beaucoup — dit-il — le vent aura poussé cette persienne... et ce crochet aura brisé les carreaux... Oui, oui, c'est cela... Quel intérêt d'ailleurs pouvait-on avoir à faire ce mauvais coup? — Puis, s'adressant à *Rabat-Joie*: — Eh bien... mon vieux, il n'y a donc personne?

Le chien répondit par un aboiement dont le soldat comprit sans doute le sens négatif, car il lui dit : — Eh bien alors, reviens... fais le grand tour... tu trouveras toujours une porte ouverte... tu n'es pas embarrassé.

Rabat-Joie suivit ce conseil : après avoir hogné quelques instans au pied de la fenêtre, il partit au galop pour faire le tour des bâtimens et rentrer dans la cour.

— Allons, rassurez-vous, mes enfans... dit le soldat en revenant auprès des orphelines.

— Ce n'était rien que le vent...

— Nous avons eu bien peur — dit Rose.

— Je le crois... Mais j'y songe, il peut venir par là un courant d'air, et vous aurez froid, dit le soldat en retournant vers la fenêtre dégarnie de rideaux.

Après avoir cherché le moyen de remédier à cet inconvénient, il prit sur une chaise la pelisse de peau de renne, la suspendit à l'espagnolette, et avec les pans boucha aussi hermétiquement que possible les deux ouvertures faites par le brisement des carreaux.

— Merci, Dagobert... Comme tu es bon! Nous étions inquiètes de ne pas te voir...

— C'est vrai... tu es resté plus longtemps que d'habitude.

Puis, s'apercevant alors seulement de la pâleur et de l'altération des traits du soldat, qui était encore sous la pénible impression de sa scène avec Morok, Rose ajouta : Mais qu'est-ce que tu as?... Comme tu es pâle!...

— Moi! non, mes enfans... Je n'ai rien...

— Mais si, je t'assure... Tu as la figure toute changée... Rose a raison.
— Je vous assure... que je n'ai rien — répondit le soldat avec assez d'embarras, car il savait peu mentir ; puis, trouvant une excellente excuse à son émotion, il ajouta : — Si j'ai l'air d'avoir quelque chose, c'est votre frayeur qui m'aura inquiété, car, après tout, c'est ma faute...
— Ta faute ?
— Oui, si j'avais perdu moins de temps à souper, j'aurais été là quand les carreaux ont été cassés... et je vous aurais épargné un vilain moment de peur.
— Te voilà... nous n'y pensons plus...
— Eh bien ! tu ne t'assieds pas ?
— Si, mes enfans, car nous avons à causer — dit Dagobert en approchant une chaise et se plaçant au chevet des deux sœurs. — Ah çà, êtes-vous bien éveillées ? — ajouta-t-il en tâchant de sourire pour les rassurer. — Voyons, ces grands yeux sont-ils bien ouverts ?
— Regarde, Dagobert — dirent les petites filles en souriant à leur tour, et ouvrant leurs yeux bleus de toute leur force...
— Allons, allons — dit le soldat — ils ont de la marge pour se fermer ; d'ailleurs il n'est que neuf heures.
— Nous avons aussi quelque chose à te dire, Dagobert — reprit Rose après avoir consulté sa sœur du regard.
— Vraiment ?
— Une confidence à te faire.
— Une confidence ?
— Mon Dieu, oui.
— Mais, vois-tu, une confidence très... très importante... — ajouta Rose avec un grand sérieux.
— Une confidence qui nous regarde toutes les deux — reprit Blanche.
— Pardieu... je le crois bien... ce qui regarde l'une regarde toujours l'autre. Est-ce que vous n'êtes pas toujours, comme on dit, deux têtes dans un bonnet ?
— Dame, il le faut bien, quand tu mets nos deux têtes sous le capuchon de ta pelisse.... — dit Rose en riant.
— Voyez-vous, les moqueuses, on n'a jamais le dernier avec elles. Allons, mesdemoiselles, ces confidences ! puisque confidences il y a.
— Parle, ma sœur — dit Blanche.
— Non, mademoiselle, c'est à vous de parler, vous êtes aujourd'hui *de planton* comme aînée, et une chose aussi importante qu'une confidence, comme vous dites, revient de droit à l'aînée...
— Voyons, je vous écoute... — dit le soldat, qui s'efforçait de sourire, pour mieux cacher aux enfans ce qu'il ressentait encore des outrages impunis du dompteur de bêtes.
Ce fut donc Rose, *l'aînée de planton*, comme disait Dagobert, qui parla pour elle et pour sa sœur.

CHAPITRE VI.

LES CONFIDENCES.

— D'abord, mon bon Dagobert, dit Rose avec une câlinerie gracieuse, puisque nous allons te faire nos confidences, il faut nous promettre de ne pas nous gronder.
— N'est-ce pas... tu ne gronderas pas tes enfans ? — ajouta Blanche d'une voix non moins caressante.
— Accordé — répondit gravement Dagobert — vu que je ne saurais trop comment m'y prendre... Mais pourquoi vous gronder.
— Parce que nous aurions peut-être dû te dire plus tôt ce que nous allons t'apprendre...
— Ecoutez, mes enfans, répondit sentencieusement Dagobert après avoir un instant réfléchi sur ce cas de conscience — de deux choses l'une : ou vous avez eu raison, ou vous avez eu tort de me cacher quelque chose... Si vous avez eu raison, c'est très bien ; si vous avez eu tort, c'est fait ; ainsi maintenant n'en parlons plus. Allez, je suis tout oreilles.

Complétement rassurée par cette lumineuse décision, Rose reprit en échangeant un sourire avec sa sœur.

— Figure-toi, Dagobert, que voilà deux nuits de suite que nous avons une visite.

— Une visite ! — Et le soldat se redressa brusquement sur sa chaise.

— Oui, une visite charmante... car il est blond !

— Comment diable, il est blond ? s'écria Dagobert avec un soubresaut.

— Blond... avec des yeux bleus... ajouta Blanche.

— Comment diable, des yeux bleus ?... Et Dagobert fit un nouveau bond sur son siége.

— Oui, des yeux bleus... longs comme ça... reprit Rose en posant le bout de son index droit vers le milieu de son index gauche.

— Mais, morbleu ! ils seraient longs comme ça... — et faisant grandement les choses, le vétéran indiqua toute la longueur de son avant-bras ; — ils seraient longs comme ça que ça ne ferait rien... un blond qui a des yeux bleus... Ah ça, mesdemoiselles, qu'est-ce que cela signifie ?

Dagobert se leva, cette fois, l'air sévère et péniblement inquiet.

— Ah ! vois-tu, Dagobert, tu grondes tout de suite.

— Rien qu'au commencement encore ? — ajouta Blanche.

— Au commencement ?... il y a donc une suite, une fin ?

— Une fin ? nous espérons bien que non... et Rose se prit à rire comme une folle.

— Tout ce que nous demandons, c'est que cela dure toujours, ajouta Blanche en partageant l'hilarité de sa sœur.

Dagobert regardait tour à tour très sérieusement les deux jeunes filles, afin de tâcher de deviner cette énigme ; mais lorsqu'il vit leurs ravissantes figures gracieusement animées par un sourire franc et ingénu, il réfléchit qu'elles n'auraient pas tant de gaieté si elles avaient de graves reproches à se faire, et il ne pensa plus qu'à se réjouir de voir les orphelines si gaies au milieu de leur position précaire, et dit :

— Riez... riez, mes enfans... j'aime tant à vous voir rire ! — Puis, songeant que pourtant ce n'était pas précisément de la sorte qu'il devait répondre au singulier aveu des petites filles, il ajouta d'une grosse voix : — J'aime à vous voir rire, oui, mais non quand vous recevez des visites blondes avec des yeux bleus, mesdemoiselles ; allons, avouez-moi que je suis fou d'écouter ce que vous me contez là... Vous voulez vous moquer de moi... n'est-ce pas ?

— Non, ce que nous te disons est vrai... bien vrai...

— Tu le sais... nous n'avons jamais menti — ajouta Rose.

— Elles ont raison, cependant elles ne mentent jamais... — dit le soldat dont les perplexités recommencèrent. — Mais comment diable cette visite est-elle possible ? Je couche dehors en travers de votre porte ; Rabat-Joie couche au pied de votre fenêtre : or, tous les yeux bleus et tous les cheveux blonds du monde ne peuvent entrer que par la porte ou par la fenêtre : et s'ils avaient essayé, nous deux Rabat-Joie, qui avons l'oreille fine, nous aurions reçu les visites... à notre manière... Mais voyons, enfans, je vous en prie, parlons sans plaisanter... expliquez-vous !

Les deux sœurs, voyant à l'expression des traits de Dagobert qu'il ressentait une inquiétude réelle, ne voulurent pas abuser plus longtemps de sa bonté. Elles échangèrent un regard, et Rose dit en prenant dans ses petites mains la rude et large main du vétéran :

— Allons... ne te tourmente pas, nous allons te raconter les visites de notre ami... Gabriel.

— Vous recommencez ?... Il a un nom ?

— Certainement il a un nom, nous te le disons... *Gabriel*...

— Quel joli nom ! n'est-ce pas, Dagobert ? Oh ! tu verras, tu l'aimeras comme nous, notre beau Gabriel.

— J'aimerai votre beau Gabriel ! dit le vétéran en hochant la tête — j'aimerai votre beau Gabriel !... c'est selon, car avant il faut que je sache... — Puis, s'interrompant : — C'est singulier, ça me rappelle une chose...

— Quoi donc, Dagobert ?

— Il y a quinze ans, dans la dernière lettre que votre père, en revenant de France, m'a apportée de ma femme, elle me disait que toute pauvre qu'elle était, et quoiqu'elle eût déjà sur les bras notre petit Agricol qui grandissait, elle venait de recueillir un pauvre enfant abandonné qui avait une figure de chérubin, et qui s'appelait Gabriel... Et, il n'y a pas longtemps, j'en ai eu encore des nouvelles.

— Et par qui donc?

— Vous saurez cela tout à l'heure.

— Alors, tu vois bien, puisque tu as aussi ton Gabriel, raison de plus pour aimer le nôtre.

— Le vôtre... le vôtre ; voyons le vôtre.., je suis sur des charbons ardens...

— Tu sais, Dagobert, reprit Rose — que moi et Blanche nous avons l'habitude de nous endormir en nous tenant par la main.

— Oui, oui, je vous ai vues bien des fois ainsi toutes deux dans votre berceau... Je ne pouvais pas me lasser de vous regarder, tant vous étiez gentilles.

— Eh bien ! il y a deux nuits, nous venions de nous endormir, lorsque nous avons vu...

— C'était donc en rêve! s'écria Dagobert, puisque vous étiez endormies... en rêve !

— Mais oui, en rêve... Comment veux-tu que ce soit?...

— Laisse donc parler ma sœur.

— A la bonne heure! dit le soldat avec un soupir de satisfaction — à la bonne heure; certainement, de toutes façons, j'étais bien tranquille... parce que... mais enfin c'est égal... Un rêve! j'aime mieux cela... Continuez, petite Rose.

— Une fois endormies, nous avons eu un songe pareil.

— Toutes deux le même ?

— Oui, Dagobert; car le lendemain matin, en nous éveillant, nous nous sommes raconté ce que nous venions de rêver.

— Et c'était tout semblable...

— C'est extraordinaire, mes enfants; et ce songe, qu'est-ce qu'il disait ?

— Dans ce rêve, Blanche et moi nous étions assises à côté l'une de l'autre; nous avons vu entrer un bel ange; il avait une longue robe blanche, des cheveux blonds, des yeux bleus et une figure si belle, si bonne, que nous avons joint nos mains comme pour le prier... Alors il nous a dit d'une voix douce qu'il se nommait Gabriel, que notre mère l'envoyait vers nous pour être notre ange gardien, et qu'il ne nous abandonnerait jamais.

— Et puis — ajouta Blanche — nous prenant une main à chacune et inclinant son beau visage vers nous, il nous a ainsi longtemps regardées en silence avec tant de bonté... tant de bonté, que nous ne pouvions détacher nos yeux des siens.

— Oui — reprit Rose — et il nous semblait que, tour à tour, son regard nous attirait où nous allait au cœur... A notre grand chagrin, Gabriel nous a quittées en nous disant que la nuit d'ensuite nous le verrions encore.

— Et il a reparu?

— Sans doute, mais tu juges avec quelle impatience nous attendions le moment d'être endormies, pour voir si notre ami reviendrait nous trouver pendant notre sommeil.

— Hum... ceci me rappelle, mesdemoiselles, que vous vous frottiez joliment les yeux avant-hier soir— dit Dagobert en se grattant le front; —vous prétendiez tomber de sommeil... je parie que c'était pour me renvoyer plus tôt, et courir plus vite à votre rêve?

— Oui, Dagobert.

— Le fait est que vous ne pouviez pas me dire comme à Rabat-Joie : Va te coucher, Dagobert. Et l'ami Gabriel est revenu ?

— Certainement, mais cette fois il nous a beaucoup parlé, et au nom de notre mère il nous a donné des conseils si touchans, si généreux que, le lendemain, Rose et moi nous avons passé tout notre temps à nous rappeler les moindres paroles de notre ange gardien... ainsi que sa figure... et son regard...

— Ceci me fait souvenir, mesdemoiselles, qu'hier vous avez chuchoté tout le long de l'étape... et quand je vous disais blanc, vous me répondiez noir.

— Oui, Dagobert, nous pensions à Gabriel.

— Et depuis, nous l'aimons toutes deux autant qu'il nous aime...

— Mais il est seul pour vous deux?
— Et notre mère, n'était-elle pas seule pour nous deux ?
— Et toi, Dagobert, n'es-tu pas seul aussi pour nous deux?
— C'est juste!... Ah çà, mais savez-vous que je finirai par en être jaloux de ce gaillard-là, moi?...
— Tu es notre ami du jour, il est notre ami de nuit.
— Entendons-nous : si vous en parlez le jour et si vous en rêvez la nuit, qu'est-ce qu'il me restera donc à moi?
— Il te restera... tes deux orphelines que tu aimes tant! — dit Rose.
— Et qui n'ont plus que toi au monde — ajouta Blanche d'une voix caressante.
— Hum, hum, c'est ça, câlinez-moi... Allez, mes enfans, — ajouta tendrement le soldat — je suis content de mon lot; je vous passe votre Gabriel ; j'étais bien sûr que moi et Rabat-Joie nous pouvions dormir tranquillement sur nos oreilles. Du reste, il n'y a rien d'étonnant à ceci : votre premier songe vous a frappées, et, à force d'en jaser, vous l'avez eu de nouveau : aussi vous le verriez une troisième fois, ce bel oiseau de nuit... que je n m'étonnerais pas.
— Oh! Dagobert, ne plaisante pas, ce sont seulement des rêves, mais il nous semble que notre mère nous les envoie. Ne nous disait-elle pas que les jeunes filles orphelines avaient des anges gardiens!... Eh bien! Gabriel est notre ange gardien, il nous protégera et te protégera aussi.
— C'est sans doute bien honnête de sa part de penser à moi; mais, voyez, mes chères enfans, pour m'aider à vous défendre, j'aime mieux Rabat-Joie; il est moins blond que l'ange, mais il a de meilleures dents, et c'est plus sûr.
— Que tu es impatientant, Dagobert, avec tes plaisanteries!
— C'est vrai, tu ris de tout.
— Oui, c'est étonnant comme je suis gai... je ris à la manière du vieux Jovial, sans desserrer les dents. Voyons, enfans, ne me grondez pas; au fait, j'ai tort : la pensée de votre digne mère est mêlée à ce rêve; vous faites bien d'en parler sérieusement. Et puis — ajouta-t-il d'un air grave — il y a quelquefois du vrai dans les rêves... En Espagne, deux dragons de l'impératrice, des camarades à moi, avaient rêvé, la veille de leur mort, qu'ils seraient empoisonnés par les moines... ils l'ont été... Si vous rêvez obstinément de ce bel ange Gabriel... c'est... que... c'est que... enfin, c'est que ça vous amuse... vous n'avez pas déjà tant d'agrément le jour... ayez au moins un sommeil... divertissant; maintenant, mes enfans, j'ai aussi bien des choses à vous dire; il s'agira de votre mère, promettez-moi de ne pas être tristes.
— Sois tranquille; en pensant à elle, nous ne sommes pas tristes, mais sérieuses.
— A la bonne heure! Par peur de vous chagriner, je reculais toujours le moment de vous dire ce que votre pauvre mère vous aurait confié quand vous n'auriez plus été des enfans; mais elle est morte si vite qu'elle n'a pas eu le temps; et puis ce qu'elle avait à vous apprendre lui brisait le cœur, et à moi aussi; je retardais ces confidences tant que je pouvais, et j'avais pris le prétexte de ne vous parler de rien avant le jour où nous traverserions le champ de bataille où votre père avait été fait prisonnier... ça me donnait du temps... mais le moment est venu... il n'y a plus à tergiverser.
— Nous t'écoutons, Dagobert, répondirent les jeunes filles, d'un air attentif et mélancolique.

Après un moment de silence, pendant lequel il s'était recueilli, le vétéran dit aux jeunes filles :

— Votre père, le général Simon, fils d'un ouvrier qui est resté ouvrier; car, malgré tout ce que le général avait pu faire et dire, le bonhomme s'est entêté à ne pas quitter son état; tête de fer et cœur d'or, tout comme son fils : vous pensez, mes enfans, que si votre père, après s'être engagé simple soldat, est devenu général.... et comte de l'empire... ça n'a pas été sans peine et sans gloire.

— Comte de l'empire? qu'est-ce que c'est, Dagobert?
— Une bêtise... un titre que l'Empereur donnait par-dessus le marché, avec le grade; histoire de dire au peuple, qu'il aimait, parce qu'il en était :
—Enfans! vous voulez jouer à la noblesse, comme les vieux nobles? vous v'là

nobles ; vous voulez jouer aux rois, vous v'la rois... Goûtez de tout... enfans, rien de trop bon pour vous... régalez-vous.

— Roi ! — dirent les petites filles en joignant les mains avec admiration.
— Tout ce qu'il y a de plus roi... Oh! il n'en était pas chiche, de couronnes, l'empereur! J'ai eu un camarade de lit, brave soldat du reste, qui a passé roi ; ça nous flattait, parce qu'enfin quand c'était pas l'un, c'était l'autre ; tant il y a qu'à ce jeu-là votre père a été comte ; mais comte ou non, c'était le plus beau, le plus brave général de l'armée.
— Il était beau, n'est-ce pas, Dagobert ! notre mère le disait toujours.
— Oh ! oui, allez ! mais par exemple, il était tout le contraire de votre blondin d'ange gardien. Figurez-vous un brun superbe ; en grand uniforme , c'était à vous éblouir et à vous mettre le feu au cœur.... Avec lui on aurait chargé jusque sur le bon Dieu !... si le bon Dieu l'avait demandé, bien entendu... se hâta d'ajouter Dagobert, en manière de correctif, ne voulant blesser en rien la foi naïve des orphelines.
— Et notre père était aussi bon que brave, n'est-ce pas, Dagobert ?
— Bon ! ! mes enfans ! lui ? je le crois bien ! ! il aurait ployé un fer à cheval entre ses mains, comme vous plieriez une carte, et le jour où il a été fait prisonnier, il avait sabré des canonniers prussiens jusque sur leurs canons. Avec ce courage et cette force-là, comment voulez-vous qu'on ne soit pas bon ?... Il y a donc environ dix-neuf ans, qu'ici près... à l'endroit que je vous ai montré, avant d'arriver dans ce village, le général, dangereusement blessé, est tombé de cheval... je le suivais comme son ordonnance, j'ai couru à son secours. Cinq minutes après, nous étions faits prisonniers ; par qui ?... par un Français !
— Un Français ?
— Oui, un marquis émigré ; colonel au service de Russie — répondit Dagobert avec amertume. — Aussi, quand ce marquis a dit au général, en s'avançant vers lui : — *Rendez-vous, monsieur, à un compatriote...* — Un Français qui se bat contre la France n'est plus mon compatriote ; c'est un traître, et je ne me rends pas à un traître — a répondu le général ; et, tout blessé qu'il était, il s'est traîné auprès du grenadier russe, lui a remis son sabre en disant : — Je me rends à vous, mon brave. — Le marquis en est devenu pâle de rage...

Les orphelines se regardèrent avec orgueil, un vif incarnat colora leurs joues, et elles s'écrièrent : Oh ! brave père, brave père...
— Hum ! ces enfans... — dit Dagobert en caressant sa moustache avec fierté, — comme on voit qu'elles ont du sang de soldat dans les veines ! Puis il reprit : Nous voilà donc prisonniers. Le dernier cheval du général avait été tué sous lui ; pour faire la route, il monte Jovial, qui n'avait pas été blessé ce jour-là ; nous arrivons à Varsovie ; c'est là que le général a connu votre mère ; elle était surnommée la *Perle de Varsovie*, c'est tout dire. Aussi, lui qui aimait ce qui était bon et beau, en devient amoureux tout de suite ; elle l'aime à son tour ; mais ses parens l'avaient promise à un autre... et cet autre... c'était encore...

Dagobert ne put continuer. — Rose jeta un cri perçant en montrant la fenêtre avec effroi.

CHAPITRE VII.

LE VOYAGEUR.

Au cri de la jeune fille, Dagobert se leva brusquement.
— Qu'avez-vous, Rose ?
— Là... là... — dit-elle en montrant la croisée. Il me semble avoir vu une main déranger la pelisse.

Rose n'avait pas achevé ces paroles, que Dagobert courait à la fenêtre. Il l'ouvrit violemment, après avoir ôté le manteau suspendu à l'espagnolette. Il faisait toujours nuit noire et grand vent... Le soldat prêta l'oreille, il n'entendit rien...

Revenant prendre la lumière sur la table, il tâcha d'éclairer au dehors en abritant la flamme avec sa main. Il ne vit rien...

Fermant de nouveau la fenêtre, il se persuada qu'une bouffée de vent ayant dérangé et agité la pelisse, Rose avait été dupe d'une fausse peur.

— Rassurez-vous, mes enfans... Il vente très fort : c'est ce qui aura fait remuer le coin du manteau.

— Il me semblait pourtant bien avoir vu des doigts qui l'écartaient... dit Rose encore tremblante.

— Moi, je regardais Dagobert, je n'ai rien vu — reprit Blanche.

— Et il n'y avait rien à voir, mes enfans, c'est tout simple ; la fenêtre est au moins à huit pieds au-dessus du sol ; il faudrait être un géant pour y atteindre, ou avoir une échelle pour y monter. Cette échelle, on n'aurait pas eu le temps de l'ôter, puisque dès que Rose a crié j'ai couru à la fenêtre, et qu'en avançant la lumière au dehors, je n'ai rien vu.

— Je me serai trompée, dit Rose.

— Vois-tu, ma sœur.... c'est le vent — ajouta Blanche.

— Alors, pardon de t'avoir dérangé, mon bon Dagobert.

— C'est égal — reprit le soldat en réfléchissant — je suis fâché que Rabat-Joie ne soit pas revenu, il aurait veillé à la fenêtre, cela vous aurait rassurées ; mais il aura flairé l'écurie de son camarade Jovial, et il aura été lui dire bonsoir en passant... j'ai envie d'aller le chercher.

— Oh non, Dagobert, ne nous laisse pas seules, — s'écrièrent les petites filles — nous aurions trop peur.

— Au fait, Rabat-Joie ne peut maintenant tarder à revenir, et tout à l'heure nous l'entendrons gratter à la porte, j'en suis sûr... Ah çà ! continuons notre récit, dit Dagobert, et il s'assit au chevet des deux sœurs, cette fois bien en face de la fenêtre.

— Voilà donc le général prisonnier à Varsovie, et amoureux de votre mère, que l'on voulait marier à un autre — reprit-il. — En 1814, nous apprenons la fin de la guerre, l'exil de l'Empereur à l'île d'Elbe et le retour des Bourbons : d'accord avec les Prussiens et les Russes, qui les avaient ramenés, ils avaient exilé l'Empereur à l'île d'Elbe ; apprenant cela, votre mère dit au général : *La guerre est terminée, vous êtes libre ; l'Empereur est malheureux, vous lui devez tout : allez le retrouver... je ne sais quand nous nous reverrons, mais je n'épouserai que vous ; vous me trouverez jusqu'à la mort...* Avant de partir, le général m'appelle : — « Dagobert, reste ici ; mademoiselle
» Eva aura peut-être besoin de toi pour fuir sa famille, si on la tourmente
» trop ; notre correspondance passera par tes mains ; à Paris, je verrai ta
» femme, ton fils, je les rassurerai... je leur dirai que tu es pour moi... un
» ami. »

— Toujours le même, — dit Rose attendrie, en regardant Dagobert.

— Bon pour le père et pour la mère, comme pour les enfans... — ajouta Blanche.

— Aimer les uns, c'est aimer les autres — répondit le soldat. — Voilà donc le général à l'île d'Elbe avec l'Empereur ; moi, à Varsovie, caché dans les environs de la maison de votre mère, je recevais les lettres, et les lui portais en cachette... Dans une de ces lettres, je vous le dis fièrement, mes enfans, le général m'apprenait que l'Empereur s'était souvenu de moi.

— De toi ?... il te connaissait !

— Un peu, je m'en flatte. — Ah! Dagobert ? — a-t-il dit à votre père qui lui parlait de moi ; — un grenadier à cheval de ma vieille garde... sol-
» dat d'Egypte et d'Italie, criblé de blessures, un *vieux pince-sans-rire*... que
» j'ai décoré de ma main à Wagram ?... je ne l'ai pas oublié. » — Dame, mes enfans, quand votre mère m'a lu cela, j'en ai pleuré comme une bête...

— L'Empereur !... quel beau visage d'or il avait sur ta croix d'argent à ruban rouge que tu nous montrais quand nous étions sages !

— C'est qu'aussi cette croix-là, donnée par lui, c'est ma relique, à moi, et elle est là dans mon sac avec ce que j'ai de plus précieux, notre boursicaut, et nos papiers... Mais pour en revenir à votre mère : de lui porter les lettres du général, d'en parler avec elle, ça la consolait, car elle souffrait ; oh oui, et beaucoup ; ses parens avaient beau la tourmenter, s'acharner après elle, elle répondait toujours : *Je n'épouserai jamais que le général Simon*. Fière femme, allez... Résignée, mais courageuse, il fallait voir ! Un jour elle reçoit une lettre du général : il avait quitté l'île d'Elbe avec l'Empereur ; voilà la guerre qui recommence, guerre courte, mais guerre héroïque comme toujours, guerre sublime par le dévoûment des soldats. Votre père se bat comme un lion, et son corps d'armée fait comme lui; ce n'était plus de la bravoure... c'était de la rage.

Et les joues du soldat s'enflammaient... Il ressentait en ce moment les émotions héroïques de sa jeunesse; il revenait, par la pensée, au sublime élan des guerres de la République, aux triomphes de l'Empire, aux premiers et aux derniers jours de sa vie militaire.

Les orphelines, filles d'un soldat et d'une mère courageuse, se sentaient émues à ses paroles énergiques, au lieu d'être effrayées de leur rudesse; leur cœur battait plus fort, leurs joues s'animaient aussi.

— Quel bonheur pour nous d'être filles d'un père si brave!... — s'écria Blanche.

— Quel bonheur... et quel honneur, mes enfans, car, le soir du combat de Ligny, l'Empereur, à la joie de toute l'armée, nomma votre père, sur le champ de bataille, *duc de Ligny et maréchal de l'Empire.*

— Maréchal de l'Empire! — dit Rose étonnée, sans trop comprendre la valeur de ces mots.

— Duc de Ligny! — reprit Blanche aussi surprise.

— Oui, Pierre Simon, fils d'un ouvrier, *duc et maréchal*; il faut être roi pour être davantage — reprit Dagobert avec orgueil. — Voilà comment l'Empereur traitait les enfans du peuple; aussi le peuple était à lui. On avait beau lui dire : — « Mais ton Empereur fait de toi de la *chair à canon.* — Bah! un
» autre ferait de moi de la *chair à misère* — répondait le peuple, qui n'est
» pas bête; — j'aime mieux le canon, et risquer de devenir capitaine, colo-
» nel, maréchal, roi... ou invalide; ça vaut encore mieux que de crever de
» faim, de froid et de vieillesse sur la paille d'un grenier, après avoir tra-
» vaillé quarante ans pour les autres. »

— Même en France... même à Paris, dans cette belle ville... il y a des malheureux qui meurent de faim et de misère... Dagobert?

— Même à Paris... Oui, mes enfans; aussi j'en reviens là... le canon vaut mieux, car on risque, comme votre père, d'être duc et maréchal; quand je dis duc et maréchal, j'ai raison et j'ai tort, car plus tard on ne lui a pas reconnu ce titre et ce grade, parce que, après Ligny... il y a eu un jour de deuil... de grand deuil, où de vieux soldats comme moi, m'a dit le général, ont pleuré, oui, pleuré... le soir de la bataille; ce jour-là, mes enfans... s'appelle *Waterloo.*

Il y eut dans ces simples mots de Dagobert un accent de tristesse si profonde, que les orphelines tressaillirent.

— Enfin — reprit le soldat en soupirant — il y a comme ça des jours maudits... Ce jour-là, à Waterloo, le général est tombé couvert de blessures, à la tête d'une division de la garde. A peu près guéri, ce qui a été long, il demande à aller à Sainte-Hélène... une autre île au bout du monde, où les Anglais avaient emmené l'Empereur pour le torturer tranquillement; car s'il a été heureux d'abord, il a eu bien de la misère, voyez-vous, mes pauvres enfans...

— Comme tu dis cela... Dagobert! tu nous donnes envie de pleurer.

— C'est qu'il y a de quoi... l'Empereur a enduré tant de choses, tant de choses... il a cruellement saigné au cœur, allez... Malheureusement le général n'était pas avec lui à Sainte-Hélène, il aurait été un de plus pour le consoler; mais on n'a pas voulu. Alors, exaspéré comme tant d'autres contre les Bourbons, le général organise une conspiration pour rappeler le fils de l'Empereur. Il voulait enlever un régiment, presque tout composé d'anciens soldats à lui. Il se rend dans une ville de Picardie où était cette garnison; mais déjà la conspiration était éventée. Au moment où le général arrive, on l'arrête, on le conduit devant le colonel du régiment... Et ce colonel... — dit le soldat après un nouveau silence — savez-vous qui c'était encore?... Mais bah!... ce serait trop long à vous expliquer, et ça vous attristerait davantage... Enfin c'était un homme que votre père avait depuis longtemps bien des raisons de haïr. Aussi, se trouvant face à face avec lui, il lui dit : Si vous n'êtes pas un lâche, vous me ferez mettre en liberté pour une heure, et nous nous battrons à mort; car je vous hais pour ci, je vous méprise pour ça, et encore pour ça. Le colonel accepte, met votre père en liberté jusqu'au lendemain. Le lendemain, duel acharné, dans lequel le colonel reste pour mort sur la place.

— Ah! mon Dieu!

— Le général essuyait son épée, lorsqu'un ami dévoué vint lui dire qu'il n'avait que le temps de se sauver; en effet, il parvint heureusement à quitter la France... oui... heureusement, car, quinze jours après, il était condamné à mort comme conspirateur.

— Que de malheurs! mon Dieu!

— Il y a eu un bonheur dans ce malheur-là... votre mère tenait bravement sa promesse et l'attendait toujours; elle lui avait écrit : — *l'Empereur d'abord, moi ensuite.* — Ne pouvant plus rien ni pour l'Empereur, ni pour son fils, le général, exilé de France, arrive à Varsovie. Votre mère venait de perdre ses parens : elle était libre, ils s'épousent, et je suis un des témoins du mariage.

— Tu as raison, Dagobert... que de bonheur, au milieu de si grands malheurs!

— Les voilà donc bien heureux; mais, comme tous les bons cœurs, plus ils étaient heureux, plus le malheur des autres les chagrinait, et il y avait de quoi être chagriné à Varsovie; les Russes recommençaient à traiter les Polonais en esclaves; votre brave mère, quoique d'origine française, était Polonaise de cœur et d'âme : elle disait hardiment tout haut ce que d'autres n'osaient seulement pas dire tout bas; avec cela les malheureux l'appelaient leur bon ange : en voilà assez pour mettre le gouverneur russe sur l'œil. Un jour un des amis du général, ancien colonel des lanciers, brave et digne homme, est condamné à l'exil en Sibérie pour une conspiration militaire contre les Russes : il s'échappe, votre père le cache chez lui, cela se découvre; pendant la nuit du lendemain, un peloton de cosaques, commandé par un officier et suivi d'une voiture de poste, arrive à notre porte; on surprend le général pendant son sommeil et on l'enlève.

— Mon Dieu! que voulait-on lui faire?

— Le conduire hors de Russie, avec défense d'y jamais rentrer, et menacé d'une prison éternelle s'il y revenait. Voilà son dernier mot : *Dagobert, je te confie ma femme et mon enfant;* car votre mère devait dans quelques mois vous mettre au monde; eh bien! malgré cela, on l'exila en Sibérie; c'était une occasion de s'en défaire; elle faisait trop de bien à Varsovie; on la craignait. Non content de l'exiler, on confisque tous ses biens; pour seule grâce, elle avait obtenu que je l'accompagnerais ; et sans Jovial, que le général m'avait fait garder, elle aurait été forcée de faire la route à pied. C'est ainsi, elle à cheval, et moi la conduisant comme je vous conduis, mes enfans, que nous sommes arrivés dans un misérable village, où trois mois après vous êtes nées, pauvres petites!

— Et notre père?

— Impossible à lui de rentrer en Russie... impossible à votre mère de songer à fuir avec deux enfans... impossible au général de lui écrire, puisqu'il ignorait où elle était.

— Ainsi, depuis, aucune nouvelle de lui?

— Si, mes enfans... une seule fois nous en avons eu...

— Et par qui?

Après un moment de silence, Dagobert reprit avec une expression de physionomie singulière :

— Par qui? par quelqu'un qui ne ressemble guère aux autres hommes... oui... et pour que vous compreniez ces paroles, il faut que je vous raconte en deux mots une aventure extraordinaire arrivée à votre père pendant la bataille de Waterloo... Il avait reçu de l'Empereur l'ordre d'enlever une batterie qui écrasait notre armée; après plusieurs tentatives malheureuses, le général se met à la tête d'un régiment de cuirassiers, charge sur la batterie, et va, selon son habitude, sabrer jusque sur les canons; il se trouvait à cheval juste devant la bouche d'une pièce dont tous les servans venaient d'être tués ou blessés; pourtant, l'un d'eux a encore la force de se soulever, de se mettre sur un genou, d'approcher de la lumière la mèche qu'il tenait toujours à la main... et cela... juste au moment où le général était à dix pas et en face du canon chargé...

— Grand Dieu! quel danger pour notre père!

— Jamais — m'a-t-il dit — il n'en avait couru un plus grand... car lorsqu'il vit l'artilleur mettre le feu à la pièce, le coup partait... mais au même instant, un homme de haute taille, vêtu en paysan, et que votre père jusqu'alors n'avait pas remarqué, se jette au-devant du canon...

— Ah! le malheureux... quelle mort horrible!

— Oui, reprit Dagobert d'un air pensif — cela devait arriver... Il devait être broyé en mille morceaux... et pourtant il n'en a rien été.

— Que dis-tu?

— Ce que m'a dit le général. — « Au moment où le coup partit, — m'a-
» t-il répété souvent — par un mouvement d'horreur involontaire, je fermai
» les yeux pour ne pas voir le cadavre mutilé de ce malheureux qui s'était
» sacrifié à ma place... Quand je les rouvre, qu'est-ce que j'aperçois au mi-
» lieu de la fumée? toujours cet homme de grande taille, debout et calme
» au même endroit, jetant un regard triste et doux sur l'artilleur, qui, un
» genou en terre, le corps renversé en arrière, le regardait aussi épouvanté
» que s'il eût vu le démon en personne; puis le mouvement de la bataille
» ayant continué, il m'a été impossible de retrouver cet homme... » a ajouté
votre père.

— Mon Dieu, Dagobert, comment cela est-il possible?

— C'est ce que j'ai dit au général. Il m'a répondu que jamais il n'avait pu s'expliquer cet événement, aussi incroyable que réel... Il fallait d'ailleurs que votre père eût été bien vivement frappé de la figure de cet homme, qui paraissait, disait-il, âgé d'environ trente ans, car il avait remarqué que ses sourcils, très noirs et joints entre eux, n'en faisaient pour ainsi dire qu'un seul d'une tempe à l'autre, de sorte qu'il paraissait avoir le front rayé d'une marque noire... Retenez bien ceci, mes enfans, vous saurez tout à l'heure pourquoi...

— Oui, Dagobert, nous ne l'oublions pas... — dirent les orphelines de plus en plus étonnées.

— Comme c'est étrange, cet homme au front rayé de noir!

— Ecoutez encore... Le général avait été, je vous ai dit, laissé pour mort à Waterloo. Pendant la nuit qu'il a passée sur le champ de bataille dans une espèce de délire causé par la fièvre de ses blessures, il lui a paru voir, à la clarté de la lune, ce même homme penché sur lui, le regardant avec une grande douceur et une grande tristesse, étanchant le sang de ses plaies et tâchant de le ranimer... Mais comme votre père, qui avait à peine la tête à lui, repoussait ses soins, disant qu'après une telle défaite il n'avait plus qu'à mourir... il lui a semblé entendre cet homme lui dire: *Il faut vivre pour Eva!*... c'était le nom de votre mère, que le général avait laissée à Varsovie pour aller rejoindre l'Empereur.

— Comme cela est singulier, Dagobert!!!... Et depuis, notre père a-t-il revu cet homme?

— Il l'a revu... puisque c'est lui qui a apporté des nouvelles du général à votre mère.

— Et quand donc cela?... nous ne l'avons jamais su.

— Vous vous rappelez que le matin de la mort de votre mère, vous étiez allées avec la vieille Fedora dans la forêt de pins?

— Oui — répondit Rose tristement — pour y chercher de la bruyère, que notre pauvre mère aimait tant.

— Pauvre mère! Elle se portait si bien, que nous ne pouvions pas, hélas! nous douter du malheur qui nous devait arriver le soir — reprit Blanche.

— Sans doute, mes enfans; moi-même, ce matin-là, je chantais en travaillant au jardin, car pas plus que vous, je n'avais de raison d'être triste; je travaillais donc, tout en chantant, quand tout à coup j'entends une voix me demander en français: — *Est-ce ici le village de Milosk?*...

— Je me retourne, et je vois devant moi un étranger... Au lieu de lui répondre, je le regarde fixement, et je recule de deux pas, tout stupéfait.

— Pourquoi donc?

— Il était de haute taille, très-pâle, et avait le front haut, découvert... ses sourcils noirs n'en faisaient qu'un... et semblait lui rayer le front d'une marque noire.

— C'était donc l'homme qui, deux fois, s'était trouvé auprès de notre père pendant des batailles.

— Oui... c'était lui.

— Mais, Dagobert — dit Rose pensive — il y a longtemps de ces batailles ?

— Environ seize ans.

— Et l'étranger que tu croyais reconnaître, quel âge avait-il ?

— Guère plus de trente ans.

— Alors, comment veux-tu que ce soit le même homme qui se soit trouvé à la guerre il y a seize ans avec notre père ?

— Vous avez raison — dit Dagobert après un moment de silence et en haussant les épaules — j'aurai sans doute été trompé par le hasard d'une ressemblance... Et pourtant...

— Ou alors, si c'était le même, il faudrait qu'il n'eût pas vieilli.

— Mais ne lui as-tu pas demandé s'il n'avait pas autrefois secouru notre père ?

— D'abord j'étais si saisi que je n'y ai pas songé, et puis il est resté si peu de temps que je n'ai pu m'en informer; ensuite il me demande donc le village de Milosk. Vous y êtes, monsieur, mais comment savez-vous que je suis Français ?

« — Tout à l'heure je vous ai entendu chanter quand j'ai passé — me ré-
» pondit-il. — Pourriez-vous me dire où demeure madame Simon, la femme
» du général ?

» — Elle demeure ici, monsieur. »

Il me regarda quelques instans en silence, voyant bien que cette visite me surprenait ; puis il me tendit la main et me dit :

— « Vous êtes l'ami du général Simon, son meilleur ami ? »

— (Jugez de mon étonnement, mes enfans). « Mais, monsieur, comment
» savez-vous ?...

» — Souvent il m'a parlé de vous avec reconnaissance.

» — Vous avez vu le général ?

» — Oui... il y a quelque temps, dans l'Inde ; je suis aussi son ami ; j'ap-
» porte de ses nouvelles à sa femme, je la savais exilée en Sibérie ; à Tobolsk,
» d'où je viens, j'ai appris qu'elle habitait ce village. Conduisez-moi près
» d'elle. »

— Bon voyageur... je l'aime déjà — dit Rose.

— Il était l'ami de notre père.

— Je le prie d'attendre, je voulais prévenir votre mère pour que le saisissement ne lui fît pas de mal ; cinq minutes après il entrait chez elle...

— Et comment était-il, ce voyageur, Dagobert ?

— Il était très grand, il portait une pelisse foncée et un bonnet de fourrure avec de longs cheveux noirs.

— Et sa figure était belle ?

— Oui, mes enfans, très-belle ; mais il avait l'air si triste et si doux que j'en ai eu le cœur serré.

— Pauvre homme ! un grand chagrin, sans doute ?

— Votre mère était enfermée avec lui depuis quelques instans, lorsqu'elle m'a appelé pour me dire qu'elle venait de recevoir de bonnes nouvelles du général ; elle fondait en larmes et avait devant elle un gros paquet de papiers ; c'était une espèce de journal que votre père lui écrivait chaque soir, pour se consoler ; ne pouvant lui parler, il disait au papier ce qu'il lui aurait dit à elle...

— Et ces papiers, où sont-ils, Dagobert ?

— Là, dans mon sac, avec ma croix et notre bourse ; un jour je vous les donnerai : seulement j'en ai pris quelques feuilles que j'ai là, et que vous lirez tout à l'heure ; vous verrez pourquoi.

— Est-ce qu'il y avait longtemps que notre père était dans l'Inde ?

— D'après le peu de mots que m'a dits votre mère, le général était allé dans ce pays-là après s'être battu avec les Grecs contre les Turcs, car il aime surtout à se mettre du parti des faibles contre les forts ; arrivé dans l'Inde, il s'est acharné après les Anglais... Ils avaient assassiné nos prisonniers dans les pontons et torturé l'Empereur à Sainte-Hélène ; c'était bonne guerre et doublement bonne guerre, car en leur faisant du mal c'était bien servir une bonne cause.

— Et quelle cause servait-il ?

— Celle d'un de ces pauvres princes indiens dont les Anglais ravagent le territoire jusqu'au jour où ils s'en emparent sans foi ni droit. Vous voyez, mes enfans, c'était encore se battre pour un faible contre des forts; votre père n'y a pas manqué. En quelques mois, il a si bien discipliné et aguerri les douze ou quinze mille hommes de troupes de ce prince, que, dans deux rencontres, elles ont exterminé les Anglais qui avaient compté sans votre brave père, mes enfans... Mais, tenez... quelques pages de son journal vous en diront plus et mieux que moi; de plus, vous y lirez un nom dont vous devez toujours vous souvenir : c'est pour cela que j'ai choisi ce passage.

— Oh! quel bonheur... lire ces pages écrites par notre père, c'est presque l'entendre — dit Rose.

— C'est comme s'il était là, auprès de nous — ajouta Blanche.

Et les deux jeunes filles étendirent vivement les mains pour prendre les feuillets que Dagobert venait de tirer de sa poche. Puis, par un mouvement simultané rempli d'une grâce touchante, elles baisèrent tour à tour, et en silence, l'écriture de leur père.

— Vous verrez, aussi, mes enfans, à la fin de cette lettre, pourquoi je m'étonnais de ce que votre ange gardien, comme vous dites, s'appelait Gabriel... Lisez... lisez... — ajouta le soldat en voyant l'air surpris des orphelines. — Seulement, je dois vous dire que lorsqu'il écrivait cela, le général n'avait pas encore rencontré le voyageur qui a apporté ces papiers.

Rose, assise dans son lit, prit les feuillets et commença de lire d'une voix douce et émue.

Blanche, la tête appuyée sur l'épaule de sa sœur, suivait avec attention. On voyait même, au léger mouvement de ses lèvres, qu'elle lisait aussi, mais mentalement.

CHAPITRE VIII.

FRAGMENS DU JOURNAL DU GÉNÉRAL SIMON.

Bivouac des montagnes d'Ava, 20 février 1830.

« ...... Chaque fois que j'ajoute quelques feuilles à ce journal, écrit main-
» tenant au fond de l'Inde, où m'a jeté ma vie errante et proscrite, journal
» qu'hélas! tu ne liras peut-être jamais; mon Eva bien-aimée, j'éprouve une
» sensation à la fois douce et cruelle, car cela me console, de causer ainsi avec
» toi, et pourtant mes regrets ne sont jamais plus amers que lorsque je te
» parle ainsi sans te voir.
» Enfin, si ces pages tombent sous tes yeux, ton généreux cœur battra au
» nom de l'être intrépide à qui aujourd'hui j'ai dû la vie, à qui je devrai peut-
» être ainsi le bonheur de te revoir un jour... toi et mon enfant, car, il vit
» n'est-ce pas, notre enfant? Il faut que je le croie; sans cela, pauvre femme,
» quelle serait ton existence, au fond de ton affreux exil... Cher ange, il doit
» avoir maintenant *quatorze ans*... Comment est-il? Il te ressemble, n'est-ce
» pas? il a tes grands et beaux yeux bleus... Insensé que je suis!... Combien
» de fois, dans ce long journal, je t'ai déjà fait involontairement cette folle
» question à laquelle tu ne dois pas répondre!... Combien de fois... je dois te
» la faire encore!... Tu apprendras donc à notre enfant à prononcer et à ai-
» mer le nom un peu barbare de *Djalma*. »

— *Djalma* — dit Rose — les yeux humides, en interrompant sa lecture.

— *Djalma* — reprit Blanche partageant l'émotion de sa sœur. — Oh! nous ne l'oublierons jamais ce nom.

— Et vous aurez raison, mes enfans, car il paraît que c'est celui d'un fameux soldat, quoique bien jeune. Continuez, ma petite Rose.

« — Je t'ai raconté dans les feuilles précédentes, ma chère Eva — reprit
» Rose — les deux bonnes journées que nous avions eues ce mois-ci; les trou-
» pes de mon vieil ami le prince indien, de mieux en mieux disciplinées à
» l'européenne, ont fait merveille. Nous avons culbuté les Anglais, et ils ont
» été forcés d'abandonner une partie de ce malheureux pays envahi par eux
» au mépris de tout droit, de toute justice, et qu'ils continuent de ravager
» sans pitié; car ici, guerre anglaise, c'est dire trahison, pillage et massacre.

» Ce matin, après une marche pénible au milieu des rochers et des monta-
» gnes, nous apprenons par nos éclaireurs que des renforts arrivent à l'enne-
» mi, et qu'il s'apprête à reprendre l'offensive; il n'était plus qu'à quelques
» lieues; un engagement devenait inévitable: mon vieil ami le prince in-
» dien, père de mon sauveur, ne demandait qu'à marcher au feu. L'affaire a
» commencé sur les trois heures; elle a été sanglante, acharnée. Voyant chez
» les nôtres un moment d'indécision, car ils étaient bien inférieurs en nom-
» bre, et les renforts des Anglais se composaient de troupes fraîches, j'ai char-
» gé à la tête de notre petite réserve de cavalerie.
» Le vieux prince était au centre, se battant comme il se bat : intrépide-
» ment. Son fils Djalma, âgé de dix-huit ans à peine, brave comme son pè-
» re, ne me quittait pas; au moment le plus chaud de l'engagement, mon
» cheval est tué, roule avec moi dans une ravine que je côtoyais, et je me trou-
» ve si sottement engagé sous lui, qu'un moment je me suis cru la cuisse cassée. »
— Pauvre père! — dit Blanche.
— Heureusement, cette fois, il ne lui sera arrivé rien de dangereux, grâce
à Djalma... Vois-tu, Dagobert — reprit Rose — que je retiens bien le nom.
— Et elle continua:
« — Les Anglais croyaient qu'après m'avoir tué (opinion très flatteuse pour
» moi) ils auraient facilement raison de l'armée du prince; aussi, un offi-
» cier de cipayes et cinq ou six soldats irréguliers, lâches et féroces brigands,
» me voyant rouler dans le ravin, s'y précipitent pour m'achever... Au mi-
» lieu du feu et de la fumée, nos montagnards, emportés par l'ardeur, n'a-
» vaient pas vu ma chute; mais Djalma ne me quittait pas; il sauta dans le
» ravin pour me secourir, et sa froide intrépidité m'a sauvé la vie; il avait
» gardé les deux coups de sa carabine: de l'un, il étend l'officier raide mort,
» de l'autre, il casse le bras d'un *irrégulier* qui m'avait déjà percé la main
» d'un coup de baïonnette, mais rassure-toi, ma bonne Eva, ce n'est rien...
» une égratignure... »
— Blessé... encore blessé, mon Dieu! — s'écria Blanche en joignant les
mains et en interrompant sa sœur.
— Rassurez-vous — dit Dagobert — ça n'aura été, comme dit le général,
qu'une égratignure; car autrefois les blessures qui n'empêchaient pas de se
battre, il les appelait des *blessures blanches*... Il n'y a que lui pour trouver
des mots pareils.
— « Djalma me voyant blessé — reprit Rose en essuyant ses yeux — se
» sert de sa lourde carabine comme d'une massue, et fait reculer les soldats;
» mais, à ce moment, je vois un nouvel assaillant abrité derrière un massif
» de bambous dominant le ravin, abaisser lentement son long fusil, poser le
» canon entre deux branches, souffler sur la mèche, ajuster Djalma, et le
» courageux enfant reçoit une balle dans la poitrine, sans que mes cris aient
» pu l'avertir... Se sentant frappé, il recule malgré lui de deux pas, tombe
» sur un genou, mais tenant toujours ferme et tâchant de me faire un rem-
» part de son corps... Tu conçois ma rage, mon désespoir; malheureuse-
» ment mes efforts pour me dégager étaient paralysés par une douleur atro-
» ce que je ressentais à la cuisse. Impuissant et désarmé, j'assistai donc
» pendant quelques secondes à cette lutte inégale.
» Djalma perdait beaucoup de sang : son bras faiblissait; déjà un des *ir-*
» *réguliers*, excitant les autres de la voix, décrochait de sa ceinture une
» sorte d'énorme et lourde serpe qui tranche la tête d'un seul coup, lorsque
» arrivent une douzaine de nos montagnards ramenés par le mouvement du
» combat. Djalma est délivré à son tour; on me dégage : au bout d'un
» quart d'heure, j'ai pu remonter à cheval. L'avantage nous est encore resté
» aujourd'hui, malgré bien des pertes. Demain, l'affaire sera décisive, car les
» feux du bivouac anglais se voient d'ici... Voilà, ma tendre Eva, comment
» j'ai dû la vie à cet enfant. Heureusement sa blessure ne donne aucune in-
» quiétude; la balle a dévié et glissé le long des côtes. »
— Ce brave garçon aura dit, comme le général : *Blessure blanche* — dit
Dagobert.
« — Maintenant, ma chère Eva — reprit Rose — il faut que tu connaisses,
» au moins par ce récit, cet intrépide Djalma; il a dix-huit ans à peine.
» D'un mot je te peindrai cette noble et vaillante nature; dans son pays, on
» donne quelquefois des surnoms; dès quinze ans, on l'appelait *le Généreux*,

» généreux de cœur et d'âme, s'entend ; par une coutume du pays, coutu-
» me bizarre et touchante, ce surnom a remonté à son père, que l'on appelle
» *le père du Généreux*, et qui pourrait à bon droit s'appeler *le Juste*, car ce
» vieil Indien est un type rare de loyauté chevaleresque, de fière indépen-
» dance ; il aurait pu, comme tant d'autres pauvres princes de ce pays, se
» courber humblement sous l'exécrable despotisme anglais, marchander
» l'abandon de sa souveraineté et se résigner devant la force. — Lui, non,
» *Mon droit tout entier, ou une fosse dans les montagnes où je suis né*. —
» Telle est sa devise. Ce n'est pas forfanterie ; c'est conscience de ce qui est
» droit et juste. — Mais vous serez brisé dans la lutte, lui ai-je dit. — *Mon*
» *ami, si, pour vous forcer à une action honteuse, on vous disait : Cède ou*
» *meurs?* — me demanda-t-il. De ce jour, je l'ai compris, et je me suis voué
» corps et âme à cette cause toujours sacrée du faible contre le fort. — Tu
» vois, mon Eva, que Djalma se montre digne d'un tel père. Ce jeune Indien
» est d'une bravoure si héroïque, si superbe, qu'il combat comme un jeune
» Grec du temps de Léonidas, la poitrine nue, tandis que les autres soldats
» de son pays, qui en effet restent habituellement les épaules, les bras et la
» poitrine découverts, endossent pour la guerre une casaque assez épaisse ;
» la folle intrépidité de cet enfant m'a rappelé le roi de Naples, dont je t'ai
» si souvent parlé, et que j'ai vu cent fois à notre tête dans les charges les
» plus périlleuses, ayant pour toute arme une cravache à la main. »

— Celui-là est encore un de ceux dont je vous parlais, et que l'Empereur s'amusait à faire jouer au monarque — dit Dagobert. — J'ai vu un officier prussien prisonnier. à qui cet enragé roi de Naples avait cinglé la figure d'un coup de cravache ; la marque y était bleue et rouge. Le Prussien disait en jurant qu'il était déshonoré ; qu'il aurait mieux aimé un coup de sabre... Je le crois bien... diable de monarque ! il ne connaissait qu'une chose, *marcher droit au canon* ; dès qu'on canonnait quelque part, on aurait dit que ça l'appelait par tous ses noms, et il accourait en disant : Présent... Si je vous parle de lui, mes enfans, c'est qu'il répétait à qui voulait l'entendre : Personne n'entamera un carré que le général Simon ou moi n'entamerions pas.

Rose continua.

« — J'ai remarqué avec peine que, malgré son âge, Djalma avait souvent
» des accès de mélancolie profonde. Parfois, j'ai surpris entre son père et lui
» des regards singuliers... Malgré notre attachement mutuel, je crois qu'
» tous deux me cachent quelque triste secret de famille, autant que j'en ai
» pu juger par plusieurs mots échappés à l'un et à l'autre : il s'agit d'un
» événement bizarrre, auquel leur imagination naturellement rêveuse et
» exaltée a donné un caractère surnaturel.
» Du reste, tu sais, mon amie, que nous avons perdu le droit de sourire
» de la crédulité d'autrui... Moi, depuis la campagne de France, où il m'est
» arrivé cette aventure si étrange, que je ne puis encore m'expliquer... »

— C'est celle de cet homme qui s'est jeté devant la bouche du canon... — dit Dagobert.

« — Toi — reprit la jeune fille en reprenant la lecture — toi, ma chère
» Eva, depuis les visites de cette femme jeune et belle que ta mère préten-
» dait avoir aussi vue chez sa mère... quarante ans auparavant... »

Les orphelines regardèrent le soldat avec étonnement.

— Votre mère ne m'avait jamais parlé de cela... ni le général non plus... mes enfans ; ça me semble aussi singulier qu'à vous.

Rose reprit avec une émotion et une curiosité croissantes :

« — Après tout, ma chère Eva, souvent les choses en apparence très ex-
» traordinaires s'expliquent par un hasard, une ressemblance ou un jeu de
» la nature. Le merveilleux n'étant toujours qu'une illusion d'optique, ou le
» résultat d'une imagination déjà frappée, il arrive un moment où ce qui
» semblait surhumain ou surnaturel se trouve l'événement le plus humain
» et le plus naturel du monde ; aussi je ne doute pas que ce que nous appe-
» lions nos *prodiges* n'ait tôt ou tard ce dénoûment terre à terre. »

— Vous voyez, mes enfans — cela paraît d'abord merveilleux... et au fond, c'est tout simple... ce qui n'empêche pas que pendant longtemps on n'y comprend rien...

— Puisque notre père le dit, il faut le croire, et ne pas nous étonner ; n'est-ce pas, ma sœur ?

— Non, puisqu'un jour cela s'explique.

— Au fait — dit Dagobert après un moment de réflexion — une supposition? Vous vous ressemblez tellement, n'est-ce pas, mes enfans? que quelqu'un qui n'aurait pas l'habitude de vous voir chaque jour vous prendrait facilement l'une pour l'autre... Eh bien! s'il ne savait pas que vous êtes, pour ainsi dire, doubles, voyez dans quels étonnemens il pourrait se trouver... Bien sûr, il croirait au diable, à propos de bons petits anges comme vous.

— Tu as raison, Dagobert; comme cela bien des choses s'expliquent, ainsi que le dit notre père.

Et Rose continua de lire.

« — Du reste, ma tendre Eva, c'est avec quelque fierté que je songe que
» Djalma a du sang français dans les veines ; son père a épousé, il y a plu-
» sieurs années, une jeune fille dont la famille, d'origine française, était de-
» puis très longtemps établie à Batavia, dans l'île de Java : cette parité de
» position entre mon vieil ami et moi a encore augmenté ma sympathie
» pour lui, car ta famille aussi, mon Eva, est d'origine française, et depuis
» bien longtemps établie à l'étranger; malheureusement, le pauvre prince
» a perdu depuis plusieurs années cette femme qu'il adorait.
» Tiens, mon Eva bien-aimée, ma main tremble en écrivant ces mots, je
» suis faible, je suis fou... mais, hélas! mon cœur se serre, se brise... si un
» pareil malheur m'arrivait!... Oh, mon Dieu! et notre enfant... que devien-
» drait-il sans toi... sans moi... dans ce pays barbare.... Non! non! cette
» crainte est insensée... Mais quelle horrible torture que l'incertitude!...
» car enfin, où es-tu? que fais-tu? que deviens-tu?... Pardon... de ces noi-
» res pensées... souvent elles me dominent malgré moi... Momens funes-
» tes... affreux... car, lorsqu'ils ne m'obsèdent pas, je me dis : Je suis pros-
» crit, malheureux ; mais au moins, à l'autre bout du monde, deux cœurs
» battent pour moi, le tien, mon Eva, et celui de notre enfant... »

Rose put à peine achever ces derniers mots ; depuis quelques instans, sa voix était entrecoupée de sanglots.

Il y avait en effet un douloureux accord entre les craintes du général Simon et la triste réalité; et puis, quoi de plus touchant que ces confidences écrites le soir d'une bataille, au feu du bivouac, par le soldat qui tâchait de tromper ainsi le chagrin d'une séparation si pénible, mais qu'il ne savait pas alors devoir être éternelle!

— Pauvre général... il ignore notre malheur — dit Dagobert, après un moment de silence — mais il ignore aussi qu'au lieu d'un enfant, il y en a deux... Ce sera du moins une consolation... mais tenez, Blanche, continuez de lire, je crains que cela ne fatigue votre sœur... elle est trop émue... Et puis, après tout, il est juste que vous partagiez le plaisir et le chagrin de cette lecture.

Blanche prit la lettre, et Rose, essuyant ses yeux pleins de larmes, appuya à son tour sa jolie tête sur l'épaule de sa sœur, qui continua de la sorte :

« — Je suis plus calme maintenant, ma tendre Eva; un moment j'ai cessé
» d'écrire, et j'ai chassé ces noires idées : reprenons notre entretien.
» Après avoir ainsi longuement causé de l'Inde avec toi, je te parlerai un
» peu de l'Europe; hier au soir, un de nos gens, homme très sûr, a rejoint
» nos avant-postes; il m'apportait une lettre arrivée de France à Calcutta;
» enfin, j'ai des nouvelles de mon père, mon inquiétude a cessé. Cette lettre
» est datée du mois d'août de l'an passé. J'ai vu, par son contenu, que plu-
» sieurs autres lettres auxquelles il fait allusion ont été retardées ou éga-
» rées; car depuis près de deux ans je n'en avais pas reçu ; aussi étais-je
» dans une inquiétude mortelle à son sujet. Excellent père ! toujours le
» même ; l'âge ne l'a pas affaibli, son caractère est aussi énergique, sa santé
» aussi robuste que par le passé, me dit-il; toujours ouvrier, et s'en glori-
» fiant ; toujours fidèle à ses austères idées républicaines, et espérant beau-
» coup...
» Car, dit-il, *les temps sont proches*, et il souligne ces mots... Il me donne
» aussi, comme tu vas le voir, de bonnes nouvelles de la famille de notre
» vieux Dagobert... de notre ami... Vrai, ma chère Eva, mon chagrin est
» moins amer... quand je pense que cet excellent homme est auprès de toi,

» car, je le connais, il t'aura accompagnée dans ton exil. Quel cœur d'or...
» sous sa rude écorce de soldat... Comme il doit aimer notre enfant!... »

Ici, Dagobert toussa deux ou trois fois, se baissa et eut l'air de chercher par terre son petit mouchoir à carreaux rouges et bleus qui était sur son genou. Il resta ainsi quelques instans courbé. Quand il se releva, il essuyait sa moustache.

— Comme notre père te connaît bien!...
— Comme il a deviné que tu nous aimes!
— Bien, bien, mes enfans, passons cela... Arrivez tout de suite à ce que dit le général de mon petit Agricol et de Gabriel, le fils adoptif de ma femme... Pauvre femme, quand je pense que, dans trois mois peut-être... Allons, enfans, lisez, lisez... ajouta le soldat, voulant contenir son émotion.

« — J'espère toujours malgré moi, ma chère Eva, que peut-être un jour
» ces feuilles te parviendront, et dans ce cas je veux y écrire ce qui peut
» aussi intéresser Dagobert. Ce sera pour lui une consolation d'avoir quel-
» ques nouvelles de sa famille. Mon père, toujours chef d'atelier chez l'ex-
» cellent M. Hardy, m'apprend que celui-ci a aussi pris dans sa maison le
» fils de notre vieux Dagobert; Agricol travaille dans l'atelier de mon père,
» qui en est enchanté : c'est, me dit-il, un grand et vigoureux garçon, qui
» manie comme une plume son lourd marteau de forgeron; aussi gai qu'in-
» telligent et laborieux, c'est le meilleur ouvrier de l'établissement, ce qui
» ne l empêche pas le soir, après sa rude journée de travail, lorsqu'il revient
» auprès de sa mère, qu'il adore, de faire des chansons et des vers patrioti-
» ques des plus remarquables. Sa poésie est remplie d'énergie et d'éléva-
» tion; on ne chante pas autre chose à l'atelier, et ses refrains échauffent les
» cœurs les plus froids et les plus timides. »

— Comme tu dois être fier de ton fils, Dagobert! — lui dit Rose avec admiration. — Il fait des chansons!
— Certainement, c est superbe... mais ce qui me flatte surtout, c'est qu'il est bon pour sa mère, et qu'il manie vigoureusement le marteau... Quant aux chansons, avant qu'il ait fait le *Réveil du Peuple* et la *Marseillaise*... il aura joliment battu du fer; mais c'est égal, où ce diable d'Agricol aura-t-il appris cela? Sans doute à l'école, où, comme vous allez le voir, il allait avec Gabriel, son frère adoptif.

Au nom de Gabriel, qui leur rappelait l'être idéal qu'elles nommaient leur ange gardien, la curiosité des jeunes filles fut vivement excitée, Blanche redoubla d'attention en continuant ainsi :

« — Le frère adoptif d'Agricol, ce pauvre enfant abandonné que la femme
» de notre bon Dagobert a si généreusement recueilli, offre, me dit mon
» père, un grand contraste avec Agricol, non pour le cœur, car ils ont tous
» deux le cœur excellent; mais autant Agricol est vif, joyeux, actif, autant
» Gabriel est mélancolique et rêveur; du reste, ajoute mon père, chacun
» d'eux a, pour ainsi dire, la figure de son caractère; Agricol est brun, grand
» et fort... il a l'air joyeux et hardi; Gabriel, au contraire, est frêle, blond,
» timide comme une jeune fille, et sa figure a une expression de douceur
» angélique... »

Les orphelines se regardèrent toutes surprises; puis, tournant vers Dagobert leurs figures ingénues, Rose lui dit :
— As-tu entendu, Dagobert? Notre père dit que ton Gabriel est blond et qu'il a une figure d'ange... Mais c'est tout comme le nôtre.
— Oui, oui, j'ai bien entendu, c'est pour cela que votre rêve me surprenait.
— Je voudrais bien savoir s'il a aussi des yeux bleus — dit Rose.
— Pour ça, mes enfans, quoique le général n'en dise rien, j'en répondrais; ces blondins, ça a toujours les yeux bleus; mais, bleus ou noirs, il ne s'en servira guère pour regarder les jeunes filles en face; continuez, vous allez voir pourquoi.

Blanche reprit :
« — La figure de Gabriel a une expression d'une douceur angélique ; un
» des frères des écoles chrétiennes, où il allait, ainsi qu'Agricol et d'autres
» enfans du quartier, frappé de son intelligence et de sa bonté, a parlé de
» lui à un protecteur haut placé, qui s'est intéressé à lui, l'a placé dans un

» séminaire, et depuis deux ans Gabriel est prêtre; il se destine aux mis-
» sions étrangère, et il doit bientôt partir pour l'Amérique... »

— Ton Gabriel est prêtre... — dit Rose en regardant Dagobert.

— Et le nôtre est un ange — ajouta Blanche.

— Ce qui prouve que le vôtre a un grade de plus que le mien; c'est égal, chacun son goût; il y a des braves gens partout; mais j'aime mieux que ce soit Gabriel qui ait choisi la robe noire. Je préfère voir mon garçon, à moi, les bras nus, un marteau à la main et un tablier de cuir autour du corps, ni plus ni moins que notre vieux grand-père, mes enfans, autrement dit le père du maréchal Simon duc de Ligny; car, après tout, le général est duc et maréchal par la grâce de l'Empereur; maintenant, terminez votre lecture.

— Hélas! oui, — dit Blanche, il n'y a plus que quelques lignes. Et elle reprit:

« — Ainsi donc, ma chère et tendre Eva, si ce journal te parvient, tu pour-
» ras rassurer Dagobert sur le sort de sa femme et de son fils, qu'il a quittés
» pour nous. Comment jamais reconnaître un pareil sacrifice? Mais je suis
» tranquille, ton bon et généreux cœur aura su le dédommager...
» Adieu... et encore adieu pour aujourd'hui, mon Eva bien-aimée; pén-
» dant un instant, je viens d'interrompre ce journal pour aller jusqu'à la
» tente de Djalma; il dormait paisiblement; son père le veillait; d'un signe,
» il m'a rassuré. L'intrépide jeune homme ne court plus aucun danger.
» Puisse le combat de demain l'épargner encore!... Adieu, ma tendre Eva;
» la nuit est silencieuse et calme, les feux du bivouac s'éteignent peu à peu;
» nos pauvres montagnards reposent, après cette sanglante journée; je
» n'entends d'heure en heure que le cri lointain de nos sentinelles... Ces mots
» étrangers m'attristent encore; ils me rappellent ce que j'oublie parfois en
» t'écrivant... que je suis au bout du monde et séparé de toi... de mon en-
» fant! Pauvres êtres chéris! quel est... quel sera votre sort?... Ah! si du
» moins je pouvais vous envoyer à temps cette médaille qu'un hasard fu-
» neste m'a fait emporter de Varsovie, peut-être obtiendrais-tu d'aller en
» France, ou du moins d'y envoyer ton enfant avec Dagobert; car tu sais de
» quelle importance... Mais à quoi bon ajouter ce chagrin à tous les au-
» tres?... Malheureusement, les années se passent... le jour fatal arrivera, et
» ce dernier espoir, dans lequel je vis pour vous, me sera enlevé; mais je ne
» veux pas finir ce jour par une pensée triste. Adieu, mon Eva bien-aimée!
» presse notre enfant sur ton cœur, couvre-le de tous les baisers que je vous
» envoie à tous deux du fond de l'exil.
» A demain, après le combat. »

A cette touchante lecture succéda un assez long silence. Les larmes de Rose et de Blanche coulèrent lentement. Dagobert, le front appuyé sur sa main, était aussi douloureusement absorbé.

Au dehors, le vent augmentait de violence; une pluie épaisse commençait à fouetter les vitres sonores; le plus profond silence régnait dans l'auberge.

Pendant que les filles du général Simon lisaient avec une si touchante émotion quelques fragmens du journal de leur père, une scène mystérieuse, étrange, se passait dans l'intérieur de la ménagerie du dompteur de bêtes.

CHAPITRE IX.

LES AGES.

Morok venait de s'armer : par-dessus sa veste de peau de daim, il avait revêtu sa cotte de mailles, tissu d'acier, souple comme la toile, dur comme le diamant; recouvrant ensuite ses bras de brassards, ses jambes de jambards, ses pieds de bottines ferrées, et dissimulant cet attirail défensif sous un large pantalon et sous une ample pelisse soigneusement boutonnée, il avait pris à la main une longue tige de fer chauffée à blanc, emmanchée dans une poignée de bois.

Quoique depuis longtemps domptés par l'adresse et par l'énergie du Prophète, son tigre *Caïn*, son lion *Judas* et sa panthère noire la *Mort* avaient voulu, dans quelque accès de révolte, essayer sur lui leurs dents et leurs ongles; mais, grâce à l'armure cachée par sa pelisse, ils avaient émoussé leurs ongles sur un épiderme d'acier, ébréché leurs dents sur des bras et sur des jambes de fer, tandis qu'un léger coup de la badine métallique de leur maître faisait fumer et grésiller leur peau, en la sillonnant d'une brûlure profonde.

Reconnaissant l'inutilité de leurs morsures, ces animaux, doués d'une grande mémoire, comprirent que désormais ils essaieraient en vain leurs griffes et leurs mâchoires sur un être invulnérable. Leur soumission craintive s'augmenta tellement, que, dans ses exercices publics, leur maître, au moindre mouvement d'une petite baguette recouverte de papier de couleur de feu, les faisait ramper et se coucher épouvantés.

Le Prophète, armé avec soin, tenant à la main le fer chauffé à blanc, par Goliath, était donc descendu par la trappe du grenier qui s'étendait au-dessus du vaste hangar où l'on avait déposé les cages de ses animaux; une simple cloison de planche séparait ce hangar de l'écurie des chevaux du dompteur de bêtes.

Un fanal à réflecteur jetait sur les cages une vive lumière. Elles étaient au nombre de quatre. Un grillage de fer, largement espacé, garnissait leurs faces latérales. D'un côté, ce grillage tournait sur des gonds comme une porte, afin de donner passage aux animaux que l'on y renfermait; le parquet des loges reposait sur deux essieux et quatre petites roulettes de fer; on les traînait ainsi facilement jusqu'au grand chariot couvert où on les plaçait pendant les voyages. L'une d'elles était vide, les trois autres renfermaient, comme on sait, une panthère, un tigre et un lion.

La panthère, originaire de Java, semblait mériter ce nom lugubre, LA MORT, par son aspect sinistre et féroce. Complétement noire, elle se tenait tapie et ramassée sur elle-même au fond de sa cage; la couleur de sa robe se confondant avec l'obscurité qui l'entourait, on ne distinguait pas son corps, on voyait seulement dans l'ombre deux lueurs ardentes et fixes... deux larges prunelles d'un jaune phosphorescent, qui ne s'allumaient pour ainsi dire qu'à la nuit, car tous ces animaux de la race féline n'ont l'entière lucidité de leur vue qu'au milieu des ténèbres.

Le Prophète était rentré silencieusement dans l'écurie; le rouge sombre de sa longue pelisse contrastait avec le blond mat et jaunâtre de sa chevelure roide et de sa longue barbe; le fanal, placé assez haut, éclairait complétement cet homme, et la crudité de la lumière, opposée à la dureté des ombres, accentuait davantage encore les plans heurtés de sa figure osseuse et farouche. Il s'approcha lentement de la cage. Le cercle blanc qui entourait sa fauve prunelle semblait s'agrandir : son œil luttait d'éclat et d'immobilité avec l'œil étincelant et fixe de la panthère...

Toujours accroupie dans l'ombre, elle subissait déjà l'influence du regard fascinateur de son maître; deux ou trois fois elle ferma brusquement ses paupières, en faisant entendre un sourd râlement de colère; puis bientôt, ses yeux, rouverts comme malgré elle, s'attachèrent invinciblement sur ceux du Prophète.

Alors les oreilles rondes de *la Mort* se collèrent à son crâne aplati comme celui d'une vipère; la peau de son front se rida convulsivement; elle contracta son mufle hérissé de longues soies, et par deux fois ouvrit silencieusement sa gueule armée de crocs formidables.

De ce moment, une sorte de rapport magnétique sembla s'établir entre les regards de l'homme et ceux de la bête.

Le Prophète étendit vers la cage sa tige d'acier chauffé à blanc, et dit d'une voix brève et impérieuse : « *La Mort...* ici! »

La panthère se leva, mais s'écrasa tellement, que son ventre et ses coudes rasaient le plancher. Elle avait trois pieds de haut et près de cinq pieds de longueur; son échine élastique et charnue, ses jarrets aussi descendus, aussi larges que ceux d'un cheval de course, sa poitrine profonde, ses épaules énormes et saillantes, ses pattes nerveuses et trapues, tout annonçait que ce terrible animal joignait la vigueur à la souplesse, la force à l'agilité.

Morok, sa baguette de fer toujours étendue vers la cage, fit un pas vers la panthère... La panthère fit un pas vers le Prophète... Il s'arrêta... *La Mort* s'arrêta...

A ce moment, le tigre *Judas*, auquel Morok tournait le dos, fit un bond violent dans sa cage, comme s'il eût été jaloux de l'attention que son maître portait à la panthère; il poussa un grondement rauque, et, levant sa tête, montra le dessous de sa redoutable mâchoire triangulaire et son puissant poitrail d'un blanc sale, où venaient se fondre les tons cuivrés de sa robe fauve rayée de noir; sa queue, pareille à un gros serpent rougeâtre annelé d'ébène, tantôt se collait à ses flancs, tantôt les battait par un mouvement lent et continu; ses yeux, d'un vert transparent et lumineux, s'arrêtèrent sur le Prophète.

Telle était l'influence de cet homme sur ces animaux, que Judas cessa presque aussitôt son grondement, comme s'il eût été effrayé de sa témérité; cependant sa respiration resta haute et bruyante.

Morok se tourna vers lui; pendant quelques secondes, il l'examina très attentivement.

La panthère, n'étant plus soumise à l'influence du regard de son maître, retourna se tapir dans l'ombre.

Un craquement à la fois strident et saccadé, pareil à celui que font les grands animaux en rongeant un corps dur, s'étant fait entendre dans la cage du lion, *Caïn* attira l'attention du Prophète; laissant le tigre, il fit un pas vers l'autre loge.

De ce lion on ne voyait que la croupe monstrueuse d'un roux jaunâtre; ses cuisses étaient repliées sous lui, son épaisse crinière cachait entièrement sa tête; à la tension et aux tressaillemens des muscles de ses reins, à la saillie de ses vertèbres, on devinait facilement qu'il faisait de violens efforts avec sa gueule et ses pattes de devant.

Le Prophète inquiet s'approcha de la cage, craignant que malgré ses ordres Goliath n'eût donné au lion quelque os à ronger... Pour s'en assurer, il dit d'une voix brève et ferme : « *Caïn!!* »

Caïn ne changea pas de position.

« *Caïn...* ici! » reprit Morok d'une voix plus haute.

Inutile appel, le lion ne bougea pas et le craquement continua.

« *Caïn...* ici! » dit une troisième fois le Prophète; mais en prononçant ces mots, il appuya le bout de sa tige d'acier brûlante sur la hanche du lion.

A peine un léger sillon de fumée courut-il sur le pelage roux de *Caïn*, que, par une volte d'une prestesse incroyable, il se retourna et se précipita sur le grillage, non pas en rampant, mais d'un bond, et pour ainsi dire debout, superbe... effrayant à voir.

Le Prophète se trouvant à l'angle de la cage, Caïn, dans sa fureur, s'était dressé en profil, afin de faire face à son maître, appuyant ainsi son large flanc aux barreaux, à travers lesquels il passa jusqu'au coude son bras énorme, aux muscles renflés, et au moins aussi gros que la cuisse de Goliath.

« Caïn!! à bas!! » dit le Prophète en se rapprochant vivement.

Le lion n'obéissait pas encore... ses lèvres, retroussées par la colère, laissaient voir des crocs aussi larges, aussi longs, aussi aigus que des défenses de sanglier.

Du bout de son fer brûlant, Morok effleura les lèvres de Caïn... A cette cuisante brûlure, suivie d'un appel imprévu de son maître, le lion, n'osant rugir, gronda sourdement, et ce grand corps retomba, affaissé sur lui-même, dans une attitude pleine de soumission et de crainte.

Le Prophète décrocha le fanal afin de regarder ce que Caïn rongeait : c'était une des planches du parquet de sa cage, qu'il était parvenu à soulever, et qu'il broyait entre ses dents pour tromper sa faim.

Pendant quelques instans le plus profond silence régna dans la ménagerie. Le Prophète, les mains derrière le dos, passait d'une cage à l'autre, observant ses animaux d'un air inquiet et sagace, comme s'il eût hésité à faire parmi eux un choix important et difficile. De temps à autre il prêtait l'oreille en s'arrêtant devant la grande porte du hangar, qui donnait sur la cour de l'auberge.

Cette porte s'ouvrit, Goliath parut; ses habits ruisselaient d'eau.

— Eh bien!... — lui dit le Prophète.

— Ça n'a pas été sans peine... Heureusement la nuit est noire, il fait grand vent et il pleut à verse.

— Aucun soupçon?

— Aucun, maître; vos renseignemens étaient bons; la porte du cellier s'ouvre sur les champs, juste au-dessous de la fenêtre des fillettes. Quand vous avez sifflé pour me dire qu'il était temps, je suis sorti avec un tréteau que j'avais apporté; je l'ai appuyé au mur, j'ai monté dessus; avec mes six pieds, ça m'en faisait neuf, je pouvais m'accouder sur la fenêtre; j'ai pris la persienne d'une main, le manche de mon couteau de l'autre, et, en même temps que je cassais deux carreaux, j'ai poussé la persienne de toutes mes forces....

— Et l'on a cru que c'était le vent?

— On a cru que c'était le vent. Vous voyez que la brute n'est pas si brute... Le coup fait, je suis vite rentré dans le cellier en emportant mon tréteau... Au bout de peu de temps, j'ai entendu la voix du vieux... j'avais bien fait de me dépêcher...

— Oui, quand je t'ai sifflé, il venait d'entrer dans la salle où l'on soupe; je l'y croyais pour plus de temps.

— Cet homme-là n'est pas fait pour rester longtemps à souper — dit le géant avec mépris. — Quelques moments après que les carreaux ont été cassés... le vieux a ouvert la fenêtre, et a appelé son chien en lui disant: Saute. J'ai tout de suite couru à l'autre bout du cellier; sans cela le maudit chien m'aurait éventé derrière la porte.

— Le chien est maintenant renfermé dans l'écurie où est le cheval du vieillard... continue.

— Quand j'ai entendu refermer la persienne et la fenêtre, je suis de nouveau sorti du cellier, j'ai replacé mon tréteau et je suis remonté; tirant doucement le loquet de la persienne, je l'ai ouverte, mais les deux carreaux étaient bouchés par les pans d'une pelisse; j'entendais parler et je ne voyais rien; j'ai écarté un peu le manteau et j'ai vu... Les fillettes dans leur lit me faisaient face... le vieux, assis à leur chevet, me tournait le dos.

— Et son sac... son sac? ceci est l'important.

— Son sac était près de la fenêtre, sur une table à côté de la lampe; j'aurais pu y toucher en allongeant le bras.

— Qu'as-tu entendu?

— Comme vous m'aviez dit de ne penser qu'au sac, je ne me souviens que de ce qui regardait le sac; le vieux a dit que dedans il avait ses papiers, des lettres d'un général, son argent et sa croix.

— Bon... Ensuite?

— Comme ça m'était difficile de tenir la pelisse écartée du trou du carreau, elle m'a échappé... j'ai voulu la reprendre, j'ai trop avancé la main, et une des fillettes... l'aura vue... car elle a crié en montrant la fenêtre.

— Misérable!... tout est manqué... s'écria le Prophète en devenant pâle de colère.

— Attendez donc... non, tout n'est pas manqué. En entendant crier, j'ai sauté à bas de mon tréteau, j'ai regagné le cellier; comme le chien n'était plus là, j'ai laissé la porte entr'ouverte, j'ai entendu ouvrir la fenêtre, et j'ai vu, à la lueur, que le vieux avançait la lampe en dehors; il a regardé, il n'y avait pas d'échelle; la fenêtre est trop haute pour qu'un homme de taille ordinaire y puisse atteindre...

— Il aura cru que c'était le vent... comme la première fois... Tu es moins maladroit que je ne croyais.

— Le loup s'est fait renard, vous l'avez dit... Quand j'ai su où était le sac, l'argent et les papiers, ne pouvant mieux faire pour le moment, je suis revenu... et me voilà.

— Monte me chercher la pique de frêne la plus longue...

— Oui, maître.

— Et la couverture de drap rouge....

— Oui, maître.

— Va.

Goliath monta l'échelle; arrivé au milieu, il s'arrêta.

— Maître, vous ne voulez pas que je descende... un morceau de viande pour la Mort?... Vous verrez qu'elle me gardera rancune... Elle mettra

tout sur mon compte... Elle n'oublie rien... et à la première occasion..
— La pique et la couverture! — répondit le Prophète d'une voix impérieuse.

Pendant que Goliath, jurant entre ses dents, exécutait ses ordres, Morok alla entr'ouvrir la grande porte du hangar, regarda dans la cour et écouta de nouveau.

— Voici la pique de frêne et la couverture — dit le géant en redescendant de l'échelle avec ces objets.

— Maintenant, que faut-il faire?

— Retourne au cellier, remonte près de la fenêtre, et quand le vieillard sortira précipitamment de la chambre...

— Qui le fera sortir?

— Il sortira... que t'importe?

— Après?

— Tu m'as dit que la lampe était près de la croisée?

— Tout près... sur la table, à côté du sac.

— Dès que le vieux quittera la chambre, pousse la fenêtre, fais tomber la lampe, et si tu accomplis prestement et adroitement ce qui te restera à exécuter... les dix florins sont à toi... Tu te rappelles bien tout?...

— Oui, oui.

— Les petites filles seront si épouvantées du bruit et de l'obscurité, qu'elles resteront muettes de terreur.

— Soyez tranquille, le loup s'est fait renard, il se fera serpent.

— Ce n'est pas tout.

— Quoi encore?

— Le toit de ce hangar n'est pas élevé, la lucarne du grenier est d'un abord facile... la nuit est noire... au lieu de rentrer par la porte...

— Je rentrerai par la lucarne.

— Et sans bruit.

— En vrai serpent. — Et le géant sortit.

— Oui! — se dit le Prophète après un assez long silence — ces moyens sont sûrs... Je n'ai pas dû hésiter... Aveugle et obscur instrument... j'ignore le motif des ordres que j'ai reçus; mais d'après les recommandations qui les accompagnent... mais d'après la position de celui qui me les a transmis, il s'agit, je n'en doute pas, d'intérêts immenses...— d'intérêts — reprit-il après un nouveau silence — qui touchent à ce qu'il y a de plus grand... de plus élevé dans le monde... Mais comment ces deux jeunes filles, presque mendiantes, comment ce misérable soldat, peuvent-ils représenter de tels intérêts?... Il n'importe — ajouta-t-il avec humilité — je suis le bras qui agit... c'est à la tête qui pense et qui ordonne... de répondre de ses œuvres...

Bientôt le Prophète sortit du hangar en emportant la couverture rouge, et se dirigea vers la petite écurie de Jovial; la porte, disjointe, était à peine fermée par un loquet.

A la vue d'un étranger, Rabat-Joie se jeta sur lui; mais ses dents rencontrèrent les jambards de fer, et le Prophète, malgré les morsures du chien, prit Jovial par son licou, lui enveloppa la tête de la couverture afin de l'empêcher de voir et de sentir, l'emmena hors de l'écurie, et le fit entrer dans l'intérieur de sa ménagerie, dont il ferma la porte.

CHAPITRE X.

LA SURPRISE.

Les orphelines, après avoir lu le journal de leur père, étaient restées pendant quelque temps muettes, tristes et pensives, contemplant ces feuillets jaunis par le temps.

Dagobert, également préoccupé, songeait à son fils, à sa femme, dont il était séparé depuis si longtemps, et qu'il espérait bientôt revoir.

Le soldat, rompant le silence qui durait depuis quelques minutes, prit les feuillets des mains de Blanche, les plia soigneusement, les mit dans sa poche, et dit aux orphelines: — Allons, courage, mes enfans... vous voyez quel brave père vous avez ; ne pensez qu'au plaisir de l'embrasser, et rappelez-vous toujours le nom du digne garçon à qui vous devez ce plaisir ; car sans lui votre père était tué dans l'Inde.

— Il s'appelle Djalma... Nous ne l'oublierons jamais — dit Rose.

— Et si notre ange gardien, Gabriel, revient encore — ajouta Blanche — nous lui demanderons de veiller sur Djalma comme sur nous...

— Bien, mes enfans ; pour ce qui est du cœur, je suis sûr de vous, vous n'oublierez rien... Mais pour revenir au voyageur qui était venu trouver votre pauvre mère en Sibérie, il avait vu le général un mois après les faits que vous venez de lire, et au moment où il allait de nouveau entrer en campagne contre les Anglais, c'est alors que votre père lui a confié ces papiers et la médaille.

— Mais cette médaille, à quoi nous servira-t-elle, Dagobert ;

— Et ces mots gravés dessus, que signifient-ils ? — reprit Rose en la tirant de son sein.

— Dame, mes enfans... cela signifie qu'il faut que le 12 février 1832 nous soyons à Paris, rue Saint-François, n° 3.

— Mais pour quoi faire?

— Votre pauvre mère a été si vite saisie par la maladie, qu'elle n'a pu me le dire ; tout ce que je sais, c'est que cette médaille lui venait de ses parens ; c'était une relique gardée dans sa famille depuis cent ans et plus.

— Et comment notre père la possédait-il?

— Parmi les objets mis à la hâte dans sa voiture lorsqu'il avait été violemment emmené de Varsovie, se trouvait un nécessaire appartenant à votre mère, où était cette médaille ; depuis, le général n'avait pu la renvoyer, n'ayant aucun moyen de communication et ignorant où nous étions.

— Cette médaille est donc bien importante pour nous?

— Sans doute, car, depuis quinze ans, jamais je n'avais vu votre mère plus heureuse que le jour où le voyageur la lui a apportée. — « Maintenant le
» sort de mes enfans sera peut-être aussi beau qu'il a été jusqu'ici misérable
» — me disait-elle devant l'étranger, avec des larmes de joie dans les yeux ;
» — je vais demander au gouverneur de Sibérie la permission d'aller en
» France avec mes filles... On trouvera peut-être que j'ai été assez punie par
» quinze années d'exil et par la confiscation de mes biens... Si l'on me re-
» fuse... je resterai, mais on m'accordera du moins d'envoyer mes enfans en
» France, où vous les conduirez, Dagobert ; vous partirez tout de suite, car
» il y a déjà malheureusement bien du temps perdu... et si vous n'arriviez
» pas le 13 février prochain, cette cruelle séparation, ce voyage si pénible au-
» raient été inutiles. »

— Comment, un seul jour de retard?...

— Si nous arrivions le 14 au lieu du 13, il ne serait plus temps, disait votre mère ; elle m'a aussi donné une grosse lettre que je devais mettre à la poste, pour la France, dans la première ville que nous traverserions, c'est ce que j'ai fait.

— Et crois-tu que nous serons à Paris à temps?

— Je l'espère ; cependant, si vous en aviez la force, il faudrait doubler quelques étapes, car en ne faisant que nos cinq lieues par jour, et même sans accident, nous n'arriverions à Paris au plus tôt que vers le commencement de février, et il vaudrait mieux avoir plus d'avance.

— Mais, puisque notre père est dans l'Inde, et que, condamné à mort, il ne peut pas rentrer en France, quand le reverrons-nous donc?

— Et où le reverrons-nous?

— Pauvres enfans, c'est vrai... il y a tant de choses que vous ne savez pas ! Quand le voyageur l'a quitté, le général ne pouvait pas revenir en France, c'est vrai, mais maintenant il le peut.

— Et pourquoi le peut-il ?

— Parce que, l'an passé, les Bourbons qui l'avaient exilé ont été chassés à leur tour... la nouvelle en sera arrivée dans l'Inde, et votre père viendra certainement vous attendre à Paris, puisqu'il espère que vous et votre mère y serez le 13 février de l'an prochain.

— Ah ! maintenant, je comprends : nous pouvons espérer de le revoir, dit Rose en soupirant.

— Sais-tu comment il s'appelle, ce voyageur, Dagobert?

— Non, mes enfans... mais, qu'il s'appelle Pierre ou Jacques, c'est un vaillant homme. Quand il a quitté votre mère, elle l'a remercié en pleurant d'avoir été si dévoué, si bon pour le général, pour elle, pour ses enfans. Alors il a serré ses mains dans les siennes, et lui a dit avec une voix douce qui m'a remué malgré moi : « — *Pourquoi me remercier? n'a-t-il pas dit* : AIMEZ-VOUS LES UNS LES AUTRES?

— Qui ça, Dagobert?
— Oui, de qui voulait parler le voyageur?
— Je n'en sais rien ; seulement la manière dont il a prononcé ces mots m'a frappé, et ce sont les derniers qu'il ait dits.
— *Aimez-vous les uns les autres...* — répéta Rose toute pensive.
— Comme elle est belle, cette parole!... — ajouta Blanche.
— Et où allait-il, ce voyageur?
— Bien loin... bien loin dans le Nord, a-t-il répondu à votre mère. En le voyant s'en aller, elle me disait en parlant de lui : « Son langage doux et
» triste m'a attendrie jusqu'aux larmes ; pendant le temps qu'il m'a parlé je
» me sentais meilleure, j'aimais davantage encore mon mari, mes enfans, et
» pourtant, à voir l'expression de la figure de cet étranger, on dirait qu'IL
» N'A JAMAIS NI SOURI NI PLEURÉ, » ajoutait votre mère.

Quand il s'en est allé, elle et moi, debout à la porte, nous l'avons suivi des yeux tant que nous avons pu, il marchait la tête baissée. Sa marche était lente... calme... ferme... on aurait dit qu'il comptait ses pas... et à propos de son pas, j'ai encore remarqué une chose.
— Quoi donc, Dagobert?
— Vous savez que le chemin qui menait à la maison était toujours humide à cause de la petite source qui débordait...
— Oui.
— Eh bien! la marque de ses pas était restée sur la glaise, et j'ai vu que sous sa semelle il y avait des clous arrangés en croix...
— Comment donc, en croix?
— Tenez, dit Dagobert en posant sept fois son doigt sur la couverture du lit — tenez, ils étaient arrangés ainsi sous son talon : vous voyez, ça forme une croix.
— Qu'est-ce que cela peut signifier, Dagobert?
— Le hasard, peut-être... oui... le hasard... et pourtant, malgré moi, cette diable de croix qu'il laissait après lui m'a fait l'effet d'un mauvais présage, car à peine a-t-il été parti que nous avons été accablés coup sur coup.
— Hélas! la mort de notre mère?
— Oui, mais avant... autre chagrin! Vous n'étiez pas encore venues, elle écrivait sa supplique pour demander la permission d'aller en France ou de vous y envoyer, lorsque j'entends le galop d'un cheval ; c'était un courrier du gouverneur général de la Sibérie. Il nous apportait l'ordre de changer de résidence; sous trois jours, nous devions nous joindre à d'autres condamnés pour être conduits avec eux à quatre cents lieues plus au nord. Ainsi, après quinze ans d'exil, on redoublait de cruauté, de persécution envers votre mère...
— Et pourquoi la tourmenter ainsi!
— On aurait dit qu'un mauvais génie s'acharnait contre elle, car quelques jours plus tard le voyageur ne nous trouvait plus à Milosk, ou, s'il nous eût retrouvés plus tard, c'était si loin, que cette médaille et les papiers qu'il apportait ne servaient plus à rien... puisque, ayant pu partir tout de suite, c'est à peine si nous arriverons à temps à Paris. « On aurait intérêt à empêcher
» moi ou mes enfans d'aller en France, qu'on n'agirait pas autrement — di-
» sait votre mère, — car nous exiler maintenant à quatre cents lieues plus
» loin, c'est rendre impossible ce voyage en France dont le terme est fixé. »
Et elle se désespérait à cette idée.
— Peut-être ce chagrin imprévu a-t-il causé sa maladie subite?
— Hélas! non, mes enfans; c'est cet infernal choléra, qui arrive sans qu'on sache d'où il vient, car il voyage aussi, lui... et il vous frappe comme le tonnerre; trois heures après le départ du voyageur, quand vous êtes revenues de la forêt toutes gaies, toutes contentes, avec vos gros bouquets de fleurs pour votre mère... elle était déjà presque à l'agonie... et méconnaissable; le choléra s'était déclaré dans le village... Le soir, cinq personnes était mortes... Votre mère n'a eu que le temps de vous passer la médaille au cou, ma chère

petite Rose... de vous recommander toutes deux à moi... de me supplier de nous mettre tout de suite en route; elle morte, le nouvel ordre d'exil qui la frappait ne pouvait plus vous atteindre; le gouverneur m'a permis de partir avec vous pour la France, selon les dernières volontés de votre...

Le soldat ne put achever; il mit sa main sur ses yeux pendant que les orphelines s'embrassaient en sanglotant.

— Oh! mais — reprit Dagobert avec orgueil... après un moment de douloureux silence, — c'est là que vous vous êtes montrées les braves filles du général... Malgré le danger, on n'a pu vous arracher du lit de votre mère; vous êtes restées auprès d'elle jusqu'à la fin... Vous lui avez fermé les yeux, vous l'avez veillée toute la nuit... et vous n'avez voulu partir qu'après m'avoir vu planter la petite croix de bois sur la fosse que j'avais creusée.

Dagobert s'interrompit brusquement.

Un hennissement étrange, désespéré, auquel se mêlaient des rugissemens féroces, firent bondir le soldat sur sa chaise; il pâlit et s'écria: « C'est Jovial, mon cheval! que fait-on à mon cheval? »

Puis, ouvrant la porte, il descendit précipitamment l'escalier.

Les deux sœurs se serrèrent l'une contre l'autre, si épouvantées du brusque départ du soldat, qu'elles ne virent pas une main énorme passer à travers les carreaux cassés, ouvrir l'espagnolette de la fenêtre, en pousser violemment les vantaux et renverser la lampe placée sur une petite table où était le sac du soldat.

Les orphelines se trouvèrent ainsi plongées dans une obscurité profonde.

CHAPITRE XI.

JOVIAL ET LA MORT.

Morok, ayant conduit Jovial au milieu de sa ménagerie, l'avait ensuite débarrassé de la couverture qui l'empêchait de voir et de sentir.

A peine le tigre, le lion et la panthère l'eurent-ils aperçu, que ces animaux affamés se précipitèrent aux barreaux de leurs loges.

Le cheval, frappé de stupeur, le cou tendu, l'œil fixe, tremblait de tous ses membres, et semblait cloué sur le sol; une sueur abondante et glacée ruissela tout à coup de ses flancs.

Le lion et le tigre poussaient des rugissemens effroyables, en s'agitant violemment dans leurs loges.

La panthère ne rugissait pas... mais sa rage muette était effrayante. D'un bond furieux, au risque de se briser le crâne, elle s'élançait du fond de sa cage jusqu'aux barreaux; puis, toujours muette, toujours acharnée, elle retournait en rampant à l'extrémité de sa loge, et d'un nouvel élan, aussi impétueux qu'aveugle, elle tentait encore d'ébranler le grillage.

Trois fois, elle avait ainsi bondi... terrible, silencieuse... lorsque le cheval, passant de l'immobilité de la stupeur à l'égarement de l'épouvante, poussa de longs hennissemens, et courut, effaré, vers la porte par laquelle on l'avait amené. La trouvant fermée, il baissa la tête, fléchit un peu les jambes, frôla de ses naseaux l'ouverture laissée entre le sol et les ais, comme s'il eût voulu respirer l'air extérieur; puis, de plus en plus éperdu, il redoubla de hennissemens en frappant avec force de ses pieds de devant.

Le Prophète s'approcha de la cage de LA MORT au moment où elle allait reprendre son élan. Le lourd verrou qui retenait la grille, poussé par la pique du dompteur de bêtes, glissa, sortit de sa gâche... et en une seconde le Prophète eut gravi la moitié de l'échelle qui conduisait à son grenier.

Les rugissemens du tigre et du lion, joints aux hennissemens de Jovial, retentirent alors dans toutes les parties de l'auberge.

La panthère s'était de nouveau précipitée sur le grillage avec un acharnement si furieux, que, ce grillage cédant, elle tomba d'un saut au milieu du hangar.

La lumière du fanal miroitait sur l'ébène lustrée de sa robe, semée de mouchetures d'un noir mat... Un instant elle resta sans mouvement, ramassée sur ses membres trapus... la tête allongée sur le sol, comme pour calculer la portée du bond qu'elle allait faire pour atteindre le cheval, puis elle s'élança brusquement sur lui.

En la voyant sortir de sa cage, Jovial, d'un violent écart, se jeta sur la porte, qui s'ouvrait de dehors en dedans... y pesa de toutes ses forces, comme s'il eût voulu l'enfoncer ; et au moment où *La Mort* bondit, il se cabra presque droit ; mais celle-ci, rapide comme l'éclair, se suspendit à sa gorge en lui enfonçant en même temps les ongles aigus de ses pattes de devant dans le poitrail.

La veine jugulaire du cheval s'ouvrit ; des jets de sang vermeil jaillirent sous la dent de la panthère de Java, qui, s'arc-boutant alors sur ses pattes de derrière, serra puissamment sa victime contre la porte, et de ses griffes tranchantes lui laboura et lui ouvrit le flanc...

La chair du cheval était vive et pantelante, ses hennissemens strangulés devenaient épouvantables...

Tout à coup ces mots retentirent :

— Jovial... courage... me voilà... courage...

C'était la voix de Dagobert, qui s'épuisait en tentatives désespérées pour forcer la porte derrière laquelle se passait cette lutte sanglante.

— Jovial ! — reprit le soldat — me voilà... au secours...

A cet accent ami et bien connu, le pauvre animal, déjà presque sur ses fins, essaya de tourner la tête vers l'endroit d'où venait la voix de son maître, lui répondit par un hennissement plaintif, et, s'abattant sous les efforts de la panthère, tomba... d'abord sur les genoux, puis sur le flanc... de sorte que son échine et son garrot, longeant la porte, l'empêchaient de s'ouvrir.

Alors tout fut fini.

La Panthère s'accroupit sur le cheval, l'étreignit de ses pattes de devant et de derrière, malgré quelques ruades défaillantes, et lui fouilla le flanc de son mufle ensanglanté.

— Au secours... du secours à mon cheval ! — criait Dagobert, en ébranlant vainement la serrure ; puis il ajoutait avec rage :—Et pas d'armes... pas d'armes...

— Prenez garde... — cria le dompteur de bêtes.

Et il parut à la mansarde du grenier, qui s'ouvrait sur la cour.

— N'essayez pas d'entrer, il y va de la vie... ma panthère est furieuse...

— Mais mon cheval... mon cheval ! — s'écria Dagobert d'une voix déchirante.

— Il est sorti de son écurie pendant la nuit, il est entré dans le hangar en poussant la porte ; à sa vue la panthère a brisé sa cage et s'est jetée sur lui... Vous répondrez des malheurs qui peuvent arriver ! — ajouta le dompteur de bêtes d'un air menaçant — car je vais courir les plus grands dangers pour faire rentrer *La Mort* dans sa loge ;

— Mais mon cheval... Sauvez mon cheval !! — s'écria Dagobert, suppliant, désespéré.

Le Prophète disparut de sa lucarne.

Les rugissemens des animaux, les cris de Dagobert, réveillèrent tous les gens de l'hôtellerie du *Faucon-Blanc*. Çà et là les fenêtres s'éclairaient et s'ouvraient précipitamment. Bientôt les garçons d'auberge accoururent dans la cour avec des lanternes, entourèrent Dagobert et s'informèrent de ce qui venait d'arriver.

— Mon cheval est là... et un des animaux de ce misérable s'est échappé de sa cage — s'écria le soldat en continuant d'ébranler la porte.

A ces mots, les gens de l'auberge, déjà effrayés de ces épouvantables rugissemens, se sauvèrent et coururent prévenir l'hôte.

On conçoit les angoisses du soldat en attendant que la porte du hangar s'ouvrît. Pâle, haletant, l'oreille collée à la serrure, il écoutait...

Peu à peu les rugissemens avaient cessé, il n'entendait plus qu'un grondement sourd et ces appels sinistres répétés par la voix dure et brève du Prophète : — *La Mort... ici... La Mort !*

La nuit était profondément obscure, Dagobert n'aperçut pas Goliath qui, rampant avec précaution le long du toit recouvert en tuiles, rentrait dans le grenier par la fenêtre de la mansarde.

Bientôt la porte de la cour s'ouvrit de nouveau ; le maître de l'auberge parut, suivi de plusieurs hommes; armé d'une carabine, il s'avançait avec précaution; ses gens portaient des fourches et des bâtons.

— Que se passe-t-il donc? dit-il en s'approchant de Dagobert — quel trouble dans mon auberge!... Au diable les montreurs de bêtes et les négligens qui ne savent pas attacher le licou d'un cheval à la mangeoire... Si votre bête est blessée... tant pis pour vous, il fallait être plus soigneux.

Au lieu de répondre à ces reproches, le soldat, écoutant toujours ce qui se passait en dedans du hangar, fit un geste de la main pour réclamer le silence.

Tout à coup on entendit un éclat de rugissement féroce, suivi d'un grand cri du Prophète, et presque aussitôt la panthère hurla d'une façon lamentable.

— Vous êtes sans doute la cause d'un malheur, — dit au soldat l'hôte effrayé; — avez-vous entendu? quel cri!... Morok est peut-être dangereusement blessé.

Dagobert allait répondre à l'hôte lorsque la porte s'ouvrit; Goliath parut sur le seuil et dit: —On peut entrer, il n'y a plus de danger.

L'intérieur de la ménagerie offrait un spectacle sinistre.

Le Prophète, pâle, pouvant à peine dissimuler son émotion sous son calme apparent, était agenouillé à quelques pas de la cage de la panthère, dans une attitude recueillie : au mouvement de ses lèvres on devinait qu'il priait. A la vue de l'hôte et des gens de l'auberge, Morok se releva en disant d'une voix solennelle : — Merci, mon Dieu ! d'avoir pu vaincre encore une fois par la force que vous m'avez donnée.

Alors croisant ses bras sur sa poitrine, le front altier, le regard impérieux, il sembla jouir du triomphe qu'il venait de remporter sur *La Mort*, qui, étendue au fond de sa loge, poussait encore des hurlemens plaintifs.

Les spectateurs de cette scène, ignorant que la pelisse du dompteur de bêtes cachât une armure complète, et, attribuant les cris de la panthère à la crainte, restèrent frappés d'étonnement et d'admiration devant l'intrépidité et le pouvoir surnaturel de cet homme.

A quelques pas derrière lui, Goliath se tenait debout, appuyé sur la pique de frêne... Enfin, non loin de la cage, au milieu d'une mare de sang, était étendu le cadavre de Jovial.

A la vue de ses restes sanglans... déchirés, Dagobert resta immobile, et sa rude figure prit une expression de douleur profonde... Puis, se jetant à genoux, il souleva la tête de Jovial. En retrouvant ternes, vitreux et à demi fermés ces yeux naguère encore si intelligens et si gais lorsqu'ils se tournaient vers un maître aimé, le soldat ne put retenir une exclamation déchirante...

Dogobert oubliait sa colère, les suites déplorables de cet accident si fatal aux intérêts des deux jeunes filles qui ne pouvaient ainsi continuer leur route ; il ne songeait qu'à la mort horrible de ce pauvre vieux cheval, son ancien compagnon de fatigue et de guerre, fidèle animal deux fois blessé comme lui... et que depuis tant d'années il n'avait pas quitté... Cette émotion poignante se lisait d'une manière si cruelle, si touchante, sur le visage du soldat, que le maître de l'hôtellerie et ses gens se sentirent un instant apitoyés à la vue de ce grand vieillard agenouillé devant ce cheval mort.

Mais lorsque, suivant le cours de ses regrets, Dogobert songea que Jovial avait aussi été son compagnon d'exil, que la mère des orphelines avait autrefois, comme ses filles, entrepris un pénible voyage avec ce malheureux animal, les funestes conséquences de la perte qu'il venait de faire se présentèrent tout à coup à l'esprit du soldat; la fureur succédant à l'attendrissement, il se releva les yeux étincelans, courroucés, se précipita sur le Prophète, d'une main le saisit à la gorge, et de l'autre lui administra militairement dans la poitrine cinq à six coups de poing qui s'amortirent sur la cotte de mailles de Morok.

— Brigand... tu me répondras de la mort de mon cheval! — disait le soldat en continuant la correction.

Morok, svelte et nerveux, ne pouvait lutter avantageusement contre Dagobert, qui, servi par sa grande taille, montrait encore une vigueur peu commune. Il fallut l'intervention de Goliath et du maître de l'auberge pour arracher le Prophète des mains de l'ancien grenadier. Au bout de quelques instans on sépara les deux champions. Morok était blême de rage. Il fallut de nouveaux efforts pour l'empêcher de se saisir de la pique, dont il voulait frapper Dagobert.

— Mais c'est abominable ! — s'écria l'hôte en s'adressant au soldat, qui appuyait avec désespoir ses poings crispés sur son front chauve.

— Vous exposez ce digne homme à être dévoré par ses bêtes, reprit l'hôte, et vous voulez encore l'assommer... Est-ce ainsi qu'une barbe grise se conduit? faut-il aller chercher main-forte? vous vous étiez montré plus raisonnable dans la soirée.

Ces mots rappelèrent le soldat à lui-même ; il regretta d'autant plus sa vivacité, que sa qualité d'étranger pouvait augmenter les embarras de sa position ; il fallait à tout prix se faire indemniser de son cheval, afin d'être en état de continuer son voyage, dont le succès pouvait être compromis par un seul jour de retard. Faisant un violent effort sur lui-même, il parvint à se contraindre.

— Vous avez raison... j'ai été trop vif — dit-il à l'hôte d'une voix altérée, qu'il tâchait de rendre calme. — Je n'ai pas eu la patience de tantôt. Mais enfin cet homme ne doit-il pas être responsable de la perte de mon cheval? Je vous en fais juge.

— Eh bien! comme juge, je ne suis pas de votre avis. Tout cela est de votre faute. Vous aurez mal attaché votre cheval, et il sera entré sous ce hangar dont la porte était sans doute entr'ouverte — dit l'hôte prenant évidemment le parti du dompteur de bêtes.

— C'est vrai — reprit Goliath — je m'en souviens; j'avais laissé la porte entrebâillée la nuit, afin de donner de l'air aux animaux; les cages étaient bien fermées, il n'y avait pas de danger...

— C'est juste! — dit un des assistans.

— Il aura fallu la vue du cheval pour rendre la panthère furieuse, et lui faire briser sa cage — reprit un autre.

— C'est plutôt le Prophète qui doit se plaindre — dit un troisième.

— Peu importent ces avis divers — reprit Dagobert, dont la patience commençait à se lasser ; — je dis moi, qu'il me faut à l'instant de l'argent ou un cheval, oui, à l'instant, car je veux quitter cette auberge de malheur.

— Et je dis, moi, que c'est vous qui allez m'indemniser — s'écria Morok, qui sans doute ménageait ce coup de théâtre pour la fin, car il montra sa main gauche ensanglantée, jusqu'alors cachée dans la manche de sa pelisse. — Je serai peut-être estropié pour ma vie, ajouta-t-il. — Voyez, quelle blessure la panthère m'a faite!

Sans avoir la gravité que lui attribuait le Prophète, cette blessure était assez profonde. Ce dernier argument lui concilia la sympathie générale. Comptant sans doute sur cet incident pour décider d'une cause qu'il regardait comme sienne, l'hôtelier dit au garçon d'écurie :

— Il n'y a qu'un moyen d'en finir... c'est d'aller tout de suite éveiller M. le bourgmestre, et de le prier de venir ici ; il décidera qui a tort ou raison.

— J'allais vous le proposer — dit le soldat — car, après tout, je ne peux pas me faire justice moi-même.

— Fritz, cours chez M. le bourgmestre — dit l'hôte.

Le garçon partit précipitamment. Son maître, craignant d'être compromis par l'interrogatoire du soldat, auquel il avait la surveille négligé de demander ses papiers, lui dit : « Le bourgmestre sera de très mauvaise humeur... d'être dérangé si tard. Je n'ai pas envie d'en souffrir, aussi je vous engage à aller me chercher vos papiers s'ils sont en règle... car j'ai eu le tort de ne pas me les faire présenter hier au soir à votre arrivée.

— Ils sont en haut dans mon sac, vous allez les avoir — répondit le soldat.

Puis, détournant la vue et mettant sa main sur ses yeux lorsqu'il passa devant le corps de Jovial, il sortit pour aller retrouver les deux sœurs.

Le Prophète le suivit d'un regard triomphant, et se dit : « Le voilà sans cheval, sans argent, sans papiers... Je ne pouvais faire plus... puisqu'il m'était interdit de faire plus... et que je devais autant que possible agir de ruse et ménager les apparences... Tout le monde donnera tort à ce soldat. Je puis du moins répondre que, de quelques jours, il ne continuera pas sa route, puisque de si grands intérêts semblent se rattacher à son arrestation et à celle de ces deux jeunes filles. »

Un quart d'heure après cette réflexion du dompteur de bêtes, Karl, le camarade de Goliath, sortait de la cachette où son maître l'avait confiné pendant la soirée, et partait pour Leipsick, porteur d'une lettre que Morok venait d'écrire à la hâte, et que Karl devait, aussitôt son arrivée, mettre à la poste.

L'adresse de cette lettre était ainsi conçue :

A Monsieur
Monsieur Rodin,
Rue du Milieu-des-Ursins, N° 11,
A Paris,
France.

CHAPITRE XII.

LE BOURGMESTRE.

L'inquiétude de Dagobert augmentait de plus en plus; certain que son cheval n'était pas venu dans le hangar tout seul, il attribuait ce malheureux événement à la méchanceté du dompteur de bêtes, mais il se demandait en vain la cause de l'acharnement de ce misérable contre lui, et il songeait avec effroi que sa cause, si juste qu'elle fût, allait dépendre de la bonne ou mauvaise humeur d'un juge arraché au sommeil et qui pouvait condamner sur des apparences trompeuses.

Bien décidé à cacher aussi longtemps que possible aux orphelines le nouveau coup qui les frappait, il ouvrait la porte de leur chambre, lorsqu'il se heurta contre Rabat-Joie, car le chien était accouru à son poste après avoir en vain essayé d'empêcher le Prophète d'emmener Jovial.

— Heureusement le chien est revenu là, les pauvres petites étaient gardées — dit le soldat en ouvrant la porte.

A sa grande surprise, une profonde obscurité régnait dans la chambre.

— Mes enfans... — s'écria-t-il — pourquoi êtes-vous donc sans lumière ?

On ne lui répondit pas. Effrayé, il courut au lit à tâtons, prit la main d'une des deux sœurs : cette main était glacée.

— Rose !... mes enfans ! — s'écria-t-il — Blanche ! mais répondez-moi donc... Vous me faites peur...

— Même silence; la main qu'il tenait se laissait mouvoir machinalement, froide et inerte.

La lune, alors dégagée des nuages noirs qui l'entouraient, jeta dans cette petite chambre et sur le lit placé en face de la fenêtre une assez vive clarté pour que le soldat vît les deux sœurs évanouies.

La lueur bleuâtre de la lune augmentait encore la pâleur des orphelines; elles se tenaient à demi embrassées; Rose avait caché sa tête dans le sein de Blanche.

— Elles se seront trouvées mal de frayeur — s'écria Dagobert en courant à sa gourde. — Pauvres petites! après une journée où elles ont eu tant d'émotions, ce n'est pas étonnant !

Et le soldat, imbibant le coin d'un mouchoir de quelques gouttes d'eau-de-vie, se mit à genoux devant le lit, frotta légèrement les tempes des deux sœurs, et passa sous leurs petites narines roses le linge imprégné de spiritueux...

Toujours agenouillé, penchant vers les orphelines sa brune figure inquiète, émue, il attendit quelques secondes avant de renouveler l'emploi du seul moyen de secours qu'il eût en son pouvoir.

Un léger mouvement de Rose donna quelque espoir au soldat; la jeune fille tourna sa tête sur l'oreiller en soupirant; puis bientôt elle tressaillit, ouvrit ses yeux à la fois étonnés et effrayés; mais, ne reconnaissant pas d'abord Dagobert, elle s'écria : « Ma sœur ! » et elle se jeta entre les bras de Blanche.

Celle-ci commençait à ressentir aussi les effets des soins du soldat. Le cri de Rose la tira complétement de sa léthargie; partageant de nouveau sa frayeur sans en savoir la cause, elle se pressa contre elle.

— Les voilà revenues... c'est l'important — dit Dagobert. — Maintenant la folle peur passera bien vite. Puis il ajouta en adoucissant sa voix : — Eh bien! mes enfans... courage!... vous allez mieux... c'est moi qui suis là... moi... Dagobert.

Les orphelines firent un brusque mouvement, tournèrent vers le soldat leurs charmans visages encore pleins de trouble, d'émotion, et, par un élan plein de grâce, toutes deux lui tendirent les bras en s'écriant : — C'est toi... Dagobert... nous sommes sauvées...

— Oui, mes enfans... c'est moi — dit le vétéran en prenant leurs mains dans les siennes, et les serrant avec bonheur. — Vous avez donc eu grand'-peur pendant mon absence?

— Oh! peur... à mourir...

— Si tu savais... mon Dieu... si tu savais!

— Mais la lampe est éteinte! Pourquoi?

— Ce n'est pas nous...

— Voyons, remettez-vous, pauvres petites, et racontez-moi cela... Cette auberge ne me paraît pas sûre... Heureusement nous la quitterons bientôt... Maudit sort qui m'y a conduit... Après cela, il n'y avait pas d'autre hôtellerie dans le village... Que s'est-il donc passé?

— A peine as-tu été parti... que la fenêtre s'est ouverte bien fort, la lampe est tombée avec la table, et un bruit terrible...

— Alors le cœur nous a manqué, nous nous sommes embrassées en poussant un cri, car nous avions cru aussi entendre marcher dans la chambre.

— Et nous nous sommes trouvées mal, tant nous avions peur...

Malheureusement, persuadé que la violence du vent avait déjà cassé les carreaux et ébranlé la fenêtre, Dagobert crut avoir mal fermé l'espagnolette, attribua ce second accident à la même cause que le premier, et crut que l'effroi des orphelines les abusait.

— Enfin, c'est passé, n'y pensons plus, calmez-vous — leur dit-il.

— Mais, toi, pourquoi nous as-tu quittées si vite... Dagobert?

— Oui, maintenant je m'en souviens; n'est-ce pas, ma sœur, nous avons entendu un grand bruit, et Dagobert a couru vers l'escalier en disant : Mon cheval... que fait-on à mon cheval?

— C'était donc Jovial qui hennissait?

Ces questions renouvelaient les angoisses du soldat, il craignait d'y répondre, et dit d'un air embarrassé : « Oui... Jovial hennissait... mais ce n'était rien!... Ah çà! il nous faut de la lumière. Savez-vous où j'ai mis mon briquet hier soir? Allons, je perds la tête, il est dans ma poche. Il y a là une chandelle; je vais l'allumer pour chercher dans mon sac des papiers dont j'ai besoin. »

Dagobert fit jaillir quelques étincelles, se procura de la lumière, et vit en effet la croisée encore entr'ouverte, la table renversée, et auprès de la lampe son havre-sac; il ferma la fenêtre, releva la petite table, y plaça son sac et le déboucla afin d'y prendre son portefeuille, placé, ainsi que sa croix et sa bourse, dans une espèce de poche pratiquée entre la doublure et la peau du sac, qui ne paraissait pas avoir été fouillé, grâce au soin avec lequel les courroies étaient rajustées.

Le soldat plongea sa main dans la poche qui s'offrait à l'entrée du havre-sac, et ne trouva rien. Foudroyé de surprise, il pâlit, et s'écria en reculant d'un pas :

— Comment!!! rien!

— Dagobert, qu'as-tu donc? — dit Blanche.

Il ne répondit pas. Immobile, penché sur la table, il restait la main toujours plongée dans la poche du sac... Puis bientôt, cédant à un vague espoir... car une si cruelle réalité ne lui paraissait pas possible, il vida précipitamment le contenu du sac sur la table : c'étaient de pauvres hardes à moitié usées, son vieil habit d'uniforme des grenadiers à cheval de la garde impériale, sainte relique pour le soldat. Mais Dagobert eut beau développer chaque objet d'habillement, il n'y trouva ni sa bourse, ni son portefeuille où étaient ses papiers, les lettres du général Simon et sa croix. En vain, avec cette puérilité terrible qui accompagne toujours les recherches désespérées, le soldat prit le havre-sac par les deux coins et le secoua vigoureusement : rien n'en sortit.

Les orphelines se regardaient avec inquiétude, ne comprenaient rien au silence et à l'action de Dagobert, qui leur tournait le dos.

Blanche se hasarda de lui dire d'une voix timide : — Qu'as-tu donc?... Tu ne nous réponds pas... Qu'est-ce que tu cherches dans ton sac?

Toujours muet, Dagobert se fouilla précipitamment, retourna toutes ses poches; rien...

Peut-être pour la première fois de sa vie, ses deux enfans, comme il les appelait, lui avaient adressé la parole sans qu'il leur répondît.

Blanche et Rose sentirent de grosses larmes mouiller leurs yeux; croyant le soldat fâché, elles n'osèrent plus lui parler.

« Non... non... ça ne se peut pas... non, » disait le vétéran en appuyant sa main sur son front et en cherchant encore dans sa mémoire où il aurait pu placer des objets si précieux pour lui, ne voulant pas encore se résoudre à leur perte... Un éclair de joie brilla dans ses yeux... il courut prendre sur une chaise la valise des orphelines; elle contenait un peu de linge, deux robes noires et une petite boîte de bois renfermant un mouchoir de soie qui avait appartenu à leur mère, deux boucles de ses cheveux, et un ruban noir qu'elle portait au cou. Le peu qu'elle possédait avait été saisi par le gouvernement russe par suite de la confiscation. Dagobert fouilla et refouilla tout... visita jusqu'aux derniers recoins de la valise, rien... rien...

Cette fois, complètement anéanti, il s'appuya sur la table. — Cet homme si robuste, si énergique, se sentait faiblir... Son visage était à la fois brûlant et baigné d'une sueur froide... ses genoux tremblaient sous lui.

On dit vulgairement qu'un noyé s'accrocherait à une paille, il en est ainsi du *désespoir* qui ne veut pas absolument *désespérer*; Dagobert se laissa entraîner à une dernière espérance absurde, folle, impossible... il se retourna brusquement vers les deux orphelines, et leur dit... sans songer à l'altération de ses traits et de sa voix : — Je ne vous les ai pas donnés... à garder... dites?

Au lieu de lui répondre, Rose et Blanche, épouvantées de sa pâleur, de l'expression de son visage, jetèrent un cri.

— Mon Dieu... mon Dieu... qu'as-tu donc? — murmura Rose.

— Les avez-vous... oui ou non? — s'écria d'une voix tonnante le malheureux, égaré par la douleur. Si c'est non... je prends le premier couteau venu et je me le... plante à travers le corps!

— Hélas! toi si bon... pardonne-nous si nous t'avons causé quelque peine...

— Tu nous aimes tant... tu ne voudrais pas nous faire de mal...

Et les orphelines se prirent à pleurer en tendant leurs mains suppliantes vers le soldat.

Celui-ci, sans les voir, les regardait d'un œil hagard; puis, cette espèce de vertige dissipé, la réalité se présenta bientôt à sa pensée avec toutes ses terribles conséquences; il joignit les mains, tomba à genoux devant le lit des orphelines, y appuya son front, et à travers ses sanglots déchirans, car cet homme de fer sanglotait, on n'entendait que ces mots entrecoupés : « Pardon... pardon... je ne sais pas... Ah! quel malheur!... quel malheur! pardon. »

A cette explosion de douleur dont elles ne comprenaient pas la cause, mais qui, chez un tel homme, était navrante, les deux sœurs interdites entourèrent de leurs bras cette vieille tête grise, et s'écrièrent en pleurant : — Mais regarde-nous donc! dis-nous ce qui t'afflige... Ce n'est pas nous?...

Un bruit de pas résonna dans l'escalier. Au même instant retentirent les aboiemens de Rabat-Joie, resté en dehors de la porte. Plus les pas s'approchaient, plus les grondemens du chien devenaient furieux; ils étaient sans doute accompagnés de démonstrations hostiles, car on entendit l'aubergiste s'écrier d'un ton courroucé :

— Dites donc, hé! appelez votre chien... ou parlez-lui, c'est M. le bourgmestre qui monte...

— Dagobert... entends-tu?... c'est le bourgmestre! — dit Rose.

— On monte... voilà du monde... reprit Blanche.

Ces mots, le *bourgmestre*, rappelèrent tout à Dagobert, et complétèrent pour ainsi dire le tableau de sa triste position. Son cheval était mort, il se trouvait sans papiers, sans argent, et un jour, un seul jour de retard ruinait la dernière espérance des deux sœurs, rendait inutile ce long et pénible voyage.

Les gens fortement trempés, et le vétéran était de ce nombre, préfèrent les grands périls, les positions menaçantes, mais nettement tranchées, à ces angoisses vagues qui précèdent un malheur définitif.

Dagobert, servi par son bon sens, par son admirable dévoûment, comprit qu'il n'avait de ressource que dans la justice du bourgmestre, et que tous ses efforts devaient tendre à se rendre ce magistrat favorable; il essuya donc ses yeux aux draps du lit, se releva, droit, calme, résolu, et dit aux orphelines : — Ne craignez rien... mes enfans; il faudra bien que ce soit notre sauveur qui arrive.

— Allez-vous appeler votre chien?... — cria l'hôtelier, toujours retenu sur l'escalier par Rabat-Joie, sentinelle vigilante, qui continuait de lui disputer le passage. — Il est donc enragé, cet animal-là? Attachez-le donc! N'avez-vous pas déjà assez causé de malheurs dans ma maison?... Je vous dis que M. le bourgmestre veut vous interroger à votre tour, puisqu'il vient d'entendre Morok.

Dagobert passa la main dans ses cheveux gris et sur sa moustache, agrafa le col de sa houppelande, brossa ses manches avec ses mains, afin de se donner le meilleur air possible, sentant que le sort des orphelines allait dépendre de son entretien avec ce magistrat. Ce ne fut pas sans un violent battement de cœur qu'il mit la main sur la serrure après avoir dit aux petites filles, de plus en plus effrayées de tant d'événemens : « Enfoncez-vous bien dans votre lit, mes enfans... S'il faut absolument que quelqu'un entre ici, le bourgmestre y entrera seul... »

Puis, ouvrant la porte, le soldat s'avança sur le palier, et dit : « A bas!... Rabat-Joie... ici! »

Le chien obéit avec une répugnance marquée. Il fallut que son maître lui ordonnât deux fois de s'abstenir de toute manifestation malfaisante à l'encontre de l'hôtelier; ce dernier, une lanterne d'une main et son bonnet de l'autre, précédait respectueusement le bourgmestre, dont la figure magistrale se perdait dans la pénombre de l'escalier.

Derrière le juge, et quelques marches plus bas que lui, on voyait vaguement, éclairées par une autre lanterne, les visages curieux des gens de l'hôtellerie.

Dagobert, après avoir fait rentrer Rabat-Joie dans sa chambre, ferma la porte et avança de deux pas sur le palier, assez spacieux pour contenir plusieurs personnes, et à l'angle duquel se trouvait un banc de bois à dossier.

Le bourgmestre, arrivant à la dernière marche de l'escalier, parut surpris de voir Dagobert fermer la porte, dont il semblait vouloir lui interdire l'entrée.

— Pourquoi fermez-vous cette porte? demanda-t-il d'un ton brusque.

— D'abord, parce que deux jeunes filles, qui m'ont été confiées, sont couchées dans cette pièce; et ensuite, parce que votre interrogatoire inquiéterait ces enfans — répondit Dagobert... — Asseyez-vous sur ce banc et interrogez-moi ici, monsieur le bourgmestre; cela vous est égal, je pense!

— Et de quel droit prétendez-vous m'imposer le lieu de votre interrogatoire? — demanda le juge d'un air mécontent.

— Oh! je ne prétends rien, monsieur le bourgmestre, se hâta de dire le soldat, craignant avant tout d'indisposer son juge. — Seulement, comme ces jeunes filles sont couchées et déjà toutes tremblantes, vous feriez preuve de bon cœur si vous vouliez bien m'interroger ici.

— Hum... ici — dit le magistrat avec humeur. — Belle corvée! c'était bien la peine de me déranger au milieu de la nuit... Allons, soit, je vous interrogerai ici... Puis se tournant vers l'aubergiste: — Posez votre lanterne sur ce banc, et laissez-nous...

L'aubergiste obéit, et descendit suivi des gens de sa maison, aussi contrarié que ceux-ci de ne pouvoir assister à l'interrogatoire.

Le vétéran resta seul avec le magistrat.

CHAPITRE XIII.

LE JUGEMENT.

Le digne bourgmestre de Mockern était coiffé d'un bonnet de drap et enveloppé d'un manteau; il s'assit pesamment sur le banc : c'était un gros homme de soixante ans environ, d'une figure rogue et renfrognée; de son poing rouge et gras, il frottait fréquemment ses yeux, gonflés et rougis par un brusque réveil.

Dagobert, debout, tête nue, l'air soumis et respectueux, tenant son vieux bonnet de police entre ses deux mains, tâchait de lire sur la maussade physionomie de son juge quelles chances il pouvait avoir de l'intéresser à son sort, c'est-à-dire à celui des orphelines. Dans ce moment critique, le pauvre soldat appelait à son aide tout son sang-froid, toute sa raison, toute son éloquence, toute sa résolution : lui qui vingt fois avait bravé la mort avec un froid dédain; lui qui, calme et assuré, n'avait jamais baissé les yeux devant le regard d'aigle de l'Empereur, son héros, son Dieu... se sentait interdit, tremblant, devant ce bourgmestre de village à figure malveillante. De même aussi, quelques heures auparavant, il avait dû subir impassible et résigné, les provocations du Prophète, pour ne pas compromettre la mission sacrée dont une mère mourante l'avait chargé, montrant ainsi à quel héroïsme d'abnégation peut atteindre une âme honnête et simple.

— Qu'avez-vous à dire... pour votre justification? voyons, dépêchons... — demanda brutalement le juge avec un bâillement d'impatience.

— Je n'ai pas à me justifier... j'ai à me plaindre, monsieur le bourgmestre, — dit Dagobert d'une voix ferme.

— Croyez-vous m'apprendre dans quels termes je dois vous poser mes questions? — s'écria le magistrat, d'un ton si aigre, que le soldat se reprocha d'avoir déjà si mal engagé l'entretien. Voulant apaiser son juge, il s'empressa de répondre avec soumission : — Pardon, monsieur le bourgmestre, je me serai mal expliqué; je voulais seulement dire que dans cette affaire je n'avais aucun tort.

— Le Prophète dit le contraire.

— Le Prophète... —répondit le soldat d'un air de doute.

— Le Prophète est un pieux et honnête homme, incapable de mentir — reprit le juge.

— Je ne peux rien dire à ce sujet, mais vous êtes trop juste, et vous avez trop de bon cœur, monsieur le bourgmestre, pour me donner tort sans m'écouter... ce n'est pas un homme comme vous qui ferait une injustice... oh! cela se voit tout de suite.

En se résignant ainsi, malgré lui, au rôle de *courtisan*, Dagobert adoucissait le plus possible sa grosse voix, et tâchait de donner à son austère figure une expression souriante, avenante et flatteuse.

— Un homme comme vous — ajouta-t-il en redoublant d'aménité — un juge si respectable... n'entend pas que d'une oreille.

— Il ne s'agit pas d'oreilles... mais d'yeux, et quoique les miens me cuisent comme si je les avais frottés avec des orties... j'ai vu la main du dompteur de bêtes horriblement blessée.

— Oui, monsieur le bourgmestre, c'est bien vrai; mais songez que s'il avait fermé ses cages et sa porte... tout cela ne serait pas arrivé...

— Pas du tout, c'est votre faute : il fallait solidement attacher votre cheval à sa mangeoire.

— Vous avez raison, monsieur le bourgmestre; certainement, vous avez raison, dit le soldat d'une voix de plus en plus affable et conciliante. — Ce n'est pas un pauvre diable comme moi qui vous contredira; cependant, si l'on avait par méchanceté détaché mon cheval... pour le faire aller dans la ménagerie... vous avouerez, n'est-ce pas? que ce n'est plus ma faute; ou du moins, vous l'avouerez si cela vous fait plaisir — se hâta de dire le soldat — je n'ai pas le droit de vous rien commander.

— Et pourquoi diable voulez-vous qu'on vous ait joué ce mauvais tour?

— Je ne le sais pas, monsieur le bourgmestre, mais...

— Vous ne le savez pas... Eh bien! ni moi non plus, dit impatiemment le bourgmestre. — Ah! mon Dieu! que de sottes paroles pour une carcasse de cheval mort!

Le visage du soldat, perdant tout à coup son expression d'aménité forcée, redevint sévère; il répondit d'une voix grave et émue :— Mon cheval est mort... ce n'est plus qu'une carcasse, c'est vrai, et il y a une heure, quoique bien vieux, il était plein de courage et d'intelligence... il hennissait joyeusement à ma voix... et chaque soir il léchait les mains des deux pauvres enfans qu'il avait portées tout le jour... comme autrefois il avait porté leur mère... Maintenant il ne portera plus personne, on le jettera à la voirie, les chiens le mangeront, et tout sera dit... Ce n'était pas la peine de me rappeler cela durement, monsieur le bourgmestre, car je l'aimais, moi, mon cheval!

A ces mots, prononcés avec une simplicité digne et touchante, le bourgmestre, ému malgré lui, se reprocha ses paroles.

— Je comprends que vous regrettiez votre cheval — dit-il d'une voix moins impatiente. — Mais enfin, que voulez-vous? c'est un malheur.

— Un malheur... oui, monsieur le bourgmestre, un bien grand malheur; les jeunes filles que j'accompagne étaient trop faibles pour entreprendre une longue route à pied, trop pauvres pour voyager en voiture... Pourtant il fallait que nous arrivassions à Paris avant le mois de février... Quand leur mère est morte, je lui ai promis de les conduire en France, car ces enfans n'ont plus que moi.

— Vous êtes donc leur...

— Je suis leur fidèle serviteur, monsieur le bourgmestre, et maintenant que mon cheval a été tué, qu'est-ce que vous voulez que je fasse? Voyons, vous êtes bon, vous avez peut-être des enfans? Si un jour ils se trouvaient dans la position de mes deux petites orphelines, ayant pour tout bien, pour toutes ressources au monde un vieux soldat qui les aime et un vieux cheval qui les porte... si après avoir été bien malheureuses depuis leur naissance, oui, allez! bien malheureuses, car mes filles sont filles d'exilés... leur bonheur se trouvait au bout de ce voyage, et que par la mort d'un cheval ce voyage devînt impossible, dites, monsieur le bourgmestre, est-ce que ça ne vous remuerait pas le fond du cœur? est-ce que vous ne trouveriez pas comme moi que la perte de mon cheval est irréparable?

— Certainement — répondit le bourgmestre, assez bon homme au fond, et partageant involontairement l'émotion de Dagobert. — Je comprends maintenant toute la gravité de la perte que vous avez faite, et puis ces orphelines m'intéressent; quel âge ont-elles?

— Quinze ans et deux mois... elles sont jumelles...

— Quinze ans et deux mois... à peu près l'âge de ma Frédérique.

— Vous avez une jeune demoiselle de cet âge — reprit Dagobert renaissant à l'espoir — eh bien! monsieur le bourgmestre, franchement, le sort de mes pauvres petites ne m'inquiète plus... Vous nous ferez justice...

— Faire justice... c'est mon devoir; après tout, dans cette affaire-là, les torts sont à peu près égaux : d'un côté, vous avez mal attaché votre cheval; de l'autre, le dompteur de bêtes a laissé sa porte ouverte. Il a dit cela :... J'ai été blessé à la main ;... mais vous répondez : Mon cheval a été tué... et pour mille raisons la mort de mon cheval est un dommage irréparable.

— Vous me faites parler mieux que je ne parlerai jamais — monsieur le bougmestre — dit le soldat avec un sourire humblement câlin — mais c'est le sens de ce que j'aurais dit, car, ainsi que vous le prétendez vous-même, monsieur le bourgmestre, ce cheval, c'était toute ma fortune, et il est bien juste que...

— Sans doute — reprit le bourgmestre en interrompant le soldat — vos raisons sont excellentes... le Prophète... honnête et saint homme d'ailleurs, avait à sa manière très habilement présenté les faits; et puis, c'est une ancienne connaissance; ici, voyez-vous, nous sommes presque tous fervens catholiques; il donne à nos femmes, à très bon marché, de petits livres très édifians, et il leur vend, vraiment à perte, des chapelets et des *agnus Dei* très bien confectionnés... Cela ne fait rien à l'affaire, me direz-vous, et vous aurez raison; pourtant, ma foi, je vous l'avoue, j'étais venu ici dans l'intention...

— De me donner tort... n'est-ce pas, monsieur le bourgmestre — dit Dagobert de plus en plus rassuré. — C'est que vous n'étiez pas tout à fait réveillé... votre justice n'avait encore qu'un œil d'ouvert.

— Vraiment, monsieur le soldat — répondit le juge avec bonhomie — ça se pourrait bien, car je n'ai pas caché d'abord à Morok que je lui donnais raison; alors il m'a dit, très généreusement du reste : Puisque vous condamnez mon adversaire, je ne veux pas aggraver sa position, et vous dire certaines choses...

— Contre moi?

— Apparemment; mais, en généreux ennemi, il s'est tu lorsque je lui ai dit que, selon toute apparence, je vous condamnerais provisoirement à une amende envers lui : car, je ne le cache pas, avant d'avoir entendu vos raisons, j'étais décidé à exiger de vous une indemnité pour la blessure du Prophète.

— Voyez pourtant, monsieur le bourgmestre, comme les gens les plus justes et les plus capables peuvent être trompés! — dit Dagobert redevenant courtisan; bien plus, il ajouta, en tâchant de prendre un air prodigieusement malicieux : — Mais ils reconnaissent la vérité, et ce n'est pas eux que l'on met dedans; tout *Prophète* que l'on est!...

Par ce pitoyable jeu de mots, le premier, le seul que Dagobert eût jamais commis, l'on juge de la gravité de la situation, et des efforts, des tentatives de toutes sortes que faisait le malheureux pour captiver la bienveillance de son juge.

Le bourgmestre ne comprit pas tout d'abord la plaisanterie; il ne fut mis sur la voie que par l'air satisfait de Dagobert et par son coup d'œil interrogatif, qui semblait dire : — Hein! c'est charmant, j'en suis étonné moi-même.

— Le magistrat se prit donc à sourire d'un air paterne, en hochant la tête; puis il répondit en aggravant encore le jeu de mots : — Eh... eh... eh! vous avez raison, le Prophète aura mal prophétisé... Vous ne lui payerez aucune indemnité; je regarde les torts comme égaux, et les dommages comme compensés... Il a été blessé, votre cheval a été tué, partant vous êtes quittes.

— Et alors combien croyez-vous qu'il me redoive? — demanda le soldat avec une étrange naïveté...

— Comment?

— Oui, monsieur le bourgmestre... quelle somme est-ce qu'il me payera?

— Quelle somme?

— Oui; mais avant de la fixer, je dois vous avertir d'une chose, monsieur le bourgmestre : je crois être dans mon droit en n'employant pas tout l'argent à l'acquisition d'un cheval... Je suis sûr qu'aux environs de Leipsick je trouverai une bête à bon marché chez les paysans... Je vous avouerai même, entre nous, qu'à la rigueur, si je trouvais un bon petit âne... je n'y mettrais pas d'amour-propre... J'aimerais même mieux cela; car, voyez-vous, après ce pauvre Jovial, la compagnie d'un autre cheval me serait pénible... Aussi je dois vous...

— Ah çà! — s'écria le bourgmestre en interrompant Dagobert — de quelle somme, de quel âne et de quel autre cheval venez-vous me parler?... Je vous dis que vous ne devez rien au Prophète et qu'il ne vous doit rien.

— Il ne me doit rien?

— Vous avez la tête joliment dure, mon brave homme; je vous répète que si les animaux du Prophète ont tué votre cheval, le Prophète a été blessé grièvement... Ainsi donc, vous êtes quittes... ou, si vous l'aimez mieux, vous ne lui devez aucune indemnité et il ne vous en doit aucune... Comprenez-vous, enfin?

Dagobert stupéfait, resta quelques momens sans répondre, en regardant le bourgmestre avec une angoisse profonde; il voyait de nouveau ses espérances détruites par le jugement.

— Pourtant, monsieur le bourgmestre — reprit-il d'une voix altérée — vous êtes trop juste pour ne pas faire attention à une chose : la blessure du dompteur de bêtes ne l'empêche pas de continuer son état... et la mort de mon cheval m'empêche de continuer mon voyage; il faut donc qu'il m'indemnise...

Le juge croyait avoir déjà beaucoup fait pour Dagobert en ne le rendant pas responsable de la blessure du Prophète, car Morok, nous l'avons dit, exerçait une certaine influence sur les catholiques du pays, et surtout sur leurs femmes, par son débit de bimbeloterie dévote; l'on savait, de plus, qu'il était appuyé par quelques personnes éminentes. L'insistance du soldat blessa donc le magistrat, qui, reprenant sa physionomie rogue, répondit sévèrement :

— Vous me feriez repentir de mon impartialité. Comment, au lieu de me remercier, vous demandez encore!...

— Mais, monsieur le bourgmestre... je demande une chose juste... je voudrais être blessé à la main comme le Prophète, et pouvoir continuer ma route.

— Il ne s'agit pas de ce que vous voudriez ou non... j'ai prononcé... c'est fini.

— Mais...

— Assez... assez... Passons à autre chose... Vos papiers!

— Oui, nous allons parler de mes papiers... mais, je vous en supplie, monsieur le bourgmestre, ayez pitié de ces deux enfans qui sont là... Faites que nous puissions continuer notre voyage... et...

— J'ai fait tout ce que je peux faire... plus même peut-être que je n'aurais dû... Encore une fois, vos papiers !

— D'abord, il faut que je vous explique...

— Pas d'explications... Vos papiers... Préférez-vous que je vous fasse arrêter comme vagabond ?

— Moi!... m'arrêter!...

— Je veux dire que si vous refusiez de me donner vos papiers, ce serait comme si vous n'en aviez pas... Or, les gens qui n'en ont pas, on les arrête jusqu'à ce que l'autorité ait décidé sur eux... Voyons vos papiers. Finissons, j'ai hâte de retourner chez moi...

La position de Dagobert devenait d'autant plus accablante, qu'un moment il s'était laissé entraîner à un vif espoir. — Ce fut un dernier coup à ajouter à ce que le vétéran souffrait depuis le commencement de cette scène ; épreuve aussi cruelle que dangereuse pour un homme de cette trempe, d'un caractère droit, mais entier; loyal, mais rude et absolu ; pour un homme, enfin, qui longtemps soldat, et soldat victorieux, s'était malgré lui habitué envers le *bourgeois* à de certaines formules singulièrement despotiques.

A ces mots : — *Vos papiers* — Dagobert devint très pâle ; mais il tâcha de cacher ses angoisses sous un air d'assurance qu'il croyait propre à donner au magistrat une bonne opinion de lui.

— En deux mots, monsieur le bourgmestre, je vais vous dire la chose... Rien n'est plus simple... Ça peut arriver à tout le monde... je n'ai pas l'air d'un mendiant ou d'un vagabond, n'est-ce pas? Et puis enfin... vous comprenez qu'un honnête homme qui voyage avec deux jeunes filles...

— Que de paroles! Vos papiers!

Deux puissans auxiliaires vinrent, par un bonheur inespéré, au secours du soldat.

Les orphelines, de plus en plus inquiètes, et entendant toujours Dagobert parler sur le palier, s'étaient levées et habillées; de sorte qu'au moment où le magistrat disait d'une voix brusque : *Que de paroles! Vos papiers!* Rose et Blanche, se tenant par la main, sortirent de la chambre.

A la vue de ces deux ravissantes figures, que leurs pauvres vêtemens de deuil rendaient encore plus intéressantes, le bourgmestre se leva, frappé de surprise et d'admiration.

Par un mouvement spontané, chaque sœur prit une main de Dagobert et se serra contre lui en regardant le magistrat d'un air à la fois inquiet et candide.

C'était un tableau si touchant que ce vieux soldat présentant pour ainsi dire à son juge ces deux gracieux enfans aux traits remplis d'innocence et de charme, que le bourgmestre, par un nouveau retour à des sentimens pitoyables, se sentit vivement ému; Dagobert s'en aperçut ; aussi avançant, et tenant toujours les orphelines par la main, il lui dit d'une voix pénétrée :

— Les voilà, ces pauvres petites, monsieur le bourgmestre, les voilà. Est-ce que je peux vous montrer un meilleur passe-port?

Et, vaincu par tant de sensations pénibles, contenues, précipitées, Dagobert sentit malgré lui ses yeux devenir humides.

Quoique naturellement brusque et rendu plus maussade encore par l'interruption de son sommeil, le bourgmestre ne manquait ni de bon sens ni de sensibilité. Il comprit donc qu'un homme ainsi accompagné devait difficilement inspirer de la défiance.

— Pauvres chères enfans... — dit-il en les examinant avec un intérêt croissant — orphelines si jeunes... et elles viennent de bien loin?...

— Du fond de la Sibérie, monsieur le bourgmestre, où leur mère était exilée avant leur naissance... Voilà plus de cinq mois que nous voyageons à petites journées... N'est-ce pas déjà assez dur pour des enfans de cet âge?... C'est pour elles que je vous demande grâce et appui... pour elles que tout accable aujourd'hui, car tout à l'heure, en venant chercher mes papiers... dans mon sac, je n'ai plus retrouvé mon portefeuille où ils étaient avec ma bourse et ma croix... car enfin, monsieur le bourgmestre, pardon, si je vous dis cela... ce n'est pas par gloriole... mais j'ai été décoré de la main de l'Empereur, et un homme qu'il a décoré de sa main, voyez-vous, ne peut pas être un mauvais homme, quoiqu'il ait malheureusement perdu ses papiers... et sa bourse... Car voilà où nous en sommes, et c'est ce qui me rendait si exigeant pour l'indemnité.

— Et comment... et où... avez-vous fait cette perte?

— Je n'en sais rien, monsieur le bourgmestre; je suis sûr, avant-hier à la couchée, d'avoir pris un peu d'argent dans la bourse et d'avoir vu le portefeuille; hier, la monnaie de la pièce changée m'a suffi, et je n'ai pas défait mon sac...

— Et hier et aujourd'hui, où votre sac est-il resté?

— Dans la chambre occupée par les enfans; mais cette nuit...

Dagobert fut interrompu par les pas de quelqu'un qui montait. C'était le Prophète.

Caché dans l'ombre au pied de l'escalier, il avait entendu cette conversation. Il redoutait que la faiblesse du bourgmestre ne nuisît à la complète réussite de ses projets, déjà presque entièrement réalisés.

CHAPITRE XIV.

LA DÉCISION.

Morok portait son bras gauche en écharpe; après avoir lentement gravi l'escalier, il salua respectueusement le bourgmestre.

A l'aspect de la sinistre figure du dompteur de bêtes, Rose et Blanche, effrayées, reculèrent d'un pas et se rapprochèrent du soldat.

Le front de celui-ci se rembrunit; il sentit de nouveau sourdement bouillonner sa colère contre Morok, cause de ses cruels embarras (il ignorait pourtant que Goliath eût, à l'instigation du Prophète, volé le portefeuille et les papiers).

— Que voulez-vous, Morok? — lui dit le bourgmestre d'un air moitié bienveillant, moitié fâché. — Je voulais être seul, je l'avais dit à l'aubergiste.

— Je viens vous rendre un service, monsieur le bourgmestre.

— Un service?

— Un grand service; sans cela je ne me serais pas permis de vous déranger. Il m'est venu un scrupule.

— Un scrupule?

— Oui, monsieur le bourgmestre; je me suis reproché de ne pas vous avoir dit ce que j'avais à vous dire sur cet homme; déjà une fausse pitié m'avait égaré.

— Mais enfin, qu'avez-vous à dire?

Morok s'approcha du juge et lui parla tout bas pendant assez longtemps.

D'abord très étonné, peu à peu la physionomie du bourgmestre devint profondément attentive et soucieuse; de temps en temps il laissait échapper une exclamation de surprise et de doute, en jetant des regards de côté sur le groupe formé par Dagobert et les deux jeunes filles.

A l'expression de ses regards, de plus en plus inquiets, scrutateurs et sévères, on voyait facilement que les paroles secrètes du Prophète changeaient progressivement l'intérêt que le magistrat avait ressenti pour les orphelines et pour le soldat, en un sentiment rempli de défiance et d'hostilité.

Dagobert s'aperçut de ce revirement soudain; ses craintes, un instant calmées, revinrent plus vives que jamais. Rose et Blanche, interdites, et ne comprenant rien à cette scène muette, regardaient le soldat avec une anxiété croissante.

— Diable!... — dit le bourgmestre en se levant brusquement — je n'avais pas songé à tout cela; où donc avais-je la tête? Mais que voulez-vous, Morok? lorsqu'on vient au milieu de la nuit vous éveiller, on n'a pas toute sa liberté d'esprit; c'est un grand service que vous me rendez là, vous me le disiez bien.

— Je n'affirme rien, cependant...

— C'est égal, il y a mille à parier contre un que vous avez raison.

— Ce n'est qu'un soupçon fondé sur quelques circonstances; mais enfin un soupçon...

— Peut mettre sur la voie de la vérité... Et moi qui allais, comme un oison, donner dans le piége... Encore une fois, où avais-je donc la tête?...

— Il est si difficile de se défendre de certaines apparences...

— A qui le dites-vous, mon cher Morok, à qui le dites-vous?

Pendant cette conversation mystérieuse, Dagobert était au supplice; il pressentait vaguement qu'un violent orage allait éclater; il ne songeait qu'à une chose, à maîtriser encore sa colère.

Morok s'approcha du juge en lui désignant du regard les orphelines; il recommença de lui parler bas.

— Ah! — s'écria le bourgmestre avec indignation — vous allez trop loin.

— Je n'affirme rien... — se hâta de dire Morok — c'est une simple présomption fondée sur... Et de nouveau il approcha ses lèvres de l'oreille du juge.

— Après tout, pourquoi non? — reprit le juge en levant les mains au ciel; — ces gens-là sont capables de tout; il dit aussi qu'il vient de la Sibérie avec elles; qui prouve que ce n'est pas un amas d'impudens mensonges? Mais on ne me prend pas deux fois pour dupe — s'écria le bourgmestre d'un ton courroucé, car, ainsi que tous les gens d'un caractère versatile et faible, il était sans pitié pour ceux qu'il croyait capables d'avoir surpris son intérêt.

— Ne vous hâtez pourtant pas de juger... ne donnez pas surtout à mes paroles plus de poids qu'elles n'en ont — reprit Morok avec une componction et une humilité hypocrites; — ma position envers *cet homme* — (et il désigna Dagobert) — est malheureusement si fausse, que l'on pourrait croire que j'agis par ressentiment du mal qu'il m'a fait; peut-être même est-ce que j'agis ainsi à mon insu... tandis que je crois au contraire n'être guidé que par l'amour de la justice, l'horreur du mensonge et le respect de notre sainte religion. Enfin... qui vivra... verra...: que le Seigneur me pardonne si je me suis trompé; en tout cas, la justice prononcera; au bout d'un mois ou deux ils seront libres, s'ils sont innocens.

— C'est pour cela qu'il n'y a pas à hésiter; c'est une simple mesure de prudence, et ils n'en mourront pas. D'ailleurs, plus j'y songe, plus cela me paraît vraisemblable; oui, cet homme doit être un espion ou un agitateur français; si je rapproche mes soupçons de cette manifestation des étudians de Francfort...

— Et dans cette hypothèse, pour monter, pour exalter la tête de ces jeunes fous, il n'est rien de tel que... — Et d'un regard rapide, Morok désigna les deux sœurs; puis, après un instant de silence significatif, il ajouta avec un soupir: — Pour le démon, tout moyen est bon...

— Certainement, ce serait odieux, mais parfaitement imaginé...

— Et puis enfin, monsieur le bourgmestre, examinez-le attentivement, et vous verrez que *cet homme* a une figure dangereuse... Voyez... En parlant ainsi, toujours à voix basse, Morok venait de désigner évidemment Dagobert.

Malgré l'empire que celui-ci exerçait sur lui-même, la contrainte où il se tenait depuis son arrivée dans cette auberge maudite, et surtout depuis le commencement de la conversation de Morok et du bourgmestre, finissait par être au-dessus de ses forces; d'ailleurs, il voyait clairement que ses efforts pour se concilier l'intérêt du juge venaient d'être complétement ruinés par la fatale influence du dompteur de bêtes; aussi, perdant patience, il s'approcha de celui-ci, les bras croisés sur la poitrine, et lui dit d'une voix encore contenue : — C'est de moi que vous venez de parler tout bas à monsieur le bourgmestre ?

— Oui — dit Morok en le regardant fixement.

— Pourquoi n'avez-vous pas parlé tout haut?

L'agitation presque convulsive de l'épaisse moustache de Dagobert qui après avoir dit ces paroles, regarda à son tour Morok entre les deux yeux, annonçait qu'un violent combat se livrait en lui. Voyant son adversaire garder un silence moqueur, il lui dit d'une voix plus haute : — Je vous demande pourquoi vous parlez bas à monsieur le bourgmestre quand il s'agit de moi?

— Parce qu'il y a des choses honteuses que l'on rougirait de dire tout haut. — répondit Morok avec insolence.

Dagobert avait tenu jusqu'alors ses bras croisés. Tout-à-coup il les tendit violemment en serrant les poings... Ce brusque mouvement fut si expressif, que les deux sœurs jetèrent un cri d'effroi en se rapprochant de lui.

— Tenez, monsieur le bourgmestre — dit le soldat les dents serrées par la colère — que cet homme s'en aille... ou je ne réponds plus de moi.

— Comment! — dit le bourgmestre avec hauteur — des ordres à moi... vous osez...

— Je vous dis de faire descendre cet homme — reprit Dagobert hors de lui — ou il arrivera quelque malheur!!

— Dagobert... mon Dieu... calme-toi — s'écrièrent les enfans en lui prenant les mains.

— Il vous sied bien, misérable vagabond, pour ne pas dire plus, de commander ici! — reprit enfin le bourgmestre furieux. — Ah! vous croyez que pour m'abuser il suffit de dire que vous avez perdu vos papiers! Vous avez beau traîner avec vous ces deux jeunes filles, qui, malgré leur air innocent... pourraient bien n'être que...

— Malheureux! — s'écria Dagobert en interrompant le bourgmestre d'un regard si terrible, que le juge n'osa pas achever.

Le soldat prit les enfans par le bras, et, sans qu'elles eussent pu dire un mot, il les fit, en une seconde, entrer dans la chambre ; puis, fermant la porte mettant la clé dans sa poche, il revint précipitamment vers le bourgmestre, qui, effrayé de l'attitude et de la physionomie menaçante du vétéran, recula de deux pas en arrière et se tint d'une main à la rampe de l'escalier.

— Ecoutez-moi bien, vous! — dit le soldat en saisissant le juge par le bras. — Tantôt ce misérable m'a insulté... (et il montra Morok). J'ai tout supporté... il s'agissait de moi. Tout à l'heure, j'ai écouté patiemment vos sornettes, parce que vous avez eu l'air un moment de vous intéresser à ces malheureux enfans ; mais, puisque vous n'avez ni cœur, ni pitié, ni justice... je vous préviens, moi, que tout bourgmestre que vous êtes... je vous crosserai comme j'ai crossé ce chien — et il montra de nouveau le Prophète — si vous avez le malheur de ne pas parler de ces deux jeunes filles comme vous parleriez de votre propre enfant... entendez-vous!

— Comment... vous osez dire... — s'écria le bourgmestre balbutiant de colère — que si je parle de ces deux aventurières...

— Chapeau bas... quand on parle des filles du maréchal duc de Ligny! — s'écria le soldat en arrachant le bonnet du bourgmestre, et le jetant à ses pieds.

A cette agression, Morok tressaillit de joie.

En effet, Dagobert, exaspéré, renonçant à tout espoir, se laissait malheureusement aller à la violence de son caractère, si péniblement contenue depuis quelques heures.

Lorsque le bourgmestre vit son bonnet à ses pieds, il regarda le dompteur de bêtes avec stupeur, comme s'il hésitait à croire à une pareille énormité.

Dagobert, regrettant son emportement, sachant qu'il ne lui restait aucun moyen de conciliation, jeta un coup-d'œil rapide autour de lui, et, reculant de quelques pas, gagna ainsi les premières marches de l'escalier.

Le bourgmestre se tenait debout, à côté du banc, dans un angle du palier ; Morok, le bras en écharpe, afin de donner une plus sérieuse apparence à sa blessure, était auprès du magistrat. Celui-ci, trompé par le mouvement de retraite de Dagobert, s'écria : — Ah! tu crois échapper après avoir osé porter la main sur moi... vieux misérable!!

— Monsieur le bourgmestre... pardonnez-moi... C'est un mouvement de vivacité que je n'ai pu maîtriser; je me reproche cette violence — dit Dagobert d'une voix repentante, en baissant humblement la tête.

— Pas de pitié pour toi... malheureux! Tu veux recommencer à m'attendrir avec ton air câlin! mais j'ai pénétré tes secrets desseins... Tu n'es pas ce que tu parais être, et il pourrait bien y avoir une affaire d'Etat au fond de tout ceci — ajouta le magistrat d'un ton extrêmement diplomatique. — Tous moyens sont bons pour les gens qui voudraient mettre l'Europe en feu.

— Je ne suis qu'un pauvre diable... monsieur le bourgmestre... Vous avez si bon cœur, ne soyez pas impitoyable!...

— Ah! tu m'arraches mon bonnet!

— Mais vous — ajouta le soldat en se tournant vers Morok — vous qui êtes cause de tout... ayez pitié de moi... ne montrez pas de rancune... Vous qui êtes un saint homme, dites au moins un mot en ma faveur à monsieur le bourgmestre.

— Je lui ai dit... ce que je devais lui dire... — répondit ironiquement le bourgmestre.

— Ah! ah! te voilà bien penaud à cette heure, vieux vagabond... Tu croyais m'abuser par tes jérémiades — reprit le bourgmestre en s'avançant vers Dagobert; — Dieu merci! je ne suis plus ta dupe... Tu verras qu'il y a à Leipsick de bons cachots pour les agitateurs français et pour les coureuses d'aventures, car tes donzelles ne valent pas mieux que toi... Allons, ajouta-t-il d'un ton important, en gonflant ses joues — allons, descends devant moi... Quant à toi, Morok, tu vas...

Le bourgmestre ne put achever.

Depuis quelques minutes, Dagobert ne cherchait qu'à gagner du temps; il étudiait du coin de l'œil une porte entr'ouverte, faisant face, sur le palier, à la chambre occupée par les orphelines; trouvant le moment favorable, il s'élança, rapide comme la foudre, sur le bourgmestre, le prit à la gorge et le jeta si rudement contre la porte entrebâillée, que le magistrat, stupéfait de cette brusque attaque, ne pouvant dire une parole ni pousser un cri, alla rouler au fond de la chambre complètement obscure.

Puis se retournant vers Morok, qui, le bras en écharpe, et voyant l'escalier libre, s'y précipitait, le soldat le rattrapa par sa longue chevelure flottante, l'attira à lui, l'enlaça dans ses bras de fer, lui mit la main sur la bouche pour étouffer ses cris, et, malgré sa résistance désespérée, le poussa, le traîna dans la chambre au fond de laquelle le bougmestre gisait déjà contus et étourdi.

Après avoir fermé la porte à double tour, et mis la clé dans sa poche, Dagobert, en deux bonds, descendit l'escalier qui aboutissait à un couloir donnant sur la cour. La porte de l'auberge était fermée; impossible de sortir de ce coté.

La pluie tombait à torrens; il vit à travers les carreaux d'une salle basse, éclairée par la lueur du feu, l'hôte et ses gens attendant la décision du bourgmestre.

Verrouiller la porte du couloir, et intercepter ainsi toute communication avec la cour, ce fut pour le soldat l'affaire d'une seconde, et il remonta rapidement rejoindre les orphelines.

Morok, revenu à lui, appelait à l'aide de toutes ses forces; mais, lors même que ses cris auraient pu être entendus malgré la distance, le bruit du vent et de la pluie les eût étouffés. Dagobert avait donc environ une heure à lui, car il fallait assez de temps pour que l'on s'étonnât de la longueur de son entretien avec le magistrat; et une fois les soupçons ou les craintes éveillés, il fallait encore briser les deux portes, celle qui fermait le couloir de l'escalier et celle de la chambre où étaient renfermés le bourgmestre et le Prophète.

— Mes enfans, il s'agit de prouver que vous avez du sang de soldat dans les veines — dit Dagobert en entrant brusquement chez les jeunes filles, épouvantées du bruit qu'elles entendaient depuis quelques momens.

— Mon Dieu! Dagobert! qu'arrive-t-il? — s'écria Blanche.

— Que veux-tu que nous fassions? — reprit Rose.

Sans répondre, le soldat courut au lit, en retira les draps, les noua rapidement ensemble, fit un gros nœud à l'un des bouts, qu'il plaça sur la partie supérieure du vantail gauche de la fenêtre, préalablement entr'ouvert, et ensuite refermé. Intérieurement retenu par la grosseur du nœud, qui ne pouvait passer entre le vantail et l'encadrement de la croisée, le drap se trouvait ainsi solidement fixé ; son autre extrémité, flottant en dehors, atteignait le sol ; le second battant de la fenêtre, restant ouvert, laissait aux fugitifs un passage suffisant.

Le vétéran prit alors son sac, la valise des enfans, la pelisse de peau de renne, jeta le tout par la croisée, fit un signe à Rabat-Joie, et l'envoya, pour ainsi dire, garder ces objets.

Le chien n'hésita pas, d'un bond il disparut.

Rose et Blanche, stupéfaites, regardaient Dagobert sans prononcer une parole.

— Maintenant, mes enfans — leur dit-il — les portes de l'auberge sont fermées... du courage... — et leur montrant la fenêtre : — Il faut passer là, où nous sommes arrêtés, mis en prison... vous d'un côté... moi de l'autre, et notre voyage est flambé.

—Arrêtés !... mis en prison ! — s'écria Rose.

— Séparées de toi ! — s'écria Blanche.

— Oui, mes pauvres petites ! On a tué Jovial... Il faut nous sauver à pied, et tâcher de gagner Leipsick... Lorsque vous serez fatiguées, je vous porterai tour à tour, et, quand je devrais mendier sur la route, nous arriverons... Mais un quart d'heure plus tard, et tout est perdu... Allons, enfans, ayez confiance en moi... Montrez que les filles du général Simon ne sont pas poltronnes... et il nous reste encore de l'espoir.

Par un mouvement sympathique, les deux sœurs se prirent par la main comme si elles eussent voulu s'unir contre le danger ; leurs charmantes figures, pâlies par tant d'émotions, exprimèrent alors une résolution naïve qui prenait sa source dans leur foi aveugle au dévoûment du soldat.

— Sois tranquille, Dagobert... nous n'aurons pas peur — dit Rose d'une voix ferme.

— Ce qu'il faut faire... nous le ferons — ajouta Blanche d'une voix non moins assurée.

— J'en étais sûr... s'écria Dagobert —bon sang ne peut mentir... En route ! vous ne pesez pas plus que des plumes, le drap est solide, il y a huit pieds à peine de la fenêtre en bas... et Rabat-Joie vous y attend...

— C'est à moi de passer la première, je suis l'aînée aujourd'hui — s'écria Rose après avoir tendrement embrassé Blanche. Et elle courut vers la fenêtre, voulant, s'il y avait quelque péril à descendre d'abord, s'y exposer à la place de sa sœur.

Dagobert devina facilement la cause de cet empressement.

— Chers enfans — leur dit-il — je vous comprends, mais ne craignez rien l'une pour l'autre, il n'y a aucun danger... j'ai attaché moi-même le drap... Allons, vite, ma petite Rose.

Légère comme un oiseau, la jeune fille monta sur l'appui de la fenêtre ; puis, bien soutenue par Dagobert, elle saisit le drap, et se laissa glisser doucement d'après les recommandations du soldat, qui, le corps penché en dehors, l'encourageait de la voix.

— Ma sœur... n'aie pas peur... —dit la jeune fille à voix basse, dès qu'elle eut touché le sol — c'est très facile de descendre comme cela ; Rabat-Joie est là qui me lèche les mains...

Blanche ne se fit pas attendre ; aussi courageuse que sa sœur, elle descendit avec le même bonheur.

— Chères petites créatures, qu'ont-elles fait pour être si malheureuses?... Mille tonnerres !!! il y a donc un sort maudit sur cette famille-là — s'écria Dagobert le cœur brisé, en voyant disparaître la pâle et douce figure de la jeune fille au milieu des ténèbres de cette nuit profonde, que de violentes rafales de vent et des torrens de pluie rendaient plus sinistre encore.

— Dagobert, nous t'attendons ; viens vite... — dirent à voix basse les orphelines, réunies au pied de la fenêtre.

Grâce à sa grande taille, le soldat sauta, plutôt qu'il ne se laissa glisser à terre.

Dagobert et les deux jeunes filles avaient, depuis un quart d'heure à peine, quitté en fugitifs l'auberge du Faucon-Blanc, lorsqu'un violent craquement retentit dans la maison. La porte avait cédé aux efforts du bourgmestre et de Morok, qui s'étaient servis d'une lourde table pour bélier. Guidés par la lumière, ils accoururent dans la chambre des orphelines, alors déserte.

Morok vit les draps flotter au dehors, et s'écria : — Monsieur le bourgmestre... c'est par la fenêtre qu'ils se sont sauvés ; ils sont à pied... par cette nuit orageuse et noire, ils ne peuvent être loin.
— Sans doute... nous les rattraperons... Misérables vagabonds !... Oh !... je me vengerai... Vite, Morok... il y va de ton honneur et du mien...
— De mon honneur ?... Il y va de plus que cela pour moi — monsieur le bourgmestre — répondit le Prophète d'un ton courroucé ; — puis, descendant rapidement l'escalier, il ouvrit la porte de la cour, et s'écria d'une voix retentissante — Goliath... déchaîne les chiens !... et vous, l'hôte, des lanternes, des perches... Armez vos gens... faites ouvrir les portes. Courons après les fugitifs ; ils ne peuvent nous échapper... il nous les faut... morts ou vifs.

DEUXIÈME PARTIE.

LA RUE DU MILIEU DES URSINS.

CHAPITRE PREMIER.

LES MESSAGES (1).

Morok, le dompteur de bêtes, voyant Dagobert privé de son cheval, dépouillé de ses papiers, de son argent, et le croyant ainsi hors d'état de continuer sa route, avait, avant l'arrivée du bourgmestre, envoyé Karl à Leipsick porteur d'une lettre que celui-ci devait immédiatement mettre à la poste.

L'adresse de cette lettre était ainsi conçue :

A monsieur Rodin, rue du Milieu-des-Ursins,
à Paris.

Vers le milieu de cette rue solitaire, assez ignorée, située au-dessous du niveau du quai Napoléon, où elle débouche, non loin de Saint-Landry, il existait alors une maison de modeste apparence, élevée au fond d'une cour sombre,

---

(1) « En lisant dans les règles de l'ordre des Jésuites, sous le titre *De formula scribendi* (Instit. II, XI, p. 125-129), le développement de la huitième partie des Constitutions, on est effrayé du nombre de relations, de registres, d'écrits de tout genre, conservés dans les archives de la Société. »

« C'est une police infiniment plus exacte et mieux informée que ne l'a jamais été celle d'aucun État. Le gouvernement de Venise lui-même se trouvait surpassé par les Jésuites ; lorsqu'il les chassa, en 1606 il saisit tous leurs papiers, et leur reprocha LEUR GRANDE ET PÉNIBLE CURIOSITÉ. Cette police, cette inquisition secrète, portées à un tel degré de perfection, font comprendre toute la puissance d'un gouvernement si bien instruit, si persévérant dans ses projets, si puissant par l'unité, et, comme le disent les Constitutions, par *l'union de ses membres*. — On comprend sans peine quelle force immense acquiert le gouvernement de cette société, et comment le général des Jésuites pouvait dire au *duc de Brissac* : « DE CETTE CHAMBRE, MONSIEUR JE GOUVERNE NON-SEULEMENT LA CHINE, MAIS LE MONDE ENTIER, SANS QUE PERSONNE SACHE COMMENT CELA SE FAIT. » (Les Constitutions des Jésuites, avec les Déclarations, texte latin, d'après l'édition de Prague, p. 476 à 478. — Paris, 1834.)

étroite et isolée de la rue par un petit bâtiment de façade, percée d'une porte cintrée et de deux croisées garnies d'épais barreaux de fer.

Rien de plus simple que l'intérieur de cette silencieuse demeure, ainsi que le démontrait l'ameublement d'une assez grande salle au rez-de-chaussée du corps de logis principal. De vieilles boiseries grises couvraient les murs, le sol, carrelé, était peint en rouge et soigneusement ciré; des rideaux de calicot blanc se drapaient aux croisées.

Une sphère de quatre pieds de diamètre environ, placée sur un piédestal de chêne massif à l'autre extrémité de la chambre, faisait face à la cheminée. Sur ce globe d'une grande échelle, on remarquait une foule de petites croix rouges disséminées sur toutes les parties du monde; du nord au sud, du levant au couchant, depuis les pays les plus barbares, les îles les plus lointaines, jusqu'aux nations les plus civilisées, jusqu'à la France, il n'y avait pas une contrée qui n'offrît plusieurs endroits marqués de ces petites croix rouges servant évidemment de signes indicateurs, ou de points de repère.

Devant une table de bois noir chargée de papiers et adossée au mur à proximité de la cheminée, une chaise était vide; plus loin entre les deux fenêtres on voyait un grand bureau de noyer, surmonté d'étagères remplies de cartons.

A la fin du mois d'octobre 1831, vers les huit heures du matin, assis à ce bureau un homme écrivait. Cet homme était M. Rodin, le correspondant de Morok, le dompteur de bêtes.

Agé de cinquante ans, il portait une vieille redingote olive, râpée, au collet graisseux, un mouchoir à tabac pour cravate, un gilet et un pantalon de drap noir qui montraient la corde; ses pieds, chaussés de gros souliers huilés, reposaient sur un petit carré de tapis vert placé sur le carreau rouge et brillant. Ses cheveux gris s'aplatissaient sur ses tempes et couronnaient son front chauve; ses sourcils étaient à peine indiqués; sa paupière supérieure, flasque et retombante comme la membrane qui voile à demi les yeux des reptiles, cachait à moitié son petit œil vif et noir; ses lèvres minces, absolument incolores, se confondaient avec la teinte blafarde de son visage maigre au nez pointu, au menton pointu. Ce masque livide, et pour ainsi dire sans lèvres, semblait d'autant plus étrange qu'il était d'une immobilité sépulcrale; sans le mouvement rapide des doigts de M. Rodin, qui, courbé sur son bureau, faisait grincer sa plume, on l'eût pris pour un cadavre.

A l'aide d'un *chiffre* (alphabet secret) placé devant lui, il transcrivait, d'une manière inintelligible, pour qui n'eût pas possédé la clef de ces signes, certains passages d'une longue feuille d'écriture.

Au milieu de ce silence profond, par un jour bas et sombre qui faisait paraître plus triste encore cette grande pièce froide et nue, il y avait quelque chose de sinistre à voir cet homme, à figure glacée, écrire en caractères mystérieux.

Huit heures sonnèrent.

Le marteau de la porte cochère retentit sourdement, puis un timbre frappa deux coups; plusieurs portes s'ouvrirent, se fermèrent, et un nouveau personnage entra dans cette chambre.

A sa vue, M. Rodin se leva, mit sa plume entre ses doigts, salua d'un air profondément soumis, et se remit à sa besogne sans prononcer une parole.

Ces deux personnages offraient un contraste frappant.

Le nouveau venu, plus âgé qu'il ne le paraissait, semblait avoir au plus trente-six ou trente-huit ans: il était d'une taille élégante et élevée: on aurait difficilement soutenu l'éclat de sa large prunelle grise, brillante comme de l'acier; son nez, large à sa racine, se terminait par un méplat carrément accusé; son menton prononcé étant partout rasé, les tons bleuâtres de sa barbe, fraîchement coupée, contrastaient avec le vif incarnat de ses lèvres et la blancheur de ses dents, qu'il avait très belles. Lorsqu'il ôta son chapeau pour prendre sur la petite table un bonnet de velours noir, il laissa voir une chevelure châtain-clair que les années n'avaient pas encore argentée. Il était vêtu d'une longue redingote militairement boutonnée jusqu'au cou. Le regard profond de cet homme, son front largement coupé, révélaient une grande intelligence, tandis que le développement de sa poitrine et de ses épaules annonçait une vigoureuse organisation physique; enfin, la distinction de sa tournure, le soin avec lequel il était ganté et chaussé, le léger parfum qui s'exhalait de sa chevelure et de sa personne, la grâce et l'aisance de ses moindres mouvemens trahissaient ce que l'on appelle l'homme du monde, et donnaient à penser qu'il avait pu ou qu'il pouvait encore prétendre à tous les genres de succès, depuis les plus frivoles jusqu'aux plus sérieux.

De cet accord si rare à rencontrer, force d'esprit, force de corps et extrême élégance de manières, il résultait un ensemble d'autant plus remarquable, que ce qu'il y aurait eu de trop dominateur dans la partie supérieure de cette figure énergique était, pour ainsi dire, adouci, tempéré par l'affabilité d'un sourire constant, mais non pas uniforme ; car, selon l'occasion, ce sourire, tour à tour affectueux ou malin, cordial ou gai, discret ou prévenant, augmentait encore le charme insinuant de cet homme, que l'on n'oubliait jamais dès qu'une seule fois on l'avait vu.

Néanmoins, malgré tant d'avantages réunis, et quoiqu'il vous laissât presque toujours sous l'influence de son irrésistible séduction, ce ressentiment était mélangé d'une vague inquiétude, comme si la grâce et l'exquise urbanité des manières de ce personnage, l'enchantement de sa parole, ses flatteries délicates, l'aménité caressante de son sourire eussent caché quelque piège insidieux. L'on se demandait enfin, tout en cédant à une sympathie involontaire, si l'on était attiré vers le bien... ou vers le mal.

M. Rodin, secrétaire du nouveau venu, continuait d'écrire.

— Y a-t-il des lettres de Dunkerque, Rodin ? — lui demanda son maître.

— Le facteur n'est pas encore arrivé.

— Sans être positivement inquiet de la santé de ma mère, puisqu'elle est en convalescence — reprit l'autre — je ne serai tout à fait rassuré que par une lettre de madame la princesse de Saint-Dizier... mon excellente amie... Enfin, ce matin, j'aurai de bonnes nouvelles, je l'espère...

— C'est à désirer — dit le secrétaire aussi humble, aussi soumis que laconique et impassible.

— Certes, c'est à désirer, reprit son maître — car un des meilleurs jours de ma vie a été celui où la princesse de Saint-Dizier m'a appris que cette maladie, aussi brusque que dangereuse, avait heureusement cédé aux bons soins dont ma mère est entourée... par elle... sans cela je partais à l'instant pour la terre de la princesse, quoique ma présence soit ici bien nécessaire... Puis s'approchant du bureau de son secrétaire, il ajouta : — Le dépouillement de la correspondance étrangère est-il fait ?

— En voici l'analyse...

— Les lettres sont toujours venues sous enveloppes aux demeures indiquées... et apportées ici selon mes ordres ?

— Toujours...

— Lisez-moi l'analyse de cette correspondance : s'il y a des lettres auxquelles je doive répondre moi-même, je vous le dirai.

Et le maître de Rodin commença de se promener de long en large dans la chambre, les mains croisées derrière le dos, dictant à mesure des observations que Rodin notait soigneusement.

Le secrétaire prit un dossier assez volumineux, et commença ainsi :

— Don *Ramon Olivarès* accuse de Cadix réception de la lettre n. 19, il s'y conformera et niera toute participation à l'enlèvement.

— Rien à classer.

— Le comte Romanof de Riga se trouve dans une position embarrassée...

— Dire à Duplessis d'envoyer un secours de cinquante louis ; j'ai autrefois servi comme capitaine dans le régiment du comte, et depuis il a donné d'excellens avis.

— On a reçu à Philadelphie la dernière cargaison d'histoire de France *expurgée* à l'usage des fidèles ; on en redemande, la première étant épuisée.

— Prendre note, en écrire à Duplessis... Poursuivez.

— M. Spindler envoie de Namur le rapport secret demandé sur M. Ardouin.

— A analyser...

— M. Ardouin envoie de la même ville le rapport secret demandé sur M. Spindler.

— A analyser...

— Le docteur Van-Ostadt, de la même ville, envoie une note confidentielle sur MM. Spindler et Ardouin.

— A comparer... Poursuivez.

— Le comte Malipierri de Turin annonce que la donation de 300,000 fr. est signée.

— En prévenir Duplessis... Ensuite?

— Don Stanislas vient de partir des eaux de Baden avec la reine Marie-Ernestine. Il donne avis que S. M. recevra avec gratitude les avis qu'on lui annonce, et y répondra de sa main.

— Prenez note... J'écrirai moi-même à la reine.

Pendant que Rodin inscrivait quelques notes en marge du papier qu'il tenait, son maître, continuant de se promener de long en large dans la chambre, se trouva en face de la grande mappemonde marquée de petites croix rouges; un instant il la contempla d'un air pensif.

Rodin continua :

— D'après l'état des esprits dans certaines parties de l'Italie, où quelques agitateurs ont les yeux tournés vers la France, le père Orsini écrit de Milan qu'il serait très important de répandre à profusion dans ce pays un petit livre dans lequel les Français, nos compatriotes, seraient présentés comme impies et débauchés... pillards et sanguinaires...

— L'idée est excellente, on pourra exploiter habilement les excès commis par les nôtres en Italie pendant les guerres de la République... Il faudra charger Jacques Dumoulin d'écrire ce petit livre. Cet homme est pétri de bile, de fiel et de venin; le pamphlet sera terrible... d'ailleurs je donnerai quelques notes; mais qu'on ne paie Jacques Dumoulin... qu'après la remise du manuscrit...

— Bien entendu... Si on le soldait d'avance, il serait ivre-mort pendant huit jours dans quelque mauvais lieu. C'est ainsi qu'il a fallu lui payer deux fois son virulent factum contre les tendances panthéistes de la doctrine philosophique du professeur Martin.

— Notez... et continuez.

— Le *négociant* annonce que le *commis* est sur le point d'envoyer le *banquier rendre ses comptes* devant qui de droit...

Après avoir accentué ces mots d'une façon particulière, Rodin dit à son maître : Vous comprenez?...

— Parfaitement... — dit l'autre en tressaillant. — Ce sont les expressions convenues... Ensuite?

— Mais le *commis* — reprit le secrétaire — est retenu par un dernier scrupule.

Après un moment de silence, pendant lequel ses traits se contractèrent péniblement, le maître de Rodin reprit : « Continuer d'agir sur l'imagination du *commis* par le silence et la solitude, puis lui faire relire la liste des cas où le régicide est autorisé et absous... » Continuez.

— La femme Sydney écrit de Dresde qu'elle attend les instructions. De violentes scènes de jalousie ont encore éclaté entre le père et le fils à son sujet; mais dans ces nouveaux épanchemens de haine mutuelle, dans ces confidences que chacun lui faisait contre son rival, la femme Sydney n'a encore rien trouvé qui ait trait aux renseignemens qu'on lui demande. Elle a pu jusqu'ici éviter de se décider pour l'un ou pour l'autre;... mais si cette situation se prolonge... elle craint d'éveiller leurs soupçons. Qui doit-elle préférer, du père ou du fils?

— Le fils... Les ressentimens de la jalousie seront bien plus violens, bien plus cruels chez ce vieillard; et pour se venger de la préférence accordée à son fils, il dira peut-être ce que tous d'eux ont tant d'intérêt à cacher... Ensuite?

— Depuis trois ans, deux servantes d'Ambrosius, que l'on a placées dans cette petite paroisse des montagnes du Valais, ont disparu... sans qu'on sache ce qu'elles sont devenues. Une troisième vient d'avoir le même sort. Les protestans du pays s'émeuvent, parlent de meurtre... de circonstances épouvantables...

— Jusqu'à preuve évidente, complète du fait, que l'on défende Ambrosius contre ces infâmes calomnies d'un parti qui ne recule jamais devant les inventions les plus monstrueuses... Continuez.

— Thompson de Liverpool est enfin parvenu à faire entrer Justin comme homme de confiance chez lord Stewart, riche catholique irlandais dont la tête s'affaiblit de plus en plus.

— Une fois le fait vérifié, cinquante louis de gratification à Thompson. Prenez note pour Duplessis... Poursuivez.

— Frank Dichestein de Vienne—reprit Rodin—annonce que son père vient de mourir du choléra... dans un petit village à quelques lieues de cette ville... car l'épidémie continue d'avancer lentement, venant du nord de la Russie par la Pologne...

— C'est vrai—dit le maître de Rodin en interrompant;—puisse le terrible fléau ne pas continuer sa marche effrayante et épargner la France!...

— Frank Dichestein—reprit Rodin—annonce que ses deux frères sont décidés à attaquer la donation faite par son père... mais que lui est d'un avis opposé...

— Consulter les deux personnes chargées du contentieux... Ensuite?

— Le cardinal prince d'Amalli se conformera aux trois premiers points du mémoire. Il demande à faire ses réserves pour le quatrième point.

— Pas de réserves... acceptation pleine et absolue; sinon la guerre: et notez-le bien, entendez-vous! une guerre acharnée, sans pitié ni pour lui ni pour ses créatures... Ensuite?

— Fra Paolo annonce que le patriote Boccari, chef d'une société secrète très-redoutable, désespéré de voir ses amis l'accuser de trahison, par suite des soupçons que lui, Fra Paolo, avait adroitement jetés dans leur esprit, s'est donné la mort.

— Boccari!! est-ce possible?... Boccari!... le patriote Boccari!... cet ennemi si dangereux? — s'écria le maître de Rodin.

— Le patriote Boccari... — répéta le secrétaire, toujours impassible.

— Dire à Duplessis d'envoyer un mandat de vingt-cinq louis à Fra Paolo... Prenez note.

— Hausman annonce que la danseuse française Albertine Ducornet est la maîtresse du prince régnant: elle a sur lui la plus complète influence; on pourrait donc par elle arriver sûrement au but qu'on se propose; mais cette Albertine est dominée par son amant, condamné en France comme faussaire, et elle ne fait rien sans le consulter...

— Ordonner à Hausman de s'aboucher avec cet homme; si ses prétentions sont raisonnables, y accéder : s'informer si cette fille n'a pas quelques parens à Paris.

— Le duc d'Orbano annonce que le roi son maître autorisera le nouvel établissement proposé, mais aux conditions précédemment notifiées.

— Pas de conditions, une franche adhésion ou un refus positif... on reconnaît ainsi ses amis et ses ennemis... Plus les circonstances sont défavorables... plus il faut montrer de fermeté, et imposer par la confiance en soi.

— Le même annonce que le corps diplomatique tout entier continue d'appuyer les réclamations du père de cette jeune fille protestante, qui ne veut quitter le couvent où elle a trouvé asile et protection que pour épouser son amant contre la volonté de son père.

— Ah!... le corps diplomatique continue de réclamer au nom de ce père?

— Il continue...

— Alors, continuer de lui répondre que le pouvoir spirituel n'a rien à démêler avec le pouvoir temporel.

A ce moment le timbre de la porte d'entrée frappa deux coups.

— Voyez ce que c'est — dit le maître de Rodin.

Celui-ci se leva et sortit. Son maître continua de se promener, pensif, d'un bout à l'autre de la chambre. Ses pas l'ayant encore amené auprès de l'énorme sphère, il s'y arrêta.

Pendant quelque temps il contempla, dans un profond silence, les innombrables petites croix rouges qui semblaient couvrir d'un immense réseau toutes les contrées de la terre. Songeant sans doute à l'invisible action de son pouvoir, qui paraissait s'étendre sur le monde entier, les traits de cet homme s'animèrent, sa large prunelle grise étincela, ses narines se gonflèrent, sa mâle figure prit une incroyable expression d'énergie, d'audace et de superbe. Le front altier, la lèvre dédaigneuse, il s'approcha de la sphère et appuya sa vigoureuse main sur le pôle...

A cette puissante étreinte, à ce mouvement impérieux, possessif, on aurait dit que cet homme se croyait sûr de dominer ce globe qu'il contemplait de toute la hauteur de sa grande taille, et sur lequel il posait sa main d'un air si fier, si audacieux. Alors il ne souriait pas. Son large front se plissait d'une manière formidable, son regard menaçait ; l'artiste qui aurait voulu peindre le démon de l'orgueil et de la domination n'auraitpu choisir un plus effrayant modèle.

Lorsque Rodin rentra, la figure de son maître avait repris son expression habituelle.

— C'est le facteur — dit Rodin en montrant les lettres qu'il tenait à la main — il n'y a rien de Dunkerque.

— Rien!!!... — s'écria son maître. Et sa douloureuse émotion contrastait singulièrement avec l'expression hautaine et implacable que son visage avait naguère.

— Rien!!! aucune nouvelle de ma mère! — reprit-il — encore trente-six heures d'inquiétude.

— Il me semble que si madame la princesse avait eu de mauvaises nouvelles à donner, elle eût écrit; probablement le mieux continue...

— Vous avez sans doute raison, Rodin, mais, il n'importe... je ne suis pas tranquille... Si demain je n'ai pas de nouvelles complètement rassurantes, je partirai pour la terre de la princesse... Pourquoi faut-il que ma mère ait voulu aller passer l'automne dans ce pays!... Je crains que les environs de Dunkerque ne soient pas sains pour elle...

Après un moment de silence il ajouta en continuant de se promener : « Enfin... voyez ces lettres... d'où sont-elles?... »

Rodin, après avoir examiné leur timbre, répondit : « Sur les quatre, il y en a trois relatives à la grande et importante affaire des médailles... »

— Dieu soit loué... pourvu que les nouvelles soient favorables — s'écria le maître de Rodin avec une expression d'inquiétude qui témoignait de l'extrême importance qu'il attachait à cette affaire.

— L'une, de Charlestown, est sans doute relative à Gabriel le missionnaire — répondit Rodin — l'autre, de Batavia, a sans doute rapport à l'Indien Djalma... Celle-ci est de Leipsick... Sans doute elle confirme celle d'hier, où ce dompteur de bêtes féroces, nommé Morok, annonçait que, selon les ordres qu'il avait reçus, et sans qu'on pût l'accuser en rien, les filles du général Simon ne pourraient continuer leur voyage.

Au nom du général Simon, un nuage passa sur les traits du maître de Rodin.

CHAPITRE II.

LES ORDRES (1).

Après avoir surmonté l'émotion involontaire que lui avait causée le nom ou

---

(1) « Les maisons de province correspondent avec celles de Paris ; elles sont aussi en relation directe avec le général qui réside à Rome. La correspondance des Jésuites, si active, si variée et organisée d'une manière si merveilleuse, a pour objet de fournir aux chefs tous les renseignemens dont ils peuvent avoir besoin. Chaque jour, le général reçoit une foule de rapports qui se contrôlent mutuellement. Il existe dans la maison centrale, à Rome, d'immenses registres où sont inscrits les noms de tous les Jésuites, de leurs affiliés et de tous les gens considérables, amis ou ennemis, à qui ils ont affaire. Dans ces registres sont rapportés, sans altération, sans haine, sans passion, les faits relatifs à la vie de chaque individu. C'est là le plus gigantesque recueil bibliographique qui ait jamais été formé. La conduite d'une femme légère, les fautes cachées d'un homme d'Etat sont racontées dans ce livre avec une froide impartialité. Rédigées dans un but d'utilité, ces biographies sont nécessairement exactes. Quand on a besoin d'agir sur un individu, on ouvre le livre et l'on connaît immédiatement sa vie, son caractère, ses qualités, ses défauts, ses projets, sa famille, ses amis, ses liaisons les plus secrètes. Concevez-vous, monsieur, toute la supériorité d'action que donne à une compagnie cet immense livre de police qui embrasse le monde entier? Je ne vous parle pas légèrement de ces registres : c'est de quelqu'un qui *a vu* ce répertoire, et qui connaît parfaitement les Jésuites, que je tiens ce fait. Il y a là matière à réflexions pour les familles qui admettent facilement dans leur intérieur des membres d'une communauté où l'étude de la biographie est si habilement exploitée. » (LIBRI, membre de l'Institut, *Lettres sur le Clergé.*)

le souvenir du général Simon, le maître de Rodin lui dit : « N'ouvrez pas encore ces lettres de Leipsick, de Charlestown et de Batavia ; les renseignemens qu'elles donnent, sans doute, se classeront tout à l heure d'eux-mêmes. Cela nous épargnera un double emploi de temps. »

Le secrétaire regarda son maître d'un air interrogatif.

L'autre reprit : — Avez-vous terminé la note relative à l'affaire des médailles ?

— La voici... Je finissais de la traduire en chiffres.

— Lisez-la-moi, et, selon l'ordre des faits, vous ajouterez les nouvelles informations que doivent renfermer ces trois lettres.

— En effet — dit Rodin — ces informations se trouveront ainsi à leur place.

— Je veux voir — reprit l'autre — si cette note est claire et suffisamment explicative, car vous n'avez pas oublié que la personne à qui elle est destinée ne doit pas tout savoir?

— Je me le suis rappelé, et c'est dans ce sens que je l'ai rédigée...

— Lisez.

M. Rodin lut ce qui suit très posément et très lentement :

« Il y a cent cinquante ans, une famille française, protestante, s'est expa-
» triée volontairement dans la prévision de la prochaine révocation de l'édit
» de Nantes, et dans le dessein de se soustraire aux rigoureux et justes ar-
» rêts déjà rendus contre les réformés, ces ennemis indomptables de notre
» sainte religion.

» Parmi les membres de cette famille, les uns se sont réfugiés d'abord en
» Hollande, puis dans les colonies hollandaises, d'autres en Pologne, d'autres
» en Allemagne, d'autres en Angleterre, d'autres en Amérique.

» On croit savoir qu'il ne reste aujourd'hui que sept descendans de cette
» famille, qui a passé par d'étranges vicissitudes de fortune, puisque ses re-
» présentans sont aujourd'hui à peu près placés sur tous les degrés de l'é-
» chelle sociale, depuis le souverain jusqu'à l'artisan.

» Ces descendans directs ou indirects sont :

» Filiation maternelle :

» Les demoiselles *Rose* et *Blanche Simon*, mineures.

» (Le général Simon a épousé à Varsovie une descendante de ladite fa-
» mille.)

» Le sieur *François Hardy*, manufacturier au Plessis, près Paris.

» Le prince *Djalma*, fils de *Kadja-Sing*, roi de Mondi.

» (*Kadja-Sing* a épousé en 1802, une descendante de ladite famille, alors
» établie à Batavia (île de Java), possession hollandaise.)

» Filiation paternelle :

» Le sieur *Jacques Rennepont*, dit *Couche-tout-nu*, artisan.

» La demoiselle *Adrienne de Cardoville*, fille du comte de Rennepont (duc
» de Cardoville.)

» Le sieur *Gabriel Rennepont*, prêtre des missions étrangères.

» Chacun des membres de cette famille possède ou doit posséder une mé-
» daille de bronze sur laquelle se trouvent gravées les inscriptions ci-jointes :

» Ces mots et cette date indiquent qu'il est d'un puissant intérêt pour cha-
» cun d'eux de se trouver à Paris le 13 février 1832, et cela, non par repré-
» sentans ou fondés de pouvoir, mais EN PERSONNE, qu'ils soient majeurs ou
» mineurs, mariés ou célibataires.
» Mais d'autres personnes ont un intérêt *immense* à ce qu'aucun des des-
» cendans de cette famille ne se trouve à Paris le 13 février... à l'exception
» de Gabriel Rennepont, prêtre des missions étrangères.
» *Il faut donc qu'*A TOUT PRIX *Gabriel soit le seul qui assiste à ce rendez-*
» *vous donné aux représentans de cette famille il y a un siècle et demi.*
» Pour empêcher les six autres personnes d'être ou de se rendre à Paris le
» jour dit, ou pour y paralyser leur présence, on a déjà beaucoup tenté;
» mais il reste beaucoup à tenter pour assurer le bon succès de cette affaire,
» que l'on regarde comme la plus importante, comme la plus vitale de l'é-
» poque, à cause de ses résultats probables... »

— Cela n'est que trop vrai — dit le maître de Rodin en l'interrompant et
en secouant la tête d'un air pensif; — ajoutez en outre — que les conséquences du succès sont incalculables, et que l'on n'ose prévoir celles de l'insuccès... En un mot, qu'il s'agit presque d'être... ou de ne pas être pendant plusieurs années. Aussi faut-il, pour réussir, *employer tous les moyens possibles,
ne reculer devant rien*, toujours en sauvant habilement les apparences.

— C'est écrit — dit Rodin après avoir ajouté les mots que son maître venait de lui dicter.

— Continuez...

Rodin continua :

« Pour faciliter ou assurer la réussite de l'affaire en question, il est néces-
» saire de donner quelques détails particuliers et secrets sur les sept person-
» nes qui représentent cette famille.

» On répond de la vérité de ces détails, au besoin on les compléterait de la
» façon la plus minutieuse; car, des informations contradictoires ayant eu
» lieu, on possède des dossiers très étendus. On procédera par ordre de per-
» sonnes, et l'on parlera seulement des faits accomplis jusqu'à ce jour.

(Note n° 1.)

» Les demoiselles *Rose* et *Blanche Simon*, sœurs jumelles—âgées de quinze
» ans environ.—Figures charmantes—se ressemblant tellement qu'on pour-
» rait prendre l'une pour l'autre; — caractère doux et timide, mais suscep-
» tible d'exaltation: — élevées en Sibérie par une mère esprit fort et déiste.
» — Elles sont complétement ignorantes des choses de notre sainte religion.
» Le général Simon, séparé de sa femme avant leur naissance, ignore en-
» core à cette heure qu'il a deux filles.
» On avait cru les empêcher de se trouver à Paris le 13 février, en faisant
» envoyer leur mère dans un lieu d'exil beaucoup plus reculé que celui qui
» lui avait d'abord été assigné; mais leur mère étant morte, le gouverneur
» général de la Sibérie, qui nous est tout dévoué d'ailleurs, croyant, par une
» erreur déplorable, la mesure seulement personnelle à la femme du général
» Simon, a malheureusement permis à ces jeunes filles de revenir en France
» sous la conduite d'un ancien soldat.
» Cet homme, entreprenant, fidèle, résolu, est noté comme *dangereux*.
» Les demoiselles Simon sont inoffensives. — On a tout lieu d'espérer qu'à
» cette heure elles sont retenues dans les environs de Leipsick. »

Le maître de Rodin, l'interrompant, lui dit : — Lisez maintenant la lettre
de Leipsick reçue tout à l'heure, vous pourrez compléter l'information.

Rodin lut, et s'écria: — Excellente nouvelle! les deux jeunes filles et leur
guide étaient parvenus à s'échapper, pendant la nuit, de l'auberge du Faucon-Blanc, mais tous trois ont été rejoints et saisis à une lieue de Mockern;
on le sa transférés à Leipsick, où ils sont emprisonnés comme vagabonds; de
plus, le soldat qui leur servait de guide est accusé et convaincu de rébellion,
voies de fait et séquestration envers un magistrat.

— Il est donc à peu près certain, vu la longueur des procédures alle-
mandes (et d'ailleurs on y pourvoira), que les jeunes filles ne pourront être
ici le 13 février —dit le maître de Rodin. — Joignez ce dernier fait à la note
par un renvoi.

Le secrétaire obéit, écrivit en note le résumé de la lettre de Morok et dit:
— C'est écrit.
— Poursuivez — reprit son maître.
Rodin continua à lire.

(Note n° 2.)

M. François Hardy, manufacturier au Plessis, près Paris.

« Homme ferme — riche — intelligent — actif — probe — instruit — ido-
» lâtre de ses ouvriers, grâce à des innovations sans nombre touchant leur
» bien-être ; — ne remplissant jamais les devoirs de notre sainte religion ;
» noté comme homme *très dangereux* ; — mais la haine et l'envie qu'il ins-
» pire aux autres industriels, surtout à M. le baron Tripeaud, son concur-
» rent, peuvent être aisément tournées contre lui. — S'il est besoin d'autres
» moyens d'action sur lui et contre lui, on consultera son dossier ; il est très
» volumineux ; — cet homme est depuis longtemps signalé et surveillé.
» On l'a fait si habilement circonvenir, quant à l'affaire de la médaille,
» que jusqu'à présent il est complément abusé sur l'importance des intérêts
» qu'elle représente ; du reste, il est incessamment épié, entouré, dominé,
» même à son insu ; — un de ses meilleurs amis le trahit, et l'on sait par lui
» ses plus secrètes pensées. »

(Note n° 3.)

Le prince Djalma.

« Dix-huit ans — caractère énergique et généreux — esprit fier, indépen-
» dant et sauvage ; — favori du général Simon, qui a pris le commandement
» des troupes de son père, *Kadja-Sing*, dans la lutte que celui-ci soutient
» dans l'Inde contre les Anglais. — On ne parle de Djalma que pour mémoire,
» car sa mère est morte jeune encore, du vivant de ses parens à elle, qui
» étaient restés à Batavia. — Or, ceux-ci étant morts à leur tour, leur mo-
» deste héritage n'ayant été réclamé ni par Djalma ni par le roi son père,
» l'on a la certitude qu'ils ignorent tous deux les graves intérêts qui se rat-
» tachent à la possession de la médaille en question qui fait partie de l'héri-
» tage de la mère de Djalma. »

Le maître de Rodin l'interrompit et lui dit : — Lisez maintenant la lettre
de Batavia, afin de compléter l'information sur Djalma.

Rodin lut et dit : — Encore une bonne nouvelle... M. Josué Van Daël, négociant à Batavia (il a fait son éducation dans notre maison de Pondichéry),
a appris par son correspondant de Calcutta, que le vieux roi indien a été tué
dans la dernière bataille qu'il a livrée aux Anglais. Son fils Djalma, dépossédé
du trône paternel, a été provisoirement envoyé dans une forteresse de l'Inde
comme prisonnier d'Etat.

— Nous sommes à la fin d'octobre — dit le maître de Rodin. — En admettant que le prince Djalma fût mis en liberté et qu'il pût quitter l'Inde maintenant, c'est à peine s'il arriverait à Paris pour le mois de février...

— M. Josué — reprit Rodin — regrette de n'avoir pu prouver son zèle en cette
circonstance ; si, contre toute probabilité, le prince Djalma était relâché ou
s'il parvenait à s'évader, il est certain qu'alors il viendrait à Batavia pour
réclamer l'héritage maternel, puisqu'il ne lui reste plus rien au monde. On
pourrait dans ce cas compter sur le dévouement de M. Josué Van Daël... Il
demande, en retour, par le prochain courrier, des renseignemens très précis
sur la fortune de M. le baron Tripeaud, manufacturier et banquier, avec
lequel il est en relations d'affaires.

— A ce sujet vous répondrez d'une manière évasive, M. Josué n'ayant encore montré que du zèle... Complétez l'information de Djalma... avec ces
nouveaux renseignemens...

Rodin écrivit.

Au bout de quelques secondes, son maître lui dit avec une expression singulière : — M. Josué ne vous parle pas du général Simon, à propos de la
mort du père de Djalma et de l'emprisonnement de celui-ci?

— M. Josué n'en dit pas un mot — répondit le secrétaire en continuant
son travail.

Le maître de Rodin garda le silence, et se promena pensif dans la chambre. Au bout de quelques instans, Rodin lui dit : — C'est écrit... Poursuivez...

(Note n° 4.)

Le sieur Jacques Rennepont, dit Couche-tout-nu.

« Ouvrier de la fabrique de M. le baron Tripeaud, le concurrent de M. Fran-
» çois Hardy. — Cet artisan est ivrogne, fainéant — tapageur et dépensier
» — il ne manque pas d'intelligence, mais la paresse et la débauche l'ont
» absolument perverti. Un agent d'affaires très adroit, sur lequel on compte,
» s'est mis en rapport avec une fille Céphise Soliveau, dite *la Reine-Bac-*
» *chanal*, qui est la maîtresse de cet ouvrier. Grâce à elle, l'agent d'affaires
» a noué quelques relations avec lui, et on peut le regarder dès à présent
» comme à peu près en dehors des intérêts qui devraient nécessiter sa pré-
» sence à Paris le 13 février. »

(Note n° 5.)

Gabriel Rennepont, prêtre des missions étrangères.

« Parent éloigné du précédent ; mais il ignore l'existence de ce parent et
» de cette parenté. — Orphelin abandonné, il a été recueilli par Françoise
» Baudouin, femme d'un soldat surnommé Dagobert.
» Si, contre toute attente, ce soldat venait à Paris, on aurait sur lui un
» puissant moyen d'action par sa femme.—Celle-ci est une excellente créa-
» ture, ignorante et crédule, d'une piété exemplaire, et sur laquelle on a de-
» puis longtemps une influence et une autorité sans bornes.—C'est par elle
» que l'on a décidé Gabriel à entrer dans les ordres, malgré la répugnance
» qu'il éprouvait.
» Gabriel a vingt-cinq ans—caractère angélique comme sa figure;—rares
» et solides vertus ; — malheureusement il a été élevé avec son frère adoptif,
» Agricol, fils de Dagobert. — Cet Agricol est poète et ouvrier — excellent
» ouvrier d'ailleurs ; il travaille chez M. François Hardy — il est imbu des
» plus détestables doctrines ; — idolâtre sa mère — probe — laborieux—mais
» sans aucun sentiment religieux. — Noté comme *très dangereux* — c'est
» ce qui rendait sa fréquentation si à craindre pour Gabriel.
» Celui-ci, malgré toutes ses parfaites qualités, donne toujours quelques
» inquiétudes. — On a même dû retarder de s'ouvrir complétement à lui ; —
» une fausse démarche pourrait en faire aussi un homme des plus *dange-*
» *reux* ; — il est donc extrêmement à ménager, du moins jusqu'au 13 fé-
» vrier, puisque, on le répète, *sur lui, sur sa présence à Paris à cette époque,*
» reposent d'immenses espérances et de non moins immenses intérêts.
» Par suite de ces ménagemens auxquels on est tenu envers lui, on a dû
» consentir à ce qu'il fît partie de la mission d'Amérique ; car il joint à une
» douceur angélique une intrépidité calme, un esprit aventureux, que l'on
» n'a pu satisfaire qu'en lui permettant de partager la vie périlleuse des
» missionnaires. Heureusement on a donné les plus sévères instructions à
» ses supérieurs à Charlestown, afin qu'ils n'exposent jamais une vie si pré-
» cieuse. Ils doivent le renvoyer à Paris au moins un mois ou deux avant le
» 13 février. »

Le maître de Rodin, l'interrompant de nouveau, lui dit : — Lisez la lettre de Charlestown ; voyez ce que l'on vous mande, afin de compléter aussi cette information.

Après avoir lu, Rodin répondit : — Gabriel est attendu, d'un jour à l'autre, des montagnes Rocheuses, où il avait absolument voulu aller seul en mission.

— Quelle imprudence !

— Sans doute il n'a couru aucun danger, puisqu'il a annoncé lui-même son retour à Charlestown... Dès son arrivée, qui ne peut dépasser le milieu de ce mois, écrit-on, on le fera partir immédiatement pour la France.

— Ajoutez ceci à la note qui le concerne, dit le maître de Rodin.

— C'est écrit — répondit celui-ci au bout de quelques instants.

— Poursuivez — lui dit son maître.
Rodin continua.

(Note n° 6.)

Mademoiselle Adrienne Rennepont de Cardoville.

« Parente éloignée (et ignorant cette parenté) de Jacques Rennepont, dit
» *Couche-tout-nu*, et de Gabriel Rennepont, prêtre missionnaire. — Elle a
» bientôt vingt et un ans — la plus piquante physionomie du monde, la beauté
» la plus rare, quoique rousse — un esprit des plus remarquables par son ori-
» ginalité — une fortune immense — tous les instincts sensuels. — On est
» épouvanté de l'avenir de cette jeune personne, quand on songe à l'audace
» incroyable de son caractère. Heureusement, son subrogé-tuteur, le baron
» Tripeaud — (baron de 1829 et ancien homme d'affaires du feu comte de
» Rennepont, duc de Cardoville), est tout à fait dans les intérêts et presque
» dans la dépendance de la tante de mademoiselle de Cardoville. — L'on
» compte, à bon droit, sur cette digne et respectable parente, et sur M. Tri-
» peaud, pour combattre et vaincre les desseins étranges, inouïs, que cette
» jeune personne, aussi résolue qu'indépendante, ne craint pas d'annoncer...
» et que malheureusement l'on ne peut fructueusement exploiter... dans
» l'intérêt de l'affaire en question, car... »

Rodin ne put continuer, deux coups discrètement frappés à la porte l'interrompirent.

Le secrétaire se leva, alla voir qui heurtait, resta un moment dehors, puis revint tenant deux lettres à la main, en disant :

— Madame la princesse a profité du départ d'une estafette pour envoyer...

— Donnez la lettre de la princesse ! — s'écria le maître du Rodin sans le laisser achever.

— Enfin je vais avoir des nouvelles de ma mère !!! ajouta-t-il.

A peine avait-il lu quelques lignes de cette lettre, qu'il pâlit ; ses traits exprimèrent aussitôt un étonnement profond et douloureux, une douleur poignante.

— Ma mère ! — s'écria-t-il. — O mon Dieu ! ma mère !

— Quelque malheur serait-il arrivé ? — demanda Rodin d'un air alarmé en se levant à l'exclamation de son maître.

— Sa convalescence était trompeuse — lui répondit celui-ci avec abattement — elle est maintenant retombée dans un état presque désespéré ; pourtant le médecin pense que ma présence pourrait peut-être la sauver, car elle m'appelle sans cesse ; elle veut me revoir une dernière fois pour mourir en paix... Oh ! ce désir est sacré... Ne pas m'y rendre serait un parricide... Pourvu, mon Dieu ! que j'arrive à temps... D'ici à la terre de la princesse, il faut presque deux jours en voyageant jour et nuit.

— Ah ! mon Dieu !... quel malheur ! — fit Rodin en joignant les mains et levant les yeux au ciel...

Son maître sonna vivement, et dit à un domestique âgé qui ouvrit la porte : — Jetez à l'instant dans une malle de ma voiture de voyage ce qui m'est indispensable. Que le portier prenne un cabriolet et aille en toute hâte me chercher des chevaux de poste... Il faut que dans une heure je sois parti.

Le domestique sortit précipitamment.

— Ma mère... ma mère... ne plus la revoir !... Oh ! ce serait affreux ! — s'écria-t-il en tombant sur une chaise avec accablement et cachant sa figure dans ses mains. Cette grande douleur était sincère, cet homme aimait tendrement sa mère ; ce divin sentiment avait jusqu'alors traversé, inaltérable et pur, toutes les phases de sa vie... souvent bien coupable...

Au bout de quelques minutes, Rodin se hasarda de dire à son maître en lui montrant la seconde lettre : — On vient aussi d'apporter celle-ci de la part de M. Duplessis : c'est très important... et très pressé...

— Voyez ce que c'est, et répondez... je n'ai pas la tête à moi...

— Cette lettre est confidentielle... — dit Rodin en la présentant à son maître... — je ne puis l'ouvrir... ainsi que vous le voyez à la marque de l'enveloppe...

A l'aspect de cette marque, les traits du maître de Rodin prirent une indéfinissable expression de crainte et de respect ; d'une main tremblante il rompit le cachet.

Ce billet contenait ces seuls mots :
Toute affaire cessante... sans perdre une minute... partez... et venez... M. Duplessis vous remplacera; il a les ordres.

— Grand Dieu! s'écria cet homme avec désespoir. — Partir sans revoir ma mère... Mais c'est affreux... c'est impossible... c'est la tuer peut-être... oui... ce serait un parricide...

En disant ces mots, ses yeux s'arrêtèrent par hasard sur l'énorme sphère marquée de petites croix rouges...

A cette vue, une brusque révolution s'opéra en lui; il sembla se repentir de la vivacité de ses regrets; peu à peu sa figure, quoique toujours triste, redevint calme et grave... Il donna la lettre fatale à son secrétaire, et lui dit en étouffant un soupir : — A classer à son numéro d'ordre.

Rodin prit la lettre, y inscrivit un numéro, et la plaça dans un carton particulier.

Après un moment de silence, son maître reprit :

— Vous recevrez les ordres de M. Duplessis, vous travaillerez avec lui. Vous lui remettrez la note sur l'affaire des médailles; il sait à qui l'adresser; vous répondrez à Batavia, à Leipsick et à Charlestown dans le sens que j'ai dit. Empêcher à tout prix les filles du général Simon de quitter Leipsick, hâter l'arrivée de Gabriel à Paris; et dans le cas peu probable où le prince Djalma viendrait à Batavia, dire à M. Josué Van Daël que l'on compte sur son zèle et sur son obéissance pour l'y retenir.

Cet homme qui, au moment où sa mère mourante l'appelait en vain, pouvait conserver un tel sangfroid, rentra dans son appartement.

Rodin s'occupa des réponses qu'on venait de lui ordonner de faire, et les transcrivit en chiffres.

Au bout de trois quarts d'heure, on entendit bruire les grelots des chevaux de poste. Le vieux serviteur rentra après avoir discrètement frappé.

— La voiture est attelée — dit-il.

Rodin fit un signe de tête, le domestique sortit. Le secrétaire alla heurter à son tour à la porte de l'appartement de son maître.

Celui-ci sortit, toujours grave et froid, mais d'une pâleur effrayante; il tenait une lettre à la main.

— Pour ma mère... — dit-il à Rodin — vous enverrez un courrier à l'instant...

— A l'instant... — répondit le secrétaire.

— Que les trois lettres pour *Leipsick*, *Batavia* et *Charlestown* partent aujourd'hui même par la voie accoutumée; c'est de la dernière importance, vous le savez.

Tels furent les derniers mots de cet homme...

Exécutant avec une obéissance impitoyable des ordres impitoyables, il partait en effet sans tenter de revoir sa mère.

Son secrétaire l'accompagna respectueusement jusqu'à sa voiture.

— Quelle route... monsieur? demanda le postillon en se retournant sur sa selle.

— Route d'Italie!... — répondit le maître de Rodin sans pouvoir retenir un soupir si déchirant, qu'il ressemblait à un sanglot.

. . . .

Lorsque la voiture fut partie au galop des chevaux, Rodin, qui avait salué profondément son maître, haussa les épaules avec une expression de dédain, puis il rentra dans la grande pièce froide et nue.

L'attitude, la physionomie, la démarche de ce personnage, changèrent subitement. Il semblait grandi, ce n'était plus un automate qu'une humble obéissance faisait machinalement agir ; ses traits, jusqu'alors impassibles, son regard, jusqu'alors continuellement voilé, s'animèrent tout à coup et révélèrent une astuce diabolique; son sourire sardonique contracta ses lèvres minces et blafardes, une satisfaction sinistre dérida ce visage cadavéreux.

A son tour, il s'arrêta devant l'énorme sphère. A son tour il la contempla silencieusement comme l'avait contemplée son maître... Puis se courbant sur ce globe, l'enlaçant pour ainsi dire dans ses bras... après l'avoir quelques instans couvé de son œil de reptile, il promena sur la surface polie de la mappemonde son doigt noueux, frappa tour à tour de son ongle plat et sale trois des endroits où l'on voyait de petites croix rouges...

A mesure qu'il désignait ainsi une de ces villes, situées dans des contrées si diverses, il la nommait tout haut avec un ricanement sinistre :
Leipsick... Charlestown... Batavia...
Puis il se tut, absorbé dans ses réflexions.
Ce petit homme vieux, sordide, mal vêtu, au masque livide et mort, qui venait pour ainsi dire de ramper sur ce globe, paraissait bien plus effrayant que son maître... lorsque celui-ci, debout et hautain, avait impérieusement jeté sa main sur ce monde, qu'il semblait vouloir dominer à force d'orgueil, de violence et d'audace.
Le premier ressemblait à l'aigle qui, planant au-dessus de sa proie, peut quelquefois la manquer par l'élévation même du vol auquel il se laisse emporter.
Rodin ressemblait, au contraire, au reptile qui, se traînant dans l'ombre et le silence sur les pas de sa victime, finit toujours par l'enserrer de ses nœuds homicides.
Au bout de quelques instans, Rodin s'approcha de son bureau en se frottant vivement les mains, et écrivit la lettre suivante, à l'aide d'un chiffre particulier, inconnu de son maître.

Paris, 9 heures 3/4 du matin.

« *Il est parti... mais il a* HÉSITÉ !!
» *Sa mère mourante l'appelait auprès d'elle; il pouvait peut-être, lui disait-*
» *on, la sauver par sa présence... Aussi s'est-il écrié : Ne pas me rendre au-*
» *près de ma mère... ce serait un parricide !*
» *Pourtant...* IL *est parti !... mais il a* HÉSITÉ...
» *Je le surveille toujours...*
» *Ces lignes arriveront à* ROME *en même temps que lui...*

» P. S. *Dites au cardinal-prince qu'il peut compter sur moi, mais qu'à mon*
» *tour j'entends qu'il me serve activement. — D'un moment à l'autre, les dix-*
» *sept voix dont il dispose peuvent m'être utiles... il faut donc qu'il tâche*
» *d'augmenter le nombre de ses adhérens.* »

Après avoir plié et cacheté cette lettre, Rodin la mit dans sa poche.
Dix heures sonnèrent. C'était l'heure du déjeûner de M. Rodin.
Il rangea et serra ses papiers dans un tiroir dont il emporta la clef, brossa du coude son vieux chapeau graisseux, prit à la main un parapluie tout rapiécé et sortit (1).

. . . .

Pendant que ces deux hommes, du fond de cette retraite obscure, ourdissaient cette trame où devaient être enveloppés les sept descendans d'une famille autrefois proscrite... un défenseur étrange, mystérieux, songeait à protéger cette famille, qui était aussi la sienne.

CHAPITRE III.

ÉPILOGUE.

Le site est agreste... sauvage...
C'est une haute colline couverte d'énormes blocs de grès du milieu desquels pointent çà et là des bouleaux et des chênes au feuillage déjà jauni par l'automne; ces grands arbres se dessinent sur la lueur rouge que le soleil a laissée au couchant : on dirait la réverbération d'un incendie.
De cette hauteur, l'œil plonge dans une vallée profonde, ombreuse, fertile, à demi voilée d'une légère vapeur par la brume du soir... Les grasses prairies, les massifs d'arbres touffus, les champs dépouillés de leurs épis mûrs,

(1) Après avoir cité les *Constitutions des Jésuites* et les excellentes et courageuses *Lettres* de M. Libri, il est de notre devoir de mentionner aussi tant de hardis et consciencieux travaux sur la Compagnie de Jésus, récemment publiés par MM. Dupin l'aîné, Michelet, Ed. Quinet, Génin, le comte de Saint-Priest ; œuvres de haute et impartiale intelligence, où se trouvent si admirablement dévoilées et châtiées les funestes théories de cet ordre. Nous nous estimerions heureux d'avoir pu apporter notre pierre à la digue puissante et, espérons-le, durable, que ces généreux cœurs, que ces nobles esprit sont élevée contre un flot impur et toujours menaçant. E. S.

ÉPILOGUE.

se confondent dans une teinte sombre, uniforme, qui contraste avec la limpidité bleuâtre du ciel.

Des clochers de pierre grise ou d'ardoise élancent çà et là leurs flèches aiguës du fond de cette vallée... car plusieurs villages y sont épars, bordant une longue route qui va du nord au couchant.

C'est l'heure du repos, c'est l'heure où d'ordinaire la vitre de chaque chaumière s'illumine au joyeux pétillement du foyer rustique, et scintille au loin à travers l'ombre et la feuillée, pendant que des tourbillons de fumée sortant des cheminées s'élèvent lentement vers le ciel.

Et pourtant, chose étrange, on dirait que dans ce pays tous les foyers sont éteints ou déserts.

Chose plus étrange, plus sinistre encore, tous les clochers sonnent le funèbre glas des morts...

L'activité, le mouvement, la vie, semblent concentrés dans ce branle lugubre qui retentit au loin.

Mais voilà que, dans ces villages, naguère obscurs, les lumières commencent à poindre...

Ces clartés ne sont pas produites par le vif et joyeux pétillement du foyer rustique... Elles sont rougeâtres comme ces feux de pâtre aperçus le soir à travers le brouillard...

Et puis ces lumières ne restent pas immobiles. Elles marchent... marchent lentement vers le cimetière de chaque église.

Alors le glas des morts redouble ; l'air frémit sous les coups précipités des cloches ; et, à de rares intervalles, des chants mortuaires arrivent, affaiblis, jusqu'au faîte de la colline.

Pourquoi tant de funérailles?

Quelle est donc cette vallée de désolation... où les chants paisibles qui succèdent au dur travail quotidien... sont remplacés par des chants de mort?... où le repos du soir est remplacé par le repos éternel?

Quelle est cette vallée de désolation dont chaque village pleure tant de morts à la fois, et les enterre à la même heure, la même nuit?

Hélas! c'est que la mortalité est si prompte, si nombreuse, si effrayante, que c'est à peine si l'on suffit à enterrer les morts... Pendant le jour, un rude et impérieux labeur attache les survivans à la terre ; et le soir seulement, au retour des champs, ils peuvent, brisés de fatigue, creuser ces autres sillons où leurs frères vont reposer pressés comme les grains de blé dans le semis.

Et cette vallée n'a pas, seule, vu tant de désolation.

Pendant des années maudites, bien des villages, bien des bourgs, bien des villes, bien des contrées immenses ont vu, comme cette vallée, leurs foyers éteins et déserts!

Ont vu, comme cette vallée, le deuil remplacer la joie... le glas des morts remplacer le bruit des fêtes...

Ont, comme cette vallée, pleuré beaucoup de morts le même jour, et les ont enterrés la nuit, à la sinistre lueur des torches...

Car, pendant ces années maudites, un terrible voyageur a lentement parcouru la terre d'un pôle à l'autre... du fond de l'Inde et de l'Asie aux glaces de la Sibérie... des glaces de la Sibérie jusqu'aux grèves de l'Océan français.

Ce voyageur, mystérieux comme la mort, lent comme l'éternité, implacable comme le destin, terrible comme la main de Dieu..... c'était...

Le Choléra!!...

Le bruit des cloches et des chants funèbres montait toujours, des profondeurs de la vallée au sommet de la colline, comme une grande voix plaintive...

La lueur des torches funéraires s'apercevait toujours au loin, à travers la brume du soir...

Le crépuscule durait encore. Heure étrange, qui donne aux formes les plus arrêtées une apparence vague, insaisissable, fantastique...

Mais le sol pierreux et sonore de la montagne a résonné sous un pas lent, égal et ferme... A travers les grands troncs noirs des arbres... un homme a passé.

Sa taille était haute; il tenait sa tête baissée sur sa poitrine; sa figure était noble, douce et triste... Ses sourcils, unis entre eux, s'étendaient d'une tempe à l'autre, et semblaient rayer son front d'une marque sinistre...

Cet homme ne semblait pas entendre les tintemens lointains de tant de cloches funèbres... et pourtant, deux jours auparavant, le calme, le bonheur, la santé, la joie, régnaient dans ces villages, qu'il avait lentement traversés, et qu'il laissait alors derrière lui mornes et désolés.

Mais ce voyageur continuait sa route dans ses pensées.

« — Le 13 février approche — pensait-il — ils approchent... ces jours, où
» les descendans de ma sœur bien-aimée, ces derniers rejetons de notre race
» doivent être réunis à Paris...

» Hélas! pour la troisième fois, il y a cent cinquante ans, la persécution
» l'a disséminée par toute la terre, cette famille qu'avec tendresse j'ai suivie,
» d'âge en âge, pendant dix-huit siècles... au milieu de ses migrations, de
» ses exils, de ses changemens de religion, de fortune et de nom!

» Oh! pour cette famille, issue de ma sœur, à moi, pauvre artisan (1), que
» de grandeurs, que d'abaissemens, que d'obscurité, que d'éclat, que de mi-
» sères, que de gloire!

» De combien de crimes elle s'est souillée.... de combien de vertus elle s'est
» honorée!

» L'histoire de cette seule famille... c'est l'histoire de l'humanité tout en-
» tière!

» Passant à travers tant de générations, par les veines du pauvre et du
» riche, du souverain et du bandit, du sage et du fou, du lâche et du brave,
» du saint et de l'athée, le sang de ma sœur s'est perpétué jusqu'à cette
» heure.

» De cette famille... que reste-t-il aujourd'hui?

» Sept rejetons:

» Deux orphelines, filles d'une mère proscrite et d'un père proscrit;

» Un prince détrôné;

» Un pauvre prêtre-missionnaire;

» Un homme de condition moyenne,

» Une jeune fille de grand nom et de grande fortune;

» Ensuite un artisan.

» A eux tous, ils résument les vertus, le courage, les dégradations, les
» misères de notre race!...

» La Sibérie... l'Inde... l'Amérique... la France... voilà où le sort les a
» jetés!

» L'instinct m'avertit lorsqu'un des miens est en péril... Alors, du nord au
» midi... de l'orient à l'occident, je vais à eux... je vais à eux; hier, sous les
» glaces du pôle, aujourd'hui sous une zone tempérée... demain sous le feu
» des tropiques; mais souvent, hélas! au moment où ma présence pourrait
» les sauver, la main invisible me pousse, le tourbillon m'emporte, et...

» — MARCHE!... MARCHE!...

» — Qu'au moins je finisse ma tâche!

» — MARCHE!...

» — Une heure seulement!.. une heure de repos!...

» — MARCHE!...

» — Hélas! je laisse ceux que j'aime au bord de l'abîme!...

» — MARCHE!... MARCHE!!

» Tel est mon châtiment... S'il est grand... mon crime a été plus grand en-
» core!...

» Artisan voué aux privations, à la misère... le malheur m'avait rendu
» méchant...

» Oh! maudit... maudit soit le jour où, pendant que je travaillais, sombre,

---

(1) On sait que, selon la Légende, le Juif errant était un pauvre cordonnier de Jérusalem. Le Christ, portant sa croix, passa devant la maison de l'artisan, et lui demanda de se reposer un instant sur un banc de pierre situé près de la porte. — *Marche!... marche!...* lui dit durement le juif en le repoussant. — *C'est toi qui marcheras jusqu'à la fin des siècles!* — lui répondit le Christ d'un ton sévère et triste. — Voir, pour plus de détails, l'éloquente et savante notice de M. Charles Magnin, placée en tête de la magnifique épopée d'*Ahasverus*, par M. Ed. Quinet.

ÉPILOGUE.

» haineux, désespéré, parce que, malgré mon labeur acharné, les miens
» manquaient de tout... le Christ a passé devant ma porte !
» Poursuivi d'injures, accablé de coups, portant à grand'peine sa lourde
» croix, il m'a demandé de se reposer un moment sur mon banc de pierre...
» Son front ruisselait, ses pieds saignaient, la fatigue le brisait... et avec
» une douceur navrante, il me disait : — Je souffre !...
» — Et moi aussi, je souffre... — lui ai-je répondu en le repoussant avec
» colère, avec dureté ; — je souffre, mais personne ne me vient en aide... Les
» impitoyables font les impitoyables !.. Marche !... marche !
» Alors, lui, poussant un soupir douloureux, m'a dit :
» — *Et toi, tu marcheras sans cesse jusqu'à la rédemption ; ainsi le veut le*
» *Seigneur qui est aux cieux.*
» Et mon châtiment a commencé...
» Trop tard j'ai ouvert les yeux à la lumière... trop tard j'ai connu le re-
» pentir, trop tard j'ai connu la charité, trop tard enfin j'ai compris ces pa-
» roles, qui devraient être la loi de l'humanité tout entière :

» AIMEZ-VOUS LES UNS LES AUTRES.

» En vain, depuis des siècles, pour mériter mon pardon, puisant ma force
» et mon éloquence dans ces mots célestes, j'ai rempli de commisération et
» d'amour bien des cœurs remplis de courroux et d'envie ; en vain j'ai en-
» flammé bien des âmes de la sainte horreur de l'oppression et de l'injustice.
» Le jour de la clémence n'est pas encore venu !...
» Et, ainsi que le premier homme a par sa chute voué sa postérité au mal-
» heur, on dirait que moi, artisan, j'ai voué les artisans à d'éternelles dou-
» leurs, et qu'ils expient mon crime : car eux seuls, depuis dix-huit siècles,
» n'ont pas encore été affranchis.
» Depuis dix-huit siècles, les puissans et les heureux disent à ce peuple
» de travailleurs... ce que j'ai dit au Christ implorant et souffrant : *Marche...*
» *marche...*
» Et ce peuple, comme lui brisé de fatigue, comme lui portant une lourde
» croix... dit comme lui avec une tristesse amère :
» Oh ! par pitié... quelques instans de trève... nous sommes épuisés...
» — *Marche !!*
» — Mais si nous mourons à la peine, que deviendront et nos petits en-
» fans et nos vieilles mères ?
» — *Marche... marche...*
» Et depuis des siècles, eux et moi, nous marchons et nous souffrons, sans
» qu'une voix charitable nous ait dit *assez !!!*
» Hélas !... tel est mon châtiment, il est immense... il est double...
» Je souffre au nom de l'humanité en voyant des populations misérables,
» vouées sans relâche à d'ingrats et rudes travaux.
» Je souffre au nom de la famille, en ne pouvant, moi, pauvre et errant,
» venir toujours en aide aux miens, à ces descendans d'une sœur chérie.
» Mais quand la douleur est au-dessus de mes forces... quand je pressens
» pour les miens un danger dont je ne peux les sauver, alors, traversant les
» mondes, ma pensée va trouver cette femme, comme moi maudite... cette
» fille de reine (1) qui, comme moi fils d'artisan, marche... marche, et mar-
» chera jusqu'au jour de sa rédemption...
» Une seule fois par siècle, ainsi que deux planètes se rapprochent dans
» leur évolution séculaire... je puis rencontrer cette femme... pendant la fa-
» tale semaine de la Passion.
» Et après cette entrevue remplie de souvenirs terribles et de douleurs im-
» menses, astres errans de l'éternité, nous poursuivons notre course infinie.
» Et cette femme, la seule qui, comme moi, sur la terre assiste à la fin de
» chaque siècle, en disant : Encore !! cette femme, d'un bout du monde à
» l'autre, répond à ma pensée.
» Elle, qui seule au monde partage mon terrible sort, a voulu partager
» l'unique intérêt qui m'ait consolé à travers les siècles... Ces descendans de

(1) Selon une légende très peu connue, que nous devons à la précieuse bienveillance de M. Maury, le savant sous-bibliothécaire de l'Institut, Hérodiade fut condamnée à errer jusqu'au jugement dernier, pour avoir demandé la mort de saint Jean-Baptiste.

» ma sœur chérie, elle les aime aussi... elle les protége aussi. Pour eux
» aussi, de l'orient à l'occident, du nord au midi... elle va... elle arrive.

» Mais, hélas! la main invisible la pousse aussi... le tourbillon l'emporte aussi. Et:

» — Marche!...

» — Qu'au moins je finisse ma tâche, dit-elle aussi.

» — Marche!...

» — Une heure... rien qu'une heure de repos!

» — Marche!

» — Je laisse ceux que j'aime au fond de l'abîme.

» — Marche!... Marche!!! »

. . . .

Pendant que cet homme allait ainsi sur la montagne, absorbé dans ses pensées, la brise du soir, jusqu'alors légère, avait augmenté, le vent devenait de plus en plus violent, déjà l'éclair sillonnait la nue... déjà de sourds et longs sifflemens annonçaient l'approche d'un orage.

Tout à coup, cet homme maudit, qui ne peut plus ni pleurer ni sourire... tressaillit.

Aucune douleur physique ne pouvait l'atteindre... et pourtant il porta vivement la main à son cœur, comme s'il eût éprouvé un contre-coup cruel...

« Oh! — s'écria-t-il — je le sens... à cette heure... plusieurs des miens... les descendans de ma sœur bien-aimée souffrent et courent de grands périls... les uns au fond de l'Inde... d'autres en Amérique... d'autres ici en Allemagne. La lutte recommence, de détestables passions se sont ranimées... — O toi qui m'entends, toi comme moi errante et maudite, Hérodiade, aide-moi à les protéger... Que ma prière t'arrive au milieu des solitudes de l'Amérique où tu es à cette heure... Puissions-nous arriver à temps! »

Alors il se passa une chose extraordinaire.

La nuit était venue.

Cet homme fit un mouvement pour retourner précipitamment sur ses pas... mais une force invisible l'en empêcha et le poussa en sens contraire...

A ce moment la tempête éclata dans toute sa sombre majesté.

Un de ces tourbillons qui déracinent les arbres... qui ébranlent les rochers, passa sur la montagne, rapide et tonnant comme la foudre.

Au milieu des mugissemens de l'ouragan, à la lueur des éclairs, on vit alors, sur les flancs de la montagne, l'homme au front marqué de noir descendre à grands pas à travers les rochers et les arbres courbés sous les efforts de la tempête.

La marche de cet homme n'était plus lente, ferme et calme..... mais péniblement saccadée, comme celle d'un être qu'une puissance irrésistible entraînerait malgré lui..... ou qu'un effrayant ouragan emporterait dans son tourbillon.

En vain cet homme étendait vers le ciel des mains suppliantes. Il disparut bientôt au milieu des ombres de la nuit et du fracas de la tempête.

TROISIEME PARTIE.

LES ÉTRANGLEURS.

CHAPITRE PREMIER.

L'AJOUPA.

Pendant que M. Rodin expédiait sa correspondance cosmopolite... du fond de la rue du Milieu des Ursins, à Paris; pendant que les filles du général Simon, après avoir quitté en fugitives l'auberge du Faucon-Blanc, étaient retenues prisonnières à Leipsick avec Dagobert, d'autres scènes intéressant vivement ces différens personnages se passaient pour ainsi dire parallèlement et à la même époque... à l'extrémité du monde, au fond de l'Asie, à l'île de Java, non loin de la ville de Batavia, résidence de M. Josué Van Daël, l'un des correspondans de M. Rodin.

Java!!! contrée magnifique et sinistre, où les plus admirables fleurs cachent les plus hideux reptiles, où les fruits les plus éclatans renferment des poisons subtils, où croissent des arbres splendides dont l'ombrage tue; où le vampire, chauve-souris gigantesque, pompe le sang des victimes dont elle prolonge le sommeil, en les entourant d'un air frais et parfumé; car l'éventail le plus agile n'est pas plus rapide que le battement des grandes ailes musquées de ce monstre.

Le mois d'octobre 1831 touche à sa fin.

Il est midi, heure presque mortelle pour qui affronte ce soleil torréfiant, qui répand sur le ciel d'un bleu d'émail foncé des nappes de lumière ardente.

Un *ajoupa*, sorte de pavillon de repos, fait de nattes de jonc étendues sur de gros bambous profondément enfoncés dans le sol, s'élève au milieu de l'ombre bleuâtre projetée par un massif d'arbres d'une verdure aussi étincelante que de la porcelaine verte; ces arbres, de formes bizarres, sont ici arrondis en arcades, là élancés en flèches, plus loin ombellés en parasols, mais si feuillus, si épais, si enchevêtrés les uns dans les autres, que leur dôme est impénétrable à la pluie.

Le sol, toujours marécageux, malgré cette chaleur infernale, disparaît sous un inextricable amas de lianes, de fougères, de joncs touffus, d'une fraîcheur, d'une vigueur de végétation incroyables, et qui atteignent presque au toît de l'ajoupa, caché là ainsi qu'un nid dans l'herbe.

Rien de plus suffocant que cette atmosphère pesamment chargée d'exhalaisons humides comme la vapeur de l'eau chaude, et imprégnée des parfums les plus violens, les plus âcres; car le cannellier, le gingembre, le stéphanotis, le gardénia, mêlés à ces arbres et à ces lianes, répandent par bouffées leur arome pénétrant.

Un toit de larges feuilles de bananier recouvre cette cabane : à l'une des extrémités est une ouverture carrée servant de fenêtre et grillagée très finement avec des fibres végétales, afin d'empêcher les reptiles et les insectes venimeux de se glisser dans l'ajoupa.

Un énorme tronc d'arbre mort, encore debout mais incliné, et dont le faîte touche le toît de l'ajoupa, sort du milieu du taillis; de chaque gerçure de son écorce, noire, rugueuse, moussue, jaillit une fleur étrange, presque fantastique; l'aile d'un papillon n'est pas d'un tissu plus léger, d'un pourpre plus éclatant, d'un noir plus velouté : ces oiseaux inconnus que l'on voit en rêve n'ont pas de formes aussi bizarres que ces orchis, fleurs ailées qui semblent toujours prêtes à s'envoler de leurs tiges frêles et sans feuilles ; de longs cactus flexibles et arrondis, que l'on prendrait pour des reptiles, enroulent aussi ce tronc d'arbre, et y suspendent leurs sarments verts chargés de larges corymbes d'un blanc d'argent nuancé à l'intérieur d'un vif orange : ces fleurs répandent une violente odeur de vanille.

Un petit serpent d'un rouge brique, gros comme une forte plume et long de cinq à six pouces, sort à demi sa tête plate de l'un de ces énormes calices parfumés, où il est blotti et lové...

Au fond de l'ajoupa, un jeune homme, étendu sur une natte, est profondément endormi. A voir son teint d'un jaune diaphane et doré, on dirait une statue de cuivre pâle sur laquelle se joue un rayon de soleil; sa pose est simple et gracieuse; son bras droit, replié, soutient sa tête un peu élevée et tournée de profil; sa large robe de mousseline blanche, à manches flottantes, laisse voir sa poitrine et ses bras, dignes d'Antinoüs; le marbre n'est ni plus ferme ni plus poli que sa peau, dont la nuance dorée contraste vivement avec la blancheur de ses vêtemens. Sur sa poitrine large et saillante, on voit une profonde cicatrice... Il a reçu un coup de feu en défendant la vie du général Simon, du père de Rose et de Blanche. Il porte au cou une petite médaille, pareille à celle que portent les deux sœurs. Cet Indien est Djalma.

Ses traits sont à la fois d'une grande noblesse et d'une beauté charmante; ses cheveux d'un noir bleu, séparés sur son front, tombent souples, mais non bouclés, sur ses épaules; ses sourcils, hardiment et finement dessinés, sont d'un noir aussi foncé que ses longs cils, dont l'ombre se projette sur ses joues imberbes; ses lèvres d'un rouge vif, légèrement entr'ouvertes, exhalent un souffle oppressé; son sommeil est lourd, pénible, car la chaleur devient de plus en plus suffocante.

Au dehors, le silence est profond. Il n'y a pas le plus léger souffle de brise.

Cependant, au bout de quelques minutes, les fougères énormes qui couvrent le sol commencent à s'agiter, presque imperceptiblement, comme si un corps rampant avec lenteur ébranlait la base de leurs tiges.

De temps à autre, cette faible oscillation cessait brusquement; tout redevenait immobile.

Après plusieurs de ces alternatives de bruissement et de profond silence, une tête humaine apparut au milieu des joncs, à peu de distance du tronc de l'arbre mort.

Cet homme, d'une figure sinistre, avait le teint couleur de bronze-verdâtre, de longs cheveux noirs tressés autour de sa tête, des yeux brillans d'un éclat sauvage, et une physionomie remarquablement intelligente et féroce. Suspendant son souffle, il demeura un moment immobile; puis, s'avançant sur les mains et sur les genoux, en écartant si doucement les feuilles, qu'on n'entendait pas le plus petit bruit, il atteignit aussi avec prudence et lenteur le tronc incliné de l'arbre mort, dont le faîte touchait presque au toît de l'ajoupa.

Cet homme, Malais d'origine et appartenant à la secte des Etrangleurs, après avoir écouté de nouveau, sortit presque entièrement des broussailles; sauf une espèce de caleçon blanc serré à sa taille par une ceinture bariolée de couleurs tranchantes, il était entièrement nu; une épaisse couche d'huile enduisait ses membres bronzés, souples et nerveux.

S'allongeant sur l'énorme tronc du côté opposé à la cabane, et ainsi masqué par le volume de cet arbre entouré de lianes, il commença d'y ramper silencieusement, avec autant de patience que de précaution. Dans l'ondulation de son échine, dans la flexibilité de ses mouvemens, dans sa vigueur contenue, dont la détente devait être terrible, il y avait quelque chose de la sourde et perfide allure du tigre guettant sa proie.

Atteignant ainsi, complétement inaperçu, la partie déclive de l'arbre, qui touchait presque au toît de la cabane, il ne fut plus séparé que par une distance d'un pied environ de la petite fenêtre. Alors il avança prudemment la tête, et plongea son regard dans l'intérieur de la cabane, afin de trouver le moyen de s'y introduire.

A la vue de Djalma profondément endormi, les yeux brillans de l'Etrangleur redoublèrent d'éclat; une contraction nerveuse ou plutôt de rire muet et farouche, bridant les deux coins de sa bouche, les attira vers les pommettes et découvrit deux rangées de dents limées triangulairement comme une lame de scie, et teintes d'un noir luisant.

Djalma était couché de telle sorte, et si près de la porte de l'ajoupa (elle s'ouvrait de dehors en dedans), que si l'on eût tenté de l'entre-bâiller, il aurait été réveillé à l'instant même.

L'Etrangleur, le corps toujours caché par l'arbre, voulant examiner attentivement l'intérieur de la cabane, se pencha davantage, et pour se donner un point d'appui, posa légèrement sa main sur le rebord de l'ouverture qui servait de fenêtre; ce mouvement ébranla la grande fleur du cactus, au fond de laquelle était lové le petit serpent; il s'élança et s'enroula rapidement autour du poignet de l'Etrangleur.

Soit douleur, soit surprise, celui-ci jeta un léger cri... mais en se retirant brusquement en arrière, toujours cramponné au tronc d'arbre, il s'aperçut que Djalma avait fait un mouvement...

En effet, le jeune Indien, conservant sa pose nonchalante, ouvrit à demi les yeux, tourna la tête du côté de la petite fenêtre, et une aspiration profonde souleva sa poitrine, car la chaleur concentrée sous cette épaisse voûte de verdure humide était intolérable.

A peine Djalma eut-il remué, qu'à l'instant retentit derrière l'arbre ce glapissement bref, sonore, aigu, que jette l'oiseau du paradis lorsqu'il prend son vol, cri à peu près semblable à celui du faisan...

Ce cri se répéta bientôt, mais en s'affaiblissant, comme si le brillant oiseau se fût éloigné. Djalma, croyant savoir la cause du bruit qui l'avait un instant éveillé, étendit légèrement le bras sur lequel reposait sa tête, et se rendormit sans presque changer de position.

Pendant quelques minutes, le plus profond silence régna de nouveau dans cette solitude; tout resta immobile.

L'Etrangleur, par son habile imitation du cri d'un oiseau, venait de réparer l'imprudente exclamation de surprise et de douleur que lui avait arrachée la piqûre du reptile. Lorsqu'il supposa Djalma rendormi, il avança la tête, et vit en effet le jeune Indien replongé dans le sommeil. Descendant alors de l'arbre avec la même précaution, quoique sa main gauche fût assez gonflée par la morsure du serpent, il disparut dans les joncs.

A ce moment, un chant lointain, d'une cadence monotone et mélancolique, se fit entendre.

L'Etrangleur se redressa, écouta attentivement, et sa figure prit une expression de surprise et de courroux sinistre.

Le chant se rapprocha de plus en plus de la cabane.

Au bout de quelques secondes, un Indien, traversant une clairière, se dirigea vers l'endroit où se tenait caché l Etrangleur.

Celui-ci prit alors une corde longue et mince qui ceignait ses reins ; l'une de ses extrémités était armée d'une balle de plomb, de la forme et du volume d'un œuf; après avoir attaché l'autre bout de ce lacet à son poignet droit, l'Etrangleur prêta de nouveau l'oreille et disparut en rampant au milieu des grandes herbes dans la direction de l'Indien, qui s'avançait lentement sans interrompre son chant plaintif et doux.

C'était un jeune garçon de vingt ans à peine, esclave de Djalma; il avait le teint bronzé; une ceinture bariolée serrait sa robe de coton bleu; il portait un petit turban rouge et des anneaux d'argent aux oreilles et aux poignets...

Il apportait un message à son maître, qui, durant la grande chaleur du jour, se reposait dans cet ajoupa, situé à une assez grande distance de la maison qu'il habitait.

Arrivant à un endroit où l'allée se bifurquait, l'esclave prit sans hésiter le sentier qui conduisait à la cabane... dont il se trouvait alors à peine éloigné de quarante pas.

Un de ces énormes papillons de Java, dont les ailes étendues ont six à huit pouces de long et offrent deux raies d'or verticales sur un fond d'outremer, voltigea de feuille en feuille et vint s'abattre et se fixer sur un buisson de gardénias odorans à portée du jeune Indien.

Celui-ci suspendit son chant, s'arrêta, avança prudemment le pied, puis la main... et saisit le papillon.

Tout à coup l'esclave voit la sinistre figure de l'Etrangleur se dresser devant lui... il entend un sifflement pareil à celui d'une fronde, il sent une corde lancée avec autant de rapidité que de force entourer son cou d'un triple nœud, et presque aussitôt le plomb dont elle est armée le frappe violemment derrière le crâne.

Cette attaque fut si brusque, si imprévue, que le serviteur de Djalma ne put pousser un seul cri, un seul gémissement. Il chancela... l'Etrangleur donna une vigoureuse secousse au lacet... la figure bronzée de l'esclave devint d'un noir pourpré, et il tomba sur ses genoux en agitant les bras... L'Etrangleur le renversa tout à fait... serra si violemment la corde, que le sang jaillit de la peau... La victime fit quelques derniers mouvemens convulsifs, et puis ce fut tout...

Pendant cette rapide mais terrible agonie, le meurtrier, agenouillé devant sa victime, épiant ses moindres convulsions, attachant sur elle des yeux fixes, ardens, semblait plongé dans l'extase d'une jouissance féroce... ses narines se dilataient, les veines de ses tempes, de son cou se gonflaient, et ce même rictus sinistre, qui avait retroussé ses lèvres à l'aspect de Djalma endormi, montrait ses dents noires et aiguës, qu'un tremblement nerveux des mâchoires heurtait l'une contre l'autre.

Mais bientôt il croisa ses bras sur sa poitrine haletante, courba le front en murmurant des paroles mystérieuses, ressemblant à une invocation ou à une prière... Et il retomba dans la contemplation farouche que lui inspirait l'aspect du cadavre...

La hyène et le chat-tigre, qui avant de la dévorer, s'accroupissent auprès de la proie qu'ils ont surprise ou chassée, n'ont pas un regard plus fauve, plus sanglant que ne l'était celui de cet homme...

Mais se souvenant que sa tâche n'était pas accomplie, s'arrachant à regret de ce funeste spectacle, il détacha son lacet du cou de la victime, enroula cette corde autour de lui, traîna le cadavre hors du sentier, et, sans chercher à le dépouiller de ses anneaux d'argent, cacha le corps sous une épaisse touffe de joncs.

Puis l'Etrangleur, se remettant à ramper sur le ventre et sur les genoux, arriva jusqu'à la cabane de Djalma, cabane construite en nattes attachées sur des bambous.

Après avoir attentivement prêté l'oreille, il tira de sa ceinture un couteau dont la lame, tranchante et aiguë, était enveloppée d'une feuille de bananier, et pratiqua dans la natte une incision de trois pieds de longueur; ceci fut fait avec tant de prestesse et avec une lame si parfaitement affilée, que le léger grincement du diamant sur la vitre eût été plus bruyant...

Voyant par cette ouverture, qui devait lui servir de passage, Djalma toujours profondément endormi, l'Etrangleur se glissa dans la cabane avec une incroyable témérité.

CHAPITRE II.

LE TATOUAGE.

Le ciel, jusqu'alors d'un bleu transparent, devint peu à peu d'un ton glauque, et le soleil se voila d'une vapeur rougeâtre et sinistre. Cette lumière étrange donnait à tous les objets des reflets bizarres; on pourrait en avoir une idée en imaginant l'aspect d'un paysage que l'on regarderait à travers un vitrail couvert de cuivre.

Dans ces climats, ce phénomène, joint au redoublement d'une chaleur torride, annonce toujours l'approche d'un orage.

On sentait de temps à autre une fugitive odeur sulfureuse... Alors les feuilles, légèrement agitées par des courans électriques, frissonnaient sur leurs tiges... puis tout retombait dans un silence, dans une immobilité mornes.

La pesanteur de cette atmosphère brûlante, saturée d'âcres parfums, devenait presque intolérable; de grosses gouttes de sueur perlaient le front de Djalma, toujours plongé dans un sommeil énervant... Pour lui, ce n'était plus du repos, c'était un accablement pénible.

L'Etrangleur se glissa comme un reptile le long des parois de l'ajoupa, et en rampant à plat ventre arriva jusqu'à la nate de Djalma, auprès duquel il se blottit d'abord en s'aplatissant, afin d'occuper le moins de place possible.

Alors commença une scène effrayante, en raison du mystère et du profond silence qui l'entouraient.

La vie de Djalma était à la merci de l'Etrangleur...

Celui-ci, ramassé sur lui-même, appuyé sur ses mains et sur ses genoux, le cou tendu, la prunelle fixe, dilatée, restait immobile comme une bête féroce en arrêt... Un léger tremblement convulsif des mâchoires agitait seul son masque de bronze.

Mais bientôt ses traits hideux révélèrent la lutte violente qui se passait dans son âme, entre la soif... la jouissance du meurtre que le récent assassinat de l'esclave venait encore de surexciter... et l'ordre qu'il avait reçu de ne pas attenter aux jours de Djalma, quoique le motif qui l'amenait dans l'ajoupa fût peut-être pour le jeune Indien plus redoutable que la mort même...

Par deux fois l'Etrangleur, dont le regard s'enflammait de férocité, ne s'appuyant plus que sur sa main gauche, porta vivement la droite à l'extrémité de son lacet...

Mais par deux fois sa main l'abandonna... l'instinct du meurtre céda devant une volonté toute-puissante dont le Malais subissait l'irrésistible empire.

Il fallait que sa rage homicide fût poussée jusqu'à la folie, car dans ces hésitations il perdait un temps précieux... D'un moment à l'autre, Djalma, dont la vigueur, l'adresse et le courage étaient connus et redoutés, pouvait se réveiller... Et quoiqu'il fût sans armes, il eût été pour l'Etrangleur un terrible adversaire.

Enfin celui-ci se résigna... il comprima un profond soupir de regret, et se mit en devoir d'accomplir sa tâche... Cette tâche eût paru impossible à tout autre... Qu'on en juge...

Djalma, le visage tourné vers la gauche, appuyait sa tête sur son bras plié ; il fallait d'abord, sans le réveiller, le forcer de tourner sa figure vers la droite, c'est-à-dire vers la porte, afin que, dans le cas où il s'éveillerait à demi, son regard ne pût tomber sur l'Etrangleur. Celui-ci, pour accomplir ses projets, devait rester plusieurs minutes dans la cabane.

Le ciel blanchit de plus en plus... La chaleur arrivait à son dernier degré d'intensité ; tout concourait à jeter Djalma dans la torpeur et favorisait les desseins de l'Etrangleur... S'agenouillant alors près de Djalma, il commença, du bout de ses doigts souples et frottés d'huile, d'effleurer le front, les tempes et les paupières du jeune Indien, mais avec une si extrême délicatesse, que le contact des deux épidermes était à peine sensible...

Après quelques secondes de cette espèce d'incantation magnétique, la sueur qui baignait le front de Djalma devint plus abondante ; il poussa un soupir étouffé, puis, deux ou trois fois, les muscles de son visage tressaillirent, car ces attouchemens, trop légers pour l'éveiller, lui causaient pourtant un sentiment de malaise indéfinissable...

Le couvant d'un œil inquiet, ardent, l'Etrangleur continua sa manœuvre avec tant de patience, tant de dextérité, que Djalma, toujours endormi, mais ne pouvant supporter davantage cette sensation vague et cependant agaçante, dont il ne se rendait pas compte, porta machinalement sa main droite à sa figure, comme s'il eût voulu se débarrasser du frôlement importun d'un insecte...

Mais la force lui manqua ; presque aussitôt sa main inerte et appesantie retomba sur sa poitrine...

Voyant, à ce symptôme, qu'il touchait au but désiré, l'Etrangleur réitéra ses attouchemens sur les paupières, sur le front, sur les tempes, avec la même adresse...

Alors Djalma, de plus en plus accablé, anéanti sous une lourde somnolence, n'ayant pas sans doute la force ou la volonté de porter sa main à son visage, détourna machinalement sa tête, qui retomba languissante sur son épaule droite, cherchant, par ce changement d'attitude, à se soustraire à l'impression désagréable qui le poursuivait.

Ce premier résultat obtenu, l'Etrangleur put agir librement.

Voulant rendre alors aussi profond que possible le sommeil qu'il venait d'interrompre à demi, il tâcha d'imiter le vampire, et, simulant le jeu d'un éventail, il agita rapidement ses deux mains étendues autour du visage brûlant du jeune Indien...

A cette sensation de fraîcheur inattendue et si délicieuse au milieu d'une chaleur suffocante, les traits de Djalma s'épanouirent machinalement ; sa poitrine se dilata ; ses lèvres entr'ouvertes aspirèrent cette brise bienfaisante, et il tomba dans un sommeil d'autant plus invincible qu'il avait été contrarié, et qu'il s'y livrait alors sous l'influence d'une sensation de bien-être.

Un rapide éclair illumina de sa lueur flamboyante la voûte ombreuse qui abritait l'ajoupa ; craignant qu'au premier coup de tonnerre le jeune Indien ne s'éveillât brusquement, l'Etrangleur se hâta d'accomplir son projet.

Djalma, couché sur le dos, avait la tête penchée sur son épaule droite, et son bras gauche étendu ; l'Etrangleur, blotti à sa gauche, cessa peu à peu de l'éventer ; puis il parvint à relever, avec une incroyable dextérité, jusqu'à la saignée, la large et longue manche de mousseline blanche qui cachait le bras gauche de Djalma.

Tirant alors de la poche de son caleçon une petite boîte de cuivre, il y prit une aiguille d'une finesse, d'une acuité extraordinaires, et un tronçon de racine noirâtre. Il piqua plusieurs fois cette racine avec l'aiguille. A chaque piqûre il en sortait une liqueur blanche et visqueuse.

Lorsque l'Etrangleur crut l'aiguille suffisamment imprégnée de ce suc, il se courba et souffla doucement sur la partie interne du bras de Djalma, afin d'y causer une nouvelle sensation de fraîcheur; alors, à l'aide de son aiguille, il traça presque imperceptiblement, sur la peau du jeune homme endormi, quelques signes mystérieux et symboliques.

Ceci fut exécuté avec tant de prestesse, la pointe de l'aiguille était si fine, si acérée, que Djalma ne ressentit pas la légère érosion qui effleura son épiderme.

Bientôt les signes que l'Etrangleur venait de tracer apparurent d'abord en traits d'un rose pâle à peine sensible, et aussi déliés qu'un cheveu; mais telle était la puissance corrosive et lente du suc dont l'aiguille était imprégnée, qu'en s'infiltrant et s'extravasant peu à peu sous la peau, il devait au bout de quelques heures devenir d'un rouge violet, et rendre ainsi très apparens ces caractères alors presque invisibles.

L'Etrangleur, après avoir si heureusement accompli son projet, jeta un dernier regard de féroce convoitise sur l'Indien endormi...

Puis, s'éloignant de la natte en rampant, il regagna l'ouverture par laquelle il s'était introduit dans la cabane, rejoignit hermétiquement les deux lèvres de cette incision, afin d'ôter tout soupçon, et disparut au moment où le tonnerre commençait à gronder sourdement dans le lointain (1).

CHAPITRE III.

LE CONTREBANDIER.

L'orage du matin a depuis longtemps cessé.

Le soleil est à son déclin; quelques heures se sont écoulées depuis que l'Etrangleur s'est introduit dans la cabane de Djalma et l'a tatoué d'un signe mystérieux pendant son sommeil.

Un cavalier s'avance rapidement au milieu d'une longue avenue bordée d'arbres touffus.

Abrités sous cette épaisse voûte de verdure, mille oiseaux saluaient par leurs gazouillemens et par leurs jeux cette resplendissante soirée; des perroquets verts et rouges grimpaient à l'aide de leur bec crochu à la cime des

---

(1) On lit dans les lettres de feu Victor Jacquemont sur l'Inde, à propos de l'incroyable dextérité de ces hommes :

« Ils rampent à terre dans les fossés, dans les sillons des champs, imitent cent voix diverses, réparent, en jetant le cri d'un chacal ou d'un oiseau, un mouvement maladroit qui aura causé quelque bruit, puis se taisent, et un autre, à quelque distance, imite le glapissement de l'animal dans le lointain. Ils tourmentent le sommeil par des bruits, des attouchemens, ils font prendre au corps et à tous les membres la position qui convient à leur dessein. »

M. le comte Edouard de Warren, dans son excellent ouvrage sur l'Inde anglaise, que nous aurons encore l'occasion de citer, s'exprime de la même manière sur l'inconcevable adresse des Indiens.

« Il vont, dit-il, jusqu'à vous dépouiller, sans interrompre votre sommeil, du drap même dont vous dormez enveloppé. Ceci n'est point une plaisanterie, mais un fait. Les mouvemens du *bheel* sont ceux d'un serpent: dormez-vous dans votre tente avec un domestique couché en travers de chaque porte? le *bheel* viendra s'accroupir en dehors, à l'ombre et dans un coin où il pourra entendre la respiration de chacun. Dès que l'Européen s'endort, il est sûr de son fait : l'Asiatique ne résistera pas longtemps à l'attrait du sommeil. Le moment venu, il fait, à l'endroit même où il se trouve, une coupure verticale dans la toile de la tente ; elle lui suffit pour s'introduire. Il passe comme un fantôme, sans faire crier le moindre grain de sable. Il est parfaitement nu, et tout son corps est huilé; un couteau-poignard est suspendu à son cou. Il se blottira près de votre couche, et avec un sang-froid et une dextérité incroyables, pliera le drap en très petits plis tout près du corps, de manière à occuper la moindre surface possible ; cela fait, il passe de l'autre côté, chatouille légèrement le dormeur, qu'il semble magnétiser, de manière qu'il se retire instinctivement et finit par se retourner en laissant le drap plié derrière lui. S'il se réveille et qu'il veuille saisir le voleur, il trouve un corps glissant qui lui échappe comme une anguille ; si pourtant il parvient à le saisir, malheur à lui, le poignard le frappe au cœur : il tombe baigné dans son sang, et l'assassin disparaît. »

acacias roses; des maïna-maïnou, gros oiseaux d'un bleu lapis, dont la gorge et la longue queue ont des reflets d'or bruni, poursuivaient les loriots-princes d'un noir de velours nuancé d'orange; les colombes de Kolo, d'un violet irisé, faisaient entendre leur doux roucoulement à côté d'oiseaux de paradis dont le plumage étincelant réunissait l'éclat prismatique de l'émeraude et du rubis, de la topaze et du saphir.

Cette allée, un peu exhaussée, dominait un petit étang où se projetait çà et là l'ombre verte des tamarins et des nopals; l'eau calme, limpide, laissait voir, comme incrustés dans une masse de cristal bleuâtre, tant ils sont immobiles, des poissons d'argent aux nageoires de pourpre, d'autres d'azur aux nageoires vermeilles; tous sans mouvement à la surface de l'eau, où miroitait un éblouissant rayon de soleil, se plaisaient à se sentir inondés de lumière et de chaleur; mille insectes, pierreries vivantes, aux ailes de feu, glissaient, voletaient, bourdonnaient sur cette onde transparente où se reflétaient à une profondeur extraordinaire les nuances diaprées des feuilles et des fleurs aquatiques du rivage.

Il est impossible de rendre l'aspect de cette nature exubérante, luxuriante de couleurs, de parfums, de soleil, et servant pour ainsi dire de cadre au jeune et brillant cavalier qui arrivait du fond de l'avenue. — C'est Djalma.

Il ne s'est pas aperçu que l'Etrangleur lui a tracé sur le bras gauche certains signes ineffaçables.

Sa cavale javanaise, de taille moyenne, remplie de vigueur et de feu, est noire comme la nuit; un étroit tapis rouge remplace la selle. Pour modérer les bonds impétueux de sa jument, Djalma se sert d'un petit mors d'acier dont la bride et les rênes tressées de soie écarlate sont légères comme un fil.

Nul de ses admirables cavaliers si magistralement sculptés sur la frise du Parthénon n'est à la fois plus gracieusement et plus fièrement à cheval que ce jeune Indien, dont le beau visage, éclairé par le soleil couchant, rayonne de bonheur et de sérénité; ses yeux brillent de joie; les narines dilatées, les lèvres entr'ouvertes, il aspire avec délices la brise embaumée du parfum des fleurs et de la senteur de la feuillée, car les arbres sont encore humides de l'abondante pluie qui a succédé à l'orage.

Un bonnet incarnat assez semblable à la coiffure grecque, posé sur les cheveux noirs de Djalma, fait encore ressortir la nuance dorée de son teint; son cou est nu, il est vêtu de sa robe de mousseline blanche à larges manches, serrée à la taille par une ceinture écarlate; un caleçon très ample, en tissu blanc, laisse voir la moitié de ses jambes nues, fauves et polies; leur galbe, d'une pureté angélique, se dessine sur les flancs noirs de sa cavale, que Djalma presse légèrement de son mollet nerveux; il n'a pas d'étriers; son pied, petit et étroit, est chaussé d'une sandale de maroquin rouge.

La fougue de ses pensées, tour à tour impérieuses et contenues, s'exprimait pour ainsi dire par l'allure qu'il imposait à sa cavale: allure tantôt hardie, précipitée, comme l'imagination qui s'emporte sans frein; tantôt calme, mesurée, comme la réflexion qui succède à une folle vision. Dans cette course bizarre, ses moindres mouvemens étaient remplis d'une grâce fière, indépendante et un peu sauvage.

Djalma, dépossédé du territoire paternel par les Anglais, et d'abord incarcéré par eux comme prisonnier d'Etat après la mort de son père tué les armes à la main (ainsi que M. Josué Van Daël l'avait écrit de Batavia à M. Rodin), a été ensuite mis en liberté.

Abandonnant alors l'Inde continentale, accompagné du général Simon, qui n'avait pas quitté les abords de la prison du fils de son ancien ami, le roi Kadja-Sing, le jeune Indien est venu à Batavia, lieu de naissance de sa mère, pour y recueillir le modeste héritage de ses aïeux maternels.

Dans cet héritage si longtemps dédaigné ou publié par son père, se sont trouvés des papiers importans et la médaille, en tout semblable à celle que portent Rose et Blanche.

Le général Simon, aussi surpris que charmé de cette découverte, qui non-seulement établissait un lien de parenté entre sa femme et la mère de Djalma, mais qui semblait promettre à ce dernier de grands avantages à venir; le général Simon, laissant Djalma à Batavia pour y terminer quelques affaires, est parti pour Sumatra, île voisine: on lui a fait espérer d'y trouver un bâtiment qui allât directement et rapidement en Europe; car, dès lors, il fallait qu'à tout prix le jeune Indien fût aussi à Paris le 13 février 1832. Si, en effet, le général Simon trouvait un vaisseau prêt à partir pour l'Europe, il devait revenir aussitôt chercher Djalma; ce dernier, attendant donc d'un jour à l'autre ce retour, se rendait sur la jetée de Batavia, dans l'espérance de voir arriver le père de Rose et Blanche par le paquebot de Sumatra.

Quelques mots de l'enfance et de la jeunesse du fils de Kadja-Sing sont nécessaires.

Ayant perdu sa mère de très bonne heure, simplement et rudement élevé, enfant, il avait accompagné son père à ces grandes chasses aux tigres, aussi dangereuses que des batailles; à peine adolescent, il l'avait suivi à la guerre pour défendre son territoire... dure et sanglante guerre... Ayant ainsi vécu, depuis la mort de sa mère, au milieu des forêts et des montagnes paternelles, où, au milieu de combats incessans, cette nature vigoureuse et ingénue s'était conservée pure et vierge; jamais le surnom de *Généreux* qu'on lui avait donné ne fut mieux mérité. Prince, il était véritablement prince... chose rare... et durant le temps de sa captivité, il avait souverainement imposé à ses geôliers anglais par sa dignité silencieuse. Jamais un reproche, jamais une plainte; un calme fier et mélancolique... c'est tout ce qu'il avait opposé à un traitement aussi injuste que barbare, jusqu'à ce qu'il fût mis en liberté.

Habitué jusqu'alors à l'existence patriarcale ou guerrière des montagnards de son pays, qu'il avait quittée pour passer quelques mois en prison, Djalma ne connaissait pour ainsi dire rien de la vie civilisée. Mais, sans avoir positivement les défauts de ses qualités, Djalma en poussait du moins les conséquences à l'extrême : d'une opiniâtreté inflexible dans la foi jurée, dévoué à la mort, confiant jusqu'à l'aveuglement, bon jusqu'au plus complet oubli de soi, il eût été inflexible pour qui se fût montré envers lui ingrat, menteur ou perfide. Enfin, il eût fait bon marché de la vie d'un traître ou d'un parjure, parce qu'il aurait trouvé juste, s'il avait commis une trahison ou un parjure, de les payer de sa vie. C'était, en un mot, l'homme des sentimens entiers, absolus. Et un tel homme aux prises avec les tempéramens, les calculs, les faussetés, les déceptions, les ruses, les restrictions, les faux semblans d'une société très raffinée, celle de Paris, par exemple, serait sans doute un très curieux sujet d'étude.

Nous soulevons cette hypothèse, parce que, depuis que son voyage en France était résolu, Djalma n'avait qu'une pensée fixe, ardente... *Être à Paris.*

A Paris... cette ville féerique dont, en Asie même, ce pays féerique, on faisait tant de merveilleux récits.

Ce qui surtout enflammait l'imagination vierge et brûlante du jeune Indien, c'étaient les femmes françaises... ces Parisiennes si belles, si séduisantes, ces merveilles d'élégance, de grâce et de charmes, qui éclipsaient, disait-on, les magnificences de la capitale du monde civilisé.

A ce moment même, par cette soirée splendide et chaude, entouré de fleurs et de parfums enivrans qui accéléraient encore les battemens de ce cœur ardent et jeune, Djalma songeait à ces créatures enchanteresses qu'il se plaisait à revêtir des formes les plus idéales. Il lui semblait voir à l'extrémité de l'allée, au milieu de la nappe de lumière dorée que les arbres entouraient de leur plein cintre de verdure, il lui semblait voir passer et repasser, blancs et sveltes sur ce fond vermeil, d'adorables et voluptueux fantômes qui, souriant, lui jetaient des baisers du bout de leurs doigts roses. Alors ne pouvant plus contenir les brûlantes émotions qui l'agitaient depuis quelques minutes, emporté par une exaltation étrange, Djalma, poussant tout-à-coup quelques cris de joie, mâle, profonde, d'une sonorité sauvage, fit en même temps bondir sous lui sa vigoureuse jument, avec une folle ivresse...

Un vif rayon de soleil, perçant la sombre voute de l'allée, l'éclairait alors tout entier.

Depuis quelques instans, un homme s'avançait rapidement dans un sentier qui, à son extrémité, coupait diagonalement l'avenue où se trouvait Djalma.

Cet homme s'arrêta un moment dans l'ombre, contemplant Djalma avec étonnement.

C'était en effet quelque chose de charmant à voir au milieu d'une éblouissante auréole de lumière que ce jeune homme, si beau, si cuivré, si ardent... aux vêtemens blancs et flottant, si allègrement campé sur sa fière cavale noire qui couvrait d'écume sa bride rouge et dont la longue queue et la crinière épaisse ondoyaient au vent du soir.

Mais, par un contraste qui succède à tous les désirs humains, Djalma se sentit bientôt atteint d'un ressentiment de mélancolie indéfinissable et douce; il porta la main à ses yeux humides et voilés, laissant tomber ses rênes sur le cou de sa docile monture.

Aussitôt celle-ci s'arrêta, allongea son encolure de cygne, et tourna la tête à demi vers le personnage qu'elle apercevait à travers le taillis.

Cet homme, nommé Mahal le contrebandier, était vêtu à peu près comme les matelots européens. Il portait une veste et un pantalon de toile blanche, une large ceinture rouge et un chapeau de paille très plat de forme; sa figure était brune, caractérisée, et, quoiqu'il eût quarante ans, complétement imberbe.

En un instant Mahal fut auprès du jeune Indien.

— Vous êtes le prince Djalma?... — lui dit-il en assez mauvais français, en portant respectueusement la main à son chapeau.

— Que veux-tu?... — dit l'Indien.

— Vous êtes... le fils de Kadja-Sing?

— Encore une fois, que veux-tu?

— L'ami du général Simon...

— Le général Simon!!!... — s'écria Djalma.

— Vous allez au devant de lui... comme vous y allez chaque soir depuis que vous attendez son retour de Sumatra?

— Oui... mais comment sais-tu?... — dit l'Indien en regardant le contrebandier avec autant de surprise que de curiosité.

— Il doit débarquer à Batavia aujourd'hui ou demain.

— Viendrais-tu de sa part?...

— Peut-être — dit Mahal d'un air défiant. — Mais êtes-vous bien le fils de Kadja-Sing?

— C'est moi... te dis-je... mais où as-tu vu le général Simon?

— Puisque vous êtes le fils de Kadja-Sing — reprit Mahal en regardant toujours Djalma d'un air soupçonneux — quel est votre surnom?...

— On appelait mon père le *Père du Généreux*, répondit le jeune Indien, et un regard de tristesse passa sur ses beaux traits.

Ces mots parurent commencer à convaincre Mahal de l'identité de Djalma; pourtant, voulant sans doute s'éclairer davantage, il reprit:

— Vous avez dû recevoir, il y a deux jours, une lettre du général Simon... écrite de Sumatra.

— Oui... mais pourquoi ces questions?

— Pour m'assurer que vous êtes bien le fils de Kadja-Sing et exécuter les ordres que j'ai reçus.

— De qui?...

— Du général Simon...

— Mais où est-il?

— Lorsque j'aurai la preuve que vous êtes le prince Djalma, je vous le dirai; on m'a bien averti que vous étiez monté sur une cavale noire bridée de rouge... mais...

— Par ma mère!!... parleras-tu?...

— Je vous dirai tout... si vous pouvez me dire quel était le papier imprimé renfermé dans la dernière lettre que le général Simon vous a écrite de Sumatra.

— C'était un fragment de journal français.

— Et ce journal annonçait-il une bonne ou mauvaise nouvelle touchant le général?

— Une bonne nouvelle, puisqu'on lisait qu'en son absence on avait reconnu le dernier titre et le dernier grade qu'il devait à l'Empereur, ainsi qu'on a fait aussi pour d'autres de ses frères d'armes exilés comme lui.

— Vous êtes bien le prince Djalma — dit le contrebandier après un moment de réflexion. Je peux parler... Le général Simon est débarqué cette nuit à Java... mais dans un endroit désert de la côte...

— Dans un endroit désert?...

— Parce qu'il faut qu'il se cache...

— Lui!... — s'écria Djalma stupéfait. — Se cacher... et pourquoi?

— Je n'en sais rien...

— Mais où est-il ? — demanda Djalma en pâlissant d'inquiétude.
— Il est à trois lieues d'ici... près du bord de la mer... dans les ruines de Tchandi...
— Lui... forcé de se cacher... — répéta Djalma, et sa figure exprimait une surprise et une angoisse croissantes.
— Sans en être certain, je crois qu'il s'agit d'un duel qu'il a eu à Sumatra... — dit mystérieusement le contrebandier.
— Un duel... et avec qui ?
— Je ne sais, je n'en suis pas sûr ; mais connaissez-vous les ruines de Tchandi ?...
— Oui.
— Le général vous y attend ; voilà ce qu'il m'a ordonné de vous dire...
— Tu es donc venu avec lui de Sumatra ?
— J'étais le pilote du petit bâtiment côtier-contrebandier qui l'a débarqué cette nuit sur une plage déserte. Il savait que vous veniez chaque jour l'attendre sur la route du Môle ; j'étais à peu près sûr de vous y rencontrer... Il m'a donné, sur la lettre que vous avez reçue de lui, les détails que je viens de vous dire, afin de vous bien prouver que je venais de sa part ; s'il avait pu vous écrire il l'aurait fait.
— Et il ne t'a pas dit pourquoi il était obligé de se cacher ?...
— Il ne m'a rien dit... D'après quelques mots, j'ai soupçonné ce que je vous ai dit... un duel !...

Connaissant la bravoure et la vivacité du général Simon, Djalma crut les soupçons du contrebandier assez fondés.

Après un moment de silence, il lui dit : « Peux-tu te charger de reconduire mon cheval ?... Ma maison est en dehors de la ville, là-bas, cachée dans les arbres à côté de la mosquée neuve... Et pour gravir la montagne de Tchandi, mon cheval m'embarrasserait : j'irai bien plus vite à pied...
— Je sais où vous demeurez ; le général Simon me l'avait dit... j'y serais allé si je ne vous avais pas rencontré ici... donnez-moi donc votre cheval...

Djalma sauta légèrement à terre, jeta la bride à Mahal, déroula un bout de sa ceinture, y prit une petite bourse de soie et la donna au contrebandier en lui disant :
— Tu as été fidèle et obéissant... Tiens... C'est peu... mais je n'ai pas davantage.
— Kadja-Sing était bien nommé le *Père du Généreux*, dit le contrebandier en s'inclinant avec respect et reconnaissance. Et il prit la route qui conduisait à Batavia, en conduisant en main la cavale de Djalma.

Le jeune Indien s'enfonça dans le taillis, et, marchant à grands pas, il se dirigea vers la montagne où étaient les ruines de Tchandi, et où il ne pouvait arriver qu'à la nuit.

CHAPITRE IV.

M. JOSUÉ VAN DAEL.

M. Josué Van Daël, négociant hollandais, correspondant de M. Rodin, était né à Batavia (capitale de l'île de Java) ; ses parens l'avaient envoyé faire son éducation à Pondichéry dans une célèbre maison religieuse, établie depuis longtemps dans cette ville et appartenant à la compagnie de Jésus. C'est là qu'il s'était affilié à la congrégation comme *profès des trois vœux* ou même laïque, appelé vulgairement *coadjuteur temporel*.

M. Josué était un homme d'une probité qui passait pour intacte, d'une exactitude rigoureuse dans les affaires, froid, discret, réservé, d'une habileté, d'une sagacité remarquable ; ses opérations financières étaient presque toujours heureuses, car une puissance protectrice lui donnait toujours à temps la connaissance des événemens qui pouvaient avantageusement influer sur ses transactions commerciales. La maison religieuse de Pondichéry était intéressée dans ses affaires ; elle le chargeait de l'exportation et de l'échange des produits de plusieurs propriétés qu'elle possédait dans cette colonie.

Parlant peu, écoutant beaucoup, ne discutant jamais, d'une politesse extrême, donnant peu, mais avec choix et à propos, M. Josué inspirait généralement, à défaut de sympathie, ce froid respect qu'inspirent toujours les gens rigoristes : car, au lieu de subir l'influence des mœurs coloniales souvent libres et dissolues, il paraissait vivre avec une grande régularité, et son extérieur avait quelque chose d'austèrement composé qui imposait beaucoup.

La scène suivante se passait à Batavia pendant que Djalma se rendait aux ruines de Tchandi, dans l'espoir d'y rencontrer le général Simon.

M. Josué venait de se retirer dans son cabinet, où l'on voyait plusieurs casiers garnis de leurs cartons et de grands livres de caisse ouverts sur des pupitres.

L'unique fenêtre de ce cabinet, situé au rez-de-chaussée, donnant sur une petite cour déserte, était à l'extérieur solidement grillagée de fer ; une persienne mobile remplaçait les carreaux des croisées, à cause de la grande chaleur du climat de Java.

M. Josué, après avoir posé sur son bureau une bougie renfermée dans une verrine, regarda la pendule.

— Neuf heures et demie... — dit-il — Mahal doit bientôt venir.

Ce disant, il sortit, traversa une antichambre, ouvrit une seconde porte épaisse, ferrée de grosses têtes de clous à la hollandaise, gagna la cour avec précaution, afin de n'être pas entendu par les gens de sa maison, et tira le verrou à secret qui fermait le battant d'une grande barrière de six pieds environ, formidablement armée de pointes de fer.

Puis laissant cette issue ouverte, il regagna son cabinet après avoir successivement et soigneusement refermé derrière lui les autres portes.

M. Josué se mit à son bureau, prit dans le double fond d'un tiroir une longue lettre, ou plutôt un mémoire commencé depuis quelque temps et écrit jour par jour (il est inutile de dire que la lettre adressée à M. Rodin, à Paris, rue du Milieu-des-Ursins, était antérieure à la libération de Djalma et à son arrivée à Batavia).

Le mémoire en question était aussi adressé à M. Rodin ; M. Josué le continua de la sorte :

« Craignant le retour du général Simon, dont j'avais été instruit en inter-
» ceptant ses lettres (je vous ai dit que j'étais parvenu à me faire choisir par
» lui comme son correspondant), lettres que je lisais et que je faisais ensuite
» remettre *intactes* à Djalma, j'ai dû, forcé par le temps et par les circon-
» stances, recourir aux moyens extrêmes, tout en sauvant complètement les
» apparences, et en rendant un signalé service à l'humanité ; cette dernière
» raison m'a surtout décidé.

» Un nouveau danger d'ailleurs commandait impérieusement ma con-
» duite.

» Le bateau à vapeur *le Ruyter* a mouillé ici hier, et il repart demain dans
» la journée.

» Ce bâtiment fait la traversée pour l'Europe par le golfe Arabique ; ses
» passagers débarquent à l'isthme de Suez, le traversent et vont reprendre
» à Alexandrie un autre bâtiment qui les conduit en France.

» Ce voyage, aussi rapide que direct, ne demande que sept ou huit semai-
» nes ; nous sommes à la fin d'octobre ; le prince Djalma pourrait donc être
» en France vers le commencement du mois de janvier ; et d'après vos ordres,
» dont j'ignore la cause, mais que j'exécute avec zèle et soumission, il fallait
» à tout prix mettre obstacle à ce départ, puisque, me dites-vous, un des
» plus graves intérêts de la *Société* serait compromis par l'arrivée de ce jeune
» Indien à Paris avant le 13 février. Or, si je réussis, comme je l'espère, à lui
» faire manquer l'occasion du *Ruyter*, il lui sera matériellement impossible
» d'arriver en France avant le mois d'avril, car *le Ruyter* est le seul bâtiment
» qui fasse le trajet directement : les autres navires mettent au moins quatre
» ou cinq mois à se rendre en Europe.

» Avant de vous parler du moyen que j'ai dû employer pour retenir ici le
» prince Djalma, moyen dont à cette heure encore j'ignore le bon ou le mau-
» vais succès, il est bon que vous connaissiez certains faits.

» L'on vient de découvrir dans l'Inde anglaise une communauté dont les
» membres s'appelaient entre eux *frères de la bonne-œuvre*, ou *Phansegars*,
» ce qui signifie simplement *Étrangleurs* ; ces meurtriers ne répandent pas

» le sang ; ils étranglent leurs victimes moins pour les voler que pour obéir
» à une vocation homicide et aux lois d'une infernale divinité nommée par
» eux *Bohwanie.*
» Je ne puis mieux vous donner une idée de cette horrible secte qu'en
» transcrivant ici quelques lignes de l'avant-propos du rapport du colonel
» Sleeman, qui a poursuivi cette association ténébreuse avec un zèle infati-
» gable ; ce rapport a été publié il y a deux mois. En voici un extrait ; c'est
» le colonel qui parle...

» *De 1822 à 1824, quand j'étais chargé de la magistrature et de l'administration civile du district de Nersingpour, il ne se commettait pas un meurtre,
pas le plus petit vol, par un bandit ordinaire, dont je n'eusse immédiatement
connaissance; mais si quelqu'un était venu me dire à cette époque qu'une
bande d'assassins de profession héréditaire demeurait dans le village de Kun-
delie, à quatre cents mètres tout au plus de ma cour de justice; que les admirables bosquets du village de Mandesoor, à une journée de marche de ma résidence, étaient un des plus effroyables entrepôts d'assassinats de toute l'Inde;
que des bandes nombreuses de frères de la* bonne-œuvre, *venant de l'Indous-
tan et du Dékan, se donnaient annuellement rendez-vous sous ces ombrages,
comme à des fêtes solennelles, pour exercer leur effroyable vocation sur toutes
les routes qui viennent se croiser dans cette localité, j'aurais pris cet Indien
pour un fou qui s'était laissé effrayer par des contes; et cependant rien n'é-
tait plus vrai: des voyageurs, par centaines, étaient enterrés chaque année
sous les bosquets de Mundesoor; toute une tribu d'assassins vivait à ma porte
pendant que j'étais magistrat suprême de la province, et étendait ses dévasta-
tions jusqu'aux cités de Poonah et d'Hyderabad; je n'oublierai jamais que,
pour me convaincre, l'un des chefs de ces Étrangleurs, devenu leur dénoncia-
teur, fit exhumer, de l'emplacement même que couvrait ma tente, treize cadavres, et s'offrit d'en faire sortir du sol tout autour de lui un nombre illi-
mité* (1).

» Ce peu de mots du colonel Sleeman vous donnera une idée de cette so-
» ciété terrible, qui a ses lois, ses devoirs, ses habitudes en dehors de toutes
» les lois divines et humaines. Dévoués les uns aux autres jusqu'à l'héroïsme,
» obéissant aveuglément à leurs chefs, qui se disent les représentans immé-
» diats de leur sombre divinité, regardant comme ennemis tous ceux qui
» n'étaient pas des leurs, se recrutant partout par un effrayant prosély-
» tisme, ces apôtres d'une religion de meurtre allaient prêchant dans
» l'ombre leurs abominables doctrines, et couvraient l'Inde d'un immense
» réseau.

» Trois de leurs principaux chefs et un de leurs adeptes, fuyant la pour-
» suite opiniâtre du gouverneur anglais, et étant parvenus à s'y soustraire,
» sont arrivés à la pointe septentrionale de l'Inde jusqu'au détroit de Malaka,
» situé à très peu de distance de notre île; un contrebandier, quelque peu
» pirate, affilié à leur association, et nommé *Mahal,* les a pris à bord de son
» bateau côtier, et les a transportés ici, où ils se croient pour quelque temps
» en sûreté; car, suivant les conseils du contrebandier, ils se sont réfugiés
» dans une épaisse forêt où se trouvent plusieurs temples en ruine dont les
» nombreux souterrains leur offrent une retraite.

» Parmi ces chefs, tous trois d'une remarquable intelligence, il en est un
» surtout, nommé Faringhea, doué d'une énergie extraordinaire, de qualités
» éminentes, qui en font un homme des plus redoutables : celui-là est
» métis, c'est-à-dire fils d'un blanc et d'une Indienne ; il a habité longtemps
» des villes où se tiennent des comptoirs européens, et parle très bien l'an-
» glais et le français; les deux autres chefs sont un nègre et un Indien; l'a-
» depte est un Malais.

» Le contrebandier Mahal, réfléchissant qu'il pouvait obtenir une bonne
» récompense en livrant ces trois chefs et leur adepte, est venu à moi, sa-
» chant, comme tout le monde le sait, ma liaison intime avec une personne
» on ne peut plus influente sur notre gouverneur; il m'a donc offert, il y a
» deux jours, à certaines conditions, de livrer le nègre, le métis, l'Indien et

---

(1) Ce rapport est extrait de l'excellent ouvrage de M. le comte Edouard de Waren, sur l'Inde anglaise en 1811.

» le Malais... Ces conditions sont : — une somme assez considérable, et l'as-
» surance d'un passage sur un bâtiment partant pour l'Europe ou l'Amé-
» rique, afin d'échapper à l'implacable vengeance des Etrangleurs.
» J'ai saisi avec empressement cette occasion de livrer à la justice hu-
» maine ces trois meurtriers, et j'ai promis à Mahal d'être son intermédiaire
» auprès du gouverneur, mais aussi à certaines conditions, fort innocentes
» en elles-mêmes, et qui regardaient Djalma... Je m'expliquerai plus au long
» si mon projet réussit ; ce que je vais savoir, car Mahal sera ici tout à
» l'heure.

» En attendant que je ferme les dépêches, qui partiront demain pour
» l'Europe par le *Ruyter*, où j'ai retenu le passage de *Mahal* le contreban-
» dier, en cas de réussite, j'ouvre une parenthèse au sujet d'une affaire assez
» importante.

» Dans ma dernière lettre, où je vous annonçais la mort du père de Djal-
» ma, et l'incarcération de celui-ci par les Anglais, je demandais des rensei-
» gnemens sur la solvabilité de M. le baron Tripeaud, banquier et manufac-
» turier à Paris, qui a une succursale de sa maison à Calcutta. Maintenant
» ces renseignemens deviennent inutiles, si ce que l'on vient de m'ap-
» prendre est malheureusement vrai ; ce sera à vous d'agir selon les circon-
» stances.

» Sa maison de Calcutta nous doit, à moi et à notre collègue de Pondi-
» chéry, des sommes assez considérables, et l'on dit M. Tripeaud dans des
» affaires fort dangereusement embarrassées, ayant voulu monter une fabri-
» que pour ruiner, par une concurrence implacable, un établissement im-
» mense, depuis longtemps fondé par M. François Hardy, très grand indus-
» triel. On m'assure que M. Tripeaud a déjà enfoui et perdu dans cette en-
» treprise de grands capitaux ; il a sans doute fait beaucoup de mal à
» M. François Hardy ; mais il a, dit-on, gravement compromis sa fortune à
» lui, Tripeaud ; or, s'il fait faillite, le contre-coup de son désastre nous serait
» très funeste, puisqu'il nous doit beaucoup d'argent à moi et aux nôtres.

» Dans cet état de choses, il serait bien à désirer que, par les moyens tout-
» puissans et de toute nature dont on dispose, on parvînt à discréditer com-
» plétement et à faire tomber la maison de M. François Hardy, déjà ébranlée
» par la concurrence acharnée de M. Tripeaud ; cette combinaison réussissant,
» celui-ci regagnerait en très peu de temps tout ce qu'il a perdu ; la ruine de
» son rival assurerait sa prospérité, à lui Tripeaud, et nos créances seraient
» couvertes.

» Sans doute il serait pénible, il serait douloureux d'être obligé d'en venir
» à cette extrémité pour rentrer dans nos fonds, mais de nos jours n'est-on
» pas quelquefois autorisé à se servir des armes que l'on emploie incessam-
» ment contre nous ? Si l'on en est réduit là par l'injustice et la méchanceté
» des hommes, il faut se résigner en songeant que si nous tenons à conserver
» ces biens terrestres, c'est dans une intention toute à la plus grande gloire
» de Dieu, tandis qu'entre les mains de nos ennemis ces biens ne sont que de
» dangereux moyens de perdition et de scandale.

» C'est d'ailleurs une humble proposition que je vous soumets ; j'aurais la
» possibilité de prendre l'initiative au sujet de ces créances que je ne ferais
» rien de moi-même ; ma volonté n'est pas à moi... Comme tout ce que je
» possède, elle appartient à ceux à qui j'ai juré obéissance aveugle. »

Un léger bruit venant du dehors interrompit M. Josué et attira son attention. Il se leva brusquement et alla droit à la croisée.

Trois petits coups furent aussitôt extérieurement frappés sur une des
feuilles de la persienne.

— C'est vous, Mahal ? — demanda M. Josué à voix basse.

— C'est moi — répondit-on du dehors, et aussi à voix basse.

— Et le Malais ?

— Il a réussi...

— Vraiment ! — s'écria M. Josué avec une expression de profonde satisfaction... — Vous en êtes sûr ?

— Très sûr, il n'y a pas de démon plus adroit et plus intrépide.

— Et Djalma ?

— Les passages de la dernière lettre du général Simon, que je lui ai cités, l'ont convaincu que je venais de la part du général, et qu'il le trouverait aux ruines de Tchandi.

— Ainsi, à cette heure ?

— Djalma est aux ruines, où il trouvera le noir, le métis et l'Indien. C'est là qu'ils ont donné rendez-vous au Malais, qui a tatoué le prince pendant son sommeil.

— Avez-vous été reconnaître le passage souterrain ?

— J'y ai été hier... une des pierres du piédestal de la statue tourne sur elle-même... l'escalier est large... il suffira.

— Et les trois chefs n'ont aucun soupçon sur vous ?

— Aucun... je les ai vus ce matin... et ce soir le Malais est venu tout me raconter avant d'aller les rejoindre aux ruines de Tchandi ; car il était resté caché dans les broussailles, n'osant pas s'y rendre durant le jour.

— Mahal... si vous avez dit la vérité, si tout réussit, votre grâce et une large récompense vous sont assurées... Votre place est arrêtée sur le *Ruyter ;* vous partirez demain : vous serez ainsi à l'abri de la vengeance des Etrangleurs, qui vous poursuivraient jusqu'ici pour venger la mort de leurs chefs, puisque la Providence vous a choisi pour livrer ces trois grands criminels à la justice... Dieu vous bénira... Allez de ce pas m'attendre à la porte de M. le gouverneur... je vous introduirai ; il s'agit de choses si importantes, que je n'hésite pas à aller le réveiller au milieu de la nuit... Allez vite... je vous suis de mon côté.

On entendit au dehors les pas précipités de Mahal qui s'éloignait, et le silence régna de nouveau dans la maison...

M. Josué retourna à son bureau, ajouta ces mots en hâte au mémoire commencé :

« Quoi qu'il arrive, il est maintenant impossible que Djalma quitte Ba-
» tavia... Soyez rassuré, il ne sera pas à Paris le 13 février de l'an prochain...
» Ainsi que je l'avais prévu, je vais être sur pied toute la nuit, je cours
» chez le gouverneur, j'ajouterai demain quelques mots à ce long mémoire,
» que le bateau à vapeur *le Ruyter* portera en Europe, »

Après avoir refermé son secrétaire, M. Josué sonna bruyamment, et, au grand étonnement des gens de sa maison, surpris de le voir sortir au milieu de la nuit, il se rendit en hâte à la résidence du gouverneur de l'île.

Nous conduirons le lecteur aux ruines de Tchandi.

CHAPITRE V.

LES RUINES DE TCHANDI.

A l'orage du milieu de ce jour, orage dont les approches avaient si bien servi les desseins de l'Etrangleur sur Djalma, a succédé une nuit calme et sereine.

Le disque de la lune s'élève lentement derrière une masse de ruines imposantes, situées sur une colline, au milieu d'un bois épais, à trois lieues environ de Batavia.

De larges assises de pierre, de hautes murailles de briques rongées par le temps, de vastes portiques chargés d'une végétation parasite, se dessinent vigoureusement sur la nappe de lumière argentée qui se fond à l'horizon avec le bleu limpide du ciel.

Quelques rayons de la lune, glissant à travers l'ouverture de l'un des portiques, éclairent deux statues colossales placées au pied d'un immense escalier dont les dalles disjointes disparaissent presque entièrement sous l'herbe, la mousse et les broussailles.

Les débris de l'une de ces statues, brisée par le milieu, jonchent le sol ; l'autre, restée entière et debout, est effrayante à voir...

Elle représente un homme de proportions gigantesques : la tête a trois pieds de hauteur ; l'expression de cette figure est féroce. Deux prunelles de schiste noir et brillant sont incrustées dans sa face grise ; sa bouche, large, profonde, est démesurément ouverte. Des reptiles ont fait leur nid entre ses lèvres de pierre ; à la clarté de la lune on y distingue vaguement un fourmillement hideux... Une large ceinture chargée d'ornemens symboliques entoure le corps de cette statue, et soutient à son côté droit une longue épée. Ce géant a quatre bras étendus ; dans ses quatre mains, il porte une tête d'éléphant, un serpent roulé, un crâne humain et un oiseau semblable à un héron.

La lune, éclairant cette statue de côté, la profile d'une vive lumière, qui augmente encore l'étrangeté farouche de son aspect.

Çà et là, enchassés au milieu des murailles de briques à demi écroulées, on voit quelques fragmens de bas-reliefs, aussi de pierre, très hardiment fouillés ; l'un des mieux conservés représente un homme à tête d'éléphant, ailé comme une chauve-souris et dévorant un enfant.

Rien de plus sinistre que ces ruines encadrées de massifs d'arbres d'un vert sombre, couvertes d'emblêmes effrayans, et vues à la clarté de la lune, au milieu du profond silence de la nuit.

A l'une des murailles de cet ancien temple, dédié à quelque mystérieuse et sanglante divinité javanaise, est adossée une hutte grossièrement construite de débris de pierres et de briques ; la porte, faite de treillis de jonc, est ouverte ; il s'en échappe une lueur rougeâtre qui jette ses reflets ardens sur les hautes herbes dont la terre est couverte,

Trois hommes réunis dans cette masure, éclairée par une lampe d'argile où brûle une mèche de fil de cocotier imbibée d'huile de palmier.

Le premier de ces trois hommes, âgé de quarante ans environ, est pauvrement vêtu à l'européenne ; son teint pâle et presque blanc annonce qu'il appartient à la race métisse ; il est issu d'un blanc et d'une Indienne.

Le second est un robuste nègre africain, aux lèvres épaisses, aux épaules vigoureuses et aux jambes grêles ; ses cheveux crépus commencent à grisonner ; il est couvert de haillons, et se tient debout auprès de l'Indien.

Un troisième personnage est endormi et étendu sur une natte dans un coin de la masure.

Ces trois hommes étaient les trois chefs des *Etrangleurs* qui, poursuivis dans l'Inde continentale, avaient cherché un refuge à Java, sous la conduite de Mahal le contrebandier.

— Le Malais ne revient pas —dit le métis, nommé Faringhea, le chef le plus redoutable de cette secte homicide — peut-être a-t-il été tué par Djalma en exécutant nos ordres.

— L'orage de ce matin a fait sortir de la terre tous les reptiles — dit le nègre — peut-être le Malais a-t-il été mordu... et à cette heure son corps n'est-il qu'un nid de serpens.

— Pour servir la *bonne-œuvre* — dit Faringhea d'un air sombre — il faut savoir braver la mort...

— Et la donner — ajouta le nègre.

Un cri étouffé, suivi de quelques mots inarticulés, attira l'attention de ces deux hommes, qui tournèrent vivement la tête vers le personnage endormi.

Ce dernier a trente ans au plus ; sa figure imberbe et d'un jaune cuivre, sa robe de grossière étoffe, son petit turban rayé de jaune et de brun, annoncent qu'il appartient à la plus pure race hindoue ; son sommeil semble agité par un songe pénible, une sueur abondante couvre ses traits, contractés par la terreur ; il parle en rêvant ; sa voix est brève, entrecoupée, il l'accompagne de quelques mouvemens convulsifs.

— Toujours ce songe ! dit Faringhea au nègre ; toujours le souvenir de cet homme !

— Quel homme ?

— Ne te rappelles-tu pas qu'il y a cinq ans le féroce colonel Kennedy... le bourreau des Indiens, était venu sur les bords du Gange chasser le tigre avec vingt chevaux, quatre éléphants et cinquante serviteurs?

— Oui, oui — dit le nègre — et à nous trois chasseurs d'hommes, nous avons fait une chasse meilleure que la sienne ; Kennedy, avec ses chevaux, ses éléphans et ses nombreux serviteurs, n'a pas eu son tigre... et nous avons eu le nôtre — ajouta-t-il avec une ironie sinistre. — Oui, Kennedy, ce tigre à face humaine, est tombé dans notre embuscade, et les frères de la *bonne-œuvre* ont offert cette belle proie à leur déesse Bohwanie.

— Si tu t'en souviens, c'est au moment où nous venions de serrer une dernière fois le lacet au cou de Kennedy que nous avons aperçu tout à coup ce

13

voyageur... il nous avait vus, il fallait s'en défaire... Depuis, ajouta Faringhea, le souvenir du meurtre de cet homme le poursuit en songe... et il désigna l'Indien endormi.

— Il le poursuit aussi lorsqu'il est éveillé — dit le nègre, regardant Faringhea d'un air significatif.

— Ecoute — dit celui-ci en montrant l'Indien qui, dans l'agitation de son rêve, recommençait à parler d'une voix saccadée — écoute, le voilà qui répète les réponses de ce voyageur lorsque nous lui avons proposé de mourir ou de servir avec nous la *bonne-œuvre*... Son esprit est frappé !... toujours frappé.

En effet, l'Indien prononçait tout haut dans son rêve une sorte d'interrogatoire mystérieux dont il faisait tour à tour les demandes et les réponses.

— Voyageur — disait-il d'une voix entrecoupée par de brusques silences — pourquoi cette raie noire sur ton front? Elle s'étend d'une tempe à l'autre... c'est une marque fatale; ton regard est triste comme la mort... As-tu été victime? viens avec nous... Bohwanie venge les victimes. Tu as souffert? — *Oui, beaucoup souffert...* — Depuis longtemps? — *Oui, depuis bien longtemps.* — Tu souffres encore? — *Toujours.* — A qui t'a frappé, que réserves-tu? — *La pitié.* — Veux-tu rendre coup pour coup? — *Je veux rendre l'amour pour la haine.* — Qui es-tu donc, toi qui rends le bien pour le mal? — *Je suis celui qui aime, qui souffre et qui pardonne.*

— Frère... entends-tu ? — dit le nègre à Faringhea — il n'a pas oublié les paroles du voyageur avant sa mort.

— La vision le poursuit... Ecoute... il parle encore... Comme il est pâle !

En effet l'Indien, toujours sous l'obsession de son rêve, continua :

— Voyageurs, nous sommes trois, nous sommes courageux, nous avons la mort dans la main, tu nous as vus sacrifier à la *bonne-œuvre*. Sois des nôtres... ou meurs... meurs... meurs... Oh! quel regard... Pas ainsi... Ne me regarde pas ainsi...

En disant ces mots, l'Indien fit un brusque mouvement, comme pour éloigner un objet qui s'approchait de lui, et il se réveilla en sursaut.

Alors, passant la main sur son front baigné de sueur... il regarda autour de lui d'un œil égaré.

— Frère... toujours ce rêve ? — lui dit Faringhea. — Pour un hardi chasseur d'hommes... ta tête est faible... Heureusement ton cœur et ton bras sont forts...

L'Indien resta un moment sans répondre, son front caché dans ses mains; puis il reprit : — Depuis longtemps je n'avais pas rêvé de ce voyageur.

— N'est-il pas mort? — dit Faringhea en haussant les épaules. — N'est-ce pas toi qui lui as lancé le lacet autour du cou ?

— Oui — dit l'Indien en tressaillant...

— N'avons-nous pas creusé sa fosse auprès de celle du colonel Kennedy? Ne l'y avons-nous pas enterré, comme le bourreau anglais, sous le sable et sous les joncs? — dit le nègre.

— Oui, nous avons creusé la fosse — dit l'Indien en frémissant — et pourtant, il y a un an, j'étais près de la porte de Bombay; le soir... j'attendais un de nos frères... Le soleil allait se coucher derrière la pagode qui est à l'est de la petite colline; je vois encore tout cela, j'étais assis sous un figuier... j'entends un pas calme, lent et ferme : je détourne la tête... c'était lui... il sortait de la ville.

— Vision ! — dit le nègre — toujours cette vision !

— Vision ! — ajouta Faringhea — ou vague ressemblance.

— A cette marque noire qui lui barre le front, je l'ai reconnu, c'était lui; je restai immobile d'épouvante... les yeux hagards; il s'est arrêté en attachant sur moi un regard calme et triste... Malgré moi, j'ai crié : — C'est lui!
— *C'est moi !* a-t-il répondu de sa voix douce — *puisque tous ceux que tu as tués renaissent comme moi.* Et il montra le ciel. — *Pourquoi tuer ? Ecoute... je viens de Java; je vais à l'autre bout du monde... dans un pays de neige éternelle... là ou ici, sur une terre de feu ou sur une terre glacée, ce sera toujours moi ? Ainsi de l'âme de ceux qui tombent sous ton lacet, en ce monde ou là-haut... dans cette enveloppe ou dans une autre... l'âme sera toujours une âme... tu ne peux l'atteindre... Pourquoi tuer ?...* — Et secouant tristement la tête... il a passé... marchant toujours lentement... lentement... le front incliné... il a gravi ainsi la colline de la pagode. Je le suivais des yeux sans pouvoir bouger; au moment où le soleil se couchait, il s'est arrêté au som-

met, sa grande taille s'est dessinée sur le ciel, et il a disparu. Oh! c'était lui!... — ajouta l'Indien en frissonnant, après un long silence. — C'était lui!...

Jamais le récit de l'Indien n'avait varié; car bien souvent il avait entretenu ses compagnons de cette mystérieuse aventure. Cette persistance de sa part finit par ébranler leur incrédulité, ou plutôt par leur faire chercher une cause naturelle à cet événement surhumain en apparence.

— Il se peut — dit Faringhea après un moment de réflexion — que le nœud qui serrait le cou du voyageur ait été arrêté, qu'il lui soit resté un souffle de vie : l'air aura pénétré à travers les joncs dont nous avons recouvert sa fosse, et il sera revenu à la vie.

— Non, non, dit l'Indien en secouant la tête. Cet homme n'est pas de notre race...

— Explique-toi.
— Maintenant je sais...
— Tu sais?

— Ecoutez, dit l'Indien d'une voix solennelle — le nombre des victimes que les fils de Bohwanie ont sacrifiées depuis le commencement des siècles n'est rien auprès de l'immensité de morts et de mourans que ce terrible voyageur laisse derrière lui dans sa marche homicide.

— Lui... — s'écrièrent le nègre et Faringhea.
— Lui... — répéta l'Indien avec un accent de conviction dont ses compagnons furent frappés. — Ecoutez encore et tremblez. Lorsque j'ai rencontré ce voyageur aux portes de Bombay... il venait de Java, et il allait vers le Nord... m'a-t-il dit. Le lendemain Bombay était ravagé par le choléra... et quelque temps après on apprenait que ce fléau avait d'abord éclaté ici... à Java.

— C'est vrai — dit le nègre.
— Ecoutez encore — reprit l'Indien. — Je m'en vais vers le Nord... vers un pays de neige éternelle — m'avait dit le voyageur... Le choléra... s'en est allé, lui aussi, vers le Nord... il a passé par Mascate, Ispahan, Tauris... Tiflis, et a gagné la Sibérie.

— C'est vrai... — dit Faringhea, devenu pensif.
— Et le choléra — reprit l'Indien — ne faisait que cinq à six lieues par jour... la marche d'un homme... Il ne paraissait jamais... en deux endroits à la fois;... mais il s'avançait lentement, également... toujours la marche d'un homme.

A cet étrange rapprochement, les deux compagnons de l'Indien se regardèrent avec stupeur. Après un silence de quelques minutes, le nègre effrayé dit à l'Indien ;

— Et tu crois que cet homme...
— Je crois que cet homme que nous avons tué, rendu à la vie par quelque divinité infernale... a été chargé par elle de porter sur la terre ce terrible fléau... et de répandre partout sur ses pas la mort... lui qui ne peut mourir... Souvenez-vous — ajouta l'Indien avec une sombre exaltation — souvenez-vous... ce terrible voyageur a passé par Bombay, le choléra a dévasté Bombay ; ce voyageur est allé vers le Nord, le choléra a dévasté le Nord...

Ce disant, l'Indien retomba dans une rêverie profonde.

Le nègre et Faringhea étaient saisis d'un sombre étonnement.

L'Indien disait vrai, quant à la marche mystérieuse (jusqu'ici encore inexpliquée) de cet épouvantable fléau, qui n'a jamais fait, on le sait, que cinq ou six lieues par jour, n'apparaissant jamais simultanément en deux endroits.

Rien de plus étrange, en effet, que de suivre sur les cartes dressées à cette époque l'allure lente, progressive de ce fléau voyageur, qui offre à l'œil étonné tous les caprices, tous les incidens de la marche d'un homme.

Passant ici plutôt que par là... choisissant des provinces dans un pays... des villes dans les provinces... un quartier dans une ville... une rue dans un quartier... une maison dans une rue... ayant même ses lieux de séjour et de repos, puis continuant sa marche lente, mystérieuse, terrible.

Les paroles de l'Indien, en faisant ressortir ces effrayantes bizarreries, devaient donc vivement impressionner le nègre et Faringhea, natures farouches, amenées par d'effroyables doctrines à la monomanie du meurtre.

Oui... car (ceci est un fait avéré) il y a eu dans l'Inde des sectaires de cette abominable communauté, des gens qui, presque toujours, tuaient sans motif, sans passion... tuaient pour tuer... pour la volupté du meurtre... pour substituer la mort à la vie... pour *faire d'un vivant un cadavre*... ainsi qu'ils l'ont dit dans un de leurs interrogatoires...

La pensée s'abîme à pénétrer la cause de ces monstrueux phénomènes... Par quelle incroyable succession d'événemens des hommes se sont-ils voués à ce sacerdoce de la mort?... Sans nul doute, une telle religion ne peut *florir* que dans des contrées vouées comme l'Inde au plus atroce esclavage, à la plus impitoyable exploitation de l'homme par l'homme... Une telle religion... n'est-ce pas la haine de l'humanité exaspérée jusqu'à sa dernière puissance par l'oppression? Peut-être encore cette secte homicide, dont l'origine se perd dans la nuit des âges, s'est-elle perpétuée dans ces régions comme la seule protestation possible de l'esclavage contre le despotisme. Peut-être enfin Dieu, dans ses vues impénétrables, a-t-il créé là des Phansegars comme il y a créé des tigres et des serpens...

Ce qui est encore remarquable dans cette sinistre congrégation, c'est le lien mystérieux qui, unissant tous ses membres entre eux, les isole des autres hommes; car ils ont des lois à eux, des coutumes à eux; ils se dévouent, se soutiennent, s'aident entre eux;... mais pour eux, il n'y a ni pays, ni famille... ils ne relèvent que d'un sombre et invisible pouvoir, aux arrêts duquel ils obéissent avec une soumission aveugle, et au nom duquel ils se répandent partout, afin de *faire des cadavres*, pour employer une de leurs sauvages expressions...

Pendant quelques momens, les trois Étrangleurs avaient gardé un profond silence.

Au dehors, la lune jetait toujours de grandes lumières blanches et de grandes ombres bleuâtres sur la masse imposante des ruines; les étoiles scintillaient au ciel; de temps à autre, une faible brise faisait bruire les feuilles épaisses et vernissées des bananiers et des palmiers.

Le piédestal de la statue gigantesque qui, entièrement conservée, s'élevait à gauche du portique, reposait sur de larges dalles, à moitié caché sous les broussailles.

Tout à coup une de ces dalles parut s'abîmer.

De l'excavation qui se forma sans bruit, un homme vêtu d'un uniforme, sortit à mi-corps, regarda attentivement autour de lui... et prêta l'oreille.

Voyant la lueur de la lampe qui éclairait l'intérieur de la masure trembler sur les grandes herbes... il se retourna, fit un signe, et bientôt lui et deux autres soldats gravirent, avec le plus grand silence et les plus grandes précautions, les dernières marches de cet escalier souterrain, et se glissèrent à travers les ruines. Pendant quelques momens leurs ombres mouvantes se projetèrent sur les parties du sol éclairées par la lune, puis ils disparurent derrière des pans de murs dégradés.

Au moment où la dalle épaisse reprit sa place et son niveau, on aurait pu voir la tête de plusieurs autres soldats embusqués dans cette excavation.

Le métis, l'Indien et le nègre, toujours pensifs dans la masure, ne s'étaient aperçus de rien.

CHAPITRE VI.

L'EMBUSCADE.

Le métis Faringhea, voulant sans doute échapper aux sinistres pensées que les paroles de l'Indien sur la marche mystérieuse du choléra avaient éveillées en lui, changea brusquement d'entretien. Son œil brilla d'un feu sombre, sa physionomie prit une expression d'exaltation farouche, et il s'écria :

— Bohwanie... veillera sur nous, intrépides chasseurs d'hommes! Frères, courage... courage... le monde est grand... notre proie est partout... Les Anglais nous forcent de quitter l'Inde, nous, les trois chefs de la *bonne-œuvre*;

qu'importe? nous y laissons nos frères, aussi cachés, aussi nombreux, aussi terribles que les scorpions noirs qui ne révèlent leur présence que par une piqûre mortelle; l'exil agrandit nos domaines... Frère, à toi d'Amérique, dit-il à l'Indien d'un air inspiré. — Frère à toi l'Afrique, dit-il au nègre. — Frères, à moi l'Europe?... Partout où il y a des hommes, il y a des bourreaux et des victimes... Partout où il y a des victimes, il y a des cœurs gonflés de haine ; c'est à nous d'enflammer cette haine de toutes les ardeurs de la vengeance!! C'est à nous, à force de ruses, à force de séductions, d'attirer parmi nous, serviteurs de Bohwanie, tous ceux dont le zèle, le courage et l'audace peuvent nous être utiles. Entre nous et pour nous, rivalisons de dévoûment, d'abnégation ; prêtons-nous force, aide et appui! Que tous ceux qui ne sont pas avec nous soient notre proie; isolons-nous au milieu de tous, contre tous, malgré tous. Pour nous, qu'il n'y ait ni patrie ni famille. Notre famille, ce sont nos frères; notre pays... c'est le monde.

Cette sorte d'éloquence sauvage impressionna vivement le nègre et l'Indien, qui subissaient ordinairement l'influence de Faringhea, dont l'intelligence était très supérieure à la leur, quoiqu'ils fussent eux-mêmes deux des chefs les plus éminens de cette sanglante association.

— Oui, tu as raison, frère — s'écria l'Indien partageant l'exaltation de Faringhea — à nous le monde... Ici même, à Java, laissons une trace de notre passage... Avant notre départ, fondons la *bonne-œuvre* dans cette île ;... elle y grandira vite, car ici la misère est grande, les Hollandais sont aussi rapaces que les Anglais... Frère, j'ai vu dans les rizières marécageuses de cette île, toujours mortelles à ceux qui les cultivent, des hommes que le besoin forçait à ce travail homicide, ils étaient livides comme des cadavres ; quelques-uns, exténués par la maladie, par la fatigue et par la faim, sont tombés pour ne plus se relever... Frères, la *bonne-œuvre* grandira dans ce pays.

— L'autre soir — dit le métis — j'étais sur le bord du lac, derrière un rocher ; une jeune femme est venue, quelques lambeaux de couverture entouraient à peine son corps maigre et brûlé par le soleil; dans ses bras elle tenait un petit enfant qu'elle serrait en pleurant contre son sein tari. Elle a embrassé trois fois cet enfant en disant : — Toi, au moins, tu ne seras pas malheureux comme ton père ; — et elle l'a jeté à l'eau, il a poussé un cri en disparaissant... A ce cri, les caïmans cachés dans les roseaux ont joyeusement sauté dans le lac... Frères, ici les mères tuent leurs enfans par pitié, la *bonne-œuvre* grandira dans ce pays.

— Ce matin — dit le nègre — pendant qu'on déchirait un de ses esclaves noirs à coups de fouet, un vieux petit homme, négociant à Batavia, est sorti de sa maison des champs pour regagner la ville. Dans son palanquin, il recevait avec une indolence blasée, les tristes caresses de deux des jeunes filles dont il peuple son harem, en les achetant à leurs familles, trop pauvres pour les nourrir. Le palanquin où se tenaient ce petit vieillard et ces jeunes filles était porté par douze homme jeunes et robustes. Frères, il y a ici des mères qui, par misère, vendent leurs filles, des esclaves que l'on fouette, des hommes qui portent d'autres hommes comme des bêtes de somme... la *bonne-œuvre* grandira dans ce pays.

— Dans ce pays... et dans tout pays d'oppression, de misère, de corruption et d'esclavage.

— Puissions-nous donc engager parmi nous Djalma, comme nous l'a conseillé Mahal le contrebandier — dit l'Indien ; — notre voyage à Java aurait un double profit; car, avant de partir, nous compterions parmi les nôtres ce jeune homme entreprenant et hardi, qui a tant de motifs de haïr les hommes.

— Il va venir... envenimons encore ses ressentimens.

— Rappelons-lui la mort de son père.

— Le massacre des siens...

— Sa captivité.

— Que la haine enflamme son cœur, et il est à nous...

Le nègre, qui était resté quelque temps pensif, dit tout-à-coup : — Frères... si Mahal le contrebandier nous trompait?

— Lui ! — s'écria l'Indien presque avec indignation ; — il nous a donné asile sur son bateau côtier, il a assuré notre fuite du continent; il doit nous embarquer ici à bord de la goëlette qu'il va commander, et nous mener à

Bombay, où nous trouverons des bâtimens pour l'Amérique, l'Europe et l'Afrique.

— Quel intérêt aurait Mahal à nous trahir? — dit Faringhea. — Rien ne le mettrait à l'abri de la vengeance des fils de Bohwanie, il le sait.

— Enfin — dit le noir — ne nous a-t-il pas promis que, par ruse, il amènerait Djalma à se rendre ici ce soir parmi nous?... et une fois parmi nous... il faudra qu'il soit des nôtres...

N'est-ce pas encore le contrebandier qui nous a dit :— Ordonnez au Malais de se rendre dans l'ajoupa de Djalma... de le surprendre pendant son sommeil, et, au lieu de le tuer comme il le pourrait, de lui tracer sur le bras le nom de Bohwanie; Djalma jugera ainsi de la résolution, de l'adresse, de la soumission de nos frères, et il comprendra ce que l'on doit espérer ou craindre de tels hommes... Par admiration ou par terreur, il faudra donc qu'il soit des nôtres!

— Et s'il refuse d'être à nous, malgré les raisons qu'il a de haïr les hommes?

— Alors... Bohwanie décidera de son sort — dit Faringhea d'un air sombre.

— J'ai mon projet...

— Mais le Malais réussira-t-il à surprendre Djalma pendant son sommeil? — dit le nègre.

— Il n'est personne de plus hardi, de plus agile, de plus adroit que le Malais — dit Faringhea. — Il a eu l'audace d'aller surprendre dans son repaire une panthère noire qui allaitait!... il a tué la mère et a enlevé la petite femelle, qu'il a plus tard vendue à un capitaine de navire européen.

— Le Malais a réussi! — s'écria l'Indien en prêtant l'oreille à un cri singulier qui retentit dans le profond silence de la nuit et des bois.

— Oui, c'est le cri du vautour emportant sa proie — dit le nègre en écoutant à son tour — c'est le signal par lequel nos frères annoncent aussi qu'ils ont saisi leur proie.

Peu de temps après, le Malais paraissait à la porte de la hutte. Il était drapé dans une grande pièce de coton rayée de couleurs tranchantes.

— Eh bien! — dit le nègre avec inquiétude — as-tu réussi?

— Djalma portera toute sa vie le signe de la *bonne-œuvre* — dit le Malais avec orgueil; — pour parvenir jusqu'à lui... j'ai dû offrir à Bohwanie un homme qui se trouvait sur mon passage;... j'ai laissé le corps sous des broussailles près de l'ajoupa. Mais Djalma... porte notre signe. Mahal le contrebandier l'a su le premier.

— Et Djalma ne s'est pas réveillé?... dit l'Indien, confondu de l'adresse du Malais.

— S'il s'était réveillé — répondit celui-ci avec calme — j'étais mort... puisque je devais épargner sa vie.

— Parce que sa vie peut nous être plus utile que sa mort — reprit le métis. — Puis s'adressant au Malais : — Frère, en risquant ta vie pour la *bonne-œuvre*, tu as fait aujourd'hui ce que nous avons fait hier, ce que nous ferons demain... Aujourd'hui tu obéis, un autre jour tu commanderas.

— Nous appartenons tous à Bohwanie — dit le Malais. — Que faut-il encore faire?... je suis prêt.

En parlant ainsi, le Malais faisait face à la porte de la masure; tout à coup il dit à voix basse : — Voici Djalma; il approche de la porte de la cabane: Mahal ne nous a pas trompés...

— Qu'il ne me voie pas encore — dit Faringhea en se retirant dans un coin obscur de la cabane et en se cachant sur une natte — tâchez de le convaincre... s'il résiste... j'ai mon projet...

A peine Faringhea avait-il dit ces mots et disparu, que Djalma arrivait à la porte de cette masure.

A la vue de ces trois personnages à la physionomie sinistre, Djalma recula de surprise. Ignorant que ces hommes appartenaient à la secte des Phansegars, et sachant que souvent, dans ce pays où il n'y a pas d'auberges, les voyageurs passent les nuits sous la tente ou dans les ruines qu'ils rencontrent, il fit un pas vers eux. Lorsque son premier étonnement fut passé, reconnaissant au teint bronzé de l'un de ces hommes, et à son costume, qu'il était Indien, il lui dit en langue indoue : — Je croyais trouver ici un Européen... un Français...

— Ce Français... n'est pas encore venu — répondit l'Indien — mais il ne tardera pas.

Devinant à la question de Djalma le moyen dont s'était servi Mahal pour l'attirer dans ce piége, l'Indien espérait gagner du temps en prolongeant cette erreur.

— Tu connais... ce Français? — demanda Djalma au Phansegar.

— Il nous a donné rendez-vous ici... comme à toi — reprit l'Indien.

— Et pourquoi faire? — dit Djalma de plus en plus étonné.

— A son arrivée... tu le sauras...

— C'est le général Simon qui vous a dit de vous trouver ici?

— C'est le général Simon — répondit l'Indien.

Il y eut un moment de silence, pendant lequel Djalma cherchait en vain à s'expliquer cette mystérieuse aventure.

— Et qui êtes-vous? — demanda-t-il à l'Indien d'un air soupçonneux; car le morne silence des deux compagnons du Phansegar, qui se regardaient fixément, commençait à lui donner quelques soupçons...

— Qui nous sommes? — reprit l'Indien — nous sommes à toi... si tu veux être à nous.

— Je n'ai pas besoin de vous... vous n'avez pas besoin de moi...

— Qui sait?

— Moi... je le sais...

— Tu te trompes... les Anglais ont tué ton père... il était roi... on t'a fait captif... on t'a proscrit... tu ne possèdes plus rien...

A ce souvenir cruel les traits de Djalma s'assombrirent; il tressaillit, un sourire amer contracta ses lèvres.

Le Phansegar continua : — Ton père était juste, brave... aimé de ses sujets... on l'appelait le Père du Généreux, et il était bien nommé... Laisseras-tu sa mort sans vengeance? La haine qui te ronge le cœur sera-t-elle stérile?

— Mon père est mort les armes à la main... j'ai vengé sa mort sur les Anglais que j'ai tués à la guerre... Celui qui pour moi a remplacé mon père... et a aussi combattu pour lui, m'a dit qu'il serait maintenant insensé à moi de vouloir lutter contre les Anglais pour reconquérir mon territoire. Quand ils m'ont mis en liberté, j'ai juré de ne jamais remettre les pieds dans l'Inde... et je tiens les sermens que je fais...

— Ceux qui t'ont dépouillé, ceux qui t'ont fait captif, ceux qui ont tué ton père... sont des hommes... Il est ailleurs des hommes sur qui tu peux te venger... que ta haine retombe sur eux!

— Pour parler ainsi des hommes... n'es-tu donc pas un homme?

— Moi... et ceux qui me ressemblent, nous sommes plus que des hommes... Nous sommes au reste de la race humaine ce que sont les hardis chasseurs aux bêtes féroces qu'ils traquent dans les bois... Veux-tu être comme nous... plus qu'un homme, veux-tu assouvir sûrement, largement, impunément, la haine qui te dévore le cœur... après le mal que l'on t'a fait?

— Tes paroles sont de plus en plus obscures... je n'ai pas de haine dans le cœur, dit Djalma. — Quand un ennemi est digne de moi... je le combats... quand il en est indigne, je le méprise... Ainsi je ne hais ni les braves... ni les lâches.

— Trahison! — s'écria tout à coup le nègre en indiquant la porte d'un geste rapide; car Djalma et l'Indien s'en étaient peu à peu éloignés pendant leur entretien, et ils se trouvaient alors dans un des angles de la cabane.

Au cri du nègre, Faringhea, que Djalma n'avait pas aperçu, écarta brusquement la main qui le cachait, tira son poignard, bondit comme un tigre, et fut d'un saut hors de la cabane. Voyant alors un cordon de soldats s'avancer avec précaution, il frappa l'un d'eux d'un coup mortel, en renversa deux autres, et disparut au milieu des ruines.

Ceci s'était passé si précipitamment, qu'au moment où Djalma se retourna pour savoir la cause du cri d'alarme du nègre, Faringhea venait de disparaître.

Djalma et les trois Etrangleurs furent aussitôt couchés en joue par plusieurs soldats rassemblés à la porte, pendant que d'autres s'élançaient à la poursuite de Faringhea.

Le nègre, le Malais et l'Indien, voyant l'impossibilité de résister, échangèrent rapidement quelques paroles, et tendirent la main aux cordes dont quelques soldats étaient munis.

Le capitaine hollandais qui commandait le détachement entra dans la cabane à ce moment.

— Et celui-ci? — dit-il en montrant Djalma aux soldats qui achevaient de garrotter les trois Phansegars.

— Chacun son tour, mon officier — dit un vieux sergent — nous allons à lui.

Djalma restait pétrifié de surprise, ne comprenant rien à ce qui se passait autour de lui ; mais lorsqu'il vit le sergent et les deux soldats s'avancer avec des cordes pour le lier, il les repoussa avec une violente indignation et se précipita vers la porte où se tenait l'officier.

Les soldats, croyant que Djalma subirait son sort avec autant d'impassibilité que ses compagnons, ne s'attendaient pas à cette résistance ; ils reculèrent de quelques pas, frappés malgré eux de l'air de noblesse et de dignité du fils de Kadja-Sing?

— Pourquoi voulez-vous me lier… comme ces hommes? — s'écria Djalma en s'adressant en indien à l'officier, qui comprenait cette langue, servant depuis longtemps dans les colonies hollandaises.

— Pourquoi on veut te lier, misérable! parce que tu fais partie de cette bande d'assassins. Et vous — ajouta l'officier en s'adressant aux soldats en hollandais — avez-vous peur de lui?… Serrez… serrez les nœuds autour de ses poignets, en attendant qu'on lui en serre un autre autour du cou!

— Vous vous trompez — dit Djalma avec une dignité calme et un sang-froid qui étonnèrent l'officier — je suis ici depuis un quart-d'heure à peine… je ne connais pas ces personnes… je croyais trouver ici un Français.

— Tu n'es pas un Phansegar comme eux… et à qui prétends-tu faire croire ce mensonge?…

— Eux! — s'écria Djalma avec un mouvement et une expression d'horreur si naturelle, que d'un signe l'officier arrêta les soldats, qui s'avançaient de nouveau pour garrotter le fils de Kadja-Sing — ces hommes font partie de cette horrible bande de meurtriers!… et vous m'accusez d'être leur complice!… Alors je suis tranquille, monsieur — dit le jeune homme en haussant les épaules avec un sourire de dédain.

— Il ne suffit pas de que vous êtes tranquille — reprit l'officier — grâce aux révélations, on sait maintenant à quels signes mystérieux se reconnaissent les Phansegars.

— Je vous répète, monsieur, que j'ai l'horreur la plus grande pour ces meurtriers ;… que j'étais venu ici pour…

Le nègre, interrompant Djalma, dit à l'officier avec une joie farouche :

— Tu l'as dit, les fils de la *bonne-œuvre* se reconnaissent par des signes qu'ils portent tatoués sur la chair… Notre heure est arrivée, nous donnerons notre cou à la corde… Assez souvent nous avons enroulé le lacet au cou de ceux qui ne servent pas la *bonne-œuvre*… Regarde nos bras et regarde celui de ce jeune homme.

L'officier, interprétant mal les paroles du nègre, dit à Djalma :

— Il est évident que si, comme dit ce nègre, vous ne portez pas au bras ce signe mystérieux… et nous allons nous en assurer ; si vous expliquez d'une manière satisfaisante votre présence ici, dans deux heures vous pouvez être mis en liberté.

— Tu ne me comprends pas — dit le nègre à l'officier — le prince Djalma est des nôtres, car il porte sur le bras gauche le nom de Bohwanie…

— Oui, il est comme nous fils de la *bonne-œuvre* — ajouta le Malais.

— Il est comme nous Phansegar, dit l'Indien.

Ces trois hommes, irrités de l'horreur que Djalma avait manifestée en apprenant qu'ils étaient Phansegars, mettaient un farouche orgueil à faire croire que le fils de Kadja-Sing appartenait à leur horrible association.

— Qu'avez-vous à répondre?—dit l'officier à Djalma.

Celui-ci haussa les épaules avec une dédaigneuse pitié, releva de sa main droite sa longue et large manche gauche, et montra son bras nu.

— Quelle audace! s'écria l'officier.

En effet, un peu au-dessous de la saignée, sur la partie interne de l'avant-bras, on voyait écrit, d'un rouge vif, le nom de Bohwanie, en caractères indous.

L'officier courut au Malais, découvrit son bras ; il vit le nom, les mêmes signes : non content encore, il s'assura que le nègre et l'Indien les portaient aussi.

— Misérable ! s'écria-t-il en revenant furieux vers Djalma — tu inspires plus d'horreur encore que tes complices. Garrottez-le comme un lâche assassin — dit-il aux soldats — comme un lâche assassin qui ment au bord de la fosse, car son supplice ne se fera pas longtemps attendre.

Stupéfait, épouvanté, Djalma, depuis quelques momens les yeux fixés sur ce tatouage funeste, ne pouvait prononcer une parole ni faire un mouvement; sa pensée s'abîmait devant ce fait incompréhensible.

— Oserais-tu nier ce signe ? — lui dit l'officier avec indignation.

— Je ne puis nier... ce que je vois... ce qui est... — dit Djalma avec accablement.

— Il est heureux... que tu avoues enfin, misérable — reprit l'officier ; — et vous, soldats... veillez sur lui... et sur ses complices... vous en répondez.

Se croyant le jouet d'un songe étrange, Djalma ne fit aucune résistance, se laissa machinalement garrotter et emmener. L'officier espérait, avec une partie de ses soldats, découvrir Faringhea dans les ruines, mais ses recherches furent vaines; et au bout d'une heure il partit pour Batavia, où l'escorte des prisonniers l'avait devancé.

. . . .

Quelques heures après ces événemens, M. Josué Van Daël terminait ainsi le long mémoire adressé à M. Rodin à Paris :

« ... Les circonstances étaient telles que je ne pouvais agir autrement;
» somme toute, c'est un petit mal pour un grand bien.

» Trois meurtriers sont livrés à la justice, et l'arrestation temporaire de
» Djalma ne servira qu'à faire briller son innocence d'un plus pur éclat.

» Déjà ce matin je suis allé chez le gouverneur protester en faveur de notre
» jeune prince : — Puisque c'est grâce à moi — ai-je dit — que ces trois
» grands criminels sont tombés entre les mains de l'autorité, que l'on me
» prouve du moins quelque gratitude en faisant tout au monde pour rendre
» plus évidente que la non-culpabilité du prince Djalma, déjà si inté-
» ressant par ses malheurs et par ses nobles qualités. Certes—ai-je ajouté—
» lorsque hier je me suis hâté de venir apprendre au gouverneur que l'on
» trouverait les Phansegars rassemblés dans les ruines de Tchandi, j'étais
» loin de m'attendre à ce qu'on confondrait avec eux le fils adoptif du général
» Simon, excellent homme, avec qui j'ai eu depuis quelque temps les plus
» honorables relations. Il faut donc à tout prix découvrir le mystère incon-
» cevable qui a jeté Djalma dans cette dangereuse position, et je suis—ai-je
» encore dit — tellement sûr qu'il n'est pas coupable, que dans son intérêt je
» ne demande aucune grâce. Il aura assez de courage et de dignité pour at-
» tendre patiemment en prison le jour de la justice.

» Or, dans tout ceci, vous le voyez, je vous disais vrai, je n'avais pas à me
» reprocher le moindre mensonge, car personne au monde n'est plus con-
» vaincu que moi de l'innocence de Djalma.

» Le gouverneur m'a répondu, comme je m'y attendais, que moralement
» il était aussi certain que moi de l'innocence du jeune prince, qu'il aurait
» pour lui les plus grands égards; mais qu'il fallait que la justice eût son
» cours, parce que c'était le seul moyen de démontrer la fausseté de l'ac-
» cusation et de découvrir par quelle incompréhensible fatalité ce signe mys-
» térieux se trouvait tatoué sur le bras de Djalma...

» Mahal le contrebandier, qui seul pourrait édifier la justice à ce sujet,
» aura dans une heure quitté Batavia pour se rendre à bord du *Ruyter*, qui
» le conduira en Egypte ; car il doit remettre au capitaine un mot de moi,
» qui certifie que Mahal est bien la personne dont j'ai payé et arrêté le pas-
» sage. En même temps, il portera à bord ce long mémoire ; car *le Ruyter*
» doit partir dans une heure, et la dernière levée des lettres pour l'Europe
» s'est faite hier soir. Mais j'ai voulu voir ce matin le gouverneur avant de
» fermer ces dépêches.

» Voici donc le prince Djalma retenu forcément pendant un mois; cette

» occasion du *Ruyter* perdue, il est matériellement impossible que le jeune
» Indien soit en France avant le 13 février de l'an prochain.
» Vous le voyez... vous avez ordonné, j'ai aveuglément agi selon les
» moyens dont je pouvais disposer, ne considérant que la *fin* qui les justifie-
» ra, car il s'agissait, m'avez-vous dit, d'un intérêt immense pour la Société.
» Entre vos mains j'ai été ce que nous devons être entre les mains de nos
» supérieurs... un instrument... puisqu'à la plus grande gloire de Dieu, nos
» supérieurs *font de nous*, quant à la volonté, *des cadavres* (1).
» Laissons donc nier notre accord et notre puissance : les temps nous sem-
» blent contraires, mais les événemens changent seuls ; nous, nous ne chan-
» geons pas.
» Obéissance et courage, secret et patience, ruse et audace, union et dé-
» voûment entre nous, qui avons pour patrie le monde, pour famille nos
» frères, et pour reine Rome. » J. V. »

. . . .

A dix heures du matin environ, Mahal le contrebandier partit, avec cette dépêche cachetée, pour se rendre à bord du *Ruyter*.

Une heure après, le corps de Mahal le contrebandier, étranglé à la mode des Phansegars, était caché dans des joncs sur le bord d'une grève déserte, où il était allé chercher sa barque pour rejoindre le *Ruyter*.

Lorsque plus tard, après le départ de ce bâtiment, on retrouva l ecadavre du contrebandier, M. Josué fit en vain chercher sur lui la volumineuse dépêche dont il l'avait chargé.

On ne retrouva pas non plus la lettre que Mahal devait remettre au capitaine du *Ruyter* afin d'être reçu comme passager.

Enfin, les fouilles et les battues ordonnées et exécutées dans le pays pour y découvrir Faringhea furent toujours vaines.

Jamais on ne revit à Java le dangereux chef des Etrangleurs.

QUATRIEME PARTIE.

LE CHATEAU DE CARDOVILLE.

CHAPITRE PREMIER.

M. RODIN.

Trois mois se sont écoulés depuis que Djalma a été jeté en prison à Batavia, accusé d'appartenir à la secte meurtrière des Phansegars ou Etrangleurs. La scène suivante se passe en France, au commencement de février 1832, au château de *Cardoville*, ancienne habitation féodale, située sur les hautes falaises de la côte de Picardie, non loin de Saint-Valery, dangereux parages où presque chaque année plusieurs navires se perdent corps et biens par les coups de vents de nord-ouest, qui rendent la navigation de la Manche si périlleuse.

De l'intérieur du château on entend gronder une violente tempête qui

---

(1) On sait que la doctrine de l'obéissance passive et absolue, principal pivot de la société de Jésus, se résume par ces terribles mots de Loyola mourant: *Tout membre de l'ordre sera, dans les mains de ses supérieurs,* COMME UN CADAVRE (PERINDÈ AC CADAVER).

s'est élevée pendant la nuit; souvent un bruit formidable, pareil à celui d'une décharge d'artillerie, tonne dans le lointain et est répété par les échos du rivage : c'est la mer qui se brise avec fureur sur les hautes falaises que domine l'antique manoir...

Il est environ sept heures du matin, le jour ne paraît pas encore à travers les fenêtres d'une grande chambre située au rez-de-chaussée du château; dans cet appartement éclairé par une lampe, une femme de soixante ans environ, d'une figure honnête et naïve, vêtue comme le sont les riches fermières de Picardie, est déjà occupée d'un travail de couture, malgré l'heure matinale. Plus loin, le mari de cette femme, à peu près du même âge qu'elle, assis devant une grande table, classe et renferme dans de petits sacs des échantillons de blé et d'avoine. La physionomie de cet homme à cheveux blancs est intelligente, ouverte; elle annonce le bon sens et la droiture égayés par une pointe de malice rustique; il porte un habit-veste de drap vert; de grandes guêtres de chasse en cuir fauve cachent à demi son pantalon de velours noir.

La terrible tempête qui se déchaîne au dehors semble rendre plus doux encore l'aspect de ce paisible tableau d'intérieur. Un excellent feu brille dans une grande cheminée de marbre blanc, et jette ses joyeuses clartés sur le parquet soigneusement ciré : rien de plus gai que l'aspect de la tenture et les rideaux d'ancienne toile perse à chinoiseries rouges sur fond blanc, et rien de plus riant que le dessus des portes représentant les bergerades dans le goût de Watteau. Une pendule de biscuit de Sèvres, des meubles de bois de rose incrustés de marqueterie verte, meubles pansus et ventrus, contournés et chantournés, complètent l'ameublement de cette chambre.

Au dehors la tempête continuait à gronder; quelquefois le vent s'engouffrait avec bruit dans la cheminée, ou ébranlait la fermeture des fenêtres. L'homme qui s'occupait de classer les échantillons de grains était M. Dupont, régisseur de la terre du château de Cardoville.

— Sainte Vierge! mon ami — lui dit sa femme — quel temps affreux! Ce M. Rodin, dont l'intendant de madame la princesse de Saint-Dizier nous annonce l'arrivée pour ce matin, a bien mal choisi son jour.

— Le fait est que j'ai rarement entendu un ouragan pareil... Si M. Rodin n'a jamais vu la mer en colère, il pourra aujourd'hui se régaler de ce spectacle.

— Qu'est-ce que ce M. Rodin peut venir faire ici, mon ami?

— Ma foi! je n'en sais rien; l'intendant de la princesse me dit, dans sa lettre, d'avoir pour M. Rodin les plus grands égards, de lui obéir comme à mes maîtres. Ce sera à M. Rodin de s'expliquer et à moi d'exécuter ses ordres, puisqu'il vient de la part de madame la princesse.

— A la rigueur, c'est de la part de mademoiselle Adrienne qu'il devrait venir... puisque la terre lui appartient depuis la mort de feu M. le comte-duc de Cardoville, son père.

— Oui, mais la princesse est sa tante; son intendant fait les affaires de mademoiselle Adrienne : que l'on vienne de sa part ou de celle de la princesse, c'est toujours la même chose.

— Peut-être M. Rodin a-t-il dessein d'acheter la terre... Pourtant cette grosse dame qui est venue de Paris exprès, il y a huit jours, pour voir le château, paraissait en avoir bien envie.

A ces mots, le régisseur se prit à rire d'un air narquois.

— Qu'est-ce que tu as donc à rire, Dupont? — lui demanda sa femme, très bonne créature, mais qui ne brillait ni par l'intelligence ni par la pénétration.

— Je ris — répondit Dupont — parce que je pense à la figure et à la tournure de cette grosse... de cette énorme femme; que diable, quand on a cette mine-là on ne s'appelle pas madame de la *Sainte-Colombe*. Dieu de Dieu... quelle sainte et quelle colombe... elle est grosse comme un muid, elle a une voix de rogomme, des moustaches grises comme un vieux grenadier, et, sans qu'elle s'en doute, je l'ai entendue dire à son domestique : *Allons donc, mon fiston*... Et elle s'appelle *Sainte-Colombe!*

— Que tu es singulier, Dupont! on ne choisit pas son nom... Et puis ce n'est pas sa faute, à cette dame, si elle a de la barbe.

— Oui, mais c'est sa faute si elle s'appelle de la Sainte-Colombe; tu t'imagines que c'est son vrai nom, toi... Ah! ma pauvre Catherine, tu es bien de ton village...

— Et toi, mon pauvre Dupont, tu ne peux pas t'empêcher d'être toujours, par-ci, par-là, un peu mauvaise langue; cette dame a l'air très respectable... La première chose qu'elle a demandée en arrivant, ç'a été la chapelle du château dont on lui avait parlé... Elle a même dit qu'elle y ferait des embellissemens... Et quand je lui ai appris qu'il n'y avait pas d'église dans ce petit pays, elle a paru très fâchée d'être privée de curé dans le village.

— Eh! mon Dieu, oui, la première chose que font les parvenus, c'est de jouer à la dame de paroisse, à la grande dame.

— Madame de la Sainte-Colombe n'a pas besoin de faire la grande, puisqu'elle l'est.

— Elle! une grande dame?

— Mais oui. D'abord il n'y avait qu'à voir comme elle était bien mise avec sa robe ponceau et ses beaux gants violets comme ceux d'un évêque; et puis quand elle a ôté son chapeau, elle avait sur son tour de faux cheveux blonds une ferronnière en diamans, des boutons de boucles d'oreilles en diamans gros comme le pouce, des bagues en diamans à tous les doigts. Ce n'est pas certainement une personne du petit monde qui mettrait tant de diamans en plein jour.

— Bien, bien, tu t'y connais joliment...

— Ce n'est pas tout.

— Bon... Quoi encore?

— Elle ne m'a parlé que de ducs, de marquis, de comtes, de messieurs très riches qui fréquentaient chez elle et qui étaient ses amis; et puis, comme elle me demandait, en voyant le petit pavillon du parc qui a été dans le temps à demi brûlé par les Prussiens, et que feu M. le comte n'a jamais fait rebâtir : — Q'est-ce que c'est donc que ces ruines-là? — je lui ai répondu : — Madame, c'est du temps des alliés que le pavillon a été incendié. — Ah! ma chère... — s'est-elle écriée — les alliés, ces bons alliés, ces chers alliés... c'est eux et la Restauration qui ont commencé ma fortune. — Alors, moi, vois-tu, Dupont, je me suis dit tout de suite : Bien sûr c'est une ancienne émigrée.

— Madame de la Sainte-Colombe!... — s'écria le régisseur en éclatant de rire... — ah! ma pauvre femme! ma pauvre femme...

— Oh! toi, parce que tu as été trois ans à Paris, tu te crois un devin...

— Catherine, brisons là : tu me ferais dire quelque sottise, et il y a des choses que d'honnêtes et excellentes créatures comme toi doivent toujours ignorer.

— Je ne sais pas ce que tu veux dire par là... mais tâche donc de ne pas être si mauvaise langue, car enfin, si madame de la Sainte-Colombe achète la terre... tu seras bien content qu'elle te garde pour régisseur... n'est-ce pas?

— Ça, c'est vrai... car nous nous faisons vieux, ma bonne Catherine; voilà vingt ans que nous sommes ici, nous sommes trop honnêtes pour avoir songé à grappiller pour nos vieux jours, et, ma foi... il serait dur à notre âge de chercher une autre condition que nous ne trouverions peut-être pas... Ah! tout ce que je regrette, c'est que mademoiselle Adrienne ne garde pas la terre... car il paraît que c'est elle qui a voulu la vendre... et que madame la princesse n'était pas de cet avis-là.

— Mon Dieu, Dupont, tu ne trouves pas bien extraordinaire de voir mademoiselle Adrienne, à son âge, si jeune, disposer elle-même de sa grande fortune?

— Dame, c'est tout simple; mademoiselle, n'ayant plus ni père ni mère, est maîtresse de son bien, sans compter qu'elle a une fameuse petite tête : te rappelles-tu, il y a dix ans, quand M. le comte l'a amenée ici, un été? quel démon!... quelle malice, et puis quels yeux! hein, comme ils pétillaient déjà!

— Le fait est que mademoiselle Adrienne avait alors dans le regard... une expression... enfin une expression bien extraordinaire pour son âge.

— Si elle a tenu ce que promettait sa mine lutine et chiffonnée, elle doit être bien jolie à présent, malgré la couleur un peu hasardée de ses cheveux, car, entre nous... si elle était une petite bourgeoise au lieu d'être une demoiselle de grande naissance, on dirait tout bonnement qu'elle est rousse.

— Allons, encore des méchancetés !

— Contre mademoiselle Adrienne, le ciel m'en préserve !... car elle avait l'air de devoir être aussi bonne que jolie... Ce n'est pas pour lui faire tort que je dis qu'elle est rousse... au contraire : car je me rappelle que ses cheveux étaient si fins, si brillans, si dorés, qu'ils allaient si bien à son teint blanc comme la neige et à ses yeux noirs, qu'en vérité on ne les aurait pas voulus autrement ; aussi je suis sûr que maintenant cette couleur de cheveux, qui aurait nui à d'autres, rend la figure de mademoiselle Adrienne plus piquante encore : ça doit être une vraie mine de petit diable.

— Oh ! pour diable, il faut être juste, elle l'était bien... toujours à courir dans le parc, à faire endêver sa gouvernante, à grimper aux arbres... enfin, à faire les cent coups.

— Je t'accorde que mademoiselle Adrienne est un diable incarné, mais que d'esprit, que de gentillesse, et surtout quel cœur, hein !

— Ça, pour bonne elle l'était. Est-ce qu'une fois elle ne s'est pas avisée de donner son châle et sa robe de mérinos toute neuve à une petite pauvresse, tandis qu'elle-même revenait au château en jupon... et nu-bras...

— Tu vois, du cœur, toujours du cœur ; mais une tête... oh ! une tête !

— Oui, une bien mauvaise tête ; aussi ça devait mal finir, car il paraît qu'elle fait à Paris des choses... mais des choses...

— Quoi donc

— Ah ! mon ami, je n'ose pas...

— Mais voyons...

— Eh bien — ajouta la digne femme avec une sorte d'embarras et de confusion qui prouvait combien tant d'énormités l'effrayaient — on dit que mademoiselle Adrienne ne met jamais le pied dans une église... qu'elle s'est logée toute seule dans un temple idolâtre au bout du jardin de l'hôtel de sa tante... qu'elle se fait servir par des femmes masquées qui l'habillent en déesse, et qu'elle les égratigne toute la journée, parce qu'elle se grise... Sans compter que toutes les nuits elle joue d'un cor de chasse en or massif... ce qui fait, tu le sens bien, le désespoir et la désolation de sa pauvre tante, la princesse.

Ici le régisseur partit d'un éclat de rire qui interrompit sa femme.

— Ah ça — lui dit-il quand son accès d'hilarité fut passé — qui t'a fait ces beaux contes-là sur mademoiselle Adrienne ?

— C'est la femme de René, qui était allée à Paris pour chercher un nourrisson ; elle a été à l'hôtel Saint-Dizier, pour voir madame Grivois, sa marraine... Tu sais, la première femme de chambre de madame la princesse... Eh bien ! c'est elle, madame Grivois, qui lui a dit tout haut cela ; et assurément elle doit être bien informée, puisqu'elle est de la maison.

— Oui, encore une bonne pièce et une fine mouche que cette Grivois ! Autrefois c'était la plus fière luronne, et maintenant elle fait comme sa maîtresse... la sainte nitouche... la dévote ; car, tel maître, tel valet... La princesse elle-même, qui, à cette heure, est si collet-monté, elle allait joliment bien dans le temps... hein !... Il y a une quinzaine d'années, quelle gaillarde ! Te rappelles-tu ce beau colonel de hussards qui était en garnison à Abbeville ?... Tu sais bien, cet émigré qui avait servi en Russie, et à qui les Bourbons avaient donné un régiment à la Restauration ?

— Oui, oui, je m'en souviens ; mais tu es trop mauvaise langue.

— Ma foi, non ! je dis la vérité ; le colonel passait sa vie au château, et tout le monde disait qu'il était très bien avec la sainte princesse d'aujourd'hui... Ah ! c'était le bon temps alors. Tous les soirs fête ou spectacle au château. Quel boute-en-train que ce colonel... comme il jouait bien la comédie... Je me rappelle...

Le régisseur ne put continuer.

Une grosse servante, portant le costume et le bonnet picards, entra précipitamment, en s'adressant à sa maîtresse :

— Madame... il y a là un bourgeois qui demande à parler tout de suite à monsieur ; il arrive de Saint-Valery dans la carriole du maître de poste... il dit qu'il s'appelle M. Rodin.

— M. Rodin ! dit le régisseur en se levant — fais entrer tout de suite.

Un instant après, M. Rodin entra. Il était, selon sa coutume, plus que modestement vêtu ; il salua très humblement le régisseur et sa femme ; celle-ci, sur un signe de son mari, disparut.

La figure cadavéreuse de M. Rodin, ses lèvres presque invisibles, ses petits yeux de reptile à demi voilés par sa flasque paupière supérieure, ses vêtemens presque sordides lui donnaient une physionomie très peu engageante ; pourtant cet homme, lorsqu'il le fallait, savait, avec un art diabolique, affecter tant de bonhomie, tant de sincérité, sa parole devenait si affectueuse, si subtilement pénétrante, que peu à peu l'impression désagréable, répugnante, que son aspect inspirait d'abord, s'effaçait, et presque toujours il finissait par enlacer invisiblement sa dupe ou sa victime dans les replis tortueux de sa faconde aussi souple que mielleuse et perfide ; car on dirait que le laid et le mal ont leur fascination comme le beau et le bien... L'honnête régisseur regardait cet homme avec surprise ; en songeant aux pressantes recommandations de l'intendant de la princesse de Saint-Dizier, il s'attendait à voir un tout autre personnage ; aussi, pouvant à peine dissimuler son étonnement, il lui dit : — C'est bien à M. Rodin que j'ai l'honneur de parler ?

— Oui, monsieur... et voici une nouvelle lettre de l'intendant de madame la princesse de Saint-Dizier.

— Veuillez, je vous prie, monsieur, pendant que je vais lire cette lettre, vous approcher du feu... il fait un temps si mauvais ! — dit le régisseur avec empressement ; — pourrait-on vous offrir quelque chose ?

— Mille remercîmens, mon cher monsieur... je repars dans une heure...

Pendant que M. Dupont lisait, M. Rodin jetait un regard interrogateur sur l'intérieur de cette chambre ; car, en homme habile, il tirait souvent des inductions très justes et très utiles de certaines apparences, qui souvent révèlent un goût, une habitude, et donnent ainsi quelques notions caractéristiques. Mais cette fois sa curiosité fut en défaut.

— Fort bien, monsieur — dit le régisseur après avoir lu. — M. l'intendant me renouvelle la recommandation de me mettre absolument à vos ordres.

— Ils se bornent à peu de chose, et je ne vous dérangerai pas longtemps...

— Monsieur, c'est un honneur pour moi...

— Mon Dieu ! je sais combien vous devez être occupé, car en entrant dans ce château on est frappé de l'ordre, de la parfaite tenue qui y règne ; ce qui prouve, mon cher monsieur, toute l'excellence de vos soins.

— Monsieur... certainement... vous me flattez.

— Vous flatter !... un pauvre vieux bonhomme comme moi ne pense guère à cela ;... mais revenons à notre affaire. Il y a ici une chambre appelée la chambre verte ?

— Oui, monsieur, c'est la chambre qui servait de cabinet de travail à feu M. le comte-duc de Cardoville.

— Vous aurez la bonté de m'y conduire.

— Monsieur, c'est malheureusement impossible... Après la mort de M. le comte et la levée des scellés, on a serré beaucoup de papiers dans un meuble de cette chambre, et les gens d'affaires ont emporté les clefs à Paris.

— Ces clefs... les voici — dit M. Rodin en montrant au régisseur une grande et une petite clefs attachées ensemble.

— Ah ! monsieur... c'est différent... vous venez chercher les papiers ?

— Oui... certains papiers... ainsi qu'une petite cassette de bois des îles, garnie de fermeture en argent... connaissez vous cela ?

— Oui, monsieur... je l'ai vue souvent sur la table de travail de M. le comte... elle doit se trouver dans le grand meuble de laque dont vous avez la clef...

— Vous voudrez donc bien me conduire dans cette chambre, d'après l'autorisation de madame la princesse de Saint-Dizier...

— Oui, monsieur... Et madame la princesse se porte bien ?

— Parfaitement... elle est toujours toute en Dieu.

— Et mademoiselle Adrienne ?...

— Hélas, mon cher monsieur !... — dit M. Rodin en poussant un soupir contrit et douloureux.

— Ah ! mon Dieu... monsieur... est-ce qu'il serait arrivé malheur à cette bonne mademoiselle Adrienne ?

— Comment l'entendez-vous ?

— Est-ce qu'elle serait malade ?

— Non... non... elle est malheureusement aussi bien portante qu'elle est belle...

— Malheureusement?... dit le régisseur surpris.

— Hélas, oui! car, lorsque la beauté, la jeunesse et la santé se joignent à un désolant esprit de révolte et de perversité... à un caractère... qui n'a sûrement pas son pareil sur la terre... il vaudrait mieux être privé de ces dangereux avantages... qui deviennent autant de causes de perdition... Mais, je vous en conjure, mon cher monsieur, parlons d'autres choses... Ce sujet m'est trop pénible... — dit M. Rodin d'une voix profondément émue, et il porta le bout de son petit doigt gauche au coin de son œil droit comme pour y sécher une larme naissante.

Le régisseur ne vit pas la larme, mais il vit le mouvement, et il fut frappé de l'altération de la voix de M. Rodin. Aussi reprit-il d'un ton pénétré : — Monsieur... pardonnez-moi mon indiscrétion... je ne savais pas...

— C'est moi qui vous demande pardon de cet attendrissement involontaire... les larmes sont rares chez les vieillards... mais si vous aviez vu comme moi le désespoir de cette excellente princesse... qui n'a eu qu'un tort, celui d'avoir été trop bonne... trop faible pour sa nièce... et d'avoir ainsi encouragé ses... Mais, encore une fois, parlons d'autre chose, mon cher monsieur.

Après un moment de silence, pendant lequel M. Rodin parut se remettre de son émotion, il dit à Dupont : — Voici, mon cher monsieur, quant à la chambre verte, une partie de ma mission accomplie; il en reste une autre... Avant d'y arriver, je dois vous rappeler une chose que vous avez peut-être oubliée... à savoir qu'il y a quinze ou seize ans M. le marquis d'Aigrigny, alors colonel de hussards, en garnison à Abbeville... a passé quelque temps ici.

— Ah! monsieur, quel bel officier! j'en parlais encore tout à l'heure à ma femme! C'était la joie du château; et comme il jouait bien la comédie, surtout les mauvais sujets; tenez, dans les *Deux Edmond*, il était à mourir de rire, dans le rôle du soldat qui est gris... et avec ça une voix charmante... il a chanté ici *Joconde*, monsieur, comme on ne le chanterait pas à Paris.

Rodin, après avoir complaisamment écouté le régisseur, lui dit : — Vous savez sans doute qu'après un duel terrible qu'il eut avec un forcené bonapartiste, nommé le général Simon, M. le colonel marquis d'Aigrigny (dont à cette heure j'ai l'honneur d'être le secrétaire intime) a quitté le monde pour l'Eglise...

— Ah! monsieur, est-ce possible?... ce beau colonel...

— Ce beau colonel, brave, noble, riche, fêté, a abandonné tant d'avantages pour endosser une pauvre robe noire; et malgré son nom, sa position, ses alliances, sa réputation de grand prédicateur, il est aujourd'hui ce qu'il était il y a quatorze ans... simple abbé... au lieu d'être archevêque ou cardinal, comme tant d'autres qui n'avaient ni son mérite ni ses vertus.

M. Rodin s'exprimait avec tant de bonhomie, tant de conviction; les faits qu'il citait semblaient si incontestables, que M. Dupont ne put s'empêcher de s'écrier : — Mais, monsieur, c'est superbe cela...

— Superbe... mon Dieu, non — dit M. Rodin avec une inimitable expression de naïveté — c'est tout simple... quand on a le cœur de M. d'Aigrigny... Mais parmi ses qualités il a surtout celle de ne jamais oublier les braves gens, les gens de probité, d'honneur, de conscience... c'est-à-dire, mon bon monsieur Dupont, qu'il s'est souvenu de vous.

— Comment, M. le marquis a daigné...

— Il y a trois jours j'ai reçu une lettre de lui, où il me parlait de vous.

— Il est donc à Paris?

— Il y sera d'un moment à l'autre; depuis environ trois mois il est parti pour l'Italie... il a, pendant ce voyage, appris une bien terrible nouvelle... la mort de madame sa mère, qui avait été passer l'automne dans une des terres de madame la princesse de Saint-Dizier.

— Ah! mon Dieu... j'ignorais!

— Oui, ç'a été un cruel chagrin pour lui; mais il faut savoir se résigner aux volontés de la Providence.

— Et à propos de quoi M. le marquis me faisait-il l'honneur de vous parler de moi?

— Je vais vous le dire... d'abord il faut que vous sachiez que ce château est vendu... le contrat a été signé la veille de mon départ de Paris...

— Ah! monsieur, vous renouvelez toutes mes inquiétudes…
— En quoi?
— Je crains que les nouveaux propriétaires ne me gardent pas comme régisseur.
— Voyez un peu quel heureux hasard! c'est justement à propos de cette place que je veux vous entretenir…
— Il serait possible?
— Certainement, sachant l'intérêt que M. le marquis vous porte, je désirerais beaucoup, mais beaucoup, que vous pussiez conserver cette place, je ferai tout mon possible pour vous servir si…
— Ah! monsieur — s'écria Dupont en interrompant Rodin — que de reconnaissance! c'est le ciel qui vous envoie…
— A votre tour… vous me flattez, mon cher monsieur; d'abord je dois vous avouer que je suis obligé de mettre une condition… à mon appui.
— Oh! qu'à cela ne tienne, monsieur, parlez… parlez…
— La personne qui doit venir habiter ce château est une vieille dame digne de vénération à tous égards; madame de la Sainte-Colombe, c'est le nom de cette respectable…
— Comment — dit le régisseur en interrompant Rodin — monsieur… c'est cette dame-là qui a acheté le château? madame de la Sainte-Colombe?…
— Vous la connaissez donc?
— Oui, monsieur, elle est venue voir la terre il y a huit jours… Ma femme soutient que c'est une grande dame,… mais, entre nous… à certains mots que je lui ai entendu dire…
— Vous êtes rempli de pénétration, mon bon monsieur Dupont… Madame de la Sainte-Colombe n'est pas une grande dame, tant s'en faut… je crois qu'elle était simplement marchande de modes sous les galeries de bois du Palais-Royal. Vous voyez que je vous parle à cœur ouvert.
— Et elle qui se vantait que des seigneurs français et étrangers fréquentaient sa maison dans ce temps-là!
— C'est tout simple, ils venaient sans doute lui commander des chapeaux pour leurs femmes; toujours est-il qu'après avoir amassé une grande fortune… et avoir été dans sa jeunesse et dans son âge mûr… indifférente… hélas! plus qu'indifférente au salut de son âme, madame de la Sainte-Colombe est, à cette heure, dans une voie excellente et méritoire… C'est ce qui la rend, ainsi que je vous le disais, digne de vénération à tous égards, car rien n'est plus respectable qu'un repentir sincère… et durable… Mais, pour que son salut se fasse d'une manière efficace, nous avons besoin de vous, mon cher monsieur Dupont.
— De moi, monsieur… et que puis-je?…
— Vous pouvez beaucoup. Voici comment: il n'y a pas d'église dans ce hameau qui se trouve à égale distance de deux paroisses; madame de la Sainte-Colombe, voulant faire un choix entre leurs deux desservans, s'informera nécessairement auprès de vous et de madame Dupont, qui habitez depuis longtemps le pays…
— Oh! le renseignement ne sera pas long à donner… le curé de Danicourt est le meilleur des hommes.
— C'est justement ce qu'il ne faudrait pas dire à madame de la Sainte-Colombe.
— Comment?
— Il faudrait, au contraire, lui vanter beaucoup et sans cesse M. le curé de Roiville, l'autre paroisse, afin de décider cette chère dame à lui confier son salut…
— Pourquoi à celui-là plutôt qu'à l'autre, monsieur?
— Pourquoi, je vais vous le dire; si vous et madame Dupont parvenez à amener madame de la Sainte-Colombe à faire le choix que je désire, vous êtes certain d'être conservé ici comme régisseur… Je vous en donne ma parole d'honneur; et… ce que je promets, je le tiens.
— Je ne doute pas, monsieur, que vous n'ayez ce pouvoir — dit Dupont convaincu par l'accent et par l'autorité des paroles de Rodin — mais je voudrais savoir…
— Un mot encore — dit Rodin en l'interrompant — je dois, je veux jouer cartes sur tables et vous dire pourquoi j'insiste sur la préférence que je vous

prie d'appuyer. Je serais désolé que vous vissiez dans tout ceci l'ombre d'une intrigue. Il s'agit simplement d'une bonne action. Le curé de Roiville, pour qui je réclame votre appui, est un homme auquel M. l'abbé d'Aigrigny s'intéresse particulièrement. Quoique très pauvre, il soutient sa vieille mère. S'il était chargé du salut de madame de la Sainte-Colombe, il y travaillerait plus efficacement que tout autre; car il est plein d'onction et de patience... et puis, il est évident que par cette digne dame il y aurait quelques petites douceurs dont sa vieille mère profiterait... Voilà le secret de cette grande machination. Lorsque j'ai su que cette dame était disposée à acheter cette terre voisine de la paroisse de notre protégé, je l'ai écrit à M. le marquis; il s'est souvenu de vous, et il m'a écrit de vous prier de lui rendre ce petit service, qui, vous le voyez, ne sera pas stérile. Car, je vous le répète, et je vous le prouverai, j'ai le pouvoir de vous faire conserver comme régisseur.

— Tenez, monsieur — reprit Dupont après un moment de réflexion — vous êtes si franc, si obligeant, que je vais imiter votre franchise. Autant le curé de Danicourt est respectable et aimé dans le pays, autant celui de Roiville, que vous me priez de lui préférer... est redouté pour son intolérance... Et puis...

— Et puis...

— Et puis, enfin, on dit...

— Voyons... que dit-on?

— On dit que... c'est un jésuite.

A ces mots M. Rodin partit d'un éclat de rire si franc, que le régisseur en resta stupéfait; car la figure de M. Rodin avait une singulière expression lorsqu'il riait...

— Un jésuite!!! — répétait M. Rodin en redoublant d'hilarité — un jésuite... Ah çà, mon cher monsieur Dupont, comment vous, homme de bon sens, d'expérience et d'intelligence, allez-vous croire à ces sornettes?... Un jésuite!... est-ce qu'il y a des jésuites? dans ce temps-ci surtout... pouvez-vous croire à ces histoires de jacobins, à ces croquemitaines du vieux libéralisme? Allons donc, je parie que vous aurez lu cela... dans *le Constitutionnel!*

— Pourtant, monsieur... on dit...

— Mon Dieu... on dit tant de choses... Mais des hommes sages, des hommes éclairés comme vous, ne s'inquiètent pas des *on dit*, ils s'occupent avant tout de faire leurs petites affaires sans nuire à personne, ils ne sacrifient pas à des niaiseries une bonne place qui assure leur existence jusqu'à la fin de leurs jours; car, franchement, si vous ne parveniez pas à faire préférer mon protégé par madame de la Sainte-Colombe, je vous déclare, à regret, que vous ne resteriez pas régisseur ici.

— Mais, monsieur — dit le pauvre Dupont — ce ne sera pas ma faute si cette dame, entendant vanter l'autre curé, le préfère à votre protégé.

— Oui; mais si, au contraire, des personnes habitant depuis longtemps le pays... des personnes dignes de toute confiance... et qu'elle verrait chaque jour... disaient à madame de la Sainte-Colombe beaucoup de bien de mon protégé, et un mal affreux de l'autre desservant, elle préférerait mon protégé, et vous resteriez régisseur.

— Mais, monsieur... c'est de la calomnie... cela!... — s'écria Dupont.

— Ah! mon cher monsieur Dupont — dit M. Rodin d'un air affligé et d'un ton d'affectueux reproche — comment pouvez-vous me croire capable de vous donner un si vilain conseil? C'est une simple supposition que je fais. Vous désirez rester régisseur de cette terre, je vous en offre le moyen, le moyen certain... c'est à vous de consulter et d'aviser.

— Mais, monsieur...

— Un mot encore... ou plutôt encore une condition. Celle-là est aussi importante que l'autre... On a vu malheureusement des ministres du Seigneur abuser de l'âge et de la faiblesse d'esprit de leurs pénitentes pour se faire indirectement avantager, eux.... ou d'autres personnes; je crois notre protégé incapable d'une telle bassesse... Cependant, pour mettre à couvert ma responsabilité, et surtout... la vôtre... puisque vous auriez contribué à faire agréer ma créature, je désire que deux fois par semaine vous m'écriviez dans les plus grands détails tout ce que vous aurez remarqué dans le caractère, les habitudes, les relations, les lectures même de madame de la Sainte-Colombe; car, voyez-vous, l'influence d'un directeur se révèle dans tout l'ensemble de la vie, et je désire être complétement édifié sur la conduite de mon protégé sans qu'il s'en doute... De sorte que si vous étiez frappé de quelque chose qui vous parût blâmable, j'en serais aussitôt instruit par votre correspondance hebdomadaire très détaillée.

— Mais, monsieur, c'est de l'espionnage !..... s'écria le malheureux régisseur.

— Ah! mon cher monsieur Dupont... pouvez-vous flétrir ainsi l'un des plus doux, des plus saints penchans de l'homme... la *confiance*... car je ne vous demande rien autre chose... que de m'écrire en confiance tout ce qui se passera ici dans les moindres détails... A ces deux conditions, inséparables l'une de l'autre, vous restez régisseur... sinon j'aurais la douleur... le regret d'être forcé d'en faire donner un autre à madame de la Sainte-Colombe.

— Monsieur, je vous en conjure — dit Dupont avec émotion — soyez généreux sans condition... Moi et ma femme nous n'avons que cette place pour vivre, et nous sommes trop vieux pour en trouver une autre... Ne mettez pas une probité de quarante ans aux prises avec la peur et la misère, qui est si mauvaise conseillère...

— Mon cher monsieur Dupont, vous êtes un grand enfant, réfléchissez... dans huit jours vous me rendrez réponse...

— Ah! monsieur, par pitié!!!

Cet entretien fut interrompu par un bruit retentissant que répétèrent bientôt les échos des falaises.

A peine avait-il parlé que le même bruit se répéta encore avec plus de sonorité.

— Le canon... s'écria Dupont en se levant — c'est le canon, c'est sans doute un navire qui demande du secours, ou qui appelle un pilote.

— Mon ami — dit la femme du régisseur en entrant brusquement — de la terrasse on voit en mer un bateau à vapeur et un bâtiment à voiles presque entièrement démâté;... les vagues les poussent à la côte; le trois-mâts tire le canon de détresse... il est perdu.

— Ah ! c'est terrible !... et ne pouvoir rien, rien qu'assister à un naufrage, — s'écria le régisseur en prenant son chapeau et se préparant à sortir.

— N'y a-t-il donc aucun secours à donner à ces bâtimens? — demanda M. Rodin.

— Du secours... s'ils sont entraînés sur ces récifs... aucune puissance humaine ne pourra les sauver; depuis l'équinoxe, deux navires se sont déjà perdus sur cette côte.

— Perdus... corps et biens! Ah! c'est affreux — dit M. Rodin.

— Par cette tempête, il reste malheureusement aux passagers peu de chance de salut; il n'importe — dit le régisseur en s'adressant à sa femme — je cours sur les falaises, avec les gens de la ferme, essayer de sauver quelques-uns de ces malheureux : fais faire grand feu dans plusieurs chambres... prépare du linge, des vêtemens, des cordiaux... Je n'ose espérer un sauvetage... mais enfin il faut tenter... Venez-vous avec moi, monsieur Rodin?

— Je m'en ferais un devoir, si je pouvais vous être bon à quelque chose; mais mon âge, ma faiblesse... me rendent de bien peu de secours — dit Rodin, qui ne se souciait nullement d'affronter la tempête. — Madame votre femme voudra bien m'enseigner où est la chambre verte, j'y prendrai les objets que je viens chercher, et je repartirai à l'instant pour Paris, car je suis très pressé.

— Soit, monsieur, Catherine va vous conduire. Et toi, fais sonner la grosse cloche... dit le régisseur à sa servante; que tous les gens de la ferme viennent me retrouver au pied des falaises avec des cordes et des leviers.

— Oui, mon ami; mais ne t'expose pas.

— Embrasse-moi, ça me portera bonheur — dit le régisseur.

Puis il sortit en courant et en disant : Vite... vite, à cette heure il ne reste peut-être pas une planche des navires!

— Ma chère madame, auriez-vous l'obligeance de me conduire à la chambre verte? — dit Rodin toujours impassible.

— Veuillez me suivre, monsieur — dit Catherine en essuyant ses larmes : car elle tremblait pour le sort de son mari. dont elle connaissait le courage.

CHAPITRE II.

LA TEMPÊTE.

La mer est affreuse...

Des lames immenses d'un vert sombre marbré d'écume blanche dessinent leurs ondulations, tour à tour hautes et profondes, sur une large bande de lumière rouge qui s'étend à l'horizon.

Au-dessus s'entassent de lourdes masses de nuages d'un noir bitumineux; chassées par la violence du vent, quelques folles nuées d'un gris rougeâtre courent sur ce ciel lugubre.

Le pâle soleil d'hiver, avant de disparaître au milieu des grands nuages derrière lesquels il monte lentement, jetant quelques reflets obliques sur la mer en tourmente, dore çà et là les crêtes transparentes des vagues les plus élevées.

Une ceinture d'écume neigeuse bouillonne et tourbillonne à perte de vue sur les récifs dont cette côte âpre et dangereuse est hérissée.

Au loin, à mi-côte d'un promontoire de roches, assez avancé dans la mer, s'élève le château de Cardoville; un rayon de soleil fait flamboyer ses vitres. Ses murailles de briques et ses toits d'ardoise aigus se dressent au milieu de ce ciel chargé de vapeurs.

Un grand navire désemparé, ne naviguant plus que sous des lambeaux de voiles fixés à des tronçons de mâts, dérive vers la côte.

Tantôt il roule sur la croupe monstrueuse des vagues, tantôt il plonge au fond de leurs abîmes.

Un éclair brille... il est suivi d'un bruit sourd à peine perceptible au milieu du fracas de la tempête... Ce coup de canon est le dernier signal de détresse de ce bâtiment, qui se perd et court malgré lui sur la côte.

A ce moment, un bateau à vapeur, surmonté de son panache de noire fumée, venait de l'est et allait dans l'ouest; faisant tous ses efforts pour se maintenir éloigné de la côte, il laissait les récifs à sa gauche.

Le navire démâté devait, d'un instant à l'autre, passer à l'avant du bateau à vapeur, en courant sur les roches où le poussaient le vent et la marée.

Tout à coup un violent coup de mer coucha le bateau à vapeur sur le flanc; la vague énorme, furieuse, s'abattit sur le pont; en une seconde la cheminée fut renversée, le tambour brisé, une des roues de la machine mise hors de service;... une seconde lame, succédant à la première, prit encore le bâtiment par le travers, et augmenta tellement les avaries, que, ne gouvernant plus, il alla bientôt à la côte... dans la même direction que le trois-mâts.

Mais celui-ci, quoique plus éloigné des récifs, offrant au vent et à la mer une plus grande surface que le bateau à vapeur, le gagnait de vitesse dans leur dérive commune, et il s'en rapprocha bientôt assez pour qu'il y eût à craindre un abordage entre les deux bâtimens... nouveau danger ajouté à toutes les horreurs d'un naufrage alors certain.

Le trois-mâts, navire anglais, nommé *le Black-Eagle*, venait d'Alexandrie, d'où il amenait des passagers qui, arrivés de l'Inde et de Java par la mer Rouge sur le bateau à vapeur *le Ruyter*, avaient quitté ce bâtiment pour traverser l'isthme de Suez. *Le Black-Eagle*, en sortant du détroit de Gibraltar, avait été relâcher aux Açores, d'où il arrivait alors... Il faisait voile pour *Portsmouth* lorsqu'il fut assailli par le vent du nord-ouest qui régnait alors dans la Manche.

Le bateau à vapeur, nommé le *Guillaume-Tell*, arrivait d'Allemagne; par l'Elbe; après avoir passé à Hambourg, il se dirigeait vers le Havre.

Ces deux bâtimens, jouets de lames énormes, poussés par la tempête, entraînés par la marée, couraient sur les récifs avec une effrayante rapidité.

Le pont de chaque navire offrait un spectacle terrible; la mort de tous les passagers paraissait certaine, car une mer affreuse se brisait sur des roches vives au pied d'une falaise à pic.

Le capitaine du *Black-Eagle*, debout à l'arrière, se tenant à un débris de mâture, donnait dans cette extrémité terrible ses derniers ordres avec un courageux sang-froid. Les embarcations avaient été enlevées par les lames.

Il ne fallait pas songer à mettre la chaloupe à flot; la seule chance de salut, dans le cas où le navire ne se briserait pas tout d'abord en touchant le banc des roches, était d'établir, au moyen d'un câble porté sur les roches, un *va-et-vient*, sorte de communication des plus dangereuses entre la terre et les débris d'un navire.

Le pont était couvert de passagers dont les cris et l'épouvante augmentaient encore la confusion générale.

Les uns, frappés de stupeur, cramponnés aux râteliers des haubans, attendaient la mort avec une insensibilité stupide; d'autres se tordaient les mains avec désespoir, ou se roulaient sur le pont en poussant des imprécations terribles.

Ici, des femmes priaient agenouillées; d'autres cachaient leurs figures dans leurs mains, comme pour ne pas voir les sinistres approches de la mort; une jeune mère, pâle comme un spectre, tenant son enfant étroitement serré contre son sein, allait, suppliante, d'un matelot à l'autre, offrant à qui se chargerait de son fils, une bourse pleine d'or et des bijoux qu'elle venait d'aller chercher.

Ces cris, ces frayeurs, ces larmes, contrastaient avec la résignation sombre et taciturne des marins. Reconnaissant l'imminence d'un danger aussi effrayant qu'inévitable, les uns, se dépouillant d'une partie de leurs vêtemens, attendaient le moment de tenter un dernier effort pour disputer leur vie à la fureur des vagues; d'autres, renonçant à tout espoir, bravaient la mort avec une indifférence stoïque.

Çà et là des épisodes touchans ou terribles se dessinaient, si cela peut se dire, sur un fond de sombre et morne désespoir.

Un jeune homme de dix-huit à vingt ans environ, aux cheveux noirs et brillans, au teint cuivré, aux traits d'une régularité, d'une beauté parfaite, contemplait cette scène de désolation et de terreur avec ce calme triste, particulier à ceux qui ont souvent bravé de grands périls; enveloppé d'un manteau, le dos appuyé aux bastingages, il arc-boutait ses pieds sur une des pièces de bois de la drome. Tout à coup la malheureuse mère qui, son enfant dans ses bras, et de l'or dans sa main, s'était déjà en vain adressée à quelques matelots pour les supplier de sauver son fils, avisant le jeune homme au teint cuivré, se jeta à ses genoux et lui tendit son enfant avec un élan de désespoir inexprimable... Le jeune homme le prit, secoua tristement la tête en montrant les vagues furieuses à cette femme éplorée... mais d'un geste expressif il sembla lui promettre d'essayer de le sauver... Alors la jeune mère, dans une folle ivresse d'espoir, se mit à baigner de larmes les mains du jeune homme au teint cuivré.

Plus loin un autre passager du *Black-Eagle* paraissait animé de la pitié la plus active.

On lui eût donné vingt-cinq ans à peine. De longs cheveux blonds et bouclés flottaient autour de sa figure angélique. Il portait une soutane noire et un rabat blanc. S'attachant aux plus désespérés, allant de l'un à l'autre, il leur disait de pieuses paroles d'espérance ou de résignation; à l'entendre consoler ceux-ci, encourager ceux-là, dans un langage rempli d'onction, de tendresse et d'ineffable charité, on l'eût dit étranger ou indifférent aux périls qu'il partageait.

Sur cette suave et belle figure on lisait une intrépidité froide et sainte, un religieux détachement de toute pensée terrestre; de temps à autre il levait ses grands yeux bleus rayonnans de reconnaissance, d'amour et de sérénité, comme pour remercier Dieu de l'avoir mis à une de ces épreuves formidables où l'homme rempli de cœur et de bravoure peut se dévouer pour ses frères, et, sinon les sauver tous, du moins mourir avec eux en leur montrant le ciel... Enfin on eût dit un ange envoyé par le Créateur pour rendre moins cruels les coups d'une inexorable fatalité...

Opposition bizarre! non loin de ce jeune homme beau comme un archange, on voyait un être qui ressemblait au démon du mal.

Hardiment monté sur le tronçon du mât de beaupré, où il se tenait à l'aide de quelques débris de cordages, cet homme dominait la scène terrible qui se passait sur le pont.

Une joie sinistre, sauvage, éclatait sur son front jaune et mat, teinte particulière aux gens issus d'un blanc et d'une créole métisse; il ne portait qu'une chemise et un caleçon de toile; à son cou était suspendu par un cordon un rouleau de fer-blanc, pareil à celui dont se servent les soldats pour serrer leur congé.

Plus le danger augmentait, plus le trois-mâts menaçait d'être jeté sur les récifs ou d'aborder le bateau à vapeur, dont il approchait rapidement (abordage terrible, qui devait faire sombrer les deux bâtimens avant même qu'ils eussent échoué au milieu des roches), plus la joie infernale de ce passager se révélait par d'effrayans transports. Il semblait hâter avec une féroce impatience l'œuvre de destruction qui allait s'accomplir.

A le voir ainsi se repaître avidement de toutes les angoisses, de toutes les terreurs, de tous les désespoirs qui s'agitaient devant lui, on l'eût pris pour l'apôtre de l'une de ces sanglantes divinités qui, dans les pays barbares, président au meurtre et au carnage.

Bientôt *le Black-Eagle*, poussé par le vent et par des vagues énormes, arriva si près du *Guillaume-Tell*, que de ce bâtiment l'on pouvait distinguer les passagers rassemblés sur le pont du bateau à vapeur aussi presque désemparé.

Ses passagers n'étaient plus qu'en petit nombre.

Le coup de mer, en emportant le tambour et en brisant une des roues de la machine, avait aussi emporté presque tout le plat-bord du même côté; les vagues, entrant à chaque instant par cette large brèche, balayaient le pont avec une violence irrésistible, et chaque fois enlevaient quelque victime.

Parmi les passagers, qui semblaient n'avoir échappé à ce danger que pour être broyés contre les rochers ou écrasés sous le choc des deux navires, dont la rencontre devenait de plus en plus imminente, un groupe était surtout digne du plus tendre, du plus douloureux intérêt.

Réfugié à l'arrière, un grand vieillard au front chauve, à la moustache grise, avait enroulé autour de son corps un bout de cordage, et, ainsi solidement amarré le long de la muraille du navire, il enlaçait de ses bras et serrait avec force contre sa poitrine deux jeunes filles de quinze à seize ans, à demi enveloppées dans une pelisse de peau de renne... un grand chien fauve, ruisselant d'eau et aboyant avec fureur contre les lames, était à leurs pieds.

Ces jeunes filles, entourées du bras du vieillard, se pressaient encore l'une contre l'autre; mais, loin de s'égarer autour d'elles avec épouvante, leurs yeux se levaient vers le ciel, comme si, pleines d'une confiance et d'une espérance ingénues, elles se fussent attendues à être sauvées par l'intervention d'une puissance surnaturelle.

Un épouvantable cri d'horreur, de désespoir, poussé à la fois par tous les passagers des deux navires, retentit tout à coup au-dessus du fracas de la tempête.

Au moment où, plongeant profondément entre deux lames, le bateau à vapeur offrait son travers à l'avant du trois-mâts, celui-ci, enlevé à une hauteur prodigieuse par une montagne d'eau, se trouva pour ainsi dire suspendu au-dessus du *Guillaume-Tell* pendant la seconde qui précéda le choc de ces deux bâtimens...

Il est de ces spectacles d'une horreur sublime... impossibles à rendre.

Mais, durant ces catastrophes promptes comme la pensée, on surprend parfois des tableaux si rapides, que l'on croirait les avoir aperçus à la lueur d'un éclair.

Ainsi, lorsque *le Black-Eagle*, soulevé par les flots, allait s'abattre sur *le Guillaume-Tell*, le jeune homme à figure d'archange, aux cheveux blonds flottans, se tenait debout à l'avant du trois-mâts, prêt à se précipiter à la mer pour sauver quelque victime...

Tout à coup il aperçut à bord du bateau à vapeur, qu'il dominait de toute l'élévation d'une vague immense, il aperçut les deux jeunes filles étendant vers lui leurs bras suppliants...

Elles semblaient le reconnaître et le contemplaient avec une sorte d'extase, d'adoration religieuse!

Pendant une seconde, malgré le fracas de la tempête, malgré l'approche du naufrage, les regards de ces trois êtres se rencontrèrent...

Les traits du jeune homme exprimèrent alors une commisération subite, profonde ; car les deux jeunes filles, les mains jointes, l'imploraient comme un sauveur attendu...

Le vieillard, renversé par la chute d'un bordage, gisait sur le pont.

Bientôt tout disparut.

Une effrayante masse d'eau lança impérieusement *le Black-Eagle* sur *le Guillaume-Tell* au milieu d'un nuage d'écume bouillonnante.

A l'effroyable écrasement de ces deux masses de bois et de fer, qui, broyées l'une contre l'autre, sombrèrent aussitôt, se joignit seulement un grand cri...

Un cri d'agonie et de mort.

Un seul cri poussé par cent créatures humaines s'abîmant à la fois dans les flots...

Et puis l'on ne vit plus rien...

Quelques momens après, dans le creux ou sur la cime des vagues... on put apercevoir les débris des deux bâtimens ; et çà et là, les bras crispés, la figure livide et désespérée de quelques malheureux tâchant de gagner les récifs de la côte au risque d'y être écrasés sous le choc des lames qui s'y brisaient avec fureur.

CHAPITRE III.

LES NAUFRAGÉS.

Pendant que le régisseur était allé sur le bord de la mer pour porter secours à ceux des passagers qui auraient pu échapper à un naufrage inévitable, M. Rodin, conduit par Catherine à la chambre verte, y avait pris les objets qu'il devait rapporter à Paris.

Après deux heures passées dans cette chambre, fort indifférent au sauvetage qui préoccupait les habitans du château, Rodin revint dans la pièce occupée par le régisseur, pièce qui aboutissait à une longue galerie. Lorsqu'il y entra, il n'y trouva personne ; il tenait sous son bras une petite cassette de bois des îles garnie de fermoirs en argent noircis par les années. Sa redingote à demi boutonnée laissait voir la partie supérieure d'un grand portefeuille de maroquin rouge placé dans sa poche de coté.

M. Rodin demeura pensif pendant quelques minutes ; l'entrée de madame Dupont, qui s'occupait avec zèle de tous les préparatifs de secours, l'interrompit dans ses réflexions.

— Maintenant — dit madame Dupont à une servante — faites du feu dans la pièce voisine, mettez là ce vin chaud : M. Dupont peut rentrer d'un momoment à l'autre.

— Eh bien, ma chère madame — lui dit Rodin — espère-t-on sauver quelqu'un de ces malheureux ?

— Hélas ! monsieur... je l'ignore ; voilà près de deux heures que mon mari est parti... Je suis dans une inquiétude mortelle ; il est si courageux, si imprudent, une fois qu'il s'agit d'être utile...

— Courageux... jusqu'à l'imprudence... — se dit Rodin avec impatience...

— Je n'aime pas cela...

— Enfin — reprit Catherine — je viens de faire mettre ici à côté du linge bien chaud... des cordiaux... Pourvu que cela, mon Dieu ! serve à quelque chose !

— Il faut toujours l'espérer, ma chère madame. J'ai bien regretté que mon âge, ma faiblesse, ne m'aient pas permis de me joindre à votre excellent mari... Je regrette aussi de ne pouvoir attendre pour savoir l'issue de ses efforts, et l'en féliciter, s'ils sont heureux... car je suis malheureusement forcé de repartir... mes momens sont comptés. Je vous serai très obligé de faire atteler mon cabriolet.

— Oui, monsieur... j'y vais aller.

— Un mot... ma chère, ma bonne madame Dupont... Vous êtes une femme de tête et d'excellent conseil... J'ai mis votre mari à même de garder, s'il le veut, la place de régisseur de cette terre...

— Il serait possible !... Que de reconnaissance ! Sans cette place... vieux comme nous sommes, nous ne saurions que devenir !

— J'ai seulement mis à cette promesse... deux conditions... des misères... Il vous expliquera cela...

— Ah! monsieur, vous êtes notre sauveur...

— Vous êtes trop bonne... Mais à deux petites conditions...

— Il y en aurait cent, monsieur, que nous les accepterions. Jugez donc, monsieur... sans ressources... si nous n'avions pas cette place... sans ressources...

— Je compte donc sur vous... dans l'intérêt de votre mari... tâchez de le décider...

— Madame... madame, voilà monsieur qui arrive... — dit une servante en accourant dans la chambre.

— Y a-t-il beaucoup de monde avec lui?

— Non, madame... il est seul...

— Seul... comment, seul?

— Oui, madame...

Quelques momens après, M. Dupont entrait dans la salle; ses habits ruisselaient d'eau; pour maintenir son chapeau, malgré la tourmente, il l'avait fixé sur sa tête au moyen de sa cravate nouée en forme de mentonnière, ses guêtres étaient couvertes d'une boue crayeuse.

— Enfin, mon ami, te voilà! j'étais si inquiète!—s'écria sa femme en l'embrassant tendrement.

— Jusqu'à présent... trois de sauvés.

— Dieu soit loué... mon cher monsieur Dupont — dit Rodin — au moins vos efforts n'auront pas été vains...

— Trois... seulement trois, mon Dieu! — dit Catherine.

— Je ne te parle que de ceux que j'ai vus... près de la petite anse aux Goëlands. Il faut espérer que dans les autres endroits de la côte un peu accessibles il y a eu d'autres sauvetages.

— Tu as raison... car heureusement la côte n'est pas partout également mauvaise.

— Et où sont ces intéressans naufragés, mon cher monsieur? — demanda Rodin, qui ne pouvait s'empêcher de rester quelques instans de plus.

— Ils montent la falaise... soutenus par nos gens. Comme ils ne marchent guère vite, je suis accouru en avant pour rassurer ma femme et pour prendre quelques mesures nécessaires; d'abord, il faut tout de suite préparer des vêtemens de femmes...

— Il y a donc une femme parmi les personnes sauvées?

— Il y a deux jeunes filles... quinze ou seize ans, tout au plus... des enfans... et si jolies!...

— Pauvres petites!... — dit M. Rodin avec componction.

— Celui à qui elles doivent la vie est avec elles... Oh! pour celui-là, on peut le dire, c'est un héros!...

— Un héros?

— Oui. Figure-toi...

— Tu me diras cela tout à l'heure... passe donc au moins cette robe de chambre, qui est bien sèche, car tu es trempé d'eau... bois un peu de ce vin chaud... tiens.

— Ce n'est pas de refus, car je suis gelé... Je te disais donc que celui qui avait sauvé ces jeunes filles était un héros;... le courage qu'il a montré est au-dessus de ce qu'on peut imaginer... Nous partons d'ici avec les hommes de la ferme, nous descendons le petit sentier à pic, et nous arrivons enfin au pied de la falaise... à la petite anse des Goëlands, heureusement un peu abritée des lames par cinq ou six énormes blocs de roches assez avancés dans la mer. Au fond de l'anse... qu'est-ce que nous trouvons? les deux jeunes filles dont je te parle, évanouies, les pieds trempant dans l'eau, mais adossées à une roche, comme si elles eussent été placées là après avoir été retirées de la mer.

— Chers enfans... c'est à fendre le cœur — dit M. Rodin en portant, selon son habitude, le bout de son petit doigt gauche à l'angle de son œil droit pour y assuyer une larme qui s'y montrait rarement.

— Ce qui m'a frappé, c'est qu'elles se ressemblaient tellement — dit le régisseur—qu'il faut certainement l'habitude de les voir pour les reconnaître...

— Deux jumelles sans doute — dit madame Dupont.

— L'une de ces pauvres jeunes filles — reprit le régisseur — tenait entre ses deux mains jointes une petite médaille de bronze, qui était suspendue à son cou par une chaînette de même métal.

M. Rodin se tenait ordinairement très voûté. A ces derniers mots du régisseur, il se redressa brusquement, une légère rougeur colora ses joues livides... Pour tout autre, ces symptômes eussent paru assez insignifians ; mais chez M. Rodin, habitué depuis longues années à contraindre, à dissimuler toutes ses émotions, ils annonçaient une profonde stupeur ; s'approchant du régisseur, il lui dit d'une voix légèrement altérée, mais de l'air le plus indifférent du monde :

— C'était sans doute une pieuse relique... Vous n'avez pas vu ce qu'il y avait sur cette médaille ?

— Non, monsieur... je n'y ai pas songé.

— Et ces deux jeunes filles se ressemblaient... beaucoup... dites-vous ?

— Oui, monsieur... à s'y méprendre... Probablement elles sont orphelines, car elles sont vêtues de deuil...

— Ah !... elles sont vêtues de deuil... — dit M. Rodin avec un nouveau mouvement.

— Hélas ! si jeunes et orphelines — reprit madame Dupont en essuyant ses larmes.

— Comme elles étaient évanouies... nous les transportions plus loin, dans un endroit où le sable était bien sec... Pendant que nous nous occupions de ce soin, nous voyons paraître la tête d'un homme au-dessus d'une roche ; il essayait de la gravir en s'y cramponnant d'une main : on court à lui, et bien heureusement encore ! car ses forces étaient à bout : il est tombé épuisé entre les bras de nos hommes. C'est de lui que je te disais : C'est un héros, car, non content d'avoir sauvé les deux jeunes filles avec un courage admirable, il avait encore voulu tenter de sauver une troisième personne, et il était retourné au milieu des rochers battus par la mer ;... mais ses forces étaient à bout, et sans nos hommes il aurait été bien certainement enlevé des roches auxquelles il se cramponnait.

— Tu as raison, c'est un fier courage...

M. Rodin, la tête baissée sur sa poitrine, semblait étranger à la conversation ; sa consternation, sa stupeur, augmentaient avec la réflexion : les deux jeunes filles qu'on venait de sauver avaient quinze ans ; elles étaient vêtues de deuil ; elles se ressemblaient à s'y méprendre ; l'une portait au cou une médaille de bronze : il n'en pouvait plus douter, il s'agissait des filles du général Simon. Comment les deux sœurs étaient-elles au nombre des naufragés ? Comment étaient-elles sorties de la prison de Leipsick ! Comment n'en avait-il pas été instruit ? S'étaient-elles évadées ? avaient-elles été mises en liberté ? Comment n'en avait-il pas été averti ? Ces pensées secondaires, qui se présentaient en foule à l'esprit de M. Rodin, s'effaçaient devant ce fait :

« Les filles du général Simon étaient là. »

Sa trame, laborieusement ourdie, était anéantie.

— Quand je te parle du sauveur de ces deux jeunes filles — reprit le régisseur en s'adressant à sa femme et sans remarquer la préoccupation de M. Rodin — tu t'attends peut-être, d'après cela, à voir un Hercule ; eh bien ! tu n'y es pas... c'est presque un enfant, tant il a l'air jeune, avec sa jolie figure douce et ses grands cheveux blonds... Enfin, je lui ai laissé un manteau, car il n'avait que sa chemise et une culotte courte noire avec des bas de laine noirs aussi... ce qui m'a semblé singulier.

— C'est vrai, les marins ne sont guère habillés de la sorte.

— Du reste, quoique le navire où il était fût anglais, je crois que mon héros est Français, car il parle notre langue comme toi et moi... Ce qui m'a fait venir les larmes aux yeux, c'est quand les jeunes filles sont revenues à elles... En le voyant, elles se sont jetées à ses genoux ; elles avaient l'air de le regarder avec religion et de le remercier comme on prie Dieu... Puis après, elles ont jeté les yeux autour d'elles comme si elles avaient cherché quelqu'un, elles se sont dit quelques mots, et ont éclaté en sanglots en se jetant dans les bras l'une de l'autre.

— Quel sinistre, mon Dieu ! combien de victimes il doit y avoir !

— Quand nous avons quitté les falaises, la mer avait déjà rejeté sept cadavres... des débris, des caisses... J'ai fait prévenir les douaniers gardes-côtes... ils resteront là toute la journée pour veiller ; et si, comme je l'espère, d'autres naufragés échappent, on les enverrait ici.... Mais, écoute donc, on dirait un bruit de voix... Oui, ce sont nos naufragés.

Et le régisseur et sa femme coururent à la porte de la salle, qui s'ouvrait sur une longue galerie, pendant que M. Rodin, rongeant convulsivement ses ongles plats, attendait avec une inquiétude courroucée l'arrivée des naufragés ; un tableau touchant s'offrit bientôt à sa vue.

Du fond de cette galerie, assez sombre et seulement percée d'un côté de plusieurs fenêtres en ogive, trois personnes conduites par un paysan s'avançaient lentement.

Ce groupe se composait de deux jeunes filles et de l'homme intrépide à qui elles devaient la vie... Rose et Blanche... étaient à droite et à gauche de leur sauveur, qui, marchant avec beaucoup de peine, s'appuyait légèrement sur leurs bras.

Quoiqu'il eût vingt-cinq ans accomplis, la figure juvénile de cet homme n'annonçait pas cet âge ; ses longs cheveux blond-cendré, séparés au milieu de son front, tombaient lisses et humides sur le collet d'un ample manteau brun dont on l'avait couvert. Il serait difficile de rendre l'adorable bonté de cette pâle et douce figure, aussi pure que ce que le pinceau de Raphaël a produit de plus idéal ; car seul ce divin artiste aurait pu rendre la grâce mélancolique de ce visage enchanteur, la sérénité de son regard céleste, limpide et bleu comme celui d'un archange... ou d'un martyr monté au ciel.

Oui, d'un martyr, car une sanglante auréole ceignait déjà cette tête charmante...

Chose douloureuse à voir... au-dessus de ses sourcils blonds, et rendus par le froid d'un coloris plus vif, une étroite cicatrice, qui datait de plusieurs mois, semblait entourer son beau front d'un cordon de pourpre ; chose plus triste encore, ses mains avaient été cruellement transpercées par un crucifiement ; ses pieds avaient subi la même mutilation ;... et s'il marchait avec tant de peine, c'est que ses blessures venaient de se rouvrir sur les rochers aigus où il avait couru pendant le sauvetage.

Ce jeune homme était Gabriel, prêtre attaché aux missions étrangères et fils adoptif de la femme de Dagobert.

Gabriel était prêtre et martyr... car, de nos jours, il y a encore des martyrs... comme du temps où les Césars livraient les premiers chrétiens aux lions et aux tigres du cirque.

Car de nos jours, des enfans du peuple, c'est presque toujours chez lui que se recrutent les dévoûmens héroïques et désintéressés, des enfans du peuple, poussés par une vocation respectable, comme ce qui est courageux et sincère, s'en vont dans toutes les parties du monde tenter de propager leur foi, et braver la torture, la mort, avec une bienveillance ingénue.

Combien d'eux, victimes des barbares, ont péri, obscurs et ignorés, au milieu des solitudes des deux mondes !... Et pour ces simples soldats de la croix, qui n'ont que leur croyance et que leur intrépidité, jamais au retour (et ils reviennent rarement), jamais de fructueuses et somptueuses dignités ecclésiastiques. Jamais la pourpre ou la mitre ne cachent leur front cicatrisé, leurs membres mutilés : comme le plus grand nombre des soldats du drapeau, ils meurent oubliés (1)

. . . .

Dans leur reconnaissance ingénue, les filles du général Simon, une fois revenues à elles après le naufrage, et se trouvant en état de gravir les rochers, n'avaient voulu laisser à personne le soin de soutenir la démarche chancelante de celui qui venait de les arracher à une mort certaine.

Les vêtemens noirs de Rose et de Blanche ruisselaient d'eau ; leur figure, d'une grande pâleur, exprimait une douleur profonde ; des larmes récentes

(1) Nous nous rappellerons toujours avec émotion la fin d'une lettre écrite, il y a deux ou trois ans par un de ces jeunes et valeureux missionnaires, fils de malheureux paysans de la Beauce : il écrivait à sa mère, du fond du Japon, et terminait ainsi sa lettre :

« Adieu, ma chère mère ; on dit qu'il y a beaucoup de danger là où l'on m'envoie... Priez » Dieu pour moi, et dites à tous mes bons voisins que je les aime, et que je pense bien souvent » à eux. »

Cette naïve recommandation, s'adressant du milieu de l'Asie à de pauvres paysans d'un hameau de France, n'est-elle pas très-touchante dans sa simplicité ?

sillonnaient leurs joues; les yeux mornes, baissés, tremblantes d'émotion et de froid, les orphelines songeaient avec désespoir qu'elles ne reverraient plus Dagobert, leur guide, leur ami... car c'était à lui que Gabriel avait tendu en vain une main secourable pour l'aider à gravir les rochers; malheureusement les forces leur avaient manqué à tous deux... et le soldat s'était vu emporter par le retrait d'une lame.

La vue de Gabriel fut un nouveau sujet de surprise pour Rodin qui s'était retiré à l'écart, afin de tout examiner; mais cette surprise était si heureuse... il éprouva tant de joie de voir le missionnaire sauvé d'une mort certaine, que la cruelle impression qu'il avait ressentie à la vue des filles du général Simon s'adoucit un peu (on n'a pas oublié qu'il fallait pour les projets de M. Rodin que Gabriel fût à Paris le 13 février).

Le régisseur et sa femme, tendrement émus à l'aspect des orphelines, s'approchèrent d'elles avec empressement.

— Monsieur... monsieur... bonne nouvelle — s'écria un garçon de ferme en entrant. — Encore deux naufragés de sauvés!

— Dieu soit loué, Dieu soit béni! — dit le missionnaire.

— Où sont-ils? — demanda le régisseur en se dirigeant vers la porte.

— Il y en a un qui peut marcher... il me suit avec Justin, qui l'amène... L'autre a été blessé contre les rochers, on le transporte ici sur un brancard fait de branches d arbres...

— Je cours le faire placer dans la salle basse — dit le régisseur en sortant — toi, ma femme, occupe-toi de ces jeunes demoiselles.

— Et le naufragé qui peut marcher... où est-il? — demanda la femme du régisseur...

— Le voilà — dit le paysan en montrant quelqu'un qui s'avançait assez rapidement du fond de la galerie. — Dès qu'il a su que les deux jeunes demoiselles que l'on a sauvées étaient ici... quoiqu'il soit vieux et blessé à la tête... il a fait de si grandes enjambées... que c'est tout au plus si j'ai pu le devancer...

Le paysan avait à peine prononcé ces paroles, que Rose et Blanche, se levant par un mouvement spontané, s'étaient précipitées vers la porte.

Elles y arrivèrent en même temps que Dagobert.

Le soldat, incapable de prononcer une parole, tomba à genoux sur le seuil en tendant ses bras aux filles du général Simon... pendant que Rabat-Joie, courant à elles, leur léchait les mains...

Mais l'émotion était trop violente pour Dagobert... lorsqu'il eut serré entre ses bras les orphelines, sa tête se pencha en arrière, et il fût tombé à la renverse sans les soins des paysans. Malgré les observations de la femme du régisseur sur leur faiblesse et sur leur émotion, les deux jeunes filles voulurent accompagner Dagobert évanoui, que l'on transporta dans une chambre voisine.

A la vue du soldat, la figure de M. Rodin s'était violemment contractée, car jusqu'alors il avait cru à la mort du guide des filles du général Simon.

Le missionnaire, accablé de fatigue, s'appuyait sur une chaise et n'avait pas encore aperçu Rodin.

Un nouveau personnage, un homme au teint jaune et mat, entra dans cette chambre, accompagné d'un paysan qui lui indiqua Gabriel.

L'homme au teint jaune, à qui on avait prêté une blouse et un pantalon de paysan, s'approcha du missionnaire, et lui dit en français, mais avec un accent étranger :

— Le prince Djalma vient d'être transporté tout à l'heure ici... Son premier mot a été pour vous appeler.

— Que dit cet homme?... — s'écria Rodin en s'avançant vers Gabriel.

— Monsieur Rodin!... s'écria le missionnaire en reculant de surprise.

— Monsieur Rodin!... s'écria l'autre naufragé; et, de ce moment, son œil ne quitta plus le correspondant de Josué.

— Vous ici... monsieur... — dit Gabriel en s'approchant de Rodin avec une déférence mêlée de crainte.

— Que vous a dit cet homme? — répéta Rodin d'une voix altérée. — N'a-t-il pas prononcé le nom du prince Djalma?

— Oui... monsieur, le prince Djalma est un des passagers du vaisseau anglais qui venait d'Alexandrie et sur lequel nous avons naufragé... Ce navire avait relâché aux Açores, où je me trouvais; le bâtiment qui m'amenait de Charlestown ayant été obligé de rester dans cette île à cause de grandes avaries, je me suis embarqué sur le *Black-Eagle*, où se trouvait le prince Djalma. Nous allions à Portsmouth; de là, mon intention était de revenir en France.

Rodin ne songeait pas à interrompre Gabriel; cette nouvelle secousse paralysait sa pensée. Enfin, comme un homme qui tente un dernier effort, quoiqu'il en sache d'avance la vanité, il dit à Gabriel : — Et savez-vous quel est ce prince Djalma?

— Un jeune homme aussi bon que brave... le fils d'un roi indien dépossédé de son territoire par les Anglais...

Puis, se tournant vers l'autre naufragé, le missionnaire lui dit avec intérêt : — Comment va le prince? ses blessures sont-elles dangereuses?

— Ce sont des contusions très-violentes, mais qui ne seront pas mortelles — dit l'autre.

— Dieu soit loué! — dit le missionnaire en s'adressant à Rodin — voici, vous le voyez, encore un naufragé de sauvé.

— Tant mieux — répondit Rodin d'un ton impérieux et bref.

— Je vais aller auprès de lui — dit Gabriel avec soumission. — Vous n'avez aucun ordre à me donner?...

— Serez-vous en état de partir... dans deux ou trois heures, malgré vos fatigues?

— S'il le faut... oui.

— Il le faut... vous partirez avec moi.

Gabriel s'inclina devant Rodin, qui tomba anéanti sur une chaise pendant que le missionnaire sortait avec le paysan.

L'homme au teint jaune était resté dans un coin de la chambre, inaperçu de Rodin.

Cet homme était Faringhea, le métis, un des trois chefs des Etrangleurs, qui avaient échappé aux poursuites des soldats dans les ruines de Tchandi; après avoir tué Mahal le contrebandier, il lui avait volé les dépêches écrites par M. Josué Van Daël à Rodin, et la lettre grâce à laquelle le contrebandier devait être reçu comme passager à bord du *Ruyter*. Faringhea s'étant échappé de la cabane des ruines de Tchandi sans être vu de Djalma, celui-ci le retrouvant à bord après son évasion (que l'on expliquera plus tard), ignorant qu'il appartînt à la secte des Phansegars, l'avait traité pendant la traversée comme un compatriote.

Rodin, l'œil fixe, hagard, le teint livide de rage muette, rongeant ses ongles jusqu'au vif, n'apercevait pas le métis qui, après s'être silencieusement approché de lui, lui mit familièrement la main sur l'épaule et lui dit:

— Vous vous appelez Rodin?

— Qu'est-ce? — demanda celui-ci en tressaillant et en redressant brusquement la tête.

— Vous vous appelez Rodin? — répéta Faringhea...

— Oui... que voulez-vous?

— Vous demeurez rue du Milieu-des-Ursins, à Paris?

— Oui... mais encore une fois, que voulez-vous?

— Rien... maintenant... Frère... — plus tard... beaucoup.

Et Faringhea, s'éloignant à pas lents, laissa Rodin effrayé; car cet homme qui ne tremblait devant rien , avait été frappé du sinistre regard et de la sombre physionomie de l'Etrangleur.

CHAPITRE IV.

LE DEPART POUR PARIS.

Le plus grand silence règne dans le château de Cardoville; la tempête s'est peu à peu calmée, l'on n'entend plus au loin que le sourd ressac des vagues qui s'abattent pesamment sur la côte.

Dagobert et les orphelines ont été établis dans des chambres chaudes et confortables au premier étage du château.

Djalma, trop grièvement blessé pour être transporté à l'étage supérieur, est resté dans une salle basse.

Au moment du naufrage, une mère éplorée lui avait remis son enfant entre les bras. En vain il voulut tenter d'arracher cet infortuné à une mort certaine ; ce dévoûment a gêné ses mouvemens, et le jeune Indien a été presque brisé sur les roches.

Faringhea, qui a su le convaincre de son affection, est resté auprès de lui à le veiller.

Gabriel, après avoir donné quelques consolations à Djalma, est remonté dans la chambre qui lui était destinée ; fidèle à la promesse qu'il a faite à Rodin d'être prêt à partir au bout de deux heures, il n'a pas voulu se coucher : ses habits séchés, il s'est endormi dans un grand fauteuil à haut dossier, placé devant une cheminée où brûle un ardent brasier.

Cet appartement est situé auprès de ceux qui sont occupés par Dagobert et par les deux sœurs.

Rabat-Joie, probablement sans aucune défiance dans un si honnête château, a quitté la porte de Rose et de Blanche pour venir se réchauffer et s'étendre devant le foyer au coin duquel le missionnaire est endormi.

Rabat-Joie, son museau appuyé sur ses pattes allongées, jouit avec délices d'un parfait bien-être, après tant de traverses terrestres et maritimes ! Nous ne saurions affirmer qu'il pense habituellement beaucoup au pauvre vieux Jovial ; à moins qu'on ne prenne pour une marque de souvenir de sa part son irrésistible besoin de mordre tous les chevaux blancs qu'il avait rencontrés depuis la mort de son vénérable compagnon, lui jusqu'alors le plus inoffensif des chiens à l'endroit des chevaux de toute robe.

Au bout de quelques instans, une des portes qui donnaient dans cette chambre s'ouvrit, et les deux sœurs entrèrent timidement. Depuis quelques instans, éveillées, reposées et habillées, elles ressentaient encore de l'inquiétude au sujet de Dagobert : quoique la femme du régisseur, après les avoir conduites dans leur chambre, fût ensuite revenue leur apprendre que le médecin du village ne trouvait aucune gravité dans l'état et dans la blessure du soldat, néanmoins elles sortaient de chez elles, espérant s'informer de lui auprès de quelqu'un du château.

Le haut dossier de l'antique fauteuil où dormait Gabriel le cachait complétement ; mais les orphelines, voyant Rabat-Joie tranquillement couché au pied de ce fauteuil, crurent que Dagobert y sommeillait ; elles s'avancèrent donc vers ce siége sur la pointe du pied.

A leur grand étonnement, elles virent Gabriel endormi. Interdites, elles s'arrêtèrent immobiles, n'osant ni reculer ni avancer de peur de l'éveiller.

Les longs cheveux blonds du missionnaire, n'étant plus mouillés, frisaient naturellement autour de son cou et de ses épaules ; la pâleur de son teint ressortait sur le pourpre foncé du damas qui recouvrait le dossier du fauteuil. Le beau visage de Gabriel exprimait alors une mélancolie amère, soit qu'il fût sous l'impression d'un songe pénible, soit qu'il eût l'habitude de cacher de douloureux ressentimens dont l'expression se révélait à son insu pendant son sommeil ; malgré cette apparence de tristesse navrante, ses traits conservaient leur caractère d'angélique douceur, d'un attrait inexprimable... car rien n'est plus touchant que la beauté qui souffre.

Les deux jeunes filles baissèrent les yeux, rougirent spontanément, et échangèrent un coup d'œil un peu inquiet en se montrant du regard le missionnaire endormi.

— Il dort, ma sœur — dit Rose à voix basse.

— Tant mieux... — répondit Blanche aussi à voix basse en faisant à Rose un signe d'intelligence — nous pourrons le bien regarder...

— En venant de la mer ici avec lui, nous n'osions pas...

— Vois donc comme sa figure est douce !

— Il me semble que c'est bien lui que nous avons vu dans nos rêves.

— Disant qu'il nous protégerait.

— Et cette fois encore... il n'y a pas manqué.

— Mais, du moins, nous le voyons...

— Ce n'est pas comme dans la prison de Leipsick... pendant cette nuit si noire.

— Il nous a encore sauvées, cette fois.

— Sans lui... ce matin... nous périssions...
— Pourtant, ma sœur, dans nos rêves, il me semble que son visage était comme éclairé par une douce lumière.
— Oui... tu sais, il nous éblouissait presque.
— Et puis il n'avait pas l'air triste.
— C'est qu'alors, vois-tu, il venait du ciel, et maintenant il est sur terre...
— Ma sœur... est-ce qu'il avait alors autour du front cette cicatrice d'un rose vif?
— Oh! non... nous nous en serions bien aperçues.
— Et à ses mains... vois donc aussi ces cacatrices...
— Mais s'il a été blessé... ce n'est donc pas un archange?
— Pourquoi, ma sœur! s'il a reçu ces blessures en voulant empêcher le mal, ou en secourant des personnes qui, comme nous, allaient mourir?
— Tu as raison... s'il ne courait pas de dangers en venant au secours de ceux qu'il protége, ce serait moins beau...
— Comme c'est dommage qu'il n'ouvre pas les yeux...
— Son regard est si bon, si tendre!
— Pourquoi ne nous a-t-il rien dit de notre mère pendant la route?
— Nous n'étions pas seules avec lui... il n'aura pas voulu...
— Maintenant nous sommes seules...
— Si nous le priions pour qu'il nous en parle...

Et les orphelines s'interrogèrent du regard avec une naïveté charmante; leurs ravissantes figures se coloraient d'un vif incarnat, et leur sein virginal palpitait doucement sous leur robe noire.

— Tu as raison... prions-le.
— Mon Dieu, ma sœur, comme *notre* cœur bat — dit Blanche ne doutant pas avec raison que Rose ne ressentît tout ce qu'elle ressentait elle-même — et comme ce battement fait du bien! On dirait qu'il va nous arriver quelque chose d'heureux.

Les deux sœurs, après s'être rapprochées du fauteuil sur la pointe du pied, s'agenouillèrent les mains jointes, l'une à droite, l'autre à gauche du jeune prêtre. Ce fut un tableau charmant. Levant leurs adorables figures vers Gabriel, elles dirent tout bas, bien bas, d'une voix suave et fraîche comme leurs visages de quinze ans :

— Gabriel!! parlez-nous de notre mère...

A cet appel, le missionnaire fit un léger mouvement, ouvrit à demi les yeux, et grâce à cet état de vague somnolence qui précède le réveil complet, se rendant à peine compte de ce qu'il voyait, il eut un ravissement à l'apparition de ces deux gracieuses figures qui, tournées vers lui, l'appelaient doucement.

— Qui m'appelle?—dit-il en se réveillant tout à fait et en redressant la tête.
— C'est nous!
— Nous, Blanche et Rose!

Ce fut au tour de Gabriel à rougir, car il reconnaissait les jeunes filles qu'il avait sauvées.

— Relevez-vous, mes sœurs, dit-il — on ne s'agenouille que devant Dieu...

Les orphelines obéirent et furent bientôt à ses côtés, se tenant par la main.

— Vous savez donc mon nom?... — leur demanda-t-il en souriant.
— Oh! nous ne l'avons pas oublié.
— Qui vous l'a dit?
— Vous...
— Moi!
— Quand vous êtes venu de la part de notre mère...
— Nous dire qu'elle vous envoyait vers nous et que vous nous protégeriez toujours.
— Moi, mes sœurs... — dit le missionnaire, ne comprenant rien aux paroles des orphelines. — Vous vous trompez... Aujourd'hui seulement je vous ai vues...
— Et dans nos rêves?
— Oui, rappelez-vous donc! dans nos rêves?
— En Allemagne... il y a trois mois pour la première fois... Regardez-nous donc bien!

Gabriel ne put s'empêcher de sourire de la naïveté de Rose et de Blanche, qui lui demandaient de se souvenir d'un rêve qu'elles avaient fait; puis, de plus en plus surpris, il reprit : — Dans vos rêves!

— Mais certainement... quand vous nous donniez de si bons conseils.

— Aussi, quand nous avons eu du chagrin depuis... en prison... vos paroles, dont nous nous souvenions, nous ont consolées, nous ont donné du courage.

— N'est-ce donc pas vous qui nous avez fait sortir de prison, à Leipsick, pendant cette nuit si noire... que nous ne pouvions vous voir?

— Moi...

— Quel autre que vous serait venu à notre secours et à celui de notre vieil ami!...

— Nous lui disions bien que vous l'aimeriez parce qu'il nous aimait, lui qui ne voulait pas croire aux anges.

— Aussi, ce matin, pendant la tempête, nous n'avions presque pas peur.

— Nous vous attendions.

— Ce matin, oui, mes sœurs, Dieu m'a accordé la grâce de m'envoyer à votre secours; j'arrivais d'Amérique, mais je n'ai jamais été à Leipsick... Ce n'est donc pas moi qui vous ai fait sortir de prison... Dites-moi, mes sœurs — ajouta-t-il en souriant avec bonté — pour qui me prenez-vous ?

— Pour un bon ange que nous avons déjà vu en rêve et que notre mère a envoyé du ciel pour nous protéger.

— Mes chères sœurs, je ne suis qu'un pauvre prêtre... Le hasard fait que je ressemble sans doute à l'ange que vous avez vu en songe et que vous ne pouviez voir qu'en rêve... car il n'y a pas d'anges visibles pour nous.

— Il n'y a pas d'anges visibles! — dirent les orphelines en se regardant avec tristesse.

— Il n'importe, mes chères sœurs — dit Gabriel en prenant affectueusement les mains des jeunes filles entre les siennes — les rêves... comme toute chose... viennent de Dieu;... puisque le souvenir de votre mère était mêlé à ce rêve... bénissez-le doublement.

A ce moment une porte s'ouvrit et Dagobert parut.

Jusqu'alors, les orphelines, dans leur ambition naïve d'être protégées par un archange, ne s'étaient pas rappelé que la femme de Dagobert avait adopté un enfant abandonné qui s'appelait Gabriel et qui était prêtre et missionnaire.

Le soldat, quoiqu'il se fût opiniâtré à soutenir que sa blessure était une *blessure blanche* (pour se servir des termes du général Simon), avait été soigneusement pansé par le chirurgien du village; un bandeau noir lui cachait à moitié le front et augmentait encore son air naturellement rébarbatif. En entrant dans le salon, il fut très surpris de voir un inconnu tenir familièrement entre ses mains les mains de Blanche et de Rose. Cet étonnement se conçoit; Dagobert ignorait que le missionnaire eût sauvé les orphelines, et tenté de le secourir lui-même.

Le matin, pendant la tempête, tourbillonnant au milieu des vagues, tâchant enfin de se cramponner à un rocher, le soldat n'avait que très imparfaitement vu Gabriel au moment où celui-ci, après avoir arraché les deux sœurs à une mort certaine, avait en vain tâché de lui venir en aide. Lorsque après le naufrage Dagobert avait retrouvé les orphelines dans la salle basse du château, il était tombé, on l'a dit, dans un complet évanouissement, causé par la fatigue, par l'émotion, par les suites de sa blessure : à ce moment, non plus, il n'avait pu apercevoir le missionnaire.

Le vétéran commençait à froncer ses épais sourcils gris sous son bandeau noir, en voyant un inconnu si familier avec Rose et Blanche, lorsque celles-ci coururent se jeter dans ses bras et le couvrirent de caresses filiales : son ressentiment se dissipa bientôt devant ces preuves d'affection, quoiqu'il jetât de temps à autre un regard assez sournois du côté du missionnaire, qui s'était levé et dont il ne distinguait pas parfaitement la figure.

— Et ta blessure — lui dit Rose avec intérêt — on nous a dit qu'heureusement elle n'était pas dangereuse?

— En souffres-tu encore? — ajouta Blanche.

— Non, mes enfans... c'est le *major* du village qui a voulu m'entortiller de ce bandage; j'aurais sur la tête une résille de coups de sabre que je ne serais pas autrement embéguiné; on me prendra pour un vieux délicat; ce n'est qu'une blessure blanche, et j'ai envie de...

Le soldat porta une de ses mains à son bandeau.

— Veux-tu laisser cela! — dit Rose en arrêtant le bras de Dagobert. — Es-tu peu raisonnable... à ton âge!

— Bien, bien! ne me grondez pas, je ferai ce que vous voulez... je garderai ce bandeau.

Puis, attirant les orphelines dans un angle du salon, il leur dit à voix basse en leur montrant le jeune prêtre du coin de l'œil : — Quel est ce monsieur... qui vous prenait les mains... quand je suis entré?... ça m'a l'air d'un curé... Voyez-vous, mes enfans... il faut prendre garde... parce que...

— Lui!! — s'écrièrent Rose et Blanche en se retournant vers Gabriel — mais pense donc que, sans lui... nous ne t'embrasserions pas à cette heure...

— Comment? — s'écria le soldat en redressant brusquement sa grande taille et regardant le missionnaire.

— C'est notre ange gardien... — reprit Blanche.

— Sans lui — dit Rose — nous mourions ce matin dans le naufrage...

— Lui!... C'est lui... qui...

Dagobert n'en put dire davantage. Le cœur gonflé, les yeux humides, il courut au missionnaire et s'écria avec un accent de reconnaissance impossible à rendre, en lui tendant les deux mains : — Monsieur, je vous dois la vie de ces deux enfans... Je sais à quoi ça m'engage... je ne vous dis rien de plus... parce que ça dit tout... — Mais frappé d'un souvenir soudain, il s'écria : — Mais, attendez donc... est-ce que, lorsque je tâchais de me cramponner à une roche... pour n'être pas entraîné par les vagues, ce n'est pas vous qui... m'avez tendu la main?... oui... vos cheveux blonds... votre figure jeune!... mais certainement... c'est vous... maintenant... je vous reconnais.

— Malheureusement... monsieur... les forces m'ont manqué... et j'ai eu la douleur de vous voir retomber dans la mer.

— Je n'ai rien de plus à vous dire pour vous remercier... que ce que je vous ai dit tout à l'heure — reprit Dagobert avec une simplicité touchante. — En me conservant ces enfans, vous aviez déjà plus fait pour moi que si vous m'aviez conservé la vie... mais quel courage!... quel cœur!... — dit le soldat avec admiration. — Et si jeune!... l'air d'une fille.

— Comment! s'écria Blanche avec joie — notre Gabriel est aussi venu à toi!

— Gabriel — dit Dagobert en interrompant Blanche, et s'adressant au prêtre : — Vous vous appelez Gabriel?

— Oui, monsieur.

— Gabriel! — répéta le soldat de plus en plus surpris.

— Et vous êtes prêtre? — ajouta-t-il.

— Prêtre des missions étrangères.

— Et... qui vous a élevé? — demanda le soldat avec une surprise croissante.

— Une excellente et généreuse femme, que je vénère comme la meilleure des mères... car elle a eu pitié de moi... enfant abandonné, et m'a traité comme son fils...

— Françoise... Baudoin... n'est-ce pas? — dit le soldat profondément ému.

— Oui... monsieur — répondit Gabriel, à son tour très étonné. — Mais comment savez-vous?

— La femme d'un soldat — reprit Dagobert.

— Oui, d'un brave soldat... qui, par un admirable dévoûment... passe à cette heure sa vie dans l'exil... loin de sa femme... loin de son fils... de mon bon frère... car je suis fier de lui donner ce nom...

— Mon... Agricol... ma femme... Quand les avez-vous... quittés?

— Ce serait vous... le père d'Agricol?... Oh! je ne savais pas encore toute la reconnaissance que je devais à Dieu! — dit Gabriel en joignant les mains.

— Et ma femme... et mon fils! — dit Dagobert d'une voix tremblante — comment vont-ils? avez-vous de leurs nouvelles?

— Celles que j'ai reçues il y a trois mois étaient excellentes...

— Non, c'est trop de joie — s'écria Dagobert — c'est trop...

Et le vétéran ne put continuer; le saisissement étouffait ses paroles, il retomba assis sur une chaise.

Rose et Blanche se rappelèrent alors seulement la lettre de leur père relativement à l'enfant trouvé, nommé Gabriel, et adopté par la femme de Dagobert; elles laissèrent alors éclater leurs transports ingénus...

— Notre Gabriel est le tien... c'est le même... quel bonheur! — s'écria Rose.

— Oui, mes chères petites, il est à vous comme à moi ; nous en avons chacun notre part... — Puis s'adressant à Gabriel, le soldat ajouta avec effusion : — Ta main... encore ta main, mon intrépide enfant... ma foi, tant pis, je te dis toi... puisque mon Agricol est ton frère...

— Ah !... monsieur... que de bonté !

— C'est ça.. tu vas me remercier... après tout ce que nous te devons !

— Et ma mère adoptive est-elle instruite de votre arrivée ? — dit Gabriel pour échapper aux louanges du soldat.

— Je lui ai écrit il y a cinq mois, mais que je venais seul... et pour cause... Je te dirai cela plus tard. — Elle demeure toujours rue Brise-Miche ? c'est là que mon Agricol est né !

— Elle y demeure toujours.

— En ce cas, elle aura reçu ma lettre ; j'aurais voulu lui écrire de la prison de Leipsick, mais impossible.

— De prison... vous sortez de prison ?

— Oui, j'arrive d'Allemagne par l'Elbe et par Hambourg, et je serais encore à Leipsick sans un événement qui me ferait croire au diable... mais au bon diable...

— Que voulez-vous dire ? expliquez-vous.

— Ça me serait difficile, car je ne puis pas me l'expliquer à moi-même... Ces petites filles, et il montra Rose et Blanche en souriant, — se prétendaient plus avancées que moi ; elles me répétaient toujours : « Mais c'est l'archange » qui est venu à notre secours... Dagobert ; c'est l'archange, vois-tu, toi qui » disais que tu aimais autant Rabat-Joie pour nous défendre... »

— Gabriel... je vous attends... dit une voix brève qui fit tressaillir le missionnaire.

Lui, Dagobert et les orphelines tournèrent vivement la tête... Rabat-Joie gronda sourdement.

C'était M. Rodin : il se tenait debout à l'entrée d'une porte ouvrant sur un corridor. Ses traits étaient calmes, impassibles ; il jeta un regard rapide et perçant sur le soldat et les deux sœurs.

— Qu'est-ce que cet homme-là ? — dit Dagobert tout d'abord très-peu prévenu en faveur de M. Rodin, auquel il trouvait, avec raison, une physionomie singulièrement repoussante ; — que diable te veut-il ?

— Je pars avec lui — dit Gabriel avec une expression de regret et de contrainte. — Puis se tournant vers Rodin : — Mille pardons, me voici dans l'instant.

— Comment ! tu pars — dit Dagobert stupéfait — au moment où nous nous retrouvons... Non, pardieu !... tu ne partiras pas... J'ai trop de choses à te dire... et à te demander. Nous ferons route ensemble... je m'en fais une fête.

— C'est impossible... c'est mon supérieur... je dois obéir.

— Ton supérieur ?... Il est habillé en bourgeois.

— Il n'est pas obligé de porter l'habit ecclésiastique...

— Ah bah ! puisqu'il n'est pas en uniforme, et que dans ton état il n'y a pas de salle de police, envoie-le...

— Croyez-moi, je n'hésiterais pas une minute, s'il était possible de rester.

— J'avais raison de trouver à cet homme-là une mauvaise figure — dit Dagobert entre ses dents. Puis il ajouta avec une impatience chagrine :

— Veux-tu que je lui dise — ajouta-t-il plus bas — qu'il nous satisferait beaucoup en filant tout seul ?

— Je vous en prie, n'en faites rien — dit Gabriel ; — ce serait inutile... je connais mes devoirs ;... ma volonté est celle de mon supérieur. A votre arrivée à Paris j'irai vous voir, vous, ainsi que ma mère adoptive et mon bon frère Agricol.

— Allons... soit. J'ai été soldat, je sais ce que c'est que la subordination — dit Dagobert vivement contrarié ; — il faut faire contre fortune bon cœur. Ainsi, à après-demain matin... rue Brise-Miche, mon garçon ; car je serai à Paris demain soir, m'assure-t-on, et nous partons tout à l'heure. Dis donc, il paraît qu'il y a aussi une crâne discipline chez vous ?

— Oui... elle est grande, elle est sévère — répondit Gabriel en tressaillant et en étouffant un soupir.

— Allons... embrasse-moi... et bientôt... Après tout, vingt-quatre heures sont bientôt passées.

— Adieu... adieu... — répondit le missionnaire d'une voix émue en répondant à l'étreinte du vétéran.

— Adieu, Gabriel... — ajoutèrent les orphelines en soupirant aussi et les larmes aux yeux.

— Adieu, mes sœurs... dit Gabriel.

Et il sortit avec Rodin, qui n'avait perdu ni un mot ni un incident de cette scène.

Deux heures après, Dagobert et les deux orphelines avaient quitté le château pour se rendre à Paris, ignorant que Djalma restait à Cardoville, trop blessé pour partir encore.

Le métis Faringhea demeura auprès du jeune prince, ne voulant pas, disait-il, abandonner son compatriote.

Nous conduirons maintenant le lecteur rue *Brise-Miche*, chez la femme de Dagobert.

CINQUIEME PARTIE.

LA RUE BRISE-MICHE.

CHAPITRE PREMIER.

LA FEMME DE DAGOBERT.

Les scènes suivantes se passent à Paris, le lendemain du jour où les naufragés ont été recueillis au château de Cardoville.

Rien de plus sinistre, de plus sombre, que l'aspect de la rue *Brise-Miche*, dont l'une des extrémités donne rue Saint-Merry, l'autre près de la petite place du Cloître, vers l'église.

De ce côté, cette ruelle, qui n'a pas plus de huit pieds de largeur, est encaissée entre deux immenses murailles noires, boueuses, lézardées, dont l'excessive hauteur prive en tout temps cette voie d'air et de lumière ; à peine pendant les plus longs jours de l'année le soleil peut-il y jeter quelques rayons : aussi, lors des froids humides de l'hiver, un brouillard glacial, pénétrant, obscurcit constamment cette espèce de puits oblong au pavé fangeux.

Il était environ huit heures du soir ; à la pâle clarté du réverbère dont la lumière rougeâtre perçait à peine la brume, deux hommes, arrêtés dans l'angle de l'un de ces murs énormes, échangeaient quelques paroles.

— Ainsi — disait l'un — c'est bien entendu... vous resterez dans la rue jusqu'à ce que vous les ayez vus entrer au numéro 5.

— C'est entendu.

— Et quand vous les aurez vus entrer, pour mieux encore vous assurer de la chose, vous monterez chez Françoise Baudoin...

— Sous prétexte de demander si ce n'est pas là que demeure l'ouvrière bossue, la sœur de cette créature surnommée la *reine Bacchanal*...

— Très bien... Quant à celle-ci, tâchez de savoir exactement son adresse par la bossue ; car c'est très important : les femmes de cette espèce dénichent comme des oiseaux, et on a perdu sa trace...

— Soyez tranquille... Je ferai tout mon possible auprès de la bossue pour savoir où demeure sa sœur.

— Et pour vous donner courage, je vais vous attendre au cabaret en face du cloître ; et nous boirons un verre de vin chaud à votre retour.

— Ce ne sera pas de refus, car il fait ce soir un froid diablement noir.

— Ne m'en parlez pas ! ce matin l'eau gelait sur mon goupillon, et j'étais roide comme une momie sur ma chaise à la porte de l'église. Ah ! mon garçon ! tout n'est pas roses dans le métier de donneur d'eau bénite...

— Heureusement, il y a les profits...

— Allons, bonne chance... N'oubliez pas, numéro 5... la petite allée à côté de la boutique du teinturier...

— C'est dit, c'est dit...

Et les deux hommes se séparèrent.

L'un gagna la place du Cloître ; l'autre se dirigea au contraire vers l'extrémité de la ruelle qui débouche rue Saint-Merry, et ne fut pas longtemps à trouver le numéro de la maison qu'il cherchait : maison haute et étroite, et, comme toutes celles de cette rue, d'une triste et misérable apparence.

De ce moment, l'homme commença de se promener de long en large devant la porte de l'allée numéro 5.

Si l'extérieur de ces demeures était repoussant, rien ne saurait donner une idée de leur intérieur lugubre, nauséabond ; la maison numéro 5 était surtout dans un état de délabrement et de malpropreté affreux à voir...

L'eau qui suintait des murailles ruisselait dans l'escalier sombre et boueux ; au second étage, on avait mis sur l'étroit pallier quelques brassées de paille pour que l'on pût s'y essuyer les pieds ; mais cette paille, changée en fumier, augmentait encore cette odeur énervante, inexprimable, qui résulte du manque d'air, de l'humidité et des putrides exhalaisons des plombs : car quelques ouvertures, pratiquées dans la cage de l'escalier, y jetaient à peine quelques lueurs d'une lumière blafarde.

Dans ce quartier, l'un des plus populeux de Paris, ces maisons sordides, froides, malsaines, sont généralement habitées par la classe ouvrière, qui y vit entassée. La demeure dont nous parlons était de ce nombre.

Un teinturier occupait le rez-de-chaussée ; les exhalaisons délétères de son officine augmentaient encore la fétidité de cette masure. De petits ménages d'artisans, quelques ouvriers travaillant en chambrées, étaient logés aux étages supérieurs ; dans l'une des pièces du quatrième demeurait Françoise Baudoin, femme de Dagobert.

Une chandelle éclairait cet humble logis, composé d'une chambre et d'un cabinet ; Agricol occupait une petite mansarde dans les combles.

Un vieux papier d'une couleur grisâtre, çà et là fendu par les lézardes du mur, tapissait la muraille où s'appuyait le lit ; de petits rideaux, fixés à une tringle de fer, cachaient les vitres ; le carreau, non ciré, mais lavé, conservait sa couleur de brique ; à l'une des extrémités de cette pièce était un poêle de fonte rond contenant une marmite où se faisait la cuisine : sur la commode de bois blanc peint en jaune veiné de brun, on voyait une maison de fer en miniature, chef-d'œuvre de patience et d'adresse, dont toutes les pièces avaient été façonnées et ajustées par Agricol Baudoin (fils de Dagobert.)

Un christ de plâtre, accroché au mur et entouré de plusieurs rameaux de buis bénit, quelques images de saints grossièrement coloriées, témoignaient des habitudes dévotieuses de la femme du soldat : une de ces grandes armoires de noyer, contournées, rendues presque noires par le temps, était placée entre les deux croisées : un vieux fauteuil garni de velours d'Utrecht vert (premier présent fait à sa mère par Agricol), quelques chaises de paille et une table de travail où l'on voyait plusieurs sacs de grosse toile bise, tel était l'ameublement de cette pièce mal close par une porte vermoulue ; un cabinet y attenant renfermait quelques ustensiles de cuisine et de ménage.

Si triste, si pauvre que semble peut-être cet intérieur, il n'est tel pourtant que pour un petit nombre d'artisans, relativement *aisés* ; car le lit était garni de deux matelas, de draps blancs et d'une chaude couverture ; la grande armoire contenait du linge.

Enfin la femme de Dagobert occupait seule une chambre aussi grande que celles où de nombreuses familles d'artisans honnêtes et laborieux vivent et couchent d'ordinaire en commun, bien heureux lorsqu'ils peuvent donner aux filles et aux garçons un lit séparé! bien heureux lorsque la couverture ou l'un des draps du lit n'a pas été engagé au mont-de-piété!

Françoise Baudoin, assise auprès du petit poêle de fonte, qui, par ce temps froid et humide, répandait bien peu de chaleur dans cette pièce mal close, s'occupait de préparer le repas du soir de son fils Agricol.

La femme de Dagobert avait cinquante ans environ; elle portait une camisole d'indienne bleue à petits bouquets blancs et un jupon de futaine; un béguin blanc entourait sa tête et se nouait sous son menton. Son visage était pâle et maigre, ses traits réguliers; sa physionomie exprimait une résignation, une bonté parfaites. On ne pouvait en effet trouver une meilleure, une plus vaillante mère : sans autre ressource que son travail, elle était parvenue, à force d'énergie, à élever, non-seulement son fils Agricol, mais encore Gabriel, pauvre enfant abandonné, qu'elle avait eu l'admirable courage de prendre à sa charge.

Dans sa jeunesse, elle avait, pour ainsi dire, escompté sa santé à venir pour douze années lucratives, rendues telles par un travail exagéré, écrasant, que de dures privations rendaient presque homicide; car alors (et c'était un temps de salaire splendidement comparé au temps présent), à force de veilles, à force de labeur acharné, Françoise avait quelquefois pu gagner jusqu'à cinquante sous par jour, avec lesquels elle était parvenue à élever son fils et son enfant adoptif...

Au bout de ces douze années, sa santé fut ruinée, ses forces presque à bout; mais au moins les deux enfants n'avaient manqué de rien, et avaient reçu l'éducation que le peuple peut donner à ses fils : Agricol entrait en apprentissage chez M. François Hardy, et Gabriel se préparait à entrer au séminaire par la protection très empressée de M. Rodin, dont les rapports étaient devenus, depuis 1820 environ, très fréquens avec le confesseur de Françoise Baudoin; car elle avait été et était toujours d'une piété peu éclairée, mais excessive.

Cette femme était une de ces natures d'une simplicité, d'une bonté adorables, un de ces martyrs de dévoûmens ignorés qui touchent quelquefois à l'héroïsme... Ames saintes, naïves, chez lesquelles l'instinct du cœur supplée à l'intelligence.

Le seul défaut ou plutôt la seule conséquence de cette candeur aveugle était une obstination invincible lorsque Françoise croyait devoir obéir à l'influence de son confesseur, qu'elle était habituée à subir depuis longues années; cette influence lui paraissait des plus vénérables, des plus saintes, aucune puissance, aucune considération humaine n'auraient pu l'empêcher de s'y soumettre : en cas de discussion à ce sujet, rien au monde ne faisait fléchir cette excellente femme; sa résistance, sans colère, sans emportemens, était douce comme son caractère, calme comme sa conscience, mais aussi, comme elle... inébranlable.

Françoise Baudoin était, en un mot, un de ces êtres purs, ignorans et crédules, qui peuvent, quelquefois à leur insu, devenir des instrumens terribles entre d'habiles et dangereuses mains.

Depuis assez longtemps le mauvais état de sa santé, et surtout le considérable affaiblissement de sa vue, lui imposaient un repos forcé; car à peine pouvait-elle travailler deux ou trois heures par jour : elle passait le reste du temps à l'église.

Au bout de quelques instans Françoise se leva, débarrassa un des côtés de la table de plusieurs sacs de grosse toile grise, et disposa le couvert de son fils avec un soin, avec une sollicitude maternelle. Elle alla prendre dans l'armoire un petit sac de peau renfermant une vieille timbale d'argent bossuée et un léger couvert d'argent, si mince, si usé, que la cuiller était tranchante. Elle essuya, frotta le tout de son mieux, et plaça près de l'assiette de son fils cette *argenterie*, présent de noce de Dagobert.

C'était ce que Françoise possédait de plus précieux, autant par sa mince valeur que par les souvenirs qui s'y rattachaient; aussi avait-elle souvent versé des larmes amères lorsqu'il lui avait fallu, dans des extrémités pressantes, ensuite de maladie ou de chômage, porter au mont-de-piété ce couvert et cette timbale sacrés pour elle.

Françoise prit ensuite, sur la planche inférieure de l'armoire, une bouteille d'eau et une bouteille de vin aux trois quarts remplie, et les plaça près de l'assiette de son fils, puis elle retourna surveiller le souper.

Quoique Agricol ne fût pas fort en retard, la physionomie de sa mère exprimait autant d'inquiétude que de tristesse, on voyait à ses yeux rougis qu'elle avait beaucoup pleuré.

La pauvre femme, après de douloureuses et longues incertitudes, venait d'acquérir la conviction que sa vue, depuis longtemps très affaiblie, ne lui permettrait bientôt plus de travailler même deux ou trois heures par jour, ainsi qu'elle avait coutume de le faire.

D'abord excellente ouvrière en lingerie, à mesure que ses yeux s'étaient fatigués elle avait dû s'occuper de couture de plus en plus grossière, et son gain avait nécessairement diminué en proportion; enfin elle s'était vue réduite à la confection de sacs de campement, qui comportent environ douze pieds de couture : on lui payait ses sacs en raison de deux sous chacun, et elle fournissait le fil. Cet ouvrage étant très pénible, elle pouvait au plus parfaire trois de ces sacs en une journée; son salaire était ainsi de *six sous*.

On frémit quand on pense au grand nombre de malheureuses femmes dont l'épuisement, les privations, l'âge, la maladie ont tellement diminué les forces, ruiné la santé, que tout le labeur dont elles sont capables leur peut à peine rapporter quotidiennement cette somme si minime... Ainsi leur gain décroît en proportion des nouveaux besoins que la vieillesse et les infirmités leur créent...

Heureusement Françoise avait dans son fils un digne soutien : excellent ouvrier, profitant de la juste répartition des salaires et des bénéfices accordés par M. Hardy, son labeur lui rapportait cinq à six francs par jour, c'est-à-dire plus du double de ce que gagnaient les ouvriers d'autres établissemens; il aurait donc pu, même en admettant que sa mère ne gagnât rien, vivre aisément lui et elle.

Mais la pauvre femme, si merveilleusement économe qu'elle se refusait presque le nécessaire, était devenue, depuis qu'elle fréquentait quotidiennement et assidûment sa paroisse, d'une prodigalité ruineuse à l'endroit de la sacristie. Il ne se passait presque pas de jour où elle ne fît dire une ou deux messes et brûler des cierges, soit à l'intention de Dagobert, dont elle était séparée depuis si longtemps, soit pour le salut de l'âme de son fils, qu'elle croyait en pleine voie de perdition. Agricol avait un si bon, un si généreux cœur; il aimait, il vénérait tant sa mère, et le sentiment qui inspirait celle-ci était d'ailleurs si touchant, que jamais il ne s'était plaint de ce qu'une grande partie de sa paye (qu'il remettait scrupuleusement à sa mère chaque samedi) passât ainsi en œuvres pies. Quelquefois seulement il avait fait observer à Françoise, avec autant de respect que de tendresse, qu'il souffrait de la voir supporter des privations que son âge et sa santé rendaient doublement fâcheuses, et cela parce qu'elle voulait de préférence subvenir à ses petites dépenses de dévotion. Mais que répondre à cette excellente mère, lorsqu'elle lui disait les larmes aux yeux :

— Mon enfant, c'est pour le salut de ton père et pour le tien...

Vouloir discuter avec Françoise l'efficacité des messes et l'influence des cierges sur le salut présent et futur du vieux Dagobert, c'eût été aborder une de ces questions qu'Agricol s'était à jamais interdit de soulever par respect pour sa mère et pour ses croyances; il se résignait donc à ne pas la voir entourée de tout le bien-être dont il eût désiré la voir jouir.

A un petit coup bien discrètement frappé à la porte, Françoise répondit :
— Entrez.

On entra.

CHAPITRE II.

LA SŒUR DE LA REINE BACCHANAL.

La personne qui venait d'entrer chez la femme de Dagobert était une jeune fille de dix-huit ans environ, de petite taille et cruellement contrefaite; sans être positivement bossue, elle avait la taille très déviée, le dos voûté, la poitrine creuse et la tête profondément enfoncée entre les épaules ; sa figure, assez régulière, longue, maigre, fort pâle, marquée de petite vérole, exprimait une grande douceur et une grande tristesse ; ses yeux bleus étaient remplis d'intelligence et de bonté. Par un singulier caprice de la nature, la plus jolie femme du monde eût été fière de la longue et magnifique chevelure brune qui se tordait en une grosse natte derrière la tête de cette jeune fille.

Elle tenait un vieux panier à la main. Quoiqu'elle fût misérablement vêtue, le soin et la propreté de son ajustement luttaient autant que possible contre une excessive pauvreté ; malgré le froid, elle portait une mauvaise petite robe d'indienne d'une couleur indéfinissable, mouchetée de taches blanchâtres, étoffe si souvent lavée, que sa nuance primitive, ainsi que son dessin, s'étaient complétement effacés.

Sur le visage souffrant et résigné de cette créature infortunée, on lisait l'habitude de toutes les misères, de toutes les douleurs, de tous les dédains ; depuis sa triste naissance la raillerie l'avait toujours poursuivie ; elle était, nous l'avons dit, cruellement contrefaite, et par suite d'une locution vulgaire et proverbiale, on l'avait baptisée *la Mayeux*; du reste, on trouvait si naturel de lui donner ce nom grotesque qui lui rappelait à chaque instant son infirmité, qu'entraînés par l'habitude, Françoise et Agricol, aussi compatissans envers elle que d'autres se montraient méprisans et moqueurs, ne l'appelaient jamais autrement.

La Mayeux, nous la nommerons ainsi désormais, était née dans cette maison que la femme de Dagobert occupait depuis plus de vingt ans ; la jeune fille avait été pour ainsi dire élevée avec Agricol et Gabriel.

Il y a de pauvres êtres fatalement voués au malheur ; *la Mayeux* avait une très jolie sœur, à qui Perrine Soliveau, leur mère commune, veuve d'un petit commerçant ruiné, avait réservé son aveugle et absurde tendresse, n'ayant pour sa fille disgraciée que dédains et duretés ; celle-ci venait pleurer auprès de Françoise, qui la consolait, qui l'encourageait, et qui, pour la distraire le soir à la veillée, lui montrait à lire et à coudre.

Habitués par l'exemple de leur mère à la commisération, au lieu d'imiter les autres enfans, assez enclins à railler, à tourmenter et souvent même à battre la petite Mayeux, Agricol et Gabriel l'aimaient, la protégeaient, la défendaient.

Elle avait quinze ans et sa sœur Céphyse dix-sept ans, lorsque leur mère mourut, les laissant toutes deux dans une affreuse misère.

Céphyse était intelligente, active, adroite ; mais, au contraire de sa sœur, c'était une de ces natures vivaces, remuantes, alertes, chez qui la vie surabonde, qui ont besoin d'air, de mouvement, de plaisirs ; bonne fille du reste, quoique stupidement gâtée par sa mère.

Céphyse écouta d'abord les sages conseils de Françoise, se contraignit, se résigna, apprit à coudre et travailla, comme sa sœur, pendant une année ; mais, incapable de résister plus longtemps aux atroces privations que lui imposait l'effrayante modicité de son salaire, malgré son labeur assidu, privations qui allaient jusqu'à endurer le froid et surtout la faim, Céphyse, jeune, jolie, ardente, entourée de séductions et d'offres brillantes... brillantes pour elle, car elles se réduisaient à lui donner le moyen de manger à sa faim, de ne pas souffrir du froid, d'être proprement vêtue, et de ne pas travailler quinze heures par jour dans un taudis obscur et malsain, Céphyse écouta les *vœux* d'un clerc d'avoué, qui l'abandonna plus tard ; alors elle se lia avec un commis marchand, qu'à son tour, instruite par l'exemple, elle quitta pour un commis voyageur... qu'elle délaissa pour d'autres favoris.

Bref, d'abandons en changemens, au bout d'une ou deux années, Céphyse, devenue l'idole d'un monde de grisettes, d'étudians et de commis, acquit une telle réputation dans les bals des barrières par son caractère décidé, par son esprit vraiment original, par son ardeur infatigable pour tous les plaisirs, et surtout par sa gaîté folle et tapageuse, qu'elle fut unanimement surnommée la *reine Bacchanal*, et elle se montra de tous points digne de cette étourdissante royauté.

Depuis cette bruyante intronisation, la pauvre *Mayeux* n'entendit plus parler de sa sœur aînée qu'à de rares intervalles ; elle la regretta toujours et continua à travailler assidûment, gagnant à grand'peine *quatre francs par semaine*.

La jeune fille ayant appris de Françoise la couture du linge, confectionnait de grosses chemises pour le peuple et pour l'armée; on les lui payait *trois francs la douzaine;* il fallait les ourler, ajuster les cols, les échancrer, faire les boutonnières et coudre les boutons : c'est donc tout au plus si elle parvenait, en travaillant douze ou quinze heures par jour, à confectionner quatorze ou seize chemises en huit jours...

Résultat de travail qui lui donnait en moyenne un salaire de *quatre francs par semaine* !

Et cette malheureuse fille ne se trouvait pas dans un cas exceptionnel ou accidentel.

Non... des milliers d'ouvrières n'avaient pas alors, n'ont pas de nos jours un gain plus élevé.

Et cela parce que la rémunération du travail des femmes est d'une injustice révoltante, d'une barbarie sauvage; on les paie deux fois moins que les hommes qui s'occupent pareillement de couture, tels que tailleurs, giletiers, gantiers, etc., etc.; cela, sans doute, parce que les femmes travaillent autant qu'eux... cela, sans doute, parce que les femmes sont faibles, délicates, et que souvent la maternité vient doubler leurs besoins.

La Mayeux vivait donc avec QUATRE FRANCS PAR SEMAINE...

Elle vivait... c'est-à-dire qu'en travaillant avec ardeur douze à quinze heures chaque jour, elle parvenait à ne pas mourir tout de suite de faim, de froid et de misère, tant elle endurait de cruelles privations.

— Privations... non.

Privation exprime mal ce dénûment continu, terrible, de tout ce qui est absolument indispensable pour conserver au corps la santé, la vie que Dieu lui a donnée, à savoir : — un air et un abri salubres, une nourriture saine et suffisante, un vêtement chaud...

Mortification exprimerait mieux le manque complet de ces choses essentiellement vitales, qu'une société équitablement organisée devrait, oui, devrait forcément à tout travailleur actif et probe, puisque la civilisation l'a dépossédé de tout droit au sol, et qu'il naît avec ses bras pour seul patrimoine.

Le sauvage ne jouit pas des avantages de la civilisation, mais du moins il a pour se nourrir les animaux des forêts, les oiseaux de l'air, le poisson des rivières, les fruits de la terre, et, pour s'abriter et se chauffer les arbres des grands bois.

Le civilisé, déshérité de ces dons de Dieu, le civilisé, qui regarde la propriété comme sainte et sacrée, peut donc en retour de son rude labeur quotidien, qui enrichit le pays, peut donc demander un salaire suffisant pour *vivre sainement*, rien de plus, rien de moins.

Car est-ce vivre que se traîner sans cesse sur cette limite extrême qui sépare la vie de la tombe, et d'y lutter contre le froid, la faim, la maladie?

Et pour montrer jusqu'où peut aller cette *mortification* que la société impose inexorablement à des milliers d'êtres honnêtes et laborieux, par son impitoyable insouciance de toutes les questions qui touchent à une juste rémunération du travail, nous allons constater de quelle façon une pauvre jeune fille peut exister avec *quatre francs* par semaine.

Peut-être alors saura-t-on du moins gré à tant d'infortunées créatures de supporter avec résignation cette horrible existence, qui leur donne juste assez de vie pour ressentir toutes les douleurs de l'humanité.

Oui... vivre à ce prix... c'est de la vertu; oui, une société ainsi organisée, qu'elle tolère ou qu'elle impose tant de misères, perd le droit de blâmer les infortunées qui se vendent, non par débauche, mais presque toujours parce qu'elles ont froid, parce qu'elles ont faim.

Voici donc comment vivait cette jeune fille avec ses quatre francs par semaine :

Trois kilog. de pain 2º qualité, 84 cent. — Deux voies d'eau, 20 cent. — Graisse ou saindoux (le beurre est trop cher), 50 cent. — Sel gris, 7 cent. — Un boisseau de charbon, 40 cent. — Un litre de légumes secs, 30 cent. — Trois litres de pommes de terre, 20 cent. — Chandelle, 33 cent. — Fil et aiguilles, 25 cent. — Total : 3 fr. 9 centimes.

Enfin, pour économiser le charbon, la Mayeux préparait une espèce de soupe seulement deux ou trois fois au plus par semaine, dans un poêlon, sur le carré du quatrième étage. Les deux autres jours elle la mangeait froide.

Il restait donc à la Mayeux, pour se loger, se vêtir et se chauffer, 91 cent. par semaine.

Par un rare bonheur, elle se trouvait dans une position *exceptionnelle :* afin de ne pas blesser sa délicatesse, qui était extrême, Agricol s'entendait avec le portier, et celui-ci avait loué à la jeune fille, moyennant 12 fr. par an, un cabinet dans les combles, où il y avait juste la place d'un petit lit, d'une chaise et d'une table; Agricol payait 18 fr., qui complétaient les 30 francs, prix réel de la location du cabinet; il restait donc à la Mayeux environ 1 fr. 70 cent. par mois pour son entretien.

Quant aux nombreuses ouvrières qui, ne gagnant pas plus que la Mayeux, ne se trouvent pas dans une position aussi *heureuse* que la sienne, lorsqu'elles n'ont ni logis ni famille, elles achètent un morceau de pain et quelque autre aliment pour leur journée, et, moyennant un ou deux sous par nuit, elles partagent la couche d'une compagne dans une misérable chambre garnie où se trouvent généralement cinq ou six lits, dont plusieurs sont toujours occupés par des hommes, ceux-ci étant les hôtes les plus nombreux.

Oui, et malgré l'horrible dégoût qu'une malheureuse fille honnête et pure éprouve à cette communauté de demeure, il faut qu'elle s'y soumette; un *logeur* ne peut diviser sa maison en chambre d'hommes et en chambres de femmes.

Pour qu'une ouvrière puisse se *mettre dans ses meubles,* si misérable que soit son installation, il lui faut dépenser au moins 30 ou 40 francs comptant. Or, comment prélever 30 *ou* 40 *francs comptant* sur un salaire de 4 ou 5 francs par semaine, qui suffit, on le répète, à peine à se vêtir et à ne pas absolument mourir de faim?

Non, non, il faut que la malheureuse se résigne à cette répugnante cohabition; aussi peu à peu l'instinct de la pudeur s'émousse forcément; ce sentiment de chasteté naturelle qui a pu jusqu'alors la défendre des obsessions de la débauche... s'affaiblit chez elle; dans le vice elle ne voit plus qu'un moyen d'améliorer un peu un sort intolérable... elle cède alors... et le premier agioteur qui peut donner une gouvernante à ses filles s'exclame sur la corruption, sur la dégradation des enfans du peuple.

Et encore l'existence de ces ouvrières, si pénible qu'elle soit, est relativement *heureuse...*

Et si l'ouvrage manque un jour, deux jours?

Et si la maladie vient? Maladie presque toujours due à l'insuffisance ou à l'insalubrité de la nourriture, au manque d'air, de soins, de repos; maladie souvent assez énervante pour empêcher presque tout travail, et pas assez dangereuse pour *mériter* la faveur d'un lit dans un hôpital...

Alors que deviennent ces infortunées? En vérité, la pensée hésite à se reposer sur de si lugubres tableaux.

Cette insuffisance de salaires, source unique, effrayante de tant de douleurs, de tant de vices souvent... cette insuffisance de salaires est générale, surtout chez les femmes : encore une fois, il ne s'agit pas ici de misères individuelles, mais d'une misère qui atteint des classes entières. Le type que nous allons tâcher de développer dans la Mayeux résume la condition morale et matérielle de milliers de créatures humaines obligées de vivre à Paris avec 4 francs par semaine.

La pauvre ouvrière, malgré les avantages qu'elle devait, sans le savoir, à la générosité d'Agricol, vivait donc misérablement; sa santé, déjà chétive, s'était profondément altérée à la suite de tant de mortifications; pourtant, par un sentiment de délicatesse extrême, et bien qu'elle ignorât le léger sacrifice fait pour elle par Agricol, la Mayeux prétendait gagner un peu plus qu'elle ne gagnait réellement afin de s'épargner des offres de service qui lui eussent été doublement pénibles, et parce qu'elle savait la position gênée de Françoise et de son fils, et parce qu'elle se fût sentie blessée dans sa susceptibilité naturelle, encore exaltée par des chagrins et des humiliations sans nombre.

Mais, chose rare, ce corps difforme renfermait une âme aimante et généreuse, un esprit cultivé... cultivé jusqu'à la poésie; hâtons-nous d'ajouter que ce phénomène était dû à l'exemple d'Agricol Baudoin, avec qui la Mayeux avait été élevée. et chez lequel l'instinct poétique s'était naturellement révélé.

La pauvre fille avait été la première confidente des essais littéraires du jeune forgeron; et lorsqu'il lui parla du charme, du délassement extrême qu'il trouvait, après une dure journée de travail, dans la rêverie poétique, l'ouvrière, douée d'un esprit naturel remarquable, sentit à son tour de quelle ressource pourrait lui être cette distraction, à elle toujours si solitaire, si dédaignée.

Un jour, au grand étonnement d'Agricol, qui venait de lui lire une pièce de vers, la bonne Mayeux rougit, balbutia, sourit timidement, et enfin lui fit aussi sa confidence poétique.

Les vers manquaient peut-être de rhythme, d'harmonie; mais ils étaient simples, touchans comme une plainte sans amertume confiée au cœur d'un ami... Depuis ce jour, Agricol et elle se consultèrent, s'encouragèrent mutuellement; mais, sauf lui, personne au monde ne fut instruit des essais poétiques de la Mayeux, qui du reste, grâce à sa timidité sauvage, passait pour sotte.

Il fallait que l'âme de cette infortunée fût grande et belle, car jamais dans ses chants ignorés il n'y eut un seul mot de colère ou de haine contre le sort fatal dont elle était victime; c'était une plainte triste mais douce, désespérée mais résignée; c'étaient surtout des accens d'une tendresse infinie, d'une sympathie douloureuse, d'une angélique charité pour tous les pauvres êtres voués comme elle au double fardeau de la laideur et de la misère.

Pourtant elle exprimait souvent une admiration naïve et sincère pour la beauté, et cela toujours sans envie, sans amertume; elle admirait la beauté comme elle admirait le soleil...

Mais, hélas!... il y eut bien des vers de la Mayeux qu'Agricol ne connaissait pas et qu'il ne devait jamais connaître; le jeune forgeron, sans être régulièrement beau, avait une figure mâle et loyale, autant de bonté que de courage, un cœur noble, ardent, généreux, un esprit peu commun, une gaîté douce et franche.

La jeune fille, élevée avec lui, l'aima comme peut aimer une créature infortunée, qui, dans la crainte d'un ridicule atroce, est obligée de cacher son amour au plus profond de son cœur... Obligée à cette réserve, à cette dissimulation profonde, la Mayeux ne chercha pas à fuir cet amour. A quoi bon? Qui le saurait jamais? Son affection fraternelle, bien connue pour Agricol, suffisait à expliquer l'intérêt qu'elle lui portait; aussi n'était-on pas surpris des mortelles angoisses de la jeune ouvrière, lorsqu'en 1830, après avoir intrépidement combattu, Agricol avait été rapporté sanglant chez sa mère.

Enfin, trompé comme tous par l'apparence de ce sentiment, jamais le fils de Dagobert n'avait soupçonné et ne devait soupçonner l'amour de la Mayeux. Telle était donc la jeune fille pauvrement vêtue qui entra dans la chambre où Françoise s'occupait des préparatifs du souper de son fils.

— C'est toi, ma pauvre Mayeux — lui dit-elle; — je ne t'ai pas vue ce matin; tu n'as pas été malade?... Viens donc m'embrasser.

La jeune fille embrassa la mère d'Agricol, et répondit:

— J'avais un travail très pressé, madame Françoise; je n'ai pas voulu perdre un moment, je viens seulement de le terminer... Je vais descendre pour chercher du charbon : n'avez-vous besoin de rien?

— Non, mon enfant... merci... mais tu me vois bien inquiète.... Voilà huit heures et demie... Agricol n'est pas encore rentré... — Puis elle ajouta avec un soupir : — Il se tue de travail pour moi. Ah! je suis bien malheureuse, ma pauvre Mayeux... mes yeux sont complètement perdus :... au bout d'un quart d'heure ma vue se trouble... je n'y vois plus... plus du tout... même à coudre ces sacs... Etre à la charge de mon fils... ça me désole.

— Ah! madame Françoise, si Agricol vous entendait!...

— Je le sais bien, le cher enfant ne songe qu'à moi... c'est ce qui rend mon chagrin plus grand. Et puis enfin, je songe toujours que, pour ne pas me quitter, il renonce à l'avantage que tous ses camarades trouvent chez M. Hardy, son digne et excellent bourgeois... Au lieu d'habiter ici sa triste mansarde, où il fait à peine clair en plein midi, il aurait, comme les autres ouvriers de l'établissement, et à peu de frais, une bonne chambre bien claire, bien chauffée dans l'hiver, bien aérée dans l'été, avec une vue sur des jardins, lui qui aime tant les arbres; sans compter qu'il y a si loin d'ici à son atelier, qui est situé hors Paris, que c'est pour lui une fatigue de venir ici...

— Mais il oublie cette fatigue-là en vous embrassant, madame Baudoin; et puis il sait combien vous tenez à cette maison où il est né... M. Hardy vous avait offert de venir vous établir au Plessis, dans le bâtiment des ouvriers, avec Agricol.

— Oui, mon enfant; mais il aurait fallu abandonner ma paroisse... et je ne le pouvais pas.

— Mais, tenez, madame Françoise, rassurez-vous, le voici... je l'entends, dit la Mayeux en rougissant.

En effet, un chant plein, sonore et joyeux, retentit dans l'escalier.

— Qu'il ne me voie pas pleurer au moins — dit la bonne mère en essuyant ses yeux remplis de larmes — il n'a que cette heure de repos et de tranquillité après son travail;... que je ne la lui rende pas du moins pénible.

CHAPITRE III.

AGRICOL BAUDOIN.

Le poète forgeron était un grand garçon de vingt-quatre ans environ, alerte et robuste, au teint hâlé, aux cheveux et aux yeux noirs, au nez aquilin, à la physionomie hardie, expressive et ouverte; sa ressemblance avec Dagobert était d'autant plus frappante qu'il portait, selon la mode d'alors, une épaisse moustache brune, et que sa barbe, taillée en pointe, lui couvrait seulement le menton; ses joues étaient d'ailleurs rasées depuis l'angle de la mâchoire jusqu'aux tempes; un pantalon de velours olive, une blouse bleue bronzée à la fumée de la forge, une cravate noire négligemment nouée autour de son cou nerveux, une casquette de drap à courte visière, tel était le costume d'Agricol; la seule chose qui contrastât singulièrement avec ces habits de travail était une magnifique et large fleur d'un pourpre foncé, à pistils d'un blanc d'argent, que le forgeron tenait à la main.

— Bonsoir, bonne mère... — dit-il en entrant et en allant aussitôt embrasser Françoise : — puis, faisant un signe de tête amical à la jeune fille, il ajouta : — Bonsoir, ma petite Mayeux.

— Il me semble que tu es bien en retard, mon enfant... — dit Françoise en se dirigeant vers le petit poêle où était le modeste repas de son fils; — je commençais à m'inquiéter...

— A t'inquiéter pour moi... ou pour mon souper, chère mère? — dit gaîment Agricol. — Diable... c'est que tu ne me pardonnerais pas de faire attendre le bon petit repas que tu me prépares, et cela dans la crainte qu'il fût moins bon... Gourmande... va!

Et ce disant, le forgeron voulut encore embrasser sa mère.

— Mais finis donc... vilain enfant... tu vas me faire renverser le poêlon.

— Ça serait dommage, bonne mère, car ça embaume... Laissez-moi voir ce que c'est...

— Mais non... attends donc...

— Je parie qu'il s'agit de certaines pommes de terre au lard que j'adore.

— Un samedi, n'est ce pas? — dit Françoise d'un ton de doux reproche.

— C'est vrai — dit Agricol en échangeant avec la Mayeux un sourire d'innocente malice; — mais à propos de samedi — ajouta-t-il — tenez, ma mère, voilà ma paye.

— Merci, mon enfant, mets-la dans l'armoire.

— Oui, ma mère

— Ah! mon Dieu! — dit tout à coup la jeune ouvrière, au moment où Agricol allait mettre son argent dans l'armoire — quelle belle fleur tu as à la main, Agricol!... je n'en ai jamais vu de pareille... et en plein hiver encore... Regardez donc, madame Françoise.

— Hein, ma mère! — dit Agricol en s'approchant de sa mère pour lui montrer la fleur de plus près. — Regardez, admirez, et surtout sentez... car il est impossible de trouver une odeur plus douce, plus agréable... c'est un mélange de vanille et de fleur d'oranger (1).

— C'est vrai, mon enfant, ça embaume. — Mon Dieu! que c'est donc beau! — dit Françoise en joignant les mains avec admiration. — Où as-tu trouvé cela?

— Trouvé, ma bonne mère? — dit Agricol en riant. — Diable! vous croyez que l'on fait de ces trouvailles-là en venant de la barrière du Maine à la rue Brise-Miche?

— Et comment donc l'as-tu, alors? — dit la Mayeux, qui partageait la curiosité de Françoise.

— Ah! voilà... vous voudriez bien le savoir... eh bien! je vais vous satisfaire... cela t'expliquera pourquoi je rentre si tard, ma bonne mère... car autre chose encore m'a attardé : c'est vraiment la soirée aux aventures... Je m'en revenais donc d'un bon pas; j'étais déjà au coin de la rue de Babylone, lorsque j'entends un petit jappement doux et plaintif; il faisait encore un peu jour... je regarde... c'était la plus jolie petite chienne qu'on puisse voir, grosse comme le poing, noire et feu, avec des soies et des oreilles traînant jusque sur ses pattes.

— C'était un chien perdu, bien sûr — dit Françoise.

— Justement. Je prends donc la pauvre petite bête, qui se met à me lécher les mains; elle avait autour du cou un large ruban de satin rouge, noué avec une grosse bouffette; ça ne me disait pas le nom de son maitre; je regarde sous le ruban, et je vois un petit collier fait de chaînettes d'or ou de vermeil, avec une petite plaque;... je prends une allumette chimique dans ma boîte à tabac; je frotte, j'ai assez de clarté pour lire, et je lis : LUTINE : *appartient à Mademoiselle Adrienne de Cardoville, rue de Babylone, numéro 7.*

— Heureusement tu te trouvais dans la rue — dit la Mayeux.

— Comme tu dis; je prends la petite bête sous mon bras, je m'oriente, j'arrive le long d'un grand mur de jardin qui n'en finissait pas, et je trouve enfin la porte d'un petit pavillon qui dépend sans doute d'un grand hôtel situé à l'autre bout du mur du parc, car ce jardin a l'air d'un parc;... je regarde en l'air et je vois le numéro 7, fraîchement peint au-dessus d'une petite porte à guichet; je sonne; au bout de quelques instans passés sans doute à m'examiner, car il me semble avoir vu deux yeux à travers le grillage du guichet, on m'ouvre... A partir de maintenant... vous n'allez plus me croire.

— Pourquoi donc, mon enfant?

— Parce que j'aurai l'air de vous faire un conte de fées.

— Un conte de fées? — dit la Mayeux.

— Absolument, car je suis encore tout ébloui, tout émerveillé de ce que j'ai vu... c'est comme le vague souvenir d'un rêve.

— Voyons donc, voyons donc — dit la bonne mère, si intéressée qu'elle ne s'apercevait pas que le souper de son fils commençait à répandre une légère odeur de brûlé.

— D'abord — reprit le forgeron en souriant de l'impatiente curiosité qu'il inspirait — c'est une jeune demoiselle qui m'ouvre, mais si jolie, mais si coquettement et si gracieusement habillée, qu'on eût dit un charmant portrait des temps passés; je n'avais pas dit un mot qu'elle s'écrie :— Ah! mon Dieu, monsieur, c'est Lutine; vous l'avez trouvée, vous la rapportez; combien mademoiselle Adrienne va être heureuse! Venez tout de suite, venez; elle regretterait trop de n'avoir pas eu le plaisir de vous remercier elle-même. — Et sans me laisser le temps de répondre, cette jeune fille me fait signe de la suivre... Dame, ma bonne mère, vous raconter ce que j'ai pu voir de magnificence en traversant un petit salon à demi éclairé qui embaumait, ça me serait impossible; la jeune fille marchait trop vite. — Une porte s'ouvre : ah! c'était bien autre chose! C'est alors que j'ai eu un tel éblouissement, que je ne me rappelle rien qu'une espèce de miroitement d'or, de lumière, de cristal et de fleurs, et, au milieu de ce scintillement, une jeune demoiselle d'une beauté, oh! d'une beauté idéale... mais elle avait les cheveux roux ou plutôt

---

(1) Fleur magnifique du *crinum amabile*, admirable plante bulbeuse de serre chaude.

brillans comme de l'or... C'était charmant; je n'ai de ma vie vu de cheveux pareils!... Avec ça, des yeux noirs, des lèvres rouges et une blancheur éclatante, c'est tout ce que je me rappelle... car, je vous le répète, j'étais si surpris, si ébloui, que je voyais comme à travers un voile... — Mademoiselle — dit la jeune fille, que je n'aurais jamais prise pour une femme de chambre, tant elle était élégamment vêtue — voilà Lutine, monsieur l'a trouvée, il la rapporte. — Ah! monsieur — me dit d'une voix douce et argentine la demoiselle aux cheveux dorés — que de remercîmens j'ai à vous faire!... Je suis follement attachée à Lutine... — Puis, jugeant sans doute à mon costume qu'elle pouvait ou qu'elle devait peut-être me remercier autrement que par des paroles, elle prit une petite bourse de soie à côté d'elle et me dit, je dois l'avouer, avec hésitation : — Sans doute, monsieur, cela vous a beaucoup dérangé de me rapporter Lutine; peut-être avez-vous perdu un temps précieux pour vous... permettez-moi... — et elle avança la bourse.

— Ah! Agricol — dit tristement la Mayeux — comme on se méprenait!

— Attends la fin... et tu lui pardonneras, à cette demoiselle. Voyant sans doute d'un clin d'œil à ma mine que l'offre de la bourse m'avait vivement blessé, elle prend dans un magnifique vase de porcelaine placé à côté d'elle cette superbe fleur, et, s'adressant à moi avec un accent rempli de grâce et de bonté, qui laissait deviner qu'elle regrettait de m'avoir choqué, elle me dit :

— Au moins, monsieur, vous accepterez cette fleur...

— Tu as raison, Agricol — dit la Mayeux en souriant avec mélancolie ; — il est impossible de mieux réparer une erreur involontaire.

— Cette digne demoiselle — dit Françoise en essuyant ses yeux — comme elle devinait bien mon Agricol !

— N'est-ce pas, ma mère ? Mais au moment où je prenais la fleur sans oser lever les yeux, car, quoique je ne sois pas timide, il y avait dans cette demoiselle, malgré sa bonté, quelque chose qui m'imposait, une porte s'ouvre, et une autre belle jeune fille, grande et brune, mise d'une façon bizarre et élégante, dit à la demoiselle rousse : — Mademoiselle, *il est là*... Aussitôt elle se lève et me dit : — Mille pardons, monsieur, je n'oublierai jamais que je vous ai dû un vif mouvement de plaisir... Veuillez, je vous en prie, en toute circonstance, vous rappeler mon adresse et mon nom, Adrienne de Cardoville. — Là-dessus elle disparaît. Je ne trouve pas un mot à répondre ; la jeune fille me reconduit, me fait une jolie petite révérence à la porte, et me voilà dans la rue de Babylone, aussi ébloui, aussi étonné, je vous le répète, que si je sortais d'un palais enchanté...

— C'est vrai, mon enfant, ça a l'air d'un conte de fées; n'est-ce pas, ma pauvre Mayeux ?

— Oui, madame Françoise — dit la jeune fille d'un ton distrait et rêveur qu'Agricol ne remarqua pas.

— Ce qui m'a touché — reprit-il — c'est que cette demoiselle, toute ravie qu'elle était de revoir sa petite bête, et loin de m'oublier pour elle comme tant d'autres l'auraient fait à sa place, ne s'en est pas occupée devant moi ; cela annonce du cœur et de la délicatesse, n'est-ce pas, Mayeux ? Enfin, je crois cette demoiselle si bonne, si généreuse, que dans une circonstance importante je n'hésiterais pas à m'adresser à elle...

— Oui... tu as raison — répondit la Mayeux de plus en plus distraite.

La pauvre fille souffrait amèrement... Elle n'éprouvait aucune haine, aucune jalousie contre cette jeune personne inconnue, qui, par sa beauté, par son opulence, par la délicatesse de ses procédés, semblait appartenir à une sphère tellement haute et éblouissante, que la vue de la Mayeux ne pouvait pas seulement y atteindre... mais, faisant involontairement un douloureux retour sur elle-même, jamais peut-être l'infortunée n'avait plus cruellement ressenti le poids de la laideur et de la misère...

Et pourtant telle était l'humble et douce résignation de cette noble créature, que la seule chose qui l'eût un instant indisposée contre Adrienne de Cardoville avait été l'offre d'une bourse à Agricol; mais la façon charmante dont la jeune fille avait réparé cette erreur touchait profondément la Mayeux...

Cependant son cœur se brisait; cependant elle ne pouvait retenir ses larmes en contemplant cette magnifique fleur si brillante, si parfumée, qui, donnée par une main charmante, devait être si précieuse à Agricol.

— Maintenant, ma mère — reprit en riant le jeune forgeron, qui ne s'était pas aperçu de la pénible émotion de la Mayeux — vous avez mangé votre pain blanc le premier en fait d'histoires. Je viens de vous dire une des causes de mon retard... voici l'autre... Tout à l heure... en entrant, j'ai rencontré le teinturier au bas de l escalier ; il avait les bras d'un vert lézard superbe ; il m'arrête et il me dit d'un air tout effaré qu'il avait cru voir un homme assez bien mis rôder autour de la maison comme s'il espionnait... — Eh bien! qu'est-ce que ça vous fait, père Loriot ? lui ai-je dit. — Est-ce que vous avez peur qu'on surprenne votre secret de faire ce beau vert dont vous êtes ganté jusqu'au coude?

— Qu'est-ce que ça peut être, en effet, que cet homme, Agricol ? — dit Françoise.

— Ma foi, ma mère, je n'en sais rien, et je ne m'en occupe guère ; j'ai engagé le père Loriot, qui est bavard comme un geai, à retourner à sa cave, vu que d'être espionné devait lui importer aussi peu qu'à moi...

En disant ces mots, Agricol alla déposer le petit sac de cuir qui contenait sa paye dans le tiroir du milieu de l'armoire.

Au moment où Françoise posait son poêlon sur un coin de la table, la Mayeux, sortant de sa rêverie, remplit une cuvette d'eau et vint l'apporter au jeune forgeron, en lui disant d'une voix douce et timide : « Agricol pour tes mains.

— Merci, ma petite Mayeux... Es-tu gentille!... — Puis, avec l'accent et le mouvement les plus naturels du monde, il ajouta : — Tiens, voilà ma belle fleur pour ta peine...

— Tu me la donnes!... — s'écria l'ouvrière d'une voix altérée, pendant qu'un vif incarnat colorait son pâle et intéressant visage — tu me la donnes... cette superbe fleur... que cette demoiselle si belle, si riche, si bonne, si gracieuse t'a donnée... — Et la pauvre Mayeux répéta avec une stupeur croissante : — Tu me la donnes!!!...

— Que diable veux-tu que j'en fasse?... que je la mette sur mon cœur?... que je la fasse monter en épingle? — dit Agricol en riant. — J ai été très sensible, il est vrai, à la manière charmante dont cette demoiselle m'a remercié. Je suis ravi de lui avoir retrouvé sa petite chienne, et très-heureux de te donner cette fleur, puisqu'elle te fait plaisir... Tu vois que la journée a été bonne...

Et ce disant, pendant que la Mayeux recevait la fleur en tremblant de bonheur, d'émotion, de surprise, le jeune forgeron s'occupa de se laver les mains, si noircies de limaille de fer et de fumée de charbon, qu'en un instant l'eau limpide devint noire. Agricol montrant du coin de l'œil cette métamorphose à la Mayeux, lui dit tout bas en riant : « Voilà de l'encre économique pour nous autres barbouilleurs de papier... Hier, j ai fini des vers dont je ne suis pas trop mécontent ; je te lirai ça. »

En parlant ainsi, Agricol essuya naïvement ses mains au-devant de sa blouse pendant que la Mayeux reportait la cuvette sur la commode, et posait religieusement sa belle fleur sur un des côtés de la cuvette.

— Tu ne peux pas me demander une serviette? — dit Françoise à son fils en haussant les épaules. — Essuyer tes mains à ta blouse!

— Elle est incendiée toute la journée par le feu de la forge... Ça ne lui fait pas de mal d'être rafraîchie le soir. Hein! suis-je désobéissant, ma bonne mère!... Gronde-moi donc... si tu l'oses... Voyons.

Pour toute réponse, Françoise prit entre ses mains la tête de son fils, cette tête si belle de franchise, de résolution et d'intelligence, le regarda un moment avec un orgueil maternel, et le baisa vivement au front à plusieurs reprises.

— Voyons, assieds-toi... tu restes debout toute la journée à ta forge... et il est tard.

— Bien... ton fauteuil... notre querelle de tous les soirs va recommencer ; ôte-le de là, je serai aussi bien sur une chaise...

— Pas du tout, c'est bien le moins que tu te délasses après un travail si rude.

— Ah! quelle tyrannie, ma pauvre Mayeux... — dit gaîment Agricol en s'asseyant ; — du reste..... je fais le bon apôtre, mais je m'y trouve parfaitement bien, dans ton fauteuil ; depuis que je me suis gobergé sur le trône des Tuileries je n'ai jamais été mieux assis de ma vie.

Françoise Baudoin, debout d'un côté de la table, coupait un morceau de pain pour son fils ; de l'autre côté, la Mayeux prit la bouteille et lui versa à boire dans le gobelet d'argent : il y avait quelque chose de touchant dans l'empressement attentif de ces deux excellentes créatures pour celui qu'elles aimaient si tendrement.

— Tu ne veux pas souper avec moi ? — dit Agricol à la Mayeux.

— Merci, Agricol — dit la couturière en baissant les yeux ; — j'ai dîné tout à l'heure.

— Oh ! ce que je t'en disais, c'était pour la forme, car tu as tes manies, et pour rien au monde tu ne mangerais avec nous... C'est comme ma mère, elle préfère dîner toute seule ;... de cette manière-là elle se prive sans que je le sache...

— Mais, mon Dieu, non, mon cher enfant... c'est que cela convient mieux à ma santé... de dîner de très-bonne heure... Eh bien ! trouves-tu cela bon ?

— Bon ?... mais dites donc excellent... c'est de la merluche aux navets... et je suis fou de la merluche ; j'étais né pour être pêcheur à Terre-Neuve.

Le digne garçon trouvait au contraire assez peu restaurant, après une rude journée de travail, ce fade ragoût, qui avait même quelque peu brûlé pendant son récit ; mais il savait rendre sa mère si contente *en faisant maigre*, sans trop se plaindre, qu'il eut l'air de savourer ce poisson avec sensualité ; aussi la bonne femme ajouta d'un air satisfait : — Oh !... on voit bien que tu t'en régales, mon cher enfant : vendredi et samedi prochains je t'en ferai encore.

— Bien, merci, ma mère... seulement, n'en faites pas deux jours de suite, je me blaserais... Ah çà ! maintenant, parlons de ce que nous ferons demain pour notre dimanche. Il faut nous amuser beaucoup ; depuis quelques jours, je te trouve triste, chère mère... et je n'entends pas cela... Je me figure alors que tu n'es pas contente de moi.

— Oh ! mon cher enfant... toi... le modèle des...

— Bien ! bien ! Alors prouve-moi que tu es heureuse en prenant un peu de distraction. Peut-être aussi mademoiselle nous fera-t-elle l'honneur de nous accompagner comme la dernière fois — dit Agricol en s'inclinant devant la Mayeux.

Celle-ci rougit, baissa les yeux ; sa figure prit une expression de douloureuse amertume, et elle ne répondit pas.

— Mon enfant, j'ai mes offices toute la journée ;... tu sais bien — dit Françoise à son fils.

— A la bonne heure ; eh bien ! le soir ?... Je ne te proposerai pas d'aller au spectacle ; mais on dit qu'il y a un faiseur de tours de gobelets très amusant.

— Merci, mon enfant ; c'est toujours un spectacle...

— Ah ! ma bonne mère, ceci est de l'exagération.

— Mon pauvre enfant, est-ce que j'empêche jamais les autres de faire ce qu'il leur plaît ?...

— C'est juste... pardon, ma mère ; eh bien ! s'il fait beau, nous irons tout bonnement nous promener sur les boulevards avec cette pauvre Mayeux ; voilà près de trois mois qu'elle n'est sortie avec nous... car sans nous... elle ne sort pas.

— Non, sors seul, mon enfant... fais ton dimanche, c'est bien le moins.

— Voyons, ma bonne Mayeux, aide-moi donc à décider ma mère.

— Tu sais, Agricol — dit la couturière en rougissant et en baissant les yeux — tu sais que je ne dois plus sortir avec toi... et ta mère...

— Et pourquoi, mademoiselle ?... Pourrait-on sans indiscrétion vous demander la cause de ce refus ? — dit gaîment Agricol.

La jeune fille sourit tristement, et lui répondit : — Parce que je ne veux plus jamais t'exposer à avoir une querelle à cause de moi, Agricol...

— Ah !... pardon... pardon — dit le forgeron d'un air sincèrement peiné ; et il se frappa le front avec impatience.

Voici à quoi la Mayeux faisait allusion :

Quelquefois, bien rarement, car elle y mettait la plus excessive discrétion, la pauvre fille avait été se promener avec Agricol et sa mère ; pour la couturière ça avait été des fêtes sans pareilles ; elle avait veillé bien des nuits, jeûné bien des jours pour pouvoir s'acheter un bonnet passable et un petit châle, afin de ne pas faire honte à Agricol et à sa mère ; ces cinq ou six promenades, faites au bras de celui qu'elle idolâtrait en secret, avaient été les seuls jours de bonheur qu'elle eût jamais connus.

Lors de leur dernière promenade, un homme brutal et grossier l'avait coudoyée si rudement que la pauvre fille n'avait pu retenir un léger cri de douleur... auquel cri cet homme avait répondu... — Tant pis pour toi, mauvaise bossue !

Agricol était, comme son père, doué de cette bonté patiente que la force et le courage donnent aux cœurs généreux ; mais il était d'une extrême violence lorsqu'il s'agissait de châtier une lâche insulte. Irrité de la méchanceté, de la grossièreté de cet homme, Agricol avait quitté le bras de sa mère pour appliquer à ce brutal, qui était de son âge, de sa taille et de sa force, les deux meilleurs soufflets que jamais large et robuste main de forgeron ait appliqués sur une face humaine ; le brutal voulut riposter, Agricol redoubla la correction, à la grande satisfaction de la foule ; et l'autre disparut au milieu des huées.

C'est cette aventure que la pauvre Mayeux venait de rappeler en disant qu'elle ne voulait plus sortir avec Agricol, afin de lui épargner toute querelle à son sujet.

On conçoit le regret du forgeron d'avoir involontairement réveillé le souvenir de cette pénible circonstance... hélas ! plus pénible encore pour la Mayeux que ne pouvait le supposer Agricol, car elle l'aimait passionnément... et elle avait été cause de cette querelle par une infirmité ridicule.

Agricol, malgré sa force et sa résolution, avait une sensibilité d'enfant ; en songeant à ce que ce souvenir devait avoir de douloureux pour la jeune fille, une grosse larme lui vint aux yeux, et lui tendant fraternellement les bras, il lui dit : — Pardonne-moi ma sottise, viens m'embrasser...

Et il appuya deux bons baisers sur les joues pâles et amaigries de la Mayeux.

A cette cordiale étreinte, les lèvres de la jeune fille blanchirent, et son pauvre cœur battit si violemment qu'elle fut obligée de s'appuyer à l'angle de la table.

— Voyons, tu me pardonnes, n'est-cs pas ? — lui dit Agricol.

— Oui, oui — dit-elle en cherchant à vaincre son émotion — pardon, à mon tour, de ma faiblesse... mais le souvenir de cette querelle me fait mal... j'étais si effrayée pour toi... Si la foule avait pris le parti de cet homme...

— Hélas ! mon Dieu ! — dit Françoise en venant en aide à la Mayeux sans le savoir — de ma vie je n'ai eu si grand'peur !

— Oh ! quant à ça... ma chère mère... — reprit Agricol, afin de changer le sujet de cette conversation désagréable pour lui et pour la couturière — toi, la femme d'un soldat... d'un ancien grenadier à cheval de la garde impériale... tu n'es guère crâne... Oh ! brave père !... Non... tiens... vois-tu... je ne veux pas penser qu'il arrive... ça me met trop... sens dessus dessous...

— Il arrive... — dit Françoise en soupirant. — Dieu le veuille !...

— Comment, ma mère, Dieu le veuille ?... il faudra bien, pardieu, qu'il le veuille... tu as fait dire assez de messes pour ça...

— Agricol... mon enfant — dit Françoise en interrompant son fils et en secouant la tête avec tristesse — ne parle pas ainsi... et puis il s'agit de ton père...

— Allons... bien... j'ai de la chance ce soir. A ton tour maintenant. Ah çà, je deviens décidément bête ou fou... Pardon, ma mère... je n'ai que ce mot-là à la bouche ce soir ; pardon... vous savez bien que quand je m'échappe à propos de certaines choses... c'est malgré moi, car je sais la peine que je vous cause.

— Ce n'est pas moi... que tu offenses... mon pauvre cher enfant.

— Ça revient au même, car je ne sais rien de pis que d'offenser sa mère... Mais quant à ce que je te disais de la prochaine arrivée de mon père... il n'y a pas à en douter...

— Mais depuis quatre mois... nous n'avons pas reçu de lettres.

— Rappelle-toi, ma mère, dans cette lettre qu'il dictait, parce que, nous disait-il avec sa franchise de soldat, s'il lisait passablement, il n'en allait pas de même de l'écriture ; dans cette lettre il nous disait de ne pas nous inquiéter de lui, qu'il serait à Paris à la fin de janvier, et que trois ou quatre jours avant son arrivée il nous ferait savoir par quelle barrière il arriverait afin que j'aille l'y chercher.

— C'est vrai, mon enfant... et pourtant nous voici au mois de février, et rien encore...

— Raison de plus pour que nous ne l'attendions pas long-temps ; je vais même plus loin, je ne serais pas étonné que ce bon Gabriel arrivât à peu près à cette époque-ci... Sa dernière lettre d'Amérique me le faisait espérer. Quel bonheur... ma mère, si toute la famille était réunie !

— Que Dieu t'entende, mon enfant !... ce sera un beau jour pour moi...

— Et ce jour-là arrivera bientôt, croyez-moi. Avec mon père... pas de nouvelles... bonnes nouvelles...

— Te rappelles-tu bien ton père, Agricol ? — dit la Mayeux.

— Ma foi, pour être juste, ce que je me rappelle surtout, c'est son grand bonnet à poil et ses moustaches qui me faisaient une peur du diable. Il n'y avait que le ruban rouge de sa croix sur les revers blancs de son uniforme et la brillante poignée de son sabre qui me raccommodassent un peu avec lui, n'est-ce pas, ma mère ?... Mais qu'as-tu donc ?... tu pleures.

— Hélas ! pauvre Baudoin... il a dû tant souffrir... depuis qu'il est séparé de nous ! A son âge, soixante ans passés... Ah ! mon cher enfant... mon cœur se fend quand je pense qu'il va ne faire peut-être que changer de misère.

— Que dites-vous ?...

— Hélas ! je ne gagne plus rien...

— Eh bien ! et moi donc ? Est-ce que ne voilà pas une chambre pour lui et pour toi, une table pour lui et pour toi ?... Seulement, ma bonne mère, puisque nous parlons ménage — ajouta le forgeron en donnant à sa voix une nouvelle expression de tendresse afin de ne pas choquer sa mère... — laisse-moi te dire une chose : lorsque mon père sera revenu ainsi que Gabriel, tu n'auras pas besoin de faire dire des messes ni de faire brûler des cierges pour eux, n'est-ce pas ? Eh bien ! grâce à cette économie-là... le brave père pourra avoir sa bouteille de vin tous les jours et du tabac pour fumer sa pipe... Puis, les dimanches, nous lui ferons faire un bon petit dîner chez le traiteur.

Quelques coups frappés à la porte interrompirent Agricol.

— Entrez ! — dit-il.

Mais au lieu d'entrer, la personne qui venait de frapper ne fit qu'entre-bâiller la porte, et l'on vit un bras et une main d'un vert splendide faire des signes d'intelligence au forgeron.

— Tiens, c'est le père Loriot... le modèle des teinturiers — dit Agricol ; — entrez-donc, ne faites pas de façons, père Loriot.

— Impossible, mon garçon, je ruisselle de teinture de la tête aux pieds... Je mettrais au vert tout le carreau de madame Françoise.

— Tant mieux, ça aura l'air d'un pré, moi qui adore la campagne !

— Sans plaisanterie, Agricol, il faut que je vous parle tout de suite.

— Est-ce à propos de l'homme qui nous espionne ? Rassurez-vous donc, qu'est-ce que ça nous fait ?

— Non, il me semble qu'il est parti, ou plutôt le brouillard est si épais, que je ne le vois plus... mais ce n'est pas ça... venez donc vite... c'est... c'est pour une affaire importante — ajouta le teinturier d'un air mystérieux — une affaire qui ne regarde que vous seul.

— Que moi seul ? — dit Agricol en se levant assez surpris ; — qu'est-ce que ça peut être ?

— Va donc voir, mon enfant — dit Françoise.

— Oui, ma mère ; mais que le diable m'emporte si j'y comprends quelque chose.

Et le forgeron sortit, laissant sa mère seule avec la Mayeux.

CHAPITRE IV.

LE RETOUR.

Cinq minutes après être sorti, Agricol rentra; ses traits étaient pâles, bouleversés, ses yeux remplis de larmes, ses mains tremblantes; mais sa figure exprimait un bonheur, un attendrissement extraordinaires. Il resta un moment devant la porte, comme si l'émotion l'eût empêché de s'approcher de sa mère...

La vue de Françoise était si affaiblie, qu'elle ne s'aperçut pas d'abord du changement de physionomie de son fils.

— Eh bien! mon enfant, qu'est-ce que c'est? lui demanda-t-elle.

Avant que le forgeron eût répondu, la Mayeux, plus clairvoyante, s'écria:

— Mon Dieu!... Agricol... qu'y a-t-il? comme tu es pâle!...

— Ma mère! — dit alors l'artisan d'une voix altérée, en allant précipitamment auprès de Françoise sans répondre à la Mayeux, — ma mère, il faut vous attendre à quelque chose qui va bien vous étonner... promettez-moi d'être raisonnable.

— Que veux-tu dire?... Comme tu trembles!... regarde-moi! Mais la Mayeux a raison... tu es bien pâle!...

— Ma bonne mère... — et Agricol, se mettant à genoux devant Françoise, prit ses deux mains dans les siennes — il faut... vous ne savez pas... mais...

Le forgeron ne put achever; des pleurs de joie entrecoupaient sa voix.

— Tu pleures... mon cher enfant... Mais, mon Dieu! qu'y a-t-il donc? Tu me fais peur...

— Peur... oh! non... au contraire! — dit Agricol en essuyant ses yeux; — vous allez être bien heureuse... Mais, encore une fois, il faut être raisonnable... parce que la trop grande joie fait autant de mal que le trop grand chagrin...

— Comment?

— Je vous le disais bien... moi, qu'il arriverait...

— Ton père!!! s'écria Françoise.

Elle se leva de son fauteuil. Mais sa surprise, son émotion, furent si vives, qu'elle mit une main sur son cœur pour en comprimer les battemens... puis elle se sentit faiblir. Son fils la soutint et l'aida à se rasseoir. La Mayeux s'était jusqu'alors discrètement tenue à l'écart pendant cette scène, qui absorbait complètement Agricol et sa mère; mais elle s'approcha timidement, pensant qu'elle pouvait être utile, car les traits de Françoise s'altéraient de plus en plus.

— Voyons, du courage, ma mère, — reprit le forgeron; — maintenant le coup est porté... il ne vous reste plus qu'à jouir du bonheur de revoir mon père.

— Mon pauvre Baudoin... après dix-huit ans d'absence... je ne peux pas y croire — reprit Françoise en fondant en larmes. — Est-ce bien vrai, mon Dieu, est-ce bien vrai?...

— Cela est si vrai, que si vous me promettiez de ne pas trop vous émouvoir... je vous dirais quand vous le verrez.

— Oh! bientôt... n'est-ce pas?

— Oui... bientôt.

— Mais quand arrivera-t-il?

— Il peut arriver d'un moment à l'autre... demain... aujourd'hui peut-être...

— Aujourd'hui?

— Eh bien! oui, ma mère... il faut enfin vous le dire... il arrive... il est arrivé...

— Il est... il est...

Et Françoise, balbutiant, ne put achever.

— Tout à l'heure il était en bas; avant de monter, il avait prié le teinturier de venir m'avertir, afin que je te prépare à le voir... car ce brave père craignait qu'une surprise trop brusque ne te fît mal...

— Oh! mon Dieu...
— Et maintenant, — s'écria le forgeron avec une explosion de bonheur indicible, — il est là... il attend... Ah! ma mère... je n'y tiens plus, depuis dix minutes le cœur me bat à me briser la poitrine.

Et s'élançant vers la porte, il ouvrit.

Dagobert, tenant Rose et Blanche par la main, parut sur le seuil...

Au lieu de se jeter dans les bras de son mari... Françoise tomba à genoux... et pria. Elevant son âme à Dieu, elle le remerciait avec une profonde gratitude d'avoir exaucé ses vœux, ses prières, et ainsi récompensé ses offrandes.

Pendant une seconde, les acteurs de cette scène restèrent silencieux, immobiles.

Agricol, par un sentiment de respect et de délicatesse qui luttait à grand'peine contre l'impétueux élan de sa tendresse, n'osait pas se jeter au cou de Dagobert : il attendait avec une impatience à peine contenue que sa mère eût terminé sa prière.

Le soldat éprouvait le même sentiment que le forgeron; tous deux se comprirent : le premier regard que le père et le fils échangèrent exprima leur tendresse, leur vénération pour cette excellente femme, qui, dans la préoccupation de sa religieuse ferveur, oubliait un peu trop la créature pour le créateur.

Rose et Blanche, interdites, émues, regardaient avec intérêt cette femme agenouillée, tandis que la Mayeux, versant silencieusement des larmes de joie à la pensée du bonheur d'Agricol, se retirait dans le coin le plus obscur de la chambre, se sentant étrangère et nécessairement oubliée au milieu de cette réunion de famille.

Françoise se releva et fit un pas vers son mari, qui la reçut dans ses bras. Il y eut un moment de silence solennel. Dagobert et Françoise ne se dirent pas un mot; on entendit quelques soupirs entrecoupés de sanglots, d'aspirations de joie... Et lorsque les deux vieillards redressèrent la tête, leur physionomie était calme, radieuse, sereine... car la satisfaction complète des sentimens simples et purs ne laisse jamais après soi une agitation fébrile et violente.

— Mes enfans — dit le soldat d'une voix émue, en montrant aux orphelines Françoise, qui, sa première émotion passée, les regardait avec étonnement — c'est ma bonne et digne femme... elle sera pour les filles du général Simon ce que j'ai été moi-même...

— Alors, madame, vous nous traiterez comme vos enfans — dit Rose en s'approchant de Françoise avec sa sœur.

— Les filles du maréchal Simon !... — s'écria la femme de Dagobert, de plus en plus surprise.

— Oui, ma bonne Françoise, ce sont elles... et je les amène de loin... non sans peine... Je te conterai tout cela plus tard.

— Pauvres petites... on dirait deux anges tout pareils — dit Françoise en contemplant les orphelines avec autant d'intérêt que d'admiration.

— Maintenant... à nous deux... — dit Dagobert en se retournant vers son fils.

— Enfin ! — s'écria celui-ci.

Il faut renoncer à peindre la folle joie de Dagobert et de son fils, la tendre fureur de leurs embrassemens, que le soldat interrompait pour regarder Agricol bien en face, en appuyant ses mains sur les larges épaules du jeune forgeron pour mieux admirer son mâle et franc visage, sa taille svelte et robuste; après quoi il l'étreignit de nouveau contre sa poitrine en disant : — Est-il beau garçon !... est-il bien bâti ! a-t-il l'air bon !...

La Mayeux, toujours retirée dans un coin de la chambre, jouissait du bonheur d'Agricol ; mais elle craignait que sa présence, jusqu'alors inaperçue, ne fût indiscrète. Elle eût bien désiré s'en aller sans être remarquée; mais elle ne le pouvait pas. Dagobert et son fils cachaient presque entièrement la porte, elle resta donc, ne pouvant détacher ses yeux des deux charmans visages de Rose et de Blanche. Elle n'avait jamais rien vu de plus joli au monde, et la ressemblance extraordinaire des jeunes filles entre elles augmentait encore sa surprise; puis enfin leurs modestes vêtemens de deuil semblaient annoncer qu'elles étaient pauvres, et involontairement la Mayeux se sentait encore plus de sympathie pour elles.

— Chères enfans! elles ont froid, leurs petites mains sont glacées, et malheureusement le poêle est éteint... — dit Françoise.

Et elle cherchait à réchauffer dans les siennes les mains des orphelines, pendant que Dagobert et son fils se livraient à un épanchement de tendresse si longtemps contenu...

Aussitôt que Françoise eut dit que le poêle était éteint, la Mayeux, empressée de se rendre utile pour faire excuser sa présence, peut-être inopportune, courut au petit cabinet où étaient renfermées le charbon et le bois, en prit quelques menus morceaux, revint s'agenouiller près du poêle en fonte, et à l'aide de quelque peu de braise cachée sous la cendre, parvint à arllumer le feu, qui bientôt *tira* et *gronda*, pour se servir des expressions consacrées; puis, remplissant une cafetière d'eau, elle la plaça dans la cavité du poêle, pensant à la nécessité de quelque breuvage chaud pour les jeunes filles.

La Mayeux s'occupa de ces soins avec si peu de bruit, avec tant de célérité, on pensait naturellement si peu à elle au milieu des vives émotions de cette soirée, que Françoise, tout occupée de Rose et Blanche, ne s'aperçut du flamboiement du poêle qu'à la douce chaleur qu'il rendit, et bientôt après au frémissement de l'eau bouillante dans la cafetière.

Ce phénomène d'un feu qui se rallumait de lui-même n'étonna pas en ce moment la femme de Dagobert, complétement absorbée par la pensée de savoir comment elle logerait les deux jeunes filles, car, on le sait, le soldat n'avait pas cru devoir la prévenir de leur arrivée.

Tout à coup trois ou quatre aboiemens sonores retentirent derrière la porte.

— Tiens... c'est mon vieux Rabat-Joie — dit Dagobert en allant ouvrir à son chien — il demande à entrer pour connaître aussi la famille.

Rabat-Joie entra en bondissant; au bout d'une seconde, il fut, ainsi qu'on le dit vulgairement, *comme chez lui*. Après avoir frotté son long museau sur la main de Dagobert, il alla tour à tour faire fête à Rose et à Blanche, à Françoise, à Agricol; puis, voyant qu'on faisait peu d'attention à lui, il avisa la Mayeux, qui se tenait timidement dans un coin obscur de la chambre; mettant alors en action cet autre dicton populaire : *les amis de nos amis sont nos amis*, Rabat-Joie vint lécher les mains de la jeune ouvrière oubliée de tous en ce moment.

Par un ressentiment singulier, cette caresse émut la Mayeux jusqu'aux larmes... elle passa plusieurs fois sa main longue, maigre et blanche, sur la tête intelligente du chien; et puis, ne se voyant plus bonne à rien, car elle avait rendu tous les petits services qu'elle croyait pouvoir rendre, elle prit la belle fleur qu'Agricol lui avait donnée, ouvrit doucement la porte, et sortit si discrètement que personne ne s'aperçut de son départ.

Après ces épanchemens d'une affection mutuelle, Dagobert, sa femme et son fils vinrent à penser aux réalités de la vie.

— Pauvre Françoise — dit le soldat en montrant Rose et Blanche d'un regard — tu ne t'attendais pas à une si jolie surprise ?

— Je suis seulement fâchée, mon ami — répondit Françoise — que les demoiselles du général Simon n'aient pas un meilleur logis que cette pauvre chambre... car avec la mansarde d'Agricol...

— Ça compose notre hôtel, et il y en a de plus beaux; mais, rassure-toi, les pauvres enfans sont habituées à ne pas être difficiles;... demain matin je partirai avec mon garçon, bras dessus bras dessous, et je te réponds qu'il ne sera pas celui qui marchera le plus droit et le plus fier de nous deux. Nous irons trouver le père du général Simon à la fabrique de M. Hardy pour causer affaires...

— Demain, mon père — dit Agricol à Dagobert — vous ne trouverez à la frbrique ni M. Hardy ni le père de M. le maréchal Simon...

— Qu'est-ce que tu dis là... mon garçon? — dit vivement Dagobert — le maréchal?

— Sans doute, depuis 1830, des amis du général Simon ont fait connaître le titre et le grade que l'Empereur lui avait conférés après la bataille de **Ligny.**

— Vraiment? — s'écria Dagobert avec émotion — ça ne devrait pas m'étonner... parce que, après tout, c'est justice... et quand l'Empereur a dit une chose, c'est bien le moins qu'on dise comme lui;... mais c'est égal... ça me va là... droit au cœur, ça me remue. — Puis s'adressant aux jeunes filles: — Entendez-vous, mes enfans... vous arrivez à Paris filles d'un duc et d'un maréchal... Il est vrai qu'on ne le dirait guère à vous voir dans cette modeste chambre, mes pauvres petites duchesses... mais, patience, tout s'arrangera. Le père Simon a dû être bien joyeux d'apprendre que son fils était rentré dans son grade... hein, mon garçon?

— Il nous a dit qu'il donnerait tous les grades et tous les titres possibles pour revoir son fils... car c'est pendant l'absence du général que ses amis ont sollicité et obtenu pour lui cette justice;... du reste, on attend incessamment le maréchal, car ses dernières lettres de l'Inde annonçaient son arrivée.

A ces mots, Rose et Blanche se regardèrent; leurs yeux s'étaient remplis de douces larmes.

— Dieu merci! moi et ces enfans nous comptons sur ce retour; mais pourquoi ne trouverons-nous demain à la fabrique, ni M. Hardy ni le père Simon?

— Ils sont partis depuis dix jours pour aller examiner et étudier une usine anglaise établie dans le Midi; mais ils seront de retour d'un jour à l'autre.

— Diable... cela me contrarie assez... Je comptais sur le père du général pour causer d'affaires importantes. Du reste, on doit savoir où lui écrire. Tu lui feras donc, dès demain, savoir, mon garçon, que ses petites-filles sont arrivées ici. En attendant, mes enfans — ajouta le soldat en se retournant vers Rose et Blanche — la bonne femme vous donnera son lit, et, à la guerre comme à la guerre, pauvres petites, vous ne serez pas du moins plus mal ici qu'en route.

— Tu sais que nous nous trouverons toujours bien auprès de toi et de madame — dit Rose.

— Et puis, nous ne pensons qu'au bonheur d'être enfin à Paris... puisque c'est ici que nous retrouverons bientôt notre père... — ajouta Blanche.

— Et avec cet espoir-là, on patiente, je le sais bien — dit Dagobert; — mais c'est égal, d'après ce que vous attendiez de Paris... vous devez être fièrement étonnées... mes enfans. Dame! jusqu'à présent, vous ne trouverez pas tout à fait la ville d'or que vous aviez rêvée, tant s'en faut; mais patience... patience... vous verrez que ce Paris n'est pas si vilain qu'il en a l'air...

— Et puis — dit gaîment Agricol — je suis sûr que, pour ces demoiselles, ce sera l'arrivée du maréchal Simon qui changera Paris en une véritable ville d'or.

— Vous avez raison, monsieur Agricol — dit Rose en souriant; — vous nous avez devinées.

— Comment! mademoiselle... vous savez mon nom?

— Certainement, monsieur Agricol; nous parlions souvent de vous avec Dagobert, et dernièrement encore avec Gabriel — ajouta Blanche.

— Gabriel!...

S'écrièrent en même temps Agricol et sa mère avec surprise.

— Eh! mon Dieu! oui — reprit Dagobert en faisant un signe d'intelligence aux orphelines—nous en aurons à vous raconter pour quinze jours; et entre autres, comment nous avons rencontré Gabriel... Tout ce que je peux vous dire... c'est que, dans son genre, il vaut mon garçon... (je ne peux pas me lasser de dire mon garçon) et qu'ils sont bien dignes de s'aimer comme des frères... Brave... brave femme... — ajouta Dagobert avec émotion — c'est beau, va... ce que tu as fait là; toi, déjà si pauvre, recueillir ce malheureux enfant, l'élever avec le tien...

— Mon ami, ne parlons donc pas ainsi, c'est si simple.

— Tu as raison, mais je te revaudrai cela plus tard: c'est sur ton compte... En attendant, tu le verras certainement demain dans la matinée...

— Bon frère... aussi arrivé... — s'écria le forgeron. — Et que l'on dise après cela qu'il n'y a pas de jours marqués pour le bonheur!... Et comment l'avez-vous rencontré, mon père?

— Comment, vous?... toujours vous?... Ah ça... dis donc, mon garçon, est-ce que parce que tu fais des chansons tu te crois trop gros seigneur pour me tutoyer?

— Mon père...

— C'est qu'il va falloir que tu m'en dises fièrement, des *tu* et des *toi*, pour que je rattrape tous ceux que tu m'aurais dits pendant dix-huit ans... Quant à Gabriel, je te conterai tout à l'heure où et comment nous l'avons rencontré, car si tu crois dormir, tu te trompes; tu me donneras la moitié de ta chambre... et nous causerons... Rabat-Joie restera en dehors de la porte de celle-ci; c'est une vieille habitude à lui d'être près de ces enfans.

— Mon Dieu, mon ami, je ne pense à rien ; mais dans un tel moment... Enfin, si ces demoiselles et toi vous voulez souper... Agricol irait chercher quelque chose tout de suite chez le traiteur.

— Le cœur vous en dit-il, mes enfans ?

— Non, merci, Dagobert, nous n'avons pas faim, nous sommes trop contentes...

— Vous prendrez bien toujours de l'eau sucrée bien chaude avec un peu de vin, pour vous réchauffer, mes chères demoiselles — dit Françoise — malheureusement, je n'ai pas autre chose.

— C'est ça, tu as raison, Françoise, ces chers enfans sont fatiguées : tu vas les coucher... Pendant ce temps-là je monterai chez mon garçon avec lui, et demain matin, avant que Rose et Blanche soient réveillées, je descendrai causer avec toi peu de répit à Agricol.

A ce moment on frappe assez fort à la porte.

— C'est la bonne Mayeux qui vient demander si on a besoin d'elle — dit Agricol.

— Mais il me semble qu'elle était ici quand mon mari est entré — répondit Françoise.

— Tu as raison, ma mère ; pauvre fille! elle s'en sera allée sans qu'on la voie, de crainte de gêner; elle est si discrète... Mais ce n'est pas elle qui frappe si fort.

— Vois donc ce que c'est alors, Agricol — dit Françoise.

Avant que le forgeron eût eu le temps d'arriver auprès de la porte, elle s'ouvrit, et un homme convenablement vêtu, d'une figure respectable, avança quelques pas dans la chambre en y jetant un coup-d'œil rapide qui s'arrêta un instant sur Rose et sur Blanche.

— Permettez-moi de vous faire observer, monsieur — lui dit Agricol en allant à sa rencontre — qu'après avoir frappé... vous eussiez pu attendre qu'on vous dît d'entrer... Enfin... que désirez-vous !

— Je vous demande pardon, monsieur — dit fort poliment cet homme, qui parlait très lentement, peut-être pour se ménager le droit de rester plus longtemps dans la chambre — je vous fais un million d'excuses... je suis désolé de mon indiscrétion... je suis confus de...

— Soit, monsieur — dit Agricol impatienté ; — que voulez-vous ?

— Monsieur... n'est-ce pas ici que demeure mademoiselle Soliveau, une ouvrière bossue?

— Non, monsieur, c'est au-dessus — dit Agricol.

— Oh ! mon Dieu, monsieur ! — s'écria l'homme poli et recommençant ses profondes salutations — je suis confus de ma maladresse... je croyais entrer chez cette jeune ouvrière, à qui je venais proposer de l'ouvrage de la part d'une personne très respectable.

— Il est bien tard, monsieur — dit Agricol surpris ; — au reste, cette jeune ouvrière est connue de notre famille : revenez demain, vous ne pouvez la voir ce soir, elle est couchée.

— Alors, monsieur, je vous réitère mes excuses...

— Très bien, monsieur — dit Agricol en faisant un pas vers la porte.

— Je prie madame et ces demoiselles ainsi que monsieur... d'être persuadés...

— Si vous continuez ainsi longtemps, monsieur — dit Agricol — il faudra que vous excusiez aussi la longueur de vos excuses... et il n'y aura pas de raison pour que cela finisse.

A ces mots d'Agricol, qui firent sourire Rose et Blanche, Dagobert frotta sa moustache avec orgueil : — Mon garçon a-t-il de l'esprit ! dit-il tout bas à sa femme : — ça ne t'étonne pas, toi, tu es faite à ça.

Pendant ce temps-là l'homme cérémonieux sortit après avoir jeté un long et dernier regard sur les deux sœurs, sur Agricol et sur Dagobert.

Quelques instans après, pendant que Françoise, après avoir mis pour elle un matelas par terre et garni son lit de draps bien blancs pour les orphelines, présidait à leur coucher avec une sollicitude maternelle, Dagobert et Agricol montaient dans leur mansarde.

Au moment où le forgeron qui, une lumière à la main, précédait son père, passa devant la porte de la petite chambre de la Mayeux, celle-ci, à demi cachée dans l'ombre, lui dit rapidement et à voix basse :

— Agricol, un grand danger te menace... il faut que je te parle...

Ces mots avaient été prononcés si vite, si bas, que Dagobert ne les entendit pas; mais comme Agricol s'était brusquement arrêté en tressaillant, le soldat lui dit : — Eh bien ! mon garçon... qu'est-ce qu'il y a ?

— Rien, mon père... — dit le forgeron en se retournant — Je craignais de ne pas t'éclairer assez.

— Sois tranquille... j'ai, ce soir, des yeux et des jambes de quinze ans.

Et le soldat ne s'apercevant pas de l'étonnement de son fils, entra avec lui dans la petite mansarde où tous deux devaient passer la nuit.

. . . .

Quelques minutes après avoir quitté la maison, l'homme aux formes si polies qui était venu demander la Mayeux chez la femme de Dagobert se rendit à l'extrémité de la rue Brise-Miche. Il s'approcha d'un fiacre qui stationnait sur la petite place du cloître Saint-Merry. Au fond de ce fiacre était M. Rodin enveloppé d'un manteau.

— Eh bien ? — dit-il d'un ton interrogatif.

— Les deux jeunes filles et l'homme à moustaches grises sont entrés chez Françoise Baudoin — répondit l'autre — avant de frapper à la porte, j'ai pu écouter et entendre pendant quelques minutes... les jeunes filles partageront, cette nuit, la chambre de Françoise Baudoin... Le vieillard à moustaches grises partagera la chambre de l'ouvrier forgeron.

— Très-bien ! — dit Rodin.

— Je n'ai pas osé insister — reprit l'homme poli — pour voir ce soir la couturière bossue au sujet de la reine Bacchanal; je reviendrai demain pour savoir l'effet de la lettre qu'elle a dû recevoir dans la soirée par la poste, au sujet du jeune forgeron...

— N'y manquez pas; maintenant vous allez vous rendre, de ma part, chez le confesseur de Françoise Baudoin, quoiqu'il soit fort tard; vous lui direz que je l'attends rue du *Milieu-des-Ursins*; qu'il s'y rende à l'instant même... sans perdre une minute... vous l'accompagnerez; si je n'étais pas rentré, il m'attendrait... car il s'agit, lui direz-vous, de choses de la dernière importance...

— Tout ceci sera fidèlement exécuté — répondit l'homme poli en saluant profondément Rodin, dont le fiacre s'éloigna rapidement.

CHAPITRE V

AGRICOL ET LA MAYEUX.

Une heure après ces différentes scènes, le plus profond silence régnait dans la maison de la rue Brise-Miche.

Une lueur vacillante, passant à travers les deux carreaux d'une porte vitrée, annonçait que la Mayeux veillait encore, car ce sombre réduit, sans air, sans lumière, ne recevait de jour que par cette porte, ouvrant sur un passage étroit et obscur pratiqué dans les combles. Un méchant lit, une table, une vieille malle et une chaise remplissaient tellement cette demeure glacée, que deux personnes ne pouvaient s'y asseoir, à moins que l'une ne prît place sur le lit.

La magnifique fleur qu'Agricol avait donnée à la Mayeux, précieusement déposée dans un verre d'eau placé sur la table chargée de linge, répandait son suave parfum, épanouissant son calice de pourpre au milieu de ce misérable cabinet aux murailles de plâtre gris et humide qu'une maigre chandelle éclairait faiblement.

La Mayeux, assise tout habillée sur son lit, la figure bouleversée, les yeux remplis de larmes, s'appuyant d'une main au chevet de sa couche, penchait sa tête du côté de la porte, prêtant l'oreille avec angoisse, espérant à chaque minute entendre les pas d'Agricol. Le cœur de la jeune fille battait violemment ; sa figure, toujours si pâle, était légèrement colorée tant son émotion était profonde... Quelquefois elle jetait les yeux avec une sorte de frayeur sur une lettre qu'elle tenait à la main : cette lettre, arrivée dans la soirée par la poste, avait été déposée par le portier-teinturier sur la table de la Mayeux, pendant que celle-ci assistait à l'entrevue de Dagobert et de sa famille.

Au bout de quelques instants la jeune fille entendit ouvrir doucement une porte, très voisine de la sienne.

— Enfin... le voilà ! — s'écria-t-elle.

En effet, Agricol entra.

— J'attendais que mon père fût endormi — dit à voix basse le forgeron, dont la physionomie révélait plus de coriosité que d'inquiétude ; — qu'est-ce qu'il y a donc, ma bonne Mayeux ? comme ta figure est altérée !... tu pleures : que se passe-t-il ? de quel danger veux-tu me parler ?

— Tiens... lis... — lui dit la Mayeux d'une voix tremblante en lui présentant précipitamment une lettre ouverte.

Agricol s'approcha de la lumière et lut ce qui suit :

Une personne qui ne peut se faire connaître, mais qui sait l'intérêt fraternel que vous portez à Agricol Baudoin, vous prévient que ce jeune et honnête ouvrier sera probablement arrêté dans la journée de demain...

— Moi !... — s'écria Agricol en regardant la jeune fille d'un air stupéfait...
— Qu'est-ce que cela veut dire ?

— Continue... — dit vivement la couturière en joignant les mains.

Agricol reprit, n'en pouvant croire ses yeux...

Son chant des TRAVAILLEURS AFFRANCHIS *a été incriminé ; on en a trouvé plusieurs exemplaires parmi les papiers d'une société secrète dont les chefs viennent d'être emprisonnés, à la suite du complot de la rue des Prouvaires.*

— Hélas ! — dit l'ouvrière en fondant en larmes — maintenant je comprends tout. Cet homme qui ce soir espionnait en bas, à ce que disait le teinturier... était sans doute un espion qui guettait ton arrivée.

— Allons donc ! cette accusation est absurde — s'écria Agricol ; — ne te tourmente pas, ma bonne Mayeux. Je ne m'occupe pas de politique... Mes vers ne respirent que l'amour de l'humanité. Est-ce ma faute s'ils ont été trouvés dans les papiers d'une société secrète ?...

Et il jeta la lettre sur la table avec dédain.

— Continue... de grâce — lui dit la Mayeux — continue.

— Si tu le veux... à la bonne heure.

Et Agricol continua :

Un mandat d'arrêt vient d'être lancé contre Agricol Baudoin ; sans doute son innocence sera reconnue tôt ou tard... mais il fera bien de se mettre d'abord le plus tôt possible à l'abri des poursuites... pour échapper à une détention préventive de deux ou trois mois, qui serait un coup terrible pour sa mère, dont il est le seul soutien.

Un ami sincère qui est forcé de rester inconnu.

Après un moment de silence le forgeron haussa les épaules, sa figure se rasséréna, et il dit en riant à la couturière : — Rassure-toi, ma bonne Mayeux ; ces mauvais plaisans se sont trompés de mois... c'est tout bonnement un poisson d'avril anticipé...

— Agricol... pour l'amour du ciel... — dit la couturière d'une voix suppliante — ne traite pas ceci légèrement... Crois mes pressentimens... Écoute cet avis...

— Encore une fois... ma pauvre enfant, voilà plus de deux mois que mon chant des *Travailleurs* a été imprimé ; il n'est nullement politique, et d'ailleurs on n'aurait pas attendu jusqu'ici... pour le poursuivre...

— Mais songe donc que les circonstances ne sont plus les mêmes... il y a à peine deux jours que ce complot a été découvert ici près, rue des *Prouvaires*... Et si tes vers, peut-être inconnus jusqu'ici, ont été saisis chez des personnes arrêtées... pour cette conspiration... il n'en faut pas davantage pour te compromettre...

— Me compromettre... des vers... où je vante l'amour du travail et la charité... C'est pour le coup... que la justice serait une fière aveugle; il faudrait alors lui donner un chien et un bâton pour se conduire.

— Agricol — dit la jeune fille désolée de voir le forgeron plaisanter dans un pareil moment — je t'en conjures... écoute-moi. Sans doute tu prêches dans tes vers le saint amour du travail; mais tu déplores douloureusement le sort injuste des pauvres travailleurs voués sans espérance à toutes les misères de la vie... Tu prêches l'évangélique fraternité... mais ton bon et noble cœur s'indigne contre les égoïstes et les méchans... Enfin tu hâtes de toute l'ardeur de tes vœux l'affranchissement des artisans qui, moins heureux que toi, n'ont pas pour patron le généreux M. Hardy. Eh bien! dis, Agricol, dans ces temps de troubles en faut-il davantage pour te compromettre, si plusieurs exemplaires de tes chants ont été saisis chez des personnes arrêtées.

A ces paroles sensées, chaleureuses, de cette excellente créature qui puisait sa raison dans son cœur, Agricol fit un mouvement : il commençait à envisager plus sérieusement l'avis qu'on lui donnait.

Le voyant ébranlé, la Mayeux continua : — Et puis enfin, souviens-toi de Remi... ton camarade d'atelier!

— Remi?

— Oui, une lettre de lui... lettre pourtant bien insignifiante, a été trouvée chez une personne arrêtée, l'an passé, pour conspiration... il est resté un mois en prison.

— C'est vrai, ma bonne Mayeux; mais on a bientôt reconnu l'injustice de cette accusation, et il a été remis en liberté.

— Après avoir passé un mois en prison... et c'est ce qu'on te conseille avec raison d'éviter... Agricol, songes-y, mon Dieu; un mois en prison... et ta mère...

Ces paroles de la Mayeux firent une profonde impression sur Agricol; il prit la lettre et la relut attentivement.

— Et cet homme qui a rôdé toute la soirée autour de la maison? — reprit la jeune fille. — J'en reviens toujours là... Ceci n'est pas naturel... Hélas! mon Dieu quel coup pour ton père, pour ta pauvre mère qui ne gagne plus rien!... N'es-tu pas maintenant leur seule ressource?... Songes-y donc; sans toi, sans ton travail, que deviendraient-ils?

— En effet... ce serait terrible, dit Agricol en jetant la lettre sur la table; — ce que tu me dis de Remi est juste... Il était aussi innocent que moi, une erreur de justice... erreur involontaire, sans doute, n'en est pas moins cruelle... Mais encore une fois... on n'arrête pas un homme sans l'entendre.

— On l'arrête d'abord... ensuite on l'entend — dit la Mayeux avec amertume; — puis, au bout d'un mois ou deux on lui rend sa liberté... et... s'il a une femme, des enfans qui n'ont pour vivre que son travail quotidien... que font-ils pendant que leur soutien est en prison?... ils ont faim, ils ont froid... et ils pleurent.

A ces simples et touchantes paroles de la Mayeux, Agricol tressaillit.

— Un mois sans travail... — reprit-il d'un air triste et pensif. — Et ma mère... et mon père... et ces deux jeunes filles qui font partie de notre famille jusqu'à ce que le maréchal Simon, leur père soient arrivés à Paris... Ah! tu as raison : malgré moi, cette pensée m'effraie...

— Agricol — s'écria tout à coup la Mayeux — si tu t'adressais à M. Hardy, il est si bon, son caractère est si estimé... si honoré, qu'en offrant sa caution pour toi on cesserait peut-être les poursuites?

— Malheureusement, M. Hardy n'est pas ici, il est en voyage avec le père du maréchal Simon.

Puis, après un nouveau silence, Agricol ajouta, cherchant à surmonter ses craintes : — Mais non, je ne puis croire à cette lettre... après tout, j'aime mieux attendre les événemens... J'aurai du moins la chance de prouver mon innocence dans un premier interrogatoire... car enfin, ma bonne Mayeux, que je sois en prison ou que je sois obligé de me cacher... mon travail manquera toujours à ma famille...

— Hélas!... c'est vrai... — dit la pauvre fille; — que faire?... mon Dieu!... que faire?...

— Ah! mon brave père... — se dit Agricol — si ce malheur arrivait demain... quel réveil pour lui... qui vient de s'endormir si joyeux!

Et le forgeron cacha son front dans ses mains.

Malheureusement, les frayeurs de la Mayeux n'étaient pas exagérées, car on se rappelle qu'à cette époque de l'année 1832, avant et après le complot de la rue des Prouvaires, un très grand nombre d'arrestations préventives eurent lieu dans la classe ouvrière, par suite d'une violente réaction contre les idées démocratiques.

Tout à coup la Mayeux rompit le silence qui durait depuis quelques secondes; une vive rougeur colorait ses traits, empreints d'une indéfinissable expression de contrainte, de douleur et d'espoir.

— Agricol, tu es sauvé!... — s'écria-t-elle.

— Que dis-tu?

— Cette demoiselle si belle, si bonne, qui, en te donnant cette fleur (et la Mayeux la montra au forgeron), a su réparer avec tant de délicatesse une offre blessante... cette demoiselle doit avoir un cœur généreux... il faut t'adresser... à elle...

A ces mots, qu'elle semblait prononcer en faisant un violent effort sur elle-même, deux grosses larmes coulèrent sur les joues de la Mayeux. Pour la première fois de sa vie, elle éprouvait un ressentiment de douloureuse jalousie... une autre femme était assez heureuse pour pouvoir venir en aide à celui qu'elle idolâtrait, elle, pauvre créature, impuissante et misérable.

— Y penses-tu? — dit Agricol avec surprise; — que pourrait faire à cela cette demoiselle?

— Ne t'a-t-elle pas dit : Rappelez-vous mon nom, et, en toute circonstance, adressez-vous à moi?

— Sans doute...

— Cette demoiselle, dans sa haute position, doit avoir de brillantes connaissances qui pourraient te protéger, te défendre... dès demain matin va la trouver, avoue-lui franchement ce qui t'arrive... demande-lui son appui.

— Mais, encore une fois, ma bonne Mayeux, que veux-tu qu'elle fasse?...

— Ecoute... je me souviens que, dans le temps, mon père nous disait qu'il avait empêché un de ses amis d'aller en prison en déposant une caution pour lui... Il te sera facile de convaincre cette demoiselle de ton innocence... qu'elle te rende le service de te cautionner; alors, il me semble que tu n'auras plus rien à craindre...

— Ah!... ma pauvre enfant... demander un tel service à quelqu'un... qu'on ne connaît pas... c'est dur...

— Crois-moi, Agricol — dit tristement la Mayeux; — je ne te conseillerai jamais rien qui puisse t'abaisser aux yeux de qui que ce soit... et surtout... entends-tu... surtout aux yeux de cette personne... Il ne s'agit pas de lui demander de l'argent pour toi... mais de fournir une caution qui te donne les moyens de continuer ton travail, afin que ta famille ne soit pas sans ressources... Crois-moi, Agricol, une telle demande n'a rien que de noble et de digne de ta part... Le cœur de cette demoiselle est généreux... elle te comprendra; cette caution, pour elle, ne sera rien... pour toi ce sera tout. Ce sera la vie des tiens.

— Tu as raison, ma bonne Mayeux — dit Agricol avec accablement et tristesse; — peut-être vaut-il mieux risquer cette démarche... Si cette demoiselle consent à me rendre service, et qu'une telle caution puisse en effet me préserver de la prison... je serai préparé à tout événement... Mais non, non — ajouta le forgeron en se levant — jamais je n'oserai m'adresser à cette demoiselle. De quel droit le ferai-je?... Qu'est-ce que le petit service que je lui ai rendu... auprès de celui que je lui demande?

— Crois-tu donc, Agricol, qu'une âme généreuse mesure les services qu'elle peut rendre à ceux qu'elle a reçus? Aie confiance en moi pour ce qui est du cœur... Je ne suis qu'une pauvre créature qui ne doit se comparer à personne; je ne suis rien, je ne puis rien; eh bien! pourtant, je suis sûre... oui, Agricol... je suis sûre... que cette demoiselle si au-dessus de moi... éprouvera ce que je ressens dans cette circonstance... oui, comme moi, elle comprendra ce que ta position a de cruel, et elle fera avec joie, avec bonheur, avec reconnaissance, ce que je ferais... si, hélas! je pouvais autre chose que me dévouer sans utilité...

Malgré elle, la Mayeux prononça ces derniers mots avec une expression si navrante; il y avait quelque chose de si poignant dans la comparaison que cette infortunée, obscure et dédaignée, misérable et infirme, faisait d'elle-même avec Adrienne de Cardoville, ce type resplendissant de jeunesse, de beauté, d'opulence, qu'Agricol fut ému jusqu'aux larmes; tendant une de ses mains à la Mayeux, il lui dit d'une voix attendrie :

— Combien tu es bonne!... qu'il y a en toi de noblesse, de bon sens, de délicatesse !...

— Malheureusement je ne peux que cela... conseiller...

— Et tes conseils seront suivis... ma bonne Mayeux; ils sont ceux de l'âme la plus élevée que je connaisse... Et puis, tu m'as rassuré sur cette démarche en me persuadant que le cœur de mademoiselle de Cardoville... valait le tien...

A ce rapprochement naïf et sincère, la Mayeux oublia presque tout ce qu'elle venait de souffrir, tant son émotion fut douce, consolante... Car, si pour certaines créatures fatalement vouées à la souffrance, il est des douleurs inconnues au monde, quelquefois il est pour elles d'humbles et timides joies, inconnues aussi... Le moindre mot de tendre affection qui les relève à leurs propres yeux est si bienfaisant, si ineffable pour ces pauvres êtres habituellement voués aux dédains, aux duretés et au doute désolant de soi-même !

— Ainsi, c'est convenu, tu iras... demain matin chez cette demoiselle... n'est-ce pas ?... — s'écria la Mayeux renaissant à l'espoir. — Au point du jour, je descendrai veiller à la porte de la rue, afin de voir s'il n'y a rien de suspect, et de pouvoir t'avertir...

— Bonne et excellente fille... — dit Agricol de plus en plus ému.

— Il faudra tâcher de partir avant le réveil de ton père... Le quartier où demeure cette demoiselle est si désert... que ce sera déjà presque te cacher... que d'y aller...

— Il me semble entendre la voix de mon père, dit tout à coup Agricol.

En effet, la chambre de la Mayeux était si voisine de la mansarde du forgeron, que celui-ci et la couturière, prêtant l'oreille, entendirent Dagobert qui disait dans l'obscurité :

— Agricol... est-ce que tu dors, mon garçon ?... Moi, mon premier somme est fait... la langue me démange en diable...

— Va vite, Agricol — dit la Mayeux — ton absence pourrait l'inquiéter... En tout cas, ne sors pas demain matin avant que je puisse te dire... si j'ai vu quelque chose d'inquiétant.

— Agricol... tu n'es donc pas là ? — reprit Dagobert d'une voix plus haute.

— Me voici, mon père — dit le forgeron en sortant du cabinet de la Mayeux et en entrant dans la mansarde de son père; — j'avais été fermer le volet d'un grenier que le vent agitait... de peur que le bruit ne te réveillât...

— Merci, mon garçon... mais ce n'est pardieu pas le bruit qui m'a réveillé — dit gaîment Dagobert — c'est une *faim* enragée de causer avec toi... Ah! mon pauvre garçon, c'est un fier dévorant qu'un vieux bonhomme de père qui n'a pas vu son fils depuis dix-huit ans!...

— Veux-tu de la lumière, mon père ?

— Non, non, c'est du luxe... causons dans le noir... ça me fera un nouvel effet de te voir demain matin, au point du jour... ça sera comme si je te voyais une seconde fois... pour la première fois.

La porte de la chambre d'Agricol se referma, la Mayeux n'entendit plus rien...

La pauvre créature se jeta tout habillée sur son lit et ne ferma pas l'œil de la nuit, attendant avec angoisse que le jour parût, afin de veiller sur Agricol. Pourtant, malgré ses vives inquiétudes pour le lendemain, elle se laissait quelquefois aller aux rêveries d'une mélancolie amère; elle comparait l'entretien qu'elle venait d'avoir dans le silence de la nuit avec l'homme qu'elle adorait en secret, à ce qu'eût été cet entretien si elle avait eu en partage le charme et la beauté, si elle avait été aimée comme elle aimait... d'un amour chaste et dévoué... Mais songeant bientôt qu'elle ne devait jamais connaître les ravissantes douceurs d'une passion partagée, elle trouva sa consolation dans l'espoir d'avoir été utile à Agricol.

Au point du jour la Mayeux se leva doucement et descendit l'escalier à petit bruit, afin de voir si au dehors rien ne menaçait Agricol.

CHAPITRE VI.

LE RÉVEIL.

Le temps, humide et brumeux pendant une partie de la nuit, était, au matin, devenu clair et froid. A travers le petit châssis vitré qui éclairait la mansarde où Agricol avait couché avec son père, on apercevait un coin du ciel bleu.

Le cabinet du jeune forgeron était d'un aspect aussi pauvre que celui de la Mayeux : pour tout ornement, au-dessus de la petite table de bois blanc où Agricol écrivait ses inspirations poétiques, on voyait, cloué au mur, le portrait de Béranger, du poète immortel que le peuple chérit et révère... parce que ce rare et excellent génie a aimé, a éclairé le peuple, et a chanté ses gloires et ses revers.

Quoique le jour commençât de poindre, Dagobert et Agricol étaient déjà levés. Ce dernier avait eu assez d'empire sur lui-même pour dissimuler ses vives inquiétudes, car la réflexion était encore venue augmenter ses craintes.

La récente échauffourée de la rue des Prouvaires avait motivé un grand nombre d'arrestations préventives; et la découverte de plusieurs exemplaires de son chant du *Travailleur affranchi*, faite chez l'un des chefs de ce complot avorté, devait en effet compromettre passagèrement le jeune forgeron, mais, on l'a dit, son père ne soupçonnait pas ses angoisses.

Assis à côté de son fils sur le bord de leur mince couchette, le soldat, qui, dès l'aube du jour, s'était vêtu et rasé avec son exactitude militaire, tenait entre ses mains les deux mains d'Agricol ; sa figure rayonnait de joie, il ne pouvait se lasser de le contempler.

— Tu vas te moquer de moi, mon garçon — lui disait-il — mais je donnais la nuit au diable pour te voir au grand jour... comme je te vois maintenant... A la bonne heure... je ne perds rien... Autre bêtise de ma part, ça me flatte de te voir porter moustaches. Quel beau grenadier à cheval tu aurais fait!... Tu n'as donc jamais eu envie d'être soldat ?

— Et ma mère ?...

— C'est juste ; et puis, après tout, je crois, vois-tu, que le temps du sabre est passé. Nous autres vieux, nous ne sommes plus bons qu'à mettre au coin de la cheminée comme une vieille carabine rouillée; nous avons fait notre temps.

— Oui, votre temps d'héroïsme et de gloire. — dit Agricol avec exaltation; puis il ajouta d'une voix profondément tendre et émue : — Sais-tu que c'est beau et bon d'être ton fils ?...

— Pour beau... je n'en sais rien... pour bon... ça doit l'être, car je t'aime fièrement... Et quand je pense que ça ne fait que commencer, dis donc, Agricol! Je suis comme ces affamés qui sont restés deux jours sans manger... Ce n'est que petit à petit qu'ils se remettent... qu'ils dégustent... Or, tu peux t'attendre à être dégusté... mon garçon... matin et soir... tous les jours... Tiens, je ne veux pas penser à cela : *tous les jours*... ça m'éblouit... ça se brouille : je n'y suis plus...

Ces mots de Dagobert firent éprouver un ressentiment pénible à Agricol; il crut y voir le pressentiment de la séparation dont il était menacé.

— Ah çà ! tu es donc heureux ? M. Hardy est toujours bon pour toi ?

— Lui ?... — dit le forgeron — c'est ce qu'il y a au monde de meilleur, de plus équitable et de plus généreux ; si vous saviez quelles merveilles il a accomplies dans sa fabrique ! Comparée aux autres, c'est un paradis au milieu de l'enfer.

— Vraiment ?

— Vous verrez... que de bien-être, que de joie, que d'affection sur tous les visages de ceux qu'il emploie, et comme on travaille avec plaisir... avec ardeur !

— Ah çà! c'est donc un magicien, que ton M. Hardy?

— Un grand magicien, mon père... il a su rendre le travail attrayant... voilà pour le plaisir... En outre d'un juste salaire, il nous accorde une part dans ses bénéfices, selon notre capacité, voilà pour l'ardeur qu'on met à travailler; et ce n'est pas tout: il a fait construire de grands et beaux bâtimens où tous les ouvriers trouvent, à moins de frais qu'ailleurs, des logemens gais et salubres, et où ils jouissent de tous les bienfaits de l'association... Mais vous verrez, vous dis-je... vous verrez!!

— On a bien raison de dire que Paris est le pays des merveilles. Enfin, m'y voilà... pour ne plus te quitter, ni toi ni la bonne femme.

— Non, mon père, nous ne nous quitterons plus... — dit Agricol en étouffant un soupir; — nous tâcherons, ma mère et moi, de vous faire oublier tout ce que vous avez souffert.

— Souffert; qui diable a souffert?... regarde-moi donc bien en face, est-ce que j'ai mine d'avoir souffert? Mordieu! depuis que j'ai mis le pied ici, je me sens jeune homme... Tu me verras marcher tantôt, je parie que je te lasse. Ah çà! tu te feras beau, hein! garçon? comme on va nous regarder!... Je parie qu'en voyant ta moustache noire et ma moustache grise, on dira tout de suite: Voilà le père et le fils. Ah çà! arrangeons notre journée... tu vas écrire au père du maréchal Simon que ses petites filles sont arrivées, et qu'il faut qu'il se hâte de revenir à Paris, car il s'agit d'affaires très importantes pour elles... Pendant que tu écriras, je descendrai dire bonjour à ma femme et à ces chères petites; nous mangerons un morceau; ta mère ira à sa messe, car je vois qu'elle y mord toujours, la digne femme; tant mieux, si ça l'amuse; pendant ce temps-là, nous ferons une course ensemble.

— Mon père — dit Agricol avec embarras — ce matin, je ne pourrai pas vous accompagner.

— Comment, tu ne pourras pas? mais c'est dimanche!

— Oui, mon père — dit Agricol en hésitant — mais j'ai promis de revenir toute la matinée à l'atelier pour terminer un ouvrage pressé... Si j'y manquais... je causerais quelque dommage à M. Hardy. Tantôt je serai libre.

— C'est différent — dit le soldat avec un sourire de regret — je croyais étrenner Paris avec toi... ce matin... ce sera pour plus tard, car le travail... c'est sacré; puisque c'est lui qui soutient ta mère... C'est égal, c'est vexant, diablement vexant, et encore... non... je suis injuste... vois donc comme on s'habitue vite au bonheur... voilà que je grogne en vrai grognard pour une promenade reculée de quelques heures, moi qui, pendant dix-huit ans, ai espéré te revoir sans trop y compter.... Tiens, je ne suis qu'un vieux fou, vivent la joie et mon Agricol!

Et, pour se consoler, le soldat embrassa gaîment et cordialement son fils.

Cette caresse fit mal au forgeron, car il craignait de voir d'un moment à l'autre se réaliser les craintes de la Mayeux.

— Maintenant que je suis remis — dit Dagobert en riant — parlons d'affaires: sais-tu où je trouverai l'adresse de tous les notaires de Paris?

— Je ne sais pas;... mais rien n'est plus facile.

— Voici pourquoi; j'ai envoyé de Russie par la poste, et par ordre de la mère des deux enfans que j'ai amenées ici, des papiers importans à un notaire de Paris. Comme je devais aller le voir dès mon arrivée... j'avais écrit son nom et son adresse sur un portefeuille; mais on me l'a volé en route... et comme j'ai oublié ce diable de nom, il me semble que si je le voyais sur cette liste, je me le rappellerais...

Deux coups frappés à la porte de la mansarde firent tressaillir Agricol. Involontairement il pensa au mandat d'amener lancé contre lui.

Son père, qui, au bruit, avait tourné la tête, ne s'aperçut pas de son émotion, et dit d'une voix forte: « Entrez! »

La porte s'ouvrit; c'était Gabriel. Il portait une soutane noire et un chapeau rond.

Reconnaître son frère adoptif, se jeter dans ses bras, ces deux mouvemens furent, chez Agricol, rapides comme la pensée.

— Mon frère!

— Agricol!

— Gabriel!

— Après une si longue absence.

— Enfin te voilà!...

Tels étaient les mots échangés entre le forgeron et le missionnaire étroitement embrassés.

Dagobert, ému, charmé de ces fraternelles étreintes, sentait ses yeux devenir humides. Il y avait en effet quelque chose de touchant dans l'affection de ces deux jeunes gens, de cœur si pareil, de caractère et d'aspect si différens; car la mâle figure d'Agricol faisait encore ressortir la délicatesse de l'angélique physionomie de Gabriel.

— J'étais prévenu par mon père de ton arrivée... — dit enfin le forgeron à son frère adoptif. — Je m'attendais à te voir d'un moment à l'autre... et pourtant... mon bonheur est cent fois plus grand encore que je ne l'espérais.

— Et ma bonne mère... — dit Gabriel en serrant affectueusement les mains de Dagobert — vous l'avez trouvée en bonne santé?

— Oui, mon brave enfant, sa santé deviendra cent fois meilleure encore, puisque nous voilà tous réunis;... rien n'est sain comme la joie... — Puis, s'adressant à Agricol qui, oubliant sa crainte d'être arrêté, regardait le missionnaire avec une expression d'ineffable affection : — Et quand on pense qu'avec cette figure de jeune fille, Gabriel a un courage de lion... car je t'ai dit avec quelle intrépidité il avait sauvé les filles du maréchal Simon, et tenté de me sauver moi-même...

— Mais, Gabriel, qu'as-tu donc au front? s'écria tout à coup le forgeron qui, depuis quelques instans, regardait attentivement le missionnaire.

Gabriel, ayant jeté son chapeau en entrant, se trouvait justement au-dessous du châssis vitré dont la vive lumière éclairait son visage pâle et doux; la cicatrice circulaire qui s'étendait au-dessus de ses sourcils d'une tempe à l'autre, se voyait alors parfaitement.

Au milieu des émotions si diverses, des événemens si précipités qui avaient suivi le naufrage, Dagobert, pendant son court entretien avec Gabriel au château de Cardoville, n'avait pu remarquer la cicatrice qui ceignait le front du jeune missionnaire; mais partageant alors la surprise d'Agricol, il dit :
— Mais en effet... quelle est cette cicatrice... que tu as là au front?...

— Et aux mains... Vois donc... mon père! — s'écria le forgeron en saisissant une des mains que le jeune prêtre avançait vers lui comme pour le rassurer.

— Gabriel... mon brave enfant, explique-nous cela... Qui t'a blessé ainsi?— ajouta Dagobert.

Et prenant à son tour la main du missionnaire, il examina la blessure, pour ainsi dire en connaisseur, et ajouta : — En Espagne, un de mes camarades a été détaché d'une croix de carrefour où les moines l'avaient crucifié pour l'y laisser mourir de faim et de soif... Depuis il a porté aux mains des cicatrices pareilles à celles-ci.

— Mon père a raison... On le voit, tu as eu les mains percées... mon pauvre frère — dit Agricol douloureusement ému.

— Mon Dieu... ne vous occupez pas de cela — dit Gabriel en rougissant avec un embarras modeste. — J'étais allé en mission chez les sauvages des montagnes Rocheuses; ils m'ont crucifié. Ils commençaient à me scalper, lorsque... la Providence m'a sauvé de leurs mains.

— Malheureux enfant, tu étais donc sans armes? tu n'avais donc pas d'escorte suffisante? — dit Dagobert.

— Nous ne pouvons pas porter d'armes — dit Gabriel en souriant doucement — et nous n'avons jamais d'escorte.

— Et tes camarades, ceux qui étaient avec toi, comment ne t'ont-ils pas défendu? — s'écria impétueusement Agricol.

— J'étais seul... mon frère.

— Seul?...

— Oui, seul, avec un guide.

— Comment! tu es allé seul, désarmé, au milieu de ce pays barbare? — répéta Dagobert ne pouvant croire à ce qu'il entendait.

— C'est sublime... dit Agricol.

— La foi ne peut s'imposer par la force — reprit simplement Gabriel — la persuasion peut seule répandre l'évangélique charité parmi ces pauvres sauvages.

— Mais lorsque la persuasion échoue... — dit Agricol.

— Que veux-tu, mon frère?... on meurt pour sa croyance... en plaignant ceux qui la repoussent... car elle est bienfaisante à l'humanité.

Il y eut un moment de profond silence après cette réponse faite avec une simplicité touchante.

Dagobert se connaissait trop en courage pour ne pas comprendre cet héroïsme à la fois calme et résigné ; ainsi que son fils, il contemplait Gabriel avec une admiration mêlée de respect.

Gabriel, sans affectation de fausse modestie, semblait complétement étranger aux sentimens qu'il faisait naître ; aussi, s'adressant au soldat : — Qu'avez-vous donc?

— Ce que j'ai — s'écria le soldat — j'ai qu'après trente ans de guerre... je me croyais à peu près aussi brave que personne... et je trouve mon maître... et ce maître... c'est toi...

— Moi... que voulez-vous dire?... qu'ai-je donc fait?...

— Mordieu, sais-tu que ces braves blessures-là — et le vétéran prit avec transport les mains de Gabriel — sont aussi glorieuses... plus glorieuses que les nôtres... à nous autres, ba ailleurs de profession...

— Oui... mon père dit vrai! — s'écria Agricol ; et il ajouta avec exaltation : — Ah!... voilà les prêtres comme je les aime, comme je les vénère ; charité, courage, résignation!!!

— Je vous en prie... ne me vantez pas ainsi... — dit Gabriel avec embarras.

— Te vanter!... — reprit Dagobert — ah çà! voyons... quand j'allais au feu, moi, est-ce que j'y allais seul? est-ce que mon capitaine ne me voyait pas? est-ce que mes camarades n'étaient pas là?... est-ce qu'à défaut de vrai courage je n'aurais pas eu l'amour-propre... pour m'éperonner ; sans compter les cris de la bataille, l'odeur de la poudre, les fanfares des trompettes, le bruit du canon, l'ardeur de mon cheval qui me bondissait entre les jambes, le diable et son train, quoi! sans compter enfin que je sentais l'Empereur là, qui, pour ma peau hardiment trouée, me donnerait un bout de galon ou de ruban pour compresse... Grâce à tout cela je passais pour crâne... bon ;... mais n'es-tu pas mille fois plus crâne que moi, toi, mon brave enfant, toi qui t'en vas tout seul... désarmé... affronter des ennemis cent fois plus féroces que ceux que nous n'abordions, nous autres, que par escadrons et à grands coups de latte avec accompagnement d'obus et de mitraille!

— Digne père... — s'écria le forgeron — comme c'est beau et noble à toi de te rendre cette justice...

— Ah! mon frère... sa bonté pour moi lui exagère ce qui est naturel...

— Naturel... pour des gaillards de ta trempe, oui! — dit le soldat — et cette trempe-là est rare...

— Oh! oui, bien rare, car ce courage-là est le plus admirable des courages, — reprit Agricol. — Comment! tu sais aller à une mort presque certaine, et tu pars seul un crucifix à la main pour prêcher la charité, la fraternité chez les sauvages ; ils te prennent, ils te torturent, et toi tu attends la mort sans te plaindre, sans haine, sans colère, sans vengeance... le pardon à la bouche... le sourire aux lèvres... et cela au fond des bois, seul, sans qu'on le sache, sans qu'on le voie, sans autre espoir, si tu en réchappes, que de cacher tes blessures sous ta modeste robe noire... Mordieu... mon père a raison, viens donc soutenir encore que tu n'es pas aussi brave que lui!

— Et encore — reprit Dagobert — le pauvre enfant fait tout cela *pour le roi de Prusse*, car, comme tu dis, mon garçon, son courage et ses blessures ne changeront jamais sa robe noire en robe d'évêque.

— Je ne suis pas si désintéressé que je le parais — dit Gabriel à Dagobert en souriant doucement ; — si j'en suis digne, une grande récompense peut m'attendre là-haut.

— Quant à cela, mon garçon, je n'y entends rien... et je ne disputerai pas avec toi là-dessus... Ce que je soutiens... c'est que ma vieille croix serait au moins aussi bien placée sur ta soutane que sur mon uniforme.

— Mais ces récompenses ne sont jamais pour d'humbles prêtres comme Gabriel — dit le forgeron — et pourtant si tu savais, mon père, ce qu'il y a de vertu, de vaillance dans ce que le parti prêtre appelle insolemment le *bas-clergé*... Que de mérite caché, que de dévoûmens ignorés chez ces obscurs et dignes curés de campagne si inhumainement traités et tenus sous un joug impitoyable par leurs évêques! Comme nous, ces pauvres prêtres sont des travailleurs dont tous les cœurs généreux doivent demander l'affranchissement! Fils du peuple comme nous, utiles comme nous, que justice leur soit rendue comme à nous... Est-ce vrai, Gabriel?... Tu ne me démentiras pas, mon bon frère, car ton ambition, me disais-tu, eût été d'avoir une petite cure de campagne parce que tu savais tout le bien qu'on y pouvait faire...

— Mon désir est toujours le même — dit tristement Gabriel — mais malheureusement... — Puis, comme s'il eût voulu échapper à une pensée chagrine et changer d'entretien, il reprit en s'adressant à Dagobert: — Croyez-moi, soyez plus juste, ne rabaissez pas votre courage en exaltant trop le nôtre ;... votre courage est grand, bien grand, car après le combat la vue du carnage doit être terrible pour un cœur généreux... Nous, au moins, si l'on nous tue... nous ne tuons pas...

A ces mots du missionnaire, le soldat se redressa et le regarda avec surprise.

— Voilà qui est singulier! dit-il.

— Quoi donc, mon père?

— Ce que Gabriel me dit là me rappelle ce que j'éprouvais à la guerre à mesure que je vieillissais. — Puis, après un moment de silence, Dagobert ajouta d'un ton grave et triste qui ne lui était pas habituel: — Oui, ce que dit Gabriel me rappelle ce que j'éprouvais à la guerre... à mesure que je vieillissais... Voyez-vous, mes enfans, plus d'une fois, quand le soir d'une grande bataille j'étais en vedette... seul... la nuit... au clair de la lune, sur le terrain qui nous restait, mais qui était couvert de cinq à six mille cadavres, parmi lesquels j'avais de vieux camarades de guerre... alors ce triste tableau, ce grand silence me dégrisaient de l'envie de sabrer... (griserie comme une autre) et je me disais: Voilà bien des hommes tués... Pourquoi?... pourquoi?... ce qui ne m'empêchait pas, bien entendu, lorsque le lendemain on sonnait la charge, de me mettre à sabrer comme un sourd... Mais c'est égal, quand le bras fatigué, j'essuyais après une charge mon sabre tout sanglant sur la crinière de mon cheval... je me disais encore... J'en ai tué... tué... tué... *Pourquoi?*

Le missionnaire et le forgeron se regardèrent en entendant le soldat faire ce singulier retour vers le passé.

— Hélas! lui dit Gabriel — tous les cœurs généreux ressentent ce que vous ressentiez, à ces heures solennelles où l'ivresse de la gloire a disparu et où l'homme reste seul avec les bons instincts que Dieu a mis dans son cœur.

— C'est ce qui te prouve, mon brave enfant, que tu vaux mieux que moi, car ces nobles instincts, comme tu dis, ne t'ont jamais abandonné. Mais comment diable es-tu sorti des griffes de ces enragés sauvages qui t'avaient déjà crucifié?

A cette question de Dagobert, Gabriel tressaillit et rougit si visiblement que le soldat lui dit: — Si tu ne dois ou si tu ne peux pas répondre à ma demande... suppose que je n'ai rien dit...

— Je n'ai rien à vous cacher ni à mon frère... — dit le missionnaire d'une voix altérée. — Seulement j'aurai de la peine à vous faire comprendre... ce que je ne comprends pas moi-même...

— Comment cela? — dit Agricol surpris.

— Sans doute, dit Gabriel en rougissant — j'aurai été dupe d'un mensonge de mes sens trompés... Dans ce moment suprême où j'attendais la mort avec résignation... Mon esprit affaibli malgré moi aura été trompé par une apparence... et ce qui, à cette heure encore, me paraît inexplicable, m'aurait été dévoilé plus tard; nécessairement j'aurais su quelle était cette femme étrange...

Dagobert, en entendant le missionnaire, restait stupéfait, car, lui aussi cherchait vainement à s'expliquer le secours inattendu qui l'avait fait sortir de la prison de Leipsick, ainsi que les orphelines.

— De quelle femme parles-tu? — demanda le forgeron au missionnaire.

— De celle qui m'a sauvé.

— C'est une femme qui t'a sauvé des mains des sauvages? — dit Dagobert.

— Oui — répondit Gabriel absorbé dans ses souvenirs, une femme jeune et belle...

— Et qui était cette femme? — dit Agricol.

— Je ne sais... quand je lui ai demandé... elle m'a répondu : *Je suis la sœur des affligés.*

— Et d'où venait-elle? où allait-elle ? — dit Dagobert singulièrement intéressé.

— *Je vais où l'on souffre...* — m'a-t-elle répondu, répartit le missionnaire — et elle a continué son chemin dans le nord de l'Amérique, vers ces pays désolés où la neige est éternelle... et les nuits sans fin...

— Comme en Sibérie... — dit Dagobert devenu pensif.

— Mais — reprit Agricol en s'adressant à Gabriel, qui semblait aussi de plus en plus absorbé — de quelle manière cette femme est-elle venue à ton secours ?

Le missionnaire allait répondre, lorsqu'un coup discrètement frappé à la porte de la chambre renouvela les craintes qu'Agricol oubliait depuis l'arrivée de son frère adoptif.

— Agricol, dit une voix douce derrière la porte, je voudrais te parler à l'instant même...

Le forgeron reconnut la voix de la Mayeux, et alla ouvrir.

La jeune fille, au lieu d'entrer, se recula d'un pas dans le sombre corridor, et dit d'une voix inquiète :

— Mon Dieu, Agricol, il y a une heure qu'il fait grand jour, et tu n'es pas encore parti... quelle imprudence! j'ai veillé en bas... dans la rue... Jusqu'à présent, je n'ai rien vu d'alarmant... mais on peut venir pour t'arrêter d'un moment à l'autre... Je t'en conjure... hâte-toi de partir et d'aller chez mademoiselle de Cardoville... il n'y a pas une minute à perdre...

— Sans l'arrivée de Gabriel, je serais parti... Mais pouvais-je résister au bonheur de rester quelques instans avec lui?

— Gabriel est ici? — dit la Mayeux avec une douce surprise, car, on l'a dit, elle avait été élevée avec lui et Agricol.

— Oui — répondit Agricol — depuis une demi heure il est avec moi et mon père...

— Quel bonheur j'aurai aussi à le revoir ! — dit la Mayeux. — Il sera sans doute monté pendant que j'étais allée tout à l'heure chez ta mère, lui demander si je pouvais lui être bonne à quelque chose, à cause de ces jeunes demoiselles. Mais elles sont si fatiguées qu'elles dorment encore. Madame Françoise m'a priée de te donner cette lettre pour ton père... elle vient de la recevoir...

— Merci, ma bonne Mayeux...

— Maintenant que tu as vu Gabriel... ne reste pas plus longtemps... juge quel coup pour ton père... si devant lui on venait t'arrêter, mon Dieu !

— Tu as raison... il est urgent que je parte... Auprès de lui et de Gabriel, malgré moi j'avais oublié mes craintes...

— Pars vite... et peut-être dans deux heures, si mademoiselle de Cardoville te rend ce grand service... tu pourras revenir bien rassuré pour toi et pour les tiens...

— C'est vrai... quelques minutes encore... et je descends.

— Je retourne guetter à la porte; si je voyais quelque chose, je remonterais vite t'avertir; mais ne tarde pas.

— Sois tranquille...

La Mayeux descendit prestement l'escalier pour aller veiller à la porte de la rue, et Agricol rentra dans la mansarde.

— Mon père — dit-il à Dagobert — voici une lettre que ma mère vous prie de lire; elle vient de la recevoir.

— Eh bien ! lis pour moi, mon garçon.

Agricol lut ce qui suit :

« Madame,

» J'apprends que votre mari est chargé par M. le général Simon, d'une
» affaire de la plus grande importance. Veuillez, dès que votre mari arrivera
» à Paris, le prier de se rendre dans mon étude, à Chartres, sans le moindre
» délai. Je suis chargé de lui remettre, *à lui-même et non à d'autres*, des
» pièces indispensables aux intérêts de M. le général Simon.
» DURAND, notaire à Chartres. »

Dagobert regarda son fils avec étonnement, et lui dit : — Qui aura pu instruire ce monsieur de ma prochaine arrivée à Paris?

— Peut-être ce notaire dont vous avez perdu l'adresse, et à qui vous aviez envoyé des papiers, mon père — dit Agricol.

— Mais il ne s'appelait pas Durand et, je m'en souviens bien, il était notaire à Paris, non à Chartres... D'un autre côté — ajouta le soldat en réfléchissant — s'il a des papiers d'une grande importance, qu'il ne doit remettre qu'à moi...

— Vous ne pouvez, il me semble, vous dispenser de partir le plus tôt possible — dit Agricol presque heureux de cette circonstance qui éloignait son père pendant environ deux jours, durant lesquels son sort, à lui Agricol, serait décidé d'une façon ou d'une autre.

— Ton conseil est bon — lui dit Dagobert.

— Cela contrarie vos projets? — demanda Gabriel.

— Un peu, mes enfans; car je comptais passer ma journée avec vous autres... Enfin... le devoir avant tout. Je suis bien venu de Sibérie à Paris... ce n'est pas pour craindre d'aller de Paris à Chartres, lorsqu'il s'agit d'une affaire si importante. En deux fois vingt-quatre heures je serai de retour. Mais, c'est égal, c'est singulier; que le diable m'emporte si je m'attendais à vous quitter aujourd'hui pour aller à Chartres! Heureusement je laisse Rose et Blanche à ma bonne femme, et leur ange Gabriel, comme elles l'appellent, viendra leur tenir compagnie.

— Cela me sera malheureusement impossible — dit le missionnaire avec tristesse. — Cette visite de retour à ma bonne mère et à Agricol... est aussi une visite d'adieux.

— Comment! d'adieux? — dirent à la fois Dagobert et Agricol.

— Hélas! oui.

— Tu repars déjà pour une autre mission? — dit Dagobert — c'est impossible.

— Je ne puis rien vous répondre à ce sujet — dit Gabriel en étouffant un soupir; — mais d'ici à quelque temps... je ne puis, je ne dois revenir dans cette maison...

— Tiens, mon brave enfant — reprit le soldat avec émotion — il y a dans ta conduite quelque chose qui sent la contrainte... l'oppression... Je me connais en hommes... celui que tu appelles ton supérieur, et que j'ai vu quelques instans après le naufrage, au château de Cardoville... a une mauvaise figure, et, mordieu! je suis fâché de te voir enrôlé sous un pareil capitaine.

— Au château de Cardoville... — s'écria le forgeron, frappé de cette ressemblance de nom — c'est au château de Cardoville que l'on vous a recueillis après votre naufrage?

— Oui mon garçon; qu'est-ce qui t'étonne?

— Rien, mon père... Et les maîtres de ce château y habitaient-ils?

— Non, car le régisseur, à qui je l'ai demandé pour les remercier de la bonne hospitalité que nous avions reçue, m'a dit que la personne à qui il appartenait habitait Paris...

— Quel singulier rapprochement! — se dit Agricol — si cette demoiselle était la propriétaire du château qui porte son nom...

Puis, cette réflexion lui rappelant la promesse qu'il avait faite à la Mayeux, il dit à Dagobert : — Mon père, excusez-moi... mais il est déjà tard... et je devais être aux ateliers à huit heures...

— C'est trop juste, mon garçon... Allons... C'est partie remise... à mon retour de Chartres... Embrasse-moi encore une fois et sauve-toi.

Depuis que Dagobert avait parlé à Gabriel de contrainte, d'oppression, ce dernier était resté pensif... Au moment où Agricol s'approchait pour lui serrer la main et lui dire adieu, le missionnaire lui dit d'une voix grave, solennelle et d'un ton décidé qui étonna le forgeron et le soldat : — Mon bon frère... un mot encore... J'étais aussi venu pour te dire que d'ici à quelques jours... j'aurais besoin de toi... de vous aussi, mon père... Laissez-moi vous donner ce nom — ajouta Gabriel d'une voix émue en se retournant vers Dagobert.

— Comme tu nous dis cela!... qu'y a-t-il donc? — s'écria le forgeron.

— Oui — reprit Gabriel — j'aurai besoin des conseils et de l'aide... de deux hommes d'honneur, de deux hommes de résolution; je puis compter sur vous deux, n'est-ce pas ? A toute heure... quelque jour que ce soit... sur un mot de moi... vous viendrez ?

Dagobert et son fils se regardèrent en silence, étonnés de l'accent de Gabriel... Agricol sentit son cœur se serrer... S'il était prisonnier pendant que son frère aurait besoin de lui, comment faire ?

— A toute heure du jour et de la nuit, mon brave enfant, tu peux compter sur nous — dit Dagobert aussi surpris qu'intéressé ; — tu as un père et un frère... sers-t'en...

— Merci... merci — dit Gabriel — vous me rendez heureux.

— Sais-tu une chose ? — reprit le soldat — si ce n'était ta robe, je croirais... qu'il s'agit d'un duel... d'un duel à mort... de la façon dont tu nous dis cela !...

— D'un duel !... — dit le missionnaire en tressaillant — oui... il s'agira peut-être d'un duel étrange... terrible... pour lequel il me faut deux témoins tels que vous... un PÈRE... et un FRÈRE...

Quelques instans après, Agricol, de plus en plus inquiet, se rendait en hâte chez mademoiselle de Cardoville, où nous allons conduire le lecteur.

SIXIEME PARTIE.

L'HOTEL SAINT-DIZIER.

CHAPITRE PREMIER.

LE PAVILLON.

L'hôtel de Saint-Dizier était une des plus vastes et des plus belles habitations de la rue de Babylone à Paris.

Rien de plus sévère, de plus imposant, de plus triste que l'aspect de cette antique demeure : d'immenses fenêtres à petits carreaux, peintes en gris-blanc, faisaient paraître plus sombres encore ses assises de pierre de taille noircies par le temps.

Cet hôtel ressemblait à tous ceux qui avaient été bâtis dans ce quartier vers le milieu du siècle dernier : c'était un grand corps de logis à fronton triangulaire et à toit coupé exhaussé d'un premier étage et d'un rez-de-chaussée auquel on montait par un large perron. L'une des façades donnait sur une cour immense, bornée de chaque côté par des arcades communiquant à de vastes communs ; l'autre façade regardait le jardin, véritable parc de douze ou quinze arpens : de ce côté deux ailes en retour, attenant au corps de logis principal, formaient deux galeries latérales.

Comme dans presque toutes les grandes habitations de ce quartier, on voyait à l'extrémité du jardin ce qu'on appelait le *petit hôtel* ou la petite maison.

C'était un pavillon Pompadour bâti en rotonde avec le charmant mauvais goût de l'époque ; il offrait, dans toutes les parties où la pierre avait pu être fouillée, une incroyable profusion de chicorées, de nœuds de rubans, de guirlandes de fleurs, d'amours bouffis. Ce pavillon, habité par Adrienne de Cardoville se composait d'un rez-de-chaussée auquel on arrivait par un péristyle exhaussé de quelques marches ; un petit vestibule conduisait à un salon circulaire, éclairé par le haut ; quatre autres pièces venaient y aboutir, et quelques chambres d'entresol dissimulé dans l'attique servaient de dégagement.

Ces dépendances de grandes habitations sont de nos jours inoccupées, ou transformées en orangeries bâtardes ; mais, par une rare exception, le pavillon de l'hôtel de Saint-Dizier avait été gratté et restauré ; sa pierre blanche étincelait comme du marbre de Paros, et sa tournure coquette et rajeunie contrastait singulièrement avec le sombre bâtiment que l'on apercevait à l'extrémité d'une immense pelouse semée çà et là de gigantesques bouquets d'arbres verts.

La scène suivante se passait le lendemain du jour où Dagobert était arrivé rue Brise-Miche avec les filles du général Simon.

Huit heures du matin venaient de sonner à l'église voisine ; un beau soleil d'hiver se levait brillant dans un ciel pur et bleu, derrière les grands arbres effeuillés qui, l'été, formaient un dôme de verdure au-dessus du petit pavillon Louis XV.

La porte du vestibule s'ouvrit, et les rayons du soleil éclairèrent une charmante créature, ou plutôt deux charmantes créatures, car l'une d'elles, pour occuper une place modeste dans l'échelle de la création, n'en avait pas moins une beauté relative fort remarquable.

En d'autres termes, une jeune fille, une ravissante petite chienne anglaise, de cette espèce nommée *King-Charles's*, apparurent sous le péristyle de la rotonde.

La jeune fille s'appelait *Georgette*, la petite chienne *Lutine*.

Georgette a dix-huit ans ; jamais Florine ou Marton, jamais soubrette de Marivaux n'a eu figure plus espiègle, œil plus vif, sourire plus malin, dents plus blanches, joues plus roses, taille plus coquette, pied plus mignon, tournure plus agaçante. Quoiqu'il fût encore de très-bonne heure, Georgette était habillée avec soin et recherche ; un petit bonnet de valenciennes à barbes plates façon demi-paysanne, garni de rubans roses et posé un peu en arrière sur des bandeaux d'admirables cheveux blonds, encadrait son frais et piquant visage ; une robe de lévantine grise, drapée d'un fichu de linon, attaché sur sa poitrine par une grosse bouffette de satin rose, dessinait son corsage élégamment arrondi ; un tablier de toile de Hollande blanche comme neige, garni par le bas de trois larges ourlets surmontés de points à jours, ceignait sa taille ronde et souple comme un jonc ;... ses manches courtes et plates, bordées d'une petite ruche de dentelle. laissaient voir ses bras dodus, fermes et longs, que ses larges gants de Suède, montant jusqu'au coude, défendaient de la rigueur du froid. Lorsque Georgette retroussa le bas de sa robe pour descendre plus prestement les marches du péristyle, elle montra aux yeux indifférens de Lutine le commencement d'un mollet potelé, le bas d'une jambe fine, chaussée d'un bas de soie blanc, et un charmant petit pied dans son brodequin noir de satin turc.

Lorsqu'une blonde comme Georgette se mêle d'être piquante, lorsqu'une vive étincelle brille dans ses yeux d'un bleu tendre et gai, lorsqu'une joyeuse animation colore son teint transparent, elle a encore plus de *bouquet*, plus de montant qu'une brune.

Cette accorte et fringante soubrette, qui la veille avait introduit Agricol dans le pavillon, était la première femme de chambre de mademoiselle Adrienne de Cardoville, nièce de madame la princesse de Saint-Dizier.

Lutine, si heureusement retrouvée par le forgeron, poussant de petits jappemens joyeux, bondissait, courait et folâtrait sur le gazon ; elle était un peu plus grosse que le poing ; son pelage, orné d'un noir lustré, brillait comme de l'ébène sous le large ruban de satin rouge qui entourait son cou ; ses pattes, frangées de longues soies, étaient d'un feu ardent, ainsi que son museau démesurément camard ; ses grands yeux pétillaient d'intelligence, et ses oreilles frisées étaient si longues qu'elles traînaient à terre.

Georgette paraissait aussi vive, aussi pétulante que *Lutine*, dont elle partageait les ébats, courant après elle et se faisant poursuivre à son tour sur la verte pelouse.

Tout à coup, à la vue d'une seconde personne qui s'avançait gravement, Lutine et Georgette s'arrêtèrent subitement au milieu de leurs jeux. La petite *King-Charles's*, qui était quelques pas en avant, hardie comme un diable et fidèle à son nom, tint ferme son arrêt sur ses pattes nerveuses, et attendit fièrement l'*ennemi*, en montrant deux rangs de petits crocs qui, pour être d'ivoire, n'en étaient pas moins pointus.

L'*ennemi* consistait en une femme d'un âge mûr, accostée d'un carlin très gras, couleur de café au lait ; la panse arrondie, le poil lustré, le cou tourné un peu de travers, la queue tortillée en gimblette, il marchait les jambes très écartées, d'un pas doctoral et béat. Son museau noir, hargneux, renfrogné, que deux dents trop saillantes retroussaient du côté gauche, avait une expression singulièrement sournoise et vindicative. Ce désagréable animal, type parfait de ce que l'on pourrait appeler le *chien de dévote*, répondait au nom de *Monsieur*.

La maîtresse de *Monsieur*, femme de cinquante ans environ, de taille moyenne et corpulente, était vêtue d'un costume aussi sombre, aussi sévère que celui de Georgette était pimpant et gai. Il se composait d'une robe brune, d'un mantelet de soie noire et d'un chapeau de même couleur : les traits de cette femme avaient dû être agréables dans sa jeunesse, et ses joues fleuries, ses sourcils prononcés, ses yeux noirs encore très vifs s'accordaient assez peu avec la physionomie revêche et austère qu'elle tâchait de se donner. Cette matrone à la démarche lente et discrète était madame Augustine Grivois, première femme de madame la princesse de Saint-Dizier.

Non-seulement l'âge, la physionomie, le costume de ces deux femmes offraient une opposition frappante, mais ce contraste s'étendait encore aux animaux qui les accompagnaient : il y avait la même différence entre *Lutine* et *Monsieur*, qu'entre *Georgette* et madame *Grivois*.

Lorsque celle-ci aperçut la petite *King-Charles's*, elle ne put retenir un mouvement de surprise et de contrariété qui n'échappa pas à la jeune fille.

Lutine, qui n'avait pas reculé d'un pouce, depuis l'apparition de *Monsieur*, le regardait vaillamment d'un air de défi, et s'avança même vers lui d'un air si décidément hostile, que le carlin, trois fois plus gros que la petite *King-Charles's*, poussa un cri de détresse et chercha un refuge derrière madame Grivois.

Celle-ci dit à Georgette avec aigreur : — Il me semble, mademoiselle, que vous pourriez vous dispenser d'agacer votre chien, et de le lancer sur le mien.

— C'est sans doute pour mettre ce respectable et vilain animal à l'abri de ce désagrément-là, qu'hier soir vous avez essayé de perdre *Lutine* en la chassant dans la rue par la porte du jardin. Mais, heureusement, un brave et digne garçon a retrouvé *Lutine* dans la rue de Babylone, et l'a rapportée à ma maîtresse. Mais à quoi dois-je, madame, le bonheur de vous voir si matin ?

— Je suis chargée par la princesse — reprit madame Grivois ne pouvant cacher un sourire de satisfaction triomphante — de voir à l'instant même mademoiselle Adrienne... Il s'agit d'une chose très importante que je dois lui dire à elle-même.

A ces mots, Georgette devint pourpre, et ne put réprimer un léger mouvement d'inquiétude, qui échappa heureusement à madame Grivois occupée de veiller au salut de *Monsieur*, dont *Lutine* se rapprochait d'un air très menaçant. Ayant donc surmonté une émotion passagère, elle répondit avec assurance : — Mademoiselle s'est couchée très tard hier ;... elle m'a défendu d'entrer chez elle avant midi.

— C'est possible ;... mais comme il s'agit d'obéir à un ordre de la princesse sa tante... vous voudrez bien, s'il vous plaît, mademoiselle, éveiller votre maîtresse... à l'instant même.

— Ma maîtresse n'a d'ordres à recevoir de personne ; elle est ici chez elle ; or, je ne l'éveillerai qu'à midi.

— Alors je vais aller moi-même...

— Hébé ne vous ouvrira pas... Voici la clef du salon... et par le salon seul... on peut entrer chez mademoiselle...

— Comment ! vous osez vous refuser à me laisser exécuter les ordres de la princesse ?

— Oui, j'ose commettre le grand crime de ne pas vouloir éveiller ma maîtresse.

— Voilà pourtant les résultats de l'aveugle bonté de madame la princesse pour sa nièce — dit la matrone d'un air contrit. — Mademoiselle Adrienne ne respecte plus les ordres de sa tante, et elle s'entoure de jeunes évaporées qui, dès le matin, sont parées comme des châsses...

— Ah! madame, comment pouvez-vous médire de la parure, vous qui avez été autrefois la plus coquette, la plus sémillante des femmes de la princesse!... cela s'est répété dans l'hôtel de génération en génération jusqu'à nos jours.

— Comment, de génération... en génération! ne dirait-on pas que je suis centenaire!... voyez l'impertinente!...

— Je parle des générations de femmes de chambre... car, excepté vous, c'est au plus si elles peuvent rester deux ou trois ans chez la princesse. Elle a trop de qualités... pour ces pauvres filles...

— Je vous défends, mademoiselle, de parler ainsi de ma maîtresse... dont on ne devrait prononcer le nom qu'à genoux.

— Pourtant... si l'on voulait médire...

— Vous osez...

— Pas plus tard qu'hier soir... à onze heures et demie.

— Hier soir?...

— Un fiacre s'est arrêté à quelques pas du grand hôtel ;... un personnage mystérieux, enveloppé d'un manteau, en est descendu, a frappé discrètement, non pas à la porte, mais aux vitres de la fenêtre du concierge... et à une heure du matin le fiacre stationnait encore... dans la rue... attendant toujours le mystérieux personnage au manteau... qui pendant tout ce temps-là... prononçait sans doute, comme vous dites, le nom de madame la princesse... à genoux...

Soit que madame Grivois n'eût pas été instruite de la visite faite à madame de Saint-Dizier par Rodin (car il s'agissait de lui) la veille au soir, après qu'il se fut assuré de l'arrivée à Paris des filles du général Simon, soit que madame Grivois dût paraître ignorer cette visite, elle répondit en haussant les épaules avec dédain : — Je ne sais pas ce que vous voulez dire, mademoiselle, je ne suis pas venue ici pour entendre vos impertinentes sornettes; encore une fois, voulez-vous, oui ou non, m'introduire auprès de mademoiselle Adrienne?

— Je vous répète, madame, que ma maîtresse dort, et qu'elle m'a défendu d'entrer chez elle avant midi.

Cet entretien avait lieu à quelque distance du pavillon dont on voyait le péristyle au bout d'une assez grande avenue terminée en quinconce.

Tout à coup, madame Grivois s'écria en étendant la main dans cette direction : — Grand Dieu... est-ce possible... qu'est-ce que j'ai vu!

— Quoi donc? qu'avez-vous vu? — répondit Georgette en se retournant.

— Qui... j'ai vu?... — répéta madame Grivois avec stupeur.

— Mais sans doute.

— Mademoiselle Adrienn

— Et où cela?

— Monter rapidement le péristyle... Je l'ai bien reconnue à sa démarche, à son chapeau, à son manteau... Rentrer à huit heures du matin — s'écria madame Grivois — mais ce n'est pas croyable!

— Mademoiselle?... vous venez de voir mademoiselle? — et Georgette se prit à rire aux éclats. — Ah! je comprends... vous voulez renchérir sur ma véridique histoire du petit fiacre d'hier soir... c'est très adroit...

— Je vous répète qu'à l'instant même... je viens de voir...

— Allons donc, madame Grivois, vous avez oublié vos lunettes...

— Dieu merci, j'ai de bons yeux... La petite porte qui ouvre sur la rue donne dans le quinconce près du pavillon, c'est par là sans doute que mademoiselle vient de rentrer... Oh! mon Dieu! c'est à renverser... que va dire la princesse ?... Ah! ses pressentimens ne la trompaient pas... voilà où sa faiblesse pour les caprices de sa nièce devaient la conduire; c'est monstrueux... si monstrueux, que, quoique je vienne de le voir de mes yeux, je ne puis encore le croire...

— Puisqu'il en est ainsi, madame, c'est moi maintenant qui tiens à vous conduire chez mademoiselle, afin que vous vous assuriez par vous-même que vous avez été dupe d'une vision.

— Ah! vous êtes fine, ma mie... mais pas plus que moi... Vous me proposez d'entrer maintenant; je le crois bien... vous êtes sûre, à cette heure, que je trouverai mademoiselle Adrienne chez elle...

— Mais, madame, je vous assure...

— Tout ce que je puis vous dire, c'est que vous, ni Florine, ni Hébé ne resterez pas vingt-quatre heures ici; la princesse mettra un terme à un aussi horrible scandale; je vais à l'instant l'instruire de ce qui se passe. Sortir la nuit, mon Dieu! rentrer à huit heures du matin... mais j'en suis toute bouleversée... mais si je ne l'avais pas vu... de mes yeux vu... je ne pourrais le croire. Après tout, cela devait arriver... personne ne s'en étonnera... Non... certainement, et tous ceux à qui je vais raconter cette horreur me diront, j'en suis sûre : — C'est tout simple, cela ne pouvait finir autrement. — Ah! quelle douleur pour cette respectable princesse, quel coup affreux pour elle!

Et madame Grivois retourna précipitamment vers l'hôtel, suivie de *Monsieur*, qui paraissait aussi courroucé qu'elle-même.

Georgette, leste et légère, courut de son côté vers le pavillon, afin de prévenir mademoiselle Adrienne de Cardoville que madame Grivois l'avait vue... ou croyait l'avoir vue rentrer furtivement par la petite porte du jardin.

CHAPITRE II.

LA TOILETTE D'ADRIENNE.

Environ une heure s'était passée depuis que madame Grivois avait vu ou avait cru voir mademoiselle Adrienne de Cardoville rentrer le matin dans le pavillon de l'hôtel de Saint-Dizier.

Pour faire, non pas excuser, mais comprendre l'excentricité des tableaux suivans, il faut mettre en lumière quelques cotés saillans du caractère original de mademoiselle de Cardoville.

Cette originalité consistait en une excessive indépendance d'esprit jointe à une horreur naturelle de ce qui était laid et repoussant, et à un besoin insurmontable de s'entourer de tout ce qui est beau et attrayant. Le peintre le plus amoureux du coloris, le statuaire le plus épris de la forme, n'éprouvaient pas plus qu'Adrienne le noble enthousiasme que la vue de la beauté parfaite inspire toujours aux natures d'élite. Et ce n'était pas seulement le plaisir des yeux que cette jeune fille aimait à satisfaire; les modulations harmonieuses du chant, la mélodie des instrumens, la cadence de la poésie, lui causaient des plaisirs infinis, tandis qu'une voix aigre, un bruit discordant, lui faisaient éprouver la même impression pénible, presque douloureuse, qu'elle ressentait involontairement à la vue d'un objet hideux. Aimant aussi passionément les fleurs, les senteurs suaves, elle jouissait des parfums comme elle jouissait de la musique, comme elle jouissait de la beauté plastique... Faut-il enfin avouer cette énormité? Adrienne était friande et appréciait mieux que personne la pulpe fraîche d'un beau fruit, la saveur délicate d'un faisan doré cuit à point, ou le bouquet odorant d'un vin généreux.

Mais Adrienne jouissait de tout avec une réserve exquise; elle mettait sa religion à cultiver, à raffiner les sens que Dieu lui avait donnés : elle eût regardé comme une noire ingratitude d'émousser ces dons divins par des excès, ou de les avilir par des choix indignes dont elle se trouvait d'ailleurs préservée par l'excessive et impérieuse délicatesse de son goût.

Le BEAU et le LAID remplaçaient pour elle le BIEN et le MAL.

Son culte pour la grâce, pour l'élégance, pour la beauté physique, l'avait conduite au culte de la beauté morale; car, si l'expression d'une passion méchante et basse enlaidit les plus beaux visages les plus laids sont ennoblis par l'expression des sentimens généreux.

En un mot, Adrienne était la personnification la plus complète, la plus idéale de la SENSUALITÉ... non de cette sensualité vulgaire, ignare, inintelligente, *mal-apprise*, toujours faussée, corrompue par l'habitude ou par la nécessité de jouissances grossières et sans recherche, mais de cette sensualité exquise qui est aux sens ce que l'atticisme est à l'esprit. L'indépendance du caractère de cette jeune fille était extrême. Certaines sujétions humiliantes, imposées à la femme par sa position sociale, la révoltaient surtout; elle avait résolu hardiment de s'y soustraire.

Du reste, il n'y avait rien de viril chez Adrienne; c'était la femme la plus *femme* qu'on puisse s'imaginer : femme par sa grâce, par ses caprices, par son charme, par son éblouissante et *féminine* beauté; femme par sa timidité comme par son audace ; femme par sa haine du brutal despotisme de l'homme comme par le besoin de se dévouer follement, aveuglément, pour celui qui pouvait mériter ce dévoûment; femme aussi par son esprit piquant, un peu paradoxal; femme supérieure enfin par son dédain juste et railleur pour certains hommes très haut placés ou très adulés qu'elle avait parfois rencontrés dans le salon de sa tante, la princesse de Saint-Dizier, lorsqu'elle habitait avec elle.

Ces indispensables explications données, nous ferons assister le lecteur au lever d'Adrienne de Cardoville qui sortait du bain.

Il faudrait posséder le coloris éclatant de l'école vénitienne pour rendre cette scène charmante, qui semblait plutôt se placer au seizième siècle, dans quelque palais de Florence ou de Bologne, qu'à Paris, au fond du faubourg Saint-Germain, dans le mois de février 1832.

La chambre de toilette d'Adrienne était une sorte de petit temple qu'on aurait dit élevé au culte de la beauté... par reconnaissance envers Dieu, qui prodigue tant de charmes à la femme, non pour qu'elle les néglige, non pour qu'elle les couvre de cendre, non pour qu'elle les meurtrisse par le contact d'un sordide et rude cilice, mais pour que dans sa fervente gratitude elle les entoure de tout le prestige de la grâce, de toute la splendeur de la parure, afin de glorifier l'œuvre divine aux yeux de tous. Le jour arrivait dans cette pièce demi-circulaire par une de ces doubles fenêtres formant serre chaude, si heureusement importées d'Allemagne. Les murailles du pavillon, construites en pierre de taille fort épaisses, rendaient très profondes la baie de la croisée, qui se fermait au dehors par un châssis fait d'une seule vitre, et au dedans par une grande glace dépolie; dans l'intervalle de trois pieds environ laissé entre ces deux clôtures transparentes, on avait placé une caisse, remplie de terre de bruyère, où étaient plantées des lianes grimpantes qui, dirigées autour de la glace dépolie, formaient une épaisse guirlande de feuilles et de fleurs. Une tenture de damas grenat, nuancée d'arabesques d'un ton plus clair, couvrait les murs; un épais tapis de pareille couleur s'étendait sur le plancher. Ce fond sombre, pour ainsi dire neutre, faisait merveilleusement valoir toutes les nuances des ajustemens.

Au dessous de la fenêtre, exposée au midi, se trouvait la toilette d'Adrienne, véritable chef-d'œuvre d'orfèvrerie. Sur une large tablette de lapis-lazuli on voyait épars des boîtes de vermeil au couvercle précieusement émaillé, des flacons de cristal de roche, et d'autres ustensiles de toilette, en nacre, en écaille et ivoire, incrustés d'ornemens en or d'un goût merveilleux; deux grandes figures d'argent modelées avec une pureté antique supportaient un miroir ovale à pivot, qui avait pour bordure, au lieu d'un cadre curieusement fouillé et ciselé, une fraîche guirlande de fleurs naturelles chaque jour renouvelées comme un bouquet de bal.

Deux énormes vases du Japon, bleus, pourpre et or, de trois pieds de diamètre, placés sur le tapis de chaque côté de la toilette, et remplis de camélias, d'ibiscus et de gardenias en pleine floraison, formaient une sorte de buisson diapré des plus vives couleurs.

Au fond de la chambre, faisant face à la croisée, on voyait, entourée d'une autre masse de fleurs, une réduction en marbre blanc du groupe enchanteur de Daphnis et Chloé, le plus chaste idéal de la grâce pudique et de la beauté juvénile...

Deux lampes d'or, à parfums, brûlaient sur le socle de malachite qui supportait ces deux charmantes figures.

Un grand coffre d'argent niellé, rehaussé de figurines de vermeil et de pierreries de couleur, supporté sur quatre pieds de bronze doré, servait de nécessaire de toilette; deux glaces psyché, décorées de girandoles; quelques excellentes copies de Raphaël et du Titien, peintes par Adrienne, et représentant des portraits d'hommes ou de femmes d'une beauté parfaite ; plusieurs consoles de jaspe oriental supportant des aiguières d'argent et de vermeil, couvertes d'ornemens repoussés, et remplies d'eaux de senteur; un moelleux divan, quelques sièges et une table de bois doré, complétaient l'ameublement de cette chambre imprégnée des parfums les plus suaves.

LA TOILETTE D'ADRIENNE.

Adrienne, que l'on venait de retirer du bain, était assise devant sa toilette; ses trois femmes l'entouraient.

Par un caprice, ou plutôt par une conséquence logique de son esprit amoureux de la beauté, de l'harmonie de toutes choses, Adrienne avait voulu que les jeunes filles qui la servaient fussent fort jolies, et habillées avec une coquetterie, avec une originalité charmante. On a déjà vu Georgette, blonde piquante, dans son costume agaçant de soubrette de Marivaux ; ses deux compagnes ne lui cédaient en rien pour la gentillesse et pour la grâce.

L'une, nommée Florine, grande et svelte fille, à la tournure de Diane chasseresse, était pâle et brune; ses épais cheveux noirs se tordaient en tresses derrière sa tête et s'y attachaient par une longue épingle d'or. Elle avait, comme les autres jeunes filles, les bras nus pour la facilité de son service, et portait une robe de ce *vert gai* si familier aux peintres vénitiens ; sa jupe était très ample, et son corsage étroit s'échancrait carrément sur les plis d'une gorgerette de batiste blanche plissée à petits plis, et fermée par cinq boutons d'or.

La troisième des femmes d'Adrienne avait une figure si fraîche, si ingénue, une taille si mignonne, si accomplie, que sa maîtresse la nommait *Hébé*; sa robe, d'un rose pâle et faite à la grecque, découvrait son cou charmant et ses jolis bras jusqu'à l'épaule.

La physionomie de ces jeunes filles était riante, heureuse; on ne lisait pas sur leurs traits cette expression d'aigreur sournoise, d'obéissance envieuse, de familiarité choquante, ou de basse déférence, résultats ordinaires de la servitude. Dans les soins empressés qu'elles donnaient à Adrienne, il semblait y avoir autant d'affection que de respect et d'attrait; elles paraissaient prendre un plaisir extrême à rendre leur maîtresse charmante. On eût dit que l'embellir et la parer était pour elles une *œuvre d'art*, remplie d'agrément, dont elles s'occupaient avec joie, amour et orgueil.

Le soleil éclairait vivement la toilette placée en face de la fenêtre ; Adrienne était assise sur un siège à dossier peu élevé; elle portait une longue robe de chambre d'étoffe de soie d'un bleu pâle, brochée d'un feuillage de même couleur, serrée à sa taille, aussi fine que celle d'une enfant de douze ans, par une cordelière flottante ; son cou, élégant et svelte comme un col d'oiseau, était nu, ainsi que ses bras et ses épaules, d'une incomparable beauté ; malgré la vulgarité de cette comparaison, le plus pur ivoire donnerait seul l'idée de l'éblouissante blancheur de cette peau, satinée, polie, d'un tissu tellement frais et ferme, que quelques gouttes d'eau, restées ensuite du bain à la racine des cheveux d'Adrienne, roulèrent dans la ligne serpentine de ses épaules, comme des perles de cristal sur du marbre blanc. Ce qui doublait encore chez elle l'éclat de cette carnation merveilleuse, particulière aux rousses, c'était le pourpre foncé de ses lèvres humides, le rose transparent de sa petite oreille, de ses narines dilatées et de ses ongles luisants comme s'ils eussent été vernis ; partout enfin où son sang pur, vif et chaud, pouvait colorer l'épiderme, il annonçait la santé, la vie et la jeunesse. Les yeux d'Adrienne, très grands et d'un noir velouté, tantôt pétillaient de malice et d'esprit, tantôt s'ouvraient languissans et voilés, entre deux franges de longs cils frisés, d'un noir aussi foncé que celui de ses fins sourcils, très nettement arqués... car, par un charmant caprice de la nature, elle avait des cils et des sourcils noirs avec des cheveux roux ; son front, petit comme celui des statues grecques, surmontait son visage d'un ovale parfait; son nez, d'une courbe délicate, était légèrement aquilin ; l'émail de ses dents étincelait, et sa bouche vermeille, adorablement sensuelle, semblait appeler les doux baisers, les gais sourires et les délectations d'une friandise délicate. On ne pouvait enfin voir un port de tête plus libre, plus fier, plus élégant, grâce à la grande distance qui séparait le cou et l'oreille de l'attache de ses larges épaules à fossettes. Nous l'avons dit, Adrienne était rousse, mais rousse ainsi que le sont plusieurs des admirables portraits de femmes de Titien ou de Léonard de Vinci... C'est dire que l'or fluide n'offre pas de reflets plus chatoyans, plus lumineux que sa masse de cheveux naturellement ondés, doux et fins comme de la soie, et si longs, si longs... qu'ils touchaient à terre lorsqu'elle était debout, et qu'elle pouvait s'en envelopper comme la Vénus Aphrodite.

A ce moment surtout ils étaient ravissans à voir. Georgette, les bras nus, debout derrière sa maîtresse, avait réuni à grand'peine, dans une de ses petites mains blanches, cette splendide chevelure dont le soleil doublait encore l'ardent éclat... Lorsque la jolie camériste plongea le peigne d'ivoire au milieu des flots ondoyans et dorés de cet énorme écheveau de soie, on eût dit que mille étincelles en jaillissaient; la lumière et le soleil jetaient des reflets non moins vermeils sur les grappes de nombreux et légers tire-bouchons, qui, bien écartés du front, tombaient le long des joues d'Adrienne, et dans leur souplesse élastique caressaient la naissance de son sein de neige, dont ils suivaient l'ondulation charmante.

Tandis que Georgette, debout, peignait les beaux cheveux de sa maîtresse, Hébé, un genou en terre, et ayant sur l'autre le pied mignon de mademoiselle de Cardoville, s'occupait de la chausser d'un tout petit soulier de satin noir, et croisait ses minces cothurnes sur un bas de soie à jour qui laissait deviner la blancheur rosée de la peau et accusait la cheville la plus fine, la plus déliée qu'on pût voir; Florine, un peu plus en arrière, présentait à sa maîtresse, dans une boîte de vermeil, une pâte parfumée dont Adrienne frotta légèrement ses éblouissantes mains aux doigts effilés, qui semblaient teints de carmin à leur extrémité...

Enfin n'oublions pas *Lutine*, qui, couchée sur les genoux de sa maîtresse, ouvrait ses grands yeux de toutes ses forces et semblait suivre les diverses phases de la toilette d'Adrienne avec une sérieuse attention.

Un timbre argentin ayant résonné au dehors, Florine, à un signe de sa maîtresse, sortit et revint bientôt, portant une lettre sur un petit plateau de vermeil.

Adrienne, pendant que ses femmes finissaient de la chausser, de la coiffer et de l'habiller, prit cette lettre, que lui écrivait le régisseur de la terre de Cardoville, et qui était ainsi conçue :

« Mademoiselle,
» Connaissant votre bon cœur et votre générosité, je me permets de m'a-
» dresser à vous en toute confiance. Pendant vingt ans, j'ai servi feu M. le
» comte-duc de Cardoville, votre père, avec zèle et probité ; je crois pouvoir
» le dire... Le château est vendu, de sorte que moi et ma femme nous voici à
» la veille d'être renvoyés et de nous trouver sans aucune ressource, et, à
» notre âge, hélas ! c'est bien dur, mademoiselle... »

— Pauvres gens... dit Adrienne en s'interrompant de lire — mon père, en effet, me vantait toujours leur dévoûment et leur probité. — Elle continua :

« Il nous resterait bien un moyen de conserver notre place ;... mais il s'a-
» girait pour nous de faire une bassesse, et, quoi qu'il puisse nous arriver,
» ni moi ni ma femme ne voulons d'un pain acheté à ce prix-là... »

— Bien, bien... toujours les mêmes... dit Adrienne — la dignité dans la pauvreté... c'est le parfum dans la fleur des prés.

« Pour vous expliquer, mademoiselle, la chose indigne que l'on exigerait
» de nous, je dois vous dire d'abord que, il y a deux jours, M. Rodin est venu
» de Paris. »

— Ah ! M. Rodin — dit mademoiselle de Cardoville en s'interrompant de nouveau — le secrétaire de l'abbé d'Aigrigny ?... je ne m'étonne plus s'il s'agit d'une perfidie ou de quelque ténébreuse intrigue. Voyons.

« M. Rodin est venu de Paris pour nous annoncer que la terre était ven-
» due, et qu'il était certain de nous conserver notre place si nous aidions à
» donner pour confesseur à la nouvelle propriétaire un prêtre décrié, et si,
» pour mieux arriver à ce but, nous consentions à calomnier un autre des-
» servant, excellent homme, très respecté, très aimé dans le pays ; ce n'est
» pas tout, je devais secrètement écrire à M. Rodin, deux fois par semaine,
» tout ce qui se passerait dans le chateau. Je dois vous avouer, mademoi-
» selle, que ces honteuses propositions ont été autant que possible déguisées,
» dissimulées sous des prétextes assez spécieux ; mais, malgré la forme plus
» ou moins adroite, le fond de la chose est tel que j'ai eu l'honneur de vous
» le dire, mademoiselle. »

— Corruption... calomnie et délation ! — se dit Adrienne avec dégoût — je ne puis songer à ces gens-là sans qu'involontairement s'éveillent en moi des idées de ténèbres, de venin et de vilains reptiles noirs... ce qui est en vérité d'un très hideux aspect. Aussi j'aime mieux songer aux calmes et douces figures de ce pauvre Dupont et de sa femme. — Adrienne continua:

« Vous pensez bien, mademoiselle, que nous n'avons pas hésité; nous
» quitterons Cardoville, où nous sommes depuis vingt ans, mais nous le
» quitterons en honnêtes gens... Maintenant, mademoiselle, si parmi vos
» brillantes connaissances vous pouviez, vous qui êtes si bonne, nous trouver
» une place, en nous recommandant; peut-être, grâce à vous, mademoiselle,
» sortirions-nous d'un bien cruel embarras... »

— Certainement ce ne sera pas en vain qu'ils se seront adressés à moi... Arracher de braves gens aux griffes de M. Rodin, c'est un devoir et un plaisir; car c'est à la fois chose juste et dangereuse... et j'aime tant braver ce qui est puissant et qui opprime! — Adrienne reprit :

« Après vous avoir parlé de nous, mademoiselle, permettez-nous d'im-
» plorer votre protection pour d'autres, car il serait mal de ne songer qu'à
» soi : deux bâtimens ont fait naufrage sur nos côtes il y a trois jours; quel-
» ques passagers ont seulement pu être sauvés et conduits ici, où moi et ma
» femme leur avons donné tous les soins nécessaires; plusieurs de ces passa-
» gers sont partis pour Paris, mais il en est resté un. Jusqu'à présent ses
» blessures l'ont empêché de quitter le château, et l'y retiendront encore
» quelques jours... C'est un jeune prince indien de vingt ans environ, et qui
» paraît aussi bon qu'il est beau, ce qui n'est pas peu dire, quoiqu'il ait le
» teint cuivré comme les gens de son pays, dit-on. »

— Un prince indien! de vingt ans! jeune, bon et beau! — s'écria gaîment Adrienne — c'est charmant, et surtout très peu vulgaire; ce prince naufragé a déjà toute ma sympathie... mais que puis-je pour cet Adonis des bords du Gange qui vient échouer sur les côtes de Picardie?

Les trois femmes d'Adrienne la regardèrent sans trop d'étonnement, habituées qu'elles étaient aux singularités de son caractère. Georgette et Hébé se prirent même à sourire discrètement ; Florine, la grande belle fille brune et pâle, Florine sourit ainsi que ses jolies compagnes, mais un peu plus tard et pour ainsi dire par réflexion, comme si elle eût été d'abord et surtout occupée d'écouter et de retenir les moindres paroles de sa maîtresse, qui, fort intéressée à l'endroit de l'Adonis des bords du Gange, comme elle le disait, continua la lecture de la lettre du régisseur.

« Un des compatriotes du prince indien, qui a voulu rester auprès de lui
» pour le soigner, m'a laissé entendre que le jeune prince avait perdu dans
» le naufrage tout ce qu'il possédait... et qu'il ne savait comment faire pour
» trouver le moyen d'arriver à Paris, où sa prompte présence était indispen-
» sable pour de grands intérêts :... ce n'est pas du prince que je tiens ces dé-
» tails, il paraît trop digne, trop fier pour se plaindre ; mais son compa-
» triote, plus communicatif, m'a fait ces confidences, en ajoutant que son
» jeune compatriote avait éprouvé déjà de grands malheurs, et que son père,
» roi d'un pays de l'Inde, avait été dernièrement tué et dépossédé par les
» Anglais... »

— C'est singulier — dit Adrienne en réfléchissant — ces circonstances me rappellent que souvent mon père me parlait d'une de nos parentes qui avait épousé dans l'Inde un roi indien auprès duquel le général Simon, qu'on vient de faire maréchal, avait pris du service... — Puis s'interrompant, elle ajouta en souriant : — Mon Dieu, que ce serait donc bizarre... il n'y a qu'à moi que ces choses-là arrivent, et l'on dit que je suis originale!... Ce n'est pas moi, ce me semble, c'est la Providence qui, en vérité, se montre quelquefois très excentrique. Mais voyons donc si ce pauvre Dupont me dit le nom de ce beau prince...

« Vous excuserez sans doute notre indiscrétion, mademoiselle ; mais nous
» aurions cru être bien égoïstes en ne vous parlant que de nos peines lorsqu'il
» y a aussi près de nous un brave et digne prince aussi très à plaindre...
» Enfin, mademoiselle, veuillez me croire, je suis vieux, j'ai assez d'expé-
» rience des hommes; eh bien ! rien qu'à voir la noblesse et la douceur de la
» figure de ce jeune Indien, je jurerais qu'il est digne de l'intérêt que je vous
» demande pour lui : il suffirait de lui envoyer une petite somme d'argent
» pour lui acheter quelques vêtemens européens, car il a perdu tous ses vê-
» temens indiens dans le naufrage. »

— Ciel! des vêtemens européens... — s'écria gaîment Adrienne. — Pauvre jeune prince, Dieu l'en préserve et moi aussi! Le hasard m'envoie du fond de l'Inde un mortel assez favorisé pour n'avoir jamais porté cet abominable costume européen, ces hideux habits, ces affreux chapeaux qui rendent les hommes si ridicules, si laids, qu'en vérité il n'y a aucune vertu à les trouver on ne peut moins séduisans... Il m'arrive enfin un beau jeune prince de ce pays d'Orient, où les hommes sont vêtus de soie, de mousseline et de cachemire; certes je ne manquerai pas cette rare et unique occasion d'être très sérieusement tentée... Ainsi donc, pas d'habits européens, quoi qu'en dise la pauvre Dupont... Mais le nom, le nom de ce cher prince? Encore une fois, quelle singulière rencontre, s'il s'agissait de ce cousin d'au-delà du Gange! J'ai entendu dire, dans mon enfance, tant de bien de son royal père, que je serais ravie de faire à son fils bon et digne accueil... Mais voyons, voyons le nom... — Adrienne continua :

« Si en outre de cette petite somme, mademoiselle, vous pouviez être assez
» bonne pour lui donner le moyen, ainsi qu'à son compatriote, de gagner
» Paris, ce serait un grand service à rendre à ce pauvre jeune prince déjà si
» malheureux.

» Enfin, mademoiselle, je connais assez votre délicatesse pour savoir que
» peut-être il vous conviendrait d'adresser ce secours au prince sans être
» connue; dans ce cas, veuillez, je vous en prie, disposer de moi et compter
» sur ma discrétion. Si, au contraire, vous désirez le lui faire parvenir di-
» rectement, voici son nom tel que me l'a écrit son compatriote : *Le prince*
» *Djalma, fils de Kadja-Sing, roi de Mundi.*

— *Djalma...* — dit vivement Adrienne en paraissant rassembler ses souvenirs — *Kadja-Sing...* oui... c'est cela... voici bien des noms que mon père m'a souvent répétés... en me disant qu'il n'y avait rien de plus chevaleresque, de plus héroïque au monde que ce vieux roi indien, notre parent par alliance... Le fils n'a pas dérogé, à ce qu'il paraît. Oui, *Djalma... Kadja-Sing*, encore une fois, c'est cela, ces noms ne sont pas si communs — dit-elle en souriant — qu'on puisse les oublier ou les confondre avec d'autres... Ainsi Djalma est mon cousin. Il est brave et bon, jeune et charmant. Il n'a surtout jamais porté l'affreux habit européen... et il est dénué de toutes ressources! C'est ravissant... c'est trop de bonheur à la fois... Vite... vite... improvisons un joli conte de fées... dont ce beau *prince chéri* sera le héros... Pauvre oiseau d'or et d'azur égaré dans nos tristes climats! qu'il trouve au moins ici quelque chose qui lui rappelle son pays de lumière et de parfums. — Puis, s'adressant à une de ses femmes :

— Georgette, prends du papier et écris, mon enfant...

La jeune fille alla vers la table de bois doré où se trouvait un petit nécessaire à écrire, s'assit et dit à sa maîtresse : J'attends les ordres de mademoiselle...

Adrienne de Cardoville, dont le charmant visage rayonnait de joie, de bonheur et de gaîté, dicta le billet suivant adressé à un bon vieux peintre qui lui avait longtemps enseigné le dessin et la peinture, car elle excellait dans cet art comme dans tous les autres :

« Mon cher Titien, mon bon Véronèse, mon digne Raphaël... vous allez me
» rendre un très grand service, et vous le ferez, j'en suis sûre, avec cette
» parfaite obligeance que j'ai toujours trouvée en vous...

» Vous allez tout de suite vous entendre avec le savant artiste qui a des-
» siné mes derniers costumes du quinzième siècle. Il s'agit cette fois de cos-
» tumes indiens modernes pour un jeune homme... Oui, monsieur, pour un
» jeune homme... Et, d'après ce que j'en imagine, vous pourrez faire prendre
» mesure sur l'Antinoüs, ou plutôt sur le Bacchus indien, ce sera plus à
» propos...

» Il faut que ces vêtemens soient à la fois d'une grande exactitude, d'une
» grande richesse et d'une grande élégance; vous choisirez les plus belles
» étoffes possibles, tâchez surtout qu'elles se rapprochent des tissus de l'Inde:
» vous y ajouterez pour ceintures et pour turbans six magnifiques châles de
» cachemires longs, dont deux blancs, deux rouges et deux oranges; rien
» ne sied mieux aux teints bruns que ces couleurs-là.

» Ceci fait (et je vous donne tout au plus deux ou trois jours), vous par-
» tirez en poste dans ma berline pour le château de Cardoville, que vous

» connaissez bien ; le régisseur, l'excellent Dupont, un de vos anciens amis,
» vous conduira auprès d'un jeune prince indien nommé Djalma ; vous direz
» à ce haut et puissant seigneur d'un autre monde que vous venez de la part
» d'un *ami* inconnu, qui, agissant en frère, lui envoie ce qui lui est néces-
» saire pour échapper aux affreuses modes d'Europe. Vous ajouterez que cet
» ami l'attend avec tant d'impatience, qu'il le conjure de venir tout de suite
» à Paris : si mon protégé objecte qu'il est souffrant, vous lui direz que ma
» voiture est une excellente dormeuse ; vous y ferez établir le lit qu'elle ren-
» ferme, et il s'y trouvera très commodément. Il est bien entendu que vous
» excuserez très humblement l'ami inconnu de ce qu'il n'envoie au prince
» ni riches palanquins, ni même, modestement, un éléphant, car, hélas ! il
» n'y a de palanquins qu'à l'Opéra, et d'éléphans qu'à la Ménagerie : ce
» qui nous fera paraître étrangement sauvages aux yeux de mon protégé...
» Dès que vous l'aurez décidé à partir, vous vous remettrez rapidement
» en route, et vous m'amènerez ici, dons mon pavillon, rue de Babylone
» (quelle prédestination de demeurer rue de Babylone... voilà du moins un
» nom qui a bon air pour un Oriental), vous m'amènerez, dis-je, ce cher
» prince, qui a le bonheur d'être né dans le pays des fleurs, des diamans et
» du soleil.
» Vous aurez surtout la complaisance, mon bon et vieil ami, de ne pas
» vous étonner de ce nouveau caprice, et de ne vous livrer surtout à aucune
» conjecture extravagante... Sérieusement, le choix que je fais de vous dans
» cette circonstance... de vous que j'aime, que j'honore sincèrement, vous dit
» assez qu'au fond de tout ceci il y a autre chose qu'une apparente folie... »

En dictant ces derniers mots, le ton d'Adrienne fut aussi sérieux, aussi digne, qu'il avait été jusqu'alors plaisant et enjoué. Mais bientôt elle reprit plus gaîment :

« Adieu, mon vieil ami ; je suis un peu comme ce capitaine des temps an-
» ciens, dont vous m'avez fait tant de fois dessiner le nez héroïque et le
» menton conquérant, je plaisante avec une extrême liberté d'esprit au mo-
» ment de la bataille, oui car dans une heure, je livre une bataille, une
» grande bataille à ma chère dévote de tante. Heureusement l'audace et le
» courage ne me manquent pas, et je grille d'engager l'action avec cette aus-
» tère princesse. »

» Adieu, mille bons souvenirs de cœur à votre excellente femme. Si je
» parle d'elle ici, entendez-vous, d'elle si justement respectée, c'est pour
» vous rassurer encore sur les suites de cet *enlèvement* à mon profit d'un
» charmant jeune prince ; car il faut bien finir par où j'aurais dû commen-
» cer, et vous avouer qu'il est charmant.

» Encore adieu... »

Puis s'adressant à Georgette : — As-tu écrit, petite ?
— Oui, mademoiselle...
— Ah !... ajoute en post-scriptum :

« Je vous envoie un crédit à vue sur mon banquier pour toutes ces dé-
» penses ; ne ménagez rien... vous savez que je suis assez *grand seigneur*...
» (il faut bien me servir de cette expression masculine, puisque vous vous
» êtes exclusivement approprié, tyrans que vous êtes, ce terme significatif
» d'une noble générosité). »

— Maintenant Georgette — dit Adrienne — apporte-moi une feuille de papier et cette lettre, que je la signe.

Mademoiselle de Cardoville prit la plume que lui présentait Georgette, signa la lettre et renferma un bon sur son banquier ainsi conçu :

« On paiera à M. Norval, sur son reçu, la somme qu'il demandera pour dépenses faites en mon nom. »

« Adrienne de Cardoville. »

Pendant toute cette scène et durant que Georgette écrivait, Florine et Hébé avaient continué de s'occuper des soins de la toilette de leur maîtresse, qui avait quitté sa robe de chambre et s'était habillée afin de se rendre auprès de sa tante.

À l'attention soutenue, opiniâtre, quoique dissimulée, avec laquelle Florine avait écouté Adrienne dicter sa lettre à M. Norval, on voyait facilement que, selon son habitude, elle tâchait de retenir les moindres paroles de mademoiselle de Cardoville.

— Petite — dit celle-ci à Hébé — tu vas à l'instant envoyer cette lettre chez M. Norval.

Le même timbre argentin sonna au dehors.

Hébé se dirigeait vers la porte pour aller savoir ce que c'était, et exécuter les ordres de sa maîtresse; mais Florine se précipita pour ainsi dire au-devant d'elle pour sortir à sa place, et dit à Adrienne :

— Mademoiselle veut-elle que je fasse porter cette lettre? j'ai besoin d'aller au grand hôtel.

— Alors, vas-y, toi; Hébé, vois ce qu'on veut; et toi, Georgette, cachète cette lettre...

Au bout d'un instant, pendant lequel Georgette cacheta la lettre, Hébé revint.

— Mademoiselle — dit-elle en rentrant — cet ouvrier qui a retrouvé *Lutine* hier vous supplie de le recevoir un instant... il est très pâle... et il a l'air bien triste...

— Aurait-il déjà besoin de moi?... Ce serait trop heureux — dit gaîment Adrienne. — Fais entrer ce brave et honnête garçon dans le petit salon... et toi, Florine... envoie cette lettre à l'instant.

Florine sortit.

Mademoiselle de Cardoville, suivie de *Lutine*, entra dans le petit salon, où l'attendait Agricol.

CHAPITRE III.

L'ENTRETIEN.

Lorsque Adrienne de Cardoville entra dans le salon où l'attendait Agricol, elle était mise avec une extrême et élégante simplicité : une robe de casimir gros-bleu, à corsage juste, brodée sur le devant en lacets de soie noire, selon la mode d'alors, dessinait sa taille de nymphe et sa poitrine arrondie; un petit col de batiste uni et carré se rabattait sur un large ruban écossais noué en rosette, qui lui servait de cravate; sa magnifique chevelure dorée encadrait sa blanche figure d'une incroyable profusion de longs et légers tire-bouchons qui atteignaient presque son corsage.

Agricol, afin de donner le change à son père, et de lui faire croire qu'il se rendait véritablement aux ateliers de M. Hardy, s'était vu forcé de revêtir ses habits de travail; seulement il avait mis une blouse neuve, et le col de sa chemise, de grosse toile bien blanche, retombait sur une cravate noire négligemment nouée autour de son cou; son large pantalon gris laissait voir des bottes très proprement cirées, et il tenait entre ses mains musculeuses une belle casquette de drap toute neuve; somme toute, cette blouse bleue, brodée de rouge, qui, dégageant l'encolure brune et nerveuse du jeune forgeron, dessinant ses robustes épaules, retombait en plis gracieux, ne gênait en rien sa libre et franche allure, lui seyait beaucoup mieux que ne l'aurait fait un habit ou une redingote.

En attendant mademoiselle de Cardoville, Agricol examinait machinalement un magnifique vase d'argent admirablement ciselé; une petite plaque de même métal, attachée sur son socle de brèche antique, portait ces mots : *Ciselé par Jean-Marie, ouvrier ciseleur*, 1831.

Adrienne avait marché si légèrement sur le tapis de son salon, seulement séparé d'une autre pièce par des portières, qu'Agricol ne s'aperçut pas de la venue de la jeune fille; il tressaillit et se retourna vivement lorsqu'il entendit une voix argentine et perlée lui dire : — Voici un beau vase, n'est-ce-pas, monsieur?

— Très beau, mademoiselle — répondit Agricol, assez embarrassé.

— Vous voyez que j'aime l'équité — ajouta mademoiselle de Cardoville en lui montrant du doigt la petite plaque d'argent — un peintre signe son tableau... un écrivain son livre, je tiens à ce qu'un ouvrier signe son œuvre.

— Comment, mademoiselle, ce nom?...

— Est celui du pauvre ouvrier ciseleur qui a fait ce rare chef-d'œuvre pour un riche orfèvre. Lorsque celui-ci m'a vendu ce vase, il a été stupéfait de ma bizarrerie, il m'aurait presque dit de mon injustice, lorsque, après m'avoir fait nommer l'auteur de ce merveilleux ouvrage, j'ai voulu que ce fût son nom au lieu de celui de l'orfèvre qui fût inscrit sur le socle... A défaut de richesse, que l'artisan ait au moins le renom, n'est-ce pas juste, monsieur?

Il était impossible à Adrienne d'engager plus gracieusement l'entretien; aussi le forgeron, commençant à se rassurer, répondit :—Etant ouvrier moi-même, mademoiselle... je ne puis qu'être doublement touché d'une pareille preuve d'équité.

— Puisque vous êtes ouvrier, monsieur, je me félicite de cet à-propos, mais veuillez vous asseoir.

Et d'un geste rempli d'affabilité elle lui indiqua un fauteuil de soie pourpre brochée d'or, prenant place elle-même sur une causeuse de même étoffe.

Voyant l'hésitation d'Agricol, qui baissait de nouveau les yeux avec embarras, Adrienne lui dit gaîment, pour l'encourager, en lui montrant *Lutine:*

— Cette pauvre petite bête, à laquelle je suis très attachée, me sera toujours un souvenir vivant de votre obligeance, monsieur; aussi votre visite me semble d'un heureux augure, je ne sais quel bon pressentiment me dit que je pourrai peut-être vous être utile à quelque chose.

— Mademoiselle... — dit résolument Agricol — je me nomme Baudoin, je suis forgeron chez M. Hardy, au Plessis près Paris; hier, vous m'avez offert votre bourse... j'ai refusé... aujourd'hui je viens vous demander peut-être dix fois, vingt fois la somme que vous m'avez généreusement proposée;... je vous dis cela tout de suite, mademoiselle... parce que c'est ce qui me coûte le plus... ces mots-là me brûlaient les lèvres, maintenant je serai plus à mon aise...

— J'apprécie la délicatesse de vos scrupules — dit Adrienne ; — mais si vous me connaissiez, vous vous seriez adressé à moi sans crainte; combien vous faut-il?

— Je ne sais pas, mademoiselle.

— Comment, monsieur!... vous ignorez quelle somme?

— Oui, mademoiselle, et je viens vous demander... non-seulement la somme qu'il me faut... mais encore quelle est la somme qu'il me faut?

— Voyons, monsieur — dit Adrienne en souriant — expliquez-moi cela... malgré ma bonne volonté vous sentez que je ne devine pas tout à fait ce dont il s'agit...

— Mademoiselle, en deux mots voici le fait : J'ai une bonne vieille mère qui, dans sa jeunesse, s'est ruiné la santé à travailler pour m'élever, moi et un pauvre enfant abandonné qu'elle avait recueilli; à présent c'est à mon tour de la soutenir, c'est ce que j'ai le bonheur de faire... Mais pour cela je n'ai que mon travail. Or, si je suis hors d'état de travailler, ma mère est sans ressources.

— Maintenant, monsieur, votre mère ne peut manquer de rien, puisque je m'intéresse à elle...

— Vous vous intéressez à elle, mademoiselle?

— Sans doute.

— Vous la connaissez donc?

— A présent, oui...

— Ah! mademoiselle, dit Agricol avec émotion après un moment de silence, je vous comprends... Tenez... vous avez un noble cœur; la Mayeux avait raison...

— La Mayeux? — dit Adrienne en regardant Agricol d'un air très surpris; car ces mots pour elle étaient une énigme.

L'ouvrier, qui ne rougissait pas de ses amis, reprit bravement : — Mademoiselle, je vais vous expliquer cela. La Mayeux est une pauvre jeune ouvrière bien laborieuse avec qui j'ai été élevé; elle est contrefaite, voilà pourquoi on l'appelle la Mayeux. Vous voyez donc que d'un côté elle est placée aussi bas que vous êtes placée haut. Mais pour le cœur... pour la délicatesse... Ah! mademoiselle... je suis sûr que vous la valez... Ç'a été tout de suite sa pensée, lorsque je lui ai raconté comment hier vous m'aviez donné cette belle fleur...

— Je vous assure, monsieur — dit Adrienne touchée — que cette comparaison me flatte et m'honore plus que tout ce que vous pourriez me dire......

Un cœur qui reste bon et délicat, malgré de cruelles infortunes, est un si rare trésor !... Il est si facile d'être bon, quand on a la jeunesse et la beauté ! d'être délicat et généreux, quand on a la richesse ! J'accepte donc votre comparaison ;... mais à condition que vous me mettrez bien vite à même de la mériter. Continuez donc, je vous prie.

Malgré la gracieuse cordialité de mademoiselle de Cardoville, on devinait chez elle tant de cette dignité naturelle que donnent toujours l'indépendance du caractère, l'élévation de l'esprit et la noblesse des sentimens, qu'Agricol, oubliant l'idéale beauté de sa protectrice, éprouva bientôt pour elle une sorte d'affectueux et profond respect qui contrastait singulièrement avec l'âge et la gaîté de la jeune fille qui lui inspirait ce sentiment.

— Si je n'avais que ma mère, mademoiselle, à la rigueur je ne m'inquiéterais pas trop d'un chômage forcé ; entre pauvres gens on s'aide, ma mère est adorée dans la maison, nos braves voisins viendraient à son secours ; mais ils ne sont pas heureux, et ils se priveraient pour elle, et leurs petits services lui seraient plus pénibles que la misère même ; et puis enfin ce n'est pas seulement pour ma mère que j'ai besoin de travailler, mais pour mon père ; nous ne l'avions pas vu depuis dix-huit ans ; il vient d'arriver de Sibérie... il y était resté par dévoûment à son ancien général, aujourd'hui le maréchal Simon.

— Le maréchal Simon... — dit vivement Adrienne avec une expression de surprise.

— Vous le connaissez, mademoiselle ?

— Je ne le connais pas personnellement, mais il a épousé une personne de notre famille...

— Quel bonheur.... — s'écria le forgeron — alors ses deux demoiselles que mon père a ramenées de Russie... sont vos parentes ?...

— Le maréchal a deux filles ? — demanda Adrienne de plus en plus étonnée et intéressée.

— Ah ! mademoiselle... deux petits anges de quinze ou seize ans... Et si jolies, si douces, deux jumelles qui se ressemblent à s'y méprendre... leur mère est morte en exil ; le peu qu'elle possédait ayant été confisqué, elles sont venues ici avec mon père du fond de la Sibérie, voyageant bien pauvrement ; mais il tâchait de leur faire oublier tant de privations à force de dévoûment... de tendresse... Brave père !... vous ne croiriez pas, mademoiselle, qu'avec un courage de lion il est bon... comme une mère...

— Et où sont ces chers enfans, monsieur ? — dit Adrienne.

— Chez nous, mademoiselle... c'est ce qui rendait ma position si difficile, c'est ce qui m'a donné le courage de venir à vous ; ce n'est pas qu'avec mon travail je ne puisse suffire à notre petit ménage ainsi augmenté... mais si l'on m'arrête ?

— Vous arrêter... et pourquoi ?

— Tenez, mademoiselle... ayez la bonté de lire cet avis, que l'on a envoyé à la Mayeux... cette pauvre fille dont je vous ai parlé... une sœur pour moi...

Et Agricol remit à mademoisselle de Cardoville la lettre anonyme écrite à l'ouvrière.

Après l'avoir lue, Adrienne dit au forgeron avec surprise : — Comment, monsieur, vous êtes poète ?

— Je n'ai ni cette prétention, ni cette ambition, mademoiselle... seulement quand je reviens auprès de ma mère, après ma journée de travail... ou souvent même en forgeant mon fer, pour me distraire ou me délasser, je m'amuse à rimer... tantôt quelques odes, tantôt des chansons.

— Et ce *Chant des Travailleurs*, dont on parle dans cette lettre, est donc bien hostile, bien dangereux ?

— Mon Dieu non, mademoiselle, au contraire, car, moi, j'ai le bonheur d'être employé chez M. Hardy, qui rend la position de ses ouvriers aussi heureuse que celle de nos autres camarades l'est peu... et je m'étais borné à faire, en faveur de ceux-ci, qui composent la masse, une réclamation chaleureuse, sincère, équitable, rien de plus ; mais vous le savez peut-être, mademoiselle, dans ce temps de conspiration et d'émeute, souvent on est incriminé, emprisonné légèrement... Qu'un tel malheur m'arrive... que deviendront ma mère... mon père... et les deux orphelines que nous devons regarder comme de notre famille, jusqu'au retour du maréchal Simon ?... Aussi, mademoiselle, pour échapper à ce malheur, je venais vous demander, dans le cas où je risquerais d'être arrêté, de me fournir une caution ; de la sorte je ne serais pas forcé de quitter l'atelier pour la prison, et mon travail suffirait à tout, j'en réponds.

— Dieu merci — dit gaîment Adrienne — ceci pourra s'arranger parfaitement ; désormais, monsieur le poëte, vous puiserez vos inspirations dans le bonheur et non dans le chagrin... triste muse !... D'abord votre caution sera faite.

— Ah ! mademoiselle... vous nous sauvez.

— Il se trouve ensuite que le médecin de notre famille est fort lié avec un ministre très important (entendez-le comme vous voudrez — dit-elle en souriant — vous ne vous tromperez guère) ; le docteur a sur ce grand homme d'Etat beaucoup d'influence, car il a toujours eu le bonheur de lui conseiller, par raison de santé, les douceurs de la vie privée, la veille du jour où on lui a ôté son portefeuille. Soyez donc parfaitement tranquille, si la caution était insuffisante nous aviserions à d'autres moyens.

— Mademoiselle — dit Agricol avec une émotion profonde — je vous devrai le repos, peut-être la vie de ma mère... croyez-moi, je ne serai jamais ingrat.

— C'est tout simple... Maintenant autre chose : il faut bien que ceux qui en ont trop aient le droit de venir en aide à ceux qui n'en ont pas assez... Les filles du maréchal Simon sont de ma famille ! elles logeront ici, avec moi ; ce sera plus convenable ; vous en préviendrez votre bonne mère ; et, ce soir, en allant la remercier de l'hospitalité qu'elle a donnée à mes jeunes parentes, j'irai les chercher.

Tout à coup Georgette, soulevant la portière qui séparait le salon d'une pièce voisine, entra précipitamment et d'un air effrayé :

— Ah ! mademoisselle — s'écria-t-elle — il se passe quelque chose d'extraordinaire dans la rue...

— Comment cela ? explique-toi.

— Je venais de reconduire ma couturière jusqu'à la petite porte, il m'a semblé voir des hommes de mauvaise mine regarder attentivement les murs et les croisées du petit bâtiment attenant au pavillon, comme s'ils voulaient épier quelqu'un.

— Mademoiselle — dit Agricol avec chagrin — je ne m'étais pas trompé, c'est moi qu'on cherche...

— Que dites-vous ?

— Il m'avait semblé être suivi depuis la rue Saint-Merry... Il n'y a plus à en douter ; on m'aura vu entrer chez vous et l'on veut m'arrêter... Ah ! maintenant, mademoiselle, que votre intérêt est acquis à ma mère... maintenant que je n'ai plus d'inquiétude pour les filles du maréchal Simon, plutôt que de vous exposer au moindre désagrément, je cours me livrer...

— Gardez-vous-en bien, monsieur — dit vivement Adrienne — la liberté est une trop bonne chose pour la sacrifier volontairement... D'ailleurs Georgette peut se tromper :... mais, en tout cas, je vous en prie, ne vous livrez pas... Croyez-moi, évitez d'être arrêté... cela facilitera, je pense, beaucoup mes démarches... car il me semble que la justice se montre d'un attachement exagéré pour ceux qu'elle a une fois saisis...

— Mademoiselle — dit Hébé en entrant aussi d'un air inquiet — un homme vient de frapper à la petite porte... il a demandé si un jeune homme en blouse bleue n'était pas entré ici... il a ajouté que la personne qu'il cherchait se nommait Agricol Baudouin... et qu'on avait quelque chose de très-important à lui apprendre...

— C'est mon nom — dit Agricol — c'est une ruse pour m'engager à sortir...

— Evidemment — dit Adrienne — aussi faut-il la déjouer. Qu'as-tu répondu, mon enfant ? — ajouta-t-elle en s'adressant à Florine.

— Mademoiselle... j'ai répondu que je ne savais pas de qui on voulait parler.

— A merveille !... Et l'homme questionneur ?...

— Il s'est éloigné, mademoiselle.

— Sans doute pour revenir bientôt — dit Agricol.

— C'est très probable — reprit Adrienne. — Aussi, monsieur, faut-il vous résigner à rester ici quelques heures... Je suis malheureusement obligée de me rendre à l'instant chez madame la princesse de Saint-Dizier, ma tante, pour une entrevue très importante qui ne pouvait déjà souffrir aucun retard, mais qui est rendue plus pressante encore par ce que vous venez de m'apprendre au sujet des filles du maréchal Simon... Restez donc ici, monsieur, puisqu'en sortant vous seriez certainement arrêté.

— Mademoiselle... pardonnez mon refus... Mais, encore une fois, je ne dois pas accepter cette offre généreuse.

— Et pourquoi?

— On a tenté de m'attirer au dehors afin de pas avoir à pénétrer légalement chez vous; mais à cette heure, mademoiselle, si je ne sors pas on entrera, et jamais je ne vous exposerai à un pareil désagrément. Je ne suis plus inquiet de ma mère, que m'importe la prison?

— Et le chagrin que votre mère ressentira? et ses inquiétudes, et ses craintes? n'est-ce donc rien? Et votre père, et cette pauvre ouvrière qui vous aime comme un frère et que je vaux par le cœur, dites-vous, monsieur, l'oubliez-vous aussi?... Croyez-moi, épargnez ces tourmens à votre famille... Restez ici; avant ce soir je suis certaine, soit par caution, soit autrement, de vous délivrer de ces ennuis...

— Mais, mademoiselle, en admettant que j'accepte votre offre généreuse... on me trouvera ici.

— Pas du tout... il y a dans ce pavillon, qui servait autrefois de petite maison — vous voyez monsieur — dit Adrienne en souriant — que j'habite un lieu bien profane; il y a dans ce pavillon une cachette si merveilleusement bien imaginée qu'elle peut défier toutes les recherches; Georgette va vous y conduire; vous y serez très-commodément, vous pourrez même y écrire quelques vers pour moi si la situation vous inspire...

— Ah! mademoiselle, que de bontés!... — s'écria Agricol. — Comment ai-je mérité?

— Comment? monsieur, je vais vous le dire: admettez que votre caractère, que votre position, ne méritent aucun intérêt; admettez que je n'aie pas contracté une dette sacrée envers votre père pour les soins touchans qu'il a eus des filles du maréchal Simon, mes parentes... Mais songez au moins à *Lutine,* monsieur — dit Adrienne en riant — à Lutine que voilà... et que vous avez rendue à ma tendresse... Sérieusement... si je ris — reprit cette singulière et folle créature — c'est qu'il n'y a pas le moindre danger pour vous, et que je me trouve dans un accès de bonheur; ainsi donc, monsieur, écrivez-moi vite votre adresse et celle de votre mère sur ce portefeuille; suivez Georgette, et faites-moi de très jolis vers si vous ne vous ennuyez pas trop dans cette prison où vous fuyez... une prison.

Pendant que Georgette conduisait le forgeron dans la cachette, Hébé apportait à sa maîtresse un petit chapeau de castor gris à plume grise, car Adrienne devait traverser le parc pour se rendre au grand hôtel occupé par madame la princesse de Saint-Dizier.

Un quart-d'heure après cette scène, Florine entrait mystérieusement dans la chambre de madame Grivois, première femme de la princesse de Saint-Dizier.

— Eh bien! — demanda madame Grivois à la jeune fille.

— Voici les notes que j'ai pu prendre dans la matinée — dit Florine en remettant un papier à la duègne — heureusement j'ai bonne mémoire...

— A quelle heure, au juste, est-elle rentrée ce matin? — dit vivement la duègne.

— Qui, madame?

— Mademoiselle Adrienne.

— Mais elle n'est pas sortie, madame;... nous l'avons mise au bain à neuf heures.

— Mais avant neuf heures elle est rentrée, après avoir passé la nuit dehors. Car voilà où elle en est arrivée pourtant.

Florine regardait madame Grivois avec un profond étonnement.

— Je ne vous comprends pas, madame.

— Comment, mademoiselle n'est pas rentrée ce matin, à huit heures, par la petite porte du jardin? Osez donc mentir!

— J'avais été souffrante hier, je ne suis descendue qu'à neuf heures pour aider Georgette et Hébé à sortir mademoiselle du bain... j'ignore ce qui s'est passé auparavant, je vous le jure, madame...

— C'est différent... vous vous informerez de ce que je viens de vous dire là auprès de vos compagnes ; elles ne se défient pas de vous, elles vous diront tout...

— Oui, madame.

— Que fait mademoiselle ce matin depuis que vous l'avez vue ?

— Mademoiselle a dicté une lettre à Georgette pour M. Norval, j'ai demandé d'être chargée de l'envoyer afin d'avoir un prétexte pour sortir et pour noter ce que j'avais retenu...

— Bon... et cette lettre ?

— Jérôme vient de sortir ; je la lui ai donnée pour qu'il la mît à la poste...

— Maladroite ! — s'écria madame Grivois — vous ne pouviez pas me l'apporter ?

— Mais puisque mademoiselle a dicté tout haut à Georgette, selon son habitude, je savais le contenu de cette lettre et je l'ai écrit dans la note.

— Ce n'est pas la même chose... il était possible qu'il fût bon de retarder l'envoi de cette lettre... La princesse va être contrariée...

— J'avais cru bien faire... madame.

— Mon Dieu ! je sais que ce n'est pas la bonne volonté qui vous manque ; depuis six mois on est satifait de vous... mais cette fois vous avez commis une grave imprudence...

— Ayez de l'indulgence... madame... ce que je fais est assez pénible.

Et la jeune fille étouffa un soupir.

Madame Grivois la regarda fixement, et lui dit d'un ton sardonique : — Eh bien ! ma chère, ne continuez pas... si vous avez des scrupules... vous êtes libre... allez-vous-en...

— Vous savez bien que je ne suis pas libre, madame... — dit Florine en rougissant ; une larme lui vint aux yeux, et elle ajouta : — Je suis dans la dépendance de M. Rodin, qui m'a placée ici...

— Alors, à quoi bon ces soupirs ?

— Malgré soi, on a des remords... Mademoiselle est si bonne... si confiante...

— Elle est parfaite assurément ; mais vous n'êtes pas ici pour me faire son son éloge... Qu'y a-t-il ensuite ?

— L'ouvrier qui a hier retrouvé et rapporté Lutine est venu tout à l'heure demander à parler à mademoiselle.

— Et cet homme est-il encore chez elle ?

— Je l'ignore... il entrait seulement lorsque je suis sortie avec la lettre...

— Vous vous arrangerez pour savoir ce qu'est venu faire cet ouvrier chez mademoiselle... vous trouverez un prétexte pour revenir dans la journée m'en instruire,

— Oui, madame...

— Mademoiselle a-t-elle paru préoccupée, inquiète, effrayée de l'entrevue qu'elle doit avoir aujourd'hui avec la princesse ? Elle cache si peu ce qu'elle pense que vous devez le savoir.

— Mademoiselle a été gaie comme à l'ordinaire, elle a même plaisanté là-dessus...

— Ah ! elle a plaisanté... — dit la duègne.

Et elle ajouta entre ses dents, sans que Florine pût l'entendre : — Rira bien qui rira le dernier ; malgré son audace et son caractère diabolique... elle tremblerait, elle demanderait grâce... si elle savait ce qui l attend aujourd'hui...

Puis s'adressant à Florine : — Retournez au pavillon, et défendez-vous, je vous le conseille, de ces beaux scrupules qui pourraient vous jouer un mauvais tour, ne l'oubliez pas.

— Je ne peux pas oublier que je ne m'appartiens plus, madame...

— A la bonne heure, et à tantôt.

Florine quitta le grand hôtel et traversa le parc pour regagner le pavillon. Madame Grivois se rendit aussitôt auprès de la princesse de Saint-Dizier.

CHAPITRE IV.

UNE JÉSUITESSE.

Pendant que les scènes précédentes se passaient dans la rotonde Pompadour, occupée par mademoiselle de Cardoville, d'autres événemens avaient lieu dans le grand hotel occupé par madame la princesse de Saint-Dizier.

L'élégance et la somptuosité du pavillon du jardin contrastaient étrangement avec le sombre intérieur de l'hôtel, dont la princesse habitait le premier étage; car la disposition du rez-de-chaussée ne le rendait propre qu'à donner des fêtes; et depuis longtemps madame de Saint-Dizier avait renoncé à ces splendeurs mondaines; la gravité de ses domestiques, tous âgés et vêtus de noir, le profond silence qui régnait dans sa demeure, où l'on ne parlait pour ainsi dire qu'à voix basse, la régularité presque monastique de cette immense maison, donnaient à l'entourage de la princesse un caractère triste et sévère.

Un homme du monde, qui joignait un grand courage à une rare indépendance de caractère, parlant de madame la princesse de Saint-Dizier (à qui Adrienne de Cardoville *allait*, selon son expression, *livrer une grande bataille*), disait ceci :

« Afin de ne pas avoir madame de Saint-Dizier pour ennemie, moi qui ne
» suis ni plat ni lâche, j'ai, pour la première fois de ma vie, fait une plati-
» tude et une lâcheté. »

Et cet homme parlait sincèrement.

Mais madame de Saint-Dizier n'était pas tout d'abord arrivée à ce haut point d'*importance*.

Quelques mots sont nécessaires pour poser nettement diverses phases de la vie de cette femme dangereuse, implacable, qui, par son affiliation à l'ORDRE, avait acquis une puissance occulte et formidable; car il y a quelque chose de plus menaçant qu'un *jésuite*... c'est une *jésuitesse*; et quand on a vu un certain monde, on sait qu'il existe malheureusement beaucoup de ces affiliées, de robe plus ou moins courte (1).

Madame de Saint-Dizier, autrefois fort belle, avait été, pendant les dernières années de l'Empire et les premières années de la Restauration, une des femmes les plus à la mode de Paris : d'un esprit remuant, actif, aventureux, dominateur ; d'un cœur froid et d'une imagination vive, elle s'était extrêmement livrée à la galanterie, non par tendresse de cœur, mais par amour pour l'intrigue, qu'elle aimait comme certains hommes aiment le jeu... à cause des émotions qu'elle procure.

Malheureusement, tel avait toujours été l'aveuglement ou l'insouciance de son mari, le prince de Saint-Dizier (frère aîné du comte de Rennepont, duc de Cardoville, père d'Adrienne), que, durant sa vie, il ne dit jamais un mot qui pût faire penser qu'il soupçonnait les aventures de sa femme.

Aussi, ne trouvant pas sans doute assez de difficultés dans ces liaisons, d'ailleurs si commodes sous l'Empire, la princesse, sans renoncer à la galanterie, crut lui donner plus de mordant, plus de verdeur, en la compliquant de quelques intrigues politiques. S'attaquer à Napoléon, creuser une mine sous les pieds du colosse, cela du moins promettait des émotions capables de satisfaire le caractère le plus exigeant. Pendant quelque temps tout alla au mieux ; jolie et spirituelle, adroite et fausse, perfide et séduisante, entourée d'adorateurs qu'elle fanatisait, mettant une sorte de coquetterie féroce à leur faire jouer leurs têtes dans de graves complots, la princesse espéra ressusciter la Fronde, et entama une correspondance secrète très active avec quelques personnages influens à l'étranger, bien connus pour leur haine contre l'Empereur et contre la France ; de là datèrent ses premières relations épistolaires avec le marquis d'Aigrigny, alors colonel au service de la Russie et aide-de-

---

(1) On sait que les membres laïques de l'ordre se nomment jésuites de robe courte.

camp de Moréau. Mais un jour toutes ces belles menées furent découvertes, plusieurs chevaliers de madame de Saint-Dizier furent envoyés à Vincennes, et l'Empereur, qui aurait pu sévir terriblement, se contenta d'exiler la princesse dans une de ses terres près de Dunkerque.

A la Restauration, les *persécutions* dont madame de Saint-Dizier avait souffert pour la bonne cause lui furent comptées, et elle acquit même alors une assez grande influence, malgré la légèreté de ses mœurs.

Le marquis d'Aigrigny ayant pris du service en France, s'y était fixé ; il était charmant et aussi fort à la mode ; il avait correspondu et conspiré avec la princesse sans la connaître ; ces *précédens* amenèrent nécessairement une liaison entre eux.

L'amour-propre effréné, le goût des plaisirs bruyans, de grands besoins de haine, d'orgueil et de domination, l'espèce de sympathie mauvaise, dont l'attrait perfide rapproche les natures perverses sans les confondre, avaient fait de la princesse et du marquis deux complices plutôt que deux amans. Cette liaison était fondée sur des sentimens égoïstes, amers, sur l'appui redoutable que deux caractères de cette trempe dangereuse pouvaient se prêter contre un monde où leur esprit d'intrigue, de galanterie et de dénigrement leur avait fait beaucoup d'ennemis, cette liaison dura jusqu'au moment où, après son duel avec le général Simon, le marquis entra au séminaire sans que l'on connût la cause de cette résolution subite.

La princesse ne trouvant pas l'heure de la conversion sonnée pour elle, continua de s'abandonner au tourbillon du monde avec une ardeur âpre, jalouse, haineuse, car elle voyait finir toutes ses belles années. On jugera, par le fait suivant, du caractère de cette femme.

Encore fort agréable, elle voulut terminer sa vie mondaine par un éclatant et dernier triomphe, ainsi qu'une grande comédienne sait se retirer à temps du théâtre afin de laisser des regrets. Voulant donner cette consolation suprême à sa vanité, la princesse choisit habilement ses victimes ; elle avisa dans le monde un jeune couple qui s'idolâtrait, et à force d'astuce, de manége, elle enleva l'amant à sa maîtresse, ravissante femme de dix-huit ans dont il était adoré. Ce succès bien constaté, madame de Saint-Dizier quitta le monde dans tout l'éclat de son aventure. Après plusieurs longs entretiens avec l'abbé-marquis d'Aigrigny, alors prédicateur fort renommé, elle partit brusquement de Paris, et alla passer deux ans dans sa terre près de Dunkerque, où elle n'emmena qu'une de ses femmes, madame Grivois.

Lorsque la princesse revint, on ne put reconnaître cette femme autrefois frivole, galante et dissipée ; la métamorphose était complète, extraordinaire, presque effrayante. L'hôtel de Saint-Dizier, jadis ouvert aux joies, aux fêtes, aux plaisirs, devint silencieux et austère ; au lieu de ce qu'on appelle *monde élégant*, la princesse ne reçut plus chez elle que des femmes d'une dévotion retentissante, des hommes importans, mais cités pour la sévérité outrée de leurs principes religieux et monarchiques. Elle s'entoura surtout de certains membres considérables du haut clergé ; une congrégation de femmes fut placée sous son patronage ; elle eut confesseur, chapelle, aumônier et même directeur ; mais ce dernier exerçait *in partibus* ; le marquis-abbé d'Aigrigny resta véritablement son guide spirituel ; il est inutile de dire que depuis longtemps leurs relations de galanterie avaient complètement cessé. Cette conversion soudaine, complète et surtout très bruyamment prônée, frappa le plus grand nombre d'admiration et de respect ; quelques-uns, plus pénétrans, sourirent.

Un trait entre mille, fera connaître l'effrayante puissance que la princesse avait acquise depuis son affiliation. Ce trait montrera aussi le caractère souterrain, vindicatif et impitoyable de cette femme, qu'Adrienne de Cardoville s'apprêtait si imprudemment à braver.

Parmi les personnes qui souriront plus ou moins de la conversion de madame de Saint-Dizier se trouvait le jeune et charmant couple qu'elle avait désuni si cruellement avant de quitter pour toujours la scène galante du monde : tous deux, plus passionnés que jamais, s'étaient réunis dans leur amour après cet orage passager, bornant leur vengeance à quelques piquantes plaisanteries sur la conversion de la femme qui leur avait fait tant de mal...

Quelque temps après, une terrible fatalité s'appesantissait sur les deux amans.

Un mari, jusqu'alors aveugle... était brusquement éclairé par des révélations anonymes; un épouvantable éclat s'ensuivit, la jeune femme fut perdue.

Quant à l'amant, des bruits vagues, peu précisés, mais remplis de réticences perfidement calculées et mille fois plus odieuses qu'une accusation formelle, que l'on peut au moins combattre et détruire, étaient répandus sur lui avec tant de persistance, avec une si diabolique habileté et par des voies si diverses, que ses meilleurs amis se retirèrent peu à peu de lui, subissant à leur insu l'influence lente et irrésistible de ce bourdonnement incessant et confus qui pourtant peut se résumer par ceci :

— Eh bien! vous savez! — ***?
— Non!
— On dit de bien vilaines choses sur lui!
— Ah! vraiment. Et quoi donc?
— Je ne sais, de mauvais bruits... des rumeurs fâcheuses pour son honneur.
— Diable!... c'est grave... Cela m'explique alors pourquoi il est maintenant reçu plus que froidement.
— Quant à moi, désormais je l'éviterai.
— Et moi aussi, etc., etc.

Le monde est ainsi fait, qu'il n'en faut souvent pas plus pour flétrir un homme auquel d'assez grands succès ont mérité beaucoup d'envieux. C'est ce qui arriva à l'homme dont nous parlons. Le malheureux, voyant le vide se former autour de lui, sentant, pour ainsi dire, la terre manquer sous ses pieds, ne savait où chercher, où prendre l'insaisissable ennemi dont il sentait les coups; car jamais il ne lui était venu à la pensée de soupçonner la princesse, qu'il n'avait pas revue depuis son aventure avec elle. Voulant à toute force savoir la cause de cet abandon et de ces mépris, il s'adressa à un de ses anciens amis. Celui-ci lui répondit d'une manière dédaigneusement évasive; l'autre s'emporta, demanda satisfaction... Son adversaire lui dit :

— Trouvez deux témoins de votre connaissance et de la mienne... et je me bats avec vous.

Le malheureux n'en trouva pas un.

Enfin, délaissé par tous, sans avoir jamais pu s'expliquer ce délaissement, souffrant atrocement du sort de la femme qui avait été perdue pour lui, il devint fou de douleur, de rage, de désespoir, et se tua...

Le jour de sa mort, madame de Saint-Dizier dit qu'une vie aussi honteuse devait avoir nécessairement une pareille fin; que celui qui pendant si longtemps s'était fait un jeu des lois divines et humaines ne pouvait terminer sa misérable vie que par un dernier crime... le suicide!... Et les amis de madame de Saint-Dizier répétèrent et colportèrent ces terribles paroles d'un air contrit, béat et convaincu.

Ce n'était pas tout : à côté du châtiment se trouvait la récompense

Les gens qui observent remarquaient que les favoris de la coterie religieuse de madame de Saint-Dizier arrivaient à de hautes positions avec une rapidité singulière. Les jeunes gens *vertueux*, et puis religieusement assidus aux prônes, étaient mariés à de riches orphelines du *Sacré-Cœur*, que l'on tenait en réserve ; pauvres jeunes filles qui, apprenant trop tard ce que c'est qu'un mari dévot, choisi et imposé par des dévotes, expiaient souvent par des larmes bien amères la trompeuse faveur d'être ainsi admises parmi ce monde hypocrite et faux où elles se trouvaient étrangères, sans appui, et qui les écrasait si elles osaient se plaindre de l'union à laquelle on les avait condamnées. Dans le salon de madame de Saint-Dizier se faisaient des préfets, des colonels, des receveurs généraux, des députés, des académiciens, des évêques, des pairs de France, auxquels on ne demandait, en retour du tout puissant appui qu'on leur donnait, que d'affecter des dehors pieux, de communier quelquefois en public, de jurer une guerre acharnée à tout ce qui était impie ou révolutionnaire, et surtout de correspondre confidentiellement, sur *diff rens sujets de son choix*, avec l'abbé d'Aigrigny ; distraction fort agréable d'ailleurs, car l'abbé était l'homme du monde le plus aimable, le plus spirituel, et surtout le plus accommodant.

Voici à ce propos un fait *historique* qui a manqué à l'ironie amère et vengeresse de Molière ou de Pascal. C'était pendant la dernière année de la Restauration; un des hauts dignitaires de la cour, homme indépendant et ferme, ne *pratiquait pas*, comme disent les bons pères, c'est-à-dire qu'il ne communiait pas. L'évidence où le mettait sa position pouvait rendre cette indifférence d'un fâcheux exemple; on lui dépêcha l'abbé marquis-d'Aigrigny : celui-ci, connaissant le caractère honorable et élevé du récalcitrant, sentit que, s'il pouvait l'amener à *pratiquer* par quelque moyen que ce fût, l'*effet* serait des meilleurs; en homme d'esprit, et sachant à qui il s'adressait, l'abbé fit bon marché du dogme, du fait religieux en lui-même; il ne parla que des convenances, de l'exemple salutaire qu'une pareille résolution produirait sur le public.

— Monsieur l'abbé — dit l'autre — je respecte plus la religion que vous-même, je regarderais comme une jonglerie infâme de communier sans conviction.

— Allons, allons, homme intraitable, *Alceste* renfrogné, — dit le marquis-abbé en souriant finement — on mettra d'accord vos scrupules et le profit que vous aurez, croyez-moi, à m'écouter : *on vous ménagera* une COMMUNION BLANCHE, car, après tout, que demandons-nous ? l'apparence.

Or, une *communion blanche* se pratique avec une hostie non consacrée.

L'abbé-marquis en fut pour ses offres rejetées avec indignation ; mais l'homme de cour fut destitué.

Et cela n'était pas un fait isolé : malheur à ceux qui se trouvaient en opposition de principes et d'intérêts avec madame de Saint-Dizier ou ses amis! tôt ou tard, directement ou indirectement, ils se voyaient frappés d'une manière cruelle, presque toujours irréparable : ceux-ci dans leurs relations les plus chères, ceux-là dans leur crédit; d'autres dans leur honneur, d'autres enfin dans les fonctions officielles dont ils vivaient; et cela par l'action sourde, latente, continue, d'un dissolvant terrible et mystérieux, qui minait invisiblement les réputations, les fortunes, les positions les plus solidement établies, jusqu'au moment où elles s'abîmaient à jamais au milieu de la surprise et de l'épouvante générales.

On concevra maintenant que, sous la Restauration, la princesse de Saint-Dizier fût devenue singulièrement influente et redoutable. Lors de la révolution de Juillet, elle s'était *ralliée :* et, chose bizarre ! tout en conservant des relations de famille et de société avec quelques personnes très fidèles au culte de la monarchie déchue, on lui attribuait encore beaucoup d'action et de pouvoir.

Disons enfin que le prince de Saint-Dizier étant décédé sans enfans depuis plusieurs années, sa fortune personnelle, très considérable, était retournée à son beau-frère puîné, le père d'Adrienne de Cardoville; ce dernier étant mort depuis dix-huit mois, cette jeune fille se trouvait donc alors la dernière et seule représentante de cette branche de la famille des Rennepont.

La princesse de Saint-Dizier attendait sa nièce dans un assez grand salon tendu de damas vert sombre; les meubles, recouverts de pareille étoffe, étaient d'ébène sculpté, ainsi que la bibliothèque, remplie de livres pieux. Quelques tableaux de sainteté, un grand christ d'ivoire sur un fond de velours noir, achevaient de donner à cette pièce une apparence austère et lugubre.

Madame de Saint-Dizier, assise devant un grand bureau, achevait de cacheter plusieurs lettres, car elle avait une correspondance fort étendue et fort variée. Alors âgée de quarante-cinq ans environ, elle était belle encore ; les années avaient épaissi sa taille, qui, autrefois d'une élégance remarquable, se dessinait pourtant encore assez avantageusement sous sa robe noire montante. Son bonnet fort simple, orné de rubans gris, laissait voir ses cheveux blonds lissés en épais bandeaux. Au premier abord on restait frappé de son air à la fois digne et simple; on cherchait en vain, sur cette physionomie alors remplie de componction et de calme, la trace des agitations de la vie passée; à la voir si naturellement grave et réservée, l'on ne pouvait s'habituer à la croire l'héroïne de tant d'intrigues, de tant d'aventures galantes; bien plus, si par hasard elle entendait un propos quelque peu léger, la figure de cette femme, qui avait fini par se croire à peu près une mère de l'Église, exprimait aussitôt un étonnement candide et douloureux, qui se changeait bientôt en un air de chasteté révoltée et de commisération dédaigneuse.

Du reste, lorsqu'il le fallait, le sourire de la princesse était encore rempli de grâce et même d'une séduisante et irrésistible bonhomie ; son grand œil bleu savait, à l'occasion, devenir affectueux et caressant ; mais si l'on osait froisser son orgueil, contrarier ses volontés ou nuire à ses intérêts, et qu'elle pût, sans se commettre, laisser éclater ses ressentimens, alors sa figure, habituellement placide et sérieuse, trahissait une froide et implacable méchanceté.

A ce moment madame Grivois entra dans le cabinet de la princesse, tenant à la main le *rapport* que Florine venait de lui remettre sur la matinée d'Adrienne de Cardoville.

Madame Grivois était depuis vingt ans au service de madame de Saint-Dizier ; elle savait tout ce qu'une femme de chambre intime peut et doit savoir de sa maîtresse lorsque celle-ci a été fort galante. Etait-ce volontairement que la princesse avait conservé ce témoin si bien instruit des nombreuses erreurs de sa jeunesse ? c'est ce que l'on ignorait généralement. Ce qui demeurait évident, c'est que madame Grivois jouissait auprès de la princesse de grands priviléges, et qu'elle était plutôt considérée par elle comme une femme de compagnie que comme une femme de chambre.

— Voici madame, les notes de Florine — dit madame Grivois en remettant le papier à la princesse.

— J'examinerai cela *tout à l'heure* — répondit madame de Saint-Dizier ; — mais, dites-moi, ma nièce va se rendre ici. Pendant la conférence à laquelle elle va assister, vous conduirez dans son pavillon une personne qui doit bientôt venir et qui vous demandera de ma part.

— Bien, madame.

Cet homme fera un inventaire exact de tout ce que renferme le pavillon qu'Adrienne habite. Vous veillerez à ce que rien ne soit omis : ceci est de la plus grande importance.

— Oui, madame... Mais si Georgette ou Hébé veulent s'opposer...

— Soyez tranquille, l'homme chargé de cet inventaire a une qualité telle, que, lorsqu'elles le connaîtront, ces filles n'oseront s'opposer à cet inventaire ni aux autres mesures qu'il a encore à prendre... Il ne faudrait pas manquer, tout en l'accompagnant, d'insister sur certaines particularités destinées à confirmer les bruits que vous avez répandus depuis quelque temps...

— Soyez tranquille, madame, ces bruits ont maintenant la consistance d'une vérité...

— Bientôt enfin cette Adrienne si insolente et si hautaine sera donc brisée et forcée de demander grâce... et à moi encore...

Un vieux valet de chambre ouvrit les deux battans de la porte et annonça :
— M. l'abbé d'Aigrigny !

— Si mademoiselle de Cardoville se présente — dit la princesse à madame Grivois — vous la prierez d'attendre un instant.

— Oui, madame... dit la duègne, qui sortit avec le valet de chambre.

— Madame de Saint-Dizier et M. d'Aigrigny restèrent seuls.

CHAPITRE V.

LE COMPLOT.

L'abbé-marquis d'Aigrigny était, on l'a facilement deviné, le personnage que l'on a déjà vu rue du Milieu-des-Ursins, d'où il était parti pour Rome il y avait de cela trois mois environ.

Le marquis était vêtu de grand deuil, avec son élégance accoutumée. Il ne portait pas la soutane ; sa redingote noire, assez juste, et son gilet bien serré aux hanches, faisaient valoir l'élégance de sa taille ; son pantalon de casimir noir découvrait son pied parfaitement chaussé de brodequins vernis; enfin sa tonsure disparaissait au milieu de la légère calvitie qui avait un peu dégarni la partie postérieure de sa tête. Rien dans son costume ne décelait, pour ainsi dire, le prêtre, sauf peut-être le manque absolu de favoris, remarquable sur une figure aussi virile; son menton, fraîchement rasé, s'appuyait sur une haute et ample cravate noire nouée avec une crânerie militaire qui rappelait que cet abbé-marquis, que ce prédicateur en renom, alors l'un des chefs les plus actifs et les plus influens de son ordre, avait, sous la Restauration, commandé un régiment de hussards après avoir fait la guerre avec les Russes contre la France.

Arrivé seulement le matin, le marquis n'avait pas revu la princesse depuis que sa mère à lui, la marquise douairière d'Aigrigny, était morte auprès de Dunkerque, dans une terre appartenant à madame de Saint-Dizier, en appelant en vain son fils pour adoucir l'amertume de ses derniers momens; mais un ordre, auquel M. d'Aigrigny avait dû sacrifier les sentimens les plus sacrés de la nature, lui ayant été subitement transmis de Rome, il était aussitôt parti pour cette ville, non sans un mouvement d'hésitation remarqué et dénoncé par Rodin ; car l'amour de M. d'Aigrigny pour sa mère avait été le seul sentiment pur qui eût constamment traversé sa vie.

Lorsque le valet de chambre se fut discrètement retiré avec madame Grivois, le marquis s'approcha vivement de la princesse, lui tendit la main, et lui dit d'une voix émue : — Herminie... ne m'avez-vous pas caché quelque chose dans vos lettres?... A ses derniers momens, ma mère m'a maudit!

— Non, non, Frédérik... rassurez-vous... Elle eût désiré votre présence... Mais bientôt ses idées se sont troublées, et dans son délire... c'était encore vous... qu'elle appelait.

— Oui — dit le marquis avec amertume — son instinct maternel lui disait sans doute que ma présence aurait peut-être pu la rendre à la vie...

— Je vous en prie... bannissez de si tristes souvenirs... Ce malheur est irréparable.

— Une dernière fois, répétez-le-moi... Vraiment, ma mère n'a pas été cruellement affectée de mon absence?... Elle n'a pas soupçonné qu'un devoir plus impérieux m'appelait ailleurs?

— Non, non, vous dis-je... Lorsque sa raison s'est machinalement troublée, il s'en fallait beaucoup que vous eussiez eu déjà le temps d'être rendu auprès d'elle... Tous les tristes détails que je vous ai écrits à ce sujet sont de la plus exacte vérité. Ainsi rassurez-vous...

— Oui... ma conscience devrait être tranquille... j'ai obéi à mon devoir en sacrifiant ma mère; et pourtant, malgré moi, je n'ai jamais pu parvenir à ce complet détachement qui nous est commandé par ces terribles paroles : — *Celui qui ne hait pas son père et sa mère, et jusqu'à son âme, ne peut être mon disciple* (1).

— Sans doute, Frédérik, ces renoncemens sont pénibles; mais en échange que d'influence... que de pouvoir!

— Il est vrai — dit le marquis après un moment de silence; — que ne sacrifierait-on pas pour régner dans l'ombre sur ces tout-puissans de la terre qui règnent au grand jour! Ce voyage à Rome que je viens de faire... m'a donné une nouvelle idée de notre formidable pouvoir; car, voyez-vous, Herminie, c'est surtout de Rome, de ce point culminant qui, quoi qu'on fasse, domine encore la plus belle, la plus grande partie du monde, soit par la force de l'habitude ou de la tradition, soit par la foi... c'est de ce point surtout qu'on peut embrasser notre action dans toute son étendue... C'est un curieux spectacle de voir de si haut le jeu régulier de ces milliers d'instru-

---

(1) A propos de cette recommandation, on trouve ce commentaire dans les *Constitutions des Jésuites* :

« Pour que le caractère du langage vienne au secours des sentimens, il est sage de s'habituer à dire, non pas J'AI des parens ou J'AI des frères, mais J'AVAIS des parens, J'AVAIS des frères. (*Examen général*, p. 29, *Constitutions.*)

mens, dont la personnalité s'absorbe continuellement dans l'immuable personnalité de notre ordre... Quelle puissance nous avons!... vraiment, je suis toujours saisi d'un sentiment d'admiration, presque effrayé, en songeant qu'avant de nous appartenir, l'homme pense, veut, croit, agit à son gré... et que lorsqu'il est à nous, au bout de quelques mois... de l'homme il n'a plus que l'enveloppe : intelligence, esprit, raison, conscience, libre arbitre, tout est chez lui paralysé, desséché, atrophié, par l'habitude d'une obéissance muette et terrible, par la pratique de mystérieux exercices, qui brisent et tuent tout ce qu'il y a de libre et de spontané dans la pensée humaine. Alors à ces corps privés d'âme, muets, mornes, froids comme des cadavres, nous insufflons l'esprit de notre ordre; aussitôt ces cadavres marchent, vont, agissent exécutent, mais sans sortir du cercle où ils sont à jamais enfermés; c'est ainsi qu'ils deviennent membres de ce corps gigantesque dont ils exécutent machinalement la volonté, mais dont ils ignorent les desseins, ainsi que la main exécute les travaux les plus difficiles sans connaître, sans comprendre la pensée qui la dirige.

En parlant ainsi, la physionomie du marquis d'Aigrigny prenait une incroyable expression de superbe et de domination hautaine.

— Oh! oui, cette puissance est grande, bien grande — dit la princesse — et d'autant plus formidable qu'elle s'exerce mystérieusement sur les esprits et sur les consciences.

— Tenez, Herminie — dit le marquis — j'ai eu sous mes ordres un régiment magnifique; rien n'était plus éclatant que l'uniforme de mes hussards; bien souvent, le matin, par un beau soleil d'été, sur un vaste champ de manœuvres, j'ai éprouvé la mâle et profonde jouissance du commandement... A ma voix, mes cavaliers s'ébranlaient, les fanfares sonnaient, les plumes flottaient, les sabres luisaient, mes officiers, étincelans de broderies d'or, couraient au galop répéter mes ordres : ce n'était que bruit, lumière, éclat ; tous ces soldats, braves ardens, cicatrisés par la bataille, obéissaient à un signe, à une parole de moi, je me sentais fier et fort, tenant pour ainsi dire dans ma main tous ces courages que je maîtrisais, comme je maîtrisais la fougue de mon cheval de bataille... Eh bien! aujourd'hui, malgré nos mauvais jours... moi qui ai longtemps et bravement fait la guerre, je puis le dire sans vanité; aujourd'hui, à cette heure, je me sens mille fois plus d'action, plus d'autorité, plus de force, plus d'audace, à la tête de cette milice noire et muette, qui pense, veut, va et obéit machinalement selon que je dis; qui d'un signe se disperse sur la surface du globe, ou se glisse doucement dans le ménage par la confession de la femme et par l'éducation de l'enfant, dans les intérêts de famille par les confidences des mourans, sur le trône par la conscience inquiète d'un roi crédule et timoré, à côté du saint-père enfin... cette manifestation vivante de la divinité, par les services qu'on lui rend ou qu'on lui impose... Encore une fois, dites : cette domination mystérieuse qui s'étend depuis le berceau jusqu'à la tombe, depuis l'humble ménage de l'artisan jusqu'au trône... depuis le trône jusqu'au siége sacré du vicaire de Dieu; cette domination n'est-elle pas faite pour allumer ou satisfaire la plus vaste ambition? Quelle carrière au monde m'eût offert ces splendides jouissances? quel profond dédain ne dois-je pas avoir pour cette vie frivole et brillante d'autrefois, qui, pourtant, nous faisait tant d'envieux. Herminie! Vous en souvenez-vous? — ajouta d'Aigrigny avec un sourire amer.

— Combien vous avez raison, Frédérik! — reprit vivement la princesse...
— Avec quel mépris on songe au passé!... Comme vous, souvent, je compare le passé au présent, et alors quelle satisfaction je ressens d'avoir suivi vos conseils! Car enfin, n'est-ce pas à vous que je dois de ne pas jouer le rôle misérable et ridicule que joue toujours une femme sur le retour lorsqu'elle a été belle et entourée!... Que ferais-je à cette heure? Je m'efforcerais, en vain, de retenir autour de moi ce monde égoïste et ingrat, ces hommes grossiers qui ne s'occupent des femmes que tant qu'elles peuvent servir a leurs passions ou flatter leur vanité; ou bien il me resterait la ressource de tenir ce qu'on appelle une maison agréable... pour les autres... oui... de donner des fêtes, c'est-à-dire recevoir une foule d'indifférens, et offrir des occasions de se rencontrer à ces jeunes couples amoureux qui, se suivant chaque soir de salon en salon, ne viennent chez vous que pour se trouver ensemble; stupide plaisir en vérité que d'héberger cette jeunesse épanouie, riante, amoureuse,

qui regarde le luxe et l'éclat dont on l'entoure comme le cadre obligé de ses joies et de ses amours insolens.

Il y avait tant de dureté dans les paroles de la princesse, et sa physionomie exprimait une envie si haineuse, que la violente amertume de ses regrets se trahissait malgré elle.

— Non, non — reprit-elle — grâce à vous, Frédérik, après un dernier et éclatant triomphe, j'ai rompu sans retour avec ce monde qui bientôt m'aurait abandonnée, moi si longtemps son idole et sa reine; j'ai changé de royaume... Au lieu d'hommes dissipés, que je dominais par une frivolité supérieure à la leur, je me suis vue entourée d'hommes considérables, redoutés, tout-puissans, dont plusieurs gouvernaient l'Etat; je me suis dévouée à eux comme ils se sont dévoués à moi. Alors seulement j'ai joui du bonheur que j'avais toujours rêvé... j'ai eu une part active, une forte influence dans les plus grands intérêts du monde; j'ai été initiée aux secrets les plus graves, j'ai pu frapper sûrement qui m'avait raillée ou haïe; j'ai pu élever au-delà de leurs espérances ceux qui me servaient, me respectaient et m'obéissaient.

— En quelques mots, Herminie, vous venez de résumer ce qui fera toujours notre force... en nous recrutant des prosélytes... « Trouver la facilité de sa» tisfaire sûrement ses haines et ses sympathies, et acheter au prix d'une » obéissance passive à la hiérarchie de l'ordre, sa part de mystérieuse domi» nation sur le reste du monde... »

— Et il y a des fous... des aveugles qui nous croient abattus parce que nous avons à lutter contre quelques mauvais jours — dit M. d'Aigrigny avec dédain — comme si nous n'étions pas surtout fondés, organisés pour la lutte... comme si dans la lutte nous ne puisions pas une force, une activité nouvelles... Sans doute les temps sont mauvais... mais ils deviendront meilleurs... Et vous le savez, il est presque certain que dans quelques jours, le 13 février, nous disposerons d'un moyen d'action assez puissant pour rétablir notre influence un moment ébranlée.

— Vous voulez parler de l'affaire des médailles?...

— Sans doute, et je n'avais autant de hâte d'être de retour ici que pour assister à ce qui, pour nous, est un si grand événement.

— Vous avez su... la fatalité qui encore une fois a failli renverser tant de projets si laborieusement conçus?...

— Oui tout à l'heure en arrivant j'ai vu Rodin...

— Il vous a dit...

— L'inconcevable arrivée de l'Indien et des filles du général Simon au château de Cardoville après le double naufrage qui les a jetés sur la côte... de Picardie... Et l'on croyait les jeunes filles à Leipsick... l'indien à Java... les précautions étaient si bien prises... En vérité — ajouta le marquis avec dépit — on dirait qu'une invisible puissance protège toujours cette famille !

— Heureusement, Rodin est homme de ressources et d'activité — reprit la princesse — il est venu hier soir... nous avons longuement causé.

— Et le résultat de votre entretien... est excellent... Le soldat va être éloigné pendant deux jours... le confesseur de sa femme est prévenu, le reste après ira de soi-même... demain, ces jeunes filles ne seront plus à craindre... Reste l'Indien... il est à Cardoville, dangereusement blessé; nous avons donc du temps pour agir...

— Mais ce n'est pas tout — reprit la princesse — il y a encore, sans compter ma nièce, deux personnes qui, pour nos intérêts, ne doivent pas se trouver à Paris le 13 février.

— Oui, M. Hardy;... mais son ami le plus cher, le plus intime, le trahit; il est à nous, et, par lui, on a attiré M. Hardy dans le Midi, d'où il est presque impossible qu'il revienne avant un mois. Quant à ce misérable ouvrier vagabond, surnommé Couche-tout-nu...

— Ah!... — fit la princesse avec une exclamation de la pudeur révoltée...

— Cet homme ne nous inquiète pas... Enfin Gabriel, sur qui repose notre espoir certain, ne sera pas abandonné d'une minute jusqu'au grand jour... tout semble donc nous promettre le succès... et plus que jamais... il nous faut à tout prix le succès. C'est pour nous une question de vie ou de mort... car en revenant je me suis arrêtée à Forli... J'ai vu le duc d'Orbano; son influence sur l'esprit du roi est toute-puissante... absolue... il a complètement accaparé son esprit, c'est donc avec le duc seul qu'il est possible de traiter...

— Eh bien?

— D'Orbano se fait fort, et il le peut, je le sais, de nous assurer une existence légale, hautement protégée dans les Etats de son maître, avec le privilége exclusif de l'éducation de la jeunesse... Grâce à de tels avantages, il ne nous faudrait pas en ce pays plus de deux ou trois ans pour y être tellement enracinés, que ce serait au duc d'Orbano à nous demander appui à son tour ; mais aujourd'hui, qu'il peut tout, il met une condition absolue à ses services.

— Et cette condition?

— Cinq millions comptans, et une pension annuelle de cent mille francs.

— C'est beaucoup!...

— Et c'est peu, si l'on songe qu'une fois le pied dans ce pays, on rentrerait promptement dans cette somme qui, après tout, est à peine la huitième partie de celle que l'affaire des médailles, heureusement conduite, doit assurer à l'ordre...

— Oui... près de quarante millions... — dit la princesse d'un air pensif

— Et encore... ces cinq millions que d'Orbano demande ne seraient qu'une avance... ils nous rentreraient par des dons volontaires, en raison même de l'accroissement de notre influence par l'éducation des enfans, qui nous donnerait la famille... et peu à peu la confiance de ceux qui gouvernent... Et ils hésitent!... — s'écria le marquis en haussant les épaules avec dédain... Et il est des gouvernemens assez aveugles pour nous proscrire! ils ne voient donc pas qu'en nous abandonnant l'éducation, ce que nous demandons avant toute chose, nous façonnons le peuple à cette obéissance muette et morne, à cette soumission de serf et de brute, qui assure le repos des Etats par l'immobilité de l'esprit! et quand on songe pourtant que la majorité des classes nobles et de la riche bourgeoisie nous déteste et nous hait! ces stupides ne comprennent donc pas que, du jour où nous aurons persuadé au peuple que son atroce misère est une loi immuable, éternelle de la destinée ; qu'il doit renoncer au coupable espoir de toute amélioration à son sort ; qu'il doit enfin regarder comme un crime aux yeux de Dieu d'aspirer au bien-être dans ce monde, puisque les récompenses d'en haut sont en raison des douleurs d'ici-bas, de ce jour-là, il faudra bien que le peuple, hébété par cette conviction désespérante, se résigne à croupir dans sa fange et dans sa misère ; alors toutes ses impatientes aspirations vers des jours meilleurs seront étouffées, alors seront résolues ces questions menaçantes, qui rendent pour les gouvernans l'avenir si sombre et si effrayant... Ces gens ne voient donc pas que cette foi aveugle, passive, que nous demandons au peuple, nous sert de frein pour le conduire et le mater... tandis que nous ne demandons aux heureux du monde que des apparences qui devraient, s'ils avaient seulement l'intelligence de leur corruption, donner un stimulant de plus à leurs plaisirs.

— Il n'importe, Frédérik — reprit la princesse — ainsi que vous le dites, un grand jour approche... Avec près de quarante millions que l'ordre peut posséder par l'heureux succès de l'affaire des médailles... on peut tenter sûrement bien des grandes choses... Comme levier, entre les mains de l'ordre un tel moyen d'action serait d'une portée incalculable, dans ce temps où tout se vend et s'achète.

— Et puis — reprit M. d'Aigrigny d'un air pensif — il ne faut pas se le dissimuler... ici la réaction continue... l'exemple de la France est tout... C'est à peine si en Autriche et en Hollande nous pouvons nous maintenir... les ressources de l'ordre diminuent de jour en jour. C'est un moment de crise ; mais il peut se prolonger. Aussi, grâce à cette ressource immense... des médailles, nous pouvons, non-seulement braver toutes les éventualités, mais encore nous établir puissamment ; grâce à l'offre du duc d'Orbano, que nous acceptons... alors, de ce centre inexpugnable, notre rayonnement serait incalculable... Ah! le 13 février — ajouta M. d'Aigrigny après un moment de silence, en secouant la tête — le 13 février peut être pour notre puissance une date aussi fameuse que celle du concile de Trente, qui nous a donné, pour ainsi dire, une nouvelle vie.

— Aussi ne faut-il rien épargner — dit la princesse — pour réussir à tout prix... Des six personnes que vous avez à craindre, cinq sont ou seront hors d'état de vous nuire... Il reste donc ma nièce... et vous savez que je n'attendais que votre arrivée pour prendre une dernière résolution... Toutes mes dispositions sont prises, et, ce matin même... nous commencerons à agir.

— Vos soupçons ont-ils augmenté, depuis votre dernière lettre?

— Oui... je suis certaine qu'elle est plus instruite qu'elle ne veut le paraître ;... et, dans ce cas, nous n'aurions pas de plus dangereuse ennemie.

— Telle a été toujours mon opinion... Aussi, il y a six mois, vous ai-je engagée à prendre en tout cas les mesures que vous avez prises, et qui rendent facile aujourd'hui ce qui sans cela eût été impossible.

— Enfin — dit la princesse avec une expression de joie haineuse et amère — ce caractère indomptable sera brisé; je vais enfin être vengée de tant d'insolens sarcasmes que j'ai été obligée de dévorer pour ne pas éveiller ses soupçons ; moi... moi, avoir tant supporté jusqu'ici... car cette Adrienne a pris comme à tâche, l'imprudente... de m'irriter contre elle...

— Qui vous offense m'offense. Vous le savez, Herminie, mes haines sont les vôtres.

— Et vous-même... mon ami... combien de fois avez-vous été en butte à sa poignante ironie!

— Mes instincts m'ont rarement trompé ;... je suis certain que cette jeune fille peut être pour nous un ennemi dangereux... très dangereux — dit le marquis d'une voix brève et dure.

— Aussi faut-il qu'elle ne soit plus à craindre — répondit madame de Saint-Dizier en regardant fixement le marquis.

— Avez-vous vu le docteur Baleinier et Tripeaud? — demanda-t-il.

— Ils seront ici ce matin... je les ai avertis de tout.

— Vous les avez trouvés bien disposés contre elle?

— Parfaitement... Adrienne ne se défie en rien du docteur, qui a toujours su conserver, jusqu'à un certain point, sa confiance... Du reste, une circonstance qui me semble inexplicable vient encore à notre aide.

— Que voulez-vous dire?

— Ce matin, madame Grivois a été, selon mes ordres, rappeler à Adrienne que je l'attendais à midi pour une affaire importante. En approchant du pavillon, madame Grivois a vu ou a cru voir Adrienne rentrer par la petite porte du jardin.

— Que dites-vous!... Serait-il possible? En a-t-on la preuve positive? — s'écria le marquis.

— Jusqu'à présent il n'y a pas d'autre preuve que la déposition spontanée de madame Grivois; mais, j'y songe, dit la princesse en prenant un papier placé auprès d'elle, voici le rapport que me fait chaque jour une des femmes d'Adrienne.

— Celle que Rodin est parvenu à faire placer auprès de votre nièce.

— Elle-même, et comme cette créature se trouve dans la plus entière dépendance de Rodin, elle nous a parfaitement servis jusqu'ici... Peut-être dans ce rapport trouvera-t-on la confirmation de ce que madame Grivois affirme avoir vu.

A peine la princesse eut-elle jeté les yeux sur cette note, qu'elle s'écria, presque avec effroi :

— Que vois-je?... mais c'est donc le démon que cette fille!

— Que dites-vous?

— Le régisseur de cette terre qu'elle a vendue, en écrivant à Adrienne pour lui demander sa protection, l'a instruite du séjour du prince indien au château. Elle sait qu'il est son parent... et elle vient d'écrire à son ancien professeur de peinture, Norval, de partir en poste, avec des costumes indiens, des cachemires, afin de ramener ici tout de suite ce prince Djalma... lui... qu'il faut à tout prix éloigner de Paris...

Le marquis pâlit et dit à madame de Saint-Dizier : — S'il ne s'agit pas d'un nouveau caprice de votre nièce... l'empressement qu'elle met à mander ici ce parent... prouve qu'elle en sait encore plus que vous n'aviez osé le soupçonner... Elle est instruite de l'affaire des médailles. Elle peut tout perdre... prenez garde...

— Alors — dit résolûment la princesse — il n'y a plus à hésiter... il faut pousser les choses encore plus que nous ne l'avions pensé... et que ce matin même tout soit fini...

— Oui... mais c'est presque impossible.

— Tout se peut; le docteur et M. Tripeaud sont à nous, dit vivement la princesse.

— Quoique je sois aussi sûr que vous-même du docteur... et de M. Tripeaud dans cette circonstance, il ne faudra aborder cette question, qui les effraiera d'abord... qu'après l'entretien que nous allons avoir avec votre nièce... Il vous sera facile, malgré sa finesse, de savoir à quoi nous en tenir... Et si nos soupçons se réalisent... si elle est instruite de ce qu'il serait si dangereux qu'elle sût... alors aucun ménagement sur tout aucun retard. Il faut qu'aujourd'hui même tout soit terminé. Il n'y a pas à hésiter.

— Avez-vous pu faire prévenir l'homme en question? — dit la princesse après un moment de silence.

— Il doit être ici... à midi... il ne peut tarder.

— J'ai pensé que nous serions ici très commodément pour ce que nous voulons... cette pièce n'est séparée du petit salon que par une portière ; on l'abaissera... et votre homme pourra se placer derrière.

— A merveille.

— C'est un homme sûr?...

— Très sûr... nous l'avons déjà souvent employé dans des circonstances pareilles ; il est aussi habile que discret...

A ce moment on frappa légèrement à la porte. — Entrez ! dit la princesse.

— M. le docteur Baleinier fait demander si madame la princesse peut le recevoir — dit un valet de chambre

— Certainement, priez-le d'entrer.

— Il y a aussi un monsieur à qui M. l'abbé a donné rendez-vous ici à midi, et que, selon ses ordres, j'ai fait attendre dans l'oratoire.

— C'est l'homme en question — dit le marquis à la princesse — il faudrait d'abord l'introduire ; il est inutile, quant à présent, que le docteur Baleinier le voie.

— Faites venir d'abord cette personne — dit la princesse — puis, lorsque je sonnerai, vous prierez M. le docteur Baleinier d'entrer ; dans le cas où M. le baron Tripeaud se présenterait, vous le conduiriez de même ici ; ensuite ma porte sera absolument fermée, excepté pour mademoiselle Adrienne.

Le valet de chambre sortit.

CHAPITRE VI.

LES ENNEMIS D'ADRIENNE.

Le valet de chambre de la princesse de Saint-Dizier rentra bientôt avec un petit homme pâle, vêtu de noir et portant des lunettes ; il avait sous son bras gauche un assez long étui de maroquin noir.

La princesse dit à cet homme : — M. l'abbé vous a prévenu de ce qu'il y avait à faire ?

— Oui, madame, dit l'homme d'une petite voix grêle et flûtée, en faisant un profond salut.

— Serez-vous convenablement dans cette pièce? — lui dit la princesse.

Et ce disant, elle le conduisit à une chambre voisine, seulement séparée de son cabinet par une portière...

— Je serai là très convenablement, madame la princesse — répondit l'homme aux lunettes avec un nouveau et profond salut.

— En ce cas, monsieur, veuillez entrer dans cette chambre, j'irai vous avertir lorsqu'il en sera temps...

— J'attendrai vos ordres, madame la princesse.

— Et rappelez-vous surtout mes recommandations — ajouta le marquis en détachant les embrasses de la portière.

— M. l'abbé peut être tranquille...

La portière, de lourde étoffe, retomba et cacha ainsi complétement l'homme aux lunettes.

La princesse sonna ; quelques momens après la porte s'ouvrit, et on annonça le docteur Baleinier, l'un des personnages importans de cette histoire.

Le docteur Baleinier avait cinquante ans environ, une taille moyenne, replète, la figure pleine, luisante et colorée. Ses cheveux gris, très lisses et assez longs, séparés par une raie au milieu du front, s'aplatissaient sur les tempes; il avait conservé l'usage de la culotte courte en drap de soie noire, peut-être encore parce qu'il avait la jambe belle; des boucles d'or nouaient ses jarretières et les attaches de ses souliers de maroquin bien luisans; il portait une cravate, un gilet et un habit noirs, ce qui lui donnait l'air quelque peu clérical; sa main blanche et potelée disparaissait à demi cachée sous une manchette de batiste à petits plis, et la gravité de son costume n'en excluait pas la recherche. Sa physionomie était souriante et fine, son petit œil gris annonçait une pénétration et une sagacité rares; homme du monde et de plaisir, gourmet très délicat, spirituel causeur, prévenant jusqu'à l'obséquiosité, souple, adroit, insinuant, le docteur Baleinier était l'une des plus anciennes créatures de la coterie congréganiste de la princesse de Saint-Dizier.

Grâce à cet appui tout-puissant dont on ignorait la cause, le docteur, longtemps ignoré malgré un savoir réel et un mérite incontestable, s'était trouvé nanti, sous la restauration, de deux sinécures médicales très lucratives, et peu à peu d'une nombreuse clientèle; mais il faut dire qu'une fois sous le patronage de la princesse, le docteur se prit tout à coup à observer scrupuleusement ses devoirs religieux; il communia une fois la semaine et très publiquement, à la grand'messe de Saint-Thomas-d'Aquin. Au bout d'un an, une certaine classe de malades, entraînée par l'exemple et par l'enthousiasme de la coterie de madame de Saint-Dizier, ne voulut plus d'autre médecin que le docteur Baleinier, et sa clientèle prit bientôt un accroissement extraordinaire.

On juge facilement de quelle importance il était pour l'ordre d'avoir parmi ses *membres externes* l'un des praticiens les plus répandus de Paris.

Un médecin a aussi son sacerdoce. Admis à toute heure dans la plus secrète intimité de famille, un médecin sait, devine, peut aussi bien des choses... Enfin comme le prêtre, il a l'oreille des malades et des mourans.

Or, lorsque celui qui est chargé du salut du corps, et celui qui est chargé du salut de l'âme, s'entendent et s'entr'aident dans un intérêt commun, il n'est rien... (certains cas échéans) qu'ils ne puissent obtenir de la faiblesse ou de l'épouvante d'un agonisant, non pour eux-mêmes, les lois s'y opposent, mais pour des tiers appartenant plus ou moins à la classe si commode des *hommes de paille*.

Le docteur Baleinier était donc l'un des membres externes les plus actifs et les plus précieux de la congrégation de Paris.

Lorsqu'il entra, il alla baiser la main de la princesse avec une galanterie parfaite.

— Toujours exact, mon cher monsieur Baleinier.

— Toujours heureux, toujours empressé de me rendre à vos ordres, madame; — puis se retournant vers le marquis, auquel il serra cordialement la main, il ajouta : — Enfin, vous voilà... savez-vous que trois mois, c'est bien long pour vos amis...

— Le temps est aussi long pour ceux qui partent que pour ceux qui restent, mon cher docteur... Eh bien! voilà le grand jour... mademoiselle de Cardoville va venir...

— Je ne suis pas sans inquiétude — dit la princesse — si elle avait quelque soupçon?

— C'est impossible — dit M. Baleinier — nous sommes les meilleurs amis du monde... Vous savez que mademoiselle Adrienne a toujours été en confiance avec moi... Avant-hier encore nous avons ri beaucoup... Et comme je lui faisais, selon mon habitude, des observations sur son genre de vie au moins excentrique... et sur la singulière exaltation d'idées où je la trouve parfois...

— Monsieur Baleinier ne manque jamais d'insister sur ces circonstances en apparence fort insignifiantes. — dit madame de Saint-Dizier, au marquis, d'un air significatif.

— Et c'est en effet, très essentiel — reprit celui-ci.

— Mademoiselle Adrienne a répondu à mes observations — reprit le docteur — en se moquant de moi, le plus gaîment, le plus spirituellement du monde, car, il faut l'avouer, cette jeune fille a bien l'esprit des plus distingués que je connaisse.

— Docteur!... docteur!... — dit madame de Saint-Dizier — pas de faiblesse au moins !

Au lieu de lui répondre tout d'abord, M. Baleinier prit sa boîte d'or dans la poche de son gilet, l'ouvrit et y puisa une prise de tabac qu'il aspira lentement en regardant la princesse d'un air tellement significatif qu'elle parut complétement rassurée.

— De la faiblesse !... moi, madame ! — dit enfin M. Baleinier en secouant de sa main blanche et potelée quelques grains de tabac épars sur les plis de sa chemise — n'ai-je pas eu l'honneur de m'offrir volontairement à vous afin de vous sortir de l'embarras où je vous voyais ?

— Et vous seul au monde pouviez nous rendre cet important service — dit M. d'Aigrigny.

— Vous voyez donc bien, madame — reprit le docteur — que je ne suis pas un homme à *faiblesse*... car j'ai parfaitement compris la portée de mon action... mais il s'agit, m'a-t-on dit, d'intérêts si immenses...

— Immenses... en effet — dit M. d'Aigrigny — un intérêt capital.

— Alors je n'ai pas dû hésiter — reprit M. Baleinier — soyez donc sans inquiétude ! laissez-moi en homme de goût et de bonne compagnie rendre justice et hommage à l'esprit charmant et distingué de mademoiselle Adrienne · et quand viendra le moment d'agir, vous me verrez à l'œuvre...

— Peut-être... ce moment sera-t-il plus rapproché que nous ne le pensions... — dit madame de Saint-Dizier en échangeant un regard avec M. d'Aigrigny.

— Je suis et serai toujours prêt... — dit le médecin — à ce sujet je réponds de tout ce qui me concerne... Je voudrais bien être aussi tranquille sur toutes choses.

— Est-ce que votre maison de santé n'est pas toujours aussi à la mode... que peut l'être une maison de santé ? — dit madame de Saint-Dizier en souriant à demi.

— Au contraire... je me plaindrais presque d'avoir trop de pensionnaires... Ce n'est pas de cela qu'il s'agit ; mais en attendant mademoiselle Adrienne, je puis vous dire deux mots d'une affaire qui ne la touche qu'indirectement, car il s'agit de la personne qui a acheté la terre de Cardoville, une certaine madame de la Sainte-Colombe, qui m'a pris pour médecin, grâce aux manœuvres habiles de Rodin.

— En effet — dit M. d'Aigrigny — Rodin m'a écrit à ce sujet... sans entrer dans de grands détails.

— Voici le fait — reprit le docteur. — Cette madame de la Sainte-Colombe, qu'on avait crue d'abord assez facile à conduire, s'est montrée très récalcitrante à l'endroit de sa conversion... Déjà deux directeurs ont renoncé à faire son salut. En désespoir de cause, Rodin lui avait détaché le petit Philippon. Il est adroit, tenace, et surtout d'une patience... impitoyable ;... c'était l'homme qu'il fallait. Lorsque j'ai eu madame de la Sainte-Colombe pour cliente, Philippon m'a demandé mon aide, qui lui était naturellement acquise ; nous sommes convenus de nos faits... Je ne devais pas avoir l'air de le connaître le moins du monde... Il devait me tenir au courant des variations de l'état moral de sa pénitente... afin que par une médication très inoffensive, du reste, car l'état de la malade est peu grave, il me fût possible de faire éprouver à celle-ci des alternatives de bien-être ou de mal-être assez sensibles, selon que son directeur serait content ou mécontent d'elle... afin qu'il pût lui dire : « Vous le voyez, madame : êtes-vous dans la bonne voie ? la grâce réagit sur votre santé, et vous vous trouvez mieux... Retombez-vous au contraire dans la voie mauvaise ? vous éprouvez certain malaise physique : preuve évidente de l'influence toute-puissante de la foi, non-seulement sur l'âme, mais sur le corps. »

— Il est sans doute pénible — dit M. d'Aigrigny avec un sang-froid parfait — d'être obligé d'en arriver à de tels moyens pour arracher les opiniâtres à la perdition, mais il faut pourtant bien proportionner les modes d'action à l'intelligence ou au caractère des individus.

— Du reste — reprit le docteur — madame la princesse a pu observer, au couvent de Sainte-Marie, que j'ai maintes fois employé, très fructueusement pour le repos et pour le salut de l'âme de quelques-unes de nos malades, ce moyen, je le répète, extrêmement innocent. Ces alternatives varient, tout au plus, entre le mieux et le moins bien ; mais si faibles que soient ces différences... elles réagissent souvent très efficacement sur certains esprits... Il en avait été ainsi à l'égard de madame de la Sainte-Colombe. Elle était dans une si bonne voie de guérison morale et physique, que Rodin avait cru pouvoir engager Philippon à conseiller la campagne à sa pénitente... craignant à Paris l'occasion des rechutes... Ce conseil, joint au désir qu'avait cette femme de jouer à la dame de paroisse, l'avait déterminée à acheter la terre de Cardoville, bon placement, du reste ; mais ne voilà-t-il pas qu'hier ce malheureux Philippon est venu m'apprendre que madame de la Sainte-Colombe était sur le point de faire une énorme rechute, morale... bien entendu, car le physique est maintenant dans un état de prospérité désespérant. Or, cette rechute paraissait causée par un entretien qu'aurait eu cette dame avec un certain Jacques Dumoulin, que vous connaissez, m'a-t-on dit, mon cher abbé, et qui s'est, on ne sait comment introduit auprès d'elle.

— Ce Jacques Dumoulin — dit le marquis avec dégoût — est un de ces hommes que l'on emploie et que l'on méprise ;... c'est un écrivain rempli de fiel, d'envie et de haine... ce qui lui donne une certaine éloquence brutale et incisive... Nous le payons assez grassement pour attaquer nos ennemis, quoiqu'il soit quelquefois douloureux de voir défendre par une telle plume les principes que nous respectons... Car ce misérable vit comme un bohémien, ne quitte pas les tavernes, et est presque toujours ivre... Mais, il faut l'avouer, sa verve injurieuse est inépuisable... et il est versé dans les connaissances théologiques les plus ardues, ce qui nous le rend parfois très utile...

— Eh bien !... quoique madame de la Sainte-Colombe ait soixante ans... il paraît que ce Dumoulin aurait des visées matrimoniales sur la fortune considérable de cette femme... Vous ferez bien, je crois, de prévenir Rodin, afin qu'il se défie des ténébreux manéges de ce drôle... Mille pardons de vous avoir si longtemps entretenu de ces misères; mais à propos du couvent de Sainte-Marie, dont j'avais tout à l'heure l'honneur de vous parler, madame, ajouta le docteur en s'adressant à la princesse — il y a longtemps que vous n'y êtes allée?

La princesse échangea un vif regard avec M. d'Aigrigny, et répondit : — Mais... il y a huit jours... environ.

— Vous y trouverez alors bien du changement : le mur qui était mitoyen avec ma maison de santé a été abattu, car l'on va construire là un nouveau corps de bâtiment et une chapelle... l'ancienne étant trop petite. Du reste, je dois dire à la louange de mademoiselle Adrienne, ajouta le docteur avec un singulier demi-sourire, qu'elle m'avait promis pour cette chapelle la copie d'une Vierge de Raphaël.

— Vraiment... c'était plein d'à-propos — dit la princesse — mais voici bientôt midi, et M. Tripeaud ne vient pas.

— Il est le subrogé-tuteur de mademoiselle de Cardoville, dont il a géré les biens comme ancien agent d'affaires du comte-duc — dit le marquis visiblement préoccupé — et sa présence nous est absolument indispensable ; il serait bien à désirer qu'il fût ici avant l'arrivée de mademoiselle de Cardoville, qui peut entrer d'un moment à l'autre.

— Il est dommage que son portrait ne puisse pas le remplacer ici — dit le docteur en souriant avec malice et tirant de sa poche une petite brochure.

— Qu'est-ce que cela, docteur? — lui demanda la princesse.

— Un de ces pamphlets anonymes qui paraissent de temps à autre... Il est intitulé *Le Fléau*, et le portrait du baron Tripeaud y est tracé avec tant de sincérité que ce n'est plus de la satire... Cela tombe dans la réalité; tenez, écoutez plutôt. Cette esquisse est intitulée Type du loup-cervier.

« *M. le baron Tripeaud*. — Cet homme, qui se montre aussi bassement hum-
» ble envers certaines supériorités sociales qu'il se montre insolent et gros-
» sier envers ceux qui dépendent de lui ; cet homme est l'incarnation vivante
» et effrayante de la partie mauvaise de l'aristocratie bourgeoise et indus-
» trielle, de l'*homme d'argent*, du spéculateur cynique, sans cœur, sans foi,
» sans âme, qui jouerait à la hausse ou à la baisse sur la mort de sa mère,
» si la mort de sa mère avait action sur le cours de la rente. Ces gens-là ont
» tous les vices odieux des nouveaux affranchis, non pas de ceux qu'un tra-

» vail honnête, patient et digne a noblement enrichis, mais de ceux qui ont
» été soudainement favorisés par un aveugle caprice du hasard ou par un
» heureux coup de filet dans les eaux fangeuses de l'agiotage. Une fois par-
» venus, ces gens-là haïssent le peuple, parce que le peuple leur rappelle
» l'origine dont ils rougissent; impitoyables pour l'affreuse misère des mas-
» ses, ils l'attribuent à la paresse, à la débauche, parce que cette calomnie
» met à l'aise leur barbare égoïsme.
» Et ce n'est pas tout. Du haut de son coffre-fort et du haut de son double
» droit d'électeur-éligible, M. le baron Tripeaud insulte comme tant d'autres
» à la pauvreté, à l'incapacité politique :
» De l'officier de fortune qui, après quarante ans de guerre et de service,
» peut à peine vivre d'une retraite insuffisante;
» Du magistrat qui a consumé sa vie à remplir de tristes et austères devoirs, et qui n'est pas mieux rétribué à la fin de ses jours;
» Du savant qui a illustré son pays par d'utiles travaux, ou du professeur
» qui a initié des générations entières à toutes les connaissances humaines;
» Du modeste et vertueux prêtre de campagne, le plus pur représentant de
» l'Evangile dans son sens charitable, fraternel et démocratique, etc., etc.
» Dans cet état de choses, comment M. le baron de l'industrie n'aurait-il pas
» le plus insolent mépris pour cette foule imbécile d'honnêtes gens, qui, après
» avoir donné au pays leur jeunesse, leur âge mûr, leur sang, leur intelli-
» gence, leur savoir, se voient dénier les droits dont il jouit, lui, parce qu'il a
» gagné un million à un jeu défendu par la loi ou à une industrie déloyale?
» Il est vrai que les optimistes disent à ces parias de la civilisation dont on
» ne saurait trop vénérer, trop honorer la pauvreté digne et fière : — *Achetez*
» *des propriétés*, vous serez éligibles et électeurs.
» Arrivons à la biographie de M. le baron : André Tripeaud, fils d'un pale-
» frenier d'auberge... »

A ce moment les deux battans de la porte s'ouvrirent et le valet de chambre annonça : « M. le baron Tripeaud ! »

Le docteur Baleinier remit sa brochure dans sa poche, fit le salut le plus
cordial au financier, et se leva même pour lui serrer la main.

M. le baron entra en se confondant depuis la porte en salutations.

— J'ai l'honneur de me rendre aux ordres de madame la princesse... elle
sait qu'elle peut toujours compter sur moi.

— En effet, j'y compte, monsieur Tripeaud, et surtout dans cette circonstance.

— Si les intentions de madame la princesse sont toujours les mêmes au sujet de mademoiselle de Cardoville...

— Toujours, monsieur, et c'est pour cela que nous nous réunissons aujour-
d'hui.

— Madame la princesse peut-être assurée de mon concours ainsi que je le
lui ai déjà promis... Je crois aussi que la plus grande sévérité doit être enfin
employée... et que même s'il était nécessaire de...

— C'est aussi notre opinion — se hâta de dire le marquis en faisant un signe à la princesse et lui montrant d'un regard l'endroit où était caché
l'homme aux lunettes; nous sommes tous parfaitement d'accord — reprit-il;
seulement convenons encore bien de ne laisser aucun point douteux dans
l'intérêt de cette jeune personne, car son intérêt seul nous guide; provo-
quons sa sincérité par tous les moyens possibles...

— Mademoiselle vient d'arriver du pavillon du jardin; elle demande si elle
peut voir madame — dit le valet de chambre en se présentant de nouveau
après avoir frappé.

— Dites à mademoiselle que je l'attends — dit la princesse; — et maintenant je n'y suis pour personne... sans exception... vous l'entendez... pour
personne absolument.

Puis, soulevant la portière derrière laquelle l'homme était caché, madame
de Saint-Dizier lui fit un dernier signe d'intelligence.

Et la princesse rentra dans le salon.

Chose étrange, pendant le peu de temps qui précéda l'arrivée d'Adrienne,
les différens acteurs de cette scène semblèrent inquiets, embarrassés comme
s'ils eussent vaguement redouté sa présence.

Au bout d'une minute, mademoiselle de Cardoville entra chez sa tante.

CHAPITRE VII.

L'ESCARMOUCHE.

En entrant, mademoiselle de Cardoville jeta sur un fauteuil son chapeau de castor gris, qu'elle avait mis pour traverser le jardin ; on vit alors sa belle chevelure d'or qui tombait de chaque côté de son visage en longs et légers tire-bouchons, et se tordait en grosse natte derrière sa tête.

Adrienne se présentait sans hardiesse, mais avec une aisance parfaite ; sa physionomie était gaie, souriante ; ses grands yeux noirs semblaient encore plus brillans que de coutume. Lorsqu'elle aperçut l'abbé d'Aigrigny, elle fit un mouvement de surprise, et un sourire quelque peu moqueur effleura ses lèvres vermeilles. Après avoir fait un gracieux signe de tête au docteur, et passé devant le baron Tripeaud sans le regarder, elle salua la princesse d'une demi-révérence du meilleur et du plus grand air.

Quoique la démarche et la tournure de mademoiselle Adrienne fussent d'une extrême distinction, d'une convenance parfaite et surtout empreintes d'une grâce toute féminine, on y sentait pourtant un *je ne sais quoi* de résolu, d'indépendant et de fier, très rare chez les femmes, surtout chez les jeunes filles de son âge ; enfin ses mouvemens, sans être brusques, n'avaient rien de contraint, de raide ou d'apprêté ; ils étaient, si cela se peut dire, francs et dégagés comme son caractère ; on y sentait circuler la vie, la sève, la jeunesse, et l'on devinait que cette organisation, complétement expansive, loyale et décidée, n'avait pu jusqu'alors se soumettre à la compression d'un rigorisme affecté.

Chose assez bizarre, quoiqu'il fût homme du monde, homme de grand esprit, homme d'église des plus remarquables par son éloquence, et surtout homme de domination et d'autorité, le marquis d'Aigrigny éprouvait un malaise involontaire, une gêne inconcevable, presque pénible... en présence d'Adrienne de Cardoville ; lui toujours si maître de soi, lui habitué à exercer une influence toute-puissante, lui qui avait souvent, au nom de son ordre, traité au moins d'égal à égal avec des têtes couronnées, se sentait embarrassé, au-dessous de lui-même, en présence de cette jeune fille, aussi remarquable par sa franchise que par son esprit et sa mordante ironie... Or, comme généralement les hommes habitués à imposer beaucoup aux autres sont très près de haïr les personnes qui, loin de subir leur influence, les embarrassent et les raillent, ce n'était pas précisément de l'affection que le marquis portait à la nièce de la princesse de Saint-Dizier. Depuis longtemps même et contre son ordinaire, il n'essayait plus sur Adrienne cette séduction, cette fascination de la parole, auxquelles il devait habituellement un charme presque irrésistible ; il se montrait avec elle sec, tranchant, sérieux, et se réfugiait dans une sphère glacée de dignité hautaine et de rigidité austère qui paralysaient complétement les qualités aimables dont il était doué, et dont il tirait d'ordinaire un si excellent et si fécond parti... De tout ceci Adrienne s'amusait fort, mais très imprudemment ; car les motifs les plus vulgaires engendrent souvent des haines implacables.

Ces antécédens posés, on comprendra les divers sentimens et les intérêts variés qui animaient les différens acteurs de cette scène.

Madame de Saint-Dizier était assise dans un grand fauteuil au coin du foyer.

Le marquis d'Aigrigny se tenait debout devant le feu.

Le docteur Baleinier, assis près du bureau, s'était remis à feuilleter la biographie du baron Tripeaud.

Et le baron semblait examiner très attentivement un tableau de sainteté suspendu à la muraille.

— Vous m'avez fait demander, ma tante, pour causer d'affaires importantes ? — dit Adrienne, rompant le silence embarrassé qui régnait dans le salon depuis son entrée.

— Oui, mademoiselle — répondit la princesse d'un air froid et sévère — il s'agit d'un entretien des plus graves.

— Je suis à vos ordres, ma tante... Voulez-vous que nous passions dans votre bibliothèque?

— C'est inutile... nous causerons ici. Puis s'adressant au marquis, au docteur et au baron, elle leur dit : — Messieurs, veuillez vous asseoir.

Ceux-ci prirent place autour de la table du cabinet de la princesse.

— Et en quoi l'entretien que nous devons avoir peut-il regarder ces messieurs, ma tante? — demanda mademoiselle de Cardoville avec surprise.

— Ces messieurs sont d'anciens amis de notre famille ; tout ce qui vous peut intéresser les touche, et leurs conseils doivent être écoutés et acceptés par vous avec respect...

— Je ne doute pas, ma tante, de l'amitié toute particulière de M. d'Aigrigny pour notre famille ; je doute encore moins du dévoûment profond et désintéressé de M. Tripeaud: M. Baleinier est un de mes vieux amis ; mais avant d'accepter ces messieurs pour spectateurs... ou, si vous l'aimez mieux, ma tante, pour confidens de notre entretien, je désire savoir de quoi nous devons nous entretenir devant eux.

— Je croyais, mademoiselle, que parmi vos singulières prétentions, vous aviez du moins... celle de la franchise et du courage.

— Mon Dieu, ma tante — répondit Adrienne souriant avec une humilité moqueuse — je n'ai pas plus de prétention à la franchise et au courage que vous n'en avez à la sincérité et à la bonté ; convenons donc bien, une fois pour toutes, que nous sommes ce que nous sommes... sans prétention...

— Soit — dit madame de Saint-Dizier d'un ton sec — depuis longtemps je suis habituée aux boutades de votre esprit indépendant ; je crois donc que, courageuse et franche comme vous dites l'être, vous ne devez pas craindre de dire, devant des personnes aussi graves et aussi respectables que ces messieurs, ce que vous me diriez à moi seule...

— C'est donc un interrogatoire en forme que je vais subir, et sur quoi?

— Ce n'est pas un interrogatoire ; mais comme j'ai le droit de veiller sur vous, mais comme vous abusez de plus en plus de ma folle condescendance à vos caprices... je veux mettre un terme à ce qui n'a que trop duré, je veux, devant des amis de notre famille, vous signifier mon irrévocable résolution quant à l'avenir... Et d'abord jusqu'ici vous vous êtes fait une idée très fausse et très incomplète de mon pouvoir sur vous.

— Je vous assure, ma tante, que je ne m'en suis fait aucune idée juste ou fausse, car je n'y ai jamais songé.

— C'est ma faute ; j'aurais dû, au lieu de condescendre à vos fantaisies, vous faire sentir plus rudement mon autorité ; mais le moment est venu de vous soumettre : le blâme sévère de mes amis m'a éclairée à temps... votre caractère est entier, indépendant, résolu ; il faut qu'il change, entendez-vous? et il changera de gré ou de force, c'est moi qui vous le dis.

A ces mots prononcés aigrement devant des étrangers, et dont rien ne semblait autoriser la dureté, Adrienne releva fièrement la tête ; mais, se contenant, elle reprit en souriant : — Vous dites, ma tante, que je changerai ; cela ne m'étonnerait pas... On a vu des conversions... si bizarres !

La princesse se mordit les lèvres.

— Une conversion sincère... n'est jamais bizarre, ainsi que vous l'appelez, mademoiselle — dit froidement l'abbé d'Aigrigny ; — mais, au contraire, très méritoire et d'un excellent exemple.

— Excellent? — reprit Adrienne ; — c'est selon ;... car enfin si l'on convertit ses défauts... en vices...

— Que voulez-vous dire, mademoiselle? — s'écria la princesse.

— Je parle de moi, ma tante : vous me reprochez d'être indépendante et résolue... Si j'allais par hasard devenir hypocrite et méchante? Tenez... vrai... je préfère mes chers petits défauts, que j'aime comme des enfans gâtés... je sais ce que j'ai..., je ne sais pas ce que j'aurais.

— Pourtant, mademoiselle Adrienne — dit M. le baron Tripeaud d'un air suffisant et sentencieux — vous ne pouvez nier qu'une conversion...

— Je crois monsieur Tripeaud extrêmement fort sur la conversion de toute espèce de choses en toute espèce de bénéfices, par toute espèce de moyens — dit Adrienne d'un ton sec et dédaigneux : — mais il doit rester étranger à cette question.

— Mais, mademoiselle — reprit le financier en puisant du courage dans un regard de la princesse — vous oubliez que j'ai l'honneur d'être votre subrogé tuteur... et que...

— Il est de fait que monsieur Tripeaud a cet honneur là, et je n'ai jamais trop su pourquoi — dit Adrienne avec un redoublement de hauteur, sans même regarder le baron; — mais il ne s'agit pas de deviner des énigmes; je désire donc, ma tante, savoir le motif et le but de cette réunion.

— Vous allez être satisfaite, mademoiselle; je vais m'expliquer d'une façon très nette, très précise; vous allez connaître le plan de la conduite que vous aurez à tenir désormais; et si vous refusiez de vous y soumettre avec l'obéissance et le respect que vous devez à mes ordres, je verrais ce qui me resterait à faire...

Il est impossible de rendre le ton impérieux l'air dur de la princesse en prononçant ces mots, qui devaient faire bondir une jeune fille jusqu'alors habituée à vivre, jusqu'à un certain point, à sa guise; pourtant, peut-être contre l'attente de madame de Saint-Dizier, au lieu de répondre avec vivacité, Adrienne la regarda fixement et dit en riant : — Mais c'est une véritable déclaration de guerre; cela devient très amusant...

— Il ne s'agit pas de déclaration de guerre — dit durement l'abbé d'Aigrigny, blessé des expressions de mademoiselle de Cardoville.

— Ah! monsieur l'abbé — reprit celle-ci — vous, un ancien colonel, vous êtes bien sévère pour une plaisanterie... Vous qui devez tant à la guerre;... vous qui, grâce à elle, avez commandé un régiment français, après vous être battu si longtemps contre la France pour connaître le fort et le faible de ses ennemis, bien entendu.

A ces mots qui lui rappelaient des souvenirs pénibles, le marquis rougit; il allait répondre lorsque la princesse s'écria : « En vérité, mademoiselle, ceci est d'une inconvenance intolérable.

— Soit, ma tante, j'avoue mes torts; je ne devais pas dire que ceci est amusant, car, en vérité, ça ne l'est pas du tout... mais c'est du moins très curieux... et peut-être même — ajouta la jeune fille après un moment de silence — peut-être même assez audacieux... et l'audace me plaît... Puisque nous voici sur ce terrain, puisqu'il s'agit d'un plan de conduite auquel je dois obéir sous peine... de... — puis s'interrompant et s'adressant à sa tante : — Sous quelle peine, ma tante?...

— Vous le saurez... Poursuivez...

— Je vais donc, aussi moi, devant ces messieurs, vous déclarer d'une façon très nette, très précise, la détermination que j'ai prise; comme il me fallait quelque temps pour qu'elle fût exécutable, je ne vous en aurais pas parlé plus tôt, car, vous le savez... je n'ai pas l'habitude de dire : Je ferai cela... mais je fais où j'ai fait cela.

— Certainement, et c'est cette habitude de coupable indépendance qu'il faut briser.

— Je ne comptais donc vous avertir de ma détermination que plus tard; mais je ne puis résister au plaisir de vous en faire part aujourd'hui, tant vous me paraissez disposée à l'entendre et à l'accueillir... Mais... je vous en prie, ma tante, parlez d'abord... il se peut, après tout, que nous nous soyons complétement rencontrées dans nos vues.

— Je vous aime mieux ainsi — dit la princesse — je retrouve au moins en vous le courage de votre orgueil et de votre mépris de toute autorité : vous parlez d'audace... la vôtre est grande.

— Je suis du moins fort décidée à faire ce que d'autres par faiblesse n'oseraient malheureusement pas... Moi j'oserai... Ceci est net et précis, je pense.

— Très net... et très précis — dit la princesse en échangeant un signe d'intelligence et de satisfaction avec les autres acteurs de cette scène. — Les positions, ainsi établies, simplifient beaucoup les choses... Je dois seulement vous avertir, dans votre intérêt, que ceci est très grave, plus grave que vous ne le pensez, et que vous n'auriez qu'un moyen de me disposer à l'indulgence, ce serait de substituer à l'arrogance et à l'ironie habituelles de votre langage la modestie et le respect qui conviennent à une jeune fille.

Adrienne sourit, mais ne répondit rien.

Quelques secondes de silence et quelques regards, échangés de nouveau entre la princesse et ses trois amis, annoncèrent qu'à ces escarmouches plus ou moins brillantes allait succéder un combat sérieux.

Mademoiselle de Cardoville avait trop de pénétration, trop de sagacité, pour ne pas remarquer que la princesse de Saint-Dizier attachait une grave importance à cet entretien décisif; mais la jeune fille ne comprenait pas comment sa tante pouvait espérer de lui imposer sa volonté absolue; la menace de recourir à des moyens de coërcition lui semblait avec raison une menace ridicule. Néanmoins, connaissant le caractère vindicatif de sa tante, la puissance ténébreuse dont elle disposait, les terribles vengeances qu'elle avait quelquefois exercées; réfléchissant enfin que des hommes dans la position du marquis et du médecin ne seraient pas venus assister à cet entretien sans de graves motifs, un moment la jeune fille réfléchit avant d'engager la lutte.

Mais bientôt, par cela même qu'elle pressentait vaguement, il est vrai, un danger quelconque, loin de faiblir elle prit à cœur de le braver et d'exagérer, si cela était possible, l'indépendance de ses idées, et de maintenir, en tout et pour tout, la détermination qu'elle allait de son côté notifier à la princesse de Saint-Dizier.

CHAPITRE VIII.

LA RÉVOLTE.

— Mademoiselle... — dit la princesse à Adrienne de Cardoville d'un ton froid et sévère — je me dois à moi-même, je dois à ces messieurs de rappeler en peu de mots les événemens qui se sont passés depuis quelque temps. Il y a six mois, à la fin du deuil de votre père, vous aviez alors dix-huit ans... vous m'avez demandé à jouir de votre fortune, et à être émancipée... j'ai eu la malheureuse faiblesse d'y consentir... Vous avez voulu quitter le grand hôtel et vous établir dans le pavillon du jardin, loin de toute surveillance... Alors a commencé une suite de dépenses plus extravagantes les unes que les autres. Au lieu de vous contenter d'une ou deux femmes de chambre prises dans la classe où on les prend ordinairement, vous avez été choisir des femmes de compagnie que vous avez costumées d'une façon aussi bizarre que coûteuse; vous-même, dans la solitude de votre pavillon, il est vrai, vous avez revêtu tour à tour des vêtemens des siècles passés... Vos folles fantaisies, vos caprices déraisonnables ont été sans bornes, sans frein; non seulement vous n'avez jamais rempli vos devoirs religieux, mais vous avez eu l'audace de profaner un de vos salons en y élevant je ne sais quelle espèce d'autel païen où l'on voit un groupe de marbre représentant un jeune homme et une jeune fille... (la princesse prononça ces mots comme s'ils lui eussent brûlé les lèvres) objet d'art, soit, mais objet d'art on ne peut plus malséant chez une personne de votre âge. Vous avez passé des jours entiers absolument renfermée chez vous, sans vouloir recevoir personne, et M. le docteur Baleinier, le seul de mes amis en qui vous ayez conservé quelque confiance, étant parvenu, à force d'instances, à pénétrer chez vous, vous a trouvée plusieurs fois dans un état d'exaltation si grande, qu'il en a conçu de graves inquiétudes sur votre santé... Vous avez toujours voulu sortir seule sans rendre compte de vos actions à personne; vous vous êtes plu sans cesse à mettre enfin votre volonté au-dessus de mon autorité... Tout ceci est-il vrai?...

— Ce portrait du passé... est peu flatté — dit Adrienne en souriant — mais enfin il n'est pas absolument méconnaissable.

— Ainsi, mademoiselle — dit l'abbé d'Aigrigny en comptant et accentuant lentement sa parole — vous convenez positivement que tous les faits que vient de rapporter madame votre tante sont d'une scrupuleuse vérité?

Et tous les regards s'attachèrent sur Adrienne comme si sa réponse devait avoir une extrême importance.

— Sans doute, monsieur, et j'ai l'habitude de vivre assez ouvertement pour que cette question soit inutile...

— Ces faits sont donc avoués — dit l'abbé d'Aigrigny se retournant vers le docteur et le baron.

— Ces faits nous demeurent complétement acquis — dit M. Tripeaud d'un ton suffisant.

— Mais pourrai-je savoir, ma tante — dit Adrienne — à quoi bon ce long préambule ?

— Ce long préambule, mademoiselle — reprit la princesse avec dignité — sert à exposer le passé afin de motiver l'avenir.

— Voici quelque chose, ma chère tante, un peu dans le goût des mystérieux arrêts de la sibylle de Cumes... Cela doit cacher quelque chose de redoutable.

— Peut-être, mademoiselle... car rien n'est plus redoutable pour certains caractères que l'obéissance, que le devoir, et votre caractère est du nombre de ces esprits enclins à la révolte...

— Je l'avoue naïvement... ma tante, et il en sera ainsi jusqu'au jour où je pourrai chérir l'obéissance et respecter le devoir.

— Que vous chérissiez, que vous respectiez ou non mes ordres, peu m'importe, mademoiselle — dit la princesse d'une voix brève et dure ; — vous allez pourtant, dès aujourd'hui, dès à présent, commencer par vous soumettre, absolument, aveuglément à ma volonté ; en un mot, vous ne ferez rien sans ma permission ; il le faut, je le veux, ce sera...

Adrienne regarda d'abord fixement sa tante, puis elle partit d'un éclat de rire frais et sonore qui retentit longtemps dans cette vaste pièce...

M. d'Aigrigny et le baron Tripeaud firent un mouvement d'indignation.

La princesse regarda sa nièce d'un air courroucé.

Le docteur leva les yeux au ciel et joignit les mains sur son abdomen en soupirant avec componction.

— Mademoiselle... de tels éclats de rire sont peu convenables — dit l'abbé d'Aigrigny ; — les paroles de madame votre tante sont graves, très graves, et méritent un autre accueil.

— Mon Dieu ! monsieur — dit Adrienne en calmant son hilarité — à qui la faute si je ris si fort ? Comment rester de sang-froid quand j'entends ma tante me parler d'aveugle soumission à ses ordres ?... Est-ce qu'une hirondelle habituée à voler à plein ciel... à s'ébattre en plein soleil... est faite pour vivre dans le trou d'une taupe ?...

A cette réponse, M. d'Aigrigny affecta de regarder les autres membres de cette espèce de conseil de famille avec un profond étonnement.

— Une hirondelle ? que veut-elle dire ?... — demanda l'abbé au baron en lui faisant signe que celui-ci comprit.

— Je ne sais... — répondit Tripeaud en regardant à son tour le docteur — elle a parlé de taupe... c'est inouï... incompréhensible...

— Ainsi, mademoiselle — dit la princesse semblant partager la surprise des autres personnes — voici la réponse que vous me faites...

— Mais sans doute — répondit Adrienne étonnée que l'on feignît de ne pas comprendre l'image dont elle s'était servie, ainsi que cela lui arrivait assez souvent, dans son langage poétique et coloré.

— Allons, madame, allons — dit le docteur Baleinier en souriant avec bonhomie — il faut être indulgente... ma chère mademoiselle Adrienne a l'esprit naturellement si original, si exalté !!... C'est bien en vérité la plus charmante folle que je connaisse... je lui ai dit cent fois en ma qualité de vieil ami... qui se permet tout...

— Je conçois que votre attachement à mademoiselle vous rende indulgent... Il n'en est pas moins vrai, monsieur le docteur — dit M. d'Aigrigny en paraissant reprocher au médecin de prendre le parti de mademoiselle de Cardoville — que ce sont des réponses extravagantes lorsqu'il s'agit de questions aussi sérieuses.

— Le malheur est que mademoiselle ne comprend pas la gravité de cette conférence — dit la princesse d'un air dur. — Elle la comprendra peut-être maintenant que je vais lui signifier mes ordres...

— Voyons ces ordres... ma tante...

Et Adrienne, qui était assise de l'autre côté de la table, en face de sa tante, posa son petit menton rose dans le creux de sa jolie main, avec un geste de grâce moqueuse charmant à voir

— A dater de demain — reprit la princesse, vous quitterez le pavillon que vous habitez... vous renverrez vos femmes... vous reviendrez occuper ici deux chambres, où l'on ne pourra entrer qu'en passant dans mon appartement... vous ne sortirez jamais seule... vous m'accompagnerez aux offices... votre émancipation cessera pour cause de prodigalité bien et dûment constatée ; je me chargerai de toutes vos dépenses... je me chargerai même de commander vos robes, afin que vous soyez modestement vêtue, comme il convient... enfin, jusqu'à votre majorité, qui sera du reste indéfiniment reculée, grâce à l'intervention d'un conseil de famille... vous n'aurez aucune somme d'argent à votre disposition... telle est ma volonté...

— Et certainement on ne peut qu'applaudir à votre résolution, madame la princesse — dit le baron Tripeaud — on ne peut que vous encourager à montrer la plus grande fermeté, car il faut que tant de désordres aient un terme...

— Il est plus que temps de mettre fin à de pareils scandales — ajouta l'abbé.

— La bizarrerie, l'exaltation du caractère... peuvent pourtant faire excuser bien des choses — se hasarda de dire le docteur d'un air patelin.

— Sans doute, monsieur le docteur — dit sèchement la princesse à M. Baleinier, qui jouait parfaitement son rôle ; — mais alors on agit avec ces caractères-là comme il convient.

Madame de Saint-Dizier s'était exprimée d'une manière ferme et précise ; elle paraissait convaincue de la possibilité d'exécuter ce dont elle menaçait sa nièce. M. Tripeaud et M. d'Aigrigny venaient de donner un assentiment complet aux paroles de la princesse ; Adrienne commença de voir qu'il s'agissait de quelque chose de fort grave ; alors sa gaîté fit place à une ironie amère, à une expression d'indépendance révoltée.

Elle se leva brusquement et rougit un peu, ses narines roses se dilatèrent, son œil brilla, elle redressa la tête en secouant légèrement sa belle chevelure ondoyante et dorée, par un mouvement rempli d'une fierté qui lui était naturelle, et elle dit à sa tante d'une voix incisive, après un moment de silence :

— Vous avez parlé du passé, madame, j'en dirai donc aussi quelques mots, mais vous m'y forcez... oui, je le regrette... J'ai quitté votre demeure, parce qu'il m'était impossible de vivre davantage dans cette atmosphère de sombre hypocrisie et de noires perfidies...

— Mademoiselle... — dit M. d'Aigrigny — de telles paroles sont aussi violentes que déraisonnables.

— Monsieur ! puisque vous m'interrompez, deux mots — dit vivement Adrienne en regardant fixement l'abbé : — Quels sont les exemples que je trouvais chez ma tante ?

— Des exemples excellens, mademoiselle.

— Excellens, monsieur ? Est-ce parce que j'y voyais chaque jour sa conversion complice de la vôtre ?

— Mademoiselle... vous vous oubliez... — dit la princesse en devenant pâle de rage.

— Madame... je n'oublie pas... je me souviens... comme tout le monde... voilà tout... Je n'avais aucune parente à qui demander asile... j'ai voulu vivre seule... j'ai désiré jouir de mes revenus parce que j'aime mieux les dépenser que de les voir dilapider par M. Tripeaud.

— Mademoiselle ! — s'écria le baron — je ne comprends pas que vous vous permettiez de...

— Assez, monsieur ! — dit Adrienne en lui imposant silence par un geste d'un hauteur écrasante — je parle de vous... mais je ne vous parle pas...

Et Adrienne continua : — J'ai donc voulu dépenser mon revenu selon mes goûts ; j'ai embelli la retraite que j'ai choisie. A des servantes laides, malapprises, j'ai préféré des jeunes filles jolies, bien élevées, mais pauvres ; leur éducation ne me permettant pas de les soumettre à une humiliante domesticité, j'ai rendu leur condition aimable et douce ; elles ne me servent pas, elles me rendent service ; je les paye, mais je leur suis reconnaissante... Subtilités, du reste, que vous ne comprendrez pas, madame, je le sais... Au lieu de les voir mal ou peu gracieusement vêtues, je leur ai donné des habits qui vont bien à leurs charmans visages, parce que j'aime ce qui est jeune, ce qui est beau ; que je m'habille d'une façon ou d'une autre, cela ne regarde que mon miroir. Je sors seule parce qu'il me plaît d'aller où me guide ma fantaisie ; je ne vais pas à la messe, soit : si j'avais encore ma mère, je lui dirais quelles sont mes dévotions, et elle m'embrasserait tendrement... J'ai élevé un hôtel païen à la jeunesse et à la beauté, c'est vrai, parce que j'adore Dieu dans tout ce qu'il fait de beau, de bon, de noble, de grand, et mon cœur, du matin au soir, répète cette prière fervente et sincère : Merci, mon Dieu! merci... M. Baleinier, dites-vous, madame, m'a souvent trouvée dans ma solitude en proie à une exaltation étrange... oui... cela est vrai... c'est qu'alors, échappant par la pensée à tout ce qui me rend le présent si odieux, si pénible, si laid, je me réfugiais dans l'avenir ; c'est qu'alors j'entrevoyais des horizons magiques... c'est qu'alors m'apparaissaient des visions si splendides que je me sentais ravie dans je ne sais quelle sublime et divine extase... et que je n'appartenais plus à la terre...

En prononçant ces dernières paroles avec enthousiasme, la physionomie d'Adrienne sembla se tranfigurer, tant elle devint resplendissante. A ce moment ce qui l'entourait n'existait plus pour elle.

— C'est qu'alors — reprit-elle avec une exaltation croissante — je respirais un air pur, vivifiant et libre... oh! libre... surtout... libre... et si salubre... si généreux à l'âme... Oui, au lieu de voir mes sœurs péniblement soumises à une domination égoïste, humiliante, brutale... à qui elles doivent les vices séduisans de l'esclavage, la fourberie gracieuse, la perfidie enchanteresse, la fausseté caressante, la résignation méprisante, l'obéissance haineuse... je les voyais, ces nobles sœurs, dignes et sincères, parce qu'elles étaient libres ; fidèles et dévouées, parce qu'elles pouvaient choisir ; ni impérieuses ni basses, parce qu'elles n'avaient pas de maître à dominer ou à flatter ; chéries et respectées, enfin, parce qu'elles pouvaient retirer d'une main déloyale une main loyalement donnée. Oh! mes sœurs... mes sœurs... je le sens... ce ne sont pas là seulement de consolantes visions, ce sont encore de saintes espérances!

Entraînée malgré elle par l'exaltation de ses pensées, Adrienne garda un moment le silence afin de *reprendre terre*, pour ainsi dire, et ne s'aperçut pas que les acteurs de cette scène se regardaient d'un air radieux.

— Mais... ce qu'elle dit là... est excellent... — murmura le docteur à l'oreille de la princesse, auprès de qui il était assis ; — elle serait d'accord avec nous qu'elle ne parlerait pas autrement.

— Ce n'est qu'en la mettant hors d'elle-même par une excessive dureté qu'elle arrivera *au point où il nous la faut* — ajouta M. d'Aigrigny.

Mais on eût dit que le mouvement d'irritation d'Adrienne s'était pour ainsi dire dissipé au contact des sentimens généreux qu'elle venait d'éprouver.

S'adressant en souriant à M. Baleinier, elle lui dit : — Avouez, docteur, qu'il n'y a rien de plus ridicule que de céder à l'enivrement de certaines pensées en présence de personnes incapables de les comprendre. Voici une belle occasion de vous moquer de l'exaltation d'esprit que vous me reprochez quelquefois... M'y laisser entraîner dans un moment si grave !... car il paraît décidément que ceci est grave. Mais que voulez-vous, mon bon monsieur Baleinier! quand une idée me vient à l'esprit, il m'est aussi impossible de ne pas suivre sa fantaisie qu'il m'était impossible de ne pas courir après les papillons quand j'étais petite fille...

— Et Dieu sait où vous conduisent les papillons brillans de toutes couleurs qui vous traversent l'esprit... Ah! la tête folle... la tête folle! — dit M. Beleinier en souriant d'un air indulgent et paternel. — Quand donc sera-t-elle aussi raisonnable que charmante?

—A l'instant même, mon bon docteur — reprit Adrienne — je vais abandonner mes rêveries pour des réalités et parler en langage parfaitement positif, comme vous allez le voir.

Puis s'adressant à sa tante, elle ajouta : — Vous m'avez fait part, madame, de vos volontés ; voici les miennes : Avant huit jours je quitterai le pavillon que j'habite pour une maison que j'ai fait arranger à mon goût, et j'y vivrai à ma guise... Je n'ai ni père ni mère, je ne dois compte qu'à moi de mes actions.

— En vérité, mademoiselle — dit la princesse en haussant les épaules — vous déraisonnez... vous oubliez que la société a des droits de moralité imprescriptibles et que nous sommes chargés de faire valoir ; or nous n'y manquerons pas... comptez-y.

— Ainsi, madame... c'est vous, c'est M. d'Aigrigny, c'est M. Tripeaud qui représentez la moralité de la société... Cela me semble bien ingénieux. Est-ce parce que M. Tripeaud a considéré, je dois l'avouer, ma fortune comme la sienne ? Est-ce parce que...

— Mais enfin, mademoiselle — s'écria Tripeaud...

— Tout à l'heure, madame —dit Adrienne à sa tante sans répondre au baron — puisque l'occasion se présente j'aurai à vous demander des explications sur certains intérêts que l'on m'a, je crois, cachés jusqu'ici...

A ces mots d'Adrienne, M. d'Aigrigny et la princesse tressaillirent. Tous deux échangèrent rapidement un regard d'inquiétude et d'angoisse.

Adrienne ne s'en aperçut pas et continua : — Mais pour en finir avec vos exigences, madame, voici mon dernier mot : Je veux vivre comme bon me semblera... Je ne pense pas que si j'étais homme on m'imposerait, à mon âge, l'espèce de dure et humiliante tutelle que vous voulez m'imposer pour avoir vécu comme j'ai vécu jusqu'ici, c'est-à-dire honnêtement, librement et généreusement, à la vue de tous.

— Cette idée est absurde ! est insensée ! — s'écria la princesse — c'est pousser la démoralisation, l'oubli de toute pudeur jusqu'à ses dernières limites que de vouloir vivre ainsi !

— Alors, madame — dit Adrienne — quelle opinion avez-vous donc de tant de pauvres filles du peuple, orphelines comme moi, et qui vivent seules et libres ainsi que je veux vivre ? Elles n'ont pas reçu comme moi une éducation raffinée qui élève l'âme et épure le cœur. Elles n'ont pas comme moi la richesse qui défend de toutes les mauvaises tentations de la misère... et pourtant elles vivent honnêtes et fières dans leur détresse.

— Le vice et la vertu n'existent pas pour ces canailles-là... — s'écria M. le baron Tripeaud avec une expression de courroux et de mépris hideux.

— Madame, vous chasseriez un de vos laquais qui oserait parler ainsi devant vous — dit Adrienne à sa tante sans pouvoir cacher son dégoût. — et vous m'obligez d'entendre de telles choses !...

Le marquis d'Aigrigny donna sous la table un coup de genoux à M. Tripeaud, qui s'émancipait jusqu'à parler dans le salon de la princesse comme il parlait dans la coulisse de la Bourse, et il reprit vivement pour réparer la grossièreté du baron :—Il n'y a, mademoiselle, aucune comparaison à établir entre ces gens-là... et une personne de votre condition...

— Pour un catholique... monsieur l'abbé, cette distinction est peu chrétienne — répondit Adrienne.

— Je sais la portée de mes paroles, mademoiselle — répondit sèchement l'abbé ; d'ailleurs cette vie indépendante que vous voulez mener contre toute raison aurait pour l'avenir les suites les plus fâcheuses ; car votre famille peut vouloir vous marier un jour, et...

— J'épargnerai ce souci à ma famille, monsieur ; si je veux me marier... je me marierai moi-même... ce qui est assez raisonnable, je pense, quoiqu'à vrai dire je sois peu tentée de cette lourde chaîne que l'égoïsme et la brutalité nous rivent à jamais au cou.

— Il est indécent, mademoiselle — dit la princesse — de parler aussi légèrement de cette institution.

— Devant vous surtout, madame... il est vrai ; pardon de vous avoir choquée... Vous craignez que ma manière de vivre indépendante n'éloigne les prétendans... ce m'est une raison de plus pour persister dans mon indépendance, car j'ai horreur des prétendans. Tout ce que je désire c'est de les épouvanter, c'est de leur donner la plus mauvaise opinion de moi ; et pour cela il n'y a pas de meilleur moyen que de paraître vivre absolument comme ils vivent eux-mêmes... Aussi je compte sur mes caprices, mes folies, sur mes chers défauts, pour me préserver de toute ennuyeuse et conjugale poursuite.

— Vous serez à ce sujet complètement satisfaite, mademoiselle — reprit madame de Saint-Dizier — si malheureusement (et cela est à craindre) le bruit se répand que vous poussez l'oubli de tout devoir, de toute retenue, jusqu'à rentrer chez vous à huit heures du matin, ainsi qu'on me l'a dit... Mais je ne veux ni n'ose croire à une telle énormité.

— Vous avez tort, madame... car cela est...

— Ainsi... vous l'avouez ! — s'écria la princesse.

— J'avoue tout ce que je fais, madame... Je suis rentrée ce matin à huit heures.

— Messieurs, vous l'entendez ! — s'écria la princesse.

— Ah!... — fit M. d'Aigrigny d'une voix de basse-taille.

— Ah ! — fit le baron d'une voix de fausset.

— Ah ! — murmura le docteur avec un profond soupir.

En entendant ces exclamations lamentables, Adrienne fut sur le point de parler, de se justifier peut-être ; mais à une petite moue dédaigneuse qu'elle fit, on vit qu'elle dédaignait de descendre à une explication.

— Ainsi... cela était vrai... — reprit la princesse. — Ah ! mademoiselle... vous m'aviez habituée à ne m'étonner de rien... mais je doutais encore d'une pareille conduite... Il faut votre audacieuse réponse pour m'en convaincre...

— Mentir... m'a toujours paru, madame, beaucoup plus audacieux que de dire la vérité.

— Et d'où veniez-vous, mademoiselle ? et pourquoi...

— Madame dit Adrienne en interrompant sa tante — jamais je ne mens... mais jamais je ne dis ce que je ne veux pas dire ; puis c'est une lâcheté de se justifier d'une accusation révoltante. Ne parlons donc plus de ceci... vos insistances à cet égard seraient vaines ; résumons-nous. Vous voulez m'imposer une dure et humiliante tutelle ; moi je veux quitter le pavillon que j'habite ici pour aller vivre où bon me semble, à ma fantaisie... De vous ou de moi qui cédera ? nous verrons ; maintenant... autre chose... Cet hôtel m'appartient... il m'est indifférent de vous y voir demeurer puisque je le quitte ; mais le rez-de-chaussée est inhabité... il contient, sans compter les pièces de réception, deux appartemens complets ; j'en ai disposé pour quelque temps.

— Vraiment, mademoiselle ! — dit la princesse en regardant M. d'Aigrigny avec une grande surprise ; et elle ajouta ironiquement : — Et pour qui, mademoiselle, en avez-vous disposé ?

— Pour trois personnes de ma famille.

— Qu'est-ce que cela signifie ? — dit madame de Saint-Dizier, de plus en plus étonnée.

— Cela signifie, madame, que je veux offrir ici une généreuse hospitalité à un jeune prince indien, mon parent par ma mère ; il arrivera dans deux ou trois jours, et je tiens à ce qu'il trouve ses appartemens prêts à le recevoir.

— Entendez-vous, messieurs ? — dit M. d'Aigrigny au docteur et à M. Tripeaud en affectant une stupeur profonde.

— Cela passe tout ce qu'on peut imaginer — dit le baron.

— Hélas ! — dit le docteur avec componction — le sentiment est généreux en soi, mais toujours cette folle petite tête...

— A merveille ! dit la princesse — je ne puis du moins vous empêcher, mademoiselle, d'énoncer les vœux les plus extravagans... Mais il est présumable que vous ne vous arrêterez pas en si beau chemin. Est-ce tout ?

— Pas encore... madame ; j'ai appris ce matin même que deux de mes parentes aussi par ma mère... deux pauvres enfans de quinze ans... deux orphelines... les filles du maréchal Simon, étaient hier arrivées d'un long voyage, et se trouvaient chez la femme du brave soldat qui les amène en France du fond de la Sibérie...

A ces mots d'Adrienne, M. d'Aigrigny et la princesse ne purent s'empêcher de tressaillir brusquement et de se regarder avec effroi, tant ils étaient éloignés de s'attendre à ce que mademoiselle de Cardoville fût instruite du retour des filles du maréchal Simon ; cette révélation était pour eux foudroyante.

— Vous êtes sans doute étonnés de me voir si bien instruite, dit Adrienne — heureusement, j'espère vous étonner tout à l'heure davantage encore ; mais, pour en revenir aux filles du maréchal Simon, vous comprenez, madame, qu'il m'est impossible de les laisser à la charge des dignes personnes chez qui elles ont momentanément trouvé un asile ; quoique cette famille soit aussi honnête que laborieuse, leur place n'est pas là... je vais donc les aller chercher pour les établir ici dans l'autre appartement du rez-de-chaussée... avec la femme du soldat, qui fera une excellente gouvernante.

À ces mots, M. d'Aigrigny et le baron se regardèrent, et le baron s'écria :
— Décidément la tête n'y est plus.

Adrienne ajouta, sans répondre à M. Tripeaud : — Le maréchal Simon ne peut manquer d'arriver d'un moment à l'autre à Paris. Vous concevez, madame, combien il me sera doux de pouvoir lui présenter ses filles et de lui prouver qu'elles ont été traitées comme elles devaient l'être. Dès demain matin, je ferai venir des modistes, des couturières, afin que rien ne leur manque... Je veux qu'à son retour leur père les trouve belles... belles à éblouir... Elles sont jolies comme des anges, dit-on... Moi, pauvre profane... j'en ferai simplement des amours...

— Voyons, mademoiselle, est-ce bien tout cette fois?—dit la princesse d'un ton sardonique et sourdement courroucé, pendant que M. d'Aigrigny, calme et froid en apparence, dissimulait à peine de mortelles angoisses.—Cherchez bien encore — continua la princesse en s'adressant à Adrienne. — N'avez-vous pas encore à augmenter de quelques parens cette intéressante colonie de famille?... Une reine, en vérité, n'agirait pas plus magnifiquement que vous.

— En effet, madame, je veux faire à ma famille une réception royale... telle qu'elle est due à un fils de roi et aux filles du maréchal duc de Ligny. Il est si bon de joindre tous les luxes au luxe de l'hospitalité du cœur.

— La maxime est généreuse assurément—dit la princesse de plus en plus agitée; — il est seulement dommage que pour la mettre en action vous ne possédiez pas les mines du Potose.

— C'est justement à propos d'une mine... et que l'on prétend des plus riches, que je désirais vous entretenir, madame; je ne pouvais trouver une occasion meilleure. Si considérable que soit ma fortune, elle serait peu de chose auprès de celle qui d'un moment à l'autre pourrait revenir à notre famille... et ceci arrivant, vous excuseriez peut-être alors, madame, ce que vous appelez mes prodigalités royales...

M. d'Aigrigny se trouvait sous le coup d'une position de plus en plus terrible... L'affaire des médailles était si importante, qu'il l'avait cachée même au docteur Baleinier, tout en lui demandant ses services pour un intérêt immense; M. Tripeaud n'en avait pas non plus été instruit, car la princesse croyait avoir fait disparaître des papiers du père d'Adrienne tous les indices qui auraient pu mettre celle-ci sur la voie de cette découverte. Aussi, non-seulement l'abbé voyait avec épouvante mademoiselle de Cardoville instruite de ce secret, mais il tremblait qu'elle ne le divulguât.

La princesse partageait l'effroi de M. d'Aigrigny, aussi s'écria-t-elle en interrompant sa nièce : — Mademoiselle... il est certaines choses de famille qui doivent se tenir secrètes, et, sans comprendre positivement à quoi vous faites allusion, je vous engage à quitter ce sujet d'entretien...

— Comment donc, madame... ne sommes-nous pas ici en famille... ainsi que l'attestent les choses peu gracieuses que nous venons d'échanger?

— Mademoiselle... il n'importe;... lorsqu'il s'agit d'affaires d'intérêt plus ou moins contestables, il est parfaitement inutile d'en parler, à moins d'avoir les pièces sous les yeux.

— Et de quoi parlons-nous donc depuis une heure, madame, si ce n'est affaires d'intérêt? En vérité, je ne comprends pas votre étonnement... ni votre embarras...

— Je ne suis ni étonnée... ni embarrassée... mademoiselle;... mais depuis deux heures, vous me forcez d'entendre des choses si nouvelles, si extravagantes, qu'en vérité un peu de stupeur est bien permis.

— Je vous demande pardon, madame, vous êtes très embarrassée — dit Adrienne en regardant fixement sa tante — M. d'Aigrigny aussi... ce qui, joint à certains soupçons que je n'ai pas eu le temps d'éclaircir...

Puis, après une pause, Adrienne reprit : — Aurais-je donc deviné juste?... Nous allons le voir...

— Mademoiselle, je vous ordonne de vous taire — s'écria la princesse perdant complétement la tête.

— Ah! madame — dit Adrienne, pour une personne ordinairement si maîtresse d'elle-même, vous vous compromettez beaucoup.

La *Providence*, comme on dit, vint heureusement au secours de la princesse et de l'abbé d'Aigrigny, à ce moment si dangereux. Un valet de chambre entra; sa figure était si effarée, si altérée, que la princesse lui dit vivement — Eh bien! Dubois, qu'y a-t-il?

— Je demande pardon à madame la princesse de venir l'interrompre malgré ses ordres formels; mais M. le commissaire de police demande à lui parler à l'instant même; il est en bas et plusieurs agens sont dans la cour avec des soldats.

Malgré la profonde surprise que lui causait ce nouvel incident, la princesse, voulant profiter de cette occasion pour se concerter promptement avec M. d'Aigrigny au sujet des menaçantes révélations d'Adrienne, dit à l'abbé en se levant :

— Monsieur d'Aigrigny, auriez-vous l'obligeance de m'accompagner, car je ne sais pas ce que peut signifier la présence du commissaire de police chez moi.

M. d'Aigrigny suivit madame de Saint-Dizier dans la pièce voisine.

CHAPITRE IX.

LA TRAHISON.

La princesse de Saint-Dizier, accompagnée de M. d'Aigrigny, et suivie du valet de chambre, s'arrêta dans une pièce voisine de son cabinet où étaient restés Adrienne, M. Tripeaud et le médecin.

— Où est le commissaire de police? — demanda la princesse à celui de ses gens qui était venu lui annoncer l'arrivée de ce magistrat.

— Madame, il est là dans le salon bleu.

— Priez-le de ma part de vouloir bien m'attendre quelques instans.

Le valet de chambre s'inclina et sortit. Dès qu'il fut dehors, madame de Saint-Dizier s'approcha vivement de M. d'Aigrigny, dont la physionomie, ordinairement fière et hautaine, était pâle et sombre.

— Vous le voyez, s'écria-t-elle d'une voix précipitée — Adrienne sait tout maintenant; que faire?... que faire?...

— Je ne sais... — dit l'abbé le regard fixe et absorbé... — cette révélation est un coup terrible.

— Tout est-il donc perdu?

— Il n'y aurait qu'un moyen de salut — dit M. d'Aigrigny — ce serait... le docteur...

— Mais comment? — s'écria la princesse — si vite? aujourd'hui même?

— Dans deux heures il sera trop tard; cette fille diabolique aura vu les filles du général Simon...

— Mais... mon Dieu... Frédérik... c'est impossible... M. Baleinier ne pourra jamais... il aurait fallu préparer cela de longue main, comme nous devions le faire après l'interrogatoire d'aujourd'hui.

— Il n'importe — reprit vivement l'abbé — il faut que le docteur essaie à tout prix.

— Mais sous quel prétexte?

— Je vais tâcher d'en trouver un...

— En admettant que vous trouviez ce prétexte, Frédérik, s'il faut agir aujourd'hui, rien ne sera préparé... *là-bas*.

— Rassurez-vous, par habitude de prévoir, on est toujours prêt.

— Et comment prévenir le docteur à l'instant même? — reprit la princesse.

— Le faire demander... cela éveillerait les soupçons de votre nièce — dit M. d'Aigrigny pensif — et c'est, avant tout, ce qu'il faut éviter.

— Sans doute — reprit la princesse — cette confiance est l'une de nos plus grandes ressources.

— Un moyen — dit vivement l'abbé; — je vais écrire quelques mots à la hâte à Baleinier; un de vos gens les lui portera, comme si cette lettre venait du dehors... d'un malade pressant...

— Excellente idée! — s'écria la princesse — vous avez raison... Tenez... là, sur cette table... il y a tout ce qui est nécessaire pour écrire... Vite, vite... mais le docteur réussira-t-il?

— A vrai dire, je n'ose l'espérer — dit le marquis en s'asseyant près de la table avec un courroux contenu. — Grâce à cet interrogatoire, qui, du reste, a été au delà de nos espérances, et que notre homme caché par nos soins derrière la portière de la chambre voisine a fidèlement sténographié ; grâce aux scènes violentes qui doivent avoir nécessairement lieu demain et après, le docteur, en s'entourant d'habiles précautions, aurait pu agir avec la plus entière certitude... Mais lui demander cela aujourd'hui... tout à l'heure... Tenez... Herminie... c'est folie que d'y penser ! — Et le marquis jeta brusquement la plume qu'il avait à la main, puis il ajouta avec un accent d'irritation amère et profonde : — Au moment de réussir, voir toutes nos espérances anéanties... Ah ! les conséquences de tout ceci seront incalculables... Votre nièce... nous fait bien du mal... oh ! bien du mal...

Il est impossible de rendre l'expression de sourde colère, de haine implacable, avec laquelle M. d'Aigrigny prononça ces derniers mots.

— Frédérik ! — s'écria la princesse avec auxiété en appuyant vivement sa main sur la main de l'abbé — je vous en conjure, ne désespérez pas encore... l'esprit du docteur est si fécond en ressources, il nous est si dévoué... essayons toujours...

— Enfin, c'est du moins une chance... — dit l'abbé en reprenant la plume.

— Mettons la chose au pis... — dit la princesse — qu'Adrienne aille ce soir... chercher les filles du maréchal Simon... Peut-être ne les trouvera-t-elle plus...

— Il ne faut pas espérer cela, il est impossible que les ordres de Rodin aient été si promptement exécutés... nous en aurions été avertis.

— Il est vrai... écrivez alors au docteur... je vais vous envoyer Dubois ; il lui portera votre lettre. Courage, Frédérik ; nous aurons raison de cette fille intraitable... — Puis, madame de Saint-Dizier ajouta avec une rage concentrée : — Oh ! Adrienne... Adrienne... vous payerez bien cher... vos insolens sarcasmes et les angoisses que vous nous causez !

Au moment de sortir, la princesse se retourna et dit à M. d'Aigrigny : — Attendez-moi ici ; je vous dirai ce que signifie la visite du commissaire, et nous rentrerons ensemble.

La princesse disparut.

M. d'Aigrigny écrivit quelques mots à la hâte d'une main convulsive.

CHAPITRE X.

LE PIÈGE.

Après la sortie de madame de Saint-Dizier et du marquis, Adrienne était restée dans le cabinet de sa tante avec M. Baleinier et le baron Tripeaud.

En entendant annoncer l'arrivée du commissaire, mademoiselle de Cardoville avait ressenti une vive inquiétude, car sans doute, ainsi que l'avait craint Agricol, le magistrat venait demander l'autorisation de faire des recherches dans l'intérieur de l'hôtel et du pavillon, afin de retrouver le forgeron, que l'on y croyait caché. Quoiqu'elle regardât comme très secrète la retraite d'Agricol, Adrienne n'était pas complétement rassurée ; aussi, dans la prévision d'une éventualité fâcheuse, elle trouvait une occasion très opportune de recommander instamment son protégé au docteur, ami fort intime, nous l'avons dit, de l'un des ministres les plus influens de l'époque.

La jeune fille s'approcha donc du médecin, qui causait à voix basse avec le baron, et de sa voix la plus douce, la plus câline : — Mon bon monsieur Baleinier... je désirerais vous dire deux mots...

Et du regard la jeune fille lui montra la profonde embrasure d'une croisée.

— A vos ordres... mademoiselle... — répondit le médecin en se levant pour suivre Adrienne auprès de la fenêtre.

M. Tripeaud, qui, ne se sentant plus soutenu par la présence de l'abbé, craignait la jeune fille comme le feu, fut très satisfait de cette diversion ; pour se donner une contenance, il alla se remettre en contemplation devant un tableau de sainteté qu'il semblait ne pas se lasser d'admirer...

Lorsque mademoiselle de Cardoville fut assez éloignée du baron pour n'être pas entendue de lui, elle dit au médecin, qui, toujours souriant, toujours bienveillant, attendait qu'elle s'expliquât : — Mon bon docteur, vous êtes mon ami, vous avez été celui de mon père... Tout à l'heure, malgré la difficulté de votre position, vous vous êtes courageusement montré mon seul partisan...

— Mais pas du tout, mademoiselle, n'allez pas dire de pareilles choses — dit le docteur en affectant un courroux plaisant : — Peste ! vous me feriez de belles affaires... Voulez-vous bien vous taire... *Vade retro, Satanas!!* ce qui veut dire : Laissez-moi tranquille, charmant petit démon que vous êtes !

— Rassurez-vous — dit Adrienne en souriant — je ne vous compromettrai pas ; mais permettez-moi seulement de vous rappeler que bien souvent vous m'avez fait des offres de service... vous m'avez parlé de votre dévoûment.

— Mettez-moi à l'épreuve... et vous verrez si je m'en tiens à des paroles.

— Eh bien ! donnez-moi une preuve sur-le-champ — dit vivement Adrienne.

— A la bonne heure, voilà comme j'aime à être pris au mot... Que faut-il faire pour vous ?

— Vous êtes toujours fort lié avec votre ami le ministre ?

— Sans doute ; je le soigne justement d'une extinction de voix : il en a toujours la veille du jour où on doit l'interpeller ; il aime mieux ça...

— Il faut que vous obteniez de votre ministre quelque chose de très important pour moi.

— Pour vous ?... et quel rapport ?...

Le valet de chambre de la princesse entra, remit une lettre à M. Baleinier, et lui dit : — Un domestique étranger vient d'apporter à l'instant cette lettre pour monsieur le docteur : c'est très pressé...

Le médecin prit la lettre, le valet de chambre sortit.

— Voici les désagrémens du mérite — lui dit en souriant Adrienne ; — on ne vous laisse pas un moment de repos, mon pauvre docteur.

— Ne m'en parlez pas, mademoiselle — dit le médecin, qui ne put cacher un mouvement de surprise en reconnaissant l'écriture de M. d'Aigrigny — ces diables de malades croient en vérité que nous sommes de fer et que nous accaparons toute la santé qui leur manque... ils sont impitoyables. Mais vous permettez, mademoiselle — dit M. Baleinier en interrogeant Adrienne du regard avant de décacheter la lettre.

Mademoiselle de Cardoville répondit par un gracieux signe de tête.

La lettre du marquis d'Aigrigny n'était pas longue ; le médecin la lut d'un trait : et malgré sa prudence habituelle il haussa les épaules, et dit vivement : — Aujourd'hui... mais c'est impossible... il est fou...

— Il s'agit sans doute de quelque pauvre malade qui a mis en vous tout son espoir... qui vous attend, qui vous appelle... Allons, mon cher monsieur Baleinier, soyez bon... ne repoussez pas sa prière... il est si doux de justifier la confiance qu'on inspire !...

Il y avait à la fois un rapprochement et une contradiction si extraordinaires entre l'objet de cette lettre écrite à l'instant même au médecin par le plus implacable ennemi d'Adrienne, et les paroles de commisération que celle-ci venait de prononcer d'une voix touchante, que le docteur Baleinier en fut frappé.

Il regarda mademoiselle de Cardoville d'un air presque embarrassé et répondit : — Il s'agit, en effet... de l'un de mes cliens qui compte beaucoup sur moi... beaucoup trop même... car il me demande une chose impossible... Mais pourquoi vous intéresser à un inconnu ?

— S'il est malheureux... je le connais... Mon protégé pour qui je vous demande l'appui du ministre m'était aussi à peu près inconnu... et maintenant je m'y intéresse on ne peut plus vivement ; car, puisqu'il faut vous le dire, mon protégé est fils de ce digne soldat qui a ramené ici, du fond de la Sibérie, les filles du maréchal Simon.

— Comment !... votre protégé est...

— Un brave artisan... le soutien de sa famille... mais je dois tout vous dire... voici comme les choses se sont passées.

La confidence qu'Adrienne allait faire au docteur fut interrompue par madame de Saint-Dizier, qui, suivie de M. d'Aigrigny, ouvrit violemment la porte de son cabinet. On lisait sur la physionomie de la princesse une expression de joie infernale à peine dissimulée par un faux semblant d'indignation courroucée.

M. d'Aigrigny, en entrant dans le cabinet, avait jeté rapidement un regard interrogatif et inquiet au docteur Baleinier. Celui-ci répondit par un mouvement de tête négatif.

L'abbé se mordit les lèvres de rage muette; ayant mis ses dernières espérances dans le docteur, il dut considérer ses projets comme à jamais ruinés, malgré le nouveau coup que la princesse allait porter à Adrienne.

— Messieurs, dit madame de Saint-Dizier d'une voix brève, précipitée, car elle suffoquait de satisfaction méchante — messieurs, veuillez prendre place... j'ai de nouvelles et curieuses choses à vous apprendre au sujet de cette demoiselle.

Et elle désigna sa nièce d'un regard de haine et de mépris impossible à rendre.

— Allons... ma pauvre enfant, qu'y a-t-il? que vous veut-on encore? — dit M. Baleinier d'un ton patelin avant de quitter la fenêtre où il se tenait à côté d'Adrienne; — quoi qu'il arrive, comptez toujours sur moi.

Et ce disant, le médecin alla prendre place à côté de M. d'Aigrigny et de M. Tripeaud.

A l'insolente apostrophe de sa tante, mademoiselle de Cardoville avait fièrement redressé la tête... La rougeur lui monta au front; impatientée, irritée des nouvelles attaques dont on la menaçait, elle s'avança vers la table où la princesse était assise, et dit d'une voix émue à M. Baleinier:

— Je vous attends chez moi le plus tôt possible... mon cher docteur; vous le savez, j'ai absolument besoin de vous parler.

Et Adrienne fit un pas vers la bergère où était son chapeau.

La princesse se leva brusquement et s'écria : — Que faites-vous, mademoiselle ?

— Je me retire, madame... Vous m'avez signifié vos volontés, je vous ai signifié les miennes; cela suffit : quant aux affaires d'intérêt, je chargerai quelqu'un de mes reclamations.

Mademoiselle de Cardoville prit son chapeau.

Madame de Saint-Dizier voyant sa proie lui échapper, courut précipitamment à sa nièce, et, au mépris de toute convenance, lui saisit violemment le bras d'une main convulsive en lui disant : — Restez!!!

— Ah!... madame... — fit Adrienne avec un accent de douloureux dédain — où sommes-nous donc ici?...

— Vous voulez vous échapper... vous avez peur? — lui dit madame de Saint-Dizier en la toisant d'un air de dédain.

Avec ces mots : — *Vous avez peur...* on aurait fait marcher Adrienne de Cardoville dans la fournaise. Dégageant son bras de l'étreinte de sa tante par un geste rempli de noblesse et de fierté, elle jeta sur le fauteuil le chapeau qu'elle tenait à la main, et, revenant auprès de la table, elle dit impérieusement à la princesse : — Il y a quelque chose de plus fort que le profond dégoût que tout ceci m'inspire... c'est la crainte d'être accusée de lâcheté; parlez, madame... je vous écoute.

Et la tête haute, le teint légèrement coloré, le regard à demi voilé par une larme d'indignation, les bras croisés sur son sein, qui, malgré elle, palpitait d'une vive émotion, frappant convulsivement le tapis du bout de son joli pied, Adrienne attacha sur sa tante un coup d'œil assuré.

La princesse voulut alors distiller goutte à goutte le venin dont elle était gonflée, et faire souffrir sa victime le plus longtemps possible, certaine qu'elle ne lui échapperait pas.

— Messieurs — dit madame de Saint-Dizier d'une voix contenue — voici ce qui vient de se passer... On m'a avertie que le commissaire de police désirait me parler; je me suis rendue auprès de ce magistrat, il s'est excusé d'un air peiné du devoir qu'il avait à remplir. Un homme sous le coup d'un mandat d'amener avait été vu entrant dans le pavillon du jardin...

Adrienne tressaillit; plus de doute, il s'agissait d'Agricol. Mais elle redevint impassible, en songeant à la sûreté de la cachette où elle l'avait fait conduire.

Le magistrat — continua la princesse — me demanda de procéder à la recherche de cet homme, soit dans l'hôtel, soit dans le pavillon. C'était son droit. Je le priai de commencer par le pavillon, et je l'accompagnai... Malgré la conduite inqualifiable de mademoiselle, il ne me vint pas un moment à la pensée, je l'avoue, de croire qu'elle fût mêlée en quelque chose à cette déplorable affaire de police... Je me trompais.

— Que voulez-vous dire, madame? — s'écria Adrienne.

— Vous allez le savoir, mademoiselle — dit la princesse d'un air triomphant. — Chacun son tour... Vous vous êtes, tout à l'heure, un peu trop hâtée de vous montrer si railleuse et si altière... J'accompagne donc le commissaire dans ses recherches... Nous arrivons au pavillon... Je vous laisse à penser l'étonnement, la stupeur de ce magistrat à la vue de ces trois créatures, costumées comme des filles de théâtre... Le fait a été d'ailleurs, à ma demande, consigné dans le procès-verbal; car on ne saurait trop confier aux yeux de tous... de pareilles extravagances.

— Madame la princesse à fort sagement agi — dit le Tripeaud en s'inclinant. — Il était bon d'édifier aussi la justice à ce sujet.

Adrienne, trop vivement préoccupée du sort de l'artisan pour songer à répondre vertement à Tripeaud ou à madame de Saint-Dizier, écoutait en silence, cachant son inquiétude.

— Le magistrat — reprit madame de Saint-Dizier — a commencé par interroger sévèrement ces jeunes filles, et leur a demandé si aucun homme ne s'était, à leur connaissance, introduit dans le pavillon occupé par mademoiselle;... elles ont répondu avec une incroyable audace qu'elles n'avaient vu personne entrer...

— Les braves et honnêtes filles! — pensa mademoiselle de Cardoville avec joie; — ce pauvre ouvrier est sauvé... la protection du docteur Baleinier fera le reste.

— Heureusement — reprit la princesse — une de mes femmes, madame Grivois, m'avait accompagnée; cette excellente personne se rappelant avoir vu mademoiselle rentrer chez elle, ce matin, à huit heures, dit *naïvement* au magistrat, qu'il se pourrait fort bien que l'homme que l'on cherchait se fût introduit par la petite porte du jardin, laissée involontairement ouverte... par mademoiselle... en revenant.

— Il eût été bon, madame la princesse — dit Tripeaud — de faire aussi consigner au procès-verbal, que mademoiselle était rentrée chez elle à huit heures du matin...

— Je n'en vois pas la nécessité — dit le docteur, fidèle à son rôle — ceci était complétement en dehors des recherches auxquelles se livrait le commissaire.

— Mais, docteur — dit Tripeaud.

— Mais, monsieur le baron — reprit M. Baleinier d'un ton ferme — c'est mon opinion.

— Et ce n'est pas la mienne, docteur — dit la princesse; — ainsi que M. Tripeaud, j'ai pensé qu'il était important de la chose fût établie au procès-verbal, et j'ai vu au regard confus et douloureux du magistrat combien il lui était pénible d'avoir à enregistrer la scandaleuse conduite d'une jeune personne placée dans une si haute position sociale...

— Sans doute, madame — dit Adrienne impatientée — je crois votre pudeur à peu près égale à celle de ce candide commissaire de police; mais il me semble que votre commune innocence s'alarmait un peu trop promptement; vous et lui auriez pu réfléchir qu'il n'y avait rien d'extraordinaire à ce que, étant sortie, je suppose, à six heures du matin, je fusse rentrée à huit.

— L'excuse, quoique tardive... est du moins adroite — dit la princesse avec dépit.

— Je ne m'excuse pas, madame — répondit fièrement Adrienne; — mais, comme M. Baleinier a bien voulu dire un mot en ma faveur, par amitié pour moi, je donne l'interprétation possible d'un fait qu'il ne me convient pas d'expliquer devant vous...

— Alors le fait demeure acquis au procès-verbal... jusqu'à ce que mademoiselle en donne l'explication — dit le Tripeaud.

L'abbé d'Aigrigny, le front appuyé sur sa main, restait pour ainsi dire étranger à cette scène, effrayé qu'il était des suites qu'allait avoir l'entrevue de mademoiselle de Cardoville avec les filles du maréchal Simon, car il ne fallait pas songer à empêcher matériellement Adrienne de sortir ce soir-là.

Madame de Saint-Dizier reprit:

— Le fait qui avait si cruellement scandalisé le commissaire n'est rien encore... auprès de ce qui me reste à vous apprendre, messieurs... nous avons donc parcouru le pavillon dans tous les sens sans trouver personne... nous allions quitter la chambre à coucher de mademoiselle, car nous avions visité cette pièce en dernier lieu, lorsque madame Grivois me fit remarquer que l'une des moulures dorées d'une fausse porte ne rejoignait pas hermétiquement;... nous attirons l'attention du magistrat sur cette singularité; ses agens examinent... cherchent;... un panneau glisse sur lui-même... et alors... savez-vous ce que l'on découvre?... Non... non, cela est tellement odieux, tellement révoltant... que je n'oserai jamais...

— Eh bien! j'oserai, moi, madame — dit résolument Adrienne, qui vit avec un profond chagrin la retraite d'Agricol découverte; — j'épargnerai, madame, à votre candeur, le récit de ce nouveau scandale... et ce que je vais dire n'est d'ailleurs nullement pour me justifier.

— La chose en vaudrait pourtant la peine... mademoiselle — dit madame de Saint-Dizier avec un sourire méprisant : — un homme caché par vous dans votre chambre à coucher.

— Un homme caché dans sa chambre à coucher!... — s'écria le marquis d'Aigrigny en redressant la tête avec une indignation qui cachait à peine une joie cruelle.

— Un homme dans la chambre à coucher de mademoiselle! — ajouta le baron Tripeaud. — Et cela a été, je l'espère, aussi consigné au procès-verbal?

— Oui, oui, monsieur — dit la princesse d'un air triomphant.

— Mais cet homme — dit le docteur d'un air hypocrite — était sans doute un voleur? Cela s'explique ainsi de soi-même; tout autre soupçon... n'est pas vraisemblable...

— Votre indulgence pour mademoiselle vous égare, monsieur Baleinier — dit sèchement la princesse.

— On connaît cette espèce de voleurs-là — dit Tripeaud — ce sont ordinairement de beaux jeunes gens très riches...

— Vous vous trompez, monsieur — reprit madame de Saint-Dizier — mademoiselle n'élève pas ses vues si haut... elle prouve qu'une erreur peut être non-seulement criminelle, mais encore ignoble... Aussi, je ne m'étonne plus des sympathies que mademoiselle affichait tout à l'heure pour le populaire... C'est d'autant plus touchant et attendrissant, que cet homme, caché par mademoiselle chez elle, portait une blouse.

— Une blouse!... s'écria le baron avec l'air du plus profond dégoût, mais alors... c'était donc un homme du peuple? c'est à faire dresser les cheveux sur la tête...

— Cet homme est un ouvrier forgeron, il l'a avoué — dit la princesse; — mais il faut être juste, c'est un assez beau garçon, et sans doute, mademoiselle, dans la singulière religion qu'elle professe pour le beau...

— Assez, madame... assez — dit tout à coup Adrienne, qui, dédaignant de répondre, avait jusqu'alors écouté sa tante avec une indignation croissante et douloureuse; — j'ai été tout à l'heure sur le point de me justifier à propos d'une de vos odieuses insinuations... je ne m'exposerai pas une seconde fois à une pareille faiblesse... Un mot seulement, madame... Cet honnête et loyal artisan est arrêté sans doute?

— Certes, il a été arrêté et conduit en prison sous bonne escorte... Cela vous fend le cœur, n'est-ce pas, mademoiselle?... dit la princesse d'un air triomphant; il faut, effet, que votre tendre pitié pour cet intéressant forgeron soit bien grande, car vous perdez votre assurance ironique.

— Oui, madame, car j'ai mieux à faire que de railler ce qui est odieux et ridicule — dit Adrienne, dont les yeux se voilaient de larmes en songeant aux inquiétudes cruelles de la famille d'Agricol prisonnier; et prenant son chapeau, elle le mit sur sa tête, en noua les rubans, et s'adressant au docteur : — Monsieur Baleinier, je vous ai tout à l'heure demandé votre protection auprès du ministre...

— Oui, mademoiselle... et je me ferai un plaisir d'être votre intermédiaire auprès de lui.

— Votre voiture est en bas?

— Oui, mademoiselle... — dit le docteur, singulièrement surpris.

— Vous allez être assez bon pour me conduire à l'instant chez le ministre...

Présentée par vous, il ne me refusera pas la grâce ou plutôt la justice que j'ai à solliciter de lui.

— Comment, mademoiselle — dit la princesse — vous osez prendre une telle détermination sans mes ordres après ce qui vient de se passer?... mais c'est inouï.

— Cela fait pitié — ajouta M. Tripeaud — mais il faut s'attendre à tout.

Au moment où Adrienne avait demandé au docteur si sa voiture était en bas, l'abbé d'Aigrigny avait tressailli... Un éclair de satisfaction radieuse, inespérée, avait brillé dans son regard, et c'est à peine s'il put contenir sa violente émotion lorsqu'adressant un coup d'œil aussi rapide que significatif au médecin, celui-ci lui répondit en baissant par deux fois les paupières en signe d'intelligence et de consentement. Aussi, lorsque la princesse reprit d'un ton courroucé en s'adressant à Adrienne, « Mademoiselle je vous défends de sortir — M. d'Aigrigny dit à madame de Saint-Dizier avec une inflexion de voix particulière: Il me semble, madame, que l'on peut confier mademoiselle *aux soins de monsieur le docteur.* »

Le marquis prononça ces mots *aux soins de monsieur le docteur* d'une manière si significative, que la princesse ayant regardé tour à tour le médecin et M. d'Aigrigny, comprit tout, et sa figure rayonna.

Non-seulement ceci s'était passé très rapidement, mais la nuit était déjà presque venue : aussi Adrienne, plongée dans la préoccupation pénible que lui causait le sort d'Agricol, ne put s'apercevoir de ces différens signes échangés entre la princesse, le docteur et l'abbé, signes qui d'ailleurs eussent été pour elle incompréhensibles.

Madame de Saint-Dizier, ne voulant pas cependant paraître céder trop facilement à l'observation du marquis, reprit : — Quoique M. le docteur me semble avoir été d'une grande indulgence pour modemoiselle, je ne verrais peut-être pas d'inconvéniens à la lui confier... Pourtant... je ne voudrais pas laisser établir un pareil précédent, car d'aujourd'hui mademoiselle ne doit avoir d'autre volonté que la mienne.

— Madame la princesse — dit gravement le médecin, feignant d'être un peu choqué des paroles de madame de Saint-Dizier — je ne crois pas avoir été indulgent pour mademoiselle, mais juste... je suis à ses ordres pour la conduire chez le ministre, si elle le désire ; j'ignore ce qu'elle veut solliciter, mais je la crois incapable d'abuser de la confiance que j'ai en elle, et de me faire appuyer une recommandation imméritée.

Adrienne, émue, tendit cordialement sa main au docteur, et lui dit : — Soyez tranquille, mon digne ami : vous me saurez gré de la démarche que je vous fais faire, car vous serez de moitié dans une noble action...

Le Tripeaud, qui n'était pas dans le secret des nouveaux desseins du docteur et de l'abbé, dit tout bas à celui-ci d'un air stupéfait : — Comment! on la laisse partir ?

— Oui, oui, — répondit brusquement M. d'Aigrigny en lui faisant signe d'écouter la princesse, qui allait parler.

En effet, celle-ci s'avança vers sa nièce, et lui dit d'une voix lente et mesurée, appuyant sur chacune de ses paroles : — Un mot encore, mademoiselle... un dernier mot devant ces messieurs. Répondez : Malgré les charges terribles qui pèsent sur vous, êtes-vous toujours décidée à méconnaître mes volontés formelles?

— Oui, madame.

— Malgré le scandaleux éclat qui vient d'avoir lieu, vous prétendez toujours vous soustraire à mon autorité ?

— Oui, madame.

— Ainsi, vous refusez positivement de vous soumettre à la vie décente et sévère que je veux vous imposer?

— Je vous ai dit tantôt, madame, que je quitterais cette demeure pour vivre seule et à ma guise.

— Est-ce votre dernier mot?

— C'est mon dernier mot.

— Réfléchissez!... ceci est bien grave... prenez garde!...

— Je vous ai dit, madame, mon dernier mot... je ne le dis jamais deux fois...

— Messieurs, vous l'entendez — reprit la princesse — j'ai fait tout au

27

monde et en vain pour arriver à une conciliation ; mademoiselle n'aura donc qu'à s'en prendre à elle-même des mesures auxquelles une si audacieuse révolte me force de recourir.

— Soit, madame — dit Adrienne.

— Puis s'adressant à M. Baleinier, elle lui dit vivement : — Venez... venez, mon cher docteur, je meurs d'impatience, partons vite... chaque minute perdue peut coûter des larmes bien amères à une honnête famille.

Et Adrienne sortit précipitamment du salon avec le médecin.

Un des gens de la princesse fit avancer la voiture de M. Baleinier ; aidée par lui, Adrienne y monta sans s'apercevoir qu'il disait quelques mots tout bas au valet de pied qui avait ouvert la portière.

Lorsque le docteur fut assis à côté de mademoiselle de Cardoville, le domestique ferma la voiture. Au bout d'une seconde il dit à haute voix au cocher : — A l'hôtel du ministre, par la petite entrée !

Les chevaux partirent rapidement.

SEPTIEME PARTIE.

UN JÉSUITE DE ROBE COURTE.

CHAPITRE PREMIER.

UN FAUX AMI.

La nuit était venue, sombre et froide.

Le ciel, pur jusqu'au coucher du soleil, se voilait de plus en plus de nuées grises, livides ; le vent, soufflant avec force, soulevait çà et là par tourbillons une neige épaisse qui commençait à tomber.

Les lanternes ne jetaient qu'une clarté douteuse dans l'intérieur de la voiture du docteur Baleinier, où il était seul avec Adrienne de Cardoville.

La charmante figure d'Adrienne, encadrée dans son petit chapeau de castor gris, faiblement éclairée par la lueur des lanternes, se dessinait blanche et pure sur le fond sombre de l'étoffe dont était garni l'intérieur de la voiture, alors embaumée de ce parfum doux et suave, on dirait presque voluptueux, qui émane toujours des vêtemens des femmes d'une exquise recherche ; la pose de la jeune fille, assise auprès du docteur, était remplie de grâce ; sa taille élégante et svelte, emprisonnée dans sa robe montante de drap bleu, imprimait sa souple ondulation au moelleux dossier où elle s'appuyait : ses petits pieds, croisés l'un sur l'autre et un peu allongés, reposaient sur une épaisse peau d'ours servant de tapis ; de sa main gauche, éblouissante et nue, elle tenait son mouchoir magnifiquement brodé, dont, au grand étonnement de M. Baleinier, elle essuya ses yeux humides de larmes.

Oui, car cette jeune fille subissait alors la réaction des scènes pénibles auxquelles elle venait d'assister à l'hôtel de Saint-Dizier ; à l'exaltation fébrile, nerveuse, qui l'avait jusqu'alors soutenue, succédait chez elle un abattement douloureux ; car Adrienne, si résolue dans son indépendance, si fière dans son dédain, si implacable dans son ironie, si audacieuse dans sa révolte contre une injuste opposition, était d'une sensibilité profonde qu'elle dissimulait toujours devant sa tante et devant son entourage. Malgré son assurance, rien n'était moins viril, moins *virago* que mademoiselle de Cardoville : elle était essentiellement *femme;* mais aussi, comme femme, elle savait prendre un grand empire sur elle-même dès que la moindre marque de faiblesse de sa part pouvait réjouir ou enorgueillir ses ennemis.

La voiture roulait depuis quelques minutes; Adrienne, essuyant silencieusement ses larmes au grand étonnement du docteur, n'avait pas encore prononcé une parole.

— Comment... ma chère demoiselle Adrienne ! — dit M. Baleinier, véritablement surpris de l'émotion de la jeune fille — comment!... vous, tout à l'heure encore si courageuse... vous pleurez !

— Oui, répondit Adrienne d'une voix altérée — je pleure... devant vous... un ami... mais devant ma tante... oh! jamais.

— Pourtant... dans ce long entretien... vos épigrammes...

— Eh ! mon Dieu... croyez-vous donc que ce n'est pas malgré moi que je me résigne à briller dans cette guerre de sarcasmes !... Rien ne me déplaît autant que ces sortes de luttes d'ironie amère où me réduit la nécessité de me défendre contre cette femme et ses amis... Vous parlez de mon courage... il ne consistait pas, je vous l'assure, à faire montre d'un esprit méchant... mais à contenir, à cacher tout ce que je souffrais en m'entendant traiter si grossièrement... devant des gens que je hais, que je méprise... moi qui, après tout, ne leur ai jamais fait de mal, moi qui ne demande qu'à vivre seule, libre, tranquille, et à voir des gens heureux autour de moi.

— Que voulez-vous? on envie et votre bonheur et celui que les autres vous doivent...

— Et c'est ma tante! — s'écria Adrienne avec indignation — ma tante, dont la vie n'a été qu'un long scandale, qui m'accuse d'une manière si révoltante! comme si elle ne me connaissait pas assez fière, assez loyale pour ne faire qu'un choix dont je puisse m'honorer hautement... Mon Dieu quand j'aimerai, je le dirai, je m'en glorifierai, car l'amour, comme je le comprends, est ce qu'il y a de plus magnifique au monde... — Puis Adrienne reprit avec un redoublement d'amertume : — A quoi donc servent l'honneur et la franchise, s'ils ne vous mettent pas même à l'abri de soupçons encore plus stupides qu'odieux ! !

Ce disant, mademoiselle de Cardoville porta de nouveau son mouchoir à ses yeux.

— Voyons, ma chère demoiselle Adrienne — dit M. Baleinier d'une voix onctueuse et pénétrante — calmez-vous... tout ceci est passé... vous avez en moi un ami dévoué...

Et cet homme, en disant ces mots, rougit malgré son astuce diabolique.

— Je le sais, vous êtes mon ami — dit Adrienne — je n'oublierai jamais que vous vous êtes exposé aujourd'hui aux ressentimens de ma tante en prenant mon parti, car je n'ignore pas qu'elle est puissante... oh! bien puissante pour le mal...

— Quant à cela... — dit le docteur en affectant une profonde indifférence, — nous autres médecins... nous sommes à l'abri de bien des rancunes...

— Ah! mon cher monsieur Baleinier, c'est que madame de Saint-Dizier et ses amis ne pardonnent guère! — et la jeune fille frissonna. — Il a fallu mon invincible aversion, mon horreur innée de tout ce qui est lâche, perfide et méchant, pour m'amener à rompre si ouvertement avec elle... Mais il s'agirait... que vous dirai-je ?... de la mort... que je n'hésiterais pas... et pourtant — ajouta-t-elle avec un de ces gracieux sourires qui donnaient tant de charme à sa ravissante physionomie — j'aime bien la vie... et si j'ai un reproche à me faire... c'est de l'aimer trop brillante... trop belle, trop harmonieuse; mais, vous le savez, je me résigne à mes défauts...

— Allons, allons, je suis plus tranquille — dit le docteur gaîment — vous souriez... c'est bon signe...

— Souvent c'est le plus sage... et pourtant... le devrais-je après les menaces que ma tante vient de me faire? Pourtant, que peut-elle? quelle était la signification de cette espèce de conseil de famille? Sérieusement, a-t-elle pu croire que l'avis d'un M. Aigrigny, d'un M. Tripeaud pût m'influencer?... Et puis, elle a parlé de mesures rigoureuses... Quelles mesures peut-elle prendre? le savez-vous?...

— Je crois, entre nous, que la princesse a voulu seulement vous effrayer... et qu'elle compte agir sur vous par persuasion... Elle a l'inconvénient de se croire une mère de l'Eglise, et elle rêve votre conversion — dit malicieusement le docteur, qui voulait surtout rassurer à tout prix Adrienne ; — mais ne pensons plus à cela... il faut que vos beaux yeux brillent de leur éclat pour séduire, pour fasciner le ministre que nous allons voir...

— Vous avez raison, mon cher docteur... on devrait toujours fuir le chagrin, car un de ses moindres désagrémens est de vous faire oublier les chagrins des autres ;... mais voyez, j'use de votre bonne obligeance sans vous dire ce que j'attends de vous.

— Nous avons, heureusement, le temps de causer, car notre homme d'Etat demeure fort loin de chez vous.

— En deux mots, voici ce dont il s'agit — reprit Adrienne: — Je vous ai dit les raisons que j'avais de m'intéresser à ce digne ouvrier ; ce matin, il est venu tout désolé m'avouer qu'il se trouvait compromis pour des chants qu'il avait faits (car il est poète), qu'il était menacé d'être arrêté, qu'il était innocent ; mais que si on le mettait en prison, sa famille, qu'il soutenait seul, mourrait de faim ; il venait donc me supplier de fournir une caution, afin qu'on le laissât libre d'aller travailler ; j'ai promis en pensant à votre intimité avec le ministre ; mais on était déjà sur les traces de ce pauvre garçon ; j'ai eu l'idée de le faire cacher chez moi, et vous savez de quelle manière ma tante a interprété cette action. Maintenant, dites-moi, grâce à votre recommandation, croyez-vous que le ministre m'accordera ce que nous allons lui demander, la liberté sous caution de cet artisan?

— Mais sans contredit... cela ne doit pas faire l'ombre de difficulté, surtout lorsque vous lui aurez exposé les faits avec cette éloquence du cœur que vous possédez si bien...

— Savez-vous pourquoi, mon cher monsieur Baleinier, j'ai pris cette résolution, peut-être étrange, de vous prier de me conduire, moi, jeune fille, chez ce ministre?

— Mais... pour recommander d'une manière plus pressante encore votre protégé.

— Oui... et aussi pour couper court par une démarche éclatante aux calomnies que ma tante ne va pas manquer de répandre... et qu'elle a déjà, vous l'avez vu, fait inscrire au procès-verbal de ce commissaire de police... J'ai donc préféré m'adresser franchement, hautement à un homme placé dans une position éminente... Je lui dirai ce qui est, et il me croira, parce que la vérité a un accent auquel on ne se trompe pas.

— Tout ceci, ma chère mademoiselle Adrienne, est sagement, parfaitement raisonné. Vous ferez, comme on dit, d'une pierre deux coups... ou plutôt vous retirerez d'une bonne action deux actes de justice :... vous détruirez d'avance de dangereuses calomnies, et vous ferez rendre la liberté à un digne garçon.

— Allons ! — dit en riant Adrienne, — voici ma gaîté qui revient... grâce à cette heureuse perspective.

— Mon Dieu, dans la vie, — reprit philosophiquement le docteur, — tout dépend du point de vue.

Adrienne était d'une ignorance si complète en matière de gouvernement constitutionnel et d'attributions administratives, elle avait une foi si aveugle dans le docteur, qu'elle ne douta pas un instant de ce que ce dernier lui disait.

Aussi reprit-elle avec joie : — Quel bonheur ! ainsi je pourrai, en allant chercher ensuite les filles du maréchal Simon, rassurer la pauvre mère de l'ouvrier, qui est peut-être à cette heure dans de cruelles angoisses en ne voyant pas rentrer son fils.

— Oui, vous aurez ce plaisir — dit M. Baleinier en souriant — car nous allons solliciter, intriguer de telle sorte qu'il faudra bien que la bonne mère apprenne par vous la mise en liberté de ce brave garçon, avant de savoir qu'il avait été arrêté.

— Que de bonté, que d'obligeance de votre part ! — dit Adrienne. — En vérité, s'il ne s'agissait pas de motifs aussi graves, j'aurais honte de vous faire perdre un temps si précieux, mon cher monsieur Baleinier ;... mais je connais votre cœur...

— Vous prouver mon profond dévoûment, mon sincère attachement, je n'ai pas d'autre désir — dit le docteur en aspirant une prise de tabac. Mais en même temps il jeta de côté un coup d'œil inquiet par la portière, car la voiture traversait alors la place de l'Odéon, et malgré les rafales d'une neige épaisse on voyait la façade du théâtre illuminée ; or, Adrienne, qui en ce moment même tournait la tête de ce côté, pouvait s'étonner du singulier chemin qu'on lui faisait prendre.

Afin d'attirer son attention par une habile diversion, le docteur s'écria tout à coup : — Ah ! grand Dieu... et moi qui oubliais...

— Qu'avez-vous donc, monsieur Baleinier ? — dit Adrienne en se retournant vivement vers lui.

— J'oubliais une chose très importante à la réussite de notre sollicitation.

— Qu'est-ce donc ?... — demanda la jeune fille inquiète.

M. Baleinier sourit avec malice.

— Tous les hommes — dit-il — ont leurs faiblesses, et un ministre en a beaucoup plus qu'un autre ; celui que nous allons solliciter a l'inconvénient de tenir ridiculement à son titre, et sa première impression serait fâcheuse... si vous ne le saluiez pas d'un *Monsieur le ministre* bien accentué.

— Qu'à cela ne tienne... mon cher monsieur Baleinier — dit Adrienne en souriant à son tour. — J'irai même jusqu'à l'excellence, qui est aussi, je crois, un des titres adoptés.

— Non pas maintenant... mais raison de plus ; et, si vous pouviez même laisser échapper un ou deux *Monseigneur*, notre affaire serait emportée d'emblée.

— Soyez tranquille, puisqu'il y a des *bourgeois-ministres* comme il y a des *bourgeois-gentilshommes*, je me souviendrai de M. Jourdain, et je rassasierai la gloutonne vanité de votre homme d'Etat.

— Je vous l'abandonne, et il sera entre bonnes mains — reprit le médecin en voyant alors la voiture alors engagée dans les rues sombres qui conduisent de la place de l'Odéon au quartier du Panthéon ; mais, dans cette circonstance, je n'ai pas le courage de reprocher à mon ami le ministre d'être orgueilleux, puisque son orgueil peut nous venir en aide.

— Cette petite ruse est d'ailleurs assez innocente — ajouta mademoiselle de Cardoville — et je n'ai aucun scrupule d'y avoir recours, je vous l'avoue... puis, se penchant vers la portière, elle dit :

— Mon Dieu, que ces rues sont noires !... quel vent, quelle neige !... dans quel quartier sommes-nous donc ?...

— Comment ! habitante ingrate et dénaturée... vous ne reconnaissez pas, à cette absence de boutiques, votre cher quartier, le faubourg Saint-Germain ?

— Je croyais que nous l'avions quitté depuis long-temps.

— Moi aussi — dit le médecin en se penchant à la portière comme pour reconnaître le lieu où il se trouvait — mais nous y sommes encore !... Mon malheureux cocher, aveuglé par la neige qui lui fouette la figure, se sera tout à l'heure trompé ; mais nous voici en bon chemin... oui... je m'y reconnais, nous sommes dans la rue Saint-Guillaume, rue qui n'est pas gaie (par parenthèse) ; du reste, dans dix minutes nous arriverons à l'entrée particulière du ministre, car les intimes comme moi jouissent du privilége d'échapper aux honneurs de la grande porte.

Mademoiselle de Cardoville, comme les personnes qui sortent ordinairement en voiture, connaissait si peu certaines rues de Paris et les habitudes ministérielles, qu'elle ne douta pas un moment de ce que lui affirmait M. Baleinier, en qui elle avait d'ailleurs la confiance la plus extrême.

Depuis le départ de l'hôtel Saint-Dizier, le docteur avait sur les lèvres une question qu'il hésitait pourtant à poser, craignant de se compromettre aux yeux d'Adrienne. Lorsque celle-ci avait parlé d'intérêts très importans dont on lui aurait caché l'existence, le docteur, très fin, très habile observateur, avait parfaitement remarqué l'embarras et les angoisses de la princesse et de M. d'Aigrigny. Il ne douta pas que le complot dirigé contre Adrienne (complot qu'il servait aveuglément par soumission aux volontés de l'*ordre*) ne fût relatif à ces intérêts qu'on lui avait cachés, et que par cela même il brûlait de connaître ; car, ainsi que chaque membre de la ténébreuse congrégation dont il faisait partie, ayant forcément l'habitude de la délation, il sentait nécessairement se développer en lui les vices odieux inhérens à tout état de *complicité*, à savoir, l'envie, la défiance et une curiosité jalouse.

On comprendra que le docteur Baleinier, quoique parfaitement résolu de servir les projets de M. d'Aigrigny, était fort avide de savoir ce qu'on lui avait dissimulé : aussi, surmontant ses hésitations, trouvant l'occasion opportune et surtout pressante, il dit à Adrienne après un moment de silence :

— Je vais peut-être vous faire une demande très indiscrète. En tout cas, si vous la trouvez telle... n'y répondez pas...

— Continuez... je vous en prie.

— Tantôt... quelques minutes avant que l'on vînt annoncer à madame votre tante l'arrivée du commissaire de police, vous avez, ce me semble, parlé de grands intérêts qu'on vous aurait cachés jusqu'ici....

— Oui, sans doute...

— Ces mots — reprit M. Baleinier en accentuant lentement ses paroles — ces mots ont paru faire une vive impression sur la princesse...

— Une impression si vive, dit Adrienne — que certains soupçons que j'avais se sont changés en certitude.

— Je n'ai pas besoin de vous dire, ma chère amie — reprit M. Baleinier d'un ton patelin — que, si je rappelle cette circonstance, c'est pour vous offrir mes services dans le cas où ils pourraient vous être bons à quelque chose; sinon... si vous voyiez l'ombre d'un inconvénient à m'en apprendre davantage... supposez que je n'ai rien dit.

Adrienne devint sérieuse, pensive, et après un silence de quelques instans elle répondit à M. Baleinier : — Il est à ce sujet des choses que j'ignore..... d'autres que je puis vous apprendre... d'autres enfin que je dois vous taire;... vous êtes si bon aujourd'hui que je suis heureuse de vous donner une nouvelle marque de confiance.

— Alors je ne veux rien savoir — dit le docteur d'un air contrit et pénétré car j'aurais l'air d'accepter une sorte de récompense... tandis que je suis mille fois payé par le plaisir même que j'éprouve à vous servir.

— Ecoutez... — dit Adrienne sans paraître s'occuper des scrupules délicats de M. Baleinier — j'ai de puissantes raisons de croire qu'un immense héritage doit être dans un temps plus ou moins prochain partagé entre les membres de ma famille... que je ne connais pas tous... car, après la révocation de l'édit de Nantes, ceux dont elle descend se sont dispersés dans les pays étrangers, et ont subi des fortunes bien diverses.

— Vraiment! — s'écria le docteur, on ne peut plus intéressé. — Cet héritage, où est-il? de qui vient-il? entre les mains de qui est-il?

— Je l'ignore...

— Et comment faire valoir vos droits?

— Je le saurai bientôt.

— Et qui vous en instruira?

— Je ne puis vous le dire.

— Et qui vous a appris que cet héritage existait?

— Je ne puis non plus vous le dire... — reprit Adrienne d'un ton mélancolique et doux qui contrasta avec la vivacité habituelle de son entretien. — C'est un secret... un secret étrange... et dans ces momens d'exaltation où vous m'avez quelquefois surprise... je songeais à des circonstances extraordinaires qui se rapportaient à ce secret... oui... et alors de bien grandes, de bien magnifiques pensées s'éveillaient en moi...

Puis Adrienne se tut, profondément absorbée dans ses souvenirs.

M. Baleinier n'essaya pas de l'en distraire.

D'abord mademoiselle de Cardoville ne s'apercevait pas de la direction que suivait la voiture; puis, le docteur n'était pas fâché de réfléchir à ce qu'il venait d'apprendre; avec sa perspicacité habituelle il pressentit vaguement qu'il s'agissait pour l'abbé d'Aigrigny d'une affaire d'héritage, il se promit d'en faire immédiatement le sujet d'un rapport secret; de deux choses l'une : ou M. d'Aigrigny agissait dans cette circonstance d'après les instructions de l'*ordre*, ou il agissait selon son inspiration personnelle; dans le premier cas, le rapport secret du docteur à qui de droit, constatait un fait; dans le second, il en révélait un autre.

Pendant quelque temps mademoiselle de Cardoville et M. Baleinier gardèrent donc un profond silence, qui n'était même plus interrompu par le bruit des roues de la voiture, roulant alors sur une épaisse couche de neige, car les rues devenaient de plus en plus désertes.

Malgré sa perfide habileté, malgré son audace, malgré l'aveuglement de sa dupe, le docteur n'était pas absolument rassuré sur le résultat de la machination ; le moment critique approchait, et le moindre soupçon, maladroitement éveillé chez Adrienne, pouvait ruiner les projets du docteur.

Adrienne, déjà fatiguée des émotions de cette pénible journée, tressaillait de temps à autre, car le froid devenait de plus en plus pénétrant, et, dans sa précipitation à accompagner M. Baleinier, elle avait oublié de prendre un châle ou un manteau.

Depuis quelque temps la voiture longeait un grand mur très élevé, qui, à travers la neige, se dessinait en blanc sur un ciel complétement noir.

Le silence était profond et morne.

La voiture s'arrêta.

Le valet de pied alla heurter à une grande porte cochère d'une façon particulière ; d'abord il frappa deux coups précipités, puis un autre séparé par un assez long intervalle.

Adrienne ne remarqua pas cette circonstance, car les coups avaient été peu bruyans, et d'ailleurs le docteur avait aussitôt pris la parole afin de couvrir par sa voix le bruit de cette espèce de signal.

— Enfin, nous voici arrivés — avait-il dit gaîment à Adrienne : — soyez bien séduisante, c'est-à-dire soyez vous-même.

— Soyez tranquille, je ferai de mon mieux — dit en souriant Adrienne ; puis elle ajouta, frissonnant malgré elle : — Quel froid noir !... Je vous avoue, mon bon monsieur Baleinier, qu'après avoir été chercher mes pauvres petites parentes chez la mère de notre brave ouvrier, je retrouverai ce soir avec un vif plaisir mon joli salon bien chaud et bien brillamment éclairé ; car vous savez mon aversion pour le froid et pour l'obscurité.

— C'est tout simple — dit galamment le docteur ; — les plus charmantes fleurs ne s'épanouissent qu'à la lumière et à la chaleur.

Pendant que le médecin et mademoiselle de Cardoville échangeaient ces paroles, la lourde porte cochère avait crié sur ses gonds et la voiture était entrée dans la cour.

Le docteur descendit le premier pour offrir son bras à Adrienne.

CHAPITRE II.

LE CABINET DU MINISTRE.

La voiture était arrivée devant un petit perron couvert de neige et exhaussé de quelques marches qui conduisaient à un vestibule éclairé par une lampe.

Adrienne, pour gravir les marches un peu glissantes, s'appuya sur le bras du docteur.

— Mon Dieu ! comme vous tremblez... — lui dit celui-ci.

— Oui... — dit la jeune fille en frissonnant — je ressens un froid mortel. Dans ma précipitation, je suis sortie sans châle... Mais comme cette maison a l'air triste ! — ajouta-t-elle en montant le perron.

— C'est ce qu'on appelle le petit hôtel du ministère, le *sanctus sanctorum* où notre homme d'État se retire loin du bruit des profanes — dit M. Baleinier en souriant. — Donnez-vous la peine d'entrer.

Et il poussa la porte d'un assez grand vestibule complétement désert.

— On a bien raison de dire — reprit M. Baleinier cachant une assez vive émotion sous une apparence de gaîté — maison de ministre... maison de parvenu... pas un valet de pied (pas un garçon de bureau, devrais-je dire) à l'antichambre... Mais heureusement — ajouta-t-il en ouvrant la porte d'une pièce qui communiquait au vestibule :

Nourri dans le sérail, j'en connais les détours.

Mademoiselle de Cardoville fut introduite dans un salon tendu de papier vert à dessins veloutés, et modestement meublé de chaises et de fauteuils d'acajou recouverts en velours d'Utrecht jaune ; le parquet était brillant, soigneusement ciré ; une lampe circulaire, qui ne donnait au plus que le tiers de sa clarté, était suspendue beaucoup plus haut qu'on ne les suspend ordinairement. Trouvant cette demeure singulièrement modeste pour l'habitation d'un ministre, Adrienne, quoiqu'elle n'eût aucun soupçon, ne put s'empêcher de faire un mouvement de surprise, et s'arrêta une minute sur le seuil de la porte. M. Baleinier, qui lui donnait le bras, devina la cause de son étonnement, et lui dit en souriant :

— Ce logis vous semble bien mesquin pour une Excellence, n'est-ce pas? Mais si vous saviez ce que c'est que l'économie constitutionnelle !... Du reste, vous allez voir un *Monseigneur* qui a l'air aussi... mesquin que son mobilier... Mais veuillez m'attendre une seconde....je vais prévenir le ministre et vous annoncer à lui... Je reviens dans l'instant.

Et dégageant doucement son bras de celui d'Adrienne, qui se serrait involontairement contre lui, le médecin alla ouvrir une petite porte latérale par laquelle il s'esquiva.

Adrienne de Cardoville resta seule.

La jeune fille, bien qu'elle ne pût s'exprimer la cause de cette impression, trouva sinistre cette grande chambre froide, nue, aux croisées sans rideaux ; puis, peu à peu remarquant dans son ameublement plusieurs singularités qu'elle n'avait pas d'abord aperçues, elle se sentit saisie d'une inquiétude indéfinissable...

Ainsi, s'étant approchée du foyer éteint, elle vit avec surprise qu'il était fermé par un treillis de fer qui condamnait complétement l'ouverture de la cheminée, et que les pincettes et la pelle étaient attachées par des chaînettes de fer. Déjà assez étonnée de cette bizarrerie, elle voulut, par un mouvement machinal, attirer à elle un fauteuil placé près de la boiserie... Ce fauteuil resta immobile...

Adrienne s'aperçut alors que le dossier de ce meuble était, comme celui des autres siéges, attaché à l'un des panneaux par deux petites pattes de fer.

Ne pouvant s'empêcher de sourire, elle se dit : Aurait-on assez peu de confiance dans l'homme d'Etat chez qui je suis, pour attacher les meubles aux murailles?

Adrienne avait pour ainsi dire fait cette plaisanterie un peu forcée, afin de lutter contre sa pénible préoccupation, qui augmentait de plus en plus, car le silence le plus profond, le plus morne, régnait dans cette demeure, où rien ne révélait le mouvement, l'activité qui entourent ordinairement un grand centre d'affaires.

Seulement, de temps à autre la jeune fille entendait les violentes rafales du vent qui soufflait au dehors.

Plus d'un quart d'heure s'était passé, M. Baleinier ne revenait pas.

Dans son impatience inquiète, Adrienne voulut appeler quelqu'un afin de s'informer de M. Baleinier et du ministre ; elle leva les yeux pour chercher un cordon de sonnette aux côtés de la glace ; elle n'en vit pas ; mais elle s'aperçut que ce qu'elle avait pris jusqu'alors pour une glace, grâce à la demi-obscurité de cette pièce, était une grande feuille de fer-blanc très luisant. En s'approchant plus près, elle heurta un flambeau de bronze... ce flambeau était, comme la pendule, scellé au marbre de la cheminée.

Dans certaines dispositions d'esprit, les circonstances les plus insignifiantes prennent souvent des proportions effrayantes ; ainsi ce flambeau immobile, ces meubles attachés à la boiserie, cette glace remplacée par une feuille de fer-blanc, ce profond silence, l'absence de plus en plus prolongée de M. Baleinier, impressionnèrent si vivement Adrienne, qu'elle commença de ressentir une sourde frayeur.

Telle était pourtant sa confiance absolue dans le médecin, qu'elle en vint à se reprocher son effroi, se disant qu'après tout, ce qui le causait n'avait aucune importance réelle, et qu'il était déraisonnable de se préoccuper de si peu de chose.

Quant à l'absence de M. Baleinier, elle se prolongeait sans doute parce qu'il attendait que les occupations du ministre le laissassent libre de recevoir.

Néanmoins, quoiqu'elle tâchât de se rassurer ainsi, la jeune fille, dominée par sa frayeur, se permit ce qu'elle n'aurait jamais osé sans cette occurrence ; elle s'approcha peu à peu de la petite porte par laquelle avait disparu le médecin, et prêta l'oreille.

Elle suspendit sa respiration, écouta... et n'entendit rien.

Tout à coup un bruit à la fois sourd et pesant, comme celui d'un corps qui tombe, retentit au-dessus de sa tête... il lui sembla même entendre un gémissement étouffé.

Levant vivement les yeux, elle vit tomber quelques parcelles de peinture écaillée, détachées sans doute par l'ébranlement du plancher supérieur.

Ne pouvant résister davantage à son effroi, Adrienne courut à la porte par laquelle elle était entrée avec le docteur, afin d'appeler quelqu'un. A sa grande surprise, elle trouva cette porte fermée en dehors.

Pourtant, depuis son arrivée, elle n'avait entendu aucun bruit de clé dans la serrure, qui du reste était extérieure.

De plus en plus effrayée, la jeune fille se précipita vers la petite porte par laquelle avait disparu le médecin, et auprès de laquelle elle venait d'écouter... Cette porte était aussi extérieurement fermée...

Voulant cependant lutter contre la terreur qui la gagnait invinciblement, Adrienne appela à son aide la fermeté de son caractère, et voulut, comme on le dit vulgairement, se raisonner.

— Je me serai trompée — dit-elle ; — je n'aurai entendu qu'une chute, le gémissement n'existe que dans mon imagination... Il y a mille raisons pour que ce soit quelque chose et non pas quelqu'un qui soit tombé... mais ces portes fermées... Peut-être on ignore que je suis ici, on aura cru qu'il n'y avait personne dans cette chambre.

En disant ces mots, Adrienne regarda autour d'elle avec anxiété ; puis elle ajouta d'une voix ferme : — Pas de faiblesse, il ne s'agit pas de chercher à m'étourdir sur ma situation.. et de vouloir me tromper moi-même ; il faut au contraire la voir bien en face. Evidemment je ne suis pas ici chez un ministre... mille raisons me le prouvent maintenant... M. Baleinier m'a donc trompée... Mais alors dans quel but, pourquoi m'a-t-il amenée ici, et où suis-je ?

Ces deux questions semblèrent à Adrienne aussi insolubles l'une que l'autre ; seulement il lui resta démontré qu'elle était victime de la perfidie de M. Baleinier. Pour cette âme loyale, généreuse, une telle certitude était si horrible, qu'elle voulut encore essayer de la repousser en songeant à la confiante amitié qu'elle avait toujours témoignée à cet homme ; aussi Adrienne se dit avec amertume : — Voilà comme la faiblesse, comme la peur, vous conduisent souvent à des suppositions injustes, odieuses ; oui, car il n'est permis de croire à une tromperie si infernale qu'à la dernière extrémité... et lorsqu'on y est forcé par l'évidence ; appelons quelqu'un, c'est le seul moyen de m'éclairer complétement.

Puis se souvenant qu'il n'y avait pas de sonnette, elle dit : — Il n'importe, frappons, on viendra sans doute.

Et, de son petit poing délicat, Adrienne heurta plusieurs fois à la porte. Au bruit sourd et mat que rendit cette porte, on pouvait deviner qu'elle était fort épaisse.

Rien ne répondit à la jeune fille.

Elle courut à l'autre porte.

Même appel de sa part, même silence profond... interrompu çà et là au dehors par les mugissemens du vent.

— Je ne suis pas plus peureuse qu'un autre — dit Adrienne en tressaillant ; — je ne sais si c'est le froid mortel qu'il fait ici... mais je frissonne malgré moi ; je tâche bien de me défendre de toute faiblesse, cependant il me semble que tout le monde trouverait comme moi ce qui se passe ici... étrange... effrayant...

Tout à coup, des cris, ou plutôt des hurlemens sauvages, affreux, éclatèrent avec furie dans la pièce située au-dessus de celle où elle se trouvait, et peu de temps après une sorte de piétinement sourd, violent, saccadé, ébranla le plafond, comme si plusieurs personnes se fussent livrées à une lutte énergique.

Dans son saisissement, Adrienne poussa un grand cri d'effroi, devint pâle comme une morte, resta un moment immobile de stupeur, puis s'élança à l'une des fenêtres fermées par des volets, et l'ouvrit brusquement.

Une violente rafale de vent mêlée de neige fondue fouetta le visage d'Adrienne, s'engouffra dans le salon, et, après avoir fait vaciller et flamboyer la lumière fumeuse de la lampe, l'éteignit... Ainsi plongée dans une profonde obscurité, les mains crispées aux barreaux dont la fenêtre était garnie, mademoiselle de Cardoville, cédant enfin à sa frayeur si longtemps contenue, allait appeler au secours, lorsqu'un spectacle inattendu la rendit muette de terreur pendant quelques minutes.

Un corps de logis parallèle à celui où elle se trouvait, s'élevait à peu de distance.

Au milieu des noires ténèbres qui remplissaient l'espace, une large fenêtre rayonnait, éclairée...

A travers ses vitres sans rideaux, Adrienne aperçut une figure blanche, hâve, décharnée, traînant après soi une sorte de linceul, et qui sans cesse passait et repassait précipitamment devant la croisée, mouvement à la fois brusque et continu.

Le regard attaché sur cette fenêtre qui brillait dans l'ombre, Adrienne resta comme fascinée par cette lugubre vision; puis ce spectacle portant sa terreur à son comble, elle appela au secours de toutes ses forces sans quitter les barreaux de la fenêtre où elle se tenait cramponnée. Au bout de quelques secondes, et pendant qu'elle appelait ainsi à son aide, deux grandes femmes entrèrent silencieusement dans le salon où se trouvait mademoiselle de Cardoville, qui, toujours cramponnée à la fenêtre, ne put les apercevoir.

Ces deux femmes, âgées de quarante à quarante-cinq ans, robustes, viriles, étaient négligemment et sordidement vêtues, comme des chambrières de basse condition; par-dessus leurs habits, elles portaient de grands tabliers de toile qui, montant jusqu'au cou où ils s'échancraient, tombaient jusqu'à leurs pieds.

L'une, tenant une lampe, avait une large face rouge et luisante, un gros nez bourgeonné, de petits yeux verts et des cheveux d'une couleur de filasse ébouriffés sous un bonnet d'un blanc sale.

L'autre, jaune, sèche, osseuse, portait un bonnet de deuil qui encadrait étroitement sa maigre figure terreuse, parcheminée, marquée de petite vérole et durement accentuée par deux gros sourcils noirs; quelques longs poils gris ombrageaient sa lèvre supérieure.

Cette femme tenait à la main, à demi déployé, une sorte de vêtement de forme étrange en épaisse toile grise.

Toutes deux étaient donc silencieusement entrées par la petite porte au moment où Adrienne, dans son épouvante, s'attachait au grillage de la fenêtre en criant : Au secours!...

D'un signe ces femmes se montrèrent la jeune fille, et, pendant que l'une posait la lampe sur la cheminée, l'autre (celle qui portait le bonnet de deuil), s'approchant de la croisée, appuya sa grande main osseuse sur l'épaule de mademoiselle de Cardoville.

Se retournant brusquement, celle-ci poussa un nouveau cri d'effroi à la vue de cette sinistre figure.

Ce premier mouvement de stupeur passé, Adrienne se rassura presque; si repoussante que fût cette femme, c'était du moins quelqu'un à qui elle pouvait parler; elle s'écria donc vivement d'une voix altérée : — Où est M. Baleinier?

Les deux femmes se regardèrent, échangèrent un signe d'intelligence et ne répondirent pas.

— Je vous demande, madame —reprit Adrienne—où est M. Baleinier, qui m'a amenée ici?... je veux le voir à l'instant...

— Il est parti — dit la grosse femme.

— Parti!... — s'écria Adrienne — parti sans moi... Mais qu'est-ce que cela signifie? mon Dieu!...

Puis, après un moment de réflexion, elle reprit : — Allez me chercher une voiture.

Les deux femmes se regardèrent en haussant les épaules.

— Je vous prie, madame — reprit Adrienne d'une voix contenue — de m'aller chercher une voiture, puisque M. Baleinier est parti sans moi; je veux sortir d'ici.

— Allons, allons, madame—dit la grande femme (on l'appelait la *Thomas*) n'ayant pas l'air d'entendre ce que disait Adrienne — voilà l'heure... il faut venir vous coucher.

— Me coucher!—s'écria mademoiselle de Cardoville avec épouvante. Mais, mon Dieu! c'est à en devenir folle... — Puis, s'adressant aux deux femmes :
— Quelle est cette maison? où suis-je? répondez.

— Vous êtes dans une maison — dit la Thomas d'une voix rude — où il ne faut pas crier par la fenêtre, comme tout à l'heure.

— Et où il ne faut pas non plus éteindre les lampes, comme vous venez de le faire... sans ça — reprit l'autre femme appelée Gervaise — nous nous fâcherons.

Adrienne, ne trouvant pas une parole, frissonnant d'épouvante, regardait tour à tour ces horribles femmes avec stupeur; sa raison s'épuisait en vain à comprendre ce qui se passait. Tout à coup elle crut avoir deviné et s'écria :
— Je le vois, il y a ici méprise... je ne me l'explique pas... Mais enfin, il y a une méprise... vous me prenez pour une autre... Savez-vous qui je suis?... Je me nomme Adrienne de Cardoville!... Ainsi, vous le voyez... je suis libre de sortir d'ici; personne n'a le droit de me retenir de force... Ainsi, je vous l'ordonne; allez à l'instant me chercher une voiture... S'il n'y en a pas dans ce quartier, donnez-moi quelqu'un qui m'accompagne et me conduise chez moi, rue de Babylone, à l'hôtel Saint-Dizier. Je récompenserai généreusement cette personne, et vous aussi...

— Ah çà, aurons-nous bientôt fini? — dit la Thomas; — à quoi bon nous dire tout ça?

— Prenez garde — reprit Adrienne, qui voulait avoir recours à tous les moyens — si vous me reteniez de force ici... ce serait bien grave... vous ne savez pas à quoi vous vous exposeriez!

— Voulez-vous venir vous coucher, oui ou non? — dit la Gervaise d'un air impatient et dur.

— Ecoutez, madame — reprit précipitamment Adrienne — laissez-moi sortir... et je vous donne à chacune deux mille francs... N'est-ce pas assez? je vous en donne dix... vingt... ce que vous voudrez;... je suis riche... mais que je sorte... mon Dieu!... que je sorte... je ne veux pas rester... j'ai peur ici, moi... — s'écria la malheureuse jeune fille avec un accent déchirant.

— Vingt mille francs!... comme c'est ça, dis donc, la Thomas!

— Laisse donc tranquille, Gervaise, c'est toujours leur même chanson à toutes...

— Eh bien!... puisque raisons, prières, menaces sont vaines — dit Adrienne puisant une grande énergie dans sa position desespérée — je vous déclare que je veux sortir, moi... et à l'instant... Nous allons voir si l'on a l'audace d'employer la force contre moi!...

Et Adrienne fit résolument un pas vers la porte.

A ce moment, les cris sauvages et rauques qui avaient précédé le bruit de lutte dont Adrienne avait été si effrayée, retentirent de nouveau; mais, cette fois les hurlemens affreux ne furent accompagnés d'aucun piétinement.

— Oh! quel cris! — dit Adrienne en s'arrêtant; et, dans sa frayeur, elle se rapprocha des deux femmes. — Ces cris... les entendez-vous?... Mais qu'est-ce donc que cette maison, mon Dieu, où l'on entend cela? Et puis là-bas — ajouta-t-elle presque avec égarement en montrant l'autre corps de logis, dont une fenêtre brillait éclairée dans l'obscurité, fenêtre devant laquelle la figure blanche passait et repassait toujours. — Là-bas! voyez-vous?... Qu'est-ce que cela?...

— Eh bien! — dit la Thomas, — c'est des personnes qui, comme vous, n'ont pas été sages...

— Que dites-vous? — s'écria mademoiselle de Cardoville en joignant les mains avec terreur. — Mais... mon Dieu! qu'est-ce donc que cette maison? qu'est-ce qu'on leur fait donc?...

— On leur fait ce qu'on vous fera si vous êtes méchante et si vous refusez de venir vous coucher — reprit la Gervaise.

— On leur met... ça — dit la Thomas en montrant l'objet qu'elle tenait sous son bras — oui, on leur met la *camisole*...

— Ah!!! — fit Adrienne en cachant son visage dans ses mains avec terreur.

Une révélation terrible venait de l'éclairer... Enfin elle comprenait tout.

Après les vives émotions de la journée, ce dernier coup devait avoir une réaction terrible : la jeune fille se sentit défaillir ; ses mains retombèrent, son visage devint d'une effrayante pâleur, tout son corps trembla, et elle eut à peine la force de dire d'une voix éteinte en tombant à genoux, et désignant la *camisole* d'un regard terrifié : — Oh! non... par pitié pas cela... grâce... madame... Je ferai... ce... que .. vous voudrez...

Puis, les forces lui manquant, elle s'affaissa sur elle-même, et, sans ces femmes, qui coururent à elle et la reçurent évanouie dans leurs bras, elle retombait sur le parquet.

— Un évanouissement, ça n'est pas dangereux... — dit la Thomas, — portons-la sur son lit... nous la déshabillerons pour la coucher, et ça ne sera rien.

— Transporte-la, toi — dit la Gervaise. — Moi, je vais prendre la lampe.

Et la Thomas, grande et robuste, souleva mademoiselle de Cardoville comme elle eût soulevé un enfant endormi, l'emporta dans ses bras et suivit sa compagne dans la chambre par laquelle M. Baleinier avait disparu.

Cette chambre, d'une propreté parfaite, était d'une nudité glaciale ; un papier verdâtre couvrait les murs ; un petit lit de fer très bas, à chevet formant tablette, se dressait à l'un des angles ; un poêle, placé dans la cheminée, était entouré d'un grillage de fer qui en défendait l'approche ; une table attachée au mur, une chaise placée devant cette table et aussi fixée au parquet, une commode d'acajou et un fauteuil de paille composaient ce triste mobilier ; la croisée, sans rideaux, était intérieurement garnie d'un grillage de fer destiné à empêcher le bris des carreaux. C'est dans ce sombre réduit, qui offrait un si pénible contraste avec son ravissant petit palais de la rue de Babylone, qu'Adrienne fut apportée par la Thomas, qui, aidée de Gervaise, assit sur le lit mademoiselle de Cardoville inanimée. La lampe fut placée sur la tablette du chevet.

Pendant que l'une des gardiennes la soutenait, l'autre dégrafait et ôtait la robe de drap de la jeune fille ; celle-ci penchait languissamment sa tête sur sa poitrine. Quoique évanouie, deux grosses larmes coulaient lentement de ses grands yeux fermés, dont les cils noirs faisaient ombre sur ses joues d'une pâleur transparente... Son cou et son sein d'ivoire étaient inondés des flots de soie dorée de sa magnifique chevelure dénouée lors de sa chute... Lorsque délaçant le corset de satin, moins doux, moins frais, moins blanc que ce corps virginal et charmant qui, souple et svelte, s'arrondissait sous la dentelle et la batiste comme une statue d'albâtre légèrement rosée, l'horrible mégère toucha de ses grosses mains rouges, calleuse et gercées, les épaules et les bras nus de la jeune fille... celle-ci, sans revenir complétement à elle, tressaillit involontairement à ce contact rude et brutal.

— A-t-elle des petits pieds ! — dit la gardienne, qui, s'étant ensuite agenouillée, déchaussait Adrienne ; — ils tiendraient tous deux dans le creux de ma main.

En effet, un petit pied vermeil et satiné comme un pied d'enfant, et çà et là veiné d'azur, fut bientôt mis à nu, ainsi qu'une jambe à cheville et à genou roses, d'un contour aussi fin, aussi pur que celui de la Diane antique.

— Et ses cheveux, sont-ils longs ! — dit la Thomas — sont-ils longs et doux !... elle pourrait marcher dessus... ça serait pourtant dommage de les couper pour lui mettre de la glace sur le crâne.

Et ce disant, la Thomas tordit comme elle le put cette magnifique chevelure derrière la tête d'Adrienne.

Hélas! ce n'était plus la légère et blanche main de Georgette, de Florine ou d'Hébé, qui coiffaient leur belle maîtresse avec tant d'amour et d'orgueil!

Aussi, en sentant de nouveau le rude contact des mains de la gardienne, le même tressaillement nerveux dont la jeune fille avait été déjà saisie se renouvela, mais plus fréquent et plus fort. Fut-ce, pour ainsi dire, une sorte de répulsion instinctive, magnétiquement perçue pendant son évanouissement, fut-ce le froid de la nuit... bientôt Adrienne frissonna de nouveau, et peu à peu revint à elle...

Il est impossible de peindre son épouvante, son horreur, son indignation chastement courroucée, lorsque, écartant de ses deux mains les nombreuses boucles de cheveux qui couvraient son visage baigné de larmes, elle se vit, en reprenant tout à fait ses esprits, elle se vit demi-nue entre ces deux affreuses mégères. Adrienne poussa d'abord un cri de honte, de pudeur et d'effroi ; puis, afin d'échapper aux regards de ces deux femmes, par un mouvement plus rapide que la pensée, elle renversa brusquement la lampe qui était placée sur la tablette du chevet de son lit, et qui s'éteignit en se brisant sur le parquet.

Alors, au milieu des ténèbres, la malheureuse enfant, s'enveloppant dans ses couvertures, éclata en sanglots déchirans...

Les gardiennes s'expliquèrent le cri et la violente action d'Adrienne en les attribuant à un accès de folie furieuse.

— Ah ! vous recommencez à éteindre et à briser les lampes... il paraît que c'est là votre idée, à vous ! — s'écria la Thomas courroucée en marchant à tâtons dans l'obscurité. — Bon... je vous ai avertie... vous allez avoir cette nuit la camisole comme la folle de là-haut.

— C'est ça — dit l'autre — tiens-la bien, la Thomas, je vais aller chercher de la lumière... à nous deux nous en viendrons à bout.

— Dépêche-toi... car avec son petit air doucereux... il paraît qu'elle est tout bonnement furieuse... et qu'il faudra passer la nuit à côté d'elle...

. . . .

Triste et douloureux contraste.

Le matin Adrienne s'était levée libre, souriante, heureuse, au milieu de toutes les merveilles du luxe et des arts, entourée des soins délicats et empressés de trois charmantes jeunes filles qui la servaient ;... dans sa généreuse et folle humeur elle avait ménagé à un jeune prince indien, son parent, une surprise d'une magnificence splendide et féerique ; elle avait pris la plus noble résolution au sujet des deux orphelines ramenées par Dagobert... Dans son entretien avec madame de Saint-Dizier... elle s'était montrée tour à tour fière et sensible, mélancolique et gaie, ironique et grave... loyale et courageuse... Enfin, si elle venait dans cette maison maudite, c'était pour demander la grâce d'un honnête et laborieux artisan...

Et le soir... mademoiselle de Cardoville, livrée par une trahison infâme aux mains grossières de deux ignobles gardiennes de folles, sentait ses membres délicats durement emprisonnés dans cet abominable vêtement des fous, appelé la *camisole*.

Mademoiselle de Cardoville passa une nuit horrible, en compagnie des deux mégères.

Le lendemain matin, à neuf heures, quelle fut la stupeur de la jeune fille lorsqu'elle vit entrer dans sa chambre le docteur Baleinier toujours souriant, toujours bienveillant, toujours paterne ?

— Eh bien, mon enfant — lui dit-il d'une voix affectueuse et douce — comment avons-nous passé la nuit ?

CHAPITRE III.

LA VISITE.

Les gardiennes de mademoiselle de Cardoville, cédant à ses prières, et surtout à ses promesses d'être *sage*, ne lui avaient laissé la camisole qu'une partie de la nuit ; au jour, elle s'était levée et habillée seule sans qu'on l'en eût empêchée.

Adrienne se tenait assise sur le bord de son lit ; sa pâleur effrayante, la profonde altération de ses traits, ses yeux brillant du sombre feu de la fièvre, les tressaillemens convulsifs qui l'agitaient de temps à autre, montraient déjà les funestes conséquences de cette nuit terrible sur cette organisation impressionnable et nerveuse. A la vue du docteur Baleinier, qui d'un signe fit sortir Gervaise et la Thomas, mademoiselle de Cardoville resta pétrifiée. Elle éprouvait une sorte de vertige en songeant à l'audace de cet homme ;... il osait se présenter devant elle !...

Mais lorsque le médecin répéta de sa voix doucereuse et d'un ton pénétré d'affectueux intérêt : — Eh bien, ma pauvre enfant... comment avons-nous passé la nuit ?...

Adrienne porta vivement ses mains à son front brûlant comme pour se demander si elle rêvait. Puis, regardant le médecin, ses lèvres s'entr'ouvrirent... mais elles tremblèrent si fort, qu'il lui fut impossible d'articuler un mot... La colère, l'indignation, le mépris, et surtout ce ressentiment si atrocement douloureux que cause aux nobles cœurs la confiance lâchement trahie, bouleversaient tellement Adrienne, qu'interdite, oppressée, elle ne put, malgré elle, rompre le silence.

— Allons!... allons! je vois ce que c'est — dit le docteur en secouant tristement la tête — vous m'en voulez beaucoup... n'est-ce pas? Eh mon Dieu!... je m'y attendais, ma chère enfant...

Ces mots prononcés par une hypocrite effronterie firent bondir Adrienne; elle se leva, ses joues pâles s'enflammèrent, son grand œil noir étincela, elle redressa fièrement son beau visage; sa lèvre supérieure se releva légèrement par un sourire d'une dédaigneuse amertume; puis, silencieuse et courroucée, la jeune fille passa devant M. Baleinier, toujours assis, et se dirigea vers la porte d'un pas rapide et assuré. Cette porte, à laquelle on remarquait un petit guichet, était fermée extérieurement. Adrienne se retourna vers le docteur, lui montra la porte d'un geste impérieux et lui dit : — Ouvrez-moi cette porte!

— Voyons, ma chère mademoiselle Adrienne — dit le médecin — calmez-vous... causons en bons amis... car, vous le savez... je suis votre ami...

Et il aspira lentement une prise de tabac.

— Ainsi... monsieur — dit Adrienne d'une voix tremblante de colère — je ne sortirai pas d'ici encore aujourd'hui?

— Hélas! non... avec des exaltations pareilles... Si vous saviez comme vous avez le visage enflammé... les yeux ardens;... votre pouls doit avoir quatre-vingts pulsations à la minute;... je vous en conjure, ma chère enfant, n'aggravez pas votre état par cette fâcheuse agitation...

Après avoir regardé fixement le docteur, Adrienne revint d'un pas lent se rasseoir au bord de son lit.

— A la bonne heure, reprit M. Baleinier — soyez raisonnable... et je vous le dis encore : causons en bons amis.

— Vous avez raison, monsieur — répondit Adrienne d'une voix brève, contenue et d'un ton parfaitement calme — causons en bons amis... Vous voulez me faire passer pour folle... n'est-ce pas?

— Je veux, ma chère enfant, qu'un jour vous ayez pour moi autant de reconnaissance que vous avez d'aversion... et cette aversion, je l'avais prévue;... mais, si pénibles que soient certains devoirs, il faut se résigner à les accomplir — dit M. Baleinier en soupirant, et d'un ton si naturellement convaincu, qu'Adrienne ne put d'abord retenir un mouvement de surprise... Puis un rire amer effleurant ses lèvres :

— Ah!... décidément... tout ceci est pour mon bien?...

— Franchement, ma chère demoiselle... ai-je jamais eu d'autre but que celui de vous être utile?

— Je ne sais, monsieur, si votre impudence n'est pas encore plus odieuse que votre lâche trahison!...

— Une trahison! — dit M. Baleinier en haussant les épaules d'un air peiné — une trahison! mais réfléchissez donc, ma pauvre enfant... croyez-vous que si je n'agissais pas loyalement, consciencieusement, dans votre intérêt, je reviendrais ce matin affronter votre indignation, à laquelle je devais m'attendre?... Je suis le médecin en chef de cette maison de santé qui m'appartient;... mais... j'ai ici deux de mes élèves, médecins comme moi, qui me suppléent... je pouvais donc les charger de vous donner leurs soins... Eh bien, non... je n'ai pas voulu cela... je connais votre caractère, votre nature, vos antécédens... et même, abstraction faite de l'intérêt que je vous porte... mieux que personne, je puis vous traiter convenablement.

Adrienne avait écouté M. Baleinier sans l'interrompre; elle le regarda fixement, et lui dit : — Monsieur... combien vous paie-t-on... pour me faire passer pour folle?

— Mademoiselle... — s'écria M. Baleinier, blessé malgré lui.

— Je suis riche... vous le savez — reprit Adrienne avec un dédain écrasant — je double la somme... qu'on vous donne... Allons, monsieur, au nom de... l'amitié, comme vous dites... accordez-moi du moins la faveur d'enchérir.

— Vos gardiennes, dans leur rapport de cette nuit, m'ont appris que vous leur aviez fait la même proposition — dit M. Baleinier en reprenant tout son sang-froid.

— Pardon... monsieur... Je leur avais offert ce que l'on peut offrir à de pauvres femmes sans éducation, que le malheur force d'accepter le pénible emploi qu'elles occupent... Mais un homme du monde comme vous! un homme de grand savoir comme vous! un homme de beaucoup d'esprit comme vous! c'est différent; cela se paie plus cher; il y a de la trahison à tout prix... Ainsi, ne basez pas votre refus... sur la modicité de mes offres à ces malheureuses... Voyons, combien vous faut-il?

— Vos gardiennes, dans leur rapport de cette nuit, m'ont aussi parlé de menaces — reprit M. Baleinier toujours très froidement; — n'en avez-vous pas à m'adresser également? Tenez, ma chère enfant, croyez-moi, épuisons tout de suite les tentatives de corruption et les menaces de vengeance... Nous retomberons ensuite dans le vrai de la situation.

— Ah! mes menaces sont vaines! — s'écria mademoiselle de Cardoville, en laissant enfin éclater son emportement jusqu'alors contenu. — Ah! vous croyez, monsieur, qu'à ma sortie d'ici, car cette séquestration aura un terme, je ne dirai pas à haute voix votre indigne trahison! Ah! vous croyez que je ne dénoncerai pas au mépris, à l'horreur de tous votre infâme complicité avec madame de Saint-Dizier!... Ah! vous croyez que je tairai les affreux traitemens que j'ai subis! Mais si folle que je sois, je sais qu'il y a des lois, monsieur, et je leur demanderai réparation éclatante pour moi, honte, flétrissure et châtiment pour vous et pour les vôtres!... Car, entre nous... voyez-vous, ce sera désormais une haine... une guerre à mort... et je mettrai à la soutenir tout ce que j'ai de forces, d'intelligence et de...

— Permettez-moi de vous interrompre, ma chère mademoiselle Adrienne — dit le docteur toujours parfaitement calme et affectueux — rien ne serait plus nuisible à votre guérison que de folles espérances; elles vous entretiendraient dans un état d'exaltation déplorable; donc nettement posons les faits, afin que vous envisagiez clairement votre position : 1º Il est impossible que vous sortiez d'ici ; 2º vous ne pouvez avoir aucune communication avec le dehors; 3º il n'entre dans cette maison que des gens dont je suis extrêmement sûr; 4º je suis complétement à l'abri de vos menaces et de votre vengeance, et cela parce que toutes les circonstances, tous les droits sont en ma faveur.

— Tous les droits!! m'enfermer ici...

— On ne s'y serait pas déterminé sans une foule de motifs plus graves les uns que les autres.

— Ah! il y a des motifs?...

— Beaucoup, malheureusement.

— Et on me les fera connaître, peut-être?

— Hélas! ils ne sont que trop réels, et si un jour vous vous adressiez à la justice, ainsi que vous m'en menaciez tout à l'heure, eh! mon Dieu, à notre grand regret, nous serions obligés de rappeler : — l'excentricité plus que bizarre de votre manière de vivre; — votre manie de costumer vos femmes; — vos dépenses exagérées; — l'histoire du prince indien, à qui vous offrez une hospitalité royale; — votre résolution, inouïe à dix-huit ans, de vouloir vivre seule comme un garçon; — l'aventure de l'homme trouvé caché dans votre chambre à coucher... — enfin l'on exhiberait le procès-verbal de votre interrogatoire d'hier, qui a été fidèlement recueilli par une personne chargée de ce soin.

— Comment... hier... — s'écria Adrienne avec autant d'indignation que de surprise...

— Mon Dieu, oui, afin d'être un jour en règle, si vous méconnaissiez l'intérêt que nous vous portons, nous avons fait sténographier vos réponses par un homme qui se tenait dans une pièce voisine derrière une portière... et vraiment, lorsque, l'esprit plus reposé, vous relirez un jour de sang-froid cet interrogatoire... vous ne vous étonnerez plus de la résolution qu'on a été forcé de prendre...

— Poursuivez, monsieur — dit Adrienne avec mépris.

— Les faits que je viens de vous citer étant donc avérés, reconnus, vous devez comprendre, ma chère mademoiselle Adrienne, que la responsabilité de ceux qui vous aiment est parfaitement à couvert; ils ont dû chercher à guérir ce dérangement d'esprit, qui ne se manifeste encore, il est vrai, que par des manies, mais qui compromettrait gravement votre avenir s'il se développait davantage... Or, à mon avis, on peut en espérer la cure radicale, grâce à un traitement à la fois moral et physique... dont la première condition est de vous éloigner d'un bizarre entourage qui exalte si dangereusement votre imagination; tandis que, vivant ici dans la retraite, le calme bienfaisant d'une vie simple et solitaire... mes soins empressés, et, je puis le dire, paternels, vous amèneront peu à peu à une guérison complète...

— Ainsi — dit Adrienne avec un rire amer — l'amour d'une noble indépendance, la générosité, le culte du beau, l'aversion de ce qui est odieux et lâche, telles sont les maladies dont vous devez me guérir; je crains d'être incurable, monsieur, car il y a bien longtemps que ma tante a essayé cette honnête guérison.

— Soit, nous ne réussirons peut-être pas, mais au moins nous tenterons; vous le voyez donc bien... il y a une masse de faits assez graves pour motiver notre détermination, prise d'ailleurs en conseil de famille : ce qui me met complétement à l'abri de vos menaces... car c'était là que j'en voulais revenir; un homme de mon âge, de ma considération, n'agit jamais légèrement dans de telles circonstances; vous comprenez donc maintenant ce que je vous disais tout à l'heure : en un mot, n'espérez pas sortir d'ici avant votre complète guérison, et persuadez-vous bien que je suis et que je serai toujours à l'abri de vos menaces... Ceci bien établi... parlons de votre état actuel avec tout l'intérêt que vous m'inspirez.

— Je trouve, monsieur... que si je suis folle vous me parlez bien raisonnablement.

— Vous, folle !... grâce à Dieu... ma pauvre enfant... vous ne l'êtes pas encore... et j'espère bien que, par mes soins, vous ne le serez jamais... Aussi, pour vous empêcher de le devenir, il faut s'y prendre à temps... et, croyez-moi, il est plus que temps... Vous me regardez d'un air tout surpris... tout étrange... voyons... quel intérêt puis-je avoir à vous parler ainsi? Est-ce la haine de votre tante que je favorise? mais dans quel but? Que peut-elle pour ou contre moi? Je ne pense d'elle à cette heure ni plus ni moins de bien qu'hier. Est-ce que je vous tiens à vous-même un langage nouveau?... Ne vous ai-je pas hier plusieurs fois parlé de l'exaltation dangereuse de votre esprit, de vos manies bizarres? J'ai agi de ruse pour vous amener ici... Eh! sans doute !! j'ai saisi avec empressement l'occasion que vous m'offriez vous-même... c'est encore vrai, ma pauvre chère enfant... car jamais vous ne seriez venue ici volontairement; un jour ou l'autre... il eût fallu trouver un prétexte pour vous y amener... et, ma foi, je vous l'avoue... je me suis dit : Son intérêt avant tout... Fais ce que dois... advienne que pourra...

A mesure que M. Baleinier parlait, la physionomie d'Adrienne, jusqu'alors alternativement empreinte d'indignation et de dédain, prenait une singulière expression d'angoisse et d'horreur... En entendant cet homme s'exprimer d'une manière en apparence si naturelle, si sincère, si convaincue, et pour ainsi dire si juste et si raisonnable, elle se sentait plus épouvantée que jamais... Une atroce trahison revêtue de telles formes l'effrayait cent fois plus que la haine franchement avouée de madame de Saint-Dizier... Elle trouvait enfin cette audacieuse hypocrisie tellement monstrueuse, qu'elle la croyait presque impossible. Adrienne avait si peu l'art de cacher ses ressentimens que le médecin, habile et profond physionomiste, s'aperçut de l'impression qu'il produisait.

— Allons — se dit-il — c'est un pas immense... au dédain et à la colère a succédé la frayeur... Le doute n'est pas loin... je ne sortirai pas d'ici sans qu'elle m'ait dit affectueusement : — Revenez bientôt, mon bon monsieur Baleinier.

Le médecin reprit donc d'une voix triste et émue qui semblait partir du plus profond de son cœur : — Je le vois... vous vous défiez toujours de moi... ce que je dis n'est que mensonge, fourbe, hypocrisie, haine, n'est-ce pas?... Vous haïr... moi... et pourquoi ? mon Dieu ! que m'avez-vous fait? ou plutôt... vous accepterez peut-être cette raison comme plus déterminante pour un homme de ma sorte — ajouta M. Baleinier avec amertume — ou plutôt quel intérêt ai-je à vous haïr? Comment... vous... vous qui n'êtes dans l'état fâcheux où vous vous trouvez que par suite de l'exagération des plus généreux instincts... vous qui n'avez pour ainsi dire que la maladie de vos qualités... vous pouvez froidement, résolument, accuser un honnête homme qui ne vous a donné jusqu'ici que des preuves d'affection... l'accuser du crime le plus lâche, le plus noir, le plus abominable dont un homme puisse se souiller... Oui, je dis crime... parce que l'atroce trahison dont vous m'accusez ne mériterait pas d'autre nom. Tenez, ma pauvre enfant... c'est mal... bien mal, et je vois qu'un esprit indépendant peut montrer autant d'injustice et d'intolérance que les esprits les plus étroits. Cela ne m'irrite pas... non... mais cela me fait souffrir... oui, je vous l'assure... bien souffrir.

Et le docteur passa la main sur ses yeux humides. Il faut renoncer à rendre l'accent, le regard, la physionomie, le geste de M. Baleinier en s'exprimant ainsi. L'avocat le plus habile et le plus exercé, le plus grand comédien du monde n'aurait pas mieux joué cette scène que le docteur... et encore non, personne ne l'eût jouée aussi bien... car M. Baleinier, emporté malgré lui par la situation, était à demi convaincu de ce qu'il disait. En un mot, il sentait toute l'horreur de sa perfidie ; mais il savait aussi qu'Adrienne ne pourrait y croire ; car il est des combinaisons si horribles que les âmes loyales et pures ne peuvent jamais les accepter comme possibles ; si malgré soi un esprit élevé plonge du regard dans l'abîme du mal, au-delà d'une certaine profondeur, il est pris de vertige, et ne distingue plus rien. Et puis enfin les hommes les plus pervers ont un jour, une heure, un moment où ce que Dieu a mis de bon au cœur de toute créature se révèle malgré eux. Adrienne était trop intéressante, elle se trouvait dans une position trop cruelle pour que le docteur ne ressentît pas au fond du cœur quelque pitié pour cette infortunée ; l'obligation où il était depuis longtemps de paraître lui témoigner de la sympathie, la charmante confiance que la jeune fille avait en lui étaient devenues pour cet homme de douces et chères habitudes... mais sympathie et habitudes devaient céder devant une implacable nécessité...

Ainsi, le marquis d'Aigrigny idolâtrait sa mère... mourante, elle l'appelait... et il était parti malgré ce dernier vœu d'une mère à l'agonie...

Après un tel exemple, comment M. Baleinier n'eût-il pas sacrifié Adrienne? Les membres de l'ordre dont il faisait partie étaient à lui... mais il était à eux peut-être plus encore qu'ils n'étaient à lui ; car une longue complicité dans le mal crée des liens indissolubles et terribles.

Au moment où M. Baleinier finissait de parler si chaleureusement à mademoiselle de Cardoville, la planche qui fermait extérieurement le guichet de la porte glissa doucement dans sa rainure, et deux yeux regardèrent attentivement dans la chambre. M. Baleinier ne s'en aperçut pas.

Adrienne ne pouvait détacher ses yeux du docteur, qui semblait la fasciner, muette, accablée, saisie d'une vague terreur, incapable de pénétrer dans les profondeurs ténébreuses de l'âme de cet homme, émue malgré elle par la sincérité moitié feinte, moitié vraie, de son accent touchant et douloureux... la jeune fille eut un moment de doute. Pour la première fois il lui vint à l'esprit que M. Baleinier commettait une erreur affreuse... mais que peut-être il la commettait de bonne foi... D'ailleurs, les angoisses de la nuit, les dangers de sa position, son agitation fébrile, tout concourait à jeter le trouble et l'indécision dans l'esprit de la jeune fille ; elle contemplait le médecin avec une surprise croissante ; puis, faisant un violent effort sur elle-même pour ne pas céder à une faiblesse dont elle entrevoyait vaguement les conséquences effrayantes, elle s'écria : — Non... non, monsieur... je ne veux pas... je ne puis croire... vous avez trop de savoir, trop d'expérience pour commettre une pareille erreur...

— Une erreur... — dit M. Baleinier d'un ton grave et triste — une erreur... laissez-moi vous parler au nom de ce savoir, de cette expérience que vous m'accordez ; écoutez-moi quelques instans, ma chère enfant... et ensuite... je n'en appellerai... qu'à vous-même !...

— A moi-même... — reprit la jeune fille stupéfaite — vous voulez me persuader que... — puis, s'interrompant, elle ajouta en riant d'un rire convulsif : — Il ne manquait, en effet, à votre triomphe que de m'amener à avouer que je suis folle.... que ma place est ici... que je vous dois...

— De la reconnaissance... oui, vous m'en devez, ainsi que je vous l'ai dit au commencement de cet entretien... Ecoutez-moi donc; mes paroles seront cruelles, mais il est des blessures que l'on ne guérit qu'avec le fer et le feu. Je vous en conjure, ma chère enfant... réfléchissez... jetez un regard impartial sur votre vie passée... Ecoutez-vous penser... et vous aurez peur... Souvenez-vous de ces momens d'exaltation étrange, pendant lesquels, disiez-vous, vous n'apparteniez plus à la terre... et puis surtout, je vous en conjure, pendant qu'il en est temps encore, à cette heure où votre esprit a conservé assez de lucidité pour comparer... comparez votre vie à celle des autres jeunes filles de votre âge. En est-il une seule qui vive comme vous vivez? qui pense comme vous pensez? à moins de vous croire si souverainement supérieure aux autres femmes que vous puissiez faire accepter, au nom de cette supériorité, une vie et des habitudes uniques dans le monde...

— Je n'ai jamais eu ce stupide orgueil... monsieur, vous le savez bien... — dit Adrienne en regardant le docteur avec un effroi croissant.

— Alors, ma pauvre enfant, à quoi attribuer votre manière de vivre si étrange, si inexplicable? Pourriez-vous jamais vous persuader à vous-même qu'elle est sensée? Ah! mon enfant, prenez garde... Vous en êtes encore à des originalités charmantes... à des excentricités poétiques... à des rêveries douces et vagues... mais la pente est irrésistible, fatale... Prenez garde... prenez garde!... la partie saine, gracieuse, spirituelle de votre intelligence, ayant encore le dessus... imprime son cachet à vos étrangetés... Mais vous ne savez pas, voyez-vous... avec quelle violence effrayante la partie insensée se développe et étouffe l'autre... à un moment donné. Alors ce ne sont plus des bizarreries gracieuses comme les vôtres... ce sont des insanités ridicules, sordides, hideuses.

— Ah!... j'ai peur... — dit la malheureuse enfant en passant ses mains tremblantes sur son front brûlant.

— Alors...— continua M. Baleinier d'une voix altérée — alors les dernières lueurs de l'intelligence s'éteignent; alors... la folie... il faut bien prononcer ce mot épouvantable... la folie prend le dessus!... tantôt elle éclate en transports furieux, sauvages...

— Comme la femme... de là-haut... murmura Adrienne.

Et, le regard brûlant, fixe, elle leva lentement son doigt vers le plafond.

— Tantôt — dit le médecin, effrayé lui-même de l'effroyable conséquence de ses paroles, mais cédant à la fatalité de sa situation — tantôt la folie est stupide, brutale; l'infortunée créature qui en est atteinte ne conserve plus rien d'humain, elle n'a plus que les instincts des animaux... comme eux... elle mange avec voracité, et puis comme eux elle va et vient dans la cellule où l'on est obligé de la renfermer... C'est là toute sa vie... toute...

— Comme la femme... de là-bas...

Et Adrienne, le regard de plus en plus égaré, étendit lentement son bras vers la fenêtre du bâtiment que l'on voyait par la croisée de sa chambre.

— Eh bien! oui... — s'écria M. Baleinier — comme vous, malheureuse enfant... ces femmes étaient jeunes, belles, spirituelles; mais, comme vous, hélas! elles avaient en elles ce germe fatal de l'insanité qui, n'ayant pas été détruit à temps... a grandi... grandi... et pour toujours a étouffé leur intelligence...

— Oh! grâce... — s'écria mademoiselle de Cardoville, la tête bouleversée par la terreur — grâce... ne me dites pas de ces choses-là... Encore une fois... j'ai peur... tenez... emmenez-moi d'ici, ou vous dis de m'emmener d'ici! — s'écria-t-elle avec un accent déchirant — je finirais par devenir folle.

Puis, se débattant contre les redoutables angoisses qui venaient l'assaillir malgré elle, Adrienne reprit : — Non! oh! non... ne l'espérez pas! je ne deviendrai pas folle; j'ai toute ma raison, moi; est-ce que je suis aveugle pour croire ce que vous me dites-là!!!... Sans doute, je ne vis comme personne, je ne pense comme personne, je suis choquée de choses qui ne choquent personne; mais qu'est-ce que cela prouve? Que je ne ressemble pas aux autres... Ai-je mauvais cœur? suis-je envieuse, égoïste? Mes idées sont bizarres, je l'avoue, mon Dieu, je l'avoue; mais enfin, monsieur Baleinier, vous le savez bien, vous... leur but est généreux, élevé... — Et la voix d'Adrienne devint émue, suppliante; ses larmes coulèrent abondamment. — De ma vie je n'ai fait une action méchante; si j'ai eu des torts, c'est à force de générosité : parce qu'on voudrait voir tout le monde trop heureux autour de soi, on n'est pas folle pourtant... et puis, on sent bien soi-même si l'on est folle, et je sens que je ne le suis pas, et encore... maintenant est-ce que je le sais? vous me dites des choses si effrayantes de ces deux femmes de cette nuit... vous devez savoir cela mieux que moi... mais alors — ajouta mademoiselle de Cardoville avec un accent de désespoir déchirant — il doit y avoir quelque chose à faire; pourquoi, si vous m'aimez, avoir attendu si longtemps aussi? vous ne pouviez pas avoir pitié de moi plus tôt? Et ce qui est affreux... c'est que je ne sais pas seulement si je dois vous croire... car c'est peut-être un piége... mais non... non... vous pleurez... — ajouta-t-elle en regardant M. Baleinier, qui, en effet, malgré son cynisme et sa dureté, ne pouvait retenir ses larmes à la vue de ces tortures sans nom. — Vous pleurez sur moi... mais, mon Dieu! alors, il y a quelque chose à faire, n'est-ce pas?... Oh! je ferai tout ce que vous voudrez... oh! tout... pour ne pas être comme ces femmes... comme ces femmes de cette nuit; et s'il était trop tard? oh! non... il n'est pas trop tard... n'est-ce pas, mon bon monsieur Baleinier?... Oh! maintenant, je vous demande pardon de ce que je vous ai dit quand vous êtes entré... C'est qu'alors, vous concevez... moi, je ne savais pas...

A ces paroles brèves, entrecoupées de sanglots et prononcées avec une sorte d'égarement fiévreux, succédèrent quelques minutes de silence, pendant lesquelles le médecin, profondément ému, essuya ses larmes. Ses forces étaient à bout.

Adrienne avait caché sa figure dans ses mains; tout à coup elle redressa la tête : ses traits étaient plus calmes, quoique agités par un tremblement nerveux. — Monsieur Baleinier, dit-elle avec une dignité touchante — je ne sais pas ce que je vous ai dit tout à l'heure; la crainte me faisait délirer, je crois; je viens de me recueillir. Ecoutez-moi : je suis en votre pouvoir, je le sais; rien ne peut m'en arracher... je le sais; êtes-vous pour moi un ennemi implacable?... êtes-vous un ami? je l'ignore; craignez-vous réellement, ainsi que vous me l'assurez, que ce qui n'est chez moi que bizarrerie à cette heure ne devienne de la folie plus tard, ou bien êtes-vous complice d'une machination infernale?... vous seul savez cela... Malgré mon courage, je me déclare vaincue. Quoi que ce soit qu'on veuille de moi... vous entendez?... quoi que ce soit... j'y souscris d'avance... j'en donne ma parole, et elle est loyale, vous le savez... Vous n'aurez donc plus aucun intérêt à me retenir ici... Si, au contraire, vous croyez sincèrement ma raison en danger, et, je vous l'avoue, vous avez éveillé dans mon esprit des doutes vagues, mais effrayans... alors, dites-le-moi, je vous croirai... je suis seule à votre merci, sans amis, sans conseil... Eh bien! je me confie aveuglément à vous... Est-ce mon sauveur ou mon bourreau que j'implore?... je n'en sais rien... mais je lui dis :... Voilà mon avenir... voilà ma vie... prenez... je n'ai plus la force de vous la disputer...

Ces paroles d'une résignation navrante, d'une confiance désespérée, portèrent le dernier coup aux indécisions de M. Baleinier.

Déjà cruellement ému de cette scène, sans réfléchir aux conséquences de ce qu'il allait faire, il voulut du moins rassurer Adrienne sur les terribles et injustes craintes qu'il avait su éveiller en elle. Les sentimens de repentir et de bienveillance qui animaient M. Baleinier se lisaient sur sa physionomie. Ils s'y lisaient trop... Au moment où il s'approchait de mademoiselle de Cardoville pour lui prendre la main, une petite voix tranchante et aiguë se fit entendre derrière le guichet et prononça ces seuls mots : « Monsieur Baleinier... »

— Rodin... — murmura le docteur effrayé — il m'épiait!!!

— Qui vous appelle?... — demanda la jeune fille à M. Baleinier.

co— Quelqu'un à qui j'ai donné rendez-vous ce matin... pour aller dans le acuvent de Sainte-Marie, qui est voisin de cette maison — dit le docteur avec cablement.

— Maintenant, qu'avez-vous à me répondre? — dit Adrienne avec une angoisse mortelle.

Après un moment de silence solennel, pendant lequel il tourna la tête vers le guichet, le docteur dit d'une voix profondément émue : — Je suis... ce que j'ai toujours été... un ami... incapable de vous tromper.

Adrienne devint d'une pâleur mortelle. Puis elle tendit la main à M. Baleinier, et lui dit d'une voix qu'elle tâchait de rendre calme : — Merci... J'aurai du courage... Et ce sera-t-il bien long ?

— Un mois peut-être... la solitude... la réflexion, un régime approprié, mes soins dévoués... Rassurez-vous ;... tout ce qui sera compatible avec votre état... vous sera permis ; on aura pour vous toutes sortes d'égards... Si cette chambre vous déplaît, on vous en donnera une autre...

— Celle-ci ou une autre... peu importe — répondit Adrienne avec un accablement morne et profond.

— Allons ! courage... rien n'est désespéré.

— Peut-être... vous me flattez — dit Adrienne avec un sourire sinistre. — Puis elle ajouta : — A bientôt donc... mon bon monsieur Baleinier ! mon seul espoir est en vous maintenant.

Et sa tête se pencha sur sa poitrine ; ses mains retombèrent sur ses genoux, et elle resta assise au bord de son lit, pâle, immobile... écrasée...

— Folle — dit-elle lorsque M. Baleinier eut disparu — peut-être folle...

. . . .

Nous nous sommes étendu sur cet épisode, beaucoup moins *romanesque* qu'on ne pourrait le penser.

Plus d'une fois des intérêts, des vengeances, des machinations perfides ont abusé de l'imprudente facilité avec laquelle on reçoit quelquefois de la main de leurs familles ou de leurs amis des *pensionnaires* dans quelques maisons de santé particulières destinées aux aliénés.

Nous dirons plus tard notre pensée au sujet de la création d'une sorte d'inspection ressortissant de l'autorité ou de la magistrature civile, qui aurait pour but de surveiller périodiquement et fréquemment les établissemens destinés à recevoir les aliénés... et d'autres établissemens non moins importans, et encore plus en dehors de toute surveillance... nous voulons parler de certains couvens de femmes, dont nous nous occuperons bientôt.

HUITIÈME PARTIE.

LE CONFESSEUR.

CHAPITRE PREMIER.

PRESSENTIMENS.

Pendant que les faits précédens se passaient dans la maison de santé du docteur Baleinier, d'autres scènes avaient lieu, environ à la même heure, rue Brise-Miche, chez Françoise Baudoin.

Sept heures du matin venaient de sonner à l'église de Saint-Merry, le jour était bas et sombre, le givre et le grésil pétillaient aux fenêtres de la triste chambre de la femme de Dagobert.

Ignorant encore l'arrestation de son fils, Françoise l'avait attendu la veille toute la soirée, et ensuite une partie de la nuit, au milieu d'inquiétudes navrantes ; puis cédant enfin à la fatigue, au sommeil, vers les trois heures du matin elle s'était jetée sur un matelas à côté du lit de Rose et de Blanche. Dès le jour (il venait de paraître), Françoise se leva pour monter dans la mansarde d'Agricol, espérant, bien faiblement il est vrai, qu'il serait rentré depuis quelques heures.

Rose et Blanche venaient de se lever et de s'habiller. Elles se trouvaient seules dans cette chambre triste et froide.

Rabat-Joie, que Dagobert avait laissé à Paris, était étendu près du poële refroidi, et, son long museau entre ses deux pattes de devant, il ne quittait pas de l'œil les deux sœurs.

Celles-ci, ayant peu dormi, s'étaient aperçues de l'agitation et des angoisses de la femme de Dagobert. Elles l'avaient vue tantôt marcher en se parlant à elle-même, tantôt prêter l'oreille au moindre bruit qui venait de l'escalier, et parfois s'agenouiller devant le crucifix placé à l'une des extrémités de la chambre. Les orphelines ne se doutaient pas qu'en priant avec ferveur pour son fils, l'excellente femme priait aussi pour elles. Car l'état de leur âme l'épouvantait.

La veille, après le départ précipité de Dagobert pour Chartres, Françoise, ayant assisté au lever de Rose et Blanche, les avait engagées à dire leur prière du matin ; elles lui répondirent naïvement qu'elles n'en savaient aucune, et qu'elles ne priaient jamais autrement qu'en invoquant leur mère qui était dans le ciel. Lorsque Françoise, émue d'une douloureuse surprise, leur parla de catéchisme, de confirmation, de communion, les deux sœurs ouvrirent de grands yeux étonnés, ne comprenant rien à ce langage. Selon sa foi candide, la femme de Dagobert, épouvantée de l'ignorance des deux jeunes filles en matière de religion, crut leur âme dans un péril d'autant plus grave, d'autant plus menaçant, que, leur ayant demandé si elles avaient au moins reçu le baptême (et elle leur expliqua la signification de ce sacrement), les orphelines lui répondirent qu'elles ne le croyaient pas, car il ne se trouvait ni église ni prêtre dans le hameau où elles étaient nées pendant l'exil de leur mère en Sibérie. En se mettant au point de vue de Françoise on comprendra ses terribles angoisses ; car, à ses yeux, ces jeunes filles, qu'elle aimait déjà tendrement, tant elles avaient de charme et de douceur, étaient, pour ainsi dire, de pauvres idolâtres innocemment vouées à la damnation éternelle ; aussi, n'ayant pu retenir ses larmes ni cacher sa frayeur, elle les avait serrées dans ses bras, en leur promettant de s'occuper au plus tôt de leur salut, et en se désolant de ce que Dagobert n'eût pas songé à les faire baptiser en route. Or, il faut l'avouer, cette idée n'était nullement venue à l'ex-grenadier à cheval.

Quittant la veille Rose et Blanche pour se rendre aux offices du dimanche, Françoise n'avait pas osé les emmener avec elle, leur complète ignorance des choses saintes rendant leur présence à l'église, sinon scandaleuse, du moins inutile ; mais Françoise, dans ses ferventes prières, implora ardemment la miséricorde céleste pour les orphelines, qui ne savaient pas leur âme dans une position si désespérée.

Rose et Blanche restaient donc seules dans la chambre en l'absence de la femme de Dagobert ; elles étaient toujours vêtues de deuil, leurs charmantes figures semblaient encore plus pensives que tristes ; quoiqu'elles fussent accoutumées à une vie bien malheureuse, dès leur arrivée dans la rue *Brise-Miche* elles s'étaient senties frappées du pénible contraste qui existait entre la pauvre demeure qu'elles venaient habiter et les merveilles que leur imagination s'était figurées en songeant à Paris, cette ville d'or de leurs rêves. Bientôt cet étonnement si concevable fit place à des pensées d'une gravité singulière pour leur âge ; la contemplation de cette pauvreté digne et laborieuse fit profondément réfléchir les orphelines, non plus en enfans, mais en jeunes filles ; admirablement servies par leur esprit juste et sympathique au bien, par leur noble cœur, par leur caractère à la fois délicat et courageux, elles avaient depuis vingt-quatre heures beaucoup observé, beaucoup médité.

— Ma sœur — dit Rose à Blanche lorsque Françoise eut quitté la chambre — la pauvre femme de Dagobert est bien inquiète. As-tu remarqué, cette nuit, son agitation ? Comme elle pleurait ! comme elle priait !

— J'étais émue comme toi de son chagrin, ma sœur, et je me demandais ce qui pouvait le causer...

— Je crains de le deviner... Oui, peut-être est-ce nous qui sommes la cause de ses inquiétudes.

— Pourquoi, ma sœur? parce que nous ne savons pas de prières, et que nous ignorons si nous avons été baptisées?

— Cela a paru lui faire une grande peine, il est vrai; j'en ai été bien touchée, parce que cela prouve qu'elle nous aime tendrement... Mais je n'ai pas compris comment nous courions des dangers terribles, ainsi qu'elle disait...

— Ni moi non plus, ma sœur. Nous tâchons de ne rien faire qui puisse déplaire à notre mère, qui nous voit et nous entend...

— Nous aimons ceux qui nous aiment, nous ne haïssons personne, nous nous résignons à tout ce qui nous arrive... quel mal peut-on nous reprocher?

— Aucun... mais, vois-tu, ma sœur, nous pourrions en faire involontairement...

— Nous?

— Oui... et c'est pour cela que je te disais : Je crains que nous ne soyons cause des inquiétudes de la femme de Dagobert.

— Comment donc cela?

— Ecoute, ma sœur... hier madame Françoise a voulu travailler à ces sacs de grosse toile... que voilà sur la table...

— Oui... et au bout d'une demi-heure... elle nous a dit bien tristement qu'elle ne pouvait pas continuer... qu'elle n'y voyait plus clair... que ses yeux étaient perdus...

— Ainsi elle ne peut plus travailler pour gagner sa vie...

— Non, c'est son fils, M. Agricol, qui la soutient... il a l'air si bon, si gai, si franc, et si heureux de se dévouer pour sa mère... Ah! c'est bien le digne frère de notre ange Gabriel!...

— Tu vas voir pourquoi je te parle du travail de M. Agricol... Notre bon vieux Dagobert nous a dit qu'en arrivant ici il ne lui restait plus que quelques pièces de monnaie.

— C'est vrai...

— Il est, ainsi que sa femme, hors d'état de gagner sa vie; un pauvre vieux soldat comme lui, que ferait-il?

— Tu as raison... il ne sait que nous aimer et nous soigner comme ses enfans.

— Il faut donc que soit encore M. Agricol qui soutienne son père... car Gabriel est un pauvre prêtre, qui, ne possédant rien, ne peut rien pour ceux qui l'ont élevé... Ainsi, tu vois, c'est M. Agricol qui, seul, fait vivre toute la famille...

— Sans doute... il s'agit de sa mère... de son père... c'est son devoir, et il le fait de bon cœur...

— Oui, ma sœur... mais à nous, il ne nous doit rien...

— Que dis-tu, Blanche?

— Il va donc aussi être obligé de travailler pour nous, puisque nous n'avons rien au monde...

— Je n'avais pas songé à cela... C'est juste.

— Vois-tu, ma sœur, notre père a beau être duc et maréchal de France, comme dit Dagobert.... nous avons beau pouvoir espérer bien des choses de cette médaille; tant que notre père ne sera pas ici, tant que nos espérances ne seront pas réalisées, nous serons toujours de pauvres orphelines, obligées d'être à charge à cette brave famille à qui nous devons tant, et qui après tout est si gênée... que...

— Pourquoi t'interromps-tu, ma sœur?

— Ce que je vais te dire ferait rire d'autres personnes; mais toi, tu comprendras : hier, la femme de Dagobert, en voyant manger ce pauvre *Rabat-Joie*, a dit tristement : Hélas! mon Dieu, il mange comme une personne... La manière dont elle a dit cela m'a donné envie de pleurer; juge s'ils sont pauvres... et pourtant, nous venons encore augmenter leur gêne...

Et les deux sœurs se regardèrent tristement, tandis que *Rabat-Joie* faisait mine de ne pas entendre ce qu'on disait de sa voracité.

— Ma sœur, je te comprends... — dit Rose après un moment de silence. — Eh bien! il ne faut être à charge à personne... Nous sommes jeunes, nous avons bon courage. En attendant que notre position se décide, regardons-nous comme des filles d'ouvriers... Après tout, notre grand-père n'était-il pas artisan lui-même? Trouvons donc de l'ouvrage et gagnons notre vie... Gagner sa vie... comme on doit être fière... heureuse!...

— Bonne petite sœur! — dit Blanche en embrassant Rose; — quel bonheur!... tu m'as prévenue... embrasse-moi!

— Comment?

— Ton projet... c'était aussi le mien... Oui, hier en entendant la femme de Dagobert s'écrier si tristement que sa vue était perdue... j'ai regardé tes bons grands yeux qui m'ont fait penser aux miens, et je me suis dit : Mais il me semble que si la pauvre femme de notre vieux Dagobert a perdu la vue... mesdemoiselles Rose et Blanche Simon y voient très clair... ce qui est une compensation — ajouta Blanche en souriant.

— Et après tout, mesdemoiselles Simon ne sont pas assez maladroites — reprit Rose en souriant à son tour — pour ne pouvoir coudre de gros sacs de toile grise qui leur écorcheront peut-être un peu les doigts; mais c'est égal.

— Tu le vois, nous pensions à deux comme toujours; seulement je voulais te ménager une surprise et attendre que nous fussions seules pour te dire mon idée.

— Oui, mais il y a quelque chose qui me tourmente.

— Qu'est-ce donc?

— D'abord Dagobert et sa femme ne manqueront pas de nous dire : Mesdemoiselles, vous n'êtes pas faites pour cela, coudre de gros vilains sacs de toile! Fi donc... les filles d'un maréchal de France! Et puis, si nous insistons... Eh bien! nous dira-t-on, il n'y a pas d'ouvrage à vous donner... Si vous en voulez... cherchez-en... mesdemoiselles. Et alors qui sera bien embarrassé? mesdemoiselles Simon; car où trouverons-nous de l'ouvrage?

— Le fait est que quand Dagobert s'est mis quelque chose dans la tête...

— Oh! après ça... en le câlinant bien...

— Oui, pour certaines choses... mais pour d'autres il est intraitable. C'est comme si en route nous eussions voulu l'empêcher de se donner tant de peine pour nous...

— Ma sœur! une idée — s'écria Rose — une excellente idée.

— Voyons, dis vite...

— Tu sais bien cette jeune ouvrière qu'on appelle la Mayeux, et qui paraît si serviable, si prévenante...

— Oh! oui, et puis timide, discrète; on dirait qu'elle a toujours peur de gêner en vous regardant. Tiens, hier, elle ne s'apercevait pas que je la voyais; elle te contemplait d'un air si bon, si doux, elle semblait si heureuse, que les larmes me sont venues aux yeux tant je me suis sentie attendrie...

— Eh bien! il faudra demander à la Mayeux comment elle fait pour trouver à s'occuper, car certainement elle vit de son travail.

— Tu as raison, elle nous le dira; et quand nous le saurons, Dagobert aura beau nous gronder, vouloir faire le fier pour nous, nous serons aussi entêtées que lui.

— C'est cela, ayons du caractère; prouvons-lui que nous avons, comme il le dit lui même, du sang de soldat dans les veines.

— Tu prétends que nous serons peut-être riches un jour, mon bon Dagobert?... — lui dirons-nous — eh bien!... tant mieux; nous nous rappellerons ce temps-ci avec plus de plaisir encore.

— Ainsi, c'est convenu, n'est-ce pas, Rose? La première fois que nous nous trouverons avec la Mayeux, il faudra lui faire notre confidence et lui demander des renseignemens : elle est si bonne personne, qu'elle ne nous refusera pas.

— Aussi, quand notre père reviendra, il nous saura gré, j'en suis sûre, de notre courage.

— Et il nous applaudira d'avoir voulu nous suffire à nous-mêmes, comme si nous étions seules au monde.

A ces mots de sa sœur, Rose tressaillit. Un nuage de tristesse, presque d'effroi, passa sur sa charmante figure, et elle s'écria : — Mon Dieu! ma sœur, quelle horrible pensée!...

— Qu'as-tu donc? tu me fais peur...

— Au moment où tu disais que notre père nous saurait gré de nous suffire à nous-mêmes, comme si nous étions seules au monde... une affreuse idée m'est venue... je ne sais pour qui... et puis... tiens, sens comme mon cœur bat, on dirait qu'il va nous arriver un malheur !

— C'est vrai, ton pauvre cœur bat d'une force... Mais à quoi as-tu donc pensé? tu m'effraies.

— Quand nous avons été prisonnières, au moins on ne nous a pas séparées ; et puis enfin, la prison était un asile...

— Oui, bien triste, quoique partagé avec toi...

— Mais si, en arrivant ici, un hasard... un malheur... nous avait séparées de Dagobert; si nous nous étions trouvées... seules... abandonnées sans ressources dans cette grande ville?

— Ah! ma sœur... ne dis pas cela... tu as raison... C'est terrible. Que devenir ! mon Dieu !

A cette triste pensée, les deux jeunes filles restèrent un moment silencieuses et accablées. Leurs jolies figures, jusqu'alors animées d'une noble espérance, pâlirent et s'attristèrent. Après un assez long silence, Rose leva la tête : ses yeux étaient humides de larmes.

— Mon Dieu! — dit-elle d'une voix tremblante — pourquoi donc cette pensée nous attriste-t-elle autant, ma sœur?... J'ai le cœur navré comme si ce malheur devait nous arriver un jour...

— Je ressens, comme toi... une grande frayeur... Hélas!... toutes deux perdues dans cette ville immense... Qu'est-ce que nous ferions?

— Tiens... Blanche... n'ayons pas de ces idées-là... Ne sommes-nous pas ici chez Dagobert... au milieu de bien bonnes gens?...

— Vois-tu, ma sœur — reprit Rose d'un air pensif — c'est peut-être un bien... que cette pensée me soit venue.

— Pourquoi donc?

— Maintenant, nous trouverons ce pauvre logis d'autant meilleur, que nous y serons à l'abri de toutes nos craintes... Et lorsque, grâce à notre travail, nous serons sûres de n'être à charge à personne... que nous manquera-t-il en attendant l'arrivée de notre père ?

— Il ne nous manquera rien... tu as raison... mais enfin pourquoi cette pensée nous est-elle venue? Pourquoi nous accable-t-elle si douloureusement?

— Oui enfin... pourquoi? Après tout ne sommes-nous pas ici au milieu d'amis qui nous aiment? Comment supposer que nous soyons jamais abandonnées seules dans Paris? Il est impossible qu'un tel malheur nous arrive... n'est-ce pas, ma sœur ?

— Impossible — dit Rose en tressaillant — et si la veille du jour de notre arrivée dans ce village d'Allemagne où ce pauvre Jovial a été tué, on nous eût dit : — Demain vous serez prisonnières... nous aurions dit comme aujourd'hui... C'est impossible. Est-ce que Dagobert n'est pas là pour nous protéger ? qu'avons-nous à craindre?... Et pourtant... souviens-toi, ma sœur, deux jours après nous étions en prison à Leipsick...

— Oh! ne dis pas cela ma sœur... cela fait peur.

Et par un mouvement sympathique les orphelines se prirent par la main et se serrèrent l'une contre l'autre en regardant autour d'elles avec un effroi involontaire. L'émotion qu'elles éprouvaient était en effet profonde, étrange, inexplicable... et pourtant vaguement menaçante, comme ces noirs pressentimens qui vous épouvantent malgré vous... comme ces funestes prévisions qui jettent souvent un éclair sinistre sur les profondeurs mystérieuses de l'avenir.

Divinations bizarres, incompréhensibles, quelquefois aussitôt oubliées qu'éprouvées, mais qui plus tard, lorsque les événemens viennent les justifier, vous apparaissent alors, par le souvenir, dans toute leur effrayante fatalité.

. . . .

Les filles du maréchal Simon étaient encore plongées dans l'accès de tristesse que ces pensées singulières avaient éveillé en elles, lorsque la femme de Dagobert, redescendant de chez son fils, entra dans la chambre, les traits douloureusement altérés.

CHAPITRE II.

LA LETTRE.

Lorsque Françoise rentra dans la chambre, sa physionomie était si profondément altérée que Rose ne put s'empêcher de s'écrier : — Mon Dieu, madame... qu'avez-vous?

— Hélas! mes chères demoiselles, je ne puis vous le cacher plus longtemps... — et Françoise fondit en larmes — depuis hier, je ne vis pas... J'attendais mon fils pour souper comme à l'ordinaire... il n'est pas venu. Je n'ai pas voulu vous laisser voir combien cela me chagrinait déjà... je l'attendais de minute en minute... car depuis dix ans il n'est jamais monté se coucher sans venir m'embrasser... J'ai passé une partie de la nuit là, près de la porte, à écouter si j'entendais son pas... Je n'ai rien entendu... Enfin, à trois heures du matin, je me suis jetée sur un matelas... Je viens d'aller voir si, comme je l'espérais, il est vrai, faiblement, mon fils n'était pas rentré au matin...

— Eh bien! madame?...

— Il n'est pas revenu!... dit la pauvre mère en essuyant ses yeux.

Rose et Blanche se regardèrent avec émotion ; une même pensée les préoccupait : si Agricol ne revenait pas, comment vivrait cette famille? Ne deviendraient-elles pas alors une charge doublement pénible dans cette circonstance?

— Mais peut-être, madame — dit Blanche — M. Agricol sera-t-il resté à travailler trop tard pour avoir pu revenir hier soir.

— Oh! non, non, il serait rentré au milieu de la nuit, sachant les inquiétudes qu'il me causerait... Hélas!... il lui sera arrivé un malheur... peut-être blessé à sa forge; il est si ardent, si courageux au travail!... Ah! mon pauvre fils!!! Et comme si déjà je ne ressentais pas assez d'angoisses à son sujet, me voici maintenant tourmentée pour cette pauvre jeune ouvrière qui demeure là-haut.

— Comment donc, madame?

— En sortant de chez mon fils je suis entrée chez elle pour lui conter mon chagrin, car elle est presque une fille pour moi... je ne l'ai pas trouvée... dans le petit cabinet qu'elle occupe ; le jour commençait à peine ; son lit n'était pas seulement défait... Où est-elle allée sitôt, elle qui ne sort jamais...

Rose et Blanche se regardèrent avec une nouvelle inquiétude ; car elles comptaient beaucoup sur la Mayeux pour les aider dans la résolution qu'elles venaient de prendre. Heureusement elles furent, ainsi que Françoise, presque à l'instant rassurées, car, après deux coups frappés discrètement à la porte, on entendit la voix de la Mayeux.

— Peut-on entrer, madame Françoise?

Par un mouvement spontané, Rose et Blanche coururent à la porte et l'ouvrirent à la jeune fille.

Le givre et la neige tombaient incessamment depuis la veille ; aussi la robe d'indienne de la jeune ouvrière, son petit châle de cotonnade, et son bonnet de tulle noir qui, découvrant ses deux épais bandeaux de cheveux châtains, encadrait son pâle et intéressant visage, étaient trempés d'eau ; le froid avait rendu livides ses mains blanches et maigres; on voyait seulement à l'éclat de ses yeux bleus, ordinairement doux et timides, que cette pauvre créature, si frêle et si craintive, avait puisé dans la gravité des circonstances une énergie extraordinaire.

— Mon Dieu!... d'où viens-tu, ma bonne Mayeux? — lui dit Françoise — tout à l'heure en allant voir si mon fils était rentré... j'ai ouvert ta porte et j'ai été tout étonnée... de ne pas te trouver... tu es donc sortie de bien bonne heure?

— Je vous apporte des nouvelles d'Agricol...

— De mon fils! — s'écria Françoise en tremblant — que lui est-il arrivé? tu l'as vu? tu lui as parlé? où est-il?

— Je ne l'ai pas vu... mais je sais où il est.

Puis, s'apercevant que Françoise pâlissait, la Mayeux ajouta : — Rassurez-vous... il se porte bien, il ne court aucun danger.

— Soyez béni, mon Dieu !... vous ne vous lassez pas d'avoir pitié d'une pauvre pécheresse... Avant-hier vous m'avez rendu mon mari ; aujourd'hui, après une nuit si cruelle, vous me rassurez sur la vie de mon pauvre enfant !

En disant ces mots, Françoise s'était jetée à genoux sur le carreau en se signant pieusement.

Pendant le moment de silence causé par le mouvement dévotieux de Françoise, Rose et Blanche s'approchèrent de la Mayeux et lui dirent tout bas avec une expression de touchant intérêt : — Comme vous êtes mouillée !... vous devez avoir bien froid... Prenez garde, si vous alliez être malade?

— Nous n'avons pas osé faire songer madame Françoise à allumer le poêle... maintenant nous allons le lui dire.

Aussi surprise que pénétrée de la bievellance que lui témoignaient les filles du maréchal Simon, la Mayeux, plus sensible que toute autre à la moindre preuve de bonté, leur répondit avec un regard d'ineffable reconnaissance : — Je vous remercie de vos bonnnes intentions, mesdemoiselles. Rassurez-vons ; je suis habituée au froid, et je suis d'ailleurs si inquiète que je ne le sens pas.

— Et mon fils ? — dit Françoise en se relevant après être restée quelques momens agenouillée — pourquoi a-t-il passé la nuit dehors? Vous savez donc où le trouver, ma bonne Mayeux?... Va-t-il venir bientôt?... pourquoi tarde-t-il?

— Madame Françoise, je vous assure qu'Agricol se porte bien ; mais, je dois vous dire que d'ici à quelque temps...

— Eh bien ?...

— Voyons, madame, du courage.

— Ah! mon Dieu!... je n'ai pas une goutte de sang dans les veines... Qu'est-il donc arrivé?... pourquoi ne le verrai-je pas?

— Hélas! madame... il est arrêté!

— Arrêté! — s'écrièrent Rose et Blanche avec effroi.

— Que votre volonté soit faite en toute chose, mon Dieu ! — dit Françoise — mais c'est un bien grand malheur... Arrêté... lui... si bon... si honnête... Et pourquoi l'arrêter ?... il faut donc qu'il y ait une méprise?

— Avant-hier — reprit la Mayeux — j'ai reçu une lettre anonyme ; on m'avertissait qu'Agricol pouvait être arrêté d'un moment à l'autre, à cause de son *Chant des Travailleurs*; nous sommes convenus avec lui qu'il irait chez cette demoiselle si riche de la rue de Babylone, qui lui avait offert ses services ; Agricol devait lui demander d'être sa caution pour l'empêcher d'aller en prison. Hier matin, il est parti pour aller chez cette demoiselle.

— Tu savais tout cela, et tu ne m'as rien dit... ni lui non plus... Pourquoi me l'avoir caché?

— Afin de ne pas vous inquiéter pour rien, madame Françoise, car, comptant sur la générosité de cette demoiselle, j'attendais à chaque instant Agricol. Hier au soir, ne le voyant pas venir, je me suis dit : Peut-être les formalités à remplir pour la caution le retiennent longtemps... Mais le temps passait, il ne paraissait pas... J'ai ainsi veillé toute cette nuit pour l'attendre.

— C'est vrai, ma bonne Mayeux, tu ne t'es pas couchée!...

— J'étais trop inquiète ;... aussi ce matin, avant le jour, ne pouvant surmonter mes craintes, je suis sortie. J'avais retenu l'adresse de cette demoi-selle, rue de Babylone... J'y ai couru.

— Oh! bien, bien! — dit Françoise avec anxiété — tu as eu raison. Cette demoiselle avait pourtant l'air bien bon, bien généreux, d'après ce que me disait mon fils...

La Mayeux secoua tristement la tête ; une larme brilla dans ses yeux, et elle continua : « Quand je suis arrivée rue de Babylone, il faisait encore nuit ; j'ai attendu qu'il fît grand jour.

— Pauvre enfant... toi si peureuse, si chétive — dit Françoise profondément touchée; — aller si loin, et par ce temps affreux, encore... Ah! tu es bien une vraie fille pour moi...

— Agricol n'est-il pas aussi un frère pour moi? — dit doucement la Mayeux en rougissant légèrement ; puis elle reprit : — Lorsqu'il a fait grand jour, je me suis hasardée à sonner à la porte du petit pavillon ; une charmante jeune fille, mais dont la figure était pâle et triste, est venue m'ouvrir... — Mademoiselle, je viens au nom d'une malheureuse mère au désespoir — lui ai-je dit tout de suite pour l'intéresser, car j'étais si pauvrement vêtue que je craignais d'être renvoyée comme une mendiante ; — mais voyant au contraire la jeune fille m'écouter avec bonté, je lui ai demandé si la veille un jeune ouvrier n'était pas venu prier sa maîtresse de lui rendre un grand service.

— Hélas! oui... — m'a répondu cette jeune fille — ma maîtresse allait s'occuper de ce qu'il désirait ; mais apprenant qu'on le cherchait pour l'arrêter, elle l'a fait cacher ; malheureusement sa retraite a été découverte, et hier soir, à quatre heures, il a été arrêté... et conduit en prison...

Quoique les orphelines ne prissent point part à ce triste entretien, on lisait sur leurs figures attristées et dans leurs regards inquiets combien elles souffraient des chagrins de la femme de Dagobert.

— Mais cette demoiselle?... — s'écria Françoise — tu aurais dû tâcher de la voir, ma bonne Mayeux, et la supplier de ne pas abandonner mon fils ; elle est si riche... qu'elle doit être puissante ;... sa protection peut nous sauver d'un affreux malheur!

— Hélas ! — dit la Mayeux avec une douloureuse amertume — il faut renoncer à ce dernier espoir.

— Pourquoi ?... puisque cette demoiselle est si bonne — dit Françoise — elle aura pitié quand elle saura que mon fils est le seul soutien de toute une famille... et que la prison pour lui... c'est plus affreux que pour un autre, parce que c'est pour nous la dernière misère...

— Cette demoiselle — reprit la Mayeux — à ce que m'a appris la jeune fille en pleurant... cette demoiselle a été conduite hier soir dans une maison de santé ;... il paraît... qu'elle est folle...

— Folle... ah! c'est horrible... pour elle... et pour nous aussi, hélas!... car, maintenant qu'il n'y a plus rien à espérer, qu'allons-nous devenir... sans mon fils? Mon Dieu... mon Dieu...

Et la malheureuse femme cacha sa figure entre ses mains.

A l'accablante exclamation de Françoise, il se fit un profond silence.

Rose et Blanche échangèrent un regard désolé qui exprimait leur profond chagrin, car elles s'apercevaient que leur présence augmentait de plus en plus les terribles embarras de cette famille.

La Mayeux, brisée de fatigue, en proie à tant d'émotions douloureuses, frissonnant sous ses vêtemens mouillés, s'assit avec abattement sur une chaise, en réfléchissant à la position désespérée de cette famille.

Cette position était bien cruelle en effet...

Et lors des temps de troubles politiques ou des agitations causées dans les classes laborieuses par un chômage forcé ou par l'injuste réduction des salaires que leur impose impunément la puissante coalition des capitalistes, bien souvent des familles entières d'artisans sont, grâce à la détention préventive, dans une position aussi déplorable que celle de la famille de Dagobert par l'arrestation d'Agricol, arrestation due d'ailleurs aux manœuvres de Rodin et des siens, ainsi qu'on le verra plus tard.

Et à propos de la détention préventive, qui atteint souvent des ouvriers honnêtes, laborieux, presque toujours poussés à la fâcheuse extrémité des coalitions par l'*inorganisation* du travail et par l'*insuffisance des salaires*, il est, selon nous, pénible de voir la loi, qui doit être égale pour tous, refuser à ceux-ci ce qu'elle accorde à ceux-là... parce que ceux-là peuvent disposer d'une certaine somme d'argent.

Dans plusieurs circonstances, l'homme riche, moyennant *caution*, peut échapper aux ennuis, aux inconvéniens d'une incarcération préventive ; il consigne une somme d'argent ; il donne sa parole de se représenter à un jour fixé, et il retourne à ses plaisirs, à ses occupations ou aux douces joies de la famille...

Rien de mieux : tout accusé est présumé innocent, on ne saurait trop se pénétrer de cette indulgente maxime. Tant mieux pour le riche, puisqu'il peut user du bénéfice de la loi.

Mais le pauvre?... Non-seulement il n'a pas de caution à fournir, car il n'a d'autre capital que son labeur quotidien ; mais c'est surtout pour lui, pauvre, que les rigueurs d'une incarcération préventive sont funestes, terribles...

Pour l'homme riche, la prison... c'est le manque d'aises et de bien-être... c'est l'ennui, c'est le chagrin d'être séparé des siens... certes cela mérite intérêt, toutes peines sont pitoyables, et les larmes du riche séparé de ses enfans sont aussi amères que les larmes du pauvre éloigné de sa famille...

Mais l'absence du riche ne condamne pas les siens au jeûne, ni au froid, ni à ces maladies incurables causées par l'épuisement et la misère...

Au contraire... pour l'artisan... la prison, c'est la détresse, c'est le dénûment, c'est quelquefois la mort des siens...

Ne possédant rien, il est incapable de fournir une caution; on l'emprisonne...

Mais s'il y a, comme cela se rencontre fréquemment, un père ou une mère infirmes, une femme malade ou des enfans au berceau?

Que deviendra cette famille infortunée? Elle pouvait à peine vivre au jour le jour du salaire de cet homme, salaire presque toujours insuffisant; et voici que tout à coup cet unique soutien vient à manquer pendant trois ou quatre mois.

Que fera cette famille? A qui avoir recours? Que deviendront ces vieillards infirmes, ces femmes valétudinaires, ces petits enfans hors d'état de pouvoir gagner leur pain quotidien? S'il y a, par hasard, un peu de linge et quelques vêtemens à la maison, on portera le tout au mont-de-piété; avec cette ressource on vivra peut-être une semaine... mais ensuite? Et si l'hiver vient ajouter ses rigueurs à cette effrayante et inévitable misère?

Alors l'artisan prisonnier verra par la pensée, pendant ses longues nuits d'insomnie, ceux qui lui sont chers, hâves, décharnés, épuisés de besoin, couchés presque nus sur une paille sordide, et cherchant, en se pressant les uns contre les autres, à réchauffer leurs membres glacés...

Puis, si l'artisan sort acquitté, c'est la ruine, c'est le deuil qu'il trouve au retour dans sa pauvre demeure.

Et puis enfin, après un chômage si long, ses relations de travail sont rompues; que de jours perdus pour retrouver de l'ouvrage! et un jour sans labeur, c'est un jour sans pain...

Répétons-le, si la loi n'offrait pas, dans certaines circonstances, à ceux qui sont riches, le bénéfice de la *caution*, on ne pourrait que gémir sur des malheurs privés et inévitables : mais, puisque la loi consent à mettre provisoirement en liberté ceux qui possèdent une certaine somme d'argent, pourquoi prive-t-elle de cet avantage ceux-là surtout pour qui la liberté est indispensable, puisque la liberté, c'est pour eux la vie, l'existence de leurs familles?

A ce déplorable état de choses, est-il un remède? Nous le croyons.

Le *minimum* de la caution exigée par la loi est de CINQ CENT FRANCS. Or, cinq cents francs représentent en terme moyen SIX MOIS de travail d'un ouvrier laborieux. Qu'il ait une femme et deux enfans (et c'est aussi le terme moyen de ses charges), il est évident qu'il lui est matériellement impossible d'avoir jamais économisé une pareille somme. Ainsi, exiger de lui cinq cents francs pour lui accorder la liberté de soutenir sa famille, c'est le mettre virtuellement hors du bénéfice de la loi, lui qui, plus que personne, aurait le droit d'en jouir de par les conséquences désastreuses que sa détention préventive entraîne pour les siens.

Ne serait-il pas équitable, humain et d'un noble, d'un salutaire exemple, d'accepter, dans tous les cas où la caution est admise (et lorsque la probité de l'accusé serait honorablement constatée), d'accepter les *garanties morales* de ceux à qui leur pauvreté ne permet pas d'offrir de *garanties matérielles*, et qui n'ont d'autre capital que leur travail et leur probité, d'*accepter leur foi d'honnêtes gens* de se présenter au jour du jugement? Ne serait-il pas moral et grand, surtout dans ces temps-ci, de rehausser ainsi la valeur de la promesse jurée, et d'élever assez l'homme à ses propres yeux pour que son serment soit regardé comme une garantie suffisante? Méconnaîtra-t-on assez la dignité de l'homme pour crier à l'utopie, à l'impossibilité? Nous demanderons si l'on a vu beaucoup de prisonniers de guerre sur parole se parjurer et si ces soldats et ces officiers n'étaient pas presque tous des enfans du peuple?

Sans exagérer nullement la vertu du serment chez les classes laborieuses, probes et pauvres, nous sommes certain que l'engagement pris par l'accusé de comparaître au jour du jugement serait toujours exécuté, non-seulement c avec fidélité, avec loyauté, mais encore avec une profonde reconnaissance, puisque sa famille n'aurait pas souffert de son absence, grâce à l'indulgence de la loi.

Il est d'ailleurs un fait dont la France doit s'enorgueillir; c'est que généralement sa magistrature, aussi misérablement rétribuée que l'armée, est savante, intègre, humaine et indépendante; elle a conscience de son utile et imposant sacerdoce; plus que tout autre corps, elle peut et elle sait charitablement apprécier les maux et les douleurs immenses des classes laborieuses de la société, avec laquelle elle est si souvent en contact. On ne saurait donc accorder trop de latitude aux magistrats dans l'appréciation des cas où la *caution morale*, la seule que puisse donner l'honnête homme nécessiteux, serait admise.

Enfin, si ceux qui font les lois et ceux qui nous gouvernent avaient du peuple une opinion assez outrageante pour repousser avec un injurieux dédain les idées que nous émettons, ne pourrait-on pas au moins demander que *le minimum de la caution fût tellement abaissé qu'il devint abordable à ceux qui ont tant besoin d'échapper aux stériles rigueurs d'une détention préventive?*

Ne pourrait-on prendre, pour dernière limite, le salaire moyen d'un artisan pendant un mois? Soit : *quatre-vingts francs*. Ce serait encore exorbitant; mais enfin, les amis aidant, le mont-de-piété aidant, quelques avances aidant, *quatre-vingts francs* se trouveraient, rarement il est vrai, mais du moins quelquefois, et ce serait toujours plusieurs familles arrachées à d'affreuses misères.

Cela dit, passons et revenons à la famille de Dagobert qui, par suite de la détention préventive d'Agricol, se trouvait dans une position si désespérée.

. . . .

Les angoisses de la femme de Dagobert augmentaient en raison de ses réflexions, car, en comptant les filles du général Simon, on voit que quatre personnes se trouvaient absolument sans ressources; mais il faut l'avouer, l'excellente mère pensait moins à elle qu'au chagrin que devrait éprouver son fils en songeant à la déplorable position où elle se trouvait.

A ce moment on frappa à la porte.

Qui est là? — dit Françoise.

— C'est moi, madame Françoise... moi... le père Loriot.

— Entrez, dit la femme de Dagobert.

Le teinturier, qui remplissait les fonctions de portier, parut à la porte de la chambre... Au lieu d'avoir les bras et les mains d'un vert-pomme éblouissant, il les avait ce jour-là d'un violet magnifique.

— Madame Françoise, — dit le père Loriot — c'est une lettre que le *donneux* d'eau bénite de Saint-Merry vient d'apporter de la part de M. l'abbé Dubois, en recommandant de vous la monter tout de suite;... il a dit que c'était très pressé...

— Une lettre de mon confesseur? — dit Françoise étonnée; puis la prenant, elle ajouta : — Merci, père Loriot.

— Vous n'avez besoin de rien, madame Françoise?

— Non, père Loriot.

— Serviteur, la compagnie.

Et le teinturier sortit.

— La Mayeux, veux-tu me lire cette lettre? — dit Françoise, assez inquiète de cette missive.

— Oui, madame.

Et la jeune fille lut ce qui suit :

« Ma chère madame Baudoin,

« J'ai l'habitude de vous entendre les mardis et les samedis, mais je ne se-
» rai libre ni demain ni samedi; venez donc ce matin, le plus tôt possible,
» à moins que vous ne préfériez rester une semaine sans approcher du tri-
» bunal de la pénitence. »

— Une semaine... juste ciel... — s'écria la femme de Dagobert — hélas! je ne sens que trop le besoin de m'en approcher aujourd'hui même, dans le trouble et le chagrin où je suis.

Puis s'adressant aux orphelines : « Le bon Dieu a entendu les prières que je lui ai faites pour vous, mes chères demoiselles... puisque aujourd'hui même je vais pouvoir consulter un digne et saint homme sur les grands dangers que vous courez sans le savoir... pauvres chères âmes si innocentes, et pourtant si coupables, quoiqu'il n'y ait pas de votre faute !... Ah ! le Seigneur m'est témoin que mon cœur saigne pour vous autant que pour mon fils...

Rose et Blanche se regardèrent, interdites, car elles ne comprenaient pas les craintes que l'état de leur âme inspirait à la femme de Dagobert.

Celle-ci, en s'adressant à la jeune ouvrière : — Ma bonne Mayeux, il faut que tu me rendes encore un service.

— Parlez, madame Françoise.

— Mon mari a emporté pour son voyage à Chartres la paye de la semaine d'Agricol. C'est tout ce qu'il y avait d'argent à la maison ; je suis sûre que mon pauvre enfant n'a pas un sous sur lui... et en prison il a peut-être besoin de quelque chose... Tu vas prendre ma timbale et mon couvert d'argent... les deux paires de draps qui restent et mon châle de bourre de soie qu'Agricol m'a donné pour ma fête ; tu porteras le tout au Mont-de-Piété... Je tâcherai de savoir dans quelle prison est mon fils... et je lui enverrai la moitié de la petite somme que tu rapporteras... et le reste... nous servira... en attendant mon mari... Mais quand il reviendra... comment ferons-nous ?... quel coup pour lui !... et avec ce coup... la misère... puisque mon fils est en prison... et que mes yeux sont perdus... Seigneur, mon Dieu... — s'écria la malheureuse mère avec une expression d'impatiente et amère douleur — pourquoi m'accabler ainsi ?... j'ai pourtant fait tout ce que j'ai pu pour mériter votre pitié... sinon pour moi, du moins pour les miens.

Puis se reprochant bientôt cette exclamation, elle reprit : — Non, non, mon Dieu ! je dois accepter tout ce que vous m'envoyez. Pardonnez-moi cette plainte, et ne punissez que moi seule.

— Courage, madame Françoise — dit la Mayeux — Agricol est innocent ; il ne peut rester longtemps en prison.

— Mais j'y songe — reprit la femme de Dagobert — d'aller au mont-de-piété, cela va te faire perdre du temps, ma pauvre Mayeux.

— Je reprendrai cela sur ma nuit... madame Françoise ; est-ce que je pourrais dormir en vous sachant si tourmentée ? Le travail me distraira.

— Mais tu dépenseras de la lumière...

— Soyez tranquille, madame Françoise, je suis un peu en avance — dit la pauvre fille, qui mentait.

— Embrasse-moi, du moins — dit la femme de Dagobert, les yeux humides — car tu es ce qu'il y a de meilleur au monde.

Et Françoise sortit en hâte.

Rose et Blanche restèrent seules avec la Mayeux ; enfin était arrivé pour elles le moment qu'elles attendaient avec tant d'impatience.

La femme de Dagobert arriva bientôt à l'église Saint-Merry, où l'attendait son confesseur.

CHAPITRE III.

LE CONFESSIONNAL.

Rien de plus triste que l'aspect de la paroisse de Saint-Merry par ce jour d'hiver bas et neigeux. Un moment Françoise fut arrêtée sous le porche par un lugubre spectacle.

Pendant qu'un prêtre murmurait quelques paroles à voix basse, deux ou trois chantres crottés, en surplis sales, psalmodiaient la prière des morts d'un air distrait et maussade autour d'un pauvre cercueil de sapin, qu'un vieillard et un enfant misérablement vêtus accompagnaient seuls en sanglotant. M. le suisse et M. le bedeau, fort contrariés d'être dérangés pour un enterrement si piteux, avaient dédaigné de revêtir leur livrée, et attendaient en bâillant d'impatience la fin de cette cérémonie, si indifférente pour la fabrique : enfin, quelques gouttes d'eau saintes tombèrent sur le cercueil, le prêtre remit le goupillon au bedeau et se retira.

Alors il se passa une de ces scènes honteuses, conséquences forcées d'un trafic ignoble et sacrilége, une de ces indignes scènes si fréquentes lorsqu'il s'agit de l'enterrement du pauvre, qui ne peut pas payer ni cierges, ni grand'messe, ni violons, car il y a maintenant des violons pour les morts (1).

Le vieillard tendit la main au bedeau pour recevoir de lui le goupillon.

— Tenez... et faites vite — dit l'homme de sacristie en soufflant dans ses doigts.

L'émotion du vieillard était profonde, sa faiblesse extrême; il resta un moment immobile, tenant le goupillon serré dans sa main tremblante. Dans cette bière était sa fille... la mère de l'enfant en haillons qui pleurait à côté de lui... Le cœur de cet homme se brisait à la pensée de ce dernier adieu... Il restait sans mouvement;... des sanglots convulsifs soulevaient sa poitrine.

— Ah çà! dépêchez-vous donc! — dit brutalement le bedeau; — est-ce que vous croyez que nous allons coucher ici?

Le vieillard se dépêcha. Il fit le signe de la croix sur le cercueil, et, se baissant, il allait placer le goupillon dans la main de son petit-fils, lorsque le sacristain, trouvant que la chose avait suffisamment duré, ôta l'aspersoir des mains de l'enfant, et fit signe aux hommes du corbillard d'enlever prestement la bière : ce qui fut fait (1).

— Etait-il lambin, ce vieux! — dit tout bas le suisse au bedeau en regagnant la sacristie — c'est à peine si nous aurons le temps de déjeuner et de nous habiller pour l'enterrement *ficelé* de ce matin;... à la bonne heure, voilà un mort qui vaut la peine... En avant la hallebarde!...

— Et les épaulettes de colonel pour donner dans l'œil à la loueuse de chaises, scélérat! — dit le bedeau d'un air narquois.

— Que veux-tu, Catillard! on est bel homme et ça se voit — répondit le suisse d'un air triomphant; je ne peux pas non plus éborgner les femmes pour leur tranquillité.

Et les deux hommes entrèrent dans la sacristie.

La vue de l'enterrement avait encore augmenté la tristesse de Françoise. Lorsqu'elle entra dans l'église, sept ou huit personnes, disséminées sur des chaises, étaient seules dans cet édifice humide et glacial.

L'un des *donneux* d'eau bénite, vieux drôle à figure rubiconde, joyeuse et avinée, voyant Françoise s'approcher du bénitier, lui dit à voix basse :

— M. l'abbé Dubois n'est pas encore entré en *boîte*, dépêchez-vous, vous aurez l'étrenne de sa barbe...

Françoise, blessée de cette plaisanterie, remercia l'irrévérencieux sacristain, se signa dévotement, fit quelques pas dans l'église et se mit à genoux sur la dalle pour faire sa prière qu'elle faisait toujours avant d'approcher du tribunal de la pénitence. Cette prière dite, elle se dirigea vers un renfoncement obscur où se voyait noyé dans l'ombre un confessionnal de chêne, dont la porte, à claire-voie, était intérieurement garnie d'un rideau noir. Les deux places de droite et de gauche se trouvaient vacantes; Françoise s'agenouilla du côté droit et resta quelque temps plongée dans les réflexions les plus amères.

Au bout de quelques minutes un prêtre de haute taille et à cheveux gris, d'une physionomie grave et sévère, portant une longue soutane noire, s'avança lentement du fond de l'un des bas côtés de l'église. Un vieux petit homme voûté, mal vêtu, s'appuyant sur un parapluie, l'accompagnait lui parlant quelquefois bas à l'oreille; alors le prêtre s'arrêtait pour l'écouter avec une profonde et respectueuse déférence. Lorsqu'ils furent auprès du confessionnal, le vieux petit homme y ayant aperçu Françoise agenouillée, regarda le prêtre d'un air interrogatif.

— C'est elle... dit ce dernier.

— Ainsi dans deux ou trois heures on attendra les deux jeunes filles au couvent de Sainte-Marie... j'y compte — dit le vieux petit homme.

— Je l'espère pour leur salut — répondit gravement le prêtre en s'inclinant. Il entra dans le confessionnal.

Le vieux petit homme quitta l'église. Ce vieux petit homme était Rodin; c'est en sortant de Saint-Merry qu'il s'était rendu dans la maison de santé, afin de s'assurer que le docteur Baleinier exécutait fidèlement ses instructions à l'égard d'Adrienne de Cardoville.

(1) A Saint-Thomas-d'Aquin. — (2) Historique.

Françoise était toujours agenouillée dans l'intérieur du confessionnal; une des châtières latérales s'ouvrit, et une voix parla. Cette voix était celle du prêtre qui, depuis vingt ans, confessait la femme de Dagobert, et avait sur elle une influence irrésistible et toute-puissante.

— Vous avez reçu ma lettre? — dit la voix.

— Oui, mon père.

— C'est bien... je vous écoute...

— Bénissez-moi, mon père, parce que j'ai péché — dit Françoise.

La voix prononça la formule de la bénédiction.

La femme de Dagobert y répondit *amen*, comme il convient; dit son *Confiteor* jusqu'à : *C'est ma faute;* rendit compte de la façon dont elle avait accompli sa dernière pénitence, et en vint à l'énumération des nouveaux péchés commis depuis l'absolution reçue. Car cette excellente femme, ce glorieux martyr du travail et de l'amour maternel, croyait toujours pécher; sa conscience était incessamment bourrelée par la crainte d'avoir commis on ne sait quelles incompréhensibles peccadilles. Cette douce et courageuse créature qui, après une vie entière de dévoûment, aurait dû se reposer dans le calme et dans la sérénité de son âme, se regardait comme une grande pécheresse, et vivait dans une angoisse incessante, car elle doutait fort de son salut.

— Mon père — dit Françoise d'une voix émue — je m'accuse de n'avoir pas fait ma prière du soir avant-hier... Mon mari, dont j'étais séparée depuis bien des années, est arrivé... Alors le trouble, le saisissement, la joie de son retour... m'ont fait commettre ce grand péché dont je m'accuse.

— Ensuite? — dit la voix avec un accent sévère qui inquiéta Françoise.

— Mon père... je m'accuse d'être retombée dans le même péché hier soir... J'étais dans une mortelle inquiétude;... mon fils ne rentrait pas... je l'attendais de minute... en minute;... l'heure a passé dans ces inquiétudes...

— Ensuite? — dit la voix.

— Mon père... je m'accuse d'avoir menti toute cette semaine à mon fils en lui disant qu'écoutant ses reproches sur la faiblesse de ma santé, j'avais bu un peu de vin à mon repas... J'ai préféré le lui laisser; il en a plus besoin que moi, il travaille tant!

— Continuez — dit la voix.

— Mon père... je m'accuse d'avoir ce matin manqué un moment de résignation en apprenant que mon pauvre fils était arrêté; au lieu de subir avec respect et reconnaissance la nouvelle épreuve que le Seigneur...m'envoyait... hélas! je me suis révoltée dans ma douleur... et je m'en accuse.

— Mauvaise semaine — dit la voix de plus en plus sévère — mauvaise semaine... toujours vous avez mis la créature avant le Seigneur... Enfin... poursuivez.

— Hélas! mon père — dit Françoise avec accablement — je le sais, je suis une grande pécheresse... et je crains d'être sur la voie de péchés bien plus graves.

— Parlez!

— Mon mari a ramené du fond de la Sibérie deux jeunes orphelines... filles de M. le maréchal Simon... Hier matin, je les ai engagées à faire leurs prières, et j'ai appris par elles, avec autant de frayeur que de désolation, qu'elles ne connaissaient aucun des mystères de la foi, quoiqu'elles soient âgées de quinze ans; elles n'ont jamais approché d'aucun sacrement, et elles n'ont pas même reçu le baptême, mon père... pas même le baptême!...

— Mais ce sont donc des idolâtres? — s'écria la voix avec un accent de surprise courroucée.

— C'est ce qui me désole, mon père, car moi et mon mari remplaçant les parens de ces jeunes orphelines, nous serions coupables des péchés qu'elles pourraient commettre, n'est-ce pas, mon père?

— Certainement... puisque vous remplacez ceux qui doivent veiller sur leur âme; le pasteur répond de ses brebis — dit la voix.

— Aussi, mon père, dans le cas où elles seraient en péché mortel, moi et mon mari nous serions en péché mortel?

— Oui — dit la voix; — vous remplacez leur père et leur mère, et le père et la mère sont coupables de tous les péchés que commettent leurs enfans, lorsque ceux-ci pèchent parce qu'ils n'ont pas reçu une éducation chrétienne.

— Hélas! mon père... que dois-je faire? Je m'adresse à vous comme à Dieu... Chaque jour, chaque heure que ces pauvres jeunes filles passent dans l'idolâtrie peut avancer leur damnation éternelle, n'est-ce pas, mon père?... — dit Françoise d'une voix profondément émue.

— Oui... — répondit la voix — et cette terrible responsabilité pèse maintenant sur vous et sur votre mari; vous avez charge d'âmes...

— Hélas! mon Dieu... prenez pitié de moi — dit Françoise en pleurant.

— Il ne faut pas vous désoler ainsi — reprit la voix d'un ton plus doux; — heureusement pour ces infortunées, elles vous ont rencontrée dans leur route... Elles auront en vous et en votre mari de bons et saints exemples... car votre mari, autrefois impie, pratique maintenant ses devoirs religieux, je suppose?

— Il faut prier pour lui, mon père... — dit tristement Françoise — la grâce ne l'a pas encore touché... C'est comme mon pauvre enfant... qu'elle n'a pas touché non plus... Ah! mon père — dit Françoise en essuyant ses larmes — ces pensées-là sont ma plus lourde croix.

— Ainsi, ni votre mari ni votre fils ne *pratiquent*... — dit la voix avec réflexion — ceci est très grave, très grave... L'éducation religieuse de ces deux malheureuses jeunes filles est tout entière à faire... Elles auront chez vous, à chaque instant sous les yeux, de déplorables exemples... Prenez garde... je vous l'ai dit... Vous avez charge d'âmes... Votre responsabilté est immense.

— Mon Dieu! mon père... c'est ce qui me désole... je ne sais comment faire. Venez à mon secours, donnez-moi vos conseils: depuis vingt ans, votre voix est pour moi la voix du seigneur.

— Eh bien! il faut vous entendre avec votre mari et mettre ces infortunées dans une maison religieuse... où on les instruira.

— Nous sommes trop pauvres, mon père, pour payer leur pension, et malheureusement encore mon fils vient d'être mis en prison pour des chants qu'il a faits.

— Voilà où mène... l'impiété... — dit sévèrement la voix; — voyez Gabriel... il a suivi mes conseils... et à cette heure... il est le modèle de toutes les vertus chrétiennes.

— Mais mon fils Agricol a aussi bien des qualités, mon père... il est si bon, si dévoué...

— Sans religion — dit la voix avec un redoublement de sévérité — ce que vous appelez des qualités sont de vaines apparences; au moindre souffle du démon elles disparaissent... car le démon demeure au fond de toute âme sans religion.

— Ah! mon pauvre fils! — dit Françoise en pleurant — je prie pourtant bien chaque jour pour que la foi l'éclaire...

— Je vous l'ai toujours dit — reprit la voix — vous avez été trop faible pour lui; à cette heure Dieu vous en punit; il fallait vous séparer de ce fils irréligieux, ne pas consacrer son impiété en l'aimant comme vous faites; quand on a un membre gangréné, a dit l'Ecriture, on se le retranche...

— Hélas! mon père... vous le savez, c'est la seule fois que je vous ai désobéi... je n'ai jamais pu me résoudre à me séparer de mon fils...

— Aussi... votre salut est-il incertain; mais Dieu est miséricordieux... ne retombez pas dans la même faute au sujet de ces deux jeunes filles que la Providence vous a envoyées pour que vous les sauviez de l'éternelle damnation; qu'elles n'y soient pas du moins plongées par une coupable indifférence.

— Ah! mon père... j'ai bien pleuré, bien prié sur elles.

— Cela ne suffit pas... ces malheureuses ne doivent avoir aucune notion du bien et du mal. Leur âme doit être un abîme de scandale et d'impuretés... élevées par une mère impie et par un soldat sans foi.

— Quant à cela, mon père — dit naïvement Françoise — rassurez-vous, elles sont douces comme des anges, et mon mari, qui ne les a pas quittées depuis leur naissance, dit qu'il n'y a pas de meilleurs cœurs.

— Votre mari a été pendant toute sa vie en péché mortel — dit rudement la voix — il n'a pas caractère pour juger de l'état des âmes, et, je vous le répète, puisque vous remplacez les parents de ces infortunées, ce n'est pas demain, c'est aujourd'hui, à l'heure même, qu'il faut travailler à leur salut, sinon vous encourrez une responsabilité terrible.

— Mon Dieu, cela est vrai, je le sais bien, mon père... et cette crainte m'est au moins aussi affreuse que la douleur de savoir mon fils arrêté... Mais, que faire?... Instruire ces jeunes filles chez nous, je ne le pourrais pas; je n'ai pas la science... je n'ai que la foi; et puis mon pauvre mari, dans son aveuglement, plaisante sur ces saintes choses, que mon fils respecte en ma présence par égard pour moi... Encore une fois, mon père... je vous en conjure, venez à mon secours... que faire? conseillez-moi.

— On ne peut pourtant pas abandonner à une effroyable perdition ces deux jeunes âmes — dit la voix après un moment de silence; — il n'y a pas deux moyens de salut... il n'y en a qu'un seul... les placer dans une maison religieuse, où elles ne soient entourées que de saints et pieux exemples.

— Ah! mon père, si nous n'étions pas si pauvres, ou du moins si je pouvais encore travailler, je tâcherais de gagner de quoi payer leur pension, de faire comme j'ai fait pour Gabriel... Malheureusement, ma vue est complétement perdue; mais, j'y pense, mon père... vous connaissez tant d'âmes charitables... si vous pouviez les intéresser en faveur de ces deux pauvres orphelines?

— Mais leur père, où est-il?

— Il était dans l'Inde; mon mari m'a dit qu'il doit arriver en France prochainement... mais rien n'est certain... et puis encore une chose, mon père: le cœur me saignait de voir ces pauvres enfans partager notre misère... et elle va être bien grande;... car nous ne vivons que du travail de mon fils.

— Ces jeunes filles n'ont donc aucun parent ici? — dit la voix.

— Je ne crois pas, mon père.

— Et c'est leur mère qui les a confiées à votre mari pour les amener en France?

— Oui, mon père; et il a été obligé de partir hier pour Chartres pour une affaire très pressée, m'a-t-il dit.

(On se rappelle que Dagobert n'avait pas jugé à propos d'instruire sa femme des espérances que les filles du maréchal Simon devaient fonder sur la médaille, et qu'elles-mêmes avaient reçu du soldat l'expresse recommandation de n'en pas parler même à Françoise.)

— Ainsi — reprit la voix après quelques momens de silence — votre mari n'est pas à Paris?

— Non, mon père... il reviendra sans doute ce soir ou demain matin...

— Ecoutez — dit la voix après une nouvelle pause — chaque minute perdue pour le salut de ces deux jeunes filles est un nouveau pas qu'elles font dans une voix de perdition... D'un moment à l'autre, la main de Dieu peut s'appesantir sur elles, car lui seul sait l'heure de notre mort; et mourant dans l'état où elles sont, elles seraient damnées peut-être pour l'éternité; dès aujourd'hui même, il faut donc ouvrir leurs yeux à la lumière divine... et les mettre dans une maison religieuse... tel est votre devoir, tel serait votre désir?

— Oh! oui... mon père!... mais malheureusement je suis trop pauvre, je vous l'ai dit.

— Je le sais, ce n'est ni le zèle ni la foi qui vous manquent; mais fussiez-vous capable de diriger ces jeunes filles, les exemples impies de votre mari, de votre fils, détruiraient quotidiennement votre ouvrage... d'autres doivent donc faire pour ces orphelines, au nom de la charité chrétienne, ce que vous ne pouvez faire... vous qui répondez d'elle... devant Dieu.

— Ah! mon père... si grâce à vous cette bonne œuvre s'accomplissait, quelle serait ma reconnaissance!

— Cela n'est pas impossible;... je connais la supérieure d'un couvent où les jeunes filles seraient instruites comme elles doivent l'être;... le prix de leur pension serait diminué en raison de leur pauvreté; mais si minime qu'elle soit, il faudrait la payer. Il y a aussi un trousseau à fournir... Cela, pour vous, serait encore trop cher?

— Hélas, oui... mon père!

— En prenant un peu sur mon fonds d'aumônes, en m'adressant à certaines personnes généreuses, je pourrais compléter la somme nécessaire... et faire ainsi recevoir les jeunes filles au couvent.

— Ah! mon père... vous êtes mon sauveur... et celui de ces enfans...

— Je le désire... mais dans l'intérêt même de leur salut, et pour que ces mesures soient efficaces, je dois mettre plusieurs conditions à l'appui que je vous offre.

— Ah! dites-les, mon père, elles sont acceptées d'avance. Vos commandemens sont tout pour moi.

— D'abord elles seront conduites ce matin même au couvent par ma gouvernante... à qui vous les amènerez tout à l'heure.

— Ah! mon père... c'est impossible! — s'écria Françoise.

— Impossible! et pourquoi?

— En l'absence de mon mari...

— Eh bien?

— Je n'ose prendre une détermination pareille sans le consulter.

— Non-seulement il ne faut pas le consulter, mais il faut que ceci soit fait pendant son absence...

— Comment, mon père, je ne pourrais pas attendre son retour?

— Pour deux raisons — reprit sévèrement la voix — il faut vous en garder : d'abord parce que, dans son impiété endurcie, il voudrait certainement s'opposer à votre sage et pieuse résolution; puis il est indispensable que les jeunes filles rompent toute relation avec votre mari, et, pour cela, il faut qu'il ignore le lieu de leur retraite.

— Mais, mon père — dit Françoise en proie à une hésitation et un embarras cruel — c'est à mon mari que l'on a confié ces enfans; et disposer d'elles sans son aveu... c'est...

La voix interrompit Françoise.

— Pouvez-vous, oui ou non, instruire ces jeunes filles chez vous?

— Non, mon père, je ne le peux pas.

— Sont-elles, oui ou non, exposées à rester dans l'impénitence finale en demeurant chez vous?

— Oui, mon père, elles y sont exposées.

— Etes-vous, oui ou non, responsable des péchés mortels qu'elles peuvent commettre, puisque vous remplacez leurs parens?

— Hélas, oui, mon père, j'en suis responsable devant Dieu!

— Est-ce, oui ou non, dans l'intérêt de leur salut éternel que je vous enjoins de les mettre au couvent aujourd'hui même?

— C'est pour leur salut, mon père.

— Eh bien! maintenant choisissez...

— Je vous en supplie, mon père, dites-moi si j'ai le droit de disposer d'elles sans l'aveu de mon mari.

— Le droit! mais il ne s'agit pas seulement de droit; il s'agit pour vous d'un devoir sacré. Ce serait, n'est-ce pas, votre devoir d'arracher ces infortunées du milieu d'un incendie, malgré la défense de votre mari ou en son absence? Eh bien! ce n'est pas d'un incendie qui ne brûle que le corps que vous devez les arracher... c'est d'un incendie où leur âme brûlerait pour l'éternité.

— Excusez-moi, je vous en supplie, si j'insiste, mon père — dit la pauvre femme, dont l'indécision et les angoisses augmentaient à chaque minute — éclairez-moi dans mes doutes... puis-je agir ainsi après avoir juré obéissance à mon mari?

— Obéissance pour le bien... oui;... pour le mal, jamais! et vous convenez vous-même que, grâce à lui, le salut de ces orphelines serait compromis, impossible peut-être.

— Mais, mon père — dit Françoise en tremblant — lorsqu'il va être de retour, mon mari me demandera où sont ces enfans... Il me faudra donc lui mentir?

— Le silence n'est pas un mensonge, vous lui direz que vous ne pouvez répondre à sa question.

— Mon mari est le meilleur des hommes; mais une telle réponse le mettra hors de lui... il a été soldat... et sa colère sera terrible... mon père — dit Françoise, en frémissant à cette pensée.

— Et sa colère serait cent fois plus terrible encore, que vous devriez la braver, vous glorifier de la subir pour une si sainte cause! — s'écria la voix avec indignation. — Croyez-vous donc que l'on fasse si facilement son salut sur cette terre?... Et depuis quand le pécheur qui veut sincèrement servir le Seigneur songe-t-il aux pierres et aux épines où il peut se meurtrir et se déchirer?

— Pardon, mon père... pardon — dit Françoise avec une résignation accablante. — Permettez-moi encore une question, une seule! Hélas! si vous ne me guidez... qui me guidera?

— Parlez.

— Lorsque M. le maréchal Simon arrivera, il demandera ses enfans à mon mari... Que pourra-t-il répondre, à son tour; à leur père, lui?

— Lorsque M. le maréchal Simon arrivera, vous me le ferez savoir à l'instant, et alors... j'aviserai; car les droits d'un père ne sont sacrés qu'autant qu'il en use pour le salut de ses enfans. Avant le père, au-dessus du père, il y a le Seigneur, que l'on doit d'abord servir. Ainsi, réfléchissez bien. En acceptant ce que je vous propose, ces jeunes filles sont sauvées — elles ne vous sont pas à charge — elles ne partagent pas votre misère — elles sont élevées dans une sainte maison, selon que doivent l'être, après tout, les filles d'un maréchal de France. — De sorte que lorsque leur père arrivera à Paris, S'IL EST DIGNE DE LES REVOIR... au lieu de trouver en elles de pauvres idolâtres à demi-sauvages, il trouvera deux jeunes filles pieuses, instruites, modestes, bien élevées, qui, étant agréables à Dieu, pourront invoquer sa miséricorde pour leur père, qui en a grand besoin, car c'est un homme de violence, de guerre et de bataille. Maintenant, décidez. Voulez-vous, au péril de votre âme, sacrifier l'avenir de ces deux jeunes filles dans ce monde et dans l'autre, à la crainte impie de la colère de votre mari?

Quoique rude et entaché d'intolérance, le langage du confesseur de Françoise était (à son point de vue, à lui) raisonnable et juste, parce que ce prêtre honnête et sincère était convaincu de ce qu'il disait; aveugle instrument de Rodin, ignorant dans quel but on le faisait agir, il croyait fermement en forçant, pour ainsi dire, Françoise à mettre ces jeunes filles au couvent, remplir un pieux devoir. Tel était, tel est d'ailleurs un des plus merveilleux ressorts de l'*ordre* auquel appartenait Rodin : c'est d'avoir pour complices des gens honnêtes et sincères qui ignorent les machinations dont ils sont pourtant les acteurs les plus importans.

Françoise, habituée depuis longtemps à subir l'influence de son confesseur, ne trouva rien à répondre à ses dernières paroles. Elle se résigna donc; mais elle frissonna d'épouvante en songeant à la colère désespérée qu'éprouverait Dagobert en ne retrouvant plus chez lui les enfans qu'une mère mourante lui avait confiés. Or, selon son confesseur, plus cette colère et ces emportemens paraissaient redoutables à Françoise, plus elle devait mettre de pieuse humilité à s'y exposer.

Elle répondit à son confesseur: Que la volonté de Dieu soit faite, mon père, et, quoi qu'il puisse m'arriver... je remplirai mon devoir de chrétienne... ainsi que vous me l'ordonnez.

— Et le Seigneur vous saura gré de ce que vous aurez peut-être à souffrir pour accomplir ce devoir méritant... Vous prenez donc, devant Dieu, l'engagement de ne répondre à aucune des questions de votre mari, lorsqu'il vous demandera où sont les filles de M. le maréchal Simon?

— Oui, mon père, je vous le promets — dit Françoise en tressaillant.

— Et vous garderez le même silence envers M. le maréchal Simon dans le cas où il reviendrait, et où ses filles ne me paraîtraient pas encore assez solidement établies dans la bonne voie pour lui être rendues?

— Oui, mon père... dit Françoise d'une voix de plus en plus faible.

— Vous viendrez me rendre compte d'ailleurs de la scène qui se sera passée entre votre mari et vous lors de son retour.

— Oui, mon père; quand faudra-t-il conduire les orphelines chez vous, mon père?

— Dans une heure, je vais rentrer écrire à la supérieure; je laisserai la lettre à ma gouvernante; c'est une personne sûre; elle conduira elle-même les jeunes filles au couvent.

. . . .

Après avoir écouté les exhortations de son confesseur sur sa confession, et reçu l'absolution de ses nouveaux péchés, moyennant pénitence, la femme de Dagobert sortit du confessionnal.

L'église n'était plus déserte; une foule immense s'y pressait, attirée par la pompe de l'enterrement dont le suisse avait parlé au bedeau deux heures auparavant. C'est avec la plus grande peine que Françoise put arriver jusqu'à la porte de l'église, somptueusement tendue.

Quel contraste avec l'humble convoi du pauvre qui s'était le matin si timidement présenté sous le porche!

Le nombreux clergé de la paroisse, au grand complet, s'avançait alors majestueusement pour recevoir le cercueil drapé de velours : la moire et la soie des chapes et des étoles noires, leurs splendides broderies d'argent étincelaient à la lueur de mille cierges. Le suisse se prélassait dans son éblouissante livrée à épaulettes; le bedeau, portant allègrement son bâton de baleine, lui faisait vis-à-vis d'un air magistral; la voix des chantres en surplis frais et blancs tonnait en éclats formidables; les ronflemens des serpens ébranlaient les vitres; on lisait enfin sur la figure de tous ceux qui devaient prendre part à la curée de ce riche mort, de cet excellent mort, de ce mort de *première classe*, une satisfaction à la fois jubilante et contenue, qui semblait encore augmentée par l'attitude et par la physionomie des deux héritiers, grands gaillards robustes au teint fleuri, qui, sans enfreindre les lois de cette modestie charmante qui est la pudeur de la félicité, semblaient se complaire, se bercer, se dorloter dans leur lugubre et symbolique manteau de deuil.

Malgré sa candeur et sa foi naïve, la femme de Dagobert fut douloureusement frappée de cette différence révoltante entre l'accueil fait au cercueil du riche et l'accueil fait au cercueil du pauvre à la porte de la maison de Dieu; car si l'égalité est réelle, c'est devant la mort et l'éternité.

Ces deux sinistres spectacles augmentaient encore la tristesse de Françoise, qui, parvenant à grand'peine à quitter l'église, se hâta de revenir rue Brise-Miche, afin d'y prendre les orphelines et de les conduire auprès de la gouvernante de son confesseur, qui devait les mener au couvent de Sainte-Marie, situé, on le sait, tout auprès de la maison de santé du docteur Baleinier, où était renfermée Adrienne de Cardoville.

CHAPITRE IV.

MONSIEUR ET RABAT-JOIE.

La femme de Dagobert, sortant de l'église, arrivait à l'entrée de la rue *Brise-Miche*, lorsqu'elle fut accostée par le *donneux* d'eau bénite; il accourait essoufflé la prier de revenir tout de suite à Saint-Merry, l'abbé Dubois ayant à lui dire, à l'instant même, quelque chose de très important.

Au moment où Françoise retournait sur ses pas, un fiacre s'arrêtait à la porte de la maison qu'elle habitait. Le cocher quitta son siége et vint ouvrir la portière.

— Cocher — lui dit une assez grosse femme vêtue de noir, assise dans cette voiture et qui tenait un carlin sur ses genoux — demandez si c'est là que demeure madame Françoise Baudoin...

— Oui, ma bourgeoise — dit le cocher.

On a sans doute reconnu madame Grivois, première femme de madame la princesse de Saint-Dizier, accompagnée de *Monsieur*, qui exerçait sur sa maîtresse une véritable tyrannie.

Le teinturier, auquel on a déjà vu remplir les fonctions de portier, interrogé par le cocher sur la demeure de Françoise, sortit de son officine, et vint galamment à la portière pour répondre à madame Grivois qu'en effet Françoise Baudoin demeurait dans la maison, mais qu'elle n'était pas rentrée. Le père Loriot avait alors les bras, les mains et une partie de la figure d'un jaune d'or superbe. La vue de ce personnage couleur d'ocre, émut et irrita singulièrement *Monsieur*, car au moment où le teinturier portait sa main sur le rebord de la portière, le carlin poussa des jappemens affreux et le mordit au poignet.

— Ah! grand Dieu! — s'écria madame Grivois avec angoisse pendant que le père Loriot retirait vivement sa main — pourvu qu'il n'y ait rien de vénéneux dans la teinture que vous avez sur la main... mon chien est si délicat... et elle essuya soigneusement le museau camus de *Monsieur*, çà et là tacheté de jaune.

Le père Loriot, très peu satisfait des excuses qu'il s'attendait à recevoir de madame Grivois, à propos des mauvais procédés du carlin, lui dit en contenant à peine sa colère : — Madame, si vous n'apparteniez pas au sexe, ce qui fait que je vous respecte dans la personne de ce vilain animal, j'aurais eu le plaisir de le prendre par la queue, et d'en faire à la minute un chien jaune orange en le trempant dans ma chaudière de teinture qui est sur le fourneau.

— Teindre mon chien en jaune!... — s'écria madame Grivois, qui, fort courroucée, descendit du fiacre en serrant tendrement *Monsieur* contre sa poitrine et toisant le père Loriot d'un regard irrité.

— Mais, madame, je vous ai dit que madame Françoise n'était pas rentrée — dit le teinturier en voyant la maîtresse du carlin se diriger vers le sombre escalier.

— C'est bon, je l'attendrai — dit sèchement madame Grivois. — A quel étage demeure-t-elle? — Au quatrième — dit le père Loriot en rentrant brusquement dans sa boutique.

Et il se dit à lui-même, souriant complaisamment à cette idée scélérate : J'espère bien que le grand chien du père Dagobert sera de mauvaise humeur, et qu'il fera faire *en avant-deux* par la peau du cou à ce gueux de carlin !

Madame Grivois monta péniblement le rude escalier, s'arrêtant à chaque palier pour reprendre haleine, et regardant autour d'elle avec un profond dégoût. Enfin elle atteignit le quatrième étage, s'arrêta un instant à la porte de l'humble chambre où se trouvaient alors les deux sœurs et la Mayeux.

La jeune ouvrière s'occupait à rassembler les différens objets qu'elle devait porter au mont-de-piété.

Rose et Blanche semblaient bien heureuses et un peu rassurées sur l'avenir; elles avaient appris de la Mayeux qu'elles pourraient, en travaillant beaucoup, puisqu'elles savaient coudre, gagner à elles deux huit francs par semaine, petite somme qui serait du moins une ressource pour la famille.

La présence de madame Grivois chez Françoise Baudoin était motivée par une nouvelle détermination de l'abbé d'Aigrigny et de la princesse de Saint-Dizier; ils avaient trouvé plus prudent d'envoyer madame Grivois, sur laquelle ils comptaient aveuglément, chercher les jeunes filles chez Françoise, celle-ci venant d'être prévenue par son confesseur que ce n'était pas à sa gouvernante, mais à une dame qui se présenterait avec un mot de lui, que les jeunes filles devaient être confiées pour être conduites dans une maison religieuse.

Après avoir frappé, la femme de confiance de la princesse de Saint-Dizier entra, et demanda Françoise Baudoin.

— Elle n'y est pas, madame — dit timidement la Mayeux, assez étonnée de cette visite, et baissant les yeux devant le regard de cette femme.

— Alors je vais l'attendre, car j'ai à lui parler de choses très importantes — répondit madame Grivois en examinant avec autant de curiosité que d'attention la figure des deux orphelines, qui, très interdites, baissèrent aussi les yeux.

Ce disant, madame Grivois s'assit, non sans quelque répugnance, sur le vieux fauteuil de la femme de Dagobert; croyant alors pouvoir laisser *Monsieur* en liberté, elle le déposa précieusement sur le carreau.

Mais aussitôt une sorte de grondement sourd, profond, caverneux, retentit derrière le fauteuil, fit bondir madame Grivois et pousser un jappement d'effroi au carlin, qui, frissonnant dans son embonpoint, se réfugia auprès de sa maîtresse avec tous les symptômes d'une frayeur courroucée.

— Comment! est-ce qu'il y a un chien ici?... — s'écria madame Grivois en se baissant précipitamment pour reprendre *Monsieur*.

Rabat-Joie, comme s'il eût voulu répondre lui-même à cette question, se leva lentement de derrière le fauteuil où il était couché, et apparut tout à coup bâillant et s'étirant.

A la vue de ce robuste animal et des deux rangs de formidables crocs acérés qu'il semblait complaisamment étaler en ouvrant sa large gueule, madame Grivois ne put s'empêcher de jeter un cri d'effroi ; le hargneux carlin avait d'abord tremblé de tous ses membres en se trouvant en face de Rabat-Joie ; mais une fois en sûreté sur les genoux de sa maîtresse, il commença de grogner insolemment et de jeter sur le chien de Sibérie les regards les plus provocans ; mais le digne compagnon de feu Jovial répondit dédaigneusement par un nouveau bâillement ; après quoi, flairant avec une sorte d'inquiétude les vêtemens de madame Grivois, il tourna le dos à *Monsieur*, et alla s'étendre aux pieds de Rose et Blanche, dont il ne détourna plus ses grands yeux intelligens, comme s'il eût pressenti qu'un danger les menaçait.

— Faites sortir ce chien d'ici — dit impérieusement madame Grivois ; — il effarouche le mien, et pourrait lui faire du mal.

— Soyez tranquille, madame — répondit Rose en souriant ; — Rabat-Joie n'est pas méchant quand on ne l'attaque pas.

— Il n'importe ! — s'écria madame Grivois ; — un malheur est bientôt arrivé. Rien qu'à voir cet énorme chien avec sa tête de loup... et ses dents effroyables, on tremble du mal qu'il peut faire... Je vous dis de le faire sortir...

Madame Grivois avait prononcé ces derniers mots d'un ton irrité dont le diapason sonna mal aux oreilles de Rabat-Joie : il grogna en montrant les dents et en tournant la tête du côté de cette femme inconnue pour lui.

— Taisez-vous, *Rabat-Joie* — dit sévèrement Blanche.

Un nouveau personnage entrant dans la chambre mit un terme à cette position, assez embarrassante pour les jeunes filles. Cet homme était un commissionnaire ; il tenait une lettre à la main.

— Que voulez, monsieur ? — lui demanda la Mayeux.

— C'est une lettre très pressée d'un digne homme, le mari de la bourgeoise d'ici ; le teinturier d'en bas m'a dit de monter, quoiqu'elle n'y soit pas.

— Une lettre de Dagobert ! — s'écrièrent Rose et Blanche avec une vive expression de plaisir et de joie — il est donc de retour ? et où est-il ?

— Je ne sais pas si ce brave homme s'appelle Dagobert — dit le commissionnaire — mais c'est un vieux troupier décoré, à moustaches grises ; il est à deux pas d'ici, au bureau des voitures de Chartres.

— C'est bien lui !... — s'écria Blanche. — Donnez la lettre...

Le commissionnaire la donna, et la jeune fille l'ouvrit en toute hâte.

Madame Grivois était foudroyée ; elle savait qu'on avait éloigné Dagobert afin de pouvoir faire agir sûrement l'abbé Dubois sur Françoise ; tout avait réussi : celle-ci consentait à confier les deux jeunes filles à des mains religieuses, et au même instant le soldat arrivait, lui que l'on devait croire absent de Paris pour deux ou trois jours : ainsi son brusque retour ruinait cette laborieuse machination au moment même où il ne restait qu'à en recueillir les fruits.

— Ah ! mon Dieu ! — dit Rose après avoir lu la lettre... — quel malheur !...

— Quoi donc, ma sœur ? — s'écria Blanche.

— Hier, à moitié chemin de Chartres, Dagobert s'est aperçu qu'il avait perdu sa bourse. Il n'a pu continuer son voyage : il a pris à crédit une place pour revenir, et il demande à sa femme de lui envoyer de l'argent au bureau de la diligence, où il attend.

— C'est ça — dit le commissionnaire — car le digne homme m'a dit : — Dépêche-toi, mon garçon ; car, tel que tu me vois, je suis en gage.

— Et rien... rien... à la maison — dit Blanche. — Mon Dieu ! comment donc faire ?

A ces mots, madame Grivois eut un moment d'espoir, bientôt détruit par la Mayeux, qui reprit tout à coup en montrant le paquet qu'elle arrangeait :

— Tranquillisez-vous, mesdemoiselles... voici une ressource... le bureau du mont-de-piété où je vais porter ceci n'est pas loin... je toucherai l'argent, et j'irai le donner tout de suite à M. Dagobert : dans une heure au plus tard il sera ici !

— Ah ! ma chère Mayeux, vous avez raison — dit Rose — que vous êtes bonne ! vous songez à tout...

— Tenez — reprit Blanche — l'adresse est sur la lettre du commissionnaire, prenez-la.

— Merci, mademoiselle — reprit la Mayeux ; puis elle dit au commissionnaire : — Retournez auprès de la personne qui vous envoie, et dites-lui que je serai tout à l'heure au bureau de la voiture.

— Infernale bossue ! — pensait madame Grivois avec une colère concentrée — elle pense à tout ; sans elle on échappait au retour inattendu de ce maudit homme... Comment faire maintenant ?... ces jeunes filles ne voudront pas me suivre avant l'arrivée de la femme du soldat... leur proposer de les emmener auparavant serait m'exposer à un refus et tout compromettre. Encore une fois, mon Dieu, comment faire ?

— Ne soyez pas inquiète, mademoiselle — dit le commissionnaire en sortant ; — je vais rassurer ce digne homme, et le prévenir qu'il ne restera pas longtemps en plan dans le bureau.

Pendant que la Mayeux s'occupait de nouer son paquet et d'y mettre la timbale et le couvert d'argent, madame Grivois réfléchissait profondément. Tout à coup elle tressaillit. Sa physionomie, depuis quelques instans sombre, inquiète et irritée, s'éclaircit soudainement : elle se leva, tenant toujours *Monsieur* sous son bras, et dit aux jeunes filles : — Puisque madame Françoise ne revient pas, je vais faire une visite tout près d'ici, je serai de retour à l'instant ; veuillez l'en prévenir.

Ce disant, madame Grivois sortit quelques minutes après la Mayeux.

CHAPITRE V.

LES APPARENCES.

Après avoir encore rassuré les deux orphelines, la Mayeux descendit à son tour, non sans peine, car elle était montée chez elle afin d'ajouter au paquet, déjà lourd, une couverture de laine, la seule qu'elle possédât, et qui la garantissait un peu du froid dans son taudis glacé.

La veille, accablée d'angoisses sur le sort d'Agricol, la jeune fille n'avait pu travailler ; les tourmens de l'attente, de l'espoir et de l'inquiétude l'en avaient empêchée : sa journée allait encore être perdue, et pourtant il fallait vivre.

Les chagrins accablans, qui brisent chez le pauvre jusqu'à la faculté du travail, sont doublement terribles ; ils paralysent ses forces ; et, avec ce chômage imposé par la douleur, arrivent le dénûment, la détresse.

Mais la Mayeux, ce type complet et touchant du *devoir évangélique*, avait encore à se dévouer, à être utile, et elle en trouvait la force. Les créatures les plus frêles, les plus chétives, sont parfois douées d'une vigueur d'âme extraordinaire ; on dirait que chez ces organisations physiquement infirmes et débiles l'esprit domine assez le corps pour lui imprimer une énergie factice.

Ainsi la Mayeux, depuis vingt-quatre heures, n'avait ni mangé ni dormi ; elle avait souffert du froid pendant une nuit glacée. Le matin elle avait enduré de violentes fatigues en traversant Paris deux fois, par la pluie et par la neige, pour aller rue de Babylone ; et pourtant ses forces n'étaient pas à bout, tant la puissance du cœur est immense.

La Mayeux venait d'arriver au coin de la rue Saint-Merry.

Depuis le récent complot de la rue des Prouvaires, on avait mis en observation dans ce quartier populeux un plus grand nombre d'agens de police et de sergens de ville que l'on n'en met ordinairement.

La jeune ouvrière, bien qu'elle courbât sous le poids de son paquet, courait presque en longeant le trottoir ; au moment où elle passait auprès d'un sergent de ville, deux pièces de cinq francs tombèrent derrière elle, jetées sur ses pas par une grosse femme vêtue de noir qui la suivait.

Aussitôt cette grosse femme fit remarquer au sergent de ville les deux pièces d'argent qui venaient de tomber, et lui dit vivement quelques mots en lui désignant la Mayeux. Puis cette femme disparut à grands pas du côté de la rue Brise-Miche.

Le sergent de ville, frappé de ce que madame Grivois venait de lui dire (car c'était elle), ramassa l'argent, et courant après la Mayeux, lui cria : — Hé ! dites donc... là-bas... arrêtez... arrêtez... la femme !...

A ces cris, plusieurs personnes se retournèrent brusquement ; dans ces quartiers, un noyau de cinq ou six personnes attroupées s'augmente en une seconde et devient bientôt un rassemblement considérable.

Ignorant que les injonctions du sergent de ville lui fussent adressées, la Mayeux hâtait le pas, ne songeant qu'à arriver le plus tôt possible au mont-de-piété, et tâchant de se glisser entre les passans sans heurter personne, tant elle redoutait les railleries brutales ou cruelles que son infirmité provoquait si souvent. Tout à coup, elle entendit plusieurs personnes courir derrière elle, et au même instant une main s'appuya rudement sur son épaule.

C'était le sergent de ville, suivi d'un agent de police, qui accourait au bruit.

La Mayeux, aussi surprise qu'effrayée, se retourna. Elle se trouvait déjà au milieu d'un rassemblement, composé surtout de cette hideuse populace oisive et déguenillée, mauvaise et effrontée, abrutie par l'ignorance, par la misère, et qui bat incessamment le pavé des rues. Dans cette tourbe, on ne rencontre presque jamais d'artisans, car les ouvriers laborieux sont à leur atelier ou à leurs travaux.

— Ah ça !... tu n'entends donc pas ?... tu fais comme le chien de Jean de Nivelle — dit l'agent de police — en prenant la Mayeux si rudement par le bras qu'elle laissa tomber son paquet à ses pieds.

Lorsque la malheureuse enfant, jetant avec crainte les yeux autour d'elle, se vit le point de mire de tous ces regards insolens, moqueurs ou méchans, lorsqu'elle vit le cynisme ou la grossièreté grimacer sur toutes ces figures ignobles, crapuleuses, elle frémit de tous ses membres et devint d'une pâleur effrayante.

L'agent de police lui parlait sans doute grossièrement ; mais comment parler autrement à une pauvre fille contrefaite, pâle, effarée, aux traits altérés par la frayeur et par le chagrin, à une créature vêtue plus que misérablement, qui porte en hiver une mauvaise robe de toile souillée de boue, trempée de neige fondue, car l'ouvrière avait été bien loin et avait marché bien longtemps... aussi l'agent de police reprit-il sévèrement, toujours de par cette loi suprême des apparences, qui fait que la pauvreté est toujours suspectée :

— Un instant... la fille, il paraît que tu es bien pressée, puisque tu laisses tomber ton argent sans le ramasser.

— Elle l'avait donc caché dans sa bosse, son argent ? — dit d'une voix enrouée un marchand d'allumettes chimiques, type hideux et repoussant de la dépravation précoce.

Cette plaisanterie fut accueillie par des rires, des cris et des huées qui portèrent au comble le trouble, la terreur de la Mayeux ; à peine put-elle répondre d'une voix faible à l'agent de police qui lui présentait les deux pièces d'argent que le sergent de ville lui avait remises :

— Mais, monsieur... cet argent n'est pas à moi.

— Vous mentez — reprit le sergent de ville en s'approchant — une dame respectable l'a vu tomber de votre poche...

— Monsieur... je vous assure que non... — répondit la Mayeux toute tremblante.

— Je vous dis que vous mentez — reprit le sergent — même que cette dame, frappée de votre air criminel et effarouché, m'a dit en vous montrant :
— Regardez donc cette petite bossue qui se sauve avec un gros paquet, et qui laisse tomber de l'argent sans le ramasser... ce n'est pas naturel.

— Sergent — reprit de sa voix enrouée le marchand d'allumettes chimiques — sergent, défiez-vous... tâtez-y donc sa bosse, c'est là son magasin... Je suis sûr qu'elle y cache encore des bottes, des manteaux, un parapluie et des pendules... Je viens d'entendre sonner l'heure dans son dos, à c'te bombée.

Nouveaux rires, nouvelles huées, nouveaux cris, car cette horrible populace est presque toujours d'une impitoyable férocité pour ce qui souffre et implore. Le rassemblement augmentait de plus en plus — c'étaient des cris rauques, des sifflets perçans, des plaisanteries de carrefour.

— Laissez donc voir, c'est gratis.
— Ne poussez donc pas, j'ai payé ma place.
— Faites-la donc monter sur quelque chose, la femme... qu'on la voie.
— C'est vrai, on m'écrase les pieds ; je n'aurai pas fait mes frais.
— Montrez-la donc ! ou rendez l'argent du monde.

— J'en veux.
— Donnez-nous-en, de la *renflée!*
— Qu'on la voie à mort!

Qu'on se figure cette malheureuse créature d'un esprit si délicat, d'un cœur si bon, d'une âme si élevée, d'un caractère si timide et si craintif... obligée d'entendre ces grossièretés et ces hurlemens... seule au milieu de cette foule, dans l'étroit espace où elle se tenait avec l'agent de police et le sergent de ville. Et pourtant la jeune ouvrière ne comprenait pas encore de quelle horrible accusation elle était victime. Elle l'apprit bientôt, car l'agent de police, saisissant le paquet qu'elle avait ramassé, et qu'elle tenait entre ses deux mains tremblantes, lui dit rudement : — Qu'est-ce que tu as là-dedans?...

— Monsieur... c'est... je vais... je...

Et, dans son épouvante, l'infortunée balbutiait, ne pouvant trouver une parole.

— Voilà tout ce que tu as à répondre? dit l'agent; — il n'y a pas gras... Voyons, dépêche-toi... ouvre-lui le ventre, à ton paquet!

Et ce disant, l'agent de police, aidé du sergent de ville, arracha le paquet, l'entr'ouvrit, et dit, à mesure qu'il énumérait les objets qu'il renfermait : — Diable! des draps... un couvert... une timbale d'argent... un châle... une couverture de laine... merci... le coup n'était pas mauvais. Tu es mise comme une chiffonnière et tu as de l'argenterie... Excusez du peu!

— Ces objets-là ne vous appartiennent pas? — dit le sergent de ville.

— Non... monsieur... — répondit la Mayeux, qui sentait ses forces l'abandonner — mais je...

— Ah! mauvaise bossue, tu voles plus gros que toi!

— J'ai volé!! — s'écria la Mayeux en joignant les mains avec horreur, car elle comprenait tout alors... — moi... voler!

— La garde!... Voilà la garde! — crièrent plusieurs personnes...

— Ho hé! les pousse-cailloux!

— Les tourlourous!

— Les mangeurs de Bédouins!

— Place au 43e dromadaire.

— Régiment où l'on se fait des bosses à mort!

Au milieu de ces cris, de ces quolibets, deux soldats et un caporal s'avançaient à grand'peine; on voyait seulement, au milieu de cette foule hideuse et compacte, luire les baïonnettes et les canons de fusil.

Un officieux était allé prévenir le commandant du poste voisin de ce rassemblement considérable, qui obstruait la voie publique.

— Allons, voilà la garde; marche au poste! — dit l'agent de police en prenant la Mayeux par le bras.

— Monsieur — dit la pauvre enfant d'une voix étouffée par les sanglots en joignant les mains avec terreur et en tombant à genoux sur le trottoir — Monsieur, grâce! Laissez-moi vous dire... vous expliquer...

— Tu t'expliqueras au poste... marche!

— Mais, monsieur... je n'ai pas volé... — s'écria la Mayeux avec un accent déchirant — ayez pitié de moi; devant toute cette foule... m'emmener comme une voleuse... Oh! grâce! grâce!

— Je te dis que tu t'expliqueras au poste. La rue est encombrée... marcheras-tu, voyons !-

Et prenant la malheureuse par les deux mains, il la remit pour ainsi dire sur pied. A cet instant, le caporal et ses deux soldats, étant parvenus à traverser le rassemblement, s'approchèrent du sergent de ville.

— Caporal — dit ce dernier — conduisez cette fille au poste... je suis agent de police.

— Oh! messieurs... grâce !... — dit la Mayeux en pleurant à chaudes larmes et en joignant les mains — ne m'emmenez pas avant de m'avoir laissé vous expliquer... Je n'ai pas volé, mon Dieu! je n'ai pas volé... Je vais vous dire... c'est pour rendre service à quelqu'un... laissez-moi vous dire...

— Je vous dis que vous vous expliquerez au poste; si vous ne voulez pas marcher, on va vous traîner — dit le sergent de ville.

Il faut renoncer à peindre cette scène à la fois ignoble et terrible...

Faible, abattue, épouvantée, la malheureuse jeune fille fut entraînée par les soldats ; à chaque pas ses jambes fléchissaient, il fallut que le sergent et l'agent de police lui donnassent le bras pour la soutenir... et elle accepta machinalement cet appui. Alors les vociférations, les huées éclatèrent avec une nouvelle furie.

Marchant défaillante entre ces deux hommes, l'infortunée semblait gravir son Calvaire jusqu'au bout. Sous ce ciel brumeux, au milieu de cette rue fangeuse encadrée dans de grandes maisons noires, cette populace hideuse et fourmillante rappelait les plus sauvages élucubrations de Callot ou de Goya : des enfans en haillons, des femmes avinées, des hommes à figure sinistre et flétrie, se poussaient, se heurtaient, se battaient, s'écrasaient pour suivre en hurlant et en sifflant cette victime déjà presque inanimée, cette victime d'une détestable méprise.

D'une méprise!! en vérité, l'on frémit en songeant que de pareilles arrestations, suites de déplorables erreurs, peuvent se renouveler souvent sans d'autres raisons que le soupçon qu'inspire l'apparence de la misère, ou sans autre cause qu'un renseignement inexact... Nous nous souviendrons toujours de cette jeune fille qui, arrêtée à tort comme coupable d'un honteux trafic, trouva le moyen d'échapper aux gens qui la conduisaient, monta dans une maison, et, égarée par le désespoir, se précipita par une fenêtre et se brisa la tête sur le pavé...

Après l'abominable dénonciation dont la Mayeux était victime, madame Grivois était retournée précipitamment rue *Brise-Miche*. Elle monta en hâte les quatre étages... ouvrit la porte de la chambre de Françoise... que vit-elle ? Dagobert auprès de sa femme et des deux orphelines...

CHAPITRE VI.

LE COUVENT.

Expliquons en deux mots la présence de Dagobert.

Sa physionomie était empreinte de tant de loyauté militaire, que le directeur du bureau de diligence se fût contenté de sa parole de revenir payer le prix de sa place : mais le soldat avait obstinément voulu rester *en gage*, comme il le disait, jusqu'à ce que sa femme eût répondu à sa lettre ; aussi, au retour du commissionnaire, qui annonça qu'on allait apporter l'argent nécessaire, Dagobert, croyant sa délicatesse à couvert, se hâta de courir chez lui.

On comprend donc la stupeur de madame Grivois, lorsqu'en entrant dans la chambre elle vit Dagobert (qu'elle reconnut facilement au portrait qu'on lui en avait fait) auprès de sa femme et des orphelines.

L'anxiété de Françoise, à l'aspect de madame Grivois, ne fut pas moins profonde. Rose et Blanche avaient parlé à la femme de Dagobert d'une dame venue en son absence pour une affaire très importante ; d'ailleurs, instruite par son confesseur, Françoise ne pouvait douter que cette femme ne fût la personne chargée de conduire Rose et Blanche dans une maison religieuse. Son angoisse était terrible ; bien décidée à suivre les conseils de l'abbé Dubois, elle craignait qu'un mot de madame Grivois ne mît Dagobert sur la voie ; alors tout espoir était perdu ; alors les orphelines restaient dans cet état d'ignorance et de péché mortel dont elle se croyait responsable.

Dagobert, qui tenait entre ses mains les mains de Rose et de Blanche, se leva dès que la femme de confiance de madame de Saint-Dizier entra, et sembla interroger Françoise du regard.

Le moment était critique, décisif ; mais madame Grivois avait profité des exemples de la princesse de Saint-Dizier : aussi, prenant résolument son parti, mettant à profit la précipitation avec laquelle elle avait monté les quatre étages après son odieuse dénonciation contre la Mayeux, et l'émotion que lui causait la vue si inattendue de Dagobert, donnant à ses traits une vive expression d'inquiétude et de chagrin, elle s'écria d'une voix altérée. après un moment de silence qu'elle parut employer à calmer son agitation et à rassembler ses esprits :

— Ah! madame... je viens d'être témoin d'un grand malheur... excusez mon trouble;... mais, en vérité je suis si cruellement émue...

— Qu'y a-t-il, mon Dieu? — dit Françoise d'une voix tremblante, redoutant toujours quelque indiscrétion de madame Grivois.

— J'étais venue tout à l'heure — reprit celle-ci — pour vous parler d'une chose importante;... pendant que je vous attendais, une jeune ouvrière contrefaite a réuni divers objets dans un paquet...

— Oui... sans doute, dit Françoise — c'est la Mayeux... une excellente et digne créature...

— Je m'en doutais bien, madame; voici ce qui est arrivé : voyant que vous ne rentriez pas, je me décide à faire une course dans le voisinage... je descends... j'arrive rue Saint-Merry... ah! madame...

— Eh bien? — dit Dagobert — qu'y a-t-il?

— J'aperçois un rassemblement... je m'informe... on me dit qu'un sergent de ville venait d'arrêter une jeune fille comme voleuse, parce qu'on l'avait surprise emportant un paquet composé de différens objets qui ne paraissaient pas devoir lui appartenir... Je m'approche... que vois-je?... la jeune ouvrière qu'un instant auparavant je venais de rencontrer ici...

— Ah! la pauvre enfant! — s'écria Françoise en pâlissant et en joignant les mains avec effroi — quel malheur!

— Explique-toi donc! — dit Dagobert à sa femme; — quel était ce paquet?

— Eh bien! mon ami, il faut te l'avouer : me trouvant un peu à court... j'avais prié cette pauvre Mayeux de porter tout de suite au mont-de-piété différens objets dont nous n'avions pas besoin...

— Et on a cru qu'elle les avait volés! — s'écria Dagobert — elle... la plus honnête fille du monde; c'est affreux... Mais, madame, vous auriez dû intervenir... dire que vous la connaissiez.

— C'est ce que j'ai tâché de faire, monsieur; malheureusement je n'ai pas été écoutée... La foule augmentait à chaque instant : la garde est arrivée, et on l'a emmenée...

— Elle est capable d'en mourir, sensible et timide comme elle est! s'écria Françoise.

— Ah! mon Dieu!... cette bonne Mayeux... elle si douce et si prévenante — dit Blanche en tournant vers sa sœur des yeux humides de larmes.

— Ne pouvant rien pour elle — reprit madame Grivois — je me suis hâtée d'accourir ici pour vous faire part de cette erreur... qui, du reste, peut se réparer;... il s'agit seulement d'aller le plus tôt possible réclamer cette jeune fille.

A ces mots, Dagobert prit vivement son chapeau, et s'adressant à madame Grivois d'un ton brusque : « Mordieu! madame, vous auriez dû commencer par nous dire cela... Où est cette pauvre enfant? le savez-vous?

— Je l'ignore, monsieur ; mais il reste encore dans la rue tant de monde, tant d'agitation, que si vous avez la complaisance de descendre tout de suite vous informer... vous pourrez savoir...

— Que diable parlez-vous de complaisance, madame!... mais c'est mon devoir. Pauvre enfant — dit Dagobert — arrêtée comme une voleuse... c'est horrible... Je vais aller chez le commissaire de police du quartier ou au corps de garde, et il faudra bien que je la trouve, qu'on me la rende et que je la ramène ici.

Ce disant, Dagobert sortit précipitamment.

Françoise, rassurée sur le sort de la Mayeux, remercia le Seigneur d'avoir, grâce à cette circonstance, éloigné son mari, dont la présence en ce moment était pour elle un si terrible embarras.

Madame Grivois avait déposé *Monsieur* dans le fiacre avant de remonter, car les momens étaient précieux: lançant un regard significatif à Françoise en lui remettant la lettre de l'abbé Dubois, elle lui dit en appuyant sur chaque mot avec intention : « Vous verrez dans cette lettre, madame, quel était le but de ma visite que je n'ai pu encore vous expliquer, et dont je me félicite, du reste, puisqu'il me met en rapport avec ces deux charmantes demoiselles. »

Rose et Blanche se regardèrent toutes surprises.

Françoise prit la lettre en tremblant; il fallut les pressantes et surtout les menaçantes injonctions de son confesseur pour vaincre les derniers scrupules de la pauvre femme, car elle frémissait en songeant au terrible courroux de Dagobert; seulement, dans sa candeur, elle ne savait comment s'y prendre pour annoncer aux jeunes filles qu'elles devaient suivre cette dame.

Madame Grivois devina son embarras, lui fit signe de se rassurer, et dit à Rose, pendant que Françoise lisait la lettre de son confesseur : — Combien votre parente va être heureuse de vous voir, ma chère demoiselle!

— Notre parente, madame? — dit Rose de plus en plus étonnée.

— Mais certainement; elle a su votre arrivée ici; mais comme elle est encore souffrante d'une assez longue maladie, elle n'a pu venir elle-même aujourd'hui et m'a chargée de venir vous prendre pour vous conduire auprès d'elle... Malheureusement — ajouta madame Grivois remarquant un mouvement des deux sœurs — ainsi qu'elle le dit dans sa lettre à madame Françoise, vous ne pourrez la voir que bien peu de temps;... et dans une heure vous serez de retour ici; mais demain ou après, elle sera en état de sortir et de venir s'entendre avec madame et son mari, afin de vous emmener chez elle... car elle serait désolée que vous fussiez à charge à des personnes qui ont été si bonnes pour vous.

Ces derniers mots de madame Grivois firent une excellente impression sur les deux sœurs; ils dissipèrent leur crainte d'être désormais l'occasion d'une gêne cruelle pour la famille de Dagobert. S'il s'était agi de quitter tout à fait la maison de la rue Brise-Miche sans l'assentiment de leur ami, elles auraient sans doute hésité; mais madame Grivois parlait seulement d'une visite d'une heure. Elles ne conçurent donc aucun soupçon, et Rose dit à Françoise :

— Nous pouvons aller voir notre parente sans attendre le retour de Dagobert pour l'en prévenir, n'est-ce pas, madame?

— Sans doute — dit Françoise d'une voix faible — puisque vous serez de retour tout à l'heure.

— Maintenant... madame... je prierai ces chères demoiselles de vouloir bien m'accompagner le plus tôt possible... car je voudrais les ramener ici avant midi.

— Nous sommes prêtes, madame — dit Rose.

— Eh bien, mesdemoiselles, embrassez votre seconde mère, et venez, dit madame Grivois, qui contenait à peine son inquiétude, tremblant que Dagobert n'arrivât d'un moment à l'autre.

Rose et Blanche embrassèrent Françoise, qui, serrant entre ses bras les deux charmantes et innocentes créatures qu'elle livrait, eut peine à retenir ses larmes, quoiqu'elle eût la conviction profonde d'agir pour leur salut.

— Allons, mesdemoiselles — dit madame Grivois d'un ton affable, dépêchons-nous; pardonnez mon impatience, mais c'est au nom de votre parente que je vous parle.

Les deux sœurs, après avoir tendrement embrassé la femme de Dagobert, quittèrent la chambre et, se tenant par la main, descendirent l'escalier derrière madame Grivois, suivies à leur insu par Rabat-Joie qui marchait discrètement sur leurs pas, car en l'absence de Dagobert l'intelligent animal ne les quittait jamais.

Pour plus de précaution, sans doute la femme de confiance de madame de Saint-Dizier avait ordonné à son fiacre d'aller l'attendre à peu de distance de la rue Brise-Miche, sur la petite place du Cloître. En quelques secondes, les orphelines et leur conductrice atteignirent la voiture.

— Ah! bourgeoise — dit le cocher en ouvrant la portière — sans vous commander vous avez un gredin de chien qui n'est pas caressant tous les jours; depuis que vous l'avez mis dans ma voiture, il crie comme un brûlé, et il a l'air de vouloir tout dévorer !

En effet, *Monsieur*, qui détestait la solitude, poussait des gémissemens déplorables.

— Taisez-vous, *Monsieur*, me voici — dit madame Grivois; puis s'adressant aux deux sœurs : — Donnez-vous la peine de monter, mesdemoiselles.

Rose et Blanche montèrent.

Madame Grivois, avant d'entrer dans la voiture, donnait tout bas au cocher l'adresse du couvent de Sainte-Marie, en ajoutant d'autres instructions, lorsque tout à coup le carlin, qui avait déjà grogné d'un air hargneux lorsque les deux sœurs avaient pris place dans la voiture, se mit à japper avec furie...

La cause de cette colère était simple : Rabat-Joie, jusqu'alors inaperçu, venait de s'élancer d'un bond dans le fiacre. Le carlin, exaspéré de cette audace, oubliant sa prudence habituelle, emporté par la colère et par la méchanceté, sauta au museau de Rabat-Joie, et le mordit si cruellement, que de son côté le brave chien de Sibérie, exaspéré par la douleur, se jeta sur *Monsieur*, le prit à la gorge, et en deux coups de sa gueule puissante l'étrangla net... ainsi qu'il apparut à un gémissement étouffé du carlin déjà à demi suffoqué par l'embonpoint. Tout ceci s'était passé en moins de temps qu'il n'en faut pour l'écrire, car c'est à peine si Rose et Blanche, effrayées, avaient eu le temps de s'écrier par deux fois : — Ici, Rabat-Joie !

— Ah ! grand Dieu ! — dit madame Grivois en se retournant au bruit — encore ce monstre de chien... il va blesser *Monsieur*... Mesdemoiselles, renvoyez-le... faites-le descendre... il est impossible de l'emmener...

Ignorant à quel point Rabat-Joie était criminel, car *Monsieur* gisait inanimé sous une banquette, les jeunes filles sentant d'ailleurs qu'il n'était pas convenable de se faire accompagner de ce chien, lui dirent, en le poussant légèrement du pied, et d'un ton fâché : — Descendez, Rabat-Joie, allez-vous-en...

Le fidèle animal hésita d'abord à obéir. Triste et suppliant, il regardait les orphelines d'un air de doux reproche, comme pour les blâmer de renvoyer leur seul défenseur. Mais à un nouvel ordre sévèrement donné par Blanche, Rabat-Joie descendit, la queue basse, du fiacre, sentant peut-être d'ailleurs qu'il s'était montré quelque peu *cassant* à l'endroit de *Monsieur*.

Madame Grivois, très empressée de quitter le quartier, monta précipitamment dans la voiture ; le cocher referma la portière, grimpa sur son siége ; le fiacre partit rapidement, pendant que madame Grivois baissait prudemment les stores, de peur d'une rencontre avec Dagobert. Ces indispensables précautions prises, elle put songer à *Monsieur*, qu'elle aimait tendrement, de cette affection profonde, exagérée, que les gens d'un méchant naturel ont quelquefois pour les animaux, car on dirait qu'ils épanchent et concentrent sur eux toute l'affection qu'ils devraient avoir pour autrui ; en un mot, madame Grivois s'était passionnément attachée à ce chien hargneux, lâche et méchant, peut-être à cause d'une secrète affinité pour ses défauts ; cet attachement durait depuis six ans et semblait augmenter à mesure que l'âge de *Monsieur* avançait.

Nous insistons sur une chose en apparence puérile, parce que souvent les plus petites causes ont des effets désastreux, parce qu'enfin nous désirons faire comprendre au lecteur quels devaient être le désespoir, la fureur, l'exaspération de cette femme en apprenant la mort de son chien ; désespoir, fureur, exaspération dont les orphelines pouvaient ressentir les effets cruels.

Le fiacre roulait rapidement depuis quelques secondes, lorsque madame Grivois, qui s'était placée sur le devant de la voiture, appela *Monsieur*.

Monsieur avait d'excellentes raisons pour ne pas répondre.

— Eh bien ! vilain boudeur... — dit gracieusement madame Grivois — vous me battez froid ;... ce n'est pas ma faute si ce grand vilain chien est entré dans la voiture, n'est-ce pas, mesdemoiselles ?... Voyons... venez ici baiser votre maîtresse tout de suite et faisons la paix... mauvaise tête.

Même silence obstiné de la part de *Monsieur*.

Rose et Blanche commencèrent à se regarder avec inquiétude ; elles connaissaient les manières un peu brutales de Rabat-Joie, mais elles étaient loin pourtant de se douter de la chose.

Madame Grivois, plus surprise qu'inquiète de la persistance du carlin à méconnaître ses affectueux appels, se baissa afin de le prendre sous la banquette où elle le croyait sournoisement tapi ; elle sentit une patte, qu'elle tira impatiemment à soi en disant d'un ton moitié plaisant, moitié fâché :

— Allons, bon sujet... vous allez donner à ces chères demoiselles une jolie idée de votre odieux caractère...

Ce disant, elle prit le carlin, fort étonnée de la nonchalante *morbidezza* de ses mouvemens ; mais quel fut son effroi lorsque, l'ayant mis sur ses genoux, elle le vit sans mouvement !

— Une apoplexie ! ! — s'écria-t-elle, le malheureux mangeait trop... j'en étais sûre. — Puis se retournant avec vivacité :

— Cocher, arrêtez... arrêtez ! — s'écria madame Grivois sans songer que le cocher ne pouvait l'entendre, puis soulevant la tête de *Monsieur*, croyant qu'il n'était qu'*évanoui*, elle aperçut avec horreur la trace saignante de cinq ou six profonds coups de crocs qui ne pouvaient lui laisser aucun doute sur la cause de la fin déplorable du carlin. Son premier mouvement fut tout à la douleur, au désespoir. — Mort... s'écria-t-elle — mort!... il est déjà froid!... Mort!... ah! mon Dieu...

Et cette femme pleura.

Les larmes d'un méchant sont sinistres ;... pour qu'un méchant pleure, il faut qu'il souffre beaucoup... et chez lui la réaction de la souffrance, au lieu de détendre, d'amollir l'âme, l'enflamme d'un dangereux courroux... Aussi, après avoir cédé à ce pénible attendrissement, la maîtresse de *Monsieur* se sentit transportée de colère et de haine... oui, de haine... et de haine violente contre les jeunes filles, cause involontaire de la mort de son chien ; sa physionomie dure trahit d'ailleurs si franchement ses ressentimens, que Rose et Blanche furent effrayées de l'expression de sa figure empourprée par la colère, lorsqu'elle s'écria d'une voix altérée en leur jetant un regard furieux :

— C'est votre chien qui l'a tué, pourtant...

— Pardon, madame, ne nous en voulez pas! — s'écria Rose.

— C'est votre chien qui, le premier, a mordu Rabat-Joie — reprit Blanche d'une voix craintive.

L'expression d'effroi qui se lisait sur les traits des orphelines rappela madame Grivois à elle-même. Elle comprit les funestes conséquences que pouvait avoir son imprudente colère; dans l'intérêt même de sa vengeance, elle devait se contraindre, afin de n'inspirer aucune défiance aux filles du maréchal Simon ; ne voulant donc pas paraître revenir sur sa première impression par une transition trop brusque, elle continua pendant quelques minutes de jeter sur les jeunes filles des regards irrités; puis, peu à peu, son courroux sembla s'affaiblir et faire place à une douleur amère; enfin madame Grivois, cachant sa figure dans ses mains, fit entendre un long soupir et parut pleurer beaucoup.

— Pauvre dame! — dit tout bas Rose à Blanche — elle pleure, elle aimait sans doute son chien autant que nous aimons Rabat-Joie...

— Hélas! oui — dit Blanche — nous avons bien pleuré aussi quand notre vieux Jovial est mort...

Madame Grivois releva la tête au bout de quelques minutes, essuya définitivement ses yeux, et dit d'une voix émue presque affectueuse : — Excusez-moi, mesdemoiselles... je n'ai pu retenir un premier mouvement de vivacité, ou plutôt de violent chagrin... car j'étais tendrement attachée à ce pauvre chien... qui depuis six ans ne m'a pas quittée.

— Nous regrettons ce malheur, madame — reprit Rose; — tout notre chagrin, c'est qu'il ne soit pas réparable...

— Je disais tout à l'heure à ma sœur que nous étions d'autant plus affligées pour vous que nous avions un vieux cheval qui nous a amenées de Sibérie, et que nous avons aussi bien pleuré.

— Enfin, mes chères demoiselles... n'y pensons plus... c'est ma faute... je n'aurais pas dû l'emmener... Mais il était si triste loin de moi... Vous concevez ces faiblesses-là... quand on a bon cœur, on a bon cœur pour les bêtes comme pour les gens... Aussi c'est à votre sensibilité que je m'adresse pour être pardonnée de ma vivacité.

— Mais nous n'y pensons plus, madame... tout notre chagrin est de vous voir si désolée.

— Cela passera, mes chères demoiselles... cela passera, et l'aspect de la joie que votre parente éprouvera en vous voyant m'aidera à me consoler : elle va être si heureuse !... vous êtes si charmantes!... et puis cette singularité de vous ressembler autant entre vous semble encore ajouter à l'intérêt que vous inspirez.

— Vous nous jugez avec trop d'indulgence, madame.

— Non, certainement... et je suis sûre que vous vous ressemblez autant de caractère que de figure.

— C'est tout simple, madame — reprit Rose — Depuis notre naissance nous ne nous sommes jamais quittées d'une minute, ni pendant le jour ni pendant la nuit... Comment notre caractère ne serait-t-il pas pareil.

— Vraiment, mes chères demoiselles!... vous ne vous êtes jamais quittées d'une minute?

— Jamais, madame.

Et les deux sœurs, se serrant la main, échangèrent un ineffable sourire.

— Alors, mon Dieu! combien vous seriez malheureuses et à plaindre si vous étiez séparées l'une de l'autre!

— Oh! c'est impossible, madame — dit Blanche en souriant.

— Comment! impossible?

— Qui aurait le cœur de nous séparer?

— Sans doute, chères demoiselles, il faudrait avoir bien de la méchanceté.

— Oh! madame — reprit Blanche en souriant à son tour — même des gens très-méchans... ne pourraient pas nous séparer.

— Tant mieux, mes chères petites demoiselles; mais pourquoi?

— Parce que cela nous ferait trop de chagrin.

— Cela nous ferait mourir...

— Pauvres petites...

— Il y a trois mois on nous a emprisonnées. Eh bien! quand il nous a vues, le gouverneur de la prison, qui avait pourtant l'air très dur, a dit : Ce serait vouloir la mort de ces enfans que de les séparer... Aussi nous sommes restées ensemble et nous nous sommes trouvées aussi heureuses qu'on peut l'être en prison.

— Cela fait l'éloge de votre excellent cœur, et aussi des personnes qui ont compris tout le bonheur que vous aviez d'être réunies.

La voiture s'arrêta. On entendit le cocher crier : La porte, s'il vous plaît!

— Ah! nous voici arrivées chez votre chère parente — dit madame Grivois.

Les deux battans d'une porte s'ouvrirent, et le fiacre roula bientôt sur le sable d'une cour. Madame Grivois ayant levé un des stores, on vit une vaste cour coupée dans sa largeur par une haute muraille, au milieu de laquelle était une sorte de porche formant avant-corps et soutenu par des colonnes de plâtre. Sous ce porche était une petite porte. Au-delà du mur, on voyait le faîte et le fronton d'un très grand bâtiment construit en pierre de taille; comparée à la maison de la rue Brise-Miche, cette demeure semblait un palais; aussi Blanche dit à madame Grivois, avec une expression de naïve admiration : — Mon Dieu! madame, quelle belle habitation!

— Ce n'est rien, vous allez voir l'intérieur... c'est bien autre chose! — répondit madame Grivois.

Le cocher ouvrit la portière; quelle fut la colère de madame Grivois et la surprise des deux jeunes filles... à la vue de Rabat-Joie, qui avait intelligemment suivi la voiture, et qui, les oreilles droites, la queue frétillante, semblait, le malheureux, avoir oublié ses crimes et s'attendre à être loué de son intelligente fidélité.

— Comment! — s'écria madame Grivois, dont toutes les douleurs se renouvelèrent — cet abominable chien a suivi la voiture.

— Fameux chien, tout de même, bourgeoise — répondit le cocher — il n'a pas quitté mes chevaux d'un pas... faut qu'il ait été dressé à cela... c'est une crâne bête, à qui deux hommes ne feraient pas peur.. Quel poitrail!

La maîtresse de feu *Monsieur*, irritée des éloges peu opportuns que le cocher prodiguait à Rabat-Joie, dit aux orphelines : « Je vais vous faire conduire chez votre parente, attendez un instant dans le fiacre.

Madame Grivois alla d'un pas rapide vers le petit porche et y sonna.

Une femme vêtue d'un costume religieux y parut, et s'inclina respectueusement devant madame Grivois qui lui dit ces seuls mots : Voici les deux jeunes filles; les ordres de M. l'abbé d'Aigrigny et de la princesse sont qu'elles soient à l'instant et désormais séparées l'une de l'autre et mises en cellule, — sévère... vous entendez, ma sœur? en *cellule sévère* et au régime des *impénitentes*.

— Je vais en prévenir notre mère, et ce sera fait, — dit la religieuse en s'inclinant,

— Voulez-vous venir, mes chères demoiselles? — reprit madame Grivois aux deux jeunes filles qui avaient à la dérobée fait quelques caresses à Rabat-Joie, tant elles étaient touchées de son instinct — on va vous conduire auprès de madame votre parente, et je reviendrai vous prendre dans une demi-heure · cocher retenez bien le chien.

Rose et Blanche qui, en descendant de voiture, s'étaient occupées de Rabat-Joie, n'avaient pas remarqué la sœur tourière, qui s'était du reste à demi effacée derrière la petite porte. Aussi les deux sœurs ne s'aperçurent-elles que leur prétendue introductrice était vêtue en religieuse, que lorsque celle-ci, les prenant par la main, leur fit franchir le seuil de la porte qui, un instant après, se referma sur elles.

Lorsque madame Grivois eut vu les orphelines renfermées dans le couvent, elle dit au cocher de sortir de la cour et d'aller l'attendre à la porte extérieure.

Le cocher obéit.

Rabat-Joie, qui avait vu Rose et Blanche entrer par la petite porte du porche, y courut. Madame Grivois dit alors au portier de l'enceinte extérieure, grand homme robuste :

— Il y a dix francs pour vous, Nicolas, si vous assommez devant moi ce gros chien... qui est là... accroupi sous le porche...

Nicolas hocha la tête en contemplant la carrure et la taille de Rabat-Joie, et répondit :

— Diable! madame, assommer un chien de cette taille... ça n'est déjà pas si commode.

— Je vous donne vingt francs, là... mais tuez-le... là... devant moi...

— Il faudrait un fusil... Je n'ai là qu'un merlin de fer...

— Cela suffira... d'un coup... vous l'abattrez.

— Enfin, madame... je vas toujours essayer... mais j'en doute...

Et Nicolas alla chercher sa masse de fer.

— Oh! si j'avais la force!... dit madame Grivois.

Le portier revint avec son arme et s'approcha traîtreusement et à pas lents de Rabat-Joie, qui se tenait toujours sous le porche.

— Viens, mon garçon... viens... ici, mon bon chien... dit Nicolas en frappant sur sa cuisse de la main gauche, et tenant de sa main droite le merlin caché derrière lui.

Rabat-Joie se leva, examina attentivement Nicolas, puis devinant sans doute à sa démarche que le portier méditait quelque méchant dessein, d'un bond il s'éloigna... *tourna* l'ennemi, vit clairement ce dont il s'agissait et se tint à distance.

— Il a éventé la mèche — dit Nicolas — le gueux se défie... il ne se laissera pas approcher... c'est fini.

— Tenez... vous n'êtes qu'un maladroit — dit madame Grivois furieuse, et elle jeta cinq francs à Nicolas; — mais au moins chassez-le d'ici.

— Ça sera plus facile que de le tuer, cela, madame.

En effet, Rabat-Joie, poursuivi et reconnaissant probablement l'inutilité d'une lutte ouverte, quitta la cour et gagna la rue, mais, une fois là, se sentant pour ainsi dire sur un terrain neutre, malgré les menaces de Nicolas, il ne s'éloigna de la porte qu'autant qu'il le fallait pour être à l'abri du merlin. Aussi, lorsque madame Grivois, pâle de rage, remonta dans son fiacre, où se trouvaient les restes inanimés de *Monsieur*, elle vit avec autant de dépit que de colère Rabat-Joie, couché à quelques pas de la porte extérieure, que Nicolas venait de refermer voyant l'inutilité de ses poursuites.

Le chien de Sibérie, sûr de retrouver le chemin de la rue Brise-Miche, avec cette intelligence particulière à sa race, attendait les orphelines.

Les deux sœurs se trouvaient ainsi recluses dans le couvent de Sainte-Marie, qui, nous l'avons dit, touchait presque à la maison de santé où était enfermée Adrienne de Cardoville.

Nous conduirons maintenant le lecteur chez la femme de Dagobert; elle attendait avec une cruelle anxiété le retour de son mari, qui allait lui demander compte de la disparition des filles du maréchal Simon.

CHAPITRE VII.

L'INFLUENCE D'UN CONFESSEUR.

A peine les orphelines eurent-elles quitté la femme de Dagobert, que celle-ci, s'agenouillant, s'était mise à prier avec ferveur; ses larmes, longtemps contenues, coulèrent abondamment; malgré sa conviction sincère d'avoir accompli un religieux devoir en livrant les jeunes filles, elle attendait avec une crainte extrême le retour de son mari. Quoique aveuglée par son zèle pieux, elle ne se dissimulait pas que Dagobert aurait de légitimes sujets de plainte et de colère; et puis, enfin, la pauvre mère devait encore, dans cette circonstance déjà si fâcheuse, lui apprendre l'arrestation d'Agricol, qu'il ignorait. A chaque bruit de pas dans l'escalier, Françoise prêtait l'oreille en tressaillant; puis elle se remettait à prier avec ferveur, suppliant le Seigneur de lui donner la force de supporter cette nouvelle et rude épreuve.

Enfin, elle entendit marcher sur le palier; ne doutant pas cette fois que ce ne fût Dagobert, elle s'assit précipitamment, essuya ses yeux à la hâte, et, pour se donner une contenance, prit sur ses genoux un sac de grosse toile grise qu'elle eut l'air de coudre, car ses mains vénérables tremblaient si fort, qu'elle pouvait à peine tenir son aiguille.

Au bout de quelques minutes la porte s'ouvrit. Dagobert parut.

La rude figure du soldat était sévère et triste; en entrant il jeta violemment son chapeau sur la table, ne s'apercevant pas, tout d'abord, de la disparition des orphelines, tant il était péniblement préoccupé.

— Pauvre enfant... c'est affreux! — s'écria-t-il.

— Tu as vu la Mayeux? tu l'as réclamée? — dit vivement Françoise, oubliant un moment ses craintes.

— Oui, je l'ai vue, mais dans quel état! c'était à fendre le cœur; je l'ai réclamée, et vivement, je t'en réponds; mais on m'a dit : Il faut, avant, que le commissaire aille chez vous pour...

Puis Dagobert, jetant un regard surpris dans la chambre, s'interrompit et dit à sa femme : — Tiens... où sont donc les enfans?...

Françoise se sentit saisie d'un frisson glacé.

Elle dit d'une voix faible : — Mon ami... je...

Elle ne put achever.

— Rose et Blanche, où sont-elles? réponds-moi donc... Rabat-Joie n'est pas là non plus.

— Ne te fâche pas.

— Allons, dit brusquement Dagobert — tu les auras laissées sortir avec une voisine; pourquoi ne les avoir pas accompagnées toi-même, ou priées de m'attendre si elles voulaient se promener un peu?... ce que je comprends du reste... cette chambre est si triste!... mais je suis étonné qu'elles soient parties avant de savoir des nouvelles de cette bonne Mayeux, car elles ont des cœurs d'anges... Mais... comme tu es pâle! — ajouta le soldat en regardant Françoise de plus près. — Qu'est-ce que tu as donc, ma pauvre femme?... est-ce que tu souffres?

Et Dagobert prit affectueusement la main de Françoise.

Celle-ci, douloureusement émue de ces paroles prononcées avec une touchante bonté, courba la tête et baisa en pleurant la main de son mari.

Le soldat, de plus en plus inquiet en sentant les larmes brûlantes couler sur sa main, s'écria : — Tu pleures... tu ne me réponds pas... mais dis-moi donc ce qui te chagrines, ma pauvre femme... Est-ce parce que je t'ai parlé un peu fort en te demandant pourquoi tu avais laissé ces chères enfans sortir avec une voisine? Dame... que veux-tu?... leur mère me les a confiées en mourant... tu comprends... c'est sacré... cela... Aussi je suis toujours pour elles comme une vraie poule pour ses poussins — ajouta-t-il en riant pour égayer Françoise.

— Et tu as raison de les aimer...

— Voyons, calme-toi, tu me connais : avec ma grosse voix, je suis bon homme au fond;... puisque tu es bien sûre de cette voisine, il n'y a que demi-mal... mais désormais, vois-tu, ma bonne Françoise, ne fais jamais rien à cet égard sans me consulter... Ces enfans t'ont donc demandé à aller se promener un peu avec Rabat-Joie?

— Non... mon ami... je...

— Comment non?... Quelle est donc cette voisine à qui tu les as confiées? où les a-t-elles menées? à quelle heure les ramènera-t-elle?

— Je... ne sais pas... — murmura Françoise d'une voix éteinte.

— Tu ne sais pas! — s'écria Dagobert irrité; puis, se contenant, il reprit d'un ton de reproche amical : — Tu ne sais pas... tu ne pouvais pas lui fixer une heure, ou mieux, ne t'en rapporter qu'à toi... et ne les confier à personne?... Il faut que ces enfans t'aient bien instamment demandé de s'aller promener. Elles savaient que j'allais rentrer d'un moment à l'autre : comment ne m'ont-elles pas attendu, hein! Françoise?... Je te demande pourquoi elles ne m'ont pas attendu? Mais réponds-moi donc... mordieu! tu ferais damner un saint!... — s'écria Dagobert en frappant du pied — réponds-moi donc...

Le courage de Françoise était à bout; ces interrogations pressantes, réitérées, qui devaient aboutir à la découverte de la vérité, lui faisaient endurer mille tortures lentes et poignantes. Elle préféra en finir tout d'un coup; elle se décida donc à supporter le poids de la colère de son mari en victime humble et résignée, mais opiniâtrement fidèle à la promesse qu'elle avait jurée devant Dieu à son confesseur. N'ayant pas la force de se lever, elle baissa la tête, et, laissant tomber ses bras de chaque côté de sa chaise, elle dit à son mari d'une voix accablée : — Fais de moi ce que tu voudras... mais ne me demande plus ce que sont devenues ces enfans... je ne pourrais pas te répondre...

La foudre serait tombée aux pieds du soldat qu'il n'eût pas reçu une commotion plus violente, plus profonde; il devint pâle; son front chauve se couvrit d'un sueur froide; le regard fixe, hébété, il resta pendant quelques secondes immobile, muet, pétrifié.

Puis, sortant comme en sursaut de cette torpeur éphémère, par un mouvement d'énergie terrible il prit sa femme par les deux épaules, et, l'enlevant aussi facilement qu'il eût enlevé une plume, il la planta debout devant lui, et alors, penché vers elle, il s'écria avec un accent à la fois effrayant et désespéré : — Les enfants!

— Grâce!... grâce!... — dit Françoise d'un voix éteinte.

— Où sont les enfans?... — répéta Dagobert en secouant entre ses mains puissantes ce pauvre corps frêle, débile, et il ajouta d'une voix tonnante : — Répondras-tu? Ces enfans!!!

— Tue-moi... ou pardonne-moi... car je ne peux pas te répondre... — répondit l'infortunée avec cette opiniâtreté à la fois inflexible et douce des caractères timides, lorsqu'ils sont convaincus d'agir selon le bien.

— Malheureuse !... s'écria le soldat. Et, fou de colère, de douleur, de désespoir, il souleva sa femme comme s'il eût voulu la lancer et la briser sur le carreau. Mais cet excellent homme était trop brave pour commettre une lâche cruauté. Après cet élan de fureur involontaire, il laissa Françoise...

Anéantie, elle tomba sur ses genoux, joignit les mains, et, au faible mouvement de ses lèvres, on vit qu'elle priait...

Dagobert eut alors un moment d'étourdissement, de vertige; sa pensée lui échappait; tout ce qui lui arrivait était si soudain, si incompréhensible, qu'il lui fallut quelques minutes pour se remettre, pour bien se convaincre que sa femme, cet ange de bonté dont la vie n'était qu'une suite d'adorables dévoûmens, sa femme, qui savait ce qu'étaient pour lui les filles du maréchal Simon, venait de lui dire : — Ne m'interroge pas sur leur sort, je ne peux te répondre. L'esprit le plus ferme, le plus fort, eût vacillé devant ce fait inexplicable, renversant. Le soldat, reprenant un peu de calme, et envisageant les choses avec plus de sang-froid, fit ce raisonnement sensé : — Ma femme peut seule m'expliquer ce mystère inconcevable... Je ne veux ni la battre ni la tuer;... employons donc tous les moyens possibles pour la faire parler, et surtout tâchons de me contenir.

Dagobert prit une chaise, en montra une autre à sa femme, toujours agenouillée, et lui dit : — Assieds-toi...

Obéissante et abattue, Françoise s'assit. — Écoute-moi, ma femme — reprit Dagobert d'une voix brève, saccadée, et pour ainsi dire accentuée par des soubresauts involontaires qui trahissaient sa violente impatience à peine contenue. — Tu le comprends... cela ne peut se passer ainsi... tu le sais... je n'userai jamais de violence envers toi... Tout à l'heure... j'ai cédé à un premier mouvement... j'en suis fâché... je ne recommencerai pas... sois-en sûre... Mais enfin... il faut que je sache où sont ces enfans... leur mère me les a confiées... et je ne les ai pas amenées du fond de la Sibérie ici... pour que tu viennes me dire aujourd'hui — Ne m'interroge pas... je ne peux pas te dire ce que j'en ai fait!... Ce ne sont pas des raisons... Suppose que le maréchal Simon arrive tout à l'heure, et qu'il me dise : — Dagobert, mes enfans! — Que veux-tu que je lui réponde?... Voyons... je suis calme... mets-toi à ma place... encore une fois, que veux-tu que je lui réponde, au maréchal?... hein!... mais dis donc!... parle donc!...

— Hélas!... mon ami...

— Il ne s'agit pas d'hélas! — dit le soldat, en essuyant son front, dont les veines étaient gonflées et tendues à se rompre — que veux-tu que je réponde au maréchal?

— Accuse-moi auprès de lui... je supporterai tout...

— Que diras-tu?

— Que tu m'avais confié deux jeunes filles, que tu es sorti, qu'à ton retour, ne les ayant pas retrouvées. tu m'as interrogée, et que je t'ai répondu que je ne pouvais pas te dire ce qu'elles étaient devenues.

— Ah!... et le maréchal se contentera de ces raisons-là?... — dit Dagobert en serrant convulsivement ses poings sur ses genoux.

— Malheureusement je ne pourrai pas lui en donner d'autres... ni à lui ni à toi;... non... quand la mort serait là, je ne le pourrais pas...

Dagobert bondit sur sa chaise en entendant cette réponse faite avec une résignation désespérante. Sa patience était à bout; ne voulant cependant pas céder à de nouveaux emportemens ou à des menaces dont il sentait l'impuissance, il se leva brusquement, ouvrit une des fenêtres, et exposa au froid et à l'air son front brûlant; un peu calmé, il fit quelques pas dans la chambre et revint s'asseoir auprès de sa femme.

Celle-ci, les yeux baignés de pleurs, attachait son regard sur le Christ, pensant qu'à elle aussi on avait imposé une lourde croix.

Dagobert reprit : — A la manière dont tu m'as parlé, j'ai vu tout de suite qu'il n'était arrivé aucun accident qui compromette la santé de ces enfans.

— Non... oh !... non... grâce à Dieu, elles se portent bien... c'est tout ce que je puis dire...

— Sont-elles sorties seules?

— Je ne puis rien te dire.

— Quelqu'un les a-t-il emmenées?

— Hélas! mon ami, à quoi bon m'interroger? je ne peux pas répondre.

— Reviendront-elles ici?

— Je ne sais pas...

Dagobert se leva brusquement; de nouveau, la patience était sur le point de lui échapper. Après quelques pas dans la chambre, il revint s'asseoir.

— Mais enfin — dit-il à sa femme — tu n'as aucun intérêt, toi à me cacher ce que sont devenues ces enfans; pourquoi refuser de m'en instruire?

— Parce que je ne peux faire autrement.

— Je crois que si... lorsque tu sauras une chose que tu m'obliges à te dire; écoute-moi bien — ajouta Dagobert d'une voix émue : — Si ces enfans ne me sont pas rendues la veille du 13 *février*, et tu vois que le temps presse... tu me mets, envers les filles du maréchal Simon, dans la position d'un homme qui les aurait volées, dépouillées, entends-tu bien? dépouillées — dit le soldat d'une voix profondément altérée; puis, avec un accent de désolation qui brisa le cœur de Françoise, il ajouta : — Et j'avais pourtant fait tout ce qu'un honnête homme peut faire... pour amener ces pauvres enfans ici... tu ne sais pas, toi, ce que j'ai eu à endurer en route... mes soins, mes inquiétudes... car enfin... moi soldat, chargé de deux jeunes filles... ce n'est qu'à force de cœur, de dévoûment, que j'ai pu m'en tirer... et lorsque, pour ma récompense, je croyais pouvoir dire à leur père : Voici vos enfans...

Le soldat s'interrompit...

A la violence de ses premiers emportemens succédait un attendrissement douloureux; il pleura.

A la vue des larmes qui coulaient lentement sur la moustache grise de Dagobert, Françoise sentit un moment sa résolution défaillir; mais songeant au serment qu'elle avait fait à son confesseur, et se disant qu'après tout il s'agissait du salut éternel des orphelines, elle s'accusa mentalement de cette **tentation mauvaise** que l'abbé Dubois lui reprocherait sévèrement.

Elle reprit donc d'une voix craintive : — Comment peut-on t'accuser d'avoir dépouillé ces enfans ainsi que tu disais?

— Apprends donc — reprit Dagobert en passant la main sur ses yeux — que si ces jeunes filles ont bravé tant de fatigues et de traverses pour venir ici du fond de la Sibérie, c'est qu'il s'agit pour elles de grands intérêts, d'une fortune immense peut-être... et que si elles ne se présentent pas le 13 février... ici... à Paris, rue Saint-François... tout est perdu... et cela par ma faute... car je suis responsable de ce que tu as fait.

— Le 13 février... rue Saint-François — dit Françoise en regardant son mari avec surprise — comme Gabriel...

— Que dis-tu... de Gabriel?

— Quand je l'ai recueilli... le pauvre petit abandonné, il portait au cou une médaille... de bronze...

— Une médaille de bronze — s'écria le soldat frappé de stupeur — avec ces mots : *A Paris, vous serez, le 13 février 1832, rue Saint-François?*

— Oui... Comment sais-tu?...

— Gabriel aussi ! — dit le soldat en se parlant à lui-même ; puis il ajouta vivement : — Et Gabriel sait-il que tu as trouvé cette médaille sur lui ?

— Je lui en ai parlé dans le temps ; il avait aussi dans sa poche, quand je l'ai recueilli, un porte-feuille rempli de papiers écrits en langue étrangère ; je les ai remis à M. l'abbé Dubois, mon confesseur, pour qu'il pût les examiner. Il m'a dit plus tard que ces papiers étaient de peu d'importance. Quelque temps après, quand une personne bien charitable nommée M. Rodin, s'est chargée de l'éducation de Gabriel et de le faire entrer au séminaire, M. l'abbé Dubois a remis ces papiers et cette médaille à M. Rodin ; depuis je n'en ai plus entendu parler.

Lorsque Françoise avait parlé de son confesseur un éclair soudain avait frappé l'esprit du soldat ; quoiqu'il fût loin de se douter des machinations depuis longtemps ourdies autour de Gabriel et des orphelines, il pressentit vaguement que sa femme devait obéir à quelque secrète influence de confessionnal : influence dont il ne comprenait, il est vrai, ni le but ni la portée, mais qui lui expliquait du moins en partie l'inconcevable opiniâtreté de Françoise à se taire au sujet des orphelines.

Après un moment de réflexion, il se leva et dit sévèrement à sa femme en la regardant fixement : — Il y a du prêtre... dans tout ceci.

— Que veux-tu dire, mon ami?...

— Tu n'as aucun intérêt à me cacher les enfans ; tu es la meilleure des femmes ; tu vois ce que je souffre ; si tu agissais de toi-même tu aurais pitié de moi...

— Mon ami...

— Je te dis que tout ça sent le confessionnal ! — reprit Dagobert. — Tu sacrifies moi et ces enfans à ton confesseur ; mais prends bien garde... je saurai où il demeure,.. et, mille tonnerres !... j'irai lui demander qui de lui ou de moi est le maître dans mon ménage, et s'il se tait...— ajouta le soldat avec une expression menaçante — je saurai bien le forcer de parler.

— Grand Dieu ! — s'écria Françoise en joignant les mains avec épouvante en entendant ces paroles sacriléges — un prêtre !... songes-y... un prêtre !

— Un prêtre qui jette la discorde, la trahison et le malheur dans mon ménage... n'est qu'un misérable comme un autre... à qui j'ai le droit de demander compte du mal qu'il fait à moi et aux miens... Ainsi dis-moi à l'instant où sont les enfans... ou, sinon, je t'avertis que c'est à ton confesseur que je vais aller le demander. Il se trame ici quelque indignité dont tu es complice sans le savoir, malheureuse femme;... du reste... j'aime mieux à m'en prendre à un autre qu'à toi.

— Mon ami — dit Françoise d'une voix douce et ferme — tu t'abuses si tu crois par la violence imposer à un homme vénérable qui, depuis vingt ans, s'est chargé de mon salut ; c'est un vieillard respectable.

— Il n'y a pas d'âge qui tienne...

— Grand Dieu !... où vas-tu? Tu es effrayant !

— Je vais à ton église... tu dois y être connue... Je demanderai ton confesseur, et nous verrons.

— Mon ami... je t'en supplie — s'écria Françoise avec épouvante en se jetant au devant de Dagobert, qui se dirigeait vers la porte ; — songe à quoi tu t'exposes... Mon Dieu !... outrager un prêtre... Mais tu ne sais donc pas que c'est un *cas réservé !!!*

Ces derniers mots étaient ce que, dans sa candeur, la femme de Dagobert croyait pouvoir lui dire de plus redoutable ; mais le soldat, sans tenir compte de ces paroles, se dégagea des étreintes de sa femme, et il allait sortir tête nue, tant était violente son exaspération, lorsque la porte s'ouvrit.

C'était le commissaire de police, suivi de la Mayeux et de l'agent de police portant le paquet saisi sur la jeune fille.

— Le commissaire ! — dit Dagobert en le reconnaissant à son écharpe — ah ! tant mieux, il ne pouvait venir plus à propos.

CHAPITRE VIII.

L'INTERROGATOIRE.

— Madame Françoise Baudoin ? demanda le magistrat.

— C'est moi... monsieur... — dit Françoise ; puis, apercevant la Mayeux, qui, pâle, tremblante, n'osait pas avancer, elle lui tendit les bras. — Ah ! ma pauvre enfant !... — s'écria-t-elle en pleurant — pardon... pardon... c'est encore pour nous... que tu as souffert cette humiliation...

Après que la femme de Dagobert eut tendrement embrassé la jeune ouvrière, celle-ci, se retournant vers le commissaire, lui dit avec une expression de dignité triste et touchante : — Vous le voyez... monsieur... je n'avais pas volé.

— Ainsi, madame — dit le magistrat en s'adressant à Françoise — la timbale d'argent... le châle... les draps... contenus dans ce paquet ?...

— M'appartenaient, monsieur... c'était pour me rendre service que cette chère enfant... la meilleure, la plus honnête des créatures, avait bien voulu se charger de porter ces objets au mont-de-piété...

— Monsieur — dit sévèrement le magistrat à l'agent de police — vous avez commis une déplorable erreur... j'en rendrai compte... et je demanderai que vous soyez puni ; sortez ! — Puis s'adressant à la Mayeux d'un air véritablement peiné : — Je ne puis malheureusement, mademoiselle, que vous exprimer des regrets bien sincères de ce qui s'est passé... croyez que je compatis à tout ce que cette méprise a eu de cruel pour vous...

— Je le crois... monsieur — dit la Mayeux — et je vous en remercie.

Et elle s'assit avec accablement, car, après tant de secousses, son courage et ses forces étaient épuisés.

Le magistrat allait se retirer, lorsque Dagobert, qui avait depuis quelques instans paru profondément réfléchir, lui dit d'une voix ferme : — Monsieur le commissaire... veuillez m'entendre... j'ai une déposition à vous faire.

— Parlez, monsieur...

— Ce que je vais vous dire est très important, monsieur ; c'est devant vous, magistrat, que je fais cette déclaration... afin que vous en preniez acte.

— Et c'est comme magistrat que je vous écoute, monsieur.

— Je suis arrivé ici depuis deux jours — j'amenais de Russie deux jeunes filles qui m'avaient été confiées par leur mère... femme du maréchal Simon...

— De M. le maréchal duc de Ligny ? — dit le commissaire, très surpris.

— Oui, monsieur... hier... je les ai laissées ici... j'étais obligé de partir pour une affaire très pressante... Ce matin, pendant mon absence, elles ont disparu... et je suis certain de connaître l'homme qui les a fait disparaître...

— Mon ami... — s'écria Françoise effrayée.

— Monsieur — dit le magistrat — votre déclaration est de la plus haute gravité... Disparition de personnes... Séquestration, peut-être... Mais êtes-vous bien sûr ?...

— Ces jeunes filles étaient ici... il y a une heure... Je vous répète, monsieur, que pendant mon absence... on les a enlevées...

— Je ne voudrais pas douter de la sincérité de votre déclaration, monsieur... Pourtant, un enlèvement si brusque... s'explique difficilement... D'ailleurs, qui vous dit que ces jeunes filles ne reviendront pas ? Enfin qui soupçonnez-vous? Un mot seulement, avant de déposer votre accusation. Rappelez-vous que c'est le magistrat qui vous entend... En sortant d'ici, il se peut que la justice soit saisie de cette affaire.

— C'est ce que je veux, monsieur... Je suis responsable de ces jeunes filles devant leur père; il doit arriver d'un moment à l'autre, et je tiens à me justifier.

— Je comprends, monsieur, toutes ces raisons; mais encore une fois prenez garde de vous laisser égarer par des soupçons peut-être mal fondés... Une fois votre dénonciation faite... il se peut que je sois obligé d'agir préventivement, immédiatement, contre la personne que vous accusez... Or, si vous êtes coupable d'une erreur... les suites en seraient fort graves pour vous...; et, sans aller plus loin... — dit le magistrat avec émotion en désignant la Mayeux — vous voyez quelles sont les conséquences d'une fausse accusation.

— Mon ami... tu entends — s'écria Françoise de plus en plus effrayée de la résolution de Dagobert à l'endroit de l'abbé Dubois — je t'en supplie... ne dis pas un mot de plus...

Mais le soldat, en réfléchissant, s'était convaincu que la seule influence du confesseur de Françoise avait pu la déterminer à agir ou à se taire; aussi reprit-il avec assurance : — J'accuse le confesseur de ma femme d'être l'auteur ou le complice de l'enlèvement des filles du maréchal Simon.

Françoise poussa un douloureux gémissement et cacha sa figure dans ses mains, pendant que la Mayeux, qui s'était rapprochée d'elle, tâchait de la consoler.

Le magistrat avait écouté la déposition de Dagobert avec un étonnement profond; il lui dit sévèrement — Mais, monsieur... n'accusez-vous pas injustement un homme revêtu d'un caractère on ne peut plus respectable... un prêtre?... Monsieur... il s'agit d'un prêtre... je vous avais prévenu... vous auriez dû réfléchir... tout ceci devient de plus en plus grave.... A votre âge... une légèreté serait impardonnable...

— Et mordieu! monsieur — dit Dagobert avec impatience — à mon âge on a le sens commun; voici les faits : Ma femme est la meilleure, la plus honorable des créatures... parlez-en dans le quartier, on vous le dira... mais elle est dévote; mais depuis vingt ans elle ne voit que par les yeux de son confesseur... Elle adore son fils, elle m'aime beaucoup aussi; mais au-dessus de son fils et de moi... il y a toujours le confesseur.

— Monsieur — dit le commissaire — ces détails... intimes...

— Sont indispensables... vous allez le voir... Je sors, il y a une heure, pour aller réclamer cette pauvre Mayeux... En rentrant, les jeunes filles avaient disparu; je demande à ma femme, à qui je les avais laissées, où elles sont... elle tombe à genoux en sanglotant et me dit :—Fais de moi ce que tu voudras... mais ne me demande pas ce que sont devenues les enfans... je ne peux pas te répondre.

— Serait-il vrai... madame?... s'écria le commissaire en regardant Françoise avec une grande surprise...

— Emportemens, menaces, prières, rien n'a fait — reprit Dagobert — à tout elle m'a répondu avec sa douceur de sainte :—Je ne peux rien dire... Eh bien, moi, monsieur, voici ce que je soutiens : ma femme n'a aucun intérêt à la disparition de ces enfans; elle est sous la domination entière de son confesseur; elle a agi par son ordre, et elle n'est que l'instrument; il est le seul coupable.

A mesure que Dagobert parlait, la physionomie du commissaire devenait de plus en plus attentive en regardant Françoise, qui, soutenue par la Mayeux pleurait amèrement.

Après avoir un instant réfléchi, le magistrat fit un pas vers la femme de Dagobert, et lui dit : — Madame... vous avez entendu ce que vient de déclarer votre mari?

— Oui, monsieur.

— Qu'avez-vous à dire pour vous justifier?...

— Mais, monsieur! — s'écria Dagobert — ce n'est pas ma femme que j'accuse... je n'entends pas cela... c'est son confesseur!

— Monsieur... vous vous êtes adressé au magistrat;... c'est donc au magistrat à agir comme il croit devoir agir pour découvrir la vérité... Encore une fois, madame — reprit-il en s'adressant à Françoise — qu'avez-vous à dire pour vous justifier?

— Hélas! rien, monsieur.

— Est-il vrai que votre mari ait en partant laissé ces jeunes filles sous votre surveillance?

— Oui, monsieur.

— Est-il vrai que lorsqu'il vous a demandé où elles étaient, vous lui avez dit que vous ne pouviez rien lui apprendre à ce sujet?

Et le commissaire semblait attendre la réponse de Françoise avec une sorte de curiosité inquiète.

— Oui... monsieur — dit-elle simplement et naïvement — j'ai répondu cela à mon mari.

Le magistrat fit un mouvement de surprise presque pénible.

— Comment! madame... à toutes les prières, à toutes les instances de votre mari... vous n'avez pu répondre autre chose? Comment! vous avez refusé de lui donner aucun renseignement? Mais cela n'est ni probable, ni possible.

— Cela est pourtant la vérité, monsieur.

— Mais enfin, madame, que sont devenues ces jeunes filles qu'on vous a confiées?...

— Je ne puis rien dire là-dessus... monsieur... Si je n'ai pas répondu à mon pauvre mari... c'est que je ne répondrai à personne...

— Eh bien, monsieur — reprit Dagobert — avais-je tort? une honnête et excellente femme comme elle, toujours pleine de raison, de bon sens, de dévoûment, parler ainsi... est-ce naturel? Je vous répète, monsieur, que c'est une affaire de confesseur... Agissons contre lui vivement et promptement;... nous saurons tout... et mes pauvres enfans me seront rendues.

Le commissaire dit à Françoise sans pouvoir réprimer une certaine émotion : — Madame... je vais vous parler bien sévèrement; mon devoir m'y oblige... Tout ceci se complique d'une manière si grave, que je vais de ce pas instruire la justice de ces faits; vous reconnaissez que ces jeunes filles vous ont été confiées, et vous ne pouvez les représenter... Maintenant, écoutez-moi bien... Si vous refusiez de donner aucun éclaircissement à leur sujet... c'est vous seule... qui seriez accusée de leur disparition... et je serais, à mon grand regret, obligé de vous arrêter...

— Moi! — s'écria Françoise avec terreur.

— Elle! — s'écria Dagobert — jamais... Encore une fois, c'est son confesseur et non pas elle que j'accuse... Ma pauvre femme... l'arrêter!

Et il courut à elle comme s'il eût voulu la protéger.

— Monsieur... il est trop tard — dit le commissaire ; — vous m'avez déposé votre plainte sur l'enlèvement de deux jeunes filles. D'après les déclarations mêmes de votre femme, elle seule est jusqu'ici la seule compromise. Je dois la conduire auprès de M. le procureur du roi, qui, du reste, avisera.

— Et moi, monsieur, je vous dis que ma femme ne sortira pas d'ici! — s'écria Dagobert d'un ton menaçant.

— Monsieur — dit froidement le commissaire — je comprends votre chagrin; mais, dans l'intérêt même de la vérité, je vous en conjure, ne vous opposez pas à une mesure qu'il vous serait, dans dix minutes, matériellement impossible d'empêcher.

Ces mots, dits avec calme, rappelèrent le soldat à lui-même.

— Mais enfin, monsieur! — s'écria-t-il — ce n'est pas ma femme que j'accuse.

— Laisse, mon ami; ne t'occupe pas de moi — dit la femme martyre avec une angélique résignation — le Seigneur veut encore m'éprouver rudement; je suis son indigne servante... je dois accepter ses volontés avec reconnaissance; que l'on m'arrête si l'on veut :... je ne dirai pas plus en prison que je n'ai dit ici au sujet de ces pauvres enfans...

— Mais, monsieur... vous voyez bien que ma femme n'a pas la tête à elle... — s'écria Dagobert — vous ne pouvez pas l'arrêter...

— Il n'y a aucune charge, aucune preuve, aucun indice contre l'autre personne que vous accusez, et que son caractère même défend. Laissez-moi emmener madame... Peut-être, après un premier interrogatoire, vous sera-t-elle rendue... Je regrette, monsieur — ajouta le commissaire d'un ton pénétré — d'avoir une telle mission à remplir... dans un moment où l'arrestation de votre fils... doit vous...

— Hein... — s'écria Dagobert en regardant sa femme et la Mayeux avec stupeur — que dit-il?... mon fils...

— Quoi!... vous ignoriez?... Ah! monsieur... pardon, mille fois — dit le magistrat, douloureusement ému — il m'est cruel... de vous faire une telle révélation.

— Mon fils... — répéta Dagobert en portant ses deux mains à son front — mon fils... arrêté!

— Pour un délit politique... peu grave du reste — dit le commissaire.

— Ah! c'est trop... tout m'accable à la fois... — dit le soldat en tombant anéanti sur une chaise et cachant sa figure dans ses mains.

Après des adieux déchirans, au milieu desquels Françoise resta, malgré ses terreurs, fidèle au serment qu'elle avait fait à l'abbé Dubois, Dagobert, qui avait refusé de déposer contre sa femme, était accoudé sur une table; épuisé par tant d'émotions, il ne put s'empêcher de s'écrier : — Hier... j'avais auprès de moi... ma femme.... mon fils... mes deux pauvres orphelines... et maintenant... seul... seul! »

Au moment où il prononçait ces mots d'un ton déchirant, une voix douce et triste se fit entendre derrière lui, et dit timidement : — Monsieur Dagobert... je suis là... si vous le permettez, je vous servirai, je resterai près de vous...

C'était la Mayeux.

HUITIEME PARTIE.

LA REINE BACCHANAL.

CHAPITRE PREMIER.

LA MASCARADE.

Le lendemain du jour où la femme de Dagobert avait été conduite par le commissaire de police auprès du juge d'instruction, une scène bruyante et animée se passait sur la place du Châtelet, en face d'une maison dont le premier étage et le rez-de-chaussée étaient alors occupés par les vastes salons d'un traiteur à l'enseigne du *Veau qui tette*.

La nuit du jeudi gras venait de finir.

Une assez grande quantité de masques grotesquement et pauvrement accoutrés sortaient des bals de cabarets situés dans le quartier de l'Hôtel-de-Ville, et traversaient en chantant la place du Châtelet; mais en voyant accourir sur le quai une seconde troupe de gens déguisés, les premiers masques s'arrêtèrent pour attendre les nouveaux en poussant des cris de joie dans l'espoir d'une de ces luttes de paroles graveleuses et de lazzi poissards qui ont illustré Vadé.

Cette foule, plus ou moins avinée, bientôt augmentée de beaucoup de gens que leur état obligeait à circuler dans Paris de très-grand matin, cette foule s'était tout à coup concentrée dans l'un des angles de la place, de sorte qu'une jeune fille pâle et contrefaite, qui la traversait en ce moment, fut enveloppée de toute parts. Cette jeune fille était la Mayeux; levée avec le jour, elle allait chercher plusieurs pièces de lingerie chez la personne qui l'employait. On conçoit les craintes de la pauvre ouvrière, lorsque, involontairement engagée au milieu de cette foule joyeuse, elle se rappela la cruelle scène de la veille; mais malgré tous ses efforts, hélas! bien chétifs, elle ne put faire un pas, car la troupe de masques qui arrivait s'étant ruée sur les premiers venus, une partie de ceux-ci s'écartèrent, d'autres refluèrent en avant, et la Mayeux, se trouvant parmi ces derniers, fut pour ainsi dire portée par ce flot de peuple et jetée parmi les groupes les plus rapprochés de la maison du traiteur.

Les nouveaux masques étaient beaucoup mieux costumés que les autres, ils appartenaient à cette classe turbulente et gaie qui fréquente habituellement la Chaumière, le Prado, le Colisée et autres réunions dansantes plus ou moins échevelées, composées généralement d'étudians, de demoiselles de boutique, de commis marchands, de grisettes, etc.

Cette troupe, tout en ripostant aux plaisanteries des autres masques, semblait attendre avec une grande impatience l'arrivée d'une personne singulièrement désirée.

Les paroles suivantes, échangées entre pierrots et pierrettes, débardeurs et débardeuses, turcs et sultanes, ou autres couples assortis, donneront une idée de l'importance des personnages si ardemment désirés.

— Leur repas est commandé pour sept heures du matin. Leurs voitures devraient être déjà arrivées.

— Oui... mais la *reine Bacchanal* aura voulu conduire la dernière course du Prado.

— Si j'avais su cela... je serais resté pour la voir, ma reine adorée.

— Gobinet, si vous l'appelez encore votre reine adorée, je vous égratigne; en attendant je vous pince!...

— Céleste!! finis donc... tu me fais des noirs sur le satin naturel dont maman m'a orné en naissant.

— Pourquoi appelez-vous cette Bacchanal votre reine adorée?... qu'est-ce que je vous suis donc, moi?

— Tu es mon adorée. mais pas ma reine... car comme il n'y a qu'une lune dans les nuits de la nature, il n'y a qu'une Bacchanal dans les nuits du Prado.

— Oh! que c'est joli... gros rien du tout, allez!

— Gobinet a raison, elle était superbe, cette nuit, la reine!

— Et en train !

— Jamais je ne l'ai vue plus gaie.

— Et quel costume... étourdissant!

— Renversant!!

— Ebouriffant!!

— Pulvérisant!!

— Fulminant!!

— Il n'y a qu'elle pour en inventer de pareils.

— Et quelle danse!

— Oh oui! Voilà qui est à la fois déchaîné, ondulé et serpenté. Il n'y a pas une bayadère pareille sous la calotte des cieux.

— Gobinet, rendez-moi tout de suite mon châle... vous me l'avez déjà assez abîmé en vous faisant une ceinture autour de votre gros corps : je n'ai pas besoin de périr mes effets pour de gros êtres qui appellent les autres femmes des bayadères.

— Voyons, Céleste, calme ta fureur... je suis déguisé en Turc; en parlant de bayadères, je reste dans mon rôle ou à peu près.

— Ta Céleste est comme les autres, va, Gobinet, elle est jalouse de la reine Bacchanal.

— Jalouse? moi? Ah! par exemple... Si je voulais être aussi effrontée qu'elle, on parlerait de moi tout autant...... Après tout, qu'est-ce qui fait sa réputation? C'est qu'elle a un sobriquet.

— Quant à cela, tu n'as rien à lui envier... puisqu'on t'appelle Céleste!

— Vous savez bien, Gobinet, que Céleste est mon nom...

— Oui, mais il a l'air d'un sobriquet quand on te regarde.

— Gobinet, je mettrai encore ça sur votre mémoire...

— Et Oscar t'aidera à faire l'addition... n'est-ce pas?

LA MASCARADE. 267

— Certainement, et vous verrez le total... Je poserai l'un, et je retiendrai l'autre... et l'autre, ça ne sera pas vous.

— Céleste, vous me faites de la peine... je voulais vous dire que votre nom angélique est en bisbille avec votre ravissante petite mine bien autrement lutine que celle de la reine Bacchanal.

— C'est ça maintenant, câlinez-moi, scélérat.

— Je te jure sur la tête abhorée de mon propriétaire, que si tu voulais tu aurais autant d'aplomb que la reine Bacchanal, ce qui n'est pas peu dire !

— Le fait est que, pour avoir de l'aplomb, la Bacchanal en a.... et un fier.

— Sans compter qu'elle fascine les municipaux.

— Et qu'elle magnétise les sergens de ville.

— Ils ont beau vouloir se fâcher... elle finit toujours par les faire rire...

— Et ils l'appellent tous : *Ma reine.*

— Cette nuit encore... elle a charmé un municipal, une vraie rosière, ou plutôt un *rosier*, dont la pudeur s'était gendarmée (*gendarmée* ! avant les glorieuses, ça aurait été un joli mot). Je disais donc que la pudeur d'un municipal s'était gendarmée pendant que la reine dansait son fameux pas de la *tulipe orageuse*.

— Quelle contredanse !! *Couche-tout-Nu* et la *reine Bacchanal* ayant pour vis-à-vis *Rose-Pompon* et *Nini-Moulin* !

— Et tous quatre frétillant des tulipes de plus en plus orageuses.

— A propos, est-ce que c'est vrai ce qu'on dit de *Nini-Moulin* ?

— Quoi donc ?

— Que c'est un homme de lettres qui fait des brochures pour la religion ?

— Oui, c'est vrai ; je l'ai vu souvent chez mon patron, où il se fournit. Mauvais payeur... mais farceur !

— Et il fait le dévot ?

— Je crois bien, quand il le faut ; alors c'est M. Dumoulin gros comme le bras, il roule des yeux, marche le cou de travers et les pieds en dedans... mais une fois qu'il a fait sa parade, il s'évapore dans les bals cancans qu'il idolâtre, et où les femmes l'ont surnommé *Nini-Moulin* ; joignez à ce signalement qu'il boit comme un poisson, et vous connaîtrez le gaillard. Ce qui ne l'empêche pas d'écrire dans les journaux religieux ; aussi les cagots, qu'il met encore plus souvent dedans qu'il ne s'y met lui-même, ne jurent que par lui. Faut voir ses articles ou ses brochures (seulement les voir... pas les lire); on y parle à chaque page du diable et de ses cornes... des fritures désolantes qui attendent les impies et les révolutionnaires... de l'autorité des évêques, du pouvoir du pape... Est-ce que je sais, moi ? Soiffard de *Nini-Moulin*... va... Il leur en donne pour leur argent...

— Le fait est qu'il est soiffard et crânement chicard... Quels avant-deux il bombardait avec la petite *Rose-Pompon* dans la contredanse de la tulipe orageuse !

— Et quelle bonne tête il avait... avec son casque romain et ses bottes à revers !...

— *Rose-Pompon* danse joliment bien aussi ; c'est poétiquement tortillé.

— Et idéalement cancané !!

— Oui, mais la reine Bacchanal est à six mille pieds au-dessus du niveau du *cancan* ordinaire... J'en reviens toujours à son pas de cette nuit, la tulipe orageuse.

— C'était à l'adorer.

— A la vénérer.

— C'est-à-dire que si j'étais père de famille, je lui confierais l'éducation de mes fils !!

— C'est à propos de ce pas-là que le municipal s'est fâché d'un ton de rosière gendarmée.

— Le fait est que le pas était un peu rapide.

— Roide et roidissime ; aussi le municipal s'approche d'elle et lui dit :

— « Ah çà, voyons, ma reine, est-ce que c'est pour tout de bon, ce pas-là ?
» — Mais non ! guerrier pudique, répond la reine ; je l'essaie seulement une
» fois tous les soirs afin de le bien danser dans ma vieillesse. C'est un vœu
» que j'ai fait pour que vous deveniez brigadier... »

— Quelle drôle de fille !

— Moi, je ne comprends pas que ça dure toujours avec Couche-tout-Nu.
— Parce qu'il a été ouvrier?
— Quelle bêtise! Ça nous irait bien, à nous autres étudians ou garçons de magasin, de faire les fiers!... Non, je m'étonne de la fidélité de la reine...
— Le fait est que voilà trois ou quatre bons mois...
— Elle en est folle et il en est bête.
— Ça doit leur faire une drôle de conversation.
— Quelquefois je me demande où diable Couche-tout-Nu prend l'argent qu'il dépense... Il paraît que c'est lui qui a payé les frais de cette nuit, trois voitures à quatre chevaux et le réveille-matin pour vingt personnes à dix francs par tête.
— On dit qu'il a hérité... Aussi Nini-Moulin, qui flaire les festins et les bamboches, a fait connaissance avec lui cette nuit... sans compter qu'il doit avoir des vues malhonnêtes sur la reine Bacchanal.
— Lui! ah bien oui! il est trop laid; les femmes aiment à l'avoir pour danseur... parce qu'il fait pouffer de rire la galerie; mais voilà tout. La petite *Rose-Pompon*, qui est si gentille, l'a pris comme chaperon peu compromettant en l'absence de son étudiant.
— Ah!... les voitures! voilà les voitures! — cria la foule tout d'une voix.

La Mayeux, forcée de rester auprès des masques, n'avait pas perdu un mot de cet entretien pénible pour elle, car il s'agissait de sa sœur, qu'elle ne voyait plus depuis longtemps; non que la reine Bacchanal eût mauvais cœur, mais le tableau de la profonde misère de la Mayeux, misère qu'elle avait partagée, mais qu'elle n'avait pas eu la force de supporter bien longtemps, causait à cette joyeuse fille des accès de tristesse amère; elle ne s'y exposait plus, ayant en vain voulu faire accepter à sa sœur des secours que celle-ci avait toujours refusés, sachant que leur source ne pouvait être honorable.

— Les voitures!... les voitures! — cria de nouveau la foule en se portant en avant avec enthousiasme, de sorte que la Mayeux, sans le vouloir, se trouva portée au premier rang parmi les gens empressés de voir défiler cette mascarade.

C'était en effet un curieux spectacle.

Un homme à cheval, déguisé en postillon, veste bleue brodée d'argent, queue énorme d'où s'échappaient des flots de poudre, chapeau orné de rubans immenses, précédait la première voiture, en faisant claquer son fouet et criant à tue-tête : — Place! place à la reine Bacchanal et à sa cour!

Dans ce landau découvert, traîné par quatre chevaux étiques montés par deux vieux postillons vêtus en diables, s'élevait une véritable pyramide d'hommes et de femmes, assis, debout, perchés, tous dans les costumes les plus fous, les plus grotesques, les plus excentriques : c'était un incroyable fouillis de couleurs éclatantes, de fleurs, de rubans, d'oripeaux et de paillettes. De ce monceau de formes et d'accoutremens bizarres sortaient des têtes grotesques ou gracieuses, laides ou jolies, mais toutes animées par l'excitation fébrile d'une folle ivresse, mais toutes tournées avec une expression d'admiration fanatique vers la seconde voiture, où la reine Bacchanal trônait en souveraine, pendant qu'on la saluait de ces cris répétés par la foule : — Vive la reine Bacchanal!!

Cette seconde voiture, landau découvert comme la première, ne contenait que les quatre coryphées du fameux pas de la tulipe orageuse, *Nini-Moulin*, *Rose-Pompon*, *Couche-tout-Nu* et la *reine Bacchanal*.

Dumoulin, cet écrivain religieux qui voulait disputer madame de la Sainte-Colombe à l'influence des amis de M. Rodin, son patron; Dumoulin, surnommé Nini-Moulin, debout sur les coussins de devant, eût offert un magnifique sujet d'étude à Callot ou à Gavarni, Gavarni, cet éminent artiste qui joint à la verve mordante et à la merveilleuse fantaisie de l'illustre caricaturiste, la grâce, la poésie et la profondeur d'Hogarth.

Nini-Moulin, âgé de trente-cinq ans environ, portait très en arrière de la tête un casque romain en papier d'argent; un plumeau à manche de bois rouge, surmonté d'une volumineuse touffe de plumes noires, était planté sur le côté de cette coiffure, dont il rompait agréablement les lignes peut-être trop classiques. Sous ce casque s'épanouissait la face la plus rubiconde, la plus réjouissante qui ait jamais été empourprée par les esprits subtils d'un vin généreux. Un nez très saillant, mais dont la forme primitive se dissimulait modestement sous une luxuriante efflorescence de bourgeons irisés de rouge et de violet, accentuait très drolatiquement cette figure absolument imberbe, à laquelle une large bouche à lèvres épaisses et évasées en rebord donnait une expression de jovialité surprenante, qui rayonnait dans ses gros yeux gris à fleur de tête.

En voyant ce joyeux bonhomme à panse de Silène, on se demandait comment il n'avait pas cent fois noyé dans le vin ce fiel, cette bile, ce venin dont dégouttaient ses pamphlets contre les ennemis de l'ultramontanisme, et comment ses croyances catholiques pouvaient surnager au milieu de ces débordemens bachiques et chorégraphiques. Cette question eût paru insoluble si l'on n'eût réfléchi que les comédiens chargés des rôles les plus noirs, les plus odieux, sont souvent, au demeurant, les meilleurs fils du monde.

Le froid étant assez vif, Nini-Moulin portait un carrick entr'ouvert qui laissait voir sa cuirasse à écailles de poisson et son maillot couleur de chair, tranché brusquement au-dessous du mollet par le revers jaune de ses bottes. Penché en avant de la voiture, il poussait des cris de sauvage entrecoupés de ces mots : Vive la reine Bacchanal! après quoi il faisait grincer et évoluer rapidement une énorme crécelle qu'il tenait à la main.

Couche-tout-Nu, debout à côté de Nini-Moulin, faisait flotter un étendard de soie blanche où étaient écrits ces mots : *Amour et joie à la reine Bacchanal!*

Couche-tout-Nu avait vingt-cinq ans environ. Sa figure intelligente et gaie, encadrée d'un collier de favoris châtains, amaigrie par les veilles et par les excès, exprimait un singulier mélange d'insouciance, de hardiesse, de nonchaloir et de moquerie; mais aucune passion basse ou méchante n'y avait encore laissé sa fatale empreinte. C'était le type parfait du *Parisien*, dans le sens que l'on donne à cette appellation, soit à l'armée, soit en province, soit à bord des bâtimens de guerre ou de commerce. Ce n'est pas un compliment, et pourtant c'est bien loin d'être une injure; c'est une épithète qui tient à la fois du blâme, de l'admiration et de la crainte; car si, dans cette acception, le Parisien est souvent paresseux et insoumis, il est habile à l'œuvre, résolu dans le danger, et toujours terriblement railleur et gogueuard. Couche-tout-Nu était costumé, comme on le dit vulgairement, en *fort :* veste de velours noir à boutons d'argent, gilet écarlate, pantelon à larges raies bleues, châle façon cachemire pour ceinture, à longs bouts flottans, chapeau couvert de fleurs et de rubans. Ce déguisement seyait à merveille à sa tournure dégagée. — Au fond de la voiture, debout sur les coussins, se tenaient *Rose-Pompon* et la *reine Bacchanal*.

Rose-Pompon, ex-frangeuse de dix-sept ans, avait la plus gentille et la plus drôle de petite mine que l'on pût voir; elle était coquettement vêtue d'un costume de débardeur; sa perruque poudrée à blanc, sur laquelle était crânement posé de côté un bonnet de police orange et vert galonné d'argent, rendait encore plus vif l'éclat de ses yeux noirs et l'incarnat de ses joues potelées; elle portait au cou une cravate orange comme sa ceinture flottante; sa veste juste, ainsi que son étroit gilet en velours vert-clair, garni de tresses d'argent, mettait dans toute sa valeur une taille charmante dont la souplesse devait se prêter merveilleusement aux évolutions du pas de *la Tulipe orageuse*. Enfin son large pantalon, de même étoffe et de même couleur que la veste, était suffisamment indiscret.

— La reine Bacchanal s'appuyait d'une main sur l'épaule de Rose-Pompon, qu'elle dominait de toute la tête.

La sœur de la Mayeux présidait véritablement en souveraine à cette folle ivresse, que sa seule présence semblait inspirer, tant son entrain, sa bruyante animation avaient d'influence sur son entourage. C'était une grande fille de vingt ans environ, leste et bien tournée, aux traits réguliers, et l'air joyeux et tapageur ; ainsi que sa sœur, elle avait de magnifiques cheveux châtains et de grands yeux bleus ; mais au lieu d'être doux et timides comme ceux de la jeune ouvrière, ils brillaient d'une infatigable ardeur pour le plaisir. Telle était l'énergie de cette organisation vivace, que, malgré plusieurs nuits et plusieurs jours passés en fêtes continuelles, son teint était aussi pur, sa joue aussi rose, son épaule aussi fraîche, que si elle fût sortie le matin même de quelque paisible retraite. Son déguisement, quoique bizarre et d'un caractère singulièrement saltimbanque, lui seyait pourtant à merveille. Il se composait d'une sorte de corsage juste en drap d'or et à longue taille, garni de grosses bouffettes de rubans incarnats qui flottaient sur ses bras nus, et d'une courte jupe aussi en velours incarnat, ornées ne passequilles et de paillettes d'or, laquelle jupe ne descendait qu'à moitié d'une jambe à la fois fine et robuste, chaussée de bas de soie blancs et de brodequins rouges à talons de cuivre. Jamais danseuse espagnole n'a eu de taille plus hardiment cambrée, plus élastique et, pour ainsi dire, plus frétillante que cette singulière fille, qui semblait possédée du démon de la danse et du mouvement, car presque à chaque instant un gracieux petit balancement de la tête, accompagné d'une légère ondulation des épaules et des hanches, semblait suivre la cadence d'un orchestre invisible dont elle marquait la mesure du bout de son pied droit posé sur le rebord de la portière de la façon la plus provocante, car la reine Bacchanal se tenait debout et fièrement campée sur les coussins de la voiture. Une sorte de diadème doré, emblème de sa bruyante royauté, orné de grelots retentissans, ceignait son front ; ses cheveux, nattés en deux grosses tresses, s'arrondissaient autour de ses joues vermeilles et allaient se tordre derrière sa tête; sa main gauche reposait sur l'épaule de la petite Rose-Pompon, et de la main droite elle tenait un énorme bouquet dont elle saluait la foule en riant aux éclats.

Il serait difficile de rendre ce tableau si bruyant, si animé, si fou, complété par une troisième voiture, remplie comme la première d'une pyramide de masques grotesques et extravagans.

Parmi cette foule réjouie, une seule personne contemplait cette scène avec une tristesse profonde : c'était la Mayeux, toujours maintenue au premier rang des spectateurs, malgré ses efforts pour sortir de la foule. Séparée de sa sœur depuis bien longtemps, elle la revoyait pour la première fois dans toute la pompe de son singulier triomphe, au milieu des cris de joie, des bravos de ses compagnons de plaisir. Pourtant les yeux de la jeune ouvrière se voilèrent de larmes: quoique la reine Bacchanal parût partager l'étourdissante gaîté de ceux qui l'entouraient, quoique sa figure fût radieuse, quoiqu'elle parût jouir de tout l'éclat d'un luxe passager, elle la plaignait sincèrement... elle... pauvre malheureuse, presque vêtue de haillons, qui venait au point du jour chercher du travail pour la journée et pour la nuit... La Mayeux avait oublié la foule pour contempler sa sœur, qu'elle aimait tendrement, d'autant plus tendrement qu'elle la croyait à plaindre... Les yeux fixés sur cette joyeuse et belle fille, sa pâle et douce figure exprimait une pitié touchante, un intérêt profond et douloureux.

Tout à coup, le brillant et gai coup d'œil que la reine Bacchanal promenait sur la foule rencontra le triste et humide regard de la Mayeux...

— Ma sœur!! — s'écria Céphyse. (Nous l'avons dit, c'était le nom de la reine Bacchanal.) — Ma sœur... — Et, leste comme une danseuse, d'un saut, la reine Bacchanal abandonna son trône ambulant, heureusement alors immobile, et se trouva devant la Mayeux, qu'elle embrassa avec effusion.

Tout ceci s'était passé si rapidement, que les compagnons de la reine Bacchanal, encore stupéfaits de la hardiesse de son saut périlleux, ne savaient à quoi l'attribuer ; les masques qui entouraient la Mayeux s'écartèrent frappés de surprise, et la Mayeux, toute au bonheur d'embrasser sa sœur, à qui elle rendait ses caresses, ne songea pas au singulier contraste qui devait bientôt exciter l'étonnement et l'hilarité de la foule. Céphyse y songea la première, et, voulant épargner une humiliation à sa sœur, elle se retourna vers la voiture et dit : — Rose-Pompon, jette-moi mon manteau... et vous, Nini-Moulin, ouvrez vite la portière. — La reine Bacchanal reçut le manteau. Elle en enveloppa prestement la Mayeux, avant que celle-ci, stupéfaite, eût pu faire un mouvement: la prenant par la main, elle lui dit: — Viens... viens...

— Moi!... — s'écria la Mayeux avec effroi — tu n'y penses pas?...

— Il faut absolument que je te parle... je demanderai un cabinet... où nous serons seules... Dépêche-toi... bonne petite sœur... devant tout le monde... ne résiste pas... viens...

La crainte de se donner en spectacle décida la Mayeux, qui d'ailleurs, tout étourdie de l'aventure, tremblante, effrayée, suivit presque machinalement sa sœur, qui l'entraîna dans la voiture, dont la portière venait d'être ouverte par Nini-Moulin.

Le manteau de la reine Bacchanal cachant les pauvres vêtemens et l'infirmité de la Mayeux, la foule n'eut pas à rire, et s'étonna seulement de cette rencontre pendant que les voitures arrivaient à la porte du traiteur de la place du Châtelet.

CHAPITRE II.

LES CONTRASTES.

Quelques minutes après la rencontre de la Mayeux et de la reine Bacchanal, les deux sœurs étaient réunies dans un cabinet de la maison du traiteur.
— Que je t'embrasse encore — dit Céphyse à la jeune ouvrière ; — au moins maintenant nous sommes seules... tu n'as plus peur !...

Au mouvement que fit la reine Bacchanal pour serrer la Mayeux dans ses bras, le manteau qui l'enveloppait tomba. A la vue de ces misérables vêtemens qu'elle avait à peine eu le temps de remarquer sur la place du Châtetet, au milieu de la foule, Céphyse joignit les mains et ne put retenir une exclamation de douloureuse surprise. Puis, s'approchant de sa sœur pour la contempler de plus près, elle prit entre ses mains potelées les mains maigres et glacées de la Mayeux, et examina pendant quelques minutes, avec un chagrin croissant, cette malheureuse créature souffrante, pâle, amaigrie par les privations et par les veilles, à peine vêtue d'une mauvaise robe de toile usée, rapiécée...

— Ah! ma sœur! te voir ainsi!

Et ne pouvant prononcer un mot de plus, la reine Bacchanal se jeta au cou de la Mayeux en fondant en larmes, et au milieu de ses sanglots elle ajouta:
— Pardon!... pardon!...
— Qu'as-tu, ma bonne Céphyse ? — dit la jeune ouvrière, profondément émue, et se dégageant doucement des étreintes de sa sœur.
— Tu me demandes pardon... et de quoi?
— De quoi? reprit Céphyse en relevant son visage inondé de larmes et pourpre de confusion, n'était-il pas honteux à moi d'être vêtue de ces oripeaux, de dépenser tant d'argent en folies... lorsque tu es ainsi vêtue, lorsque tu manques de tout... lorsque tu meurs peut-être de misère et de besoin ? car je n'ai jamais vu ta pauvre figure si pâle, si fatiguée...
— Rassure-toi, ma bonne sœur... je ne me porte pas mal... j'ai un peu veillé cette nuit... voilà pourquoi je suis pâle... mais, je t'en prie, ne pleure pas... tu me désoles...

La reine Bacchanal venait d'arriver radieuse au milieu d'une foule enivrée, et c'était la Mayeux qui la consolait...

Un incident vint encore rendre ce contraste plus frappant. On entendit tout à coup des cris joyeux dans la salle voisine, et ces mots retentirent prononcés avec enthousiasme : — Vive la reine Bacchanal !... vive la reine Bacchanal !...

La Mayeux tressaillit, et ses yeux se remplirent de larmes en voyant sa sœur qui, le visage caché dans ses mains, semblait écrasée de honte.
— Céphyse — lui dit-elle — je t'en supplie... ne t'afflige pas ainsi... tu me ferais regretter le bonheur de cette rencontre, et j'en suis si heureuse !... il y a si longtemps que je ne t'ai vue... Mais qu'as-tu ? dis-le moi.
— Tu me méprises peut-être... et tu as raison — dit la reine Bacchanal en essuyant ses yeux.
— Te mépriser !... moi, mon Dieu... et pourquoi ?
— Parce que je mène la vie que je mène... au lieu d'avoir comme toi le courage de supporter la misère...

La douleur de Céphyse était si navrante, que la Mayeux, toujours indulgente et bonne, voulut avant tout consoler sa sœur, la relever un peu à ses propres yeux, et lui dit tendrement : — En la supportant bravement pendant une année, ainsi que tu l'as fait, ma bonne Céphyse, tu as eu plus de mérite et de courage que je n'en aurais, moi, à la supporter toute ma vie.
— Ah! ma sœur... ne dis pas cela.

— Voyons, franchement — reprit la Mayeux... — à quelles tentations une créature comme moi est-elle exposée? Est-ce que naturellement je ne recherche pas l'isolement et la solitude autant que tu recherches la vie bruyante et le plaisir? Quels besoins ai-je, chétive comme je suis? Bien peu me suffit...

— Et ce peu tu ne l'as pas toujours?...

— Non... mais il est des privations que moi, débile et maladive, je puis pourtant endurer mieux que toi;... ainsi la faim me cause une sorte d'engourdissement... qui se termine par une grande faiblesse... Toi... robuste et vivace... la faim t'exaspère... te donne le délire!... Hélas! tu t'en souviens?... combien de fois je t'ai vue en proie à ces crises douloureuses... lorsque dans notre triste mansarde... ensuite d'un chômage de travail... nous ne pouvions pas même gagner nos quatre francs par semaine, et que nous n'avions rien... absolument rien à manger... car notre fierté nous empêchait de nous adresser aux voisins!...

— Cette fierté-là, au moins tu l'as conservée toi!

— Et toi aussi... n'as-tu pas lutté autant qu'il est donné à une créature humaine de lutter? Mais les forces ont un terme... Je te connais bien, Céphyse... c'est surtout devant la faim que tu as cédé... devant la faim et cette pénible obligation d'un travail acharné qui ne te donnaient pas même de quoi subvenir aux plus indispensables besoins.

— Mais toi... ces privations, tu les endurais, tu les endures encore.

— Est-ce que tu peux me comparer à toi? — Tiens — dit la Mayeux en prenant sa sœur par la main et la conduisant devant une glace posée au-dessus d'un canapé — regarde-toi... crois-tu que Dieu, en te faisant si belle, en te douant d'un sang vif et ardent, d'un caractère joyeux, remuant, expansif, amoureux du plaisir, ait voulu que ta jeunesse se passât au fond d'une mansarde glacée, sans jamais voir le soleil, clouée sur ta chaise, vêtue de haillons, et travaillant sans cesse et sans espoir? Non, car Dieu nous a donné d'autres besoins que ceux de boire et de manger. Même dans notre humble condition, la beauté n'a-t-elle pas besoin d'un peu de parure? La jeunesse n'a-t-elle pas besoin de mouvement, de plaisir et de gaîté? Tous les âges n'ont-ils pas besoin de distractions et de repos? Tu aurais gagné un salaire suffisant pour manger à ta faim, pour avoir un jour ou deux d'amusemens par semaine; après un travail quotidien de douze ou quinze heures, pour te procurer la modeste et fraîche toilette que réclame si impérieusement ton charmant visage, tu n'aurais rien demandé de plus, j'en suis certaine, tu me l'as dit cent fois; tu as donc cédé à une nécessité irrésistible, parce que tes besoins sont plus grands que les miens.

— C'est vrai... — répondit la reine Bacchanal d'un air pensif — si j'avais seulement trouvé à gagner quarante sous par jour... ma vie aurait été tout autre... car dans les commencemens... vois-tu, ma sœur, j'étais cruellement humiliée de vivre aux dépens de quelqu'un...

— Aussi... as-tu été invinciblement entraînée, ma bonne Céphyse; sans cela je te blâmerais au lieu de te plaindre... Tu n'as pas choisi ta destinée, tu l'as subie... comme je subis la mienne...

— Pauvre sœur, dit Céphyse en embrassant tendrement la Mayeux, toi si malheureuse, tu m'encourages, tu me consoles... et ce serait à moi de te plaindre...

— Rassure-toi... — dit la Mayeux — Dieu est juste et bon : s'il m'a refusé bien des avantages, il m'a donné mes joies comme il t'a donné les tiennes...

— Tes joies?

— Oui, et de grandes;... sans elles... la vie me serait trop lourde... je n'aurais pas le courage de la supporter...

— Je te comprends — dit Céphyse avec émotion — tu trouves encore moyen de te dévouer pour les autres, et cela adoucit tes chagrins.

— Je fais du moins tout mon possible pour cela, quoique je puisse bien peu; mais aussi quand je réussis — ajouta la Mayeux en souriant doucement — je suis heureuse et fière comme une pauvre petite fourmi qui, après bien des peines, a apporté un gros brin de paille au nid commun... mais ne parlons plus de moi...

— Si... parlons-en, je t'en prie, et au risque de te fâcher, reprit timidement la reine Bacchanal — je vais te faire une proposition que tu as déjà repoussée... Jacques (1) a, je crois, encore de l'argent... nous le dépensons en folies... donnant çà et là à de pauvres gens quand l'occasion se rencontre... Je t'en supplie, laisse-moi venir à ton aide... je le vois à ta pauvre figure, tu as beau vouloir me le cacher, tu t'épuises à force de travail.

— Merci, ma chère Céphyse... je connais ton bon cœur; mais je n'ai besoin de rien... Le peu que je gagne me suffit.

— Tu me refuses... — dit tristement la reine Bacchanal — parce que tu sais que mes droits sur cet argent ne sont pas honorables... Soit... Je comprends ton scrupule... Mais du moins, accepte un service de Jacques;... il a été ouvrier comme nous... Entre camarades... on s'aide... Je t'en supplie, accepte... ou je croirai que tu me dédaignes...

— Et moi, je croirai que tu me méprises si tu insistes, ma bonne Céphyse — dit la Mayeux d'un ton à la fois si ferme et si doux que la reine Bacchanal vit que toute résistance serait inutile...

Elle baissa tristement la tête et une larme roula de nouveau dans ses yeux.

— Mon refus t'afflige — dit la Mayeux en lui prenant la main; — j'en suis désolée, mais réfléchis... et tu me comprendras...

— Tu as raison — dit la reine Bacchanal avec amertume après un moment de silence — tu ne peux pas accepter... de secours de mon amant... c'était t'outrager que de te le proposer... Il y a des positions si humiliantes, qu'elles souillent jusqu'au bien qu'on voudrait faire.

— Céphyse... je n'ai pas voulu te blesser... tu le sais bien.

— Oh! va, crois-moi — reprit la reine Bacchanal — si étourdie, si gaie que je sois, j'ai quelquefois... des momens de réflexion, même au milieu de mes joies les plus folles... et ces momens-là sont rares, heureusement.

— Et à quoi penses-tu alors?

— Je pense que la vie que je mène n'est guère honnête; alors je veux demander à Jacques une petite somme d'argent; seulement de quoi assurer ma vie pendant un an; alors je fais le projet d'aller te rejoindre et de me remettre peu à peu à travailler.

— Eh bien!... cette idée est bonne... pourquoi ne la suis-tu pas?

— Parce qu'au moment d'exécuter ce projet, je m'interroge sincèrement, et le courage me manque; je le sens, jamais je ne pourrai reprendre l'habitude du travail, et renoncer à cette vie, tantôt riche comme aujourd'hui, tantôt précaire... mais au moins libre, joyeuse, insouciante, et toujours mille fois préférable à celle que je mènerais en gagnant quatre francs par semaine. Jamais, d'ailleurs, l'intérêt ne m'a guidée; plusieurs fois j'ai refusé de quitter un amant qui n'avait pas grand'chose pour quelqu'un de riche que je n'aimais pas; jamais je n'ai rien demandé pour moi. Jacques a peut-être dépensé dix mille francs depuis trois ou quatre mois, et nous n'avons que deux mauvaises chambres à peine meublées, car nous vivons toujours dehors, comme des oiseaux : heureusement, quand je l'ai aimé, il ne possédait rien du tout; j'avais vendu pour cent francs quelques bijoux qu'on m'avait donnés, et mis cette somme à la loterie; comme les fous ont toujours du bonheur, j'ai gagné quatre mille francs. Jacques était aussi gai, aussi fou, aussi en train que moi, nous nous sommes dit : Nous nous aimons bien; tant que l'argent durera, nous irons; quand nous n'en aurons plus, de deux choses l'une, ou nous serons las l'un de l'autre, et alors nous nous dirons adieu, ou bien nous nous aimerons encore; alors, pour rester ensemble, nous essaierons de nous remettre au travail : si nous ne le pouvons pas, et que nous tenions toujours à ne pas nous séparer... un boisseau de charbon fera notre affaire.

— Grand Dieu! — s'écria la Mayeux en pâlissant.

— Rassure-toi donc... nous n'avons pas à en venir là :... il nous restait encore quelque chose, lorsqu'un agent d'affaires, qui m'avait fait la cour, mais qui était si laid que ça m'empêchait de voir qu'il était riche, sachant que je vivais avec Jacques, m'a engagée à... Mais pourquoi t'ennuyer de ces détails?... En deux mots, on a prêté de l'argent à Jacques sur quelque chose

---

(1) Nous rappelons au lecteur que *Couche-Tout-Nu* se nommait Jacques Rennepont, et faisait partie de la descendance de la sœur du Juif errant.

comme des droits assez douteux, dit-on, qu'il avait à une succession... C'est avec cet argent-là que nous nous amusons ;... tant qu'il y en aura... ça ira...

— Mais, ma bonne Céphyse, au lieu de dépenser si follement cet argent, pourquoi ne pas le placer... et te marier avec Jacques... puisque tu l'aimes ?

— Oh! d'abord, vois-tu — répondit en riant la reine Bacchanal, dont le caractère insouciant et gai reprenait le dessus — placer de l'argent, ça ne vous procure aucun agrément... on a pour tout amusement à regarder un petit morceau de papier qu'on vous donne en échange de ces belles petites pièces d'or avec lesquelles on a mille plaisirs... Quant à me marier, certainement j'aime Jacques comme je n'ai jamais aimé personne ; pourtant il me semble que, si j'étais mariée avec lui, tout notre bonheur s'en irait ; car enfin, comme mon amant, il n'a rien à me dire du passé ; mais, comme mon mari, il me le reprocherait tôt ou tard, et, si ma conduite mérite des reproches, j'aime mieux me les adresser moi-même, j'y mettrai des formes.

— A la bonne heure, folle que tu es... mais cet argent ne durera pas toujours... après... comment ferez-vous ?

— Après... ah! bah! après... c'est dans la lune... Demain me paraît toujours devoir arriver dans cent ans... s'il fallait se dire qu'on mourra un jour... ça ne serait pas la peine de vivre...

L'entretien de Céphyse et de la Mayeux fut de nouveau interrompu par un tapage effroyable que dominait le bruit aigu et perçant de la crécelle de Nini-Moulin ; puis à ce tumulte succéda un chœur de cris inhumains au milieu duquel on distinguait ces mots qui firent trembler les vitres : —La reine Bacchanal, la reine Bacchanal!! — La Mayeux tressaillit à ce bruit soudain.

— C'est encore ma cour qui s'impatiente—lui dit Céphyse en riant cette fois.

— Mon Dieu! — s'écria la Mayeux avec effroi — si on allait venir te chercher ici ?...

— Non, non, rassure-toi.

— Mais si... entends-tu ces pas ?... on marche dans le corridor... on approche... Oh! je t'en conjure, ma sœur, fais que je puisse m'en aller seule... sans être vue de tout ce monde,

Au moment où la porte s'ouvrait, Céphyse y courut. Elle vit dans le corridor une députation à la tête de laquelle marchaient Nini-Moulin, armé de sa formidable crécelle, Rose-Pompon et Couche-tout-Nu.

— La reine Bacchanal! ou je m'empoisonne avec un verre d'eau! — cria Nini-Moulin.

— La reine Bacchanal! ou j'affiche mes bans à la mairie avec Nini-Moulin! — cria la petite Rose-Pompon d'un air déterminé.

— La reine Bacchanal! ou sa cour s'insurge et vient l'enlever! — dit une autre voix.

— Oui, oui, enlevons-la — répéta un chœur formidable.

— Jacques... entre seul — dit la reine Bacchanal malgré ces sommations pressantes ; puis, s'adressant à sa cour d'un ton majestueux : — Dans dix minutes, je suis à vous, et alors tempête infernale!

— Vive la reine Bacchanal! — cria Dumoulin en agitant sa crécelle et en se retirant, suivi de la députation, pendant que Couche-tout-Nu entrait seul dans le cabinet.

— Jacques, c'est ma bonne sœur — lui dit Céphyse.

— Enchanté de vous voir, mademoiselle — dit Jacques cordialement — et doublement enchanté, car vous allez me donner des nouvelles du camarade Agricol... Depuis que je joue au millionnaire, nous ne nous voyons plus, mais je l'aime toujours comme un bon et brave compagnon... Vous demeurez dans sa maison... Comment va-t-il ?

— Hélas! monsieur... il est arrivé bien des malheurs à lui et à sa famille... il est en prison.

— En prison! — s'écria Céphyse.

— Agricol!... en prison!... lui! et pourquoi? — dit Couche-tout-Nu.

— Pour un délit politique qui n'a rien de grave. On avait espéré le faire mettre en liberté sous caution...

— Sans doute... pour 500 fr., je connais ça... — dit Couche-tout-Nu.

— Malheureusement cela a été impossible ; la personne sur laquelle on comptait...

La reine Bacchanal interrompit la Mayeux, en disant à Couche-tout-Nu :
— Jacques... tu entends... Agricol... en prison, pour 500 fr.

— Pardieu! je t'entends et je te comprends, tu n'as pas besoin de me faire de signes... Pauvre garçon! et il fait vivre sa mère!

— Hélas! oui, monsieur, et c'est d'autant plus pénible que son père est arrivé de Russie, et que sa mère...

— Tenez, mademoiselle — dit Couche-tout-Nu en interrompant encore la Mayeux et lui donnant une bourse, — prenez... tout est payé d'avance ici, voilà le restant de mon sac; il y a là-dedans vingt-cinq ou trente napoléons; je ne peux pas mieux les finir qu'en m'en servant pour un camarade dans la peine. Donnez-les au père d'Agricol; il fera les démarches nécessaires, et demain Agricol sera à sa forge... où j'aime mieux qu'il soit que moi.

— Jacques, embrasse-moi tout de suite — dit la reine Bacchanal.

— Tout de suite, et encore, et toujours — dit Jacques en embrassant joyeusement la reine.

La Mayeux hésita un moment; mais songeant qu'après tout cette somme, qui allait être follement dissipée, pouvait rendre la vie et l'espoir à la famille d'Agricol; songeant enfin que ces 500 fr., remis plus tard à Jacques, lui seraient peut-être alors d'une utile ressource, la jeune fille accepta, et, les yeux humides, dit en prenant la bourse : — Monsieur Jacques, j'accepte... vous êtes généreux et bon : le père d'Agricol aura du moins aujourd'hui cette consolation à de bien cruels chagrins... Merci, oh! merci.

— Il n'y a pas besoin de me remercier, mademoiselle... on a de l'argent, c'est pour les autres comme pour soi...

Les cris recommencèrent plus furieux que jamais, et la crécelle de Nini-Moulin grinça d'une façon déplorable.

— Céphyse... ils vont tout briser là-dedans si tu ne viens pas, et maintenant je n'ai plus de quoi payer la casse — dit Couche-tout-Nu. — Pardon, mademoiselle — ajouta-t-il en riant — mais, vous le voyez, la royauté a ses devoirs...

Céphyse, émue, tendit les bras à la Mayeux, qui s'y jeta en pleurant de douces larmes. — Et maintenant — dit-elle à sa sœur — quand te reverrai-je?

— Bientôt... quoique rien ne me fasse plus de peine que de te voir dans une misère que tu ne veux pas me permettre de soulager...

— Tu viendras? tu me le promets?

— C'est moi qui vous le promets pour elle — dit Jacques — nous irons vous voir, vous et votre voisin Agricol.

— Allons... retourne à la fête, Céphyse... amuse-toi de bon cœur... tu le peux... car M. Jacques va rendre une famille bien heureuse...

Ce disant, et après que Couche-tout-Nu se fut assuré qu'elle pouvait descendre sans être vue de ses joyeux et bruyans compagnons, la Mayeux descendit furtivement, bien empressée de porter au moins une bonne nouvelle à Dagobert, mais voulant auparavant se rendre rue de Babylone, au pavillon naguère occupé par Adrienne de Cardoville. On saura plus tard la cause de la détermination de la Mayeux.

Au moment où la jeune fille sortait de chez le traiteur, trois hommes bourgeoisement et confortablement vêtus parlaient bas et paraissaient se consulter en regardant la maison du traiteur. Bientôt un quatrième homme descendit précipitamment l'escalier du traiteur.

— Eh bien? — dirent les trois autres avec anxiété.

— Il est là...

— Tu en es sûr?

— Est-ce qu'il y a deux Couche-tout-Nu sur la terre? — répondit l'autre; — je viens de le voir; il est déguisé en fort;... ils sont attablés pour trois heures au moins.

— Allons... attendez-moi là, vous autres... dissimulez-vous le plus possible... Je vas chercher le chef de file, et l'affaire est dans le sac. Et, disant ces mots, l'un des hommes disparut en courant dans une rue qui aboutissait sur la place.

. . . .

A ce moment, la reine Bacchanal entrait dans la salle du banquet, accompagnée de Couche-tout-Nu, et fut saluée par les acclamations les plus frénétiques.

— Maintenant — s'écria Céphyse avec une sorte d'entraînement fébrile et comme si elle eût cherché à s'étourdir — maintenant, mes amis, tempêtes, ouragans, bouleversemens, déchaînemens et autres tremblemens... — Puis, tendant son verre à Nini-Moulin, elle dit : — A boire !

— Vive la Reine ! — cria-t-on tout d'une voix.

CHAPITRE III.

LE RÉVEILLE-MATIN.

La reine Bacchanal, ayant en face d'elle Couche-tout-Nu et Rose-Pompon, Nini-Moulin à sa droite, présidait au repas, dit *réveille-matin*, généreusement offert par Jacques à ses compagnons de plaisir.

Ces jeunes gens et ces jeunes filles semblaient avoir oublié les fatigues d'un bal commencé à onze heures du soir et terminé à six heures du matin ; tous ces couples, aussi joyeux qu'amoureux et infatigables, riaient, mangeaient, buvaient, avec une ardeur juvénile et pantagruélique ; aussi, pendant la première partie du repas, on *causa* peu, on n'entendit que le bruit du choc des verres et des assiettes.

La physionomie de la reine Bacchanal était moins joyeuse, mais beaucoup plus animée que de coutume ; ses joues colorées, ses yeux brillans annonçaient une surexcitation fébrile ; elle voulait s'étourdir à tout prix ; son entretien avec sa sœur lui revenant quelquefois à l'esprit, elle tâchait d'échapper à ces tristes souvenirs.

Jacques regardait Céphyse de temps à autre avec une adoration passionnée ; car, grâce à la singulière conformité de caractère, d'esprit, de goûts, qui existait entre lui et la reine Bacchanal, leur liaison avait des racines beaucoup plus profondes et plus solides que n'en ont d'ordinaire ces attachemens éphémères basés sur le plaisir. Céphyse et Jacques ignoraient même toute la puissance d'un amour jusqu'alors environné de joies et de fêtes que nul événement sinistre n'avait encore contrarié.

La petite Rose-Pompon, veuve depuis quelques jours d'un étudiant qui, afin de pouvoir terminer dignement son carnaval, était retourné dans sa province pour soutirer quelque argent à sa famille sous un de ces fabuleux prétextes dont la tradition se conserve et se cultive soigneusement dans les écoles de droit et de médecine ; Rose-Pompon, par un exemple de fidélité rare, et ne voulant pas se compromettre, avait choisi pour chaperon l'inoffensif Nini-Moulin.

Ce dernier, débarrassé de son casque, montrait une tête chauve entourée d'une bordure de cheveux noirs et crépus assez longs derrière la nuque. Par un phénomène bachique très remarquable, à mesure que l'ivresse le gagnait, une sorte de zone empourprée comme sa face épanouie gagnait peu à peu son front et envahissait la blancheur luisante de son crâne.

Rose-Pompon, connaissant la signification de ce symptôme, le fit remarquer à la *société*, et s'écria en riant aux éclats : — Nini-Moulin, prends garde ! la marée du vin monte drôlement ! !

— Quand il en aura par dessus la tête... il sera noyé ! — ajouta la reine Bacchanal.

— O reine ! ne cherchez pas à me distraire... je médite... répondit Dumoulin, qui commençait à être ivre, et qui tenait à la main, en guise de coupe antique, un bol à punch rempli de vin, car il méprisait les verres ordinaires, qu'il appelait dédaigneusement, en raison de leur médiocre capacité, des *gorgettes*.

— Il médite... — reprit Rose-Pompon — Nini-Moulin médite, attention...

— Il médite... il est donc malade ?

— Qu'est-ce qu'il médite ? un pas chicard ?

— Une pose anacréontique et défendue ?

— Oui, je médite — reprit gravement Dumoulin — je médite sur le vin en général et en particulier... le vin, dont le divin Bossuet (Dumoulin avait l'énorme inconvénient de citer Bossuet lorsqu'il était ivre), le vin, dont le divin Bossuet, qui était connaisseur, a dit : — *Dans le vin est le courage, la force, la joie, l'ivresse spirituelle...* (1) — (Quand on a de l'esprit, bien entendu) — ajouta Nini-Moulin en manière de parenthèse.

— Alors j'adore ton Bossuet — dit Rose-Pompon.

— Quant à ma méditation particulière, elle porte sur la question de savoir si le vin des noces de Cana était rouge ou blanc... tantôt j'interroge le vin blanc, tantôt le rouge... tantôt tous les deux à la fois.

— C'est aller au fond de la question — dit Couche-tout-Nu.

— Et surtout au fond des bouteilles — dit la reine Bacchanal.

— Comme vous le dites, ô Majesté !... et j'ai déjà fait, à force d'expériences et de recherches, une grande découverte, à savoir : que si le vin des noces de Cana était rouge...

— Il n'était pas blanc — dit judicieusement Rose-Pompon.

— Et si j'arrivais à la conviction qu'il n'était ni blanc ni rouge ? — demanda Dumoulin d'un air magistral.

— C'est que vous seriez gris, mon gros — répondit Couche-tout-Nu.

— L'époux de la reine dit vrai... Voilà ce qui arrive lorsqu'on est trop altéré de science ; mais c'est égal, d'études en études sur cette question, à laquelle j'ai voué ma vie, j'atteindrai la fin de ma respectable carrière, en donnant à ma soif une couleur suffisamment historique... théo... lo... gique et ar... chéo... lo... gique.

Il faut renoncer à peindre la réjouissante grimace et le non moins réjouissant accent avec lequel Dumoulin prononça et scanda ces derniers mots, qui provoquèrent une hilarité prolongée.

— Archéologipe... — dit Rose-Pompon — qu'est-ce que c'est que ça ? ça a-t-il une queue ? ça va-t-il sur l'eau ?

— Laisse donc — reprit la reine Bacchanal — ce sont des mots de savant ou d'escamoteur, c'est comme les tournures en crinoline... ça bouffe... et voilà tout... J'aime mieux boire... Versez, Nini-Moulin... du champagne. Rose-Pompon, à la santé de ton Philémon... à son retour !...

— Buvons plutôt au succès de la carotte de longueur qu'il espère tirer à son embêtante et pingre famille pour finir son carnaval — dit Rose-Pompon ; — heureusement son plan de carotte n'est pas mauvais...

— Rose-Pompon ! — s'écria Nini-Moulin — si vous avez commis ce calembour avec ou sans intention, venez m'embrasser... ma fille.

— Merci !... et mon époux, qu'est-ce qu'il dirait ?

— Rose-Pompon... je peux vous rassurer... saint Paul... entendez-vous, l'apôtre saint Paul...

— Eh bien ! après... bon apôtre ?

— Saint Paul a dit formellement que *ceux qui sont mariés doivent vivre comme s'ils n'avaient pas de femmes...*

— Qu'est-ce que ça me fait à moi ?... ça regarde Philémon.

— Oui — reprit Nini-Moulin. — Mais le divin Bossuet, tout gobichonneur et chafriolant ce jour-là, ajoute, en citant saint Paul : *Et, par conséquent, les femmes mariées doivent vivre comme n'ayant pas de maris* (2)... Il ne me reste plus qu'à vous tendre d'autant plus les bras, ô Rose-Pompon ! que Philémon n'est pas même votre époux...

— Je ne dis pas ; mais vous êtes trop laid !...

— C'est une raison... alors je bois à la santé du plan de Philémon !... Faisons nos vœux pour qu'il produise une carotte monstre !...

— A la bonne heure — dit Rose-Pompon — à la santé de cet intéressant légume, si nécessaire à l'existence des étudians !

— Et autres carotivores ! ajouta Dumoulin.

Ce toast, rempli d'à-propos, fut accueilli par d'unanimes acclamations.

— Avec la permission de Sa Majesté et de sa cour — reprit Dumoulin — je propose un toast à la réussite d'une chose qui m'intéresse et qui a quelque ressemblance analogique avec la carotte de Philémon... J'ai dans l'idée que ce toast me portera bonheur.

— Voyons la chose...

— Eh bien ! à la santé de mon mariage ! — dit Dumoulin en se levant.

---

(1) Bossuet, *Méditations sur l'Evangile*, VIᵉ jour, tome IV. — (2) *Traité sur la Concupiscence*, vol. IV.

Ces mots prevoquèrent une explosion de cris, d'éclats de rire, de trépignemens formidables.

Nini-Moulin criait, trépignait, riait plus fort que les autres, ouvrant une bouche énorme, et ajoutant à ce tintamarre assourdissant le bruit aigu de sa crécelle, qu'il reprit sous sa chaise où il l'avait déposée.

Lorsque cet ouragan fut un peu calmé, la reine Bacchanal se leva et dit: Je bois à la santé de la future madame *Nini-Mouline.*

— O reine! vos procédés me touchent si sensiblement que je vous laisse lire au fond de mon cœur le nom de mon épouse future — s'écria Dumoulin: — elle se nomme madame veuve Honorée-Modeste-Messaline-Angèle de la Sainte-Colombe...

— Bravo... bravo!..

— Elle a soixante ans, et plus de mille livres de rente qu'elle n'a de poils à la moustache grise et de rides au visage ; son embonpoint est si imposant qu'une de ses robes pourrait servir de tente à l'honorable société: aussi j'espère vous présenter ma future épouse le mardi gras en costume de bergère qui vient de dévorer son troupeau; on voulait la convertir, mais je me charge de la divertir, elle aimera mieux ça ; il faut donc que vous m'aidiez à la plonger dans les bouleversemens les plus bachiques et les plus cancaniques.

— Nous la plongerons dans tout ce que vous voudrez.

— C'est le cancan en cheveux blancs! — chantonna Rose-Pompon sur un air connu.

— Ça imposera aux sergens de ville.

— On leur dira: Respectez-la... votre mère aura peut-être un jour son âge.

Tout à coup la reine Bacchanal se leva. Sa physionomie avait une singulière expression de joie amère et sardonique ; d'une main elle tenait son verre plein.

— On dit que le choléra approche avec ses bottes de sept lieues... sécria-t-elle. — Je bois au choléra!

Et elle but. Malgré la gaîté générale, ces mots firent une impression sinistre; une sorte de frisson électrique parcourut l'assemblée; presque tous les visages devinrent tout à coup sérieux.

— Ah! Céphyse... — dit Jacques d'un ton de reproche.

— Au choléra! — reprit intrépidement la reine Bacchanal: — qu'il épargne ceux qui ont envie de vivre... et qu'il fasse mourir ensemble ceux qui ne veulent pas se quitter!...

Jacques et Céphyse échangèrent rapidement un regard, qui échappa à leurs joyeux compagnons, et, pendant quelque temps, la reine Bacchanal resta muette et pensive.

— Ah! comme ça... c'est différent — reprit Rose-Pompon d'un air crâne.— Au choléra!... afin qu'il n'y ait plus que de bons enfans sur la terre.

Malgré cette variante, l'impression restait toujours sourdement pénible. Dumoulin voulut couper court à ce triste sujet d'entretien, et s'écria : Au diable les morts! vivent les vivans! Et à propos de vivans et de bons vivans, je demanderai à porter une santé chère à notre joyeuse reine, la santé de notre amphytrion ; malheureusement j'ignore son respectable nom, puisque j'ai seulement l'avantage de le connaître depuis cette nuit; il m'excusera donc si je me borne à porter la santé de Couche-tout-Nu, nom qui n'effarouche en rien ma pudeur, car Adam ne se couchait jamais autrement. Va donc pour Couche-tout-Nu.

— Merci, mon gros — dit Jacques ; — si j'oubliais votre nom, moi, je vous appellerais *Qui-Veut-Boire*; et je suis bien sûr que vous répondriez: Présent!

— Présent... présentissime — dit Dumoulin en faisant le salut militaire d'une main et tendant son bol de l'autre.

— Du reste, quand on a trinqué ensemble — reprit cordialement Couche-tout-Nu — il faut se connaître à fond... Je me nomme Jacques Rennepont.

— Rennepont! — s'écria Dumoulin en paraissant frappé de ce nom, malgré sa demi-ivresse — vous vous appelez Rennepont?

— Tout ce qu'il y a de plus Rennepont... Ça vous étonne?

— C'est qu'il y a une ancienne famille de ce nom... Les comtes de Rennepont.

— Ah bah! vraiment? — dit Couche-tout-Nu en riant.

— Les comtes de Rennepont, qui sont aussi ducs de Cardoville — ajouta Dumoulin.

— Ah ça! voyons, mon gros, est-ce que je vous fais l'effet de devoir le jour à une pareille famille... moi, ouvrier en goguette et en gogailles?

— Vous!... ouvrier? Ah ça, mais nous tombons dans les Mille et une Nuits! — s'écria Dumoulin, de plus en plus surpris; — vous nous payez un repas de Balthazar avec accompagnement de voitures à quatre chevaux... et vous êtes ouvrier?... Dites-moi vite votre métier... j'en suis, et j'abandonne la vigne du Seigneur où je provigne tant bien que mal.

— Ah ça! n'allez pas croire, dites donc, que je suis ouvrier en billets de banque ou en monnaie *trompe-l'œil!* — dit Jacques en riant.

— Ah! camarade... une telle supposition...

— Est pardonnable à voir le train que je mène... Mais je vas vous rassurer... Je dépense un héritage.

— Vous mangez et vous buvez un oncle sans doute? — dit gracieusement Dumoulin.

— Ma foi... je n'en sais rien...

— Comment! vous ignorez l'espèce de ce que vous mangez?

— Figurez-vous d'abord que mon père était chiffonnier...

— Ah! diable... — dit Dumoulin, assez décontenancé quoiqu'il fût assez généralement peu scrupuleux sur le choix de ses compagnons de bouteille; mais, son premier étonnement passé, il reprit avec une aménité charmante: — Mais il y a des chiffonniers... du plus haut mérite...

— Pardieu, vous croyez rire... — dit Jacques, et pourtant vous avez raison, mon père était un homme d'un fameux mérite, allez!! Il parlait grec et latin comme un vrai savant, et il me disait toujours que pour les mathématiques il n'avait pas son pareil... sans compter qu'il avait beaucoup voyagé...

— Mais alors — reprit Dumoulin que la surprise dégrisait — vous pourriez bien être de la famille des comtes de Rennepont.

— Dans ce cas-là — dit Rose-Pompon en riant, — votre père *chiffonnait* en amateur, et pour l'honneur.

— Non! non! misère de Dieu! c'était pour bien vivre... — reprit Jacques; — mais dans sa jeunesse, il avait été à son aise... A ce qu'il paraît, ou plutôt à ce qu'il ne paraissait plus dans son malheur, il s'était adressé à un parent riche qu'il avait; mais le parent riche lui avait dit: — Merci! — Alors il a voulu utiliser son grec, son latin et ses mathématiques. Impossible. Il paraît que dans ce temps-là Paris grouillait de savans. Alors, plutôt que de crever de faim... il a cherché son pain au bout de son crochet, et il l'y a, ma foi, trouvé; car j'en ai mangé pendant deux ans, lorsque je suis venu vivre avec lui après la mort d'une tante avec qui j'habitais à la campagne.

— Votre respectable père était alors une manière de philosophe — dit Dumoulin; — mais à moins qu'il n'ait trouvé un héritage au coin d'une borne... je ne vois pas trop venir l'héritage dont vous parlez.

— Attendez donc la fin de la chanson. A l'âge de douze ans je suis entré apprenti dans la fabrique de M. Tripeaud; deux ans après, mon père est mort d'accident, me laissant le mobilier de notre grenier: une paillasse, une chaise et une table; de plus, dans une mauvaise boîte à eau de Cologne, des papiers, à ce qu'il paraît, écrits en anglais, et une médaille de bronze qui, avec sa chaîne, pouvait bien valoir dix sous... Il ne m'avait jamais parlé de ces papiers. Ne sachant pas à quoi ils étaient bons, je les avais laissés au fond d'une vieille malle au lieu de les brûler; bien m'en a pris, car, sur ces papiers-là, on m'a prêté de l'argent.

— Quel coup du ciel! — dit Dumoulin. — Ah çà, mais on savait donc que vous les aviez?

— Oui, un de ces hommes qui sont à la piste des vieilles créances, est venu trouver Céphyse, qui m'en a parlé; après avoir lu les papiers, l'homme m'a dit que l'affaire était douteuse, mais qu'il me prêterait dessus dix mille francs, si je voulais... Dix mille francs!... c'était un trésor... j'ai accepté tout de suite...

— Mais vous auriez dû penser que ces créances devaient avoir une assez grande valeur...

— Ma foi, non... puisque mon père, qui devait en savoir la valeur, n'en avait pas tiré parti... et puis, dix mille francs en beaux et bons écus... qui vous tombent on ne sait d'où... ça se prend toujours, et tout de suite... et j'ai pris... Seulement, l'agent d'affaires m'a fait signer une lettre de change de... de garantie... oui, c'est ça, de garantie.

— Vous l'avez signée?

— Qu'est-ce que ça me faisait?... c'était une pure formalité, m'a dit l'homme d'affaires; et il disait vrai, puisqu'elle est échue il y a une quinzaine de jours, et que je n'en ai pas entendu parler... Il me reste encore un millier de francs chez l'agent d'affaires, que j'ai pris pour caissier, vu qu'il avait la caisse... Et voilà, mon gros, comment je ribote à mort du matin au soir, depuis mes dix mille francs, joyeux comme un pinson d'avoir quitté mon gueux de bourgeois, M. Tripeaud.

En prononçant ce nom, la physionomie de Jacques, jusqu'alors joyeuse, s'assombrit tout à coup. Céphyse, qui n'était plus sous l'impression pénible qui l'avait un moment absorbée, regarda Jacques avec inquiétude, car elle savait à quel point le nom de Tripeaud l'irritait.

— M. Tripeaud — reprit Couche-tout-Nu — en voilà un qui rendrait les bons méchans, et les méchans pires... On dit bon cavalier... bon cheval ; on devrait dire bon maître, bon ouvrier... Misère de Dieu! quand je pense à cet homme-là!... — et Couche-tout-Nu frappa violemment du poing sur la table.

— Voyons, Jacques, pense à autre chose — dit la reine Bacchanal. — Rose-Pompon... fais-le donc rire...

— Je n'en ai plus envie, de rire — répondit Jacques d'un ton brusque et encore animé par l'exaltation du vin — c'est plus fort que moi ; quand je pense à cet homme-là... je m'exaspère ! Fallait l'entendre : « Gredins d'ouvriers... canailles d'ouvriers ! *ils crient qu'ils n'ont pas de pain dans le ventre* — disait M. Tripeaud — *eh bien! on leur y mettra des baïonnettes* (1)... ça les calmera... » Et les enfans... dans sa fabrique... fallait les voir... pauvres petits... travaillant aussi longtemps que des hommes... s'exténuant et crevant à la douzaine... Mais, bah! après tout, ceux-là morts, il en venait toujours bien d'autres... Ce n'est pas comme des chevaux, qu'on ne peut remplacer qu'en payant.

— Allons, décidément, vous n'aimez pas votre ancien patron — dit Dumoulin, de plus en plus surpris de l'air sombre et soucieux de son amphitryon, et regrettant que la conversation eût pris ce tour sérieux ; aussi dit-il quelques mots à l'oreille de la reine Bacchanal, qui lui répondit par un signe d'intelligence.

— Non... je n'aime pas M. Tripeaud — reprit Couche-tout-Nu — je le hais, savez-vous pourquoi? c'est de sa faute autant que de la mienne si je suis devenu un bambocheur. Je ne dis pas ça pour me vanter, mais c'est vrai... Etant gamin et apprenti chez lui, j'étais tout cœur, tout ardeur, et si enragé pour l'ouvrage que j'ôtais ma chemise pour travailler ; c'est même à propos de ça qu'on m'a baptisé *Couche-tout-Nu*... Eh bien! j'avais beau me tuer, m'éreinter... jamais un mot pour m'encourager ; j'arrivais le premier à l'atelier, j'en sortais le dernier... rien ; on ne s'en apercevait seulement pas... Un jour je suis blessé sur la mécanique... on me porte à l'hôpital... j'en sors... tout faible encore ; c'est égal, je reprends mon travail... Je ne me rebutais pas ;... les autres, qui savaient de quoi il retournait et qui connaissaient le patron, avaient beau me dire : Est-il serin de s'échiner ainsi, ce petit-là!... qu'est-ce qu'il en retirera?... Mais fais donc ton ouvrage tout juste, imbécile, il n'en sera ni plus ni moins. C'est égal, j'allais toujours ; enfin un jour, un vieux brave homme, qu'on appelait le père Arsène — il travaillait depuis longtemps dans la maison, et c'était un modèle de bonne conduite ; — un jour donc, le père Arsène est mis à la porte, parce que ses forces diminuaient trop. C'était pour lui le coup de la mort ; il avait une femme infirme, et à son âge, faible comme il était, il ne pouvait se placer ailleurs... Quand le chef d'atelier lui apprend son renvoi, le pauvre bonhomme ne pouvait pas le croire ; il se met à pleurer de désespoir. En ce moment, M. Tripeaud passe... le père Arsène le supplie à mains jointes de le garder à moitié prix. « Ah çà ! — lui dit M. Tripeaud en levant les épaules — est-ce que tu crois que je vais faire de ma fabrique une maison d'invalides? tu ne peux plus travailler,

---

(1) Ce mot atroce a été dit lors des malheureux événemens de Lyon.

va-t'en. — Mais j'ai travaillé pendant quarante ans de ma vie, qu'est-ce que vous voulez que je devienne? mon Dieu! — disait le pauvre père Arsène. — Est-ce que ça me regarde, moi? — lui répond M. Tripeaud; et, s'adressant à son commis : — Faites le décompte de sa semaine et qu'il file. » Le père Arsène a filé ; — oui... il a filé... mais le soir, lui et sa vieille femme se sont asphyxiés. Or, voyez-vous, j'étais gamin ; mais l'histoire du père Arsène m'a appris une chose : c'est qu'on avait beau se crever de travail, ça ne profitait jamais qu'aux bourgeois, qu'ils ne vous en savaient seulement pas gré, et qu'on n'avait en perspective pour ses vieux jours que le coin d'une borne pour y crever. Alors, tout mon beau feu s'était éteint, je me suis dit : Qu'est-ce qu'il m'en reviendra de faire plus que je ne dois? Est-ce que quand mon travail rapporte des monceaux d'or à M. Tripeaud, j'en ai seulement un atome? Aussi, comme je n'avais aucun avantage d'amour-propre ou d'intérêt à travailler, j'ai pris le travail en dégoût, j'ai fait tout juste ce qu'il fallait pour gagner ma paye; je suis devenu flâneur, paresseux, bambocheur, et je me disais : Quand ça m'ennuiera par trop de travailler je ferai comme le père Arsène et sa femme... »

Pendant que Jacques se laissait emporter malgré lui à ses pensées amères, les autres convives, avertis par la pantomime expressive de Dumoulin et de la reine Bacchanal, s'étaient tacitement concertés; aussi, à un signe de la reine Bacchanal, qui sauta sur la table, renversant du pied les bouteilles et les verres, tous se levèrent en criant, avec accompagnement de la crécelle de Nini-Moulin :

— La Tulipe orageuse!... on demande le quadrille de la Tulipe orageuse!

A ces cris joyeux, qui éclatèrent comme une bombe, Jacques tressaillit; puis, après avoir regardé ses convives avec étonnement, il passa la main sur son front comme pour chasser les idées pénibles qui le dominaient, et cria :

— Vous avez raison : en avant deux et vive la joie !

En un moment, la table, enlevée par des bras vigoureux, fut reléguée à l'extrémité de la grande salle du banquet; les spectateurs s'entassèrent sur des chaises, sur des banquettes, sur le rebord des fenêtres, et, chantant en chœur l'air si connu des *Étudians*, remplacèrent l'orchestre, afin d'accompagner la contredanse formée par Couche-tout-Nu, la reine Bacchanal, Nini-Moulin et Rose-Pompon.

Dumoulin confiant sa crécelle à un des convives, reprit son exorbitant casque romain à plumeau ; il avait mis bas son carrick au commencement du festin ; il apparaissait donc dans toute la splendeur de son déguisement. Sa cuirasse à écailles se terminait congrûment par une jaquette de plumes, semblable à celles que portent les sauvages de l'escorte du bœuf gras. Nini-Moulin avait le ventre gros et les jambes grêles, aussi ses tibias flottaient à l'aventure dans l'évasement de ses larges bottes à revers.

La petite Rose-Pompon, son bonnet de police de travers, les deux mains dans les poches de son pantalon, le buste un peu penché en avant et ondulant de droite à gauche sur ses hanches, fit en avant deux avec Nini-Moulin; celui-ci, ramassé sur lui-même, s'avançait par soubresauts, la jambe gauche repliée, la jambe droite lancée en avant, la pointe du pied en l'air et le talon glissant sur le plancher; de plus il frappait sa nuque de sa main gauche, tandis que, par un mouvement simultané, il étendait vivement son bras droit comme s'il eût voulu *jeter de la poudre aux yeux* de ses vis-à-vis.

Ce départ eut le plus grand succès; on l'applaudissait bruyamment, quoiqu'il ne fût que l'innocent prélude du pas de *la Tulipe orageuse*, lorsque tout à coup la porte s'ouvrit ; un des garçons, ayant un instant cherché Couche-tout-Nu des yeux, courut à lui et lui dit quelques mots à l'oreille.

— Moi ! — s'écria Jacques en riant aux éclats — quelle farce !

Le garçon ayant ajouté quelques mots, la figure de Couche-tout-Nu exprima tout à coup une assez vive inquiétude, et il répondit au garçon : — A la bonne heure!... j'y vais. — Et il fit quelques pas vers la porte.

— Qu'est-ce qu'il y a donc, Jacques ? — demanda la reine Bacchanal avec surprise.

— Je reviens tout de suite... quelqu'un va me remplacer; dansez toujours — dit Couche-tout-Nu. Et il sortit précipitamment.

— C'est quelque chose qui n'aura pas été porté sur la carte — dit Dumoulin — il va revenir.

— C'est cela... — dit Céphyse. — Maintenant le cavalier seul — dit-elle au remplaçant de Jacques. Et la contredanse continua.

Nini-Moulin venait de prendre Rose-Pompon de la main droite, et la reine Bacchanal de la main gauche, afin de balancer entre elles deux, figure dans laquelle il était étourdissant de bouffonnerie, lorsque la porte s'ouvrit de nouveau, et le garçon que Jacques avait suivi s'approcha vivement de Céphyse d'un air consterné, et lui parla à l'oreille, ainsi qu'il avait parlé à Couche-tout-Nu. La reine Bacchanal devint pâle, poussa un cri perçant, se précipita vers la porte et sortit en courant sans prononcer une parole, laissant ses convives stupéfaits.

CHAPITRE IV.

LES ADIEUX.

La reine Bacchanal, suivant le garçon du traiteur, arriva au bas de l'escalier.

Un fiacre était à la porte. Dans ce fiacre elle vit Couche-tout-Nu avec un des hommes qui, deux heures auparavant, stationnaient sur la place du Châtelet.

A l'arrivée de Céphyse, l'homme descendit et dit à Jacques en tirant sa montre : — Je vous donne un quart d'heure... c'est tout ce que je peux faire pour vous, mon brave garçon ;... après cela... en route... N'essayez pas de nous échapper, nous veillerons aux portières tant que le fiacre restera là.

D'un bond Céphyse fut dans la voiture. Trop émue pour avoir parlé jusque-là, elle s'écria, en s'asseyant à côté de Jacques et en remarquant sa pâleur : — Qu'y a-t-il ? que te veut-on ? — On m'arrête pour dettes... dit Jacques d'une voix sombre. — Toi ? s'écria Céphyse avec un cri déchirant. — Oui, pour cette lettre de change de garantie que l'agent d'affaires m'a fait signer... et il disait que c'était seulement une formalité... Brigand !!

— Mais, mon Dieu, tu as de l'argent chez lui... qu'il prenne toujours cela en à-compte.

— Il ne me reste pas un sou ; il m'a fait dire par les recors qu'il ne me donnerait pas les derniers mille francs, puisque je n'avais pas payé la lettre de change...

— Alors, courons chez lui le prier, le supplier de te laisser en liberté ; c'est lui qui est venu te proposer de te prêter cet argent ; je le sais bien, puisque c'est à moi qu'il s'est d'abord adressé. Il aura pitié.

— De la pitié... un agent d'affaires !... allons donc...

— Ainsi rien... plus rien... s'écria Céphyse en joignant les mains avec angoisse.

— Puis elle reprit : — Mais il doit y avoir quelque chose à faire... Il t'avait promis...

— Ses promesses, tu vois comme il les tient, — reprit Jacques avec amertume — j'ai signé sans savoir seulement ce que je signais ; l'échéance est passée, il est en règle... Il ne me servirait de rien de résister, on vient de m'expliquer tout cela...

— Mais on ne peut te retenir longtemps en prison ! C'est impossible...

— Cinq ans... si je ne paye pas... Et comme je ne pourrai jamais payer, mon affaire est sûre...

— Ah ! quel malheur ! quel malheur ! et ne pouvoir rien !! dit Céphyse en cachant sa tête entre ses mains.

— Ecoute, Céphyse — reprit Jacques d'une voix douloureusement émue, — depuis que je suis là, je ne pense qu'à une chose... à ce que tu vas devenir.

— Ne t'inquiète pas de moi...

— Que je ne m'inquiète pas de toi ! mais tu es folle... Comment feras-tu ? Le mobilier de nos deux chambres ne vaut pas deux cents francs. Nous dépensions si follement que nous n'avons pas seulement payé notre loyer. Nous devons trois termes... il ne faut donc pas compter sur la vente de nos meuoles... je te laisse sans un sou. Au moins, moi, en prison, on me nourrit... mais toi... comment vivras-tu?

— A quoi bon te chagriner d'avance?

— Je te demande comment tu vivras demain? — s'écria Jacques.

— Je vendrai mon costume, quelques effets, je t'enverrai la moitié de l'argent, je garderai le reste; ça me fera quelques jours.

— Et après? après?

— Après?... dame... alors... je ne sais pas, moi; mon Dieu, que veux-tu que je te dise?... après, je verrai...

— Ecoute, Céphyse, — reprit Jacques avec une amertume navrante—c'est maintenant... que je vois comme je t'aime... j'ai le cœur serré comme dans un étau en pensant que je vas te quitter... ça me donne des frissons de ne pas savoir ce que tu deviendras... Puis, passant la main sur son front, Jacques ajouta : Vois tu?... ce qui nous a perdus, c'est de nous dire toujours: Demain n'arrivera pas; et tu le vois, demain arrive. Une fois que je ne serai plus près de toi, une fois que tu auras dépensé le dernier sou de ces hardes que tu vas vendre... incapable de travailler comme tu l'es maintenant... que feras-tu?... Veux-tu que je te le dise, moi... ce que tu feras? tu m'oublieras, et...

Puis, comme s'il eût reculé devant sa pensée, Jacques s'écria avec rage et désespoir : — Misère de Dieu! si cela devait arriver, je me briserais la tête sur un pavé.

Céphyse devina la réticence de Jacques; elle lui dit vivement en se jetant à son cou : — Moi? un autre amant... jamais! car je suis comme toi, maintenant je vois combien je t'aime.

— Mais pour vivre?... ma pauvre Céphyse! pour vivre?

— Eh bien!... j'aurai du courage, j'irai habiter avec ma sœur comme autrefois... je travaillerai avec elle; ça me donnera toujours du pain... Je ne sortirai que pour aller te voir... D'ici à quelques jours, l'homme d'affaires, en réfléchissant, pensera que tu ne peux pas lui payer dix mille francs, et il te fera remettre en liberté; j'aurai repris l'habitude du travail... tu verras! tu reprendras aussi cette habitude; nous vivrons pauvres, mais tranquilles;... après tout, nous nous serons au moins bien amusés pendant six mois... tandis que tant d'autres n'ont de leur vie connu le plaisir; crois-moi, mon bon Jacques, ce que je te dis est vrai... Cette leçon me profitera. Si tu m'aimes, n'aie pas la moindre inquiétude; je te dis que j'aimerais cent fois mieux mourir que d'avoir un autre amant.

— Embrasse-moi.... — dit Jacques les yeux humides — je te crois... je te crois... tu me redonnes du courage... et pour maintenant et pour plus tard;... tu as raison, il faut tâcher de nous remettre au travail, ou sinon... le boisseau de charbon du père Arsène... car, vois-tu — ajouta Jacques d'une voix basse et en frémissant — depuis six mois... j'étais comme ivre; maintenant je me dégrise... je vois où nous allions... Une fois à bout de ressources, je serais peut-être devenu un voleur, et toi... une...

— Oh! Jacques, tu me fais peur, ne dis pas cela! — s'écria Céphyse en interrompant Couche-tout-Nu, — je te le jure, je retournerai chez ma sœur, je travaillerai... j'aurai du courage...

La reine Bacchanal en ce moment était très sincère; elle voulait résolûment tenir sa parole; son cœur n'était pas encore complétement perverti; la misère, le besoin avaient été pour elle comme pour tant d'autres la cause et même l'excuse de son égarement; jusqu'alors elle avait du moins toujours suivi l'attrait de son cœur, sans aucune arrière-pensée basse et vénale; la cruelle position où elle voyait Jacques exaltait encore son amour; elle se croyait assez sûre d'elle-même pour lui jurer d'aller reprendre auprès de la Mayeux cette vie de labeur aride et incessant, cette vie de douloureuses privations qu'il lui avait été déjà impossible de supporter et qui devait lui être bien plus pénible encore depuis qu'elle s'était habituée à une vie oisive et dissipée. Néanmoins les assurances qu'elle venait de donner à Jacques calmèrent un peu le chagrin et les inquiétudes de cet homme; il avait assez d'intelligence et de cœur pour s'apercevoir que la pente fatale où il s'était jusqu'alors laissé aveuglément entraîner le conduisait, lui et Céphyse, droit à l'infamie.

Un des recors, ayant frappé à la portière, dit à Jacques : — Mon garçon, il ne vous reste que cinq minutes, dépêchez-vous.

— Allons, ma fille... du courage — dit Jacques.

— Sois tranquille... j'en aurai... tu peux y compter...

— Tu ne vas pas remonter là-haut?

— Non, oh non! — dit Céphyse. — Cette fête, je l'ai en horreur maintenant.

— Tout est payé d'avance... je vais faire dire à un garçon de prévenir qu'on ne nous attende pas — reprit Jacques. — Ils vont être bien étonnés, mais c'est égal...

— Si tu pouvais seulement m'accompagner... jusque chez nous — dit Céphyse — cet homme le permettrait peut-être, car enfin tu ne peux pas aller à Sainte-Pélagie habillé comme ça.

— C'est vrai, il ne te refusera pas de m'accompagner; mais comme il sera avec nous dans la voiture, nous ne pourrons plus rien nous dire devant lui... Aussi... laisse-moi pour la première fois de ma vie te parler raison. Souviens-toi bien de ce que je te dis, ma bonne Céphyse... ça peut d'ailleurs s'adresser à moi comme à toi — reprit Jacques d'un ton grave et pénétré — reprends aujourd'hui l'habitude du travail... Il a beau être pénible, ingrat, c'est égal... n'hésite pas, car tu oublierais bientôt l'effet de cette leçon ; comme tu dis, plus tard il ne serait plus temps, et alors tu finirais comme tant d'autres pauvres malheureuses... tu m'entends...

— Je t'entends... — dit Céphyse en rougissant; — mais j'aimerais mieux cent fois la mort qu'une telle vie...

— Et tu aurais raison... car dans ce cas-là, vois-tu — ajouta Jacques d'une voix sourde et concentrée — je t'y aiderais... à mourir.

— J'y compte bien, Jacques... — répondit Céphyse en embrassant son amant avec exaltation; puis elle ajouta tristement : — Vois-tu, c'était comme un pressentiment lorsque, tout à l'heure, je me suis sentie toute chagrine, sans savoir pourquoi, au milieu de notre gaîté... et que je buvais au choléra... pour qu'il nous fasse mourir ensemble...

— Eh bien !... qui sait s'il ne viendra pas, le choléra? — reprit Jacques d'un air sombre — ça nous épargnerait le charbon, nous n'aurons seulement pas peut-être de quoi en acheter...

— Je ne peux te dire qu'une chose, Jacques, c'est que pour vivre et pour mourir ensemble tu me trouveras toujours.

— Allons, essuie tes yeux — reprit-il avec une profonde émotion. — Ne faisons pas d'enfantillages devant ces hommes.

. . . .

Quelques minutes après, le fiacre se dirigeait vers le logis de Jacques, où il devait changer de vêtement avant de se rendre à la prison pour dettes.

. . . .

Répétons-le, à propos de la sœur de la Mayeux (il est des choses qu'on ne saurait trop redire) : L'une des plus funestes conséquences de l'*inorganisation* du travail est l'insuffisance des salaires.

L'insuffisance du salaire force inévitablement le plus grand nombre des jeunes filles, ainsi mal rétribuées, à chercher le moyen de vivre en formant des liaisons qui les dépravent.

Tantôt elles reçoivent une modique somme de leur amant, qui, jointe au produit de leur labeur, aide à leur existence.

Tantôt, comme la sœur de la Mayeux, elles abandonnent complétement le travail et font vie commune avec l'homme qu'elles choisissent, lorsque celui-ci peut suffire à cette dépense; alors, et durant ce temps de plaisir et de fainéantise, la lèpre incurable de l'oisiveté envahit à tout jamais ces malheureuses.

Ceci est la première phase de la dégradation que la coupable insouciance de la société impose à un nombre immense d'ouvrières, nées pourtant avec des instincts de pudeur, de droiture et d'honnêteté.

Au bout d'un certain temps, leur amant les délaisse quelquefois lorsqu'elles sont mères.

D'autres fois, une folle prodigalité conduit l'imprévoyant en prison; alors la jeune fille se trouve seule, abandonnée, sans moyens d'existence.

Celles qui ont conservé du cœur et de l'énergie se remettent au travail... le nombre en est bien rare.

Les autres... poussées par la misère, par l'habitude d'une vie facile et oisive, tombent alors jusqu'aux derniers degrés de l'abjection.

Et il faut encore plus les plaindre que les blâmer de cette abjection, car la cause première et virtuelle de leur chute était l'*insuffisante rémunération de leur travail* ou le *chômage.*

Une autre déplorable conséquence de l'*inorganisation* du travail est, pour les hommes, outre l'insuffisance du salaire, le profond dégoût qu'ils apportent presque toujours dans la tâche qui leur est imposée.

Cela se conçoit.

Sait-on leur rendre le travail attrayant, soit par la variété des occupations, soit par des récompenses honorifiques, soit par des soins, soit par une rémunération proportionnée aux bénéfices que leur main-d'œuvre procure, soit enfin par l'espérance d'une retraite assurée après de longues années de labeur?

Non, le pays ne s'inquiète ni se soucie de leurs besoins ou de leurs droits.

Et pourtant il y a, pour ne citer qu'une industrie, des mécaniciens et des ouvriers dans les usines qui, exposés à l'explosion de la vapeur et au contact de formidables engrenages, courent chaque jour de plus grands dangers que les soldats n'en courent à la guerre, déploient un savoir pratique rare, rendent à l'industrie, et conséquemment au pays, d'incontestables services pendant une longue et honorable carrière, à moins qu'ils ne périssent par l'explosion d'une chaudière ou qu'ils n'aient quelque membre broyé entre les dents de fer d'une machine.

Dans ce cas, le travailleur reçoit-il une récompense au moins égale à celle que reçoit le soldat pour prix de son courage, louable sans doute, mais stérile : — une place dans une maison d'invalides?

Non...

Qu'importe au pays? et si le maître du travailleur est ingrat, le mutilé, incapable de service, meurt de faim dans quelque coin.

Enfin, dans ces fêtes pompeuses de l'industrie, convoque-t-on jamais quelques-uns de ces habiles travailleurs qui seuls ont tissé ces admirables étoffes, forgé et damasquiné ces armes éclatantes, ciselé ces coupes d'or et d'argent, sculpté ces meubles d'ébène et d'ivoire, monté ces éblouissantes pierreries avec un art exquis?

Non...

Retirés au fond de leur mansarde, au milieu d'une famille misérable et affamée, ils vivent à peine d'un mince salaire, ceux-là qui, cependant, on l'avouera, ont au moins concouru *pour moitié* à doter le pays de ces merveilles qui font sa richesse, sa gloire et son orgueil.

Un ministre du commerce qui aurait la moindre intelligence de ses hautes fonctions et de ses DEVOIRS, ne demanderait-il pas que chaque fabrique exposante *choisît par une élection à plusieurs degrés un certain nombre de candidats des plus méritans, parmi lesquels le fabricant désignerait celui qui lui semblerait le plus digne de représenter la* CLASSE OUVRIÈRE, *dans ces grandes solennités industrielles?*

Ne serait-il pas d'un noble et encourageant exemple de voir alors le maître proposer aux récompenses ou aux distinctions publiques l'ouvrier député par ses pairs comme l'un des plus honnêtes, des plus laborieux, des plus intelligens de sa profession?

Alors une désespérante injustice disparaîtrait, alors les vertus du travailleur seraient stimulées par un but généreux, élevé; alors *il aurait intérêt à bien faire.*

Sans doute le fabricant, en raison de l'intelligence qu'il déploie, des capitaux qu'il aventure, des établissemens qu'il fonde et du bien qu'il fait quelquefois, a un droit légitime aux distinctions dont on le comble; mais pourquoi le travailleur est-il impitoyablement exclu de ces récompenses dont l'action est si puissante sur les masses?

Les généraux et les officiers sont-ils donc les seuls que l'on récompense dans une armée?

Après avoir justement rémunéré les chefs de cette puissante et féconde armée de l'industrie, pourquoi ne jamais songer aux soldats?

Pourquoi n'y a-t-il jamais pour eux de signe de rémunération éclatante, quelque consolante et bienveillante parole d'une lèvre auguste? pourquoi ne voit-on pas enfin, en France, *un seul ouvrier décoré* pour prix de sa main-d'œuvre, de son courage industriel et de sa longue et laborieuse carrière? Cette croix et la modeste pension qui l'accompagne seraient pourtant pour lui une double récompense justement méritée; mais non, pour l'humble travail, pour le travail nourricier, il n'y a qu'oubli, injustice, indifférence et dédain!

Aussi de cet abandon public, souvent aggravé par l'égoïsme et par la dureté des maîtres ingrats, naît pour les travailleurs une condition déplorable.

Les uns, malgré un labeur incessant, vivent dans les privations, et meurent avant l'âge, presque toujours maudissant une société qui les délaisse;

D'autres cherchent l'éphémère oubli de leurs maux dans une ivresse meurtrière;

Un grand nombre enfin, n'ayant aucun intérêt, aucun avantage, aucune incitation morale ou matérielle à faire plus ou à faire mieux, se bornent à faire rigoureusement ce qu'il faut pour gagner leur salaire. Rien ne les attache à leur travail, parce que rien à leurs yeux ne rehausse, n'honore, ne glorifie le travail... Rien ne les défend contre les séductions de l'oisiveté, et s'ils trouvent par hasard le moyen de vivre quelque temps dans la paresse, peu à peu ils cèdent à ces habitudes de fainéantise, de débauche; et quelquefois les plus mauvaises passions flétrissent à jamais des natures originairement saines, honnêtes, remplies de bon vouloir, faute d'une tutelle protectrice et équitable qui ait soutenu, encouragé, récompensé leurs premières tendances, honnêtes et laborieuses.

. . . .

Nous suivrons maintenant la Mayeux, qui, après s'être présentée pour chercher de l'ouvrage chez la personne qui l'employait ordinairement, s'était rendue rue de Babylone, au pavillon occupé par Adrienne de Cardoville.

DIXIEME PARTIE.

LE COUVENT.

CHAPITRE PREMIER.

FLORINE.

Pendant que la reine Bacchanal et Couche-tout-Nu terminaient si tristement la plus joyeuse phase de leur existence, la Mayeux arrivait à la porte du pavillon de la rue de Babylone. Avant de sonner, la jeune ouvrière essuya ses larmes : un nouveau chagrin l'accablait. En quittant la maison du traiteur, elle était allée chez la personne qui lui donnait habituellement du travail; mais celle-ci lui en avait refusé, pouvant, disait-elle, faire confectionner la même besogne dans les prisons de femmes avec un tiers d'économie. La Mayeux, plutôt que de perdre cette dernière ressource, offrit de subir cette diminution, mais les pièces de lingerie étaient déjà livrées, et la jeune ouvrière ne pouvait espérer d'occupation avant une quinzaine de jours, même en accédant à cette réduction de salaire. On conçoit les angoisses de la pauvre créature ; car, en présence d'un chômage forcé, il faut mendier, mourir de faim ou voler.

Quant à sa visite au pavillon de la rue de Babylone, elle s'expliquera tout à l'heure.

La Mayeux sonna timidement à la petite porte ; peu d'instans après, Florine vint lui ouvrir. La cameriste n'était plus habillée selon le goût charmant d'Adrienne ; elle était au contraire vêtue avec une affectation de simplicité austère ; elle portait une robe montante de couleur sombre, assez large pour cacher la svelte élégance de sa taille ; ses bandeaux de cheveux, d'un noir de jais, s'apercevaient à peine sous la garniture plate d'un petit bonnet blanc empesé, assez pareil aux cornettes des religieuses ; mais, malgré ce costume si modeste, la figure brune et pâle de Florine paraissait toujours admirablement belle.

On l'a dit : placée par un passé criminel dans 'la dépendance absolue de Rodin et de M. d'Aigrigny, Florine leur avait jusqu'alors servi d'espionne auprès d'Adrienne, malgré les marques de confiance et de bonté dont celle-ci la comblait. Florine n'était pas complétement pervertie ; aussi éprouvait-elle souvent de douloureux mais vains remords, en songeant au métier infâme qu'on l'obligeait à faire auprès de sa maîtresse.

A la vue de la Mayeux, qu'elle reconnut (Florine lui avait appris la veille l'arrestation d'Agricol et le soudain accès de folie de mademoiselle de Cardoville), elle recula d'un pas, tant la physionomie de la jeune ouvrière lui inspira d'intérêt et de pitié. En effet, l'annonce d'un chômage forcé, au milieu de circonstances déjà si pénibles, portait un terrible coup à la jeune ouvrière ; les traces de larmes récentes sillonnaient ses joues ; ses traits exprimaient à son insu une désolation profonde, et elle paraissait si épuisée, si faible, si accablée, que Florine s'avança vivement vers elle, lui offrit son bras, et lui dit avec bonté en la soutenant : — Entrez, mademoiselle, entrez... Reposez-vous un instant, car vous êtes bien pâle... et vous paraissez bien souffrante et bien fatiguée !

Ce disant, Florine introduisit la Mayeux dans un petit vestibule à cheminée, garni de tapis, et la fit asseoir auprès d'un bon feu, dans un fauteuil de tapisserie ; Georgette et Hébé avaient été renvoyées, Florine était restée jusqu'alors seule gardienne du pavillon.

Lorsque la Mayeux fut assise, Florine lui dit avec intérêt : — Mademoiselle, ne voulez-vous rien prendre ? un peu d'eau sucrée, chaude, et de fleur d'oranger ?

— Je vous remercie, mademoiselle — dit la Mayeux avec émotion, tant la moindre preuve de bienveillance la remplissait de gratitude ; puis elle voyait avec une douce surprise que ses pauvres vêtemens n'étaient pas un sujet d'éloignement ou de dédain pour Florine.

— Je n'ai besoin que d'un peu de repos, car je viens de très loin — reprit-elle — et si vous le permettez....

— Reposez-vous tant que vous voudrez, mademoiselle... je suis seule dans ce pavillon depuis le départ de ma pauvre maîtresse... — Ici Florine rougit et soupira... — Ainsi donc ne vous gênez en rien... approchez-vous du feu... je vous en prie ; tenez... mettez-vous là... vous serez mieux... Mon Dieu ! comme vos pieds sont mouillés :... Posez-les... sur ce tabouret.

L'accueil cordial de Florine, sa belle figure, l'agrément de ses manières, qui n'étaient pas celles d'une femme de chambre ordinaire, frappèrent vivement la Mayeux, sensible plus que personne, malgré son humble condition, à tout ce qui était gracieux, délicat et distingué ; aussi, cédant à cet attrait, la jeune ouvrière, ordinairement d'une sensibilité inquiète, d'une timidité ombrageuse, se sentit presqu'en confiance avec Florine.

— Combien vous êtes obligeante, mademoiselle !... — lui dit-elle d'un ton pénétré ; je suis toute confuse de vos bons soins !

— Je vous l'assure, mademoiselle, je voudrais faire autre chose pour vous que de vous offrir une place à ce foyer... vous avez l'air si doux, si intéressant !

— Ah ! mademoiselle... que cela fait de bien, de se réchauffer à un bon feu ! dit naïvement la Mayeux, et presque malgré elle. Puis craignant, tant était grande sa délicatesse, qu'on ne la crût capable de chercher, en prolongeant sa visite, à abuser de l'hospitalité, elle ajouta : — Voici, mademoiselle, pourquoi je reviens ici :... Hier vous m'avez appris qu'un jeune ouvrier forgeron, M. Agricol Baudoin, avait été arrêté dans ce pavillon...

— Hélas! oui, mademoiselle, et cela au moment où ma pauvre maîtresse s'occupait de lui venir en aide...

— M. Agricol... je suis sa sœur adoptive — reprit la Mayeux en rougissant légèrement — m'a écrit hier soir, de sa prison... il me priait de dire à son père de se rendre ici le plus tôt possible, afin de prévenir mademoiselle de Cardoville qu'il avait, lui Agricol, des choses les plus importantes à communiquer à cette demoiselle, ou à la personne qu'on lui enverrait... mais qu'il n'osait les confier à une lettre, ignorant si la correspondance des prisonniers n'était pas lue par le directeur de la prison.

— Comment! c'est à ma maîtresse que M. Agricol veut faire une révélation importante? — dit Florine très surprise.

— Oui, mademoiselle, car, à cette heure, Agricol ignore l'affreux malheur qui a frappé mademoiselle de Cardoville.

— C'est juste... et cet accès de folie s'est, hélas! déclaré d'une manière si brusque — dit Florine en baissant les yeux — que rien ne pouvait le faire prévoir.

— Il faut bien que cela soit ainsi — reprit la Mayeux — car, lorsque Agricol a vu mademoiselle de Cardoville pour la première fois... il est revenu frappé de sa grâce, de sa délicatesse et de sa bonté.

— Comme tous ceux qui approchent de ma maîtresse... — dit tristement Florine.

— Ce matin, reprit la Mayeux — lorsque, d'après la recommandation d'Agricol, je me suis présentée chez son père, il était déjà sorti, car il est en proie à de grandes inquiétudes ;... mais la lettre de mon frère adoptif m'a paru si pressante et devoir être d'un si puissant intérêt pour mademoiselle de Cardoville, qui s'était montrée remplie de générosité pour lui... que je suis venue.

— Malheureusement mademoiselle n'est plus ici, vous le savez.

— Mais n'y a-t-il personne de sa famille à qui je puisse, sinon parler, du moins faire savoir par vous, mademoiselle, qu'Agricol désire faire connaître des choses très importantes pour cette demoiselle ?

— Cela est étrange — reprit Florine en réfléchissant et sans répondre à la Mayeux ; puis, se retournant vers elle : — Et vous en ignorez complètement e sujet, de ces révélations?

— Complétement, mademoiselle ; mais je connais Agricol : c'est l'honneur, la loyauté même ; il a l'esprit très juste, très droit ; l'on peut croire à ce qu'il affirme... D'ailleurs, quel intérêt aurait-il à...

— Mon Dieu ! — s'écria tout à coup Florine, frappée d'un trait de lumière soudaine et en interrompant la Mayeux — je me souviens de cela maintenant : lorsqu'il a été arrêté dans une cachette où mademoiselle l'avait fait conduire, je me trouvais là par hasard, M. Agricol m'a dit rapidement et tout bas : — Prévenez votre généreuse maîtresse que sa bonté pour moi aura sa récompense, et que mon séjour dans cette cachette n'aura peut-être pas été inutile... — C'est tout ce qu'il a pu me dire, car on l'a emmené à l'instant. Je l'avoue, dans ces mots je n'avais vu que l'expression de sa reconnaissance et l'espoir de la prouver un jour à mademoiselle... mais en rapprochant ces paroles de la lettre qu'il vous a écrite... — dit Florine en réfléchissant.

— En effet — reprit la Mayeux — il y a certainement quelque rapport entre son séjour dans cette cachette et les choses importantes qu'il demande à révéler à votre maîtresse ou à quelqu'un de sa famille.

— Cette cachette n'avait été ni habitée, ni visitée depuis très longtemps — dit Florine d'un air pensif — peut-être M. Agricol y aura trouvé ou vu quelque chose qui doit intéresser ma maîtresse.

— Si la lettre d'Agricol ne m'eût pas paru si pressante — reprit la Mayeux — je ne serais pas venue, et il se serait présenté ici lui-même lors de sa sortie de prison, qui maintenant, grâce à la générosité d'un de ses anciens camarades, ne peut tarder longtemps ;... mais ignorant si, même moyennant caution, on le laisserait libre aujourd'hui... j'ai voulu avant tout accomplir fidèlement sa recommandation :... la généreuse bonté que votre maîtresse lui avait témoignée m'en faisait un devoir.

Comme toutes les personnes dont les bons instincts se réveillent encore parfois, Florine éprouvait une sorte de consolation à faire le bien lorsqu'elle le pouvait faire impunément, c'est-à-dire sans s'exposer aux inexorables ressentimens de ceux dont elle dépendait. Grâce à la Mayeux, elle trouvait l'occasion de rendre probablement un grand service à sa maîtresse ; connaissant assez la haine de la princesse de Saint-Dizier contre sa nièce pour être certaine du danger qu'il y aurait à ce que la révélation d'Agricol, en raison même de son importance, fût faite à une autre qu'à mademoiselle de Cardoville, Florine dit à la Mayeux d'un ton grave et pénétré : — Ecoutez, mademoiselle... je vais vous donner un conseil profitable, je crois, à ma pauvre maîtresse ; mais cette démarche de ma part pourrait m'être très funeste si vous n'aviez pas égard à mes recommandations.

— Comment cela, mademoiselle ? dit la Mayeux en regardant Florine avec une profonde surprise.

— Dans l'intérêt de ma maîtresse... M. Agricol ne doit confier à personne... si ce n'est à elle-même... les choses importantes qu'il désire lui communiquer.

— Mais, ne pouvant voir mademoiselle Adrienne, pourquoi ne s'adresserait-il pas à sa famille ?

— C'est surtout à la famille de ma maîtresse qu'il doit taire tout ce qu'il sait... Mademoiselle Adrienne peut guérir... Alors M. Agricol lui parlera ; bien plus, ne dût-elle jamais guérir, dites à votre frère adoptif qu'il vaut encore mieux qu'il garde son secret que de le voir servir aux ennemis de ma maîtresse... ce qui arriverait infailliblement, croyez-moi.

— Je vous comprends, mademoiselle — dit tristement la Mayeux. — La famille de votre généreuse maîtresse ne l'aime pas et la persécuterait peut-être ?

— Je ne peux rien vous dire de plus à ce sujet, maintenant ; quant à ce qui me regarde, je vous en conjure, promettez-moi d'obtenir de M. Agricol qu'il ne parle à personne au monde de la démarche que vous avez tentée près de moi... à ce sujet, et du conseil que je vous donne :... le bonheur... non pas le bonheur — reprit Florine avec amertume, comme si depuis longtemps elle avait renoncé à l'espoir d'être heureuse — non pas le bonheur, mais le repos de ma vie dépend de votre discrétion.

— Ah ! soyez tranquille — dit la Mayeux, aussi attendrie que surprise de l'expression douloureuse des traits de Florine, je ne serai pas ingrate ; personne au monde, sauf Agricol, ne saura que je vous ai vue.

— Merci... oh ! merci, mademoiselle — dit Florine avec effusion.

— Vous me remerciez ? — dit la Mayeux, étonnée de voir de grosses larmes rouler dans les yeux de Florine.

— Oui... je vous dois un moment de bonheur... pur et sans mélange ; car j'aurai peut-être rendu un service à ma chère maîtresse sans risquer d'augmenter les chagrins qui m'accablent déjà...

— Vous, malheureuse !

— Cela vous étonne ; pourtant, croyez-moi : quel que soit votre sort, je le changerais pour le mien — s'écria Florine presque involontairement.

— Hélas ! mademoiselle — dit la Mayeux — vous paraissez avoir un trop bon cœur pour que je vous laisse former un pareil vœu, surtout aujourd'hui...

— Que voulez-vous dire ?

— Ah ! je l'espère bien sincèrement pour vous, mademoiselle — reprit la Mayeux avec amertume — jamais vous ne saurez ce qu'il y a d'affreux à se voir privé de travail lorsque le travail est votre unique ressource.

— En êtes-vous réduite là, mon Dieu ?.., — s'écria Florine en regardant la Mayeux avec anxiété.

La jeune ouvrière baissa la tête et ne répondit rien ; son excessive fierté se reprochait presque cette confidence, qui ressemblait à une plainte, et qui lui était échappée en songeant à l'horreur de sa position.

— S'il en était ainsi — reprit Florine — je vous plains du plus profond de mon cœur... et cependant je ne sais si mon infortune n'est pas plus grande encore que la vôtre.

37

Puis, après un moment de réflexion, Florine s'écria tout à coup : — Mais j'y songe... si vous manquez de travail... si vous êtes à bout de ressources... je pourrai, je l'espère, vous procurer de l'ouvrage...

— Serait-il possible, mademoiselle ! — s'écria la Mayeux — jamais je n'aurais osé vous demander un pareil service... qui pourtant me sauverait;... mais maintenant votre offre généreuse commande presque ma confiance... aussi je dois vous avouer que ce matin même on m'a retiré un travail bien modeste, puisqu'il me rapportait quatre francs par semaine...

— Quatre francs par semaine ! — s'écria Florine, pouvant à peine croire ce qu'elle entendait.

— C'était bien peu, sans doute — reprit la Mayeux — mais cela me suffisait... Malheureusement, la personne qui m'employait trouve à faire faire cet ouvrage moyennant un prix encore plus minime.

— Quatre francs par semaine ! — répéta Florine, profondément touchée de tant de misère et de tant de résignation — eh bien ! moi, je vous adresserai à des personnes qui vous assureront un gain d'au moins deux francs par jour.

— Je pourrais gagner deux francs par jour... est-ce possible ?...

— Oui, sans doute ;... seulement, il faudrait aller travailler en journée... à moins que vous ne préfériez vous mettre servante.

— Dans ma position — dit la Mayeux avec une timidité fière — on n'a pas le droit, je le sais, d'écouter ses susceptibilités; pourtant je préférerais travailler à la journée, et, en gagnant moins, avoir la faculté de travailler chez moi.

— La condition d'aller en journée est malheureusement indispensable — dit Florine.

— Alors, je dois renoncer à cet espoir — répondit timidement la Mayeux...

— Non que je refuse d'aller en journée; avant tout il faut vivre... mais... on exige des ouvrières une mise, sinon élégante, du moins convenable... et, je vous l'avoue sans honte, parce que ma pauvreté est honnête... je ne puis être mieux vêtue que je ne le suis.

— Qu'à cela ne tienne... dit vivement Florine — ou vous donnera les moyens de vous vêtir convenablement.

La Mayeux regarda Florine avec une surprise croissante. Ces offres étaient si fort au-delà de ce qu'elle pouvait espérer et de ce que les ouvrières gagnent généralement, que la Mayeux pouvait à peine y croire.

— Mais... reprit-elle avec hésitation — pour quel motif serait-on si généreux envers moi, mademoiselle ? de quelle façon pourrais-je donc mériter un salaire si élevé ?

Florine tressaillit. Un élan de cœur et de bon naturel, le désir d'être utile à la Mayeux, dont la douceur et la résignation l'intéressaient vivement, l'avaient entraînée à une proposition irréfléchie; elle savait à quel prix la Mayeux pourrait obtenir les avantages qu'elle lui proposait, et seulement alors elle se demanda si la jeune ouvrière consentirait jamais à accepter une pareille condition. Malheureusement, Florine s'était trop avancée, elle ne put se résoudre à oser tout dire à la Mayeux. Elle résolut donc d'abandonner l'avenir aux scrupules de la jeune ouvrière; puis enfin, comme ceux qui ont failli sont ordinairement peu disposés à croire à l'infaillibilité des autres, Florine se dit que peut-être la Mayeux, dans la position désespérée où elle se trouvait, aurait moins de délicatesse qu'elle ne lui en supposait...

Elle reprit donc : — Je le conçois, mademoiselle, des offres si supérieures à ce que vous gagnez habituellement vous étonnent ; mais je dois vous dire qu'il s'agit d'une institution pieuse, destinée à procurer de l'ouvrage ou de l'emploi aux femmes méritantes et dans le besoin... Cet établissement, qui s'appelle de Sainte-Marie, se charge de placer soit des domestiques, soit des ouvrières à la journée... Or, l'œuvre est dirigée par des personnes si charitables, qu'elles fournissent même une espèce de trousseau lorsque les ouvrières qu'elles prennent sous leur protection ne sont pas assez convenablement vêtues pour aller remplir les fonctions auxquelles on les destine.

Cette explication fort plausible des offres *magnifiques* de Florine devait satisfaire la Mayeux, puisque après tout il s'agissait d'une œuvre de bienfaisance.

— Ainsi, je comprends le taux élevé du salaire dont vous me parlez, mademoiselle — reprit la Mayeux; — seulement je n'ai aucune recommandation pour être protégée par les personnes charitables qui dirigent ces établissemens.

— Vous souffrez, vous êtes laborieuse, honnête, ce sont des droits suffisans;... seulement je dois vous prévenir que l'on vous demandera si vous remplissez exactement vos devoirs religieux.

— Personne plus que moi, mademoiselle, n'aime et bénit Dieu — dit la Mayeux avec une fermeté douce — mais les pratiques de certains devoirs sont une affaire de conscience; et je préférerais renoncer au patronage dont vous me parlez, s'il devait avoir quelque exigence à ce sujet...

— Pas le moins du monde. Seulement, je vous l'ai dit, comme ce sont des personnes très pieuses qui dirigent cette œuvre, vous ne vous étonnerez pas de leurs questions... Et puis enfin... essayez; que risquez-vous? Si les propositions qu'on vous fait vous conviennent, vous les accepterez;... si, au contraire, elles vous semblent choquer votre liberté de conscience, vous les refuserez... votre position ne sera pas empirée.

La Mayeux n'avait rien à répondre à cette conclusion, qui, lui laissant la plus parfaite latitude, devait éloigner d'elle toute défiance; elle reprit donc:
— J'accepte votre offre, mademoiselle, et je vous en remercie du fond du cœur; mais qui me présentera?

— Moi... demain, si vous le voulez.

— Mais les renseignemens que l'on désirera prendre sur moi, peut-être?...

— La respectable mère Sainte-Perpétue, supérieure du couvent de Sainte-Marie, où est établie l'œuvre, vous appréciera, j'en suis sûre, sans qu'il lui soit besoin de se renseigner; sinon elle vous le dira, et il vous sera facile de la satisfaire. Ainsi, c'est convenu... à demain.

— Viendrai-je vous prendre ici, mademoiselle?

— Non : ainsi que je vous l'ai dit, il faut qu'on ignore que vous êtes venue de la part de M. Agricol; et une nouvelle visite ici pourrait être connue et donner l'éveil... J'irai vous prendre en fiacre... Où demeurez-vous?

— Rue Brise-Miche, n° 3... Puisque vous prenez cette peine, mademoiselle, vous n'aurez qu'à prier le teinturier qui sert de portier de venir m'avertir... de venir avertir la Mayeux.

— La Mayeux! — dit Florine avec surprise.

— Oui, mademoiselle — répondit l'ouvrière avec un triste sourire — c'est le sobriquet que tout le monde me donne... et tenez — ajouta la Mayeux, ne pouvant retenir une larme — c'est aussi à cause de mon infirmité ridicule, à laquelle ce sobriquet fait allusion, que je crains d'aller en journée chez des étrangers... il y a tant de gens qui vous raillent... sans savoir combien ils vous blessent!... Mais — reprit la Mayeux en essuyant une larme — je n'ai pas à choisir, je me résignerai...

Florine, péniblement émue, prit la main de la Mayeux, et lui dit : — Rassurez-vous, il est des infortunes si touchantes qu'elles inspirent la compassion et non la raillerie. Je ne puis donc vous demander sous votre véritable nom?

— Je me nomme Madeleine Soliveau; mais, je vous le répète, mademoiselle, demandez la Mayeux, car on ne me connaît guère que sous ce nom-là.

— Je serai donc demain à midi rue Brise-Miche.

— Ah! mademoiselle, comment jamais reconnaître vos bontés?

— Ne parlons pas de cela; tout mon désir est que mon entremise puisse vous être utile... ce dont vous seule jugerez. Quant à Agricol, ne lui répondez pas; attendez qu'il soit sorti de prison, et dites-lui alors, je vous le répète, que ses révélations doivent être secrètes jusqu'au moment où il pourra voir ma pauvre maîtresse...

— Et où est-elle à cette heure, cette chère demoiselle?

— Je l'ignore... Je ne sais pas où on l'a conduite lorsque son accès s'est déclaré. Ainsi, à demain; attendez-moi.

— A demain — dit la Mayeux.

Le lecteur n'a pas oublié que le couvent de Sainte-Marie, où Florine devait conduire la Mayeux, renfermait les filles du maréchal Simon, et était voisin de la maison de santé du docteur Baleinier, où se trouvait alors Adrienne de Cardoville.

CHAPITRE II.

LA MÈRE SAINTE-PERPÉTUE.

Le couvent de Sainte-Marie, où avaient été conduites les filles du maréchal Simon, était un ancien et grand hôtel dont le vaste jardin donnait sur le boulevard de l'Hôpital, l'un des endroits (à cette époque surtout) les plus déserts de Paris.

Les scènes qui vont suivre se passaient le 12 février, veille du jour fatal où les membres de la famille Rennepont, les derniers descendans de la sœur du Juif Errant, devaient se trouver rassemblés rue Saint-François.

Le couvent de Sainte-Marie était tenu avec une régularité parfaite. Un conseil supérieur, composé d'ecclésiastiques influens présidés par le père d'Aigrigny, et de femmes d'une grande dévotion, à la tête desquelles se trouvait la princesse de Saint-Dizier, s'assemblait fréquemment, afin d'aviser aux moyens d'étendre et d'assurer l'influence occulte et puissante de cet établissement, qui prenait une extension remarquable.

Des combinaisons très habiles, très profondément calculées, avaient présidé à la fondation de l'œuvre de Sainte-Marie, qui, par suite de nombreuses donations, possédait de très riches immeubles et d'autres biens dont le nombre augmentait chaque jour.

La communauté religieuse n'était qu'un prétexte ; mais, grâce à de nombreuses intelligences nouées avec la province par l'intermédiaire des membres les plus exaltés du parti ultramontain, on attirait dans cette maison un assez grand nombre d'orphelines richement dotées, qui devaient recevoir au couvent une éducation solide, austère, religieuse, bien préférable, disait-on, à l'éducation frivole qu'elles auraient reçue dans les pensionnats à la mode, infectés de la corruption du siècle ; aux femmes veuves ou isolées, mais riches aussi, l'œuvre de Sainte-Marie offrait un asile assuré contre les dangers et les tentations du monde : dans cette paisible retraite on goûtait un calme adorable, on faisait doucement son salut, et l'on était entouré des soins les plus tendres, les plus affectueux.

Ce n'était pas tout: la mère Sainte-Perpétue, supérieure du couvent, se chargeait aussi, au nom de l'œuvre, de procurer aux vrais fidèles, qui désiraient préserver l'intérieur de leurs maisons de la corruption du siècle, soit des demoiselles de compagnie pour les femmes seules ou âgées, soit des servantes pour les ménages, soit enfin des ouvrières à la journée, toutes personnes dont la pieuse moralité était garantie par l'œuvre.

Rien ne semblerait plus digne d'intérêt, de sympathie et d'encouragement qu'un pareil établissement; mais tout à l'heure se dévoilera le vaste et dangereux réseau d'intrigues de toutes sortes que cachaient ces charitables et saintes apparences.

La supérieure du couvent, mère Sainte-Perpétue, était une grande femme de quarante ans environ, vêtue de bure couleur carmélite, et portant un long rosaire à sa ceinture; un bonnet blanc à mentonnière accompagné d'un voile noir embéguinait étroitement son visage maigre et blême; une grande quantité de rides profondes et transversales sillonnaient son front couleur d'ivoire jauni ; son nez, à arête tranchante, se courbait quelque peu en bec d'oiseau de proie; son œil noir était sagace et perçant; sa physionomie, à la fois intelligente, froide et ferme.

Pour l'entente et la conduite des intérêts matériels de la communauté, la mère Sainte-Perpétue en eût remontré au procureur le plus retors et le plus rusé. Lorsque les femmes sont possédées de ce qu'on appelle l'*esprit des affaires*, et qu'elles y appliquent leur finesse de pénétration, leur persévérance infatigable, leur prudente dissimulation, et surtout cette justesse et cette rapidité de coup d'œil qui leur sont naturelles, elles arrivent à des résultats prodigieux. Pour la mère Sainte-Perpétue, femme de tête solide et forte, la vaste comptabilité de la communauté n'était qu'un jeu; personne mieux qu'elle ne savait acheter des propriétés dépréciées, les remettre en valeur et les revendre avec avantage; le cours de la rente, le change, la valeur courante des actions de différentes entreprises lui étaient aussi très familiers : jamais elle n'avait commandé à ses intermédiaires une fausse spéculation lorsqu'il s'était agi de placer les fonds dont tant de bonnes âmes faisaient journellement don à l'œuvre de Sainte-Marie. Elle avait établi dans la maison un ordre, une discipline et surtout une économie extrêmes ; le but constant de ses efforts étant d'enrichir, non pas elle, mais la communauté qu'elle dirigeait ; car l'esprit d'association, lorsqu'il est dirigé dans un but *d'égoïsme collectif*, donne aux corporations les défauts et les vices de l'individu.

Ainsi une congrégation aimera le pouvoir et l'argent, comme un ambitieux aime le pouvoir pour le pouvoir, comme le cupide aime l'argent pour l'argent... Mais c'est surtout à l'endroit des immeubles que les congrégations agissent comme un seul homme. L'immeuble est leur rêve, leur idée fixe, leur fructueuse monomanie ; elles le poursuivent de leurs vœux les plus sincères les plus tendres, les plus chauds... Le premier *immeuble* est, pour une pauvre petite communauté naissante, ce qu'est pour une jeune mariée sa corbeille de noces ; pour un adolescent, son premier cheval de course ; pour un poète, son premier succès ; pour une lorette, son premier châle de cachemire : parce qu'après tout, dans ce siècle matériel, *immeuble* pose, classe, *cote* une communauté, pour une certaine valeur à cette espèce de bourse religieuse, et donne une idée d'autant meilleure de son crédit sur les simples, que toutes ces associations de salut en commandite, qui finissent par posséder des biens immenses, se fondent toujours modestement avec la pauvreté pour apport social et la charité du prochain comme garantie et éventualité. Aussi l'on peut se figurer tout ce qu'il y a d'âcre et d'ardente rivalité entre les différentes congrégations d'hommes et de femmes à propos des *immeubles* que chacun peut compter au soleil, avec quelle ineffable complaisance une opulente congrégation écrase sous l'inventaire de ses maisons, de ses fermes, de ses valeurs de portefeuille une congrégation moins riche. L'envie, la jalousie haineuse, rendue plus irritante encore par l'oisiveté claustrale, naissent forcément de telles comparaisons ; et pourtant rien n'est moins chrétien dans l'adorable acception de ce mot divin, rien n'est moins selon le véritable esprit évangélique, esprit si essentiellement, si religieusement *communiste*, que cette âpre, que cette insatiable ardeur d'acquérir et d'accaparer par tous les moyens possibles : avidité dangereuse, qui est loin d'être excusée aux yeux de l'opinion publique par quelques maigres aumônes auxquelles préside un inexorable esprit d'exclusion et d'insolence.

Mère Sainte-Perpétue était assise devant un grand bureau à cylindre, placé au milieu d'un cabinet très simplement mais très confortablement meublé ; un excellent feu brillait dans la cheminée de marbre, un moelleux tapis recouvrait le plancher. La supérieure, à qui on remettait chaque jour toutes les lettres adressées soit aux sœurs, soit aux pensionnaires du couvent, venait d'ouvrir les lettres des sœurs selon son droit, et de décacheter très dextrement les lettres des pensionnaires selon le droit qu'elle s'attribuait, à leur insu, mais toujours, bien entendu, dans le seul intérêt du salut de ces chères filles, et aussi un peu pour se tenir au courant de leur correspondance ; car la supérieure s'imposait encore le devoir de prendre connaissance de toutes les lettres qu'on écrivait du couvent, avant de les mettre à la poste. Les traces de cette pieuse et innocente inquisition disparaissaient très facilement, la sainte et bonne mère possédant tout un arsenal de charmans petits outils d'acier : les uns, très affilés, servaient à découper imperceptiblement le papier autour du cachet ; puis, la lettre ouverte, lue et replacée dans son enveloppe, on prenait un autre gentil instrument arrondi, on le chauffait légèrement et on le promenait sur le contour de la cire du cachet, qui, en fondant et s'étalant un peu, recouvrait la primitive incision ; enfin, par un sentiment de justice et d'égalité très louable, il y avait dans l'arsenal de la bonne mère jusqu'à un petit fumigatoire on ne peut plus ingénieux, à la vapeur humide et dissolvante duquel on soumettait les lettres modestement et humblement fermées avec des pains à cacheter ; ainsi détrempés ils cédaient sous le moindre effort et sans occasionner la moindre déchirure.

Selon l'importance des *indiscrétions* qu'elle faisait ainsi commettre aux signataires des lettres, la supérieure prenait des notes plus ou moins étendues.

Elle fut interrompue dans cette intéressante investigation par deux coups doucement frappés à la porte verrouillée.

Mère Sainte-Perpétue abaissa aussitôt le vaste cylindre de son secrétaire sur son arsenal, se leva et alla ouvrir d'un air grave et solennel. Une sœur converse venait lui annoncer que madame la princesse de Saint-Dizier attendait dans le salon, et que mademoiselle Florine, accompagnée d'une jeune fille contrefaite et mal vêtue, arrivée peu de temps après la princesse, attendait à la porte du petit corridor.

— Introduisez d'abord madame la princesse — dit la mère Sainte-Perpétue. Et avec une prévenance charmante, elle approcha un fauteuil du feu.

Madame de Saint-Dizier entra.

Quoique sans prétentions coquettes et juvéniles, la princesse était habillée avec goût et élégance : elle portait un chapeau de velours noir de la meilleure faiseuse, un grand châle de cachemire bleu, une robe de satin noir garnie de martre pareille à la fourrure de son manchon.

— Quelle bonne fortune me vaut encore aujourd'hui l'honneur de votre visite, ma chère fille?... — lui dit gracieusement la supérieure.

— Une recommandation très importante, ma chère mère, car je suis très pressée ; on m'attend chez Son Éminence, et je n'ai malheureusement que quelques minutes à vous donner : il s'agit encore de ces deux orphelines au sujet desquelles nous avons longuement causé hier.

— Elles continuent à être séparées, selon votre désir... et cette séparation leur a porté un coup si sensible... que j'ai été obligée d'envoyer ce matin... prévenir le docteur Baleinier... à sa maison de santé... Il a trouvé de la fièvre jointe à un grand abattement, et, chose singulière, absolument les mêmes symptômes de maladie chez l'une que chez l'autre des deux sœurs... J'ai interrogé de nouveau ces deux malheureuses créatures... je suis restée confondue... épouvantée... ce sont des idolâtres.

— Aussi était-il bien urgent de vous les confier... Mais voici le sujet de ma visite. Ma chère mère, on vient d'apprendre le retour imprévu du soldat qui a amené ces jeunes filles en France, et que l'on croyait absent pour quelques jours ; il est donc à Paris ; malgré son âge, c'est un homme audacieux, entreprenant, et d'une rare énergie ; s'il découvrait que ces jeunes filles sont ici... ce qui est d'ailleurs heureusement presque impossible, dans sa rage de les voir à l'abri de son influence impie, il serait capable de tout... Ainsi, à compter d'aujourd'hui, ma chère mère, redoublez de surveillance ;... que personne ne puisse s'introduire ici nuitamment... Ce quartier est désert!...

— Soyez tranquille, ma chère fille... nous sommes suffisamment gardées ; notre concierge et nos jardiniers, bien armés, font une ronde chaque nuit du côté du boulevard de l'Hôpital ; les murailles sont hautes et hérissées de pointes de fer aux endroits d'un accès plus facile... Mais je vous remercie toujours, ma chère fille, de m'avoir prévenue, on redoublera de précautions.

— Il faudra surtout en redoubler cette nuit, ma chère mère!
— Et pourquoi?
— Parce que si cet infernal soldat avait l'audace inouïe de tenter quelque chose... il le tenterait cette nuit...
— Et comment le savez-vous, ma chère fille?
— Nos renseignemens nous donnent cette certitude — répondit la princesse avec un léger embarras qui n'échappa pas à la supérieure ; mais elle était trop fine et trop réservée pour paraître s'en apercevoir ; seulement, elle soupçonna qu'on lui cachait plusieurs choses.
— Cette nuit donc — répondit mère sainte-Perpétue — on redoublera de surveillance... Mais puisque j'ai le plaisir de vous voir, ma chère fille, j'en profiterai pour vous dire deux mots du mariage en question.
— Parlons-en, ma chère mère — dit vivement la princesse — car cela est très important. Le jeune de Brisville est un homme rempli d'ardente dévotion dans ce temps d'impiété révolutionnaire ; il pratique ouvertement, il peut nous rendre les plus grands services : il est, à la chambre, assez écouté ; il ne manque pas d'une sorte d'éloquence agressive et provocante, et je ne sais personne qui donne à sa croyance un tour plus effronté, à sa foi une allure plus insolente : son calcul est juste, car cette manière cavalière et débraillée de parler de choses saintes pique et réveille la curiosité des indifférens. Heureusement, les circonstances sont telles qu'il peut se montrer d'une auda-

cieuse violence contre nos ennemis sans le moindre danger, ce qui redouble naturellement son ardeur de martyr postulant; en un mot, il est à nous, et en retour nous lui devons ce mariage : il faut donc qu'il se fasse ; vous savez d'ailleurs, chère mère, qu'il se propose d'offrir une donation de cent mille francs à l'œvre de Sainte-Marie, le jour où il sera en possession de la fortune de mademoiselle Baudricourt.

— Je n'ai jamais douté des excellentes intentions de M. de Brisville au sujet d'une œuvre qui mérite la sympathie de toutes les personnes pieuses — répondit discrètement la supérieure — mais je ne croyais pas rencontrer tant d'obstacles de la part de la jeune personne.

— Comment donc?

— Cette jeune fille, que j'avais crue jusqu'ici la soumission, la timidité, la nullité, tranchons le mot, l'idiotisme même... au lieu d'être, comme je le pensais, ravie de cette proposition de mariage... demande du temps pour réfléchir.

— Cela fait pitié.

— Elle m'oppose une résistance d'inertie; j'ai beau lui dire sévèrement qu'étant sans parens, sans amis, et confiée absolument à mes soins, elle doit voir par mes yeux, écouter par mes oreilles, et que lorsque je lui affirme que cette union lui convient de tout point elle doit lui donner son adhésion sans la moindre objection ou réflexion.

— Sans doute... on ne peut parler d'une manière plus sensée.

— Elle me répond qu'elle voudrait voir M. de Brisville et connaître son caractère avant de s'engager...

— C'est absurde... puisque vous lui répondez de sa moralité et que vous trouvez ce mariage convenable.

— Du reste, ce matin j'ai fait remarquer à mademoiselle Baudricourt que jusqu'à présent je n'avais employé envers elle que des moyens de douceur et de persuasion; mais que si elle m'y forçait je serais obligée, malgré moi, et dans son intérêt même... d'agir avec rigueur pour vaincre son opiniâtreté, de la séparer de ses compagnes, de la mettre en cellule, au secret le plus rigoureux... jusqu'à ce qu'elle se décide, après tout, à être heureuse.... et à épouser un homme honorable.

— Et ces menaces, ma chère mère...

— Auront, je l'espère, un bon résultat... Elle avait dans sa province une correspondance avec une ancienne amie de pension.... j'ai supprimé cette correspondance, qui m'a paru dangereuse; elle est donc maintenant sous ma seule influence... et j'espère que nous arriverons à nos fins. Mais, vous le voyez, ma chère fille, ce n'est jamais sans peine, sans traverses, que l'on parvient à faire le bien.

— Aussi je suis certaine que M. de Brisville ne s'en tiendra pas à sa première promesse, et je me porte caution pour lui, que s'il épouse mademoiselle Baudricourt...

— Vous savez, ma chère fille — dit la supérieure en interrompant la princesse — que, s'il s'agissait de moi, je refuserais ; mais donner à l'œuvre, c'est donner à Dieu, et je ne puis empêcher M. de Brisville d'augmenter la somme de ses bonnes œuvres : et puis, il nous arrive quelque chose de déplorable....

— De quoi s'agit-il donc, ma chère mere?

— Le Sacré-Cœur nous dispute et surenchérit un immeuble tout à fait à notre convenance... En vérité, il y a des gens insatiables; je m'en suis, du reste, expliquée très vertement avec la supérieure.

— Elle me l'a dit en effet, et a rejeté la faute sur l'économe — répondit madame de Saint-Dizier.

— Ah!... vous la voyez donc, ma chère fille?—demanda la supérieure, qui parut assez vivement surprise.

— Je l'ai rencontrée chez Monseigneur — répondit madame de Saint-Dizier avec une légère hésitation que la mère Sainte-Perpétue ne parut pas remarquer.

Elle reprit : — Je ne sais en vérité pourquoi notre établissement excite si violemment la jalousie du Sacré-Cœur; il n'y a pas de bruits fâcheux qu'il n'ait répandus sur l'œuvre de Sainte-Marie ; mais certaines personnes se sentent toujours blessées des succès du prochain.

— Allons, ma chère mère — dit la princesse d'un ton conciliant — il faut espérer que la donation de M. de Brisville vous mettra à même de couvrir la surenchère du Sacré-Cœur; ce mariage aurait donc un double avantage, ma chère mère... car il placerait une grande fortune entre les mains d'un homme à nous, qui l'emploierait comme il convient... Avec environ cent mille francs de rente, la position de notre ardent défenseur triplera d'importance. Nous aurons enfin un organe digne de notre cause, et nous ne serons plus obligés de nous laisser défendre par des gens comme ce M. Dumoulin.

— Il y a pourtant bien de la verve et bien du savoir dans ses écrits. Selon moi, c'est le style d'un Saint-Bernard en courroux contre l'impiété du siècle.

— Hélas, ma chère mère! si vous saviez quel étrange saint Bernard c'est que ce M. Dumoulin!... mais je ne veux pas souiller vos oreilles... Tout ce que je puis vous dire, c'est que de tels défenseurs compromettent les plus saintes causes... Adieu, ma chère mère... au revoir... et surtout redoublez de précautions cette nuit... le retour de ce soldat est inquiétant!...

— Soyez tranquille, ma chère fille... Ah! j'oubliais... mademoiselle Florine m'a priée de vous demander une grâce : c'est d'entrer à votre service... vous connaissez la fidélité qu'elle vous a montrée dans la surveillance de votre malheureuse nièce... je crois qu'en la récompensant ainsi, vous vous l'attacheriez complétement... et je vous serais très reconnaissante pour elle.

— Dès que vous vous intéressez le moins du monde à Florine, ma chère mère... c'est chose faite, je la prendrai chez moi... Et maintenant, j'y songe, elle pourra m'être plus utile que je ne pensais d'abord.

— Mille grâces, ma chère fille, de votre obligeance; à bientôt, je l'espère... Nous avons après-demain à deux heures une longue conférence avec son Eminence et Monseigneur, ne l'oubliez pas.

— Non, ma chère mère, je serai exacte... Mais redoublez de précautions cette nuit, de crainte d'un grand scandale.

Après avoir respectueusement baisé la main de la supérieure, la princesse sortit par la grande porte du cabinet qui donnait dans un salon conduisant au grand escalier.

Quelques minutes après, Florine entrait chez la supérieure par une porte latérale.

La supérieure était assise; Florine s'approcha d'elle avec une humilité craintive.

— Vous n'avez pas rencontré madame la princesse de Saint-Dizier? — lui demanda la mère Sainte-Perpétue.

— Non, ma mère, j'étais à attendre dans le couloir dont les fenêtres donnent sur le jardin.

— La princesse vous prend à son service à compter d'aujourd'hui — dit la supérieure.

Florine fit un mouvement de surprise chagrine et dit : — Moi!... ma mère... mais...

— Je le lui ai demandé en votre nom... vous acceptez — répondit impérieusement la supérieure.

— Pourtant... ma mère... je vous avais priée de ne pas...

— Je vous dis que vous acceptez! — dit la supérieure d'un ton si ferme, si positif, que Florine baissa les yeux, et dit à voix basse :

— J'accepte...

— C'est au nom de M. Rodin... que je vous donne cet ordre.

— Je m'en doutais, ma mère — répondit tristement Florine — et à quelles conditions... entré-je... chez la princesse?

— Aux mêmes conditions que chez sa nièce.

Florine tressaillit et dit : — Ainsi je devrai faire des rapports fréquens, secrets, sur la princesse?

— Vous observerez, vous vous souviendrez, et vous rendrez compte...

— Oui, ma mère...

— Vous porterez surtout votre attention sur les visites que la princesse pourrait recevoir désormais de la supérieure du Sacré-Cœur; vous les noterez et tâcherez d'entendre... Il s'agit de préserver la princesse de fâcheuses influences.

— J'obéirai, ma mère.

— Vous tâcherez aussi de savoir pour quelle raison deux jeunes orphelines ont été amenées ici et recommandées avec la plus grande sévérité par madame Grivois, femme de confiance de la princesse.

— Oui, ma mère.

— Ce qui ne vous empêchera pas de graver dans votre souvenir les choses qui vous paraîtront dignes de remarque. Demain, d'ailleurs, je vous donnerai des instructions particulières sur un autre sujet.

— Il suffit, ma mère.

— Si, du reste, vous vous conduisez d'une manière satisfaisante, si vous exécutez fidèlement les instructions dont je vous parle, vous sortirez de chez la princesse pour être femme de charge chez une jeune mariée ; ce sera pour vous une position excellente et durable... toujours aux mêmes conditions. Ainsi il est bien entendu que vous entrez chez madame de Saint-Dizier après m'en avoir fait la demande.

— Oui, ma mère... je m'en souviendrai.

— Quelle est cette jeune fille contrefaite qui vous accompagne?

— Une pauvre créature sans aucune ressource, très intelligente, d'une éducation au-dessus de son état ; elle est ouvrière en lingerie ; le travail lui manque, elle est réduite à la dernière extrémité. J'ai pris sur elle des renseignemens ce matin en allant la chercher, ils sont excellens.

— Elle est laide et contrefaite?

— Sa figure est intéressante, mais elle est contrefaite.

La supérieure parut satisfaite de savoir que la personne dont on lui parlait était douce, d'un extérieur disgracieux, et elle ajouta après un moment de réflexion :

— Et elle paraît intelligente ?

— Très intelligente.

— Et elle est absolument sans ressource?

— Sans aucune ressource.

— Est-elle pieuse?

— Elle ne pratique pas.

— Peu importe — se dit mentalement la supérieure — si elle est très intelligente, cela suffira. — Puis elle reprit tout haut : — Savez-vous si elle est adroite ouvrière?

— Je le crois, ma mère.

La supérieure se leva, alla à un casier, y prit un registre, y parut chercher pendant quelque temps avec attention, puis elle dit en replaçant le registre : — Faites entrer cette jeune fille... et allez m'attendre dans la lingerie.

— Contrefaite... intelligente... adroite ouvrière, — dit la supérieure en réfléchissant — elle n'inspirerait aucun soupçon... il faut voir.

Au bout d'un instant, Florine rentra avec la Mayeux, qu'elle introduisit auprès de la supérieure, après quoi elle se retira discrètement.

La jeune ouvrière était émue, tremblante et profondément troublée, car elle ne pouvait pour ainsi dire croire à la découverte qu'elle venait de faire pendant l'absence de Florine.

Ce ne fut pas sans une vague frayeur que la Mayeux resta seule avec la supérieure du couvent de Sainte-Marie.

CHAPITRE III.

LA TENTATION.

Telle avait été la cause de la profonde émotion de la Mayeux : Florine, en se rendant auprès de la supérieure, avait laissé la jeune ouvrière dans un couloir garni de banquettes et formant une sorte d'antichambre située au premier étage. Se trouvant seule, la Mayeux s'était approchée machinalement d'une fenêtre ouvrant sur le jardin du couvent, borné de ce côté par un mur à moitié démoli, et terminé à l'une de ses extrémités par une clôture de planches à claire-voie. Ce mur, aboutissant à une chapelle en construction, était mitoyen avec le jardin d'une maison voisine.

La Mayeux avait tout à coup vu apparaître une jeune fille à l'une des croisées du rez-de-chaussée de cette maison, croisée grillée, d'ailleurs remarquable par une sorte d'auvent en forme de tente qui la surmontait. Cette jeune fille, les yeux fixés sur un des bâtimens du couvent, faisait de la main des signes qui semblaient à la fois encourageans et affectueux. De la fenêtre où elle était placée, la Mayeux, ne pouvant voir à qui s'adressaient ces signes d'intelligence, admirait la rare beauté de cette jeune fille, l'éclat de son teint, le noir brillant de ses grands yeux, le doux et bienveillant sourire qui effleurait ses lèvres. On répondit sans doute à sa pantomime à la fois gracieuse et expressive, car, par un mouvement rempli de grâce, cette jeune fille, posant la main gauche sur son cœur, fit de sa main droite un geste qui semblait dire que son cœur s'en allait vers cet endroit qu'elle ne quittait pas des yeux.

Un pâle rayon de soleil, perçant les nuages, vint se jouer à ce moment sur les cheveux de cette jeune fille, dont la blanche figure, alors presque collée aux barreaux de la croisée, sembla, pour ainsi dire, tout à coup illuminée par les éblouissans reflets de sa splendide chevelure d'or bruni. A l'aspect de cette ravissante figure, encadrée de longues boucles d'admirables cheveux d'un roux doré, la Mayeux tressaillit... involontairement; la pensée de mademoiselle de Cardoville lui vint aussitôt à l'esprit, et elle se persuada (elle ne se trompait pas) qu'elle avait devant les yeux la protectrice d'Agricol.

En retrouvant là, dans cette sinistre maison d'aliénés, cette jeune fille si merveilleusement belle, en se souvenant de la bonté délicate avec laquelle elle avait quelques jours auparavant accueilli Agricol dans son petit palais éblouissant de luxe, la Mayeux sentit son cœur se briser. Elle croyait Adrienne folle... et pourtant, en l'examinant plus attentivement encore, il lui semblait que l'intelligence et la grâce animaient toujours cet adorable visage.

Tout à coup mademoiselle de Cardoville fit un geste expressif, mit son doigt sur sa bouche, envoya deux baisers dans la direction de ses regards, et disparut subitement.

Songeant aux révélations si importantes qu'Agricol avait à faire à mademoiselle de Cardoville, la Mayeux regrettait d'autant plus amèrement de n'avoir aucun moyen, aucune possibilité de parvenir jusqu'à elle; car il lui semblait que si cette jeune fille était folle, elle se trouvait du moins dans un moment lucide.

La jeune ouvrière était plongée dans ces réflexions remplies d'inquiétudes, lorsqu'elle vit revenir Florine accompagnée d'une des religieuses du couvent. La Mayeux dut donc garder le silence sur la découverte qu'elle venait de faire, et se trouva bientôt en présence de la supérieure.

La supérieure, après un rapide et pénétrant examen de la physionomie de la jeune ouvrière, lui trouva l'air si timide, si doux, si honnête, qu'elle crut pouvoir ajouter complétement foi aux renseignemens donnés par Florine.

— Ma chère fille — dit la mère Sainte-Perpétue d'une voix affectueuse — Florine m'a dit dans quelle cruelle situation vous vous trouviez... Il est donc vrai... vous manquez absolument de travail?

— Hélas! oui, madame.

— Appelez-moi votre mère... ma chère fille; ce nom est plus doux... et c'est la règle de cette maison... Je n'ai pas besoin de vous demander quels sont vos principes?

— J'ai toujours vécu honnêtement de mon travail... ma mère — répondit la Mayeux avec une simplicité à la fois digne et modeste.

— Je vous crois, ma chère fille, et j'ai de bonnes raisons pour vous croire... Il faut remercier le Seigneur de vous avoir mise à l'abri de bien des tentations; mais, dites-moi, êtes-vous habile dans votre état?

— Je fais de mon mieux, ma mère; l'on a toujours été satisfait de mon travail... Si vous désirez d'ailleurs me mettre à l'œuvre, vous en jugerez.

— Votre affirmation me suffit, ma chère fille... Vous préférez, n'est-ce pas, aller travailler en journée?

— Mademoiselle Florine m'a dit, ma mère, que je ne pouvais espérer avoir de travail chez moi.

— Pour l'instant, non, ma fille; si plus tard l'occasion se présentait... j'y songerais... Quant à présent, voici ce que je peux vous offrir : une vieille dame très respectable m'a fait demander une ouvrière à la journée; présentée par moi, vous lui conviendrez; l'œuvre se chargera de vous vêtir comme il faut, peu à peu l'on retiendra ce déboursé sur votre salaire, car c'est avec nous que vous compterez;... ce salaire est de deux francs par jour... vous paraît-il suffisant ?

— Ah ! ma mère... c'est bien au-delà de ce que je pouvais espérer.

— Vous ne serez d'ailleurs occupée que de neuf heures du matin à six heures du soir... il vous restera donc encore quelques heures dont vous pourrez disposer. Vous le voyez, cette condition est assez douce, n'est-ce pas ?

— Oh ! bien douce, ma mère...

— Je dois, avant tout, vous dire chez qui l'œuvre aurait l'intention de vous employer... c'est chez une veuve nommée madame de Brémont, personne remplie de solide piété;... vous n'aurez, je l'espère, dans sa maison, que d'excellens exemples;... s'il en était autrement, vous viendriez m'en prévenir.

— Comment cela, ma mère ? — dit la Mayeux avec surprise.

— Ecoutez-moi bien, ma chère fille — dit la mère Sainte-Perpétue d'un ton de plus en plus affectueux — l'œuvre de Sainte-Marie a un saint et double but... Vous comprenez, n'est-ce pas, que, s'il est de notre devoir de donner aux maîtres toutes les garanties désirables sur la moralité des personnes que nous plaçons dans l'intérieur de leur famille, nous devons aussi donner aux personnes que nous plaçons toutes les garanties de moralité désirables sur les maîtres à qui nous les adressons ?

— Rien n'est plus juste et d'une plus sage prévoyance, ma mère.

— N'est ce pas, ma chère fille ? car de même qu'une servante de mauvaise conduite peut porter un trouble fâcheux dans une famille respectable... de même aussi un maître ou une maîtresse de mauvaises mœurs peuvent avoir une dangereuse influence sur les personnes qui les servent ou qui vont travailler dans leur maison... Or, c'est pour offrir une mutuelle garantie aux maîtres et aux serviteurs vertueux que notre œuvre est fondée...

— Ah ! madame... — dit naïvement la Mayeux — ceux qui ont eu cette pensée méritent la bénédiction de tous...

— Et les bénédictions ne leur manquent pas, ma chère fille, parce que l'œuvre tient ses promesses. Ainsi... une intéressante ouvrière... comme vous, par exemple... est placée auprès de personnes irréprochables, selon nous ;. aperçoit-elle, soit chez ses maîtres, soit même chez les gens qui les fréquentent habituellement, quelque irrégularité de mœurs, quelque tendance irréligieuse qui blesse sa pudeur ou qui choque ses principes religieux, elle vient aussitôt nous faire une confidence détaillée de ce qui a pu l'alarmer... Rien de plus juste... n'est-il pas vrai ?

— Oui, ma mère... — répondit timidement la Mayeux, qui commençait à trouver ces prévisions singulières.

— Alors — reprit la supérieure — si le cas nous paraît grave, nous engageons notre protégée à observer plus attentivement encore, afin de bien se convaincre qu'elle avait raison de s'alarmer... Elle nous fait de nouvelles confidences, et si elles confirment nos premières craintes, fidèles à notre pieuse tutelle, nous retirons aussitôt notre protégée de cette maison peu convenable... Du reste, comme le plus grand nombre d'entre elles, malgré leur candeur et leur vertu, n'ont pas les lumières suffisantes pour distinguer ce qui peut nuire à leur âme, nous préférons, dans leur intérêt, que tous les huit jours elles nous confient, comme une fille le confierait à sa mère, soit de vive voix, soit par écrit, tout ce qui s'est passé durant la semaine dans les maisons où elles sont placées; alors nous avisons pour elles, soit en les y laissant, soit en les retirant. Nous avons déjà environ cent personnes, demoiselles de compagnie, de magasin, servantes ou ouvrières à la journée, placées selon ces conditions dans un grand nombre de familles ; et, dans l'intérêt de tous, nous nous applaudissons chaque jour de cette manière de procéder... Vous me comprenez, n'est-ce pas, ma chère fille ?

— Oui... oui... ma mère... — dit la Mayeux de plus en plus embarrassée; elle avait trop de droiture et de sagacité pour ne pas trouver que cette manière d'assurance mutuelle sur la moralité des maîtres et des serviteurs ressemblait à une sorte d'espionnage du foyer domestique, organisé sur une vaste échelle et exécuté par les protégées de l'œuvre presque à leur insu, car il était en effet difficile de déguiser plus habilement à leurs yeux cette habitude de délation à laquelle on les dressait sans qu'elles s'en doutassent.

— Si je suis entrée dans ces longs détails, ma chère fille — reprit la mère Sainte-Perpétue, prenant le silence de la Mayeux pour un assentiment — c'est afin que vous ne vous croyiez pas obligée de rester malgré vous dans une maison où, contre votre attente, je vous le répète, vous ne trouveriez pas continuellement de saints et pieux exemples... Ainsi, la maison de madame de Brémont, à laquelle je vous destine, est une maison tout en Dieu... Seulement on dit, et je ne veux pas le croire, que la fille de madame de Brémont, madame de Noisy, qui depuis peu de temps est venue habiter avec elle, n'est pas d'une conduite parfaitement exemplaire, qu'elle ne remplit pas exactement ses devoirs religieux, et qu'en l'absence de son mari, à cette heure en Amérique, elle reçoit des visites malheureusement trop assidues d'un M. Hardy, riche manufacturier.

Au nom du patron d'Agricol, la Mayeux ne put retenir un mouvement de surprise, et rougit légèrement.

La supérieure prit naturellement cette rougeur et ce mouvement pour une preuve de la pudibonde susceptibilité de la jeune ouvrière, et ajouta : — J'ai dû tout vous dire, ma chère fille, afin que vous fussiez sur vos gardes. J'ai dû même vous entretenir de bruits que je crois complètement erronés, car la fille de madame de Brémont a eu sans cesse de trop bons exemples sous les yeux pour les oublier jamais... D'ailleurs étant dans la maison du matin au soir, mieux que personne vous serez à même de vous apercevoir si les bruits dont je vous parle sont faux ou fondés : si par malheur ils l'étaient, selon vous, alors, ma chère fille, vous viendriez me confier toutes les circonstances qui vous autorisent à le croire, et si je partageais votre opinion, je vous retirerais à l'instant de cette maison, parce que la sainteté de la mère ne compenserait pas suffisamment le déplorable exemple que vous offrirait la conduite de la fille... car, dès que vous faites partie de l'œuvre, je suis responsable de votre salut ; et bien plus, dans le cas où votre susceptibilité vous obligerait à sortir de chez madame de Brémont, comme vous pourriez être quelque temps sans emploi, l'œuvre, si elle est satisfaite de votre zèle et de votre conduite, vous donnera un franc par jour jusqu'au moment où elle vous replacera... Vous voyez, ma chère fille, qu'il y a tout à gagner avec nous... Il est donc convenu que vous entrerez après-demain chez madame de Brémont.

La Mayeux se trouvait dans une position très difficile : tantôt elle croyait ses premiers soupçons confirmés, et, malgré sa timidité, sa fierté se révoltait en songeant que parce qu'on la savait misérable, on la croyait capable de se vendre comme une espionne, moyennant un salaire élevé ; tantôt, au contraire, sa délicatesse naturelle répugnait à croire qu'une femme de l'âge et de la condition de la supérieure pût descendre à lui adresser une de ces propositions aussi infâmantes pour celui qui l'accepte que pour celui qui la fait, elle se reprochait ses premiers doutes, se demandant si la supérieure, avant de l'employer, ne voulait pas, jusqu'à un certain point, l'éprouver, et voir si sa droiture s'élèverait au-dessus d'une offre relativement très brillante. La Mayeux était si naturellement portée à croire au bien, qu'elle s'arrêta à cette dernière pensée, se disant qu'après tout, si elle se trompait, ce serait pour la supérieure la manière la moins blessante de refuser ses offres indignes. Par un mouvement qui n'avait rien de hautain, mais qui disait la conscience qu'elle avait de sa dignité, la jeune ouvrière relevant la tête, qu'elle avait jusqu'alors tenue humblement baissée, regarda la supérieure bien en face, afin que celle-ci pût lire sur ses traits la sincérité de ses paroles, et lui dit d'une voix légèrement émue, et oubliant cette fois de dire Ma mère : — Ah ! madame... je ne puis vous reprocher de me faire subir une pareille épreuve... vous me voyez bien misérable, et je n'ai rien fait qui puisse me mériter votre confiance ; mais, croyez-moi, si pauvre que je sois, jamais je ne m'abaisserai à faire une action aussi méprisable que celle que vous êtes sans doute obligée de me proposer, afin de vous assurer par mon refus que je suis digne de votre intérêt. Non, non, madame, jamais, et à aucun prix, je ne serai capable d'une délation.

La Mayeux prononça ces derniers mots avec tant d'animation, que son visage se colora légèrement.

La supérieure avait trop de tact et d'expérience pour ne pas reconnaître la sincérité des paroles de la Mayeux ; s'estimant heureuse de voir la jeune fille prendre ainsi le change, elle lui sourit affectueusement et lui tendit les bras en disant : — Bien, bien, ma chère fille... venez m'embrasser...

— Ma mère... je suis confuse... de tant de bonté.

— Non, car vos paroles sont remplies de droiture ;... seulement persuadez-vous bien que je ne vous ai pas fait subir d'épreuve... parce qu'il n'y a rien qui ressemble moins à une délation que les marques de confiance filiale que nous demandons à nos protégées dans l'intérêt même de la moralité de leur condition ;... mais certaines personnes, et, je le vois, vous êtes du nombre, ma chère fille, ont des principes assez arrêtés, une intelligence assez avancée, pour pouvoir se passer de nos conseils, et apprécier par elles-mêmes ce qui peut nuire à leur salut ;... c'est donc une responsabilité que je vous laisserai tout entière, ne vous demandant d'autres confidences que celles que vous croirez devoir me faire volontairement.

— Ah! madame... que de bontés ! — dit la pauvre Mayeux, ignorant les mille ressources, les mille détours de l'esprit monacal, et se croyant déjà certaine de gagner honorablement un salaire équitable.

— Ce n'est pas de la bonté... c'est de la justice — reprit la mère Sainte-Perpétue, dont l'accent devenait de plus en plus affectueux : — on ne saurait trop avoir de confiance et de tendresse envers de saintes filles comme vous, que la pauvreté a encore épurées, si cela peut se dire, parce qu'elles ont toujours fidèlement observé la loi du Seigneur.

— Ma mère...

— Une dernière question, ma chère fille : combien de fois par mois approchez-vous de la sainte table?

— Madame — reprit la Mayeux — je ne m'en suis pas approchée depuis ma première communion, que j'ai faite il y a huit ans. C'est à peine si en travaillant chaque jour et tout le jour je puis suffire à gagner ma vie : il ne me reste donc pas de loisir pour...

— Grand Dieu ! — s'écria la supérieure en interrompant la Mayeux et joignant les mains avec tous les signes d'un douloureux étonnement — il serait vrai... vous ne pratiquez pas...

— Hélas! madame... je vous l'ai dit, le temps me manque — reprit la Mayeux en regardant la mère Sainte-Perpétue d'un air interdit.

Après un moment de silence, celle-ci lui dit tristement : — Vous me voyez désolée, ma chère fille... je vous l'ai dit ; de même que nous ne plaçons nos protégées que dans les maisons pieuses, de même on nous demande des personnes pieuses et qui pratiquent ; c'est une des conditions indispensables de l'œuvre... Ainsi, à mon grand regret, il m'est impossible de vous employer, ainsi que je l'espérais... Cependant, si, par la suite, vous renonciez à une si grande indifférence à propos de vos devoirs religieux... alors nous verrions...

— Madame — dit la Mayeux le cœur gonflé de larmes, car elle était obligée de renoncer à une heureuse espérance — je vous demande pardon de vous avoir retenue si longtemps... pour rien.

— C'est moi, ma chère fille , qui regrette vivement de ne pouvoir vous attacher à l'œuvre ;... mais je ne perds pas tout espoir... surtout parce que je désire voir une personne déjà digne d'intérêt, mériter un jour par sa piété l'appui durable des personnes religieuses... Adieu... ma chère fille... Allez en paix, et que Dieu vous soit miséricordieux en attendant que vous soyez tout à fait revenue à lui...

Ce disant, la supérieure se leva et conduisit la Mayeux jusqu'à la porte, toujours avec les formes les plus douces et les plus maternelles ; puis au moment où la Mayeux dépassait le seuil, elle lui dit : — Suivez le corridor, descendez quelques marches, frappez à la seconde porte à droite ; c'est la lingerie : vous y trouverez Florine ;... elle vous reconduira... Adieu, ma chère fille...

Dès que la Mayeux fut sortie de chez la supérieure, ses larmes, jusqu'alors contenues, coulèrent abondamment ; n'osant pas paraître ainsi éplorée devant Florine et quelques religieuses sans doutes rassemblées dans la lingerie, elle s'arrêta un moment auprès d'une des fenêtres du corridor pour essuyer ses yeux noyés de pleurs.

Elle regardait machinalement la croisée de la maison voisine du couvent où elle avait cru reconnaître Adrienne de Cardoville, lorsqu'elle vit celle-ci sortir d'une porte et s'avancer rapidement vers la clôture à claire-voie qui séparait les deux jardins...

Au même instant, à sa profonde stupeur, la Mayeux vit une des deux sœurs dont la disparition désespérait Dagobert, Rose Simon, pâle, chancelante, abattue, s'approcher avec crainte et inquiétude de la claire-voie qui la séparait de mademoiselle de Cardoville, comme si l'orpheline eût redouté d'être aperçue...

CHAPITRE IV.

LA MAYEUX ET MADEMOISELLE DE CARDOVILLE.

La Mayeux émue, attentive, inquiète, penchée à l'une des fenêtres du couvent, suivait des yeux les mouvemens de mademoiselle de Cardoville et de Rose Simon, qu'elle s'attendait si peu à trouver réunies dans cet endroit.

L'orpheline, s'approchant tout à fait de la claire-voie qui séparait le jardin de la communauté de celui de la maison du docteur Baleinier, dit quelques mots à Adrienne, dont les traits exprimèrent tout à coup l'étonnement, l'indignation et la pitié. A ce moment une religieuse accourut en regardant de côté et d'autre comme si elle eût cherché quelqu'un avec inquiétude; puis apercevant Rose, qui, timide et craintive, se serrait contre la claire-voie, elle la saisit par le bras, eut l'air de lui faire de graves reproches, et, malgré quelques vives paroles que mademoiselle de Cardoville sembla lui adresser, la religieuse emmena rapidement l'orpheline, qui, éplorée, se retourna deux ou trois fois vers Adrienne ; celle-ci, après lui avoir encore témoigné de son intérêt par des gestes expressifs, se retourna brusquement, comme si elle eût voulu cacher ses larmes.

Le corridor où se tenait la Mayeux pendant cette scène touchante était situé au premier étage, l'ouvrière eut la pensée de descendre au rez-de-chaussée, de tâcher de s'introduire dans le jardin, afin de parler à cette belle jeune fille aux cheveux d'or, de bien s'assurer si elle était mademoiselle de Cardoville, et alors, si elle la croyait dans un moment lucide, de lui apprendre qu'Agricol avait à lui communiquer des choses du plus grand intérêt, mais qu'il ne savait comment l'en instruire.

La journée s'avançait, le soleil allait bientôt se coucher ; la Mayeux, craignant que Florine ne se lassât de l'attendre, se hâta d'agir; marchant d'un pas léger, prêtant l'oreille de temps à autre avec inquiétude, elle gagna l'extrémité du corridor ; là, un petit escalier de trois ou quatre marches conduisait au palier de la lingerie, puis, formant une spirale étroite, aboutissait à l'étage inférieur. L'ouvrière, entendant des voix, se hâta de descendre, et se trouva dans un long corridor du rez-de-chaussée vers le milieu duquel s'ouvrait une porte vitrée donnant sur une partie du jardin réservée à la supérieure. Une allée, bordée d'un côté par une haute charmille de buis, pouvant protéger la Mayeux contre les regards, elle s'y glissa et arriva jusqu'à la clôture en claire-voie, qui à cet endroit séparait le jardin du couvent de celui de la maison du docteur Baleinier. A quelques pas d'elle, l'ouvrière vit mademoiselle de Cardoville assise et accoudée sur un banc rustique.

La fermeté du caractère d'Adrienne avait été un moment ébranlée par la fatigue, par le saisissement, par l'effroi, par le désespoir, lors de cette nuit terrible où elle s'était vue conduite dans la maison de fous du docteur Baleinier ; enfin celui-ci, profitant avec une astuce diabolique de l'état d'affaiblissement, d'accablement, où se trouvait la jeune fille, était même parvenu à la faire un instant douter d'elle-même. Mais le calme qui succède forcément aux émotions les plus pénibles, les plus violentes, mais la réflexion, mais le raisonnement d'un esprit juste et fin, rassurèrent bientôt Adrienne sur les craintes que le docteur Baleinier avait un instant pu lui inspirer. Elle ne crut même pas à une *erreur* du savant docteur ; elle lut clairement dans la conduite de cet homme, conduite d'une détestable hypocrisie et d'une rare audace, servie par une non moins rare habileté ; trop tard enfin elle reconnut dans M. Baleinier un aveugle instrument de madame de Saint-Dizier. Dès lors elle se renferma dans un silence, dans un calme remplis de dignité ; pas une plainte, pas un reproche ne sortirent de sa bouche... elle attendit. Pourtant, quoiqu'on lui laissât une assez grande liberté de promenade et d'actions (en la privant toutefois de toute communication avec le dehors), la situation présente d'Adrienne était dure, pénible, surtout pour elle, si amoureuse d'un harmonieux et charmant entourage. Elle sentait néanmoins que cette situation ne pouvait durer long temps. Elle ignorait l'action et la surveillance des lois; mais le simple bon sens lui disait qu'une séquestration de quelques jours, adroitement appuyée sur des apparences de dérangement d'esprit plus ou moins plausibles, pouvait, à la rigueur, être tentée et même impunément exécutée ; mais à la condition de ne pas se prolonger au delà de certaines limites, parce qu'après tout une jeune fille de sa condition ne disparaissait pas brusquement du monde, sans qu'au bout d'un certain temps l'on ne s'en informât ; et alors un prétendu accès de folie soudaine donnait lieu à de sérieuses investigations. Juste ou fausse, cette conviction avait suffi pour redonner au caractère d'Adrienne son ressort et son énergie accoutumés.

Cependant, elle s'était quelquefois en vain demandé la cause de cette séquestration ; elle connaissait trop madame de Saint-Dizier pour la croire capable d'agir sans un but arrêté et d'avoir seulement voulu lui causer un tourment passager... En cela mademoiselle de Cardoville ne se trompait pas; le père d'Aigrigny et la princesse étaient persuadés qu'Adrienne, plus instruite qu'elle ne voulait le paraître, savait combien il lui importait de se trouver, le 13 février, rue Saint-François, et qu'elle était résolue à faire valoir ses droits. En faisant enfermer Adrienne comme folle, ils portaient donc un coup funeste à son avenir ; mais disons que cette dernière précaution était inutile, car Adrienne, quoique sur la voie du secret de famille qu'on avait voulu lui cacher, et dont on la croyait informée, ne l'avait pas entièrement pénétré, faute de quelques pièces cachées ou égarées. Quel que fût le motif de la conduite des ennemis de mademoiselle de Cardoville, elle n'en était pas moins révoltée. Rien n'était moins haineux, moins avide de vengeance que cette généreuse jeune fille ; mais en songeant à tout ce que madame de Saint-Dizier, l'abbé d'Aigrigny et le docteur Baleinier lui faisaient souffrir, elle se promettait, non des représailles, mais d'obtenir, par tous les moyens possibles, une réparation éclatante. Si on la lui refusait, elle était décidée à poursuivre, à combattre sans repos ni trêve tant d'astuce, tant d'hypocrisie, tant de cruauté, non par ressentiment de ses douleurs, mais pour épargner les mêmes tourmens à d'autres victimes, qui ne pourraient, comme elle, lutter et se défendre.

Adrienne, sans doute encore sous la pénible impression que venait de lui causer son entrevue avec Rose Simon, s'accoudait languissamment sur l'un des supports du banc rustique où elle était assise, et tenait ses yeux cachés sous sa main gauche. Elle avait déposé son chapeau à ses côtés, et la position inclinée de sa tête ramenait sur ses joues fraîches et polies, qu'elles cachaient presque entièrement, les longues boucles de ses cheveux d'or. Dans cette attitude penchée, remplie de grâce et d'abandon, le charmant et riche contour de sa taille se dessinait sous sa robe de moire d'un vert d'émail ; un large col fixé par un nœud de satin rose et des manchettes plates en guipure magnifique empêchaient que la couleur de sa robe tranchât trop vivement sur l'éblouissante blancheur des on cou de cygne et de ses mains raphaélesques, imperceptiblement veinées de petits sillons d'azur ; sur son cou-de-pied, très haut et très nettement détaché, se croisaient les minces cothurnes d'un petit soulier de satin noir, car le docteur Baleinier lui avait permis de s'habiller avec son goût habituel ; et, nous l'avons dit, la recherche, l'élégance, n'étaient pas pour Adrienne coutume de coquetterie, mais devoir envers elle-même que Dieu s'était complu à faire si belle.

A l'aspect de cette jeune fille, dont elle admira naïvement la mise et la tournure charmante, sans retour amer sur les haillons qu'elle portait et sur sa difformité à elle, pauvre ouvrière, la Mayeux se dit tout d'abord avec autant de bon sens que de sagacité, qu'il était extraordinaire qu'une folle se vêtit si *sagement* et si gracieusement ; aussi ce fut avec autant de surprise que d'émotion qu'elle s'approcha doucement de la claire-voie qui la séparait d'Adrienne, réfléchissant, néanmoins, que peut-être cette infortunée était véritablement insensée, mais qu'elle se trouvait dans un jour lucide. Alors, d'une voix timide, mais assez élevée pour être entendue, la Mayeux, afin de s'assurer de l'identité d'Adrienne, dit avec un grand battement de cœur : — Mademoiselle de Cardoville !

— Qui m'appelle ? — dit Adrienne.

Puis redressant vivement la tête, et apercevant la Mayeux, elle ne put retenir un léger cri de surprise, presque d'effroi...

En effet, cette pauvre créature, pâle, difforme, misérablement vêtue, lui apparaissant ainsi brusquement, devait inspirer à mademoiselle de Cardoville, si amoureuse de la grâce et de la beauté, une sorte de répugnance, de frayeur... et ces deux sentimens se trahirent sur sa physionomie expressive.

La Mayeux ne s'aperçut pas de l'impression qu'elle causait ; immobile, les yeux fixes, les mains jointes avec une sorte d'admiration ou plutôt d'adoration profonde, elle contemplait l'éblouissante beauté d'Adrienne, qu'elle avait seulement entrevue à travers le grillage de sa croisée ; ce que lui avait dit Agricol du charme de sa protectrice lui paraissait mille fois au-dessous de la réalité ; jamais la Mayeux, même dans ses secrètes inspirations de poète, n'avait rêvé une si rare perfection.

Par un rapprochement singulier, l'aspect du beau idéal jetait dans une sorte de divine extase ces deux jeunes filles si dissemblables, ces deux types extrêmes de laideur et de beauté, de richesse et de misère.

Après cet hommage, pour ainsi dire involontaire, rendu à Adrienne, la Mayeux fit un mouvement vers la claire-voie.

— Que voulez-vous ?... — s'écria mademoiselle de Cardoville en se levant, avec un sentiment de répulsion qui ne put échapper à la Mayeux ; aussi, baissant timidement les yeux, celle-ci dit de sa voix la plus douce :

— Pardon, mademoiselle, de me présenter ainsi devant vous ; mais les momens sont précieux... je viens de la part... d'Agricol...

En prononçant ces mots, la jeune ouvrière releva les yeux avec inquiétude, craignant que mademoiselle de Cardoville n'eût oublié le nom du forgeron ; mais, à sa grande surprise et à sa plus grande joie, l'effroi d'Adrienne sembla diminuer au nom d'Agricol. Elle se rapprocha de la claire-voie, et regarda la Mayeux avec une curiosité bienveillante.

— Vous venez de la part de monsieur Agricol Baudoin ! — lui dit-elle. — Et qui êtes-vous ?

— Sa sœur adoptive... mademoiselle... une pauvre ouvrière qui demeure dans sa maison...

Adrienne parut rassembler ses souvenirs, se rassurer tout à fait, et dit en souriant avec bonté, après un moment de silence : — C'est vous qui avez engagé M. Agricol à s'adresser à moi pour sa caution, n'est-ce pas ?

— Comment, mademoiselle, vous vous souvenez...

— Je n'oublie jamais ce qui est généreux et noble. M. Agricol m'a parlé avec attendrissement de votre dévoûment pour lui ; je m'en souviens... rien de plus simple... Mais comment êtes-vous ici, dans ce couvent ?

— On m'avait dit que peut-être l'on m'y procurerait de l'occupation, car je me trouve sans ouvrage. Malheureusement j'ai éprouvé un refus de la part de la supérieure.

— Et comment m'avez-vous reconnue ?

— A votre grande beauté, mademoiselle... dont Agricol m'avait parlé.

— Ne m'avez-vous pas plutôt reconnue... à ceci ? — dit Adrienne ; et, souriant, elle prit du bout de ses doigts rosés l'extrémité d'une des longues et soyeuses boucles de ses cheveux dorés.

— Il faut pardonner à Agricol, mademoiselle — dit la Mayeux avec un de ces demi-sourires qui effleuraient si rarement ses lèvres — il est poète, et en me faisant, avec une respectueuse admiration, le portrait de sa protectrice... il n'a omis aucune de ses rares perfections.

— Et qui vous a donné l'idée de venir me parler ?

— L'espoir de pouvoir peut-être vous servir, mademoiselle... Vous avez accueilli Agricol avec tant de bonté, que j'ai osé partager sa reconnaissance envers vous...

— Osez, osez, ma chère enfant — dit Adrienne avec une grâce indéfinissable — ma récompense sera double... quoique jusqu'ici je n'aie pu être utile que d'intention à votre digne frère adoptif.

Pendant l'échange de ces paroles, Adrienne et la Mayeux s'étaient tour à tour regardées avec une surprise croissante.

D'abord la Mayeux ne comprenait pas qu'une femme qui passait pour folle s'exprimât comme s'exprimait Adrienne ; puis elle s'étonnait elle-même de la liberté ou plutôt de l'aménité d'esprit avec laquelle elle venait de répondre à mademoiselle de Cardoville, ignorant que celle-ci partageait ce précieux privilége des natures élevées et bienveillantes — de mettre en valeur toutce qui les approche avec sympathie.

De son côté, mademoiselle de Cardoville était à la fois profondément émue et étonnée d'entendre cette jeune fille du peuple, vêtue comme une mendiante, s'exprimer en termes choisis avec un à-propos parfait. A mesure qu'elle considérait la Mayeux, l'impression désagréable que celle-ci lui avait fait éprouver se transformait en un sentiment tout contraire. Avec ce tact de rapide et minutieuse observation naturel aux femmes, elle remarquait, sous le mauvais bonnet de crêpe noir de la Mayeux, une belle chevelure châtaine, lisse et brillante. Elle remarquait encore que ses mains blanches, longues et maigres, quoique sortant des manches d'une robe en guenilles, étaient d'une netteté parfaite; preuve que le soin, la propreté, le respect de soi, luttaient du moins contre une horrible détresse. Adrienne trouvait enfin dans la pâleur des traits mélancoliques de la jeune ouvrière, dans l'expression à la fois intelligente, douce et timide de ses yeux bleus, un charme touchant et triste, une dignité modeste qui faisaient oublier sa difformité. Adrienne aimait passionnément la beauté physique; mais elle avait l'esprit trop supérieur, l'âme trop noble, le cœur trop sensible, pour ne pas savoir apprécier la beauté morale qui rayonne souvent sur une figure humble et souffrante. Seulement, cette appréciation était toute nouvelle pour mademoiselle de Cardoville ; jusqu'alors sa haute fortune, ses habitudes élégantes, l'avaient tenue éloignée des personnes de la classe de la Mayeux.

Après un moment de silence, pendant lequel la belle patricienne et l'ouvrière misérable s'étaient mutuellement examinées avec une surprise croissante, Adrienne dit à la Mayeux : — La cause de notre étonnement à toutes deux est, je crois, facile à deviner ; vous trouvez sans doute que je parle assez raisonnablement pour une folle, si l'on vous a dit que je l'étais. Et moi — ajouta mademoiselle de Cardoville d'un ton de commisération pour ainsi dire respectueuse — et moi je trouve que la délicatesse de votre langage et de vos manières contraste si douloureusement avec la position où vous semblez être, que ma surprise doit encore surpasser la vôtre.

— Ah ! mademoiselle — s'écria la Mayeux avec une expression de bonheur tellement sincère et profond, que ses yeux se voilèrent de larmes de joie — il est donc vrai! On m'avait trompée : aussi tout à l'heure, en vous voyant si belle, si bienveillante, en entendant votre voix si douce, je ne pouvais croire qu'un tel malheur vous eût frappée... Mais, hélas! comment se fait-il, mademoiselle, que vous soyez ici?

— Pauvre enfant! — reprit Adrienne, tout émue de l'affection que lui témoignait cette excellente créature. — Et comment se fait-il qu'avec tant de cœur, qu'avec un esprit si distingué vous soyez si malheureuse? mais, rassurez-vous, je ne serai pas toujours ici... c'est vous dire que vous et moi reprendrons bientôt la place qui nous convient... Croyez-moi, je n'oublierai jamais que malgré la pénible préoccupation où vous deviez être en vous voyant privée de travail, votre seule ressource, vous avez songé à venir à moi... pour tâcher de m'être utile ;... vous pouvez, en effet, me servir beaucoup :... ce qui me ravit, parce que je vous devrai beaucoup... Aussi vous verrez combien j'abuserai de ma reconnaissance — dit Adrienne avec un sourire adorable. — Mais — reprit-elle — avant de penser à moi, pensons aux autres ; votre frère adoptif n'est-il pas en prison ?

— A cette heure, sans doute, mademoiselle, il n'y est plus, grâce à la générosité d'un de ses camarades; son père a pu aller hier offrir une caution, et on lui a promis qu'aujourd'hui il serait libre... Mais, de sa prison, il m'avait écrit qu'il avait les choses les plus importantes à vous révéler.

— A moi?

— Oui, mademoiselle... Agricol sera, je l'espère, libre aujourd'hui. Par quels moyens pourra-t-il vous en instruire?

— Il a des révélations à me faire, à moi! — répéta mademoiselle de Cardoville d'un air pensif. — Je cherche en vain ce que cela peut être; mais tant que je serai enfermée dans cette maison, privée de toute communication avec le dehors, M. Agricol ne peut songer à s'adresser directement ou indirectement à moi : il doit donc attendre que je sois hors d'ici ; ce n'est pas tout, il faut aussi arracher de ce couvent deux pauvres enfans bien plus à plaindre que moi... Les filles du maréchal Simon sont retenues ici malgré elles.

— Vous savez leur nom, mademoiselle?

— M. Agricol, en m'apprenant leur arrivée à Paris, m'avait dit qu'elles avaient quinze ans et qu'elles se ressemblaient d'une manière frappante... Aussi, lorsque avant-hier, faisant ma promenade accoutumée, j'ai remarqué deux pauvres petites figures éplorées venir de temps à autre se coller aux croisées des cellules qu'elles habitent séparément, l'une au rez-de-chaussée, l'autre au premier étage, un secret pressentiment m'a dit que je voyais en elles les orphelines dont M. Agricol m'avait parlé, et qui déjà m'intéressaient vivement, car elles sont mes parentes.

— Elles, vos parentes, mademoiselle?

— Sans doute... Aussi, ne pouvant faire plus, j'avais tâché de leur exprimer par signes combien leur sort me touchait; leurs larmes, l'altération de leurs charmans visages me disaient assez qu'elles étaient prisonnières dans le couvent comme je le suis moi-même dans cette maison.

— Ah! je comprends, mademoiselle... victime de l'animosité de votre famille peut-être?...

— Quel que soit mon sort, je suis bien moins à plaindre que ces deux enfans... dont le désespoir est alarmant... Leur séparation est surtout ce qui les accable davantage; d'après quelques mots que l'une d'elles m'a dits tout à l'heure, je vois qu'elles sont comme moi victimes d'une odieuse machination... Mais, grâce à vous... il sera possible de les sauver. Depuis que je suis dans cette maison, il m'a été impossible, je vous l'ai dit, d'avoir la moindre communication avec le dehors... On ne m'a laissé ni plume ni papier, il m'est donc impossible d'écrire. Maintenant, écoutez-moi attentivement et nous pourrons combattre une odieuse persécution.

— Oh! parlez! parlez, mademoiselle!

— Le soldat qui a amené les orphelines en France, le père de M. Agricol, est ici ?

— Oui, mademoiselle... Ah! si vous saviez son désespoir, sa fureur, lorsqu'à son retour il n'a pas retrouvé les enfans qu'une mère mourante lui avait confiés !

— Il faut surtout qu'il se garde d'agir avec la moindre violence, tout serait perdu... Prenez cette bague — et Adrienne tira une bague de son doigt — remettez-la-lui... Il ira aussitôt... Mais êtes-vous sûre de vous rappeler un nom et une adresse?

— Oh! oui, mademoiselle... soyez tranquille; Agricol m'a dit votre nom une seule fois... je ne l'ai pas oublié : le cœur a sa mémoire.

— Je le vois, ma chère enfant... Rappelez-vous donc le nom du comte de Montbron...

— Le comte de Montbron.., je ne l'oublierai pas.

— C'est un de mes bons vieux amis; il demeure place Vendôme, n° 7.

— Place Vendôme, n° 7... Je retiendrai cette adresse.

— Le père de M. Agricol ira chez lui ce soir; s'il n'y est pas, il l'attendra jusqu'à son retour. Alors il le demandera de ma part, en lui faisant remettre cette bague pour preuve de ce qu'il avance; une fois auprès de lui, il lui dira tout, l'enlèvement des jeunes filles, l'adresse du couvent où elles sont retenues; il ajoutera que je suis moi-même renfermée comme folle dans la maison de santé du docteur Baleinier... La vérité a un accent que M. de Montbron reconnaîtra... C'est un homme d'infiniment d'expérience et d'esprit, dont l'influence est grande; à l'instant il s'occupera des démarches nécessaires, et demain ou après-demain, j'en suis certaine, ces pauvres orphelines et moi nous serons libres... cela... grâce à vous. Mais les momens sont précieux, on pourrait nous surprendre... Hâtez-vous, ma chère enfant...

Puis, au moment de se retirer, Adrienne dit à la Mayeux, avec un sourire si touchant et avec un accent si pénétré, si affectueux, qu'il fut impossible à l'ouvrière de ne pas le croire sincère :

— M. Agricol m'a dit que je vous valais par le cœur... Je comprends maintenant tout ce qu'il y avait pour moi d'honorable... de flatteur dans ses paroles... Je vous en prie... donnez-moi vite votre main... — ajouta mademoiselle de Cardoville, dont les yeux devinrent humides ; puis, passant sa main charmante à travers deux des ais de la claire-voie, elle la tendit à la Mayeux.

Les mots et le geste de la belle patricienne furent empreints d'une cordialité si vraie, que l'ouvrière, sans fausse honte, mit en tremblant dans la ravissante main d'Adrienne sa pauvre main amaigrie...

Alors mademoiselle de Cardoville, par un mouvement de pieux respect, la porta spontanément à ses lèvres en disant : — Puisque je ne puis vous embrasser comme une sœur, vous qui me sauvez... que je baise au moins cette noble main glorifiée par le travail.

Tout à coup, des pas se firent entendre dans jardin du docteur Baleinier ; Adrienne se redressa brusquement et disparut derrière des arbres verts, en disant à la Mayeux : — Courage, souvenir... et espoir !

Tout ceci s'était passé si rapidement, que la jeune ouvrière n'avait pu faire un pas ; des larmes, mais des larmes cette fois bien douces, coulaient abondamment sur ses joues pâles. Une jeune fille comme Adrienne de Cardoville la traiter de sœur, lui baiser la main, et se dire fière de lui ressembler par le cœur, à elle, pauvre créature végétant au plus profond de l'abîme et de la misère, c'était montrer un sentiment de fraternelle égalité aussi divin que la parole évangélique. Il est des mots, des impressions qui font oublier à une belle âme des années de souffrances, et qui semblent, par un éclair fugitif, lui révéler à elle-même sa propre grandeur ; il en fut ainsi de la Mayeux : grâce à de généreuses paroles, elle eut un moment la conscience de sa valeur... Et quoique ce ressentiment fût aussi rapide qu'ineffable, elle joignit les mains et leva les yeux au ciel avec une expression de fervente reconnaissance ; car si l'ouvrière ne *pratiquait* pas, pour nous servir de l'argot ultramontain, personne plus qu'elle n'était doué de ce sentiment profondément, sincèrement religieux, qui est au dogme ce que l'immensité des cieux étoilés est au plafond d'une église.

Cinq minutes après avoir quitté mademoiselle de Cardoville, la Mayeux, sortant du jardin sans être aperçue, était remontée au premier étage et frappait discrètement à la porte de la lingerie.

Une sœur vint lui ouvrir.

— Mademoiselle Florine, qui m'a amenée, n'est-elle pas ici, ma sœur ? — demanda-t-elle.

— Elle n'a pu vous attendre plus longtemps ; vous venez sans doute de chez madame notre mère la supérieure ?

— Oui... oui, ma sœur... dit l'ouvrière en baissant les yeux ; — auriez-vous la bonté de me dire par où je dois sortir

— Venez avec moi...

La Mayeux suivit la sœur, tremblant à chaque pas de rencontrer la supérieure, qui se fût à bon droit étonnée et informée de la cause de son long séjour dans le couvent. Enfin, la première porte du couvent se referma sur la Mayeux. Après avoir traversé rapidement la vaste cour, s'approchant de la loge du portier, afin de demander qu'on lui ouvrît la porte extérieure, l'ouvrière entendit ces mots prononcés d'une voix rude :

— Il paraît, mon vieux Jérôme, qu'il faudra cette nuit redoubler de surveillance... Quant à moi, je vas mettre deux balles de plus dans mon fusil ; madame la supérieure a ordonné de faire deux rondes au lieu d'une...

— Moi, Nicolas, je n'ai pas besoin de fusil — dit l'autre voix — j'ai ma faux bien aiguisée, bien tranchante, emmanchée à revers... C'est une arme de jardinier ; elle n'en est pas plus mauvaise.

Involontairement inquiète de ces paroles, qu'elle n'avait pas cherché à entendre, la Mayeux s'approcha de la loge du concierge et demanda le cordon.

— D'où venez-vous comme ça ? — dit le portier en sortant à demi de sa loge, tenant à la main un fusil à deux coups qu'il s'occupait de charger, et en examinant l'ouvrière d'un regard soupçonneux.

— Je viens de parler à madame la supérieure — répondit timidement la Mayeux.

— Bien vrai ?... — dit brutalement Nicolas ; — c'est que vous m'avez l'air d'une mauvaise pratique ; enfin, c'est égal... filez, et plus vite que ça.

La porte cochère s'ouvrit, la Mayeux sortit. A peine elle avait fait quelques pas dans la rue, qu'à sa grande surprise elle vit Rabat-Joie accourir à elle... et plus loin, derrière lui, Dagobert arrivant aussi précipitamment.

La Mayeux allait au devant du soldat, lorsqu'une voix pleine et sonore, criant de loin : — Eh ! ma bonne Mayeux ! — fit retourner la jeune fille...

Du côté opposé d'où venait Dagobert, elle vit accourir Agricol.

CHAPITRE V.

LES RENCONTRES.

A la vue de Dagobert et d'Agricol, la Mayeux était restée stupéfaite à quelques pas de la porte du couvent.

Le soldat n'apercevait pas encore l'ouvrière ; il s'avançait rapidement, suivant Rabat-Joie, qui, bien que maigre, efflanqué, hérissé, crotté, semblait frétiller de plaisir, et tournait de temps à autre sa tête intelligente vers son maître, auprès duquel il était retourné après avoir caressé la Mayeux.

— Oui, oui, je t'entends, mon pauvre vieux — disait le soldat avec émotion — tu es plus fidèle que moi... toi, tu ne les as pas abandonnées une minute, mes chères enfans ; tu les as suivies ; tu auras attendu jour et nuit, sans manger... à la porte de la maison où on les a conduites, et, à la fin, lassé de ne pas les voir sortir... tu es accouru au logis me chercher... Oui, pendant que je me désespérais comme un fou furieux... tu faisais ce que j'aurais dû faire... tu découvrais leur retraite... Qu'est-ce que cela prouve ? que les bêtes valent mieux que les hommes ? C'est connu... Enfin... je vais les revoir ;... quand je pense que c'est demain le 13, et que sans toi, mon vieux Rabat-Joie... tout était perdu... j'en ai le frisson... Ah çà ! arriverons-nous bientôt ?... Quel quartier désert !... et la nuit approche.

Dagobert avait tenu ce *discours* à Rabat-Joie tout en marchant et en tenant les yeux fixés sur son brave chien, qui marchait d'un bon pas... Tout à coup, voyant le fidèle animal le quitter en bondissant, il leva la tête et aperçut à quelques pas de lui Rabat-Joie faisant de nouveau fête à la Mayeux et à Agricol, qui venaient de se rejoindre à quelques pas de la porte du couvent.

— La Mayeux !... — s'étaient écriés le père et le fils à la vue de la jeune ouvrière, en s'approchant d'elle et la regardant avec une surprise profonde.

— Bon espoir ! monsieur Dagobert — dit-elle avec une joie impossible à rendre — Rose et Blanche sont retrouvées... — Puis se retournant vers le forgeron : — Bon espoir ! Agricol... mademoiselle de Cardoville n'est pas folle... je viens de la voir...

— Elle n'est pas folle ! quel bonheur ! — dit le forgeron.

— Les enfans !!! — s'écria Dagobert en prenant dans ses mains tremblantes d'émotion les mains de la Mayeux. — Vous les avez vues ?

— Oui, tout à l'heure... bien tristes... bien désolées... mais je n'ai pu leur parler.

— Ah ! — dit Dagobert en s'arrêtant comme suffoqué par cette nouvelle, et portant ses deux mains à sa poitrine — je n'aurais jamais cru que mon vieux cœur pût battre si fort. Et pourtant... grâce à mon chien, je m'attendais presque à ce qui arrive ;... mais c'est égal... j'ai... comme un éblouissement de joie...

— Brave... père, tu vois, la journée est bonne — dit Agricol en regardant l'ouvrière avec reconnaissance.

— Embrassez-moi, ma digne et chère fille — ajouta le soldat en serrant la Mayeux dans ses bras avec effusion ; puis, dévoré d'impatience, il ajouta :

— Allons vite chercher les enfans.

— Ah ! ma bonne Mayeux — dit Agricol ému, tu rends le repos, peut-être la vie à mon père... Et mademoiselle de Cardoville... comment sais-tu ?

— Un bien grand hasard… Et toi-même… comment te trouves-tu là?

— Rabat-Joie s'arrête et il aboie, s'écria Dagobert qui avait déjà fait quelques pas précipitamment.

En effet, le chien, aussi impatient que son maître de revoir les orphelines, mais mieux instruit que lui sur le lieu de leur retraite, était allé se poster à la porte du couvent, d'où il se mit à aboyer afin d'attirer l'attention de Dagobert.

Celui-ci comprit son chien, et dit à la Mayeux en lui faisant un geste indicatif : — Les enfans sont là?

— Oui, monsieur Dagobert.

— J'en étais sûr… Brave chien… Oh! oui, les bêtes valent mieux que les hommes; sauf vous, ma bonne Mayeux, qui valez mieux que les hommes et les bêtes… Enfin… ces pauvres petites… je vais les voir… les avoir…

Ce disant, Dagobert, malgré son âge, se mit à courir pour rejoindre Rabat-Joie.

— Agricol — s'écria la Mayeux — empêche ton père de frapper à cette porte… il perdrait tout.

En deux bonds le forgeron atteignit son père. Celui-ci allait mettre la main sur le marteau de la porte.

— Mon père, ne frappe pas — s'écria le forgeron en saisissant le bras de Dagobert.

— Que diable me dis-tu là?…

— La Mayeux dit qu'en frappant… vous perdriez tout.

— Comment?…

— Elle va vous l'expliquer.

En effet, la Mayeux, moins alerte qu'Agricol, arriva bientôt, et dit au soldat : — Monsieur Dagobert, ne restons pas devant cette porte; on pourrait l'ouvrir, nous voir; cela donnerait des soupçons; suivons plutôt le mur.

— Des soupçons! — dit le vétéran tout surpris, mais sans s'éloigner de la porte — quels soupçons?

— Je vous en conjure… ne restez pas là… — dit la Mayeux avec tant d'instance, qu'Agricol, se joignant à elle, dit à son père :

— Mon père… puisque la Mayeux dit cela… c'est qu'elle a ses raisons; écoutons-la… Le boulevard de l'Hôpital est à deux pas, il n'y passe personne; nous pourrons parler sans être interrompus.

— Que le diable m'emporte si je comprends un mot à tout ceci! — s'écria Dagobert, mais toujours sans quitter la porte. — Ces enfans sont là, je les prends, je les emmène… c'est l'affaire de dix minutes.

— Oh! ne croyez pas cela… monsieur Dagobert — dit la Mayeux — c'est bien plus difficile que vous ne pensez… Mais venez… venez. Entendez-vous?… on parle dans la cour.

En effet, on entendit un bruit de voix assez élevé.

— Viens… viens, mon père… — dit Agricol en entraînant le soldat presque malgré lui.

Rabat-Joie, paraissant très surpris de ces hésitations, aboya deux ou trois fois, sans abandonner son poste, comme pour protester contre cette humiliante retraite; mais, à un appel de Dagobert, il se hâta de rejoindre le corps d'armée.

Il était alors cinq heures du soir, il faisait grand vent; d'épaisses nuées grises et pluvieuses couraient sur le ciel. Nous l'avons dit, le boulevard de l'Hôpital, qui limitait à cet endroit le jardin du couvent, n'était presque pas fréquenté. Dagobert, Agricol et la Mayeux purent donc tenir solitairement conseil dans cet endroit écarté.

Le soldat ne dissimulait pas la violente impatience que lui causaient ces tempéramens : aussi, à peine l'angle de la rue fut-il tourné, qu'il dit à la Mayeux : — Voyons, ma fille, expliquez-vous… je suis sur des charbons ardens.

— La maison où sont renfermées les filles du maréchal Simon… est un couvent… monsieur Dagobert.

— Un couvent! — s'écria le soldat — je devais m'en douter… — puis il ajouta : — Eh bien, après! j'irai les chercher dans un couvent comme ailleurs. Une fois n'est pas coutume.

— Mais, monsieur Dagobert, elles sont enfermées là contre leur gré, contre le vôtre; on ne vous les rendra pas.

— On ne me les rendra pas : ah! mordieu, nous allons voir ça... — Et il fit un pas vers la rue.

— Mon père, dit Agricol en le retenant, un moment de patience, écoutez la Mayeux.

— Je n'écoute rien... Comment! ces enfans sont là... à deux pas de moi... je le sais... et je ne les aurais pas, de gré ou de force, à l'instant même? ah! pardieu! ce serait curieux! laissez-moi.

— Monsieur Dagobert, je vous en supplie, écoutez-moi — dit la Mayeux en prenant l'autre main de Dagobert — il y a un autre moyen d'avoir ces pauvres demoiselles; et cela, sans violence : mademoiselle de Cardoville me l'a bien dit, la violence perdrait tout...

— S'il y a un autre moyen... à la bonne heure... vite... voyons le moyen.

— Voici une bague que mademoiselle de Cardoville...

— Qu'est-ce que c'est que mademoiselle de Cardoville?

— Mon père, c'est cette jeune personne remplie de générosité qui voulait être ma caution... et à qui j'ai des choses si importantes à dire...

— Bon, bon — reprit Dagobert — tout à l'heure nous parlerons de cela... Eh bien, ma bonne Mayeux, cette bague?

— Vous allez la prendre, monsieur Dagobert, vous irez aussitôt trouver M. le comte de Montbron, place Vendôme, n° 7. C'est un homme, à ce qu'il paraît, très puissant; il est ami de mademoiselle de Cardoville, cette bague lui prouvera que vous venez de sa part. Vous lui direz qu'elle est retenue comme folle dans une maison de santé voisine de ce couvent, et que dans ce couvent sont renfermées, contre leur gré, les filles du maréchal Simon.

— Bien... ensuite... ensuite?

— Alors M. le comte de Montbron fera, auprès de personnes haut placées, les démarches nécessaires pour faire rendre la liberté à mademoiselle de Cardoville et aux filles du général Simon, et peut-être... demain ou après-demain...

— Demain ou après-demain ! — s'écria Dagobert — peut-être!! mais c'est aujourd'hui, à l'instant, qu'il me les faut... Après-demain... et peut-être encore... il serait bien temps... Merci toujours, ma bonne Mayeux; mais gardez votre bague... J'aime mieux faire mes affaires moi-même... Attends-moi là, mon garçon.

— Mon père... que voulez-vous faire?... — s'écria Agricol en retenant encore le soldat — c'est un couvent... pensez donc!

— Tu n'es qu'un conscrit; je connais ma théorie du couvent sur le bout de mon doigt. En Espagne, je l'ai pratiquée cent fois... Voilà ce qui va arriver... je frappe, une tourière ouvre; elle me demande ce que je veux, je ne réponds pas; elle veut m'arrêter, je passe; une fois dans le couvent, j'appelle mes enfans de toutes mes forces, en le parcourant du haut en bas.

— Mais, monsieur Dagobert, les religieuses! — dit la Mayeux en tâchant toujours de retenir Dagobert.

— Les religieuses se mettent à mes trousses et me poursuivent en criant comme des pies dénichées; je connais ça. A Séville, j'ai été repêcher de la sorte une Andalouse que des béguines retenaient de force. Je les laisse crier; je parcours donc le couvent en appelant Rose et Blanche... Elles m'entendent, me répondent; si elles sont renfermées, je prends la première chose venue et j'enfonce leur porte.

— Mais, monsieur Dagobert, les religieuses... les religieuses?

— Les religieuses avec leurs cris ne m'empêchent pas d'enfoncer la porte, de prendre mes enfans dans mes bras et de filer : si on a refermé la porte [de dehors, second enfoncement... Ainsi — ajouta Dagobert en se dégageant des mains de la Mayeux — attendez-moi là; dans dix minutes je suis ici... Va toujours chercher un fiacre, mon garçon.

Plus calme que Dagobert, et surtout plus instruit que lui en matière de code pénal, Agricol fut effrayé des conséquences que pouvait avoir l'étrange façon de procéder du vétéran. Aussi, se jetant au-devant de lui, il s'écria : — Je t'en supplie, un mot encore...

— Mordieu! voyons, dépêche-toi.

— Si tu veux pénétrer de force dans le couvent, tu perdras tout!

— Comment?

— D'abord, monsieur Dagobert — dit la Mayeux — il y a des hommes dans le couvent... en sortant, tout à l'heure, j'ai vu le portier qui chargeait son fusil, le jardinier parlait d'une faux aiguisée et de rondes qu'ils faisaient la nuit...

— Je me moque pas mal d'un fusil de portier et de la faux d'un jardinier!

— Soit, mon père; mais, je t'en conjure, écoute-moi un moment encore : Tu frappes, n'est-ce pas? la porte s'ouvre, le portier te demande ce que tu veux...

— Je dis que je veux parler à la supérieure... et je file dans le couvent.

— Mais, mon Dieu, monsieur Dagobert — dit la Mayeux — une fois la cour traversée, on arrive à une seconde porte fermée par un guichet; là une religieuse vient voir qui sonne, et n'ouvre que lorsqu'on lui a dit l'objet de la visite qu'on veut faire.

— Je lui répondrai : je veux voir la supérieure.

— Alors, mon père, comme tu n'es pas un habitué du couvent, on ira prévenir la supérieure.

— Bon... après?

— Elle viendra.

— Après?...

— Elle vous demandera ce que vous voulez, monsieur Dagobert.

— Ce que je veux... mordieu... mes enfans!...

— Encore une minute de patience, mon père... Tu ne peux douter, d'après les précautions que l'on a prises, que l'on ne veuille retenir là mesdemoiselles Simon malgré elles, malgré toi.

— Je n'en doute pas... j'en suis sûr... c'est pour en arriver là qu'ils ont tourné la tête de ma pauvre femme...

— Alors, mon père, la supérieure te répondra qu'elle ne sait pas ce que tu veux dire, et que mesdemoiselles Simon ne sont pas au couvent.

— Et je lui dirai, moi, qu'elles y sont; témoin la Mayeux, témoin Rabat-Joie.

— La supérieure te dira qu'elle ne te connaît pas, qu'elle n'a pas d'explications à te donner... et elle refermera le guichet.

— Alors j'enfonce la porte... tu vois bien qu'il faut toujours en arriver là... Laissez-moi... mordieu! laissez-moi.

— Et le portier, à ce bruit, à cette violence, court chercher la garde, on arrive et l'on commence par t'arrêter.

— Et vos pauvres enfans... que deviennent-elles alors, monsieur Dagobert? — dit la Mayeux.

— Le père d'Agricol avait trop de bon sens pour ne pas sentir toute la justesse des observations de son fils et de la Mayeux; mais il savait bien qu'il fallait qu'à tout prix les orphelines fussent libres avant le lendemain. Cette alternative était terrible, si terrible, que, portant ses deux mains à son front brûlant, Dagobert tomba assis sur un banc de pierre, comme anéanti par l'inexorable fatalité de sa position.

Agricol et la Mayeux, profondément touchés de ce muet désespoir, échangèrent un triste regard. Le forgeron, s'asseyant à côté du soldat, lui dit : — Mais mon père, rassure-toi donc;... songe à ce que la Mayeux vient de dire... en allant avec cette bague de mademoiselle de Cardoville chez ce monsieur qui est très influent, tu le vois, ces demoiselles peuvent être libres demain... suppose même, au pis-aller qu'elles ne te soient rendues qu'après-demain...

— Tonnerre et sang! vous voulez donc me rendre fou? — s'écria Dagobert en bondissant sur son banc et en regardant son fils et la Mayeux avec une expression si sauvage, si désespérée, qu'Agricol et l'ouvrière se reculèrent avec autant de surprise que d'inquiétude. — Pardon, mes enfans — dit Dagobert en revenant à lui après un long silence — j'ai tort de m'emporter, car nous ne pouvons nous entendre... Ce que vous dites est juste... et pourtant, moi, j'ai raison de parler comme je parle... Ecoutez-moi... tu es un honnête homme, Agricol; vous, une honnête fille, la Mayeux... Ce que je vais vous dire est pour vous seuls... J'ai amené ces enfans du fond de la Sibérie, savez-vous pourquoi? Pour qu'elles se trouvent demain matin rue Saint-François... Si elles ne s'y trouvent pas, j'ai trahi le dernier vœu de leur mère mourante.

— Rue Saint-François, n° 3? — s'écria Agricol en interrompant son père.

— Oui... comment sais-tu ce numéro? — dit Dagobert.
— Cette date ne se trouve-t-elle pas sur une médaille en bronze?
— Oui... — reprit Dagobert de plus en plus étonné. — Qui t'a dit cela?
— Mon père... un instant... — s'écria Agricol. — Laissez-moi réfléchir... je crois deviner;... oui... et toi, ma bonne Mayeux, tu m'as dit que mademoiselle de Cardoville n'était pas folle...
— Non... on la retient malgré elle... dans cette maison, sans la laisser communiquer avec personne... elle a ajouté qu'elle se croyait, ainsi que les filles du maréchal Simon, victime d'une odieuse machination.
— Plus de doute — s'écria le forgeron — je comprends tout maintenant... mademoiselle de Cardoville a le même intérêt que mesdemoiselles Simon à se trouver demain rue Saint-François... et elle l'ignore peut-être.
— Comment?
— Encore un mot, ma bonne Mayeux... mademoiselle de Cardoville t'a-t-elle dit qu'elle avait un intérêt puissant à être libre demain?
— Non... car, en me donnant cette bague pour le comte de Montbron, elle m'a dit : — Grâce à lui, demain ou après-demain, moi et les filles du maréchal Simon nous serons libres...
— Mais explique-toi donc! — dit Dagobert à son fils avec impatience.
— Tantôt — reprit le forgeron — lorsque tu es venu me chercher à la prison, mon père; je t'ai dit que j'avais un devoir sacré à remplir et que je te rejoindrais à la maison...
— Oui... et j'ai été de mon côté tenter de nouvelles démarches dont je vous parlerai tout à l'heure.
— J'ai couru tout de suite au pavillon de la rue de Babylone, ignorant que mademoiselle de Cardoville fût folle, ou du moins passât pour folle... un domestique m'ouvre et me dit que cette demoiselle a éprouvé un soudain accès de folie... Tu conçois, mon père, quel coup cela me porte... je demande où elle est, et on me répond qu'on n'en sait rien; je demande si je peux parler à quelqu'un de ses parens. Comme ma blouse n'inspirait pas grande confiance, on me répond qu'il n'y a ici personne de sa famille... J'étais désolé; une idée me vient... je me dis : Elle est folle, son médecin doit savoir où on l'a conduite ; si elle est en état de m'entendre, il me conduira auprès d'elle ; sinon, à défaut de ses parens, je parlerai au médecin; souvent, un médecin, c'est un ami... Je demande donc à ce domestique s'il pourrait m'indiquer le médecin de mademoiselle de Cardoville. On me donne son adresse sans difficultés : M. le docteur Baleinier, rue Taranne, 12. J'y cours, il était sorti ; mais on me dit chez lui que sur les cinq heures je le trouverais sans doute à sa maison de santé : cette maison est voisine du couvent... voilà pourquoi nous nous sommes rencontrés.
— Mais cette médaille... cette médaille — dit Dagobert impatiemment — où l'as-tu vue?
— C'est à propos de cela, et d'autres choses encore que j'avais écrites à la Mayeux, que je désirerais faire à mademoiselle de Cardoville des révélations importantes...
— Et ces révélations?
— Voici, mon père : j'étais allé chez elle le jour de votre départ, pour la prier de me fournir une caution ; on m'avait suivi ; elle l'apprend par une de ses femmes de chambre ; pour me mettre à l'abri de l'arrestation, elle me fait conduire dans une cachette de son pavillon ; c'était une sorte de petite pièce voûtée qui ne recevait de jour que par un conduit fait comme une cheminée ; au bout de quelques instans j'y voyais très clair. N'ayant rien de mieux à faire qu'à regarder autour de moi, je regarde ; les murs étaient recouverts de boiseries ; l'entrée de cette cachette se composait d'un panneau glissant sur des coulisses de fer, au moyen de contre-poids et d'engrenages compliqués admirablement travaillés ; c'est mon état, ça m'intéressait : je me mets à examiner ces ressorts avec curiosité malgré mes inquiétudes ; je me rendais bien compte de leur jeu, mais il y avait un bouton de cuivre dont je ne pouvais trouver l'emploi : j'avais beau le tirer à moi, à droite à gauche, rien dans les ressorts ne fonctionnait. Je me dis : Ce bouton appartient sans doute à un autre mécanisme; alors l'idée me vient, au lieu de tirer à moi, de le pousser fortement ; aussitôt j'entends un petit grincement, et je vois tout à coup, au-dessus de l'entrée de la cachette, un panneau de deux pieds carrés

s'abaisser de la boiserie comme la tablette d'un secrétaire; ce panneau était façonné en sorte de boîte; comme j'avais sans doute poussé le ressort trop brusquement, la secousse fit tomber par terre une petite médaille en bronze avec sa chaîne.

— Où tu as vu l'adresse... de la rue Saint-François ? — s'écria Dagobert.

— Oui, mon père, et, avec cette médaille, était tombée par terre une grande enveloppe cachetée... En la ramassant, j'ai lu, pour ainsi dire malgré moi, en grosses lettres : — *Pour mademoiselle de Cardoville. Elle doit prendre connaissance de ces papiers à l'instant même où ils lui seront remis.* — Puis, au-dessous de ces mots, je vois les initiales *R.* et *C.*, accompagnées d'un parafe et de cette date : *Paris, 12 novembre* 1830. — Je retourne l'enveloppe, je vois, sur deux cachets qui la scellaient, les mêmes initiales *R.* et *C.*, surmontées d'une couronne.

— Et ces cachets étaient intacts ? demanda la Mayeux.

— Parfaitement intacts.

— Plus de doute, alors; mademoiselle de Cardoville ignorait l'existence de ces papiers — dit l'ouvrière.

— Ç'a été ma première idée, puisqu'il lui était recommandé d'ouvrir tout de suite cette enveloppe, et que, malgré cette recommandation, qui datait de près de deux ans, les cachets étaient restés intacts.

— C'est évident — dit Dagobert; — et alors qu'as-tu fait ?

— J'ai replacé le tout dans le secret, me promettant d'en prévenir mademoiselle de Cardoville; mais, quelques instans après, on est entré dans la cachette, qui avait été découverte : je n'ai plus revu mademoiselle de Cardoville : j'ai seulement pu dire à une de ses femmes de chambre quelques mots à double entente sur ma trouvaille, espérant que cela donnerait l'éveil à sa maîtresse... enfin, aussitôt qu'il m'a été possible de t'écrire, ma bonne Mayeux, je l'ai fait pour te prier d'aller trouver mademoiselle de Cardoville...

— Mais cette médaille... — dit Dagobert — est pareille à celles que les filles du général Simon possèdent; comment cela se fait-il ?

— Rien de plus simple, mon père... je me le rappelle maintenant, mademoiselle de Cardoville est leur parente, elle me l'a dit.

— Elle... parente de Rose et de Blanche ?

— Oui, sans doute — ajouta la Mayeux; — elle me l'a dit aussi tout à l'heure.

— Eh bien, maintenant — reprit Dagobert en regardant son fils avec angoisse — comprends-tu que je veuille avoir mes enfans aujourd'hui même ? Comprends-tu, ainsi que me l'a dit leur pauvre mère en mourant, qu'un jour de retard peut tout perdre ? Comprends-tu enfin que je ne peux pas me contenter d'un *peut-être demain*... quand je viens du fond de la Sibérie avec ces enfans... pour les conduire demain rue Saint-François?... Comprends-tu enfin qu'il me les faut aujourd'hui, quand je devrais mettre le feu au couvent.

— Mais, mon père, encore une fois, la violence...

— Mais, mordieu, sais-tu ce que le commissaire de police m'a répondu ce matin, quand j'ai été lui renouveler ma plainte contre le confesseur de ta pauvre mère ? — Qu'il n'y a aucune preuve; que l'on ne pouvait rien faire.

— Mais maintenant il y a des preuves, mon père... ou du moins on sait où sont les jeunes filles... Avec cette certitude on est fort... Sois tranquille. La loi est plus puissante que toutes les supérieures de couvent du monde.

— Et le comte de Montbron, à qui mademoiselle de Cardoville vous prie de vous adresser — dit la Mayeux — n'est-il pas un homme puissant? Vous lui direz pour quelles raisons il est important que ces demoiselles soient en liberté ce soir, ainsi que mademoiselle de Cardoville... qui, vous le voyez, a aussi un grand intérêt à être libre demain... Alors, certainement, le comte de Montbron hâtera les démarches de la justice, et, ce soir... vos enfans vous seront rendues.

— La Mayeux a raison, mon père... Va chez le comte; moi je cours chez le commissaire, lui dire que l'on sait maintenant où sont retenues ces jeunes filles. Toi, ma bonne Mayeux, retourne à la maison nous attendre, n'est-ce pas, mon père?... Donnons-nous rendez-vous chez nous.

Dagobert était resté pensif, tout à coup il dit à Agricol : — Soit... Je suivrai vos conseils... Mais suppose que le commissaire te dise : On ne peut pas agir avant demain. Suppose que le comte de Montbron me dise la même chose... Crois-tu que je resterai les bras croisés jusqu'à demain matin.

— Mon père...

— Il suffit — reprit le soldat d'une voix brève — je m'entends... Toi, mon garçon, cours chez le commissaire... Vous, ma bonne Mayeux, allez nous attendre; moi, je vais chez le comte... Donnez-moi la bague. Maintenant l'adresse?

— Place Vendôme, 7, le comte de Montbron... vous venez de la part de mademoiselle de Cardoville — dit la Mayeux.

— J'ai bonne mémoire — dit le soldat — ainsi le plus tôt possible à la rue Brise-Miche.

— Oui, mon père; bon courage... Tu verras que la loi défend et protège les honnêtes gens...

— Tant mieux — dit le soldat — parce que sans cela les honnêtes gens seraient obligés de se protéger et de se défendre eux-mêmes. Ainsi, mes enfans, à bientôt, rue Brise-Miche . . . .
. . . .

Lorsque Dagobert, Agricol et la Mayeux se séparèrent, la nuit était complétement venue.

CHAPIRE VI.

LES RENDEZ-VOUS.

Il est huit heures du soir, la pluie fouette les vitres de la chambre de Françoise Baudoin, rue Brise-Miche, tandis que de violentes rafales de vent ébranlent la porte et les fenêtres mal closes. Le désordre et l'incurie de cette modeste demeure, ordinairement tenue avec tant de soin, témoignent de la gravité des tristes événemens qui ont bouleversé des existences jusqu'alors si paisibles dans leur obscurité.

Le sol carrelé est souillé de boue, une épaisse couche de poussière a envahi les meubles, naguère ruisselans de propreté. Depuis que Françoise a été emmenée par le commissaire, le lit n'a pas été fait; la nuit, Dagobert s'y est jeté tout habillé pendant quelques heures, lorsque épuisé de fatigue, brisé de désespoir, il rentrait après de nouvelles et vaines tentatives pour découvrir la retraite de Rose et de Blanche.

Sur la commode, une bouteille, un verre, quelques débris de pain dur, prouvent la frugalité du soldat, réduit, pour toutes ressources, à l'argent du prêt que le mont-de-piété avait fait sur les objets portés en gage par la Mayeux, après l'arrestation de Françoise.

A la pâle lueur d'une chandelle placée sur le petit poêle de fonte, alors froid comme le marbre, car la provision de bois est depuis longtemps épuisée, on voit la Mayeux, assise et sommeillant sur une chaise, la tête penchée sur sa poitrine; ses mains cachées sous son tablier d'indienne et ses talons appuyés sur le dernier barreau de la chaise; de temps à autre elle frissonne sous ses vêtemens humides. Après cette journée de fatigues, d'émotions si diverses, la pauvre créature n'avait pas mangé (y eût-elle songé, qu'elle n'avait pas de pain chez elle); attendant le retour de Dagobert et d'Agricol, elle cédait à une somnolence agitée, hélas! bien différente d'un calme et bon sommeil réparateur. De temps à autre, la Mayeux inquiète, ouvrait à demi les yeux, regardait autour d'elle; puis, de nouveau vaincue par un irrésistible besoin de repos, sa tête retombait sur sa poitrine.

Au bout de quelques minutes de silence, seulement interrompu par le bruit du vent, un pas lent et pesant se fit entendre sur le palier.

La porte s'ouvrit. Dagobert entra suivi de Rabat-Joie.

Réveillée en sursaut, la Mayeux redressa vivement la tête, se leva, alla rapidement vers le père d'Agricol et dit: — Eh bien! monsieur Dagobert... avez-vous de bonnes nouvelles... avez-vous...

La Mayeux ne put continuer, tant elle fut frappée de la sombre expression des traits du soldat, absorbé dans ses réflexions, il ne sembla d'abord pas apercevoir l'ouvrière, se jeta sur une chaise avec accablement, mit ses coudes sur la table et cacha sa figure dans ses mains.

Après une assez longue méditation, il se leva et dit à mi-voix: Il le faut... il le faut... Faisant alors quelques pas dans la chambre, Dagobert regarda autour de lui comme s'il eût cherché quelque chose ; enfin, après une minute d'examen, avisant auprès du poêle une barre de fer de deux pieds environ, servant à enlever le couvercle de fonte de ce calorifère lorsqu'il était trop brûlant, il la prit, la considéra attentivement, la soupesa, puis la posa sur la commode d'un air satisfait.

La Mayeux, surprise du silence prolongé de Dagobert, suivait ses mouvemens avec une curiosité timide et inquiète ; bientôt sa surprise fit place à l'effroi lorsqu'elle vit le soldat prendre son havre-sac déposé sur une chaise, l'ouvrir et en tirer une paire de pistolets de poche dont il fit jouer les batteries avec précaution. Saisie de frayeur, l'ouvrière ne put s'empêcher de s'écrier : Mon Dieu !... monsieur Dagobert... que voulez-vous faire ?

Le soldat regarda la Mayeux comme s'il l'apercevait seulement pour la première fois et lui dit d'une voix cordiale mais brusque : — Bonsoir, ma bonne fille... Quelle heure est-il ?

— Huit heures... viennent de sonner à Saint-Merri, monsieur Dagobert.

— Huit heures... — dit le soldat en se parlant à lui-même — seulement huit heures ! Et posant les pistolets à côté de la barre de fer, il parut réfléchir de nouveau en jetant les yeux autour de lui.

— Monsieur Dagobert — se hasarda de dire la Mayeux — vous n'avez donc pas de bonnes nouvelles ?...

— Non...

Ce seul mot fut dit par le soldat d'un ton si bref, que la Mayeux, n'osant pas l'interroger davantage, alla se rasseoir en silence. Rabat-Joie vint appuyer sa tête sur les genoux de la jeune fille, et suivit aussi curieusement qu'elle-même tous les mouvemens de Dagobert.

Celui-ci, après être resté de nouveau pensif pendant quelques momens, s'approcha du lit, y prit un drap, parut en mesurer et en supputer la longueur, puis il dit à la Mayeux en se retournant vers elle :

— Des ciseaux...

— Mais, monsieur Dagobert...

— Voyons... ma bonne fille... des ciseaux... reprit Dagobert d'un ton bienveillant, mais qui annonçait qu'il voulait être obéi.

L'ouvrière prit des ciseaux dans le panier à ouvrage de Françoise et les présenta au soldat.

— Maintenant, tenez l'autre bout du drap, ma fille, et tendez-le ferme...

En quelques minutes, Dagobert eut fendu le drap dans sa longueur en quatre morceaux, qu'il tordit ensuite très serré, de façon à faire des espèces de cordes, fixant de loin en loin, au moyen de rubans de fil que lui donna l'ouvrière, la *torsion* qu'il avait imprimée au linge : de ces quatre tronçons, solidement noués les uns au bout des autres, Dagobert fit une corde de vingt pieds au moins. Cela ne lui suffisait pas ; car il dit, en se parlant à lui-même :

— Maintenant il me faudrait un crochet... — Et il chercha de nouveau autour de lui.

La Mayeux de plus en plus effrayée, car elle ne pouvait plus douter des projets de Dagobert, lui dit timidement : — Mais, monsieur Dagobert... Agricol n'est pas encore rentré ;... s'il tarde autant... c'est que sans doute il a de bonnes nouvelles...

— Oui — dit le soldat avec amertume en cherchant toujours des yeux autour de lui l'objet qui lui manquait — de bonnes nouvelles dans le genre des miennes...

— Et il ajouta : — Il me faudrait pourtant un fort grappin de fer...

En furetant de côté et d'autre, le soldat trouva un des gros sacs de toile grise à la couture desquels travaillait Françoise. Il le prit, l'ouvrit, et dit à la Mayeux : — Ma fille, mettez là-dedans la barre de fer et la corde ; ce sera plus commode à transporter... là-bas...

— Grand Dieu ! — s'écria la Mayeux en obéissant à Dagobert — vous partirez sans attendre Agricol, monsieur Dagobert... lorsqu'il a peut-être de bonnes choses à vous apprendre ?...

— Soyez tranquille, ma fille... j'attendrai mon garçon... je ne peux partir d'ici qu'à dix heures... J'ai le temps...

— Hélas ! monsieur Dagobert ! vous avez donc perdu tout espoir ?

— Au contraire... j'ai bon espoir... mais en moi...

Et ce disant, Dagobert tordit la partie supérieure du sac, de manière à le fermer, puis il le plaça sur la commode, à côté de ses pistolets.

— Au moins vous attendrez Agricol, monsieur Dagobert?

— Oui... s'il arrive avant dix heures...

— Ainsi, mon Dieu! vous êtes bien décidé...

— Très décidé... — Et pourtant, si j'étais assez simple pour croire aux *porte-malheurs*...

— Quelquefois, monsieur Dagobert, les présages ne trompent pas, dit la Mayeux ne songeant qu'à détourner le soldat de sa dangereuse résolution.

Oui — reprit Dagobert — les bonnes femmes disent cela... et quoique je ne sois pas une bonne femme, ce que j'ai vu tantôt... m'a serré le cœur... Après tout, j'aurai pris sans doute un mouvement de colère pour un pressentiment...

— Et qu'avez-vous vu?

— Je peux vous raconter cela, ma bonne fille... Ça nous aidera à passer le temps... et il me dure, allez... — Puis s'interrompant : — Est-ce que ce n'est pas une demie qui vient de sonner?

— Oui, monsieur Dagobert; c'est huit heures et demie.

— Encore une heure et demie — dit Dagobert d'une voix sourde; — puis il ajouta : — Voici ce que j'ai vu... Tantôt, en passant dans une rue, je ne sais laquelle, mes yeux ont été machinalement attirés par une énorme affiche rouge, en tête de laquelle on voyait une panthère noire dévorant un cheval blanc... A cette vue, mon sang n'a fait qu'un tour; parce que vous saurez, ma bonne Mayeux, qu'une panthère noire a dévoré un pauvre cheval blanc que j'avais, le compagnon de Rabat-Joie que voilà... et qu'on appelait Jovial..

A ce nom, autrefois si familier pour lui, Rabat-Joie, couché aux pieds de la Mayeux, releva brusquement la tête et regarda Dagobert.

— Voyez-vous... les bêtes ont de la mémoire, il se le rappelle, dit le soldat en soupirant lui-même à ce souvenir. Puis, s'adressant à son chien : — Tu t'en souviens donc, de Jovial?

En entendant de nouveau ce nom prononcé par son maître d'une voix émue, Rabat-Joie hogna et jappa doucement comme pour affirmer qu'il n'avait pas oublié son vieux camarade de route.

— En effet, monsieur Dagobert — dit la Mayeux — c'est un triste rapprochement que de retrouver en tête de cette affiche cette panthère noire dévorant un cheval.

— Ce n'est rien que cela, vous allez voir le reste.

Je m'approche de cette affiche et je lis que le nommé Morock, arrivant d'Allemagne, fera voir dans un théâtre différens animaux féroces qu'il a domptés, et entre autres un lion superbe, un tigre, et une panthère noire de Java nommée *la Mort*.

— Ce nom fait peur — dit la Mayeux.

— Et il vous fera plus peur encore, mon enfant, quand vous saurez que cette panthère est la même qui a étranglé mon cheval près de Leipsick, il y a quatre mois.

— Ah! mon Dieu... vous avez raison, monsieur Dagobert — dit la Mayeux — c'est effrayant!

— Attendez encore — dit Dagobert dont les traits s'assombrissaient de plus en plus — ce n'est pas tout... C'est à cause de ce nommé Morock, le maître de cette panthère, que moi et mes pauvres enfans nous avons été emprisonnés à Leipsick.

— Et ce méchant homme est à Paris!... et il vous en veut! — dit la Mayeux — oh! vous avez raison... monsieur Dagobert... il faut prendre garde à vous, c'est un mauvais présage...

— Oui... pour ce misérable... si je le rencontre — dit Dagobert d'une voix sourde, car nous avons de vieux comptes à régler ensemble...

— Monsieur Dagobert, s'écria la Mayeux en prêtant l'oreille — quelqu'un monte en courant, c'est le pas d'Agricol... il a de bonnes nouvelles... j'en suis sûre...

— Voilà mon affaire — dit vivement le soldat sans répondre à la Mayeux, — Agricol est forgeron... il me trouvera le crochet de fer qu'il me faut

Quelques instans après, Agricol entrait en effet; mais, hélas!... du premier coup d'œil l'ouvrière put lire sur la physionomie atterrée de l'ouvrier la ruine des espérances dont elle s'était bercée...

— Eh bien!... — dit Dagobert à son fils d'un ton qui annonçait clairement la foi qu'il avait dans le succès des démarches tentées par Agricol — eh bien! quoi de nouveau?

— Ah! mon père, c'est à en devenir fou, c'est à se briser la tête contre les murs — s'écria le forgeron avec emportement?

Dagobert se tourna vers la Mayeux, et lui dit: — Vous voyez, ma pauvre fille... j'en étais sûr...

— Mais vous, mon père — s'écria Agricol — vous avez vu le somte de Montbron?

— Le comte de Montbron est, depuis trois jours, parti pour la Lorraine... voilà mes bonnes nouvelles, répondit le soldat avec une ironie amère; — voyons les tiennes... raconte-moi tout : j'ai besoin d'être bien convaincu qu'en s'adressant à la justice, qui, comme tu le disais tantôt, défend et protége toujours les honnêtes gens, il est des occasions où elle les laisse à la merci des gueux... Oui, j'ai besoin de ça... et puis après d'un crochet... et j'ai compté sur toi... pour les deux choses.

— Que veux-tu dire, mon père?

— Raconte d'abord tes démarches... nous avons le temps... huit heures et demie viennent seulement de sonner tout à l'heure... Voyons : en me quittant, où es-tu allé?

— Chez le commissaire qui avait déjà reçu votre déposition.

— Que t'a-t-il dit?

— Après avoir très-obligeamment écouté ce dont il s'agissait, il m'a répondu : — Ces jeunes filles sont, après tout, placées dans une maison très respectable... dans un couvent... il n'y a donc pas urgence de les enlever de là... et, d'ailleurs, je ne puis prendre sur moi de violer un domicile religieux sur votre simple déposition; demain je ferai mon rapport à qui de droit, et l'on avisera plus tard.

— Plus tard... vous voyez, toujours des remises — dit le soldat.

— Mais, monsieur, lui ai-je répondu — reprit Agricol — c'est à l'instant, c'est ce soir, cette nuit même, qu'il faut agir; car si ces jeunes filles ne se trouvent pas demain matin, rue Saint-François, elles peuvent éprouver un dommage incalculable... — C'est très fâcheux — m'a répondu le commissaire; — mais, encore une fois, je ne peux, sur votre simple déclaration, ni sur celle de votre père, qui, pas plus que vous, n'est parent ou allié de ces jeunes personnes, me mettre en contravention formelle avec les lois, qu'on ne violerait pas même sur la demande d'une famille. La justice a ses lenteurs et ses formalités auxquelles il faut se soumettre.

— Certainement — dit Dagobert — il faut s'y soumettre, au risque de se montrer lâche, traître et ingrat...

— Et lui as-tu aussi parlé de mademoiselle de Cardoville? — demanda la Mayeux.

— Oui, mais il m'a, à ce sujet, répondu de même... c'était fort grave; je faisais une déposition, il est vrai, mais je n'apportais aucune preuve à l'appui de ce que j'avançais. — Une tierce personne vous a assuré que mademoiselle de Cardoville affirmait n'être pas folle — m'a dit le commissaire — cela ne suffit pas : tous les fous prétendent n'être pas fous; je ne puis donc violer le domicile d'un médecin respectable sur votre seule déclaration. Néanmoins je la reçois, j'en rendrai compte. Mais il faut que la loi ait son cours...

— Lorsque, tantôt, je voulais agir — dit sourdement Dagobert — est-ce que je n'avais pas prévu tout cela? pourtant j'ai été assez faible pour vous écouter!

— Mais, mon père, ce que tu voulais tenter était impossible... et tu t'exposais à de trop dangereuses conséquences, tu en es convenu.

— Ainsi — reprit le soldat sans répondre à son fils — on t'a formellement dit, positivement dit, qu'il ne fallait pas songer à obtenir légalement ce soir, ou même demain matin, que Rose et Blanche me soient rendues?

— Non, mon père, il n'y a pas urgence aux yeux de la loi, la question ne pourra être décidée avant deux ou trois jours.

— C'est tout ce que je voulais savoir — dit Dagobert en se levant et en marchant de long en large dans la chambre.

— Pourtant — reprit son fils — je ne me suis pas tenu pour battu. Désespéré, ne pouvant croire que la justice pût demeurer sourde à des réclamations si équitables... j'ai couru au palais de justice... espérant que peut-être là... je trouverais un juge... un magistrat qui accueillerait ma plainte et y donnerait suite...

— Eh bien? — dit le soldat en s'arrêtant.

— On m'a dit que le parquet du procureur du roi était tous les jours fermé à cinq heures et ouvert à dix heures; pensant à votre désespoir, à la position de cette pauvre mademoiselle de Cardoville, je voulus tenter encore une démarche; je suis entré dans un poste de troupes de ligne commandé par un lieutenant... Je lui ai tout dit; il m'a vu si ému, je lui parlais avec tant de chaleur, tant de conviction, que je l'ai intéressé...

— Lieutenant — lui disais-je — accordez-moi seulement une grâce : qu'un sous-officier et deux hommes se rendent au couvent afin d'en obtenir l'entrée légale. On demandera à voir les filles du maréchal Simon; on leur laissera le choix de rester ou de rejoindre mon père, qui les a amenées de Russie... et l'on verra si ce n'est pas contre leur gré qu'on les retient.

— Et que t'a-t-il répondu, Agricol? — demanda la Mayeux pendant que Dagobert haussant les épaules, continuait sa promenade.

— Mon garçon — m'a-t-il dit — ce que vous me demandez là est impossible; je conçois vos raisons, mais je ne peux pas prendre sur moi une mesure aussi grave. Entrer de force dans un couvent, il y a de quoi me faire casser.

— Mais alors, monsieur, que faut-il faire? c'est à en perdre la tête. — Ma foi, je n'en sais rien. Le plus sûr est d'attendre... — me dit le lieutenant... — Alors, mon père, croyant avoir fait humainement ce qu'il était possible de faire, je suis revenu... espérant que tu aurais été plus heureux que moi; malheureusement je me suis trompé.

Ce disant, le forgeron, accablé de fatigue, se jeta sur une chaise.

Il y eut un moment de silence profond après ces mots d'Agricol, qui ruinaient les dernières espérances de ces trois personnes, muettes, anéanties sous le coup d'une inexorable fatalité.

Un nouvel incident vint augmenter le caractère sinistre et douloureux de cette scène.

CHAPITRE VII

DÉCOUVERTES.

La porte, qu'Agricol n'avait pas songé à refermer, s'ouvrit pour ainsi dire timidement, et Françoise Baudoin, la femme de Dagobert, pâle, défaillante, se soutenant à peine, parut sur le seuil.

Le soldat, Agricol et la Mayeux étaient plongés dans un si morne abattement, qu'aucune de ces trois personnes ne s'aperçut d'abord de l'entrée de Françoise.

Celle-ci fit à peine deux pas dans la chambre et tomba à genoux, les mains jointes, en disant d'une voix humble et faible : — Mon pauvre mari... pardon...

A ces mots, Agricol et la Mayeux, qui tournaient le dos à la porte, se retournèrent, et Dagobert releva vivement la tête.

— Ma mère!... — s'écria Agricol en courant vers Françoise.

— Ma femme! — s'écria Dagobert en se levant et faisant un pas vers l'infortunée...

— Bonne mère!... toi, à genoux — dit Agricol en se courbant vers Françoise, en l'embrassant avec effusion; — relève-toi donc!

— Non, mon enfant — dit Françoise de son accent à la fois doux et ferme. — je ne me relèverai pas avant que ton père... m'ait pardonné... j'ai eu de grands torts envers lui... maintenant je le sais...

— Te pardonner... pauvre femme — dit le soldat ému en s'approchant. — Est-ce que je t'ai jamais accusée... sauf dans un premier mouvement de désespoir? Non... non... ce sont de mauvais prêtres que j'ai accusés... et j'avais raison... Enfin, te voilà — ajouta-t-il en aidant son fils à relever Françoise; — c'est un chagrin de moins... On t'a donc mise en liberté?... Hier je n'avais pu encore savoir où était ta prison... j'ai tant de soucis que je n'ai pas eu qu'à songer à toi... Voyons, chère femme, assieds-toi là...

— Bonne mère... comme tu es faible... comme tu as froid... comme tu es pâle!... — dit Agricol avec angoisse et les yeux remplis de larmes.

— Pourquoi ne nous as-tu pas fait prévenir? ajouta-t-il... — Nous aurions été te chercher... Mais comme tu trembles!... chère mère... tes mains sont glacées... — reprit le forgeron agenouillé devant Françoise. — Puis se tournant vers la Mayeux : — Fais donc un peu de feu tout de suite...

— J'y avais pensé quand ton père est arrivé, Agricol; mais il n'y a plus ni bois ni charbon...

— Eh bien!... je t'en prie, ma bonne Mayeux, descends en emprunter au père Loriot... il est si bonhomme qu'il ne te refusera pas... Ma pauvre mère est capable de tomber malade... vois comme elle frissonne.

A peine avait-il dit ces mots, que la Mayeux disparut.

Le forgeron se leva, alla prendre la couverture du lit et revint en envelopper soigneusement les genoux et les pieds de sa mère; puis, s'agenouillant de nouveau devant elle, il lui dit : — Tes mains, chère mère...

Et Agricol, prenant les mains débiles de sa mère dans les siennes, tâcha de les réchauffer de son haleine.

Rien n'était plus touchant que ce tableau, que de voir ce robuste garçon à la figure énergique et résolue, alors empreinte d'une expression de tendresse adorable, entourer des attentions les plus délicates cette pauvre vieille mère pâle et tremblante.

Dagobert, bon comme son fils, alla prendre un oreiller, l'apporta, et dit à sa femme : — Penche-toi un peu en avant, je vais mettre cet oreiller derrière toi ; tu seras mieux, et cela te réchauffera encore.

— Comme vous me gâtez tous deux! — dit Françoise en tâchant de sourire — et toi surtout, es-tu bon... après tout le mal que je t'ai fait! — dit-elle à Dagobert.

Et dégageant une de ses mains d'entre celles de son fils, elle prit la main du soldat, sur laquelle elle appuya ses yeux remplis de larmes; puis elle dit à voix basse : — En prison, je me suis bien repentie... va...

Le cœur d'Agricol se brisait en songeant que sa mère avait dû être momentanément confondue dans sa prison avec tant de misérables créatures... elle, sainte et digne femme... d'une pureté si angélique... Il allait pour ainsi dire tâcher de la consoler d'un passé si douloureux pour elle; mais il se tut, songeant que ce serait porter un nouveau coup à Dagobert. Aussi reprit-il :

— Et Gabriel, chère mère?... comment va-t-il, ce bon frère? Puisque tu viens de le voir, donne-nous de ses nouvelles.

— Depuis son arrivée — dit Françoise en essuyant ses yeux — il est en retraite... ses supérieurs lui ont rigoureusement défendu de sortir... Heureusement, ils ne lui avaient pas défendu de me recevoir... car ses paroles, ses conseils m'ont ouvert les yeux; c'est lui qui m'a appris combien, sans le savoir, j'avais été coupable envers toi, mon pauvre mari.

— Que veux-tu dire? reprit Dagobert.

— Dame! tu dois penser que si je t'ai causé tant de chagrin, ce n'était pas par méchanceté... En te voyant si désespéré, je souffrais presque autant que toi; mais je n'osais pas te le dire, de peur de manquer à mon serment... Je voulais le tenir, croyant bien faire, croyant que c'était mon devoir... Pourtant... quelque chose me disait que mon devoir n'était pas de te désoler ainsi. — Hélas, mon Dieu! éclairez-moi! — m'écriai-je dans ma prison en m'agenouillant et en priant malgré les railleries des autres femmes; — comment une action juste et sainte qui m'a été ordonnée par mon confesseur, le plus respectable des hommes, accable-t-elle moi et les miens de tant de tourmens? Ayez pitié de moi, mon bon Dieu! inspirez-moi, avertissez-moi si j'ai fait mal sans le vouloir... — Comme je priais avec ferveur, Dieu m'a exaucée! il m'a envoyé l'idée de m'adresser à Gabriel... — Je vous remercie, mon Dieu, je vous obéirai — me suis-je dit : — Gabriel est comme mon enfant... il est prêtre aussi... c'est un saint martyr... Si quelqu'un au monde ressemble au divin sauveur par la charité, par la bonté... c'est lui... Quand je sortirai de prison... j'irai le consulter... et il éclaircira mes doutes.

— Chère mère... tu as raison — s'écria Agricol — c'était une idée d'en haut... Gabriel... c'est un ange, c'est ce qu'il y a de plus pur, de plus courageux, de plus noble au monde! C'est le type du vrai prêtre, du bon prêtre.

— Ah! pauvre femme — dit Dagobert avec amertume — si tu n'avais jamais eu d'autre confesseur que Gabriel!...

— J'y avais bien pensé avant ses voyages — dit naïvement Françoise. — J'aurais tant aimé me confesser à ce cher enfant... Mais, vois-tu, j'ai craint de fâcher l'abbé Dubois, et que Gabriel ne fût trop indulgent pour mes péchés.

— Tes péchés, pauvre chère mère... — dit Agricol — en as-tu seulement jamais commis un seul?

— Et Gabriel, que t'a-t-il dit? — demanda le soldat.

— Hélas! mon ami, que n'ai-je eu plus tôt un entretien pareil avec lui!... Ce que je lui ai appris de l'abbé Dubois a éveillé ses soupçons; alors il m'a interrogée, ce cher enfant, sur bien des choses dont il ne m'avait jamais parlé jusque-là... Je lui ai ouvert mon cœur tout entier, lui aussi m'a ouvert le sien, et nous avons fait de tristes découvertes sur des personnes que nous avions toujours crues bien respectables... et qui pourtant nous avaient trompés à l'insu l'un de l'autre...

— Comment cela?

— Oui, on lui disait à lui, sous le sceau du secret, des choses censées venir de moi; et à moi, sous le sceau du secret, on me disait des choses comme venant de lui... Ainsi... il m'a avoué qu'il ne s'était pas d'abord senti de vocation pour être prêtre... Mais on lui a assuré que je ne croirais mon salut certain dans ce monde et dans l'autre que s'il entrait dans les ordres, parce que j'étais persuadée que le Seigneur me récompenserait de lui avoir donné un si excellent serviteur, et que pourtant je n'oserais jamais demander, à lui Gabriel, une pareille preuve d'attachement, quoique je l'eusse ramassé orphelin dans la rue et élevé comme mon fils à force de privations et de travail... Alors, que voulez-vous! le pauvre cher enfant, croyant combler tous mes vœux... s'est sacrifié. Il est entré au séminaire.

— Mais c'est horrible — dit Agricol — c'est une ruse infâme; et pour les prêtres qui s'en sont rendus coupables c'est un mensonge sacrilège...

— Pendant ce temps-là — reprit Françoise — à moi, on me tenait un autre langage : on me disait que Gabriel avait la vocation, mais qu'il n'osait me l'avouer, de peur que je ne fusse jalouse à cause d'Agricol, qui, ne devant jamais être qu'un ouvrier, ne jouirait pas des avantages que la prêtrise assurait à Gabriel... Aussi, lorsqu'il m'a demandé la permission d'entrer au séminaire (cher enfant! il n'y entrait qu'à regret, mais il croyait me rendre très heureuse), au lieu de le détourner de cette idée, je l'ai, au contraire, engagé de tout mon pouvoir à la suivre, l'assurant qu'il ne pouvait mieux faire, que cela me causait une grande joie... Dame... vous entendez bien! j'exagérais, tant je craignais qu'il ne me crût jalouse pour Agricol.

— Quelle odieuse machination! — dit Agricol stupéfait. — On spéculait d'une manière indigne sur votre dévoûment mutuel;... ainsi, dans l'encouragement presque forcé que tu donnais à sa résolution, Gabriel voyait, lui, l'expression de ton vœu le plus cher...

— Peu à peu, pourtant, comme Gabriel est le meilleur cœur qu'il y ait au monde, la vocation lui est venue. C'est tout simple : consoler ceux qui souffrent, se dévouer à ceux qui sont malheureux, il était né pour cela;... aussi ne m'aurait-il jamais parlé du passé sans notre entretien de ce matin... Mais alors, lui, toujours si doux, si timide... je l'ai vu s'indigner... s'exaspérer surtout contre M. Rodin et une autre personne qu'il accuse... Il avait déjà contre eux, m'a-t-il dit, de sérieux griefs... mais ces découvertes comblaient la mesure.

A ces mots de Françoise, Dagobert fit un mouvement et porta vivement la main à son front comme pour rassembler ses souvenirs. Depuis quelques minutes il écoutait avec une surprise profonde et presque avec frayeur le récit de ces menées souterraines, conduites avec une fourbe si habile et si profonde.

Françoise continua : — Enfin... quand j'ai avoué à Gabriel que, par les conseils de M. l'abbé Dubois, mon confesseur, j'avais livré à une personne étrangère les enfans qu'on avait confiées à mon mari... les filles du général

Simon... le cher enfant, hélas! bien à regret m'a blâmée... non d'avoir voulu faire connaître à ces pauvres orphelines les douceurs de notre sainte religion, mais de ne pas avoir consulté mon mari, qui seul répondait devant Dieu et devant les hommes du dépôt qu'on lui avait confié... Gabriel a vivement censuré la conduite de M. l'abbé Dubois, qui m'avait donné, disait-il, des conseils mauvais et perfides; puis ensuite ce cher enfant m'a consolée avec sa douceur d'ange en m'engageant à venir tout te dire... Mon pauvre mari! il aurait bien voulu m'accompagner; car c'est à peine si j'osais penser à rentrer ici, tant j'étais désolée de mes torts envers toi; mais malheureusement Gabriel était retenu à son séminaire par des ordres très sévères de ses supérieurs; il n'a pu venir avec moi, et...

Dagobert interrompit brusquement sa femme : il semblait en proie à une grande agitation.

— Un mot, Françoise — dit-il — car, en vérité, au milieu de tant de soucis, de trames si noires et si diaboliques, la mémoire se perd, la tête s'égare... Tu m'as dit, le jour où les enfans ont disparu, qu'en recueillant Gabriel tu avais trouvé à son cou une médaille de bronze, et dans sa poche un portefeuille rempli de papiers écrits en langue étrangère?

— Oui... mon ami.

— Que tu avais plus tard remis ces papiers et cette médaille à ton confesseur?

— Oui, mon ami.

— Et Gabriel ne t'a-t-il jamais parlé depuis de cette médaille et de ces papiers?

— Non.

Agricol, entendant cette révélation de sa mère, la regardait avec surprise, et s'écria : — Mais alors Gabriel a donc le même intérêt que les filles du général Simon et mademoiselle de Cardoville... à se trouver demain rue Saint-François?

— Certainement — dit Dagobert — et maintenant te souvient-il qu'il nous a dit, lors de mon arrivée, que dans quelques jours il aurait besoin de nous, de notre appui, pour une circonstance grave?

— Oui, mon père.

— Et on le retient prisonnier à son séminaire! Et il a dit à ta mère qu'il avait à se plaindre de ses supérieurs! Et il nous a demandé notre appui, t'en souviens-tu? d'un air si triste et si grave, que je lui ai dit...

— Qu'il s'agirait d'un duel à mort qu'il ne nous parlerait pas autrement!... — reprit Agricol en interrompant Dagobert. — C'est vrai, mon père... et pourtant, toi qui le connais en courage, tu as reconnu la bravoure de Gabriel égale à la tienne;... pour qu'il craigne tant ses supérieurs, il faut que le danger soit grand.

— Maintenant que j'ai entendu ta mère... je comprends tout... — dit Dagobert. — Gabriel est comme Rose et Blanche, comme mademoiselle de Cardoville... comme ta mère, comme nous le sommes peut-être, nous-mêmes, victime d'une sourde machination de mauvais prêtres... Tiens, à cette heure, que je connais leurs moyens ténébreux, leur persévérance infernale... je le vois — ajouta le soldat en parlant plus bas — il faut être bien fort pour lutter contre eux... Non, je n'avais pas d'idée de leur puissance...

— Tu as raison, mon père ;... car ceux qui sont hypocrites et méchans peuvent faire autant de mal que ceux qui sont bons et charitables comme Gabriel... font de bien. Il n'y a pas d'ennemi plus implacable qu'un mauvais prêtre.

— Je te crois... et cela m'épouvante, car enfin mes pauvres enfans sont entre leurs mains... Faudrait-il les leur abandonner sans lutte!... Tout est-il donc désespéré?... Oh! non... non... pas de faiblesse!... Et pourtant... depuis que ta mère nous a dévoilé ces trames diaboliques, je ne sais... mais je me sens moins fort... moins résolu... Tout ce qui se passe autour de nous me semble effrayant. L'enlèvement de ces enfans n'est plus une chose isolée, mais une ramification d'un vaste complot qui nous entoure et nous menace... Il me semble que, moi et ceux que j'aime, nous marchons la nuit... au milieu de serpens... au milieu d'ennemis et de pièges qu'on ne peut ni voir ni combattre... Enfin, que veux-tu que je te dise!... moi, je n'ai jamais craint la mort... je ne suis pas lâche... eh bien! maintenant, je l'avoue...

oui, je l'avoue... ces robes noires me font peur... oui... j'en ai peur...

Dagobert prononça ces mots avec un accent si sincère, que son fils tressaillit, car il partageait la même impression.

Et cela devait être ; les caractères francs, énergiques, résolus, habitués à agir et à combattre au grand jour, ne peuvent ressentir qu'une crainte, celle d'être enlacés et frappés dans les ténèbres par des ennemis insaisissables : ainsi Dagobert avait vingt fois affronté la mort, et pourtant, en entendant sa femme exposer naïvement ce sombre tissu de trahisons, de fourberies, de mensonges, de noirceurs, le soldat éprouvait un vague effroi ; et quoique rien ne fût changé dans les conditions de son entreprise nocturne contre le couvent, elle lui apparaissait sous un jour plus sinistre et plus dangereux.

Le silence qui régnait depuis quelques momens fut interrompu par le retour de la Mayeux. Celle-ci, sachant que l'entretien de Dagobert, de sa femme et d'Agricol ne devait pas avoir d'importun auditeur, frappa légèrement à la porte, restant en dehors avec le père Loriot.

— Peut-on entrer, madame Françoise? dit l'ouvrière ; voici le père Loriot qui apporte du bois.

— Oui, oui, entre, ma bonne Mayeux... dit Agricol pendant que son père essuyait la sueur froide qui coulait de son front.

La porte s'ouvrit, et l'on vit le digne teinturier, dont les mains et les bras étaient alors couleur amarante ; il portait d'un côté un panier de bois, de l'autre de la braise allumée sur une pelle à feu.

— Bonsoir, la compagnie — dit le père Loriot — merci d'avoir pensé à moi, madame Françoise! vous savez que ma boutique et ce qu'il y a dedans sont à votre service... Entre voisins on s'aide, comme de juste. Vous avez, je l'espère, été dans le temps assez bonne pour feu ma femme!

Puis, déposant le bois dans un coin et donnant la pelle à braise à Agricol, le digne teinturier, devinant à l'air triste et préoccupé des différens acteurs de cette scène, qu'il serait discret à lui de ne pas prolonger sa visite, ajouta :

— Vous n'avez pas besoin d'autre chose, madame Françoise?

— Merci, père Loriot, merci!

— Alors bonsoir, la compagnie...

Puis, s'adressant à la Mayeux, le teinturier ajouta : — N'oubliez pas la lettre pour M. Dagobert... je n'ai pas osé y toucher, j'y aurais marqué les quatre doigts et le pouce en amarante. Bonsoir, la compagnie.

Et le père Loriot sortit.

— Monsieur Dagobert, voici cette lettre, dit la Mayeux.

Et elle s'occupa d'allumer le poêle, pendant qu'Agricol approchait du foyer le vieux fauteuil de sa mère.

— Vois ce que c'est, mon garçon — dit Dagobert à son fils — j'ai la tête si fatiguée que j'y vois à peine clair...

Agricol prit la lettre, qui contenait seulement quelques lignes, et lut avant d'avoir regardé la signature :

« En mer, le 25 décembre 1831.

» Je profite de la rencontre et d'une communication de quelques minutes
» avec un navire qui se rend directement en Europe, mon vieux camarade,
» pour t'écrire à la hâte ces lignes, qui te parviendront, je l'espère, par le
» Havre, et probablement avant mes dernières lettres de l'Inde... Tu dois
» être maintenant à Paris avec ma femme et mon enfant... dis-leur...
» Je ne puis finir... le canot part... un mot en hâte... J'arrive en France...
» N'oublie pas le 13 février... l'avenir de ma femme et de mon enfant en dé-
» pend...
» Adieu, mon ami! reconnaissance éternelle.

» SIMON. »

— Agricol... ton père... vite... s'écria la Mayeux. Dès les premiers mots de cette lettre, à laquelle les circonstances présentes donnaient un si cruel à-propos, Dagobert était devenu d'une pâleur mortelle... l'émotion, la fatigue, l'épuisement, joints à ce dernier coup, le firent chanceler.

Son fils courut à lui, le soutint un instant entre ses bras ; mais bientôt cet accès momentané de faiblesse se dissipa, Dagobert passa la main sur son front, redressa sa grande taille, son regard étincela, sa rude figure prit une expression de résolution déterminée, et il s'écria avec une exaltation farouche : — Non, non, je ne serai pas traître, je ne serai pas lâche; les robes noires ne me font plus peur, et cette nuit Rose et Blanche Simon seront délivrées!

CHAPITRE VIII.

LE CODE PÉNAL.

Dagobert, un moment épouvanté des machinations ténébreuses et souterraines si dangereusement poursuivies par les *robes noires*, comme il disait, contre des personnes qu'il aimait, avait pu hésiter un instant à tenter la délivrance de Rose et de Blanche ; mais son indécision cessa aussitôt après la lecture de la lettre du maréchal Simon, qui venait si inopinément lui rappeler des devoirs sacrés. A l'abattement passager du soldat avait succédé une résolution d'une énergie calme et pour ainsi dire recueillie.

— Agricol, quelle heure est-il ? demanda-t-il à son fils.

— Neuf heures ont sonné tout à l'heure, mon père.

— Il faut me fabriquer tout de suite un crochet de fer solide... assez solide pour supporter mon poids, et assez ouvert pour s'adapter au chaperon d'un mur. Ce poêle de fonte sera ta forge et ton enclume; tu trouveras un marteau dans la maison... et... quant à du fer — dit le soldat en hésitant et en regardant autour de lui — quant à du fer... tiens, en voici...

Ce disant, le soldat prit auprès du foyer une paire de pincettes à très fortes branches, les présenta à son fils, et ajouta : — Allons, mordieu! mon garçon, attise le feu, chauffe à blanc, et forge-moi ce fer...

A ces paroles, Françoise et Agricol se regardèrent avec surprise; le forgeron resta muet et interdit, ignorant la résolution de son père et les préparatifs que celui-ci avait déjà commencés avec l'aide de la Mayeux.

— Tu ne m'entends donc pas, Agricol? — répéta Dagobert tenant toujours la paire de pincettes à la main — il faut tout de suite me fabriquer un crochet avec cela...

— Un crochet... mon père... et pour quoi faire ?

— Pour mettre au bout d'une corde que j'ai là ; il faudra le terminer par une espèce d'œillet assez large pour qu'elle puisse y être solidement attachée.

— Mais cette corde, ce crochet, à quoi bon ?

— A escalader les murs du couvent, si je ne puis m'y introduire par une porte.

— Quel couvent ? — demanda Françoise à son fils.

— Comment, mon père ! — s'écria celui-ci en se levant brusquement — tu penses encore... à cela ?

— Ah çà, à quoi veux-tu que je pense ?

— Mais, mon père... c'est impossible... tu ne tenteras pas une pareille entreprise.

— Mais quoi donc, mon enfant ? — demanda Françoise avec anxiété — où ton père veut-il donc aller ?

— Il veut, cette nuit, s'introduire dans le couvent où sont renfermées les filles du maréchal Simon, et les enlever.

— Grand Dieu !... mon pauvre mari !... un sacrilége !... — s'écria Françoise — toujours fidèle à ses pieuses traditions; et, joignant les mains, elle fit un mouvement pour se lever et s'approcher de Dagobert.

Le soldat, pressentant qu'il allait avoir à subir des observations, des prières de toutes sortes, et bien résolu de n'y pas céder, voulut tout d'abord couper court à ces supplications inutiles, qui d'ailleurs lui faisaient perdre un temps précieux; il reprit donc un air grave, sévère, presque solennel, qui témoignait de l'inflexibilité de sa détermination : — Ecoute, ma femme, et toi aussi, mon fils ; quand, à mon âge, on se décide à une chose, on sait pourquoi;... et une fois qu'on est décidé, il n'y a ni femme ni fils qui tiennent... on fait ce qu'on doit... C'est à quoi je suis résolu... Epargnez-moi donc des paroles inutiles... C'est votre devoir de me parler ainsi, soit; ce devoir, vous l'avez rempli : n'en parlons plus. Ce soir je veux être le maître chez moi...

Françoise, craintive, effrayée, n'osa pas hasarder une parole; mais elle tourna ses regards supplians vers son fils.

— Mon père... — dit celui-ci — un mot encore... un mot seulement.

— Voyons ce mot — reprit Dagobert avec impatience.

— Je ne veux pas combattre votre résolution; mais je vous prouverai que vous ignorez à quoi vous vous exposez...

— Je n'ignore rien — dit le soldat d'un ton brusque. — Ce que je tente est grave... mais il ne sera pas dit que j'ai négligé un moyen, quel qu'il soit, d'accomplir ce que j'ai promis d'accomplir.

— Mon père, prends garde, encore une fois... tu ne sais pas à quel danger tu t'exposes ! — dit le forgeron d'un air alarmé.

— Allons, parlons du danger, parlons du fusil du portier et de la faux du jardinier — dit Dagobert en haussant les épaules dédaigneusement — parlons-en et que cela finisse... Eh bien ! après, supposons que je laisse ma peau dans ce couvent, est-ce que tu ne restes pas à ta mère ? Voilà vingt ans que vous avez l'habitude de vous passer de moi... ça vous coûtera moins...

— Et c'est moi, mon Dieu ! c'est moi qui suis cause de tous ces malheurs!... — s'écria la pauvre mère. — Ah ! Gabriel avait bien raison de me blâmer.

— Madame Françoise, rassurez-vous — dit tout bas la Mayeux, qui s'était rapprochée de la femme de Dagobert — Agricol ne laissera pas son père s'exposer ainsi.

Le forgeron, après un moment d'hésitation, reprit d'une voix émue : — Je te connais trop, mon père, pour songer à t'arrêter par la peur d'un danger de mort.

— De quel danger parles-tu alors ?

— D'un danger... devant lequel tu reculeras... toi si brave... — dit le jeune homme d'un ton pénétré qui frappa son père.

— Agricol — dit sévèrement et rudement le soldat — vous dites une lâcheté, vous me faites une insulte.

— Mon père !

— Une lâcheté — reprit le soldat courroucé — parce qu'il est lâche de vouloir détourner un homme de son devoir en l'effrayant;... une insulte, parce que vous me croyez capable d'être intimidé.

— Ah ! monsieur Dagobert — s'écria la Mayeux — vous ne comprenez pas Agricol...

— Je le comprends trop — répondit durement le soldat.

Douloureusement ému de la sévérité de son père, mais ferme dans sa résolution dictée par son amour et par son respect, Agricol reprit, non sans un violent battement de cœur ; — Pardonnez-moi si je vous désobéis, mon père;... mais dussiez-vous me haïr, vous saurez à quoi vous vous exposez en escaladant, la nuit, les murs d'un couvent...

— Mon fils !! vous osez... — s'écria Dagobert, le visage enflammé de colère.

— Agricol... — s'écria Françoise éplorée... — mon mari !

— Monsieur Dagobert, écoutez Agricol !... c'est dans notre intérêt à tous qu'il parle — s'écria la Mayeux.

— Pas un mot de plus... — répondit le soldat en frappant du pied avec colère.

— Je vous dis... mon père... que vous risquez presque sûrement... les galères !! — s'écria le forgeron en devenant d'une pâleur effrayante.

— Malheureux ! — dit Dagobert en saisissant son fils par le bras — tu ne pouvais pas me cacher cela... plutôt que de m'exposer à être traître et lâche !

— Puis le soldat répéta en frémissant :

— Les galères !!

Et il baissa la tête, muet, pensif, et comme écrasé par ces mots foudroyans.

— Oui, vous introduire dans un lieu habité, la nuit, avec escalade et effraction... la loi est formelle... ce sont les galères ! — s'écria Agricol, à la fois heureux et désolé de l'accablement de son père; — oui, mon père... les galères... si vous êtes pris en flagrant délit; et il y a dix chances contre une pour que cela soit, car, la Mayeux vous l'a dit, le couvent est gardé... Ce matin, vous auriez tenté d'enlever en plein jour ces deux jeunes demoiselles, vous auriez été arrêté; mais au moins cette tentative, faite ouvertement, avait un caractère de loyale audace qui plus tard peut-être vous eût fait absoudre... Mais vous introduire ainsi la nuit avec escalade... je vous le répète, ce sont les galères... Maintenant... mon père... décidez-vous ;... ce que vous ferez, je le ferai... car je ne vous laisserai pas aller seul... dites un mot... je forge votre crochet ; j'ai là au bas de l'armoire un marteau, des tenailles... et dans une heure nous partons.

Un profond silence suivit les paroles du forgeron, silence seulement interrompu par les sanglots de Françoise, qui murmurait avec désespoir : — Hélas !... mon Dieu !... voilà pourtant ce qui arrive... parce que j'ai écouté l'abbé Dubois !...

En vain la Mayeux consolait Françoise, elle se sentait elle-même épouvantée ; car le soldat était capable de braver l'infamie, et alors Agricol voudrait partager les périls de son père.

Dagobert, malgré son caractère énergique et déterminé, restait frappé de stupeur. Selon ses habitudes militaires, il n'avait vu dans son entreprise nocturne qu'une sorte de ruse de guerre autorisée par son bon droit d'abord, et aussi par l'inexorable fatalité de sa position ; mais les effrayantes paroles de son fils le ramenaient à la réalité, à une terrible alternative : ou il lui fallait trahir la confiance du maréchal Simon et les derniers vœux de la mère des orphelines, ou bien il lui fallait s'exposer à une flétrissure effroyable... et surtout y exposer son fils... son fils !!! et cela même sans la certitude de délivrer les orphelines...

Tout à coup, Françoise, essuyant ses yeux noyés de l'armes, s'écria comme frappée d'une inspiration soudaine : — Mais, mon Dieu ! j'y songe... il y a peut-être un moyen de faire sortir ces chères enfans du couvent sans violence.

— Comment cela, ma mère ? — dit vivement Agricol.

— C'est M. l'Abbé Dubois qui les y a fait conduire... mais, d'après ce que suppose Gabriel, probablement mon confesseur n'a agi que par les conseils de M. Rodin...

— Et quand cela serait, ma chère mère, on aurait beau s'adresser à M. Rodin, on n'obtiendrait rien de lui.

— De lui, non, mais peut-être de cet abbé si puissant qui est le supérieur de Gabriel, et qui l'a toujours protégé depuis son entrée au séminaire.

— Quel abbé, ma mère ?

— M. l'abbé d'Aigrigny.

— En effet, chère mère, avant d'être prêtre il était militaire... peut-être serait-il plus accessible qu'un autre.. et pourtant...

— D'Aigrigny ! — s'écria Dagobert avec une expression d'horreur et de haine. — Il y a ici, mêlé à ces trahisons, un homme qui, avant d'être prêtre, a été militaire, et qui s'appelle d'Aigrigny ?

— Oui, mon père, le marquis d'Aigrigny... Avant la Restauration... il avait servi en Russie... et, en 1815, les Bourbons lui ont donné un régiment...

— C'est lui ! — dit Dagobert d'une voix sourde. — Encore lui ! toujours lui !!! comme un mauvais démon... qu'il s'agisse de la mère, du père ou des enfans.

— Que dis-tu, mon père ?

— Le marquis d'Aigrigny ! — s'écria Dagobert. — Savez-vous quel est cet homme ? Avant d'être prêtre, il a été le bourreau de la mère de Rose et de Blanche, qui méprisait son amour. Avant d'être prêtre... il s'est battu contre son pays, et s'est trouvé deux fois face à face à la guerre avec le général Simon... Oui, pendant que le général était prisonnier à Leipsick, criblé de blessures à Waterloo, l'autre, le marquis renégat, triomphait avec les Russes et les Anglais ! Sous les Bourbons, le renégat, comblé d'honneurs, s'est encore retrouvé en face du soldat de l'Empire persécuté. Entre eux deux, cette fois, il y a eu un duel acharné... Le marquis a été blessé ; mais le général Simon, proscrit et condamné à mort, s'est exilé... Maintenant le renégat est prêtre... dites-vous ? Eh bien, moi, maintenant, je suis certain que c'est lui qui a fait enlever Rose et Blanche afin d'assouvir sur elles la haine qu'il a toujours eue contre leur mère et contre leur père... Cet infâme d'Aigrigny les tient en sa puissance. Ce n'est plus seulement la fortune de ces enfans que j'ai à défendre maintenant... c'est leur vie... entendez-vous ? leur vie...

— Mon père... croyez-vous cet homme capable de...

— Un traître à son pays, qui finit par être un prêtre infâme, est capable de tout; je vous dis que peut-être à cette heure ils tuent ces enfans à petit feu... — s'écria le soldat d'une voix déchirante — car les séparer l'une de l'autre, c'est déjà commencer à les tuer... — Puis Dagobert ajouta avec une exaspération impossible à rendre : — Les filles du maréchal Simon sont au pouvoir du marquis d'Aigrigny et de sa bande... et j'hésiterais à tenter de les sauver... par peur des galères!... Les galères! ajouta-t-il avec un éclat de rire convulsif, qu'est-ce que ça me fait, à moi, les galères? Est-ce qu'on y met votre cadavre? Est-ce qu'après cette dernière tentative je n'aurai pas le droit, si elle avorte, de me brûler la cervelle? Mets ton fer au feu, mon garçon... Vite, le temps presse... forge... forge le fer...

— Mais... ton fils... t'accompagne — s'écria Françoise avec un cri de désespoir maternel. — Puis, se levant, elle se jeta aux pieds de Dagobert en disant : — Si tu es arrêté... il le sera aussi...

— Pour s'épargner les galères... il fera comme moi... j'ai deux pistolets.

— Mais moi... — s'écria la malheureuse mère en tendant ses mains suppliantes — sans toi... sans lui... que deviendrai-je?...

— Tu as raison... j'étais égoïste... j'irai seul — dit Dagobert.

— Tu n'iras pas seul... mon père... — reprit Agricol.

— Mais ta mère!...

— La Mayeux voit ce qui se passe, elle ira trouver M. Hardy, mon bourgeois, et lui dira tout... c'est le plus généreux des hommes;... ma mère aura un abri et du pain jusqu'à la fin de ses jours.

— Et c'est moi... c'est moi qui suis cause de tout!... — s'écria Françoise en se tordant les mains avec désespoir. — Punissez-moi, mon Dieu... punissez-moi... c'est ma faute... j'ai livré ces enfans... je serai punie par la mort de mon enfant.

— Agricol... tu ne me suivras pas!!, je te le défends — dit Dagobert en pressant son fils contre sa poitrine avec énergie.

— Moi... après t'avoir signalé le danger... je reculerais... tu n'y penses pas, mon père! Est-ce que je n'ai pas aussi quelqu'un à délivrer, moi? Mademoiselle de Cardoville, si bonne, si généreuse, qui m'avait voulu sauver de la prison, n'est-elle pas prisonnière à son tour? Je te suivrai, mon père, c'est mon droit, c'est mon devoir, c'est ma volonté.

Ce disant, Agricol mit dans l'ardent brasier du poêle de fonte les pincettes destinées à faire un crochet.

— Hélas! mon Dieu! ayez pitié de nous tous! — disait la pauvre mère en sanglotant, toujours agenouillée, pendant que le soldat semblait en proie à un violent combat intérieur.

— Ne pleure pas ainsi, chère mère, tu me brises le cœur — dit Agricol en relevant sa mère avec l'aide de la Mayeux; — rassure-toi. J'ai dû exagérer à mon père les mauvaises chances de l'entreprise; mais à nous deux, en agissant prudemment, nous pourrons réussir presque sans rien risquer, n'est-ce pas, mon père? — dit Agricol en faisant un signe d'intelligence à Dagobert; — encore une fois, rassure-toi, bonne mère... je réponds de tout... Nous délivrerons les filles du maréchal Simon et mademoiselle de Cardoville... La Mayeux, donne-moi les tenailles et le marteau qui sont au bas de cette armoire...

L'ouvrière, essuyant ses larmes, obéit à Agricol, pendant que celui-ci, à l'aide d'un soufflet, avivait le brasier où chauffaient les pincettes.

— Voici tes outils... Agricol — dit la Mayeux d'une voix profondément altérée, en présentant, de ses mains tremblantes, ces objets au forgeron, qui, à l'aide des tenailles, retira bientôt du feu les pincettes chauffées à blanc, qu'il commença de façonner en crochet à grands coups de marteau, se servant du poêle de fonte pour enclume.

Dagobert était resté silencieux et pensif. Tout à coup il dit à Françoise en lui prenant les mains : — Tu connais ton fils : l'empêcher maintenant de me suivre, c'est impossible... Mais, rassure-toi... chère femme... nous réussirons... je l'espère... Si nous ne réussissons pas... si nous sommes arrêtés, Agricol et moi, eh bien! non... pas de lâchetés... pas de suicide... le père et le fils s'en iront en prison bras dessus, bras dessous, le front haut, le regard fier, comme deux hommes de cœur qui ont fait leur devoir... jusqu'au bout... Le jour du jugement viendra... nous dirons tout... loyalement, franchement... nous dirons que, poussés à la dernière extrémité... ne trouvant aucun se cours, aucun appui dans la loi, nous avons été obligés d'avoir recours à la violence... Va, forge, mon garçon — ajouta Dagobert en s'adressant à son fils, qui martelait le fer rougi — forge... forge... sans crainte ; les juges sont honnêtes gens, ils absoudront d'honnêtes gens.

— Oui, brave père, tu as raison ; rassure-toi, chère mère... les juges verront la différence qu'il y a entre des bandits qui escaladent la nuit des murs pour voler... et un vieux soldat et son fils qui, au péril de leur liberté, de leur vie, de l'infamie, ont voulu délivrer de pauvres victimes.

— Et si ce langage n'est pas entendu — reprit Dagobert — tant pis !... ce ne sera ni ton fils ni ton mari qui seront déshonorés aux yeux des honnêtes gens... Si l'on nous met au bagne... si nous avons le courage de vivre... eh bien ! le jeune et le vieux forçat porteront fièrement leur chaîne... et le marquis renégat... le prêtre infâme sera plus honteux que nous... Va, forge le fer sans crainte, mon garçon ! Il y a quelque chose que le bagne ne peut flétrir : une bonne conscience et l'honneur... — Maintenant, deux mots, ma bonne Mayeux ; l'heure avance et nous presse. Quand vous êtes descendue dans le jardin, avez-vous remarqué si les étages du couvent étaient élevés ?

— Non, pas très élevés, monsieur Dagobert, surtout du côté qui regarde la maison des fous, où est enfermée mademoiselle de Cardoville.

— Comment avez-vous fait pour parler à cette demoiselle ?

— Elle était de l'autre côté d'une claire-voie en planches qui sépare à cet endroit les deux jardins.

— Excellent... — dit Agricol en continuant de marteler son fer — nous pourrons facilement entrer de l'un dans l'autre jardin... peut-être sera-t-il plus facile et plus sûr de sortir par la maison des fous... Malheureusement tu ne sais pas où est la chambre de mademoiselle de Cardoville.

— Si... — reprit la Mayeux en rassemblant ses souvenirs — elle habite un pavillon carré, et il y a au-dessus de la fenêtre où je l'ai vue pour la première fois une espèce d'auvent avancé, peint couleur de coutil bleu et blanc.

— Bon... je ne l'oublierai pas.

— Et vous ne savez pas, à peu près, où sont les chambres de mes pauvres enfans ? — dit Dagobert.

Après un moment de réflexion, la Mayeux reprit : — Elles sont en face du pavillon occupé par mademoiselle de Cardoville, car elle leur a fait depuis deux jours des signes de sa fenêtre ; et je me souviens maintenant qu'elle m'a dit que leurs deux chambres, placées à des étages différens, se trouvaient, l'une au rez-de-chaussée, l'autre au premier.

— Et ces fenêtres sont-elles grillées ? — demanda le forgeron.

— Je l'ignore.

— Il n'importe, merci, ma bonne fille ; avec ces indications nous pouvons marcher — dit Dagobert ; — pour le reste, j'ai mon plan.

— Ma petite Mayeux, de l'eau — dit Agricol — afin que je refroidisse mon fer. — Puis s'adressant à son père : — Ce crochet est-il bien ?

— Oui, mon garçon ; dès qu'il sera refroidi nous ajusterons la corde...

Depuis quelque temps Françoise Baudoin s'était agenouillée pour prier avec ferveur : elle suppliait Dieu d'avoir pitié d'Agricol et de Dagobert, qui, dans leur malheureuse ignorance, allaient commettre un grand crime ; elle conjurait surtout le Seigneur de faire retomber sur elle seule son courroux céleste, puisqu'elle seule était la cause de la funeste résolution de son fils et de son mari.

Dagobert et Agricol terminaient en silence leurs préparatifs ; tous deux étaient très pâles et d'une gravité solennelle : ils sentaient tout ce qu'il y avait de dangereux dans leur entreprise désespérée. Au bout de quelques minutes, dix heures sonnèrent à Saint-Merri. Le tintement de l'horloge arriva faible et à demi couvert par le grondement des rafales de vent et de pluie, qui n'avaient pas cessé.

— Dix heures... — dit Dagobert en tressaillant — il n'y a pas une minute à perdre... Agricol, prends le sac.

— Oui, mon père.

En allant chercher le sac, Agricol s'approcha de la Mayeux, qui se soutenait à peine, et lui dit tout bas et rapidement : — Si nous ne sommes pas ici demain matin... je te recommande ma mère. Tu iras chez M. Hardy ; peut-être sera-t-il arrivé de voyage. Voyons, sœur, du courage, embrasse-moi. Je te laisse ma pauvre mère.

Et le forgeron, profondément ému, serra cordialement dans ses bras la Mayeux, qui se sentait défaillir.

— Allons, mon vieux Rabat-Joie... en route — dit Dagobert — tu nous serviras de vedette... — Puis s'approchant de sa femme, qui, s'étant relevée, serrait contre sa poitrine la tête de son fils, qu'elle couvrait de baisers en fondant en larmes, le soldat lui dit, affectant autant de calme que de sérénité :
— Allons, ma chère femme, sois raisonnable, fais-nous bon feu... dans deux ou trois heures nous ramènerons ici deux pauvres enfans et une belle demoiselle... Embrasse-moi... cela me portera bonheur.

Françoise se jeta au cou de son mari sans pononcer une parole.

Ce désespoir muet, accentué par des sanglots sourds et convulsifs, était déchirant. Dagobert fut obligé de s'arracher des bras de sa femme, et, cachant son émotion, il dit à son fils d'une voix altérée : — Partons... partons... elle me fend le cœur... Ma bonne Mayeux, veillez sur elle... Agricol... viens.

Et le soldat, glissant ses pistolets dans la poche de sa redingotte, se précipita vers la porte suivi de Rabat-Joie.

— Mon fils... encore !... que je t'embrasse encore une fois ! hélas... c'est peut-être la dernière — s'écria la malheureuse mère, incapable de se lever et tendant les bras à Agricol. — Pardonne-moi... c'est ma faute.

Le forgeron revint, mêla ses larmes à celles de sa mère, car il pleurait aussi, et murmura d'une voix étouffée : — Adieu, chère mère... Rassure-toi... A bientôt...

Puis, se dérobant aux étreintes de Françoise, il rejoignit son père sur l'escalier.

Françoise Baudoin poussa un long gémissement et tomba presque inanimée entre les bras de la Mayeux.

Dagobert et Agricol sortirent de la rue Brise-Miche au milieu de la tourmente, et se dirigèrent à grands pas vers le boulevard de l'Hôpital, suivis de Rabat-Joie.

CHAPITRE IX.

ESCALADE ET EFFRACTION.

Onze heures et demie sonnaient lorsque Dagobert et son fils arrivèrent sur le boulevard de l'Hôpital. Le vent était violent, la pluie battante ; mais, malgré l'épaisseur des nuées pluvieuses, la nuit paraissait assez claire, grâce au lever tardif de la lune. Les grands arbres noirs et les murailles blanches du jardin du couvent se distinguaient au milieu de cette pâle clarté. Au loin, un réverbère agité par le vent, et dont on apercevait à peine la lumière rougeâtre à travers la brume et la pluie, se balançait au-dessus de la chaussée boueuse de ce boulevard solitaire. A de rares intervalles on entendait, au loin... bien au loin, le sourd roulement d'une voiture attardée ; puis tout retombait dans un morne silence.

Dagobert et son fils, depuis leur départ de la rue Brise-Miche, avaient à peine échangé quelques paroles. Le but de ces deux hommes de cœur était noble, généreux ; et, pourtant, résolus, mais pensifs, ils se glissaient dans l'ombre comme des bandits à l'heure des crimes nocturnes. Agricol portait sur ses épaules un sac renfermant la corde, le crochet et la barre de fer ; Dagobert s'appuyait sur le bras de son fils, et Rabat-Joie suivait son maître.

— Le banc où nous nous sommes assis tantôt doit être par ici — dit Dagobert en s'arrêtant.

— Oui — dit Agricol en cherchant des yeux — le voilà, mon père.

— Il n'est que onze heures et demie, il faut attendre minuit — reprit Dagobert. — Asseyons-nous un instant pour nous reposer et convenir de nos faits...

Au bout d'un moment de silence, le soldat reprit avec émotion en serrant les mains de son fils entre les siennes : — Agricol, mon enfant... il en est temps encore... je t'en supplie... laisse-moi aller seul... je saurai bien me tirer d'affaire;... plus le moment approche... plus je crains de te compromettre dans cette entreprise dangereuse.

— Et moi, brave père, plus le moment approche, plus je crois que je te serai utile à quelque chose; bon ou mauvais, je partagerai ton sort... notre but est louable... c'est une dette d'honneur que tu dois acquitter... j'en veux payer la moitié. Ce n'est pas maintenant que je me dédirai... Ainsi donc, brave père... songeons à notre plan de campagne.

— Allons, tu viendras — dit Dagobert en étouffant un soupir.

— Il faut donc, brave père — reprit Agricol — réussir sans encombre, et nous réussirons... Tu avais remarqué tantôt la petite porte de ce jardin, là, près de l'angle du mur... c'est déjà excellent.

— Par là, nous entrerons dans le jardin et nous chercherons des bâtimens que sépare un mur terminé par une claire-voie.

— Oui... car d'un côté de cette claire-voie est le pavillon habité par mademoiselle de Cardoville, et de l'autre la partie du couvent où sont enfermées les filles du général.

A ce moment Rabat-Joie, qui était accroupi aux pieds de Dagobert, se leva brusquement en dressant les oreilles et semblant écouter.

— On dirait que Rabat-Joie entend quelque chose — dit Agricol — écoutons.

On n'entendit rien que le bruit du vent qui agitait les grands arbres du boulevard.

— Mais! j'y pense, mon père : une fois la porte du jardin ouverte, emmenons nous Rabat-Joie?

— Oui... oui: s'il y a un chien de garde, il s'en chargera; et puis, il nous avertira de l'approche des gens de ronde, et qui sait?... il a tant d'intelligence, il est si attaché à Rose et à Blanche, qu'il nous aidera peut-être à découvrir l'endroit où elles sont; je l'ai vu vingt fois aller les rejoindre dans les bois avec un instinct extraordinaire.

Un tintement lent, grave, sonore, dominant les sifflemens de la bise, commença de sonner minuit.

Ce bruit sembla retentir douloureusement dans l'âme d'Agricol et de son père; muets, émus, ils tressaillirent... Par un mouvement spontané, ils se prirent et se serrèrent énergiquement la main. Malgré eux, chaque battement de leur cœur se réglait sur chacun des coups de cette horloge, dont la vibration se prolongeait au milieu du morne silence de la nuit...

Au dernier tintement, Dagobert dit à son fils d'une voix ferme : — Voilà minuit... embrasse-moi... et en avant!

Le père et le fils s'embrassèrent. Le moment était décisif et solennel.

— Maintenant, mon père — dit Agricol — agissons avec autant de ruse et d'audace que des bandits allant piller un coffre-fort.

Ce disant, le forgeron prit dans le sac la corde et le crochet. Dagobert s'arma de la pince de fer, et tous deux, s'avançant le long du mur avec précaution, se dirigèrent vers la petite porte située non loin de l'angle formé par la rue et par le boulevard, s'arrêtant de temps à autre pour prêter l'oreille avec attention, tâchant de distinguer les bruits qui ne seraient causés ni par la pluie ni par le grand vent.

La nuit continuant d'être assez claire pour que l'on pût parfaitement distinguer les objets, le forgeron et le soldat atteignirent la petite porte; les ais paraissaient vermoulus et peu solides.

— Bon — dit Agricol à son père — d'un coup elle cédera.

Et le forgeron allait appuyer vigoureusement son épaule contre la porte en s'arc-boutant sur ses jarrets, lorsque tout-à-coup Rabat-Joie grogna sourdement en se mettant pour ainsi dire en arrêt.

D'un mot Dagobert fit taire le chien, et saisissant son fils par le bras il lui dit tout bas : — Ne bougeons pas... Rabat-Joie a senti quelqu'un... dans le jardin!...

Agricol et son père restèrent quelques minutes immobiles, l'œil au guet, et suspendant leur respiration... Le chien, obéissant à son maître, ne grognait plus; mais son inquiétude et son agitation se manifestaient de plus en plus. Cependant on n'entendait rien...

— Le chien se sera trompé — mon père — dit tout bas Agricol.

— Je suis sûr que non;... ne bougeons pas...

Après quelques secondes d'une nouvelle attente, Rabat-Joie se coucha brusquement et allongea autant qu'il le put son museau sous la traverse inférieure de la porte en soufflant avec force.

— On vient... — dit vivement Dagobert à son fils.

— Eloignons-nous... — reprit Agricol.

— Non — lui dit son père — écoutons; il sera temps de fuir si l'on ouvre la porte... Ici, Rabat-Joie, ici...

Le chien, obéissant, s'éloigna de la porte et vint se coucher aux pieds de son maître. Quelques secondes après on entendit sur la terre, détrempée par la pluie, une espèce de pataugement causé par des pas lourds dans des flaques d'eau, puis un bruit de paroles qui, emportées par le vent, n'arrivèrent pas jusqu'au soldat et au forgeron.

— Ce sont les gens de ronde dont nous a parlé la Mayeux — dit Agricol à son père.

— Tant mieux... ils mettront un intervalle entre leur seconde tournée, elle nous assure au moins deux heures de tranquillité... Maintenant... notre affaire est sûre.

En effet, peu à peu, le bruit des pas devint moins distinct, puis il se perdit tout à fait...

— Allons, vite, ne perdons pas de temps — dit Dagobert à son fils au bout de dix minutes; — ils sont loin; maintenant tâchons d'ouvrir cette porte.

Agricol y appuya sa puissante épaule, poussa vigoureusement, et la porte ne céda pas malgré sa vétusté.

— Malédiction! — dit Agricol — elle est barrée en dedans, j'en suis sûr; ces mauvaises planches n'auraient pas, sans cela, résisté au choc.

— Comment faire?

— Je vais monter sur le mur à l'aide de la corde et du crochet... et aller l'ouvrir en dedans.

Ce disant, Agricol prit la corde, le crampon; et après plusieurs tentatives, il parvint à lancer le crochet sur le chaperon du mur.

— Maintenant, mon père, fais-moi la courte échelle; je m'aiderai de la corde; une fois à cheval sur la muraille, je retournerai le crampon, et il me sera facile de descendre dans le jardin.

Le soldat s'adossa au mur, joignit ses deux mains, dans le creux desquelles son fils posa un pied, puis, montant de là sur les robustes épaules de son père, où il prit un point d'appui, à l'aide de la corde et de quelques dégradations de la muraille, il en atteignit la crête. Malheureusement, le forgeron ne s'était pas aperçu que le chaperon du mur était garni de morceaux de verre de bouteilles cassées qui le blessèrent aux genoux et aux mains; mais, de peur d'alarmer Dagobert, il retint un premier cri de douleur, replaça le crampon comme il fallait, se laissa glisser le long de la corde, et atteignit le sol; la porte était proche, il y courut : une forte barre de bois la maintenait, en effet, intérieurement; la serrure était en si mauvais état, qu'elle ne résista pas à un violent effort d'Agricol; la porte s'ouvrit, Dagobert entra dans le jardin avec Rabat-Joie.

— Maintenant — dit le soldat à son fils — grâce à toi, le plus fort est fait... Voici un moyen de fuite assuré pour mes pauvres enfans et pour mademoiselle de Cardoville... Le tout, à cette heure, est de les trouver... sans faire de mauvaise rencontre... Rabat-Joie va marcher devant en éclaireur... Va... va... mon chien — ajouta Dagobert — et surtout... sois muet... tais-toi.

Aussitôt l'intelligent animal s'avança de quelques pas, flairant, écoutant, éventant et marchant avec la prudence et l'attention circonspecte d'un limier en quête.

A la demi-clarté de la lune voilée par les nuages, Dagobert et son fils aperçurent autour d'eux un quinconce d'arbres énormes, auquel aboutissaient plusieurs allées. Indécis sur celle qu'ils devaient suivre, Agricol dit à son père : — Prenons l'allée qui côtoie le mur, elle nous mènera sûrement à un bâtiment.

— C'est juste, allons, et marchons sur les bordures de gazon, au lieu de marcher dans l'allée boueuse; nos pas feront moins de bruit.

Le père et le fils, précédés de Rabat-Joie, parcoururent pendant quelque temps une sorte d'allée tournante, qui s'éloignait peu de la muraille; ils s'arrêtaient çà et là pour écouter... ou pour se rendre prudemment compte, avant de continuer leur marche, des mobiles aspects des arbres et des broussailles, qui, agités par le vent et éclairés par la pâle clarté de la lune, affectaient des formes singulières.

Minuit et demi sonnait lorsque Agricol et son père arrivèrent à une large grille de fer qui servait de clôture au jardin réservé de la supérieure du couvent ; c'est dans cette réserve que la Mayeux s'était introduite le matin, après avoir vu Rose Simon s'entretenir avec Adrienne de Cardoville.

A travers les barreaux de cette grille, Agricol et son père aperçurent, à peu de distance, une fermeture en planches à claire-voie aboutissant à une chapelle en construction, et au-delà un petit pavillon carré.

— Voilà sans doute le pavillon de la maison des fous occupé par mademoiselle de Cardoville.

— Et le bâtiment où sont les chambres de Rose et de Blanche, mais que nous ne pouvons apercevoir d'ici, lui fait face sans doute — reprit Dagobert.

— Pauvres enfans, elles sont là... pourtant, dans les larmes et le désespoir — ajouta-t-il avec une émotion profonde.

— Pourvu que cette grille soit ouverte? — dit Agricol.

— Elle le sera probablement;... elle est située à l'intérieur.

— Avançons doucement.

En quelques pas Dagobert et son fils atteignirent la grille, seulement fermée par le pêne de la serrure.

Dagobert allait l'ouvrir, lorsque Agricol lui dit : — Prends garde de la faire crier sur ses gonds...

— Faut-il la pousser doucement ou brusquement ?

— Laisse-moi, je m'en charge — dit Agricol.

Et il ouvrit si brusquement le battant de la grille, qu'il ne grinça que faiblement ; mais cependant ce bruit fut assez distinct pour être entendu au milieu du silence de la nuit, pendant un des intervalles que les rafales du vent laissaient entre elles.

Agricol et son père restèrent un moment immobiles, inquiets, prêtant l'oreille... n'osant franchir le seuil de cette grille afin de se ménager une retraite. Rien ne bougea, tout demeura calme, tranquille. Agricol et son père, rassurés, pénétrèrent dans le jardin réservé.

A peine le chien fut-il entré dans cet endroit, qu'il donna tous les signes d'une joie extraordinaire ; les oreilles dressées, la queue battant ses flancs, bondissant plutôt que courant, il eut bientôt atteint la séparation de claire-voie où le matin Rose Simon s'était un instant entretenue avec mademoiselle de Cardoville ; puis il s'arrêta un instant en cet endroit, inquiet et affairé, tournant et virant comme un chien qui cherche et démêle une voie.

Dagobert et son fils, laissant Rabat-Joie obéir à son instinct, suivaient ses moindres mouvemens avec un intérêt, avec une anxiété indicibles, espérant tout de son intelligence et de son attachement pour les orphelines.

— C'est sans doute près de cette claire-voie que Rose se trouvait lorsque la Mayeux l'a vue — dit Dagobert. — Rabat-Joie est sur ses traces, laissons-le faire.

Au bout de quelques secondes, le chien tourna la tête du côté de Dagobert, et partit au galop, se dirigeant vers une porte du rez-de-chaussée du bâtiment qui faisait face au pavillon occupé par Adrienne ; puis, arrivé à cette porte, le chien se coucha, semblant attendre Dagobert.

— Plus de doute, c'est bien dans ce bâtiment que sont les enfans — dit Dagobert en allant rejoindre Rabat-Joie — c'est là qu'on aura tantôt renfermé Rose.

— Nous allons voir si les fenêtres sont ou non grillées — dit Agricol en suivant son père.

Tous deux arrivèrent auprès de Rabat-Joie.

— Eh bien ! mon vieux — lui dit tout bas le soldat en lui montrant le bâtiment — Rose et Blanche sont donc là !

Le chien redressa la tête et répondit par un hognement de joie, accompagné de deux ou trois jappemens.

Dagobert n'eut que le temps de saisir la gueule du chien entre ses mains.

— Il va tout perdre !... s'écria le forgeron. — On l'a entendu, peut-être ?...

— Non... — dit Dagobert. — Mais, plus de doute... les enfans sont là...

A cet instant, la grille de fer par laquelle le soldat et son fils s'étaient introduits dans le jardin réservé et qu'ils avaient laissée ouverte, se referma avec fracas.

— On nous enferme... dit vivement Agricol — et pas d'autre issue...

Pendant un instant le père et le fils se regardèrent atterrés; mais Agricol reprit tout à coup : — Peut-être le battant de la grille se sera-t-il fermé en roulant sur ses gonds par son propre poids ;... je cours m'en assurer... et la rouvrir si je puis...

— Va... vite, j'examinerai le fenêtres.

Agricol se dirigea en hâte vers la grille, tandis que Dagobert, se glissant le long du mur, arriva devant les fenêtres du rez-de-chaussée ; elles étaient au nombre de quatre; deux d'entre elles n'étaient pas grillées ; il regarda au premier étage, il était peu élevé, et aucune de ses fenêtres n'était garnie de barreaux ; celle des deux sœurs qui habitait cet étage pourrait donc, une fois prévenue, attacher un drap à la barre d'appui de la fenêtre et se laisser glisser, comme l'avaient fait les orphelines pour s'évader de l'auberge du Faucon blanc ; mais il fallait, chose difficile, savoir d'abord quelle chambre elle occupait. Dagobert pensa qu'il pourrait en être instruit par celle des deux sœurs qui habitait le rez-de-chaussée ; mais là, autre difficulté : parmi ces quatre fenêtres, à laquelle devait-il frapper ?

Agricol revint précipitamment.

— C'était le vent, sans doute, qui avait fermé la grille — dit il — j'ai ouvert de nouveau le battant et je l'ai calé avec une pierre... mais il faut nous hâter.

— Et comment reconnaître les fenêtres de ces pauvres enfans? — dit Dagobert avec angoisse.

— C'est vrai — dit Agricol inquiet — que faire?

— Appeler au hasard — dit Dagobert — c'est donner l'éveil si nous nous adressons mal.

— Mon Dieu, mon Dieu — reprit Agricol avec une angoisse croissante — être arrivés ici, sous leurs fenêtres... et ignorer...

— Le temps presse — dit vivement Dagobert en interrompant son fils — risquons le tout pour le tout.

— Comment, mon père?

— Je vais appeler Rose et Blanche à haute voix ; désespérées comme elles le sont, elles ne dorment pas, j'en suis sûr.... elles seront debout à mon premier appel... Au moyen de son drap attaché à la barre d'appui, en cinq minutes celle qui habite le premier sera dans nos bras. Quant à celle du rez-de-chaussée... si sa fenêtre n'est pas grillée, en une seconde elle est à nous... sinon nous aurons bien vite descellé un barreau.

— Mais, mon père... cet appel à voix haute ?

— Peut-être ne l'entendra-t-on pas...

— Mais si on l'entend, tout est perdu.

— Qui sait! Avant qu'on ait eu le temps d'aller chercher les hommes de ronde et d'ouvrir plusieurs portes, les enfans peuvent être délivrées, nous gagnons l'issue du boulevard et nous sommes sauvés...

— Le moyen est dangereux... mais je n'en vois pas d'autre.

— S'il n'y a que deux hommes, moi et Rabat-Joie nous nous chargeons de les maintenir s'ils accourent avant que l'évasion ne soit terminée ; et pendant ce temps-là tu enlèves les enfans.

— Mon père, un moyen... et un moyen sûr — s'écria tout à coup Agricol.

— D'après ce que nous a dit la Mayeux, mademoiselle de Cardoville a correspondu par signes avec Rose et Blanche.

— Oui.

— Elle sait donc où elles habitent, puisque les pauvres enfans lui répondaient de leurs fenêtres.

— Tu as raison... il n'y a donc que cela à faire... allons au pavillon... Mais comment reconnaître?...

— La Mayeux me l'a dit ; il y a une espèce d'auvent au-dessus de la croisée de la chambre de mademoiselle de Cardoville...

— Allons vite, ce ne sera rien que de briser une claire-voie en planches... As-tu la pince ?

— La voilà.

— Vite, allons...

En quelques pas, Dagobert et son fils arrivèrent auprès de cette faible séparation ; trois planches arrachées par Agricol lui ouvrirent un facile passage.

— Reste là, mon père... et fais le guet — dit-il à Dagobert en s'introduisant dans le jardin du docteur Baleinier.

La fenêtre signalée par la Mayeux était facile à reconnaître : elle était haute et large ; une sorte d'auvent la surmontait ; car cette croisée avait été précédemment une porte, murée plus tard jusqu'au tiers de sa hauteur ; des barreaux de fer assez espacés la défendaient.

Depuis quelques instants la pluie avait cessé ; la lune, dégagée des nuages qui l'obscurcissaient naguère, éclairait en plein le pavillon ; Agricol, s'approchant des carreaux, vit la chambre plongée dans l'obscurité ; mais au fond de cette pièce une porte entre-bâillée laissait échapper une assez vive clarté. Le forgeron, espérant que mademoiselle de Cardoville veillait encore, frappa légèrement aux vitres.

Au bout de quelques instants, la porte du fond s'ouvrit tout à fait ; mademoiselle de Cardoville, qui ne s'était pas encore couchée, entra dans la seconde chambre, vêtue comme elle l'était lors de son entrevue avec la Mayeux : une bougie qu'Adrienne tenait à la main éclairait ses traits enchanteurs ; ils exprimaient alors la surprise et l'inquiétude... La jeune fille posa son bougeoir sur une table, et parut écouter attentivement en s'avançant vers la fenêtre... Mais tout à coup elle tressaillit elle s'arrêta brusquement. Elle venait de distinguer vaguement la figure d'un homme regardant à travers ses carreaux.

Agricol, craignant que mademoiselle de Cardoville, effrayée, ne se réfugiât dans la pièce voisine, frappa de nouveau, et, risquant d'être entendu au dehors, il dit d'une voix assez haute : — C'est Agricol Baudoin.

Ces mots arrivèrent jusqu'à Adrienne. Se rappelant aussitôt son entretien avec la Mayeux, elle pensa qu'Agricol et Dagobert s'étaient introduits dans le couvent pour enlever Rose et Blanche ; courant alors vers la croisée, elle reconnut parfaitement Agricol à la brillante clarté de la lune et ouvrit sa fenêtre avec précaution.

— Mademoiselle — lui dit précipitamment le forgeron il n'y a pas un instant à perdre ; le comte de Montbron n'est pas à Paris, mon père et moi nous venons vous délivrer.

— Merci, merci, monsieur Agricol — dit mademoiselle de Cardoville d'une voix accentuée par la plus touchante reconnaissance ; — mais songez d'abord aux filles du général Simon...

— Nous y pensons, mademoiselle ; je venais aussi vous demander où sont leurs fenêtres.

— L'une est au rez-de-chaussée, c'est la dernière du côté du jardin ; l'autre est située absolument au-dessus de celle-ci... au premier étage.

— Maintenant elles sont sauvées ! — s'écria le forgeron.

— Mais, j'y pense, reprit vivement Adrienne — le premier étage est assez élevé ; vous trouverez là, près de cette chapelle en construction, de très longues perches provenant des échafaudages ; cela pourra peut-être vous servir.

— Cela me vaudra une échelle pour arriver à la fenêtre du premier ; maintenant il s'agit de vous, mademoiselle.

— Ne songez qu'à ces chères orphelines, le temps presse... Pourvu qu'elles soient libres cette nuit, il m'est indifférent de rester un jour ou deux de plus dans cette maison.

— Non, mademoiselle — s'écria le forgeron — il est, au contraire, pour vous de la plus haute importance de sortir d'ici cette nuit... il s'agit d'intérêts que vous ignorez, je n'en doute plus maintenant.

— Que voulez-vous dire ?

— Je n'ai pas le temps de m'expliquer davantage ; mais, je vous en conjure, mademoiselle... venez ; je puis desceller deux barreaux de cette fenêtre... je cours chercher une pince...

— C'est inutile. On se contente de fermer et de verrouiller en dehors la porte de ce pavillon, que j'habite seule ; il vous sera donc facile de briser la serrure.

— Et dix minutes après nous serons sur le boulevard — dit le forgeron.—

Vite, mademoiselle, apprêtez-vous ; prenez un châle, un chapeau, car la nuit est bien froide. Je reviens à l'instant.

— Monsieur Agricol — dit Adrienne les larmes aux yeux — je sais ce que vous risquez pour moi. Je prouverai, je l'espère, que j'ai aussi bonne mémoire que vous... Ah!... vous et votre sœur adoptive, vous êtes de nobles et vaillantes créatures... Il m'est doux de vous devoir tant à tous deux... Mais ne revenez me chercher que lorsque les filles du maréchal Simon seront délivrées.

— Grâce à vos indications, c'est chose faite, mademoiselle ; je cours chercher mon père et nous revenons vous chercher.

Agricol, suivant l'excellent conseil de mademoiselle de Cardoville, alla prendre, le long du mur de la chapelle, une de ces longues et fortes perches servant aux constructions, l'enleva sur ses robustes épaules et rejoignit lestement son père.

A peine Agricol avait-il dépassé la claire-voie pour se diriger vers la chapelle, noyée d'ombre, que mademoiselle de Cardoville crut apercevoir une forme humaine sortir d'un des massifs du jardin du couvent, traverser rapidement l'allée et disparaître derrière une haute charmille de buis. Adrienne, effrayée, appela Agricol à voix basse, afin de l'avertir. Il ne pouvait plus l'entendre ; déjà il avait rejoint son père, qui, dévoré d'impatience, allait écoutant, d'une fenêtre à l'autre, avec une angoisse croissante.

— Nous sommes sauvés ! — lui dit Agricol à voix basse — voici les fenêtres de tes pauvres enfans : celle-ci au rez-de-chaussée... celle-là au premier.

— Enfin ! — dit Dagobert avec un élan de joie impossible à rendre.

Et il courut examiner les fenêtres.

— Elles ne sont pas grillées ! — s'écria-t-il.

— Assurons-nous d'abord si l'une des enfans est là — dit Agricol — ensuite, en appuyant cette perche le long du mur, je me hisserai jusqu'à la fenêtre du premier... qui n'est pas haute.

— Bien, mon garçon ! une fois là, tu frapperas aux carreaux, tu appelleras Rose ou Blanche ; quand elle t'aura répondu, tu redescendras, nous appuierons la perche à la barre d'appui de la fenêtre, et la pauvre enfant se laissera glisser ; elles sont lestes et hardies... Vite... vite à l'ouvrage.

Pendant qu'Agricol, soulevant la perche, la plaçait convenablement et se disposait à y monter, Dagobert, frappant aux carreaux de la dernière fenêtre du rez-de-chaussée, dit à voix haute :

— C'est moi... Dagobert...

Rose Simon habitait en effet cette chambre. La malheureuse enfant, désespérée d'être séparée de sa sœur, était en proie à une fièvre brûlante, ne dormait pas, et arrosait son chevet de ses larmes... Au bruit que fit Dagobert en frappant aux vitres, elle tressaillit d'abord de frayeur ; puis, entendant la voix du soldat, cette voix si chère, si connue, la jeune fille se dressa sur son séant, passa ses mains sur son front comme pour s'assurer qu'elle n'était pas le jouet d'un songe ; puis, enveloppée de son long peignoir blanc, elle courut à la fenêtre en poussant un cri de joie.

Mais tout à coup... et avant qu'elle eût ouvert sa croisée, deux coups de feu retentirent, accompagnés de ces cris répétés : — A la garde !... Au voleur !...

L'orpheline resta pétrifiée d'épouvante, les yeux machinalement fixés sur la fenêtre, à travers laquelle elle vit confusément, à la clarté de la lune, plusieurs hommes lutter avec acharnement, tandis que les aboiemens furieux de Rabat-Joie dominaient ces cris incessamment répétés :

— A la garde !... Au voleur !... A l'assassin !...

CHAPITRE X.

LA VEILLE D'UN GRAND JOUR.

Environ deux heures avant que les faits précédens se fussent passés au couvent Sainte-Marie, Rodin et le père d'Aigrigny étaient réunis dans le cabinet où on les a déjà vus, rue du Milieu-des-Ursins. Depuis la révolution de Juillet, le père d'Aigrigny avait cru devoir transporter momentanément dans cette habitation temporaire les archives secrètes et la correspondance de son ordre ; mesure prudente, car il devait craindre de voir les révérends pères expulsés par l'État du magnifique établissement dont la Restauration les avait libéralement gratifiés (1).

Rodin, toujours vêtu d'une manière sordide, toujours sale et crasseux, écrivait modestement à son bureau, fidèle à son humble rôle de secrétaire, qui cachait, on l'a vu, une fonction bien autrement importante, celle de *socius*, fonction qui, selon les constitutions de l'ordre, consiste à ne pas quitter son supérieur, à surveiller, à épier ses moindres actions, ses plus légères impressions, et à en rendre compte à Rome.

Malgré son habituelle impassibilité, Rodin semblait visiblement inquiet et préoccupé ; il répondait d'une manière encore plus brève que de coutume aux ordres ou aux questions du père d'Aigrigny, qui venait de rentrer.

---

(1) Cette crainte était vaine, car on lit dans le *Constitutionnel* du 1er février 1832 (il y a douze ans de cela):

« Lorsqu'en 1822, M. de Corbière anéantit brutalement cette brillante Ecole normale qui, en quelques années d'existence, a créé ou développé tant de talens divers, il fut décidé que, pour faire compensation, on achèterait *l'hôtel de la rue des Postes*, où elle siégeait, et qu'on en gratifierait la congrégation du Saint-Esprit.— Le ministre de la marine fit les fonds de cette acquisition, et le local fut mis à la disposition de la Société qui régnait alors sur la France. Depuis cette époque, elle a paisiblement occupé ce poste, qui était devenu une sorte d'hôtellerie où le jésuitisme hébergeait et choyait les nombreux affiliés qui venaient de toutes les parties du pays se retremper auprès du P. Ronsin. Les choses en étaient là lorsque survint la révolution de juillet, qui semblait devoir débusquer la congrégation de ce local. Qui le croirait? il n'en fut pas ainsi ; on supprima l'allocation, mais on laissa les jésuites en possession de l'hôtel de la rue des Postes ; et aujourd'hui, 31 janvier 1832, les hommes du Sacré-Cœur *sont hébergés aux frais de l'Etat*, et pendant ce temps-là l'Ecole normale est sans asile : l'Ecole normale, réorganisée, occupe un local infect dans un coin étroit du collège Louis-le-Grand. »

Voilà ce qu'on lisait dans le *Constitutionnel* en 1832, au sujet de l'hôtel de la rue des Postes : nous ignorons quelles sortes de transactions ont eu lieu depuis cette époque entre les RR. PP. et le gouvernement, mais nous retrouvons dans un article publié récemment par un journal sur l'organisation de la société de Jésus — l'hôtel de la rue des Postes comme faisant partie des immeubles de la congrégation.

Citons quelques fragmens de cet article.

« Voici la liste des biens qu'on connaît à cette partie de la Société de Jésus.

» La maison de la rue des Postes, qui vaut peut-être 500,000 fr. — Celle de la rue de Sèvres, estimée 300,000 fr. — Une propriété à deux lieues de Paris, 150,000 fr.— Une maison et une église à Bourges, 100,000 fr. — Notre-Dame-de-Liesse, don fait en 1843, 60,000 fr. — Saint-Acheul, maison du noviciat, 400,000 fr. — Nantes, une maison, 100,000 fr.— Quimper, *idem*, 40,000 fr.—Laval, maison et église, 150,000 fr. — Rennes, maison, 20,000 fr.—Vannes, *idem*, 40,000 fr. — Metz, *idem*, 40,000 fr. — Strasbourg, *idem*, 60,000 fr. — Rouen, *idem*, 15,000 fr.

» On voit que ces diverses propriétés forment, à peu de choses près, 2 millions.

» L'enseignement est, en outre, pour les jésuites une source importante de revenus. Le seul collège de Brugelette leur rapporte 200,000 fr.

» Les deux provinces de France (le général des jésuites à Rome a partagé la France en deux circonscriptions, celle de Lyon et celle de Paris) possèdent en outre en bons sur le Trésor, en actions sur les métalliques d'Autriche, plus de 200,000 fr. de rente : chaque année la Propagation de la foi fournit au moins de 40 à 50,000 fr.; les prédicateurs récoltent bien de leurs sermons 150 000 fr.; les aumônes pour une bonne œuvre ne montent pas à un chiffre moins élevé.

Voilà donc un revenu de 540,000 fr.; eh bien! à ce revenu il faut ajouter le produit de la vente des ouvrages de la Société, et le bénéfice que l'on retire du commerce des gravures.

» Chaque planche revient, dessin et gravure compris, à 600 fr., et peut tirer dix mille exemplaires qui coûtent, tirage et papier, 40 fr. le mille. Or, on peut payer à l'éditeur responsable 250 fr.; donc, sur chaque mille, bénéfice net: 210 fr. N'est-ce pas bien opérer ? et on peut imaginer avec quelle rapidité tout cela s'écoule. Les pères sont eux-mêmes les commis-voyageurs de la maison, et il serait difficile d'en trouver de plus zélés et de plus persévérans. Ceux-là sont toujours reçus, ils ne connaissent pas les ennuis du refus. Il est bien entendu que l'éditeur est un homme à eux. Le premier qu'ils choisirent pour ce rôle d'intermédiaire fut le *socius* du procureur N.-V. J... Ce *socius* avait quelque fortune, cependant ils furent obligés de lui faire des avances pour les frais du premier établissement. Quand ils virent le succès de cette industrie, ils réclamèrent tout à coup leurs avances ; l'éditeur n'était pas en mesure de rembourser ; ils le savaient bien ; mais ils avaient à lui donner un successeur riche, avec lequel ils pouvaient traiter à des conditions plus avantageuses, et ils ruinèrent sans pitié leur *socius* en brisant la position dont ils lui avaient moralement garanti la durée. »

— Y a-t-il eu quelque chose de nouveau pendant mon absence? — demanda-t-il à Rodin — les rapports se sont-ils succédé favorables?

— Très favorables.

— Lisez-les-moi.

— Avant d'en rendre compte à Votre Révérence — dit Rodin — je dois la prévenir que depuis deux jours Morok est ici.

— Lui! — dit l'abbé d'Aigrigny avec surprise. — Je croyais qu'en quittant l'Allemagne et la Suisse il avait reçu de Fribourg l'ordre de se diriger vers le Midi. A Nîmes, à Avignon, dans ce moment, il aurait pu être un intermédiaire utile... car les protestans s'agitent, et l'on craint une réaction contre les catholiques.

— J'ignore — dit Rodin — si Morok a eu des raisons particulières de changer son itinéraire. Quant à ses raisons apparentes, il m'a appris qu'il allait donner ici des représentations.

— Comment cela?

— Un agent dramatique l'a engagé, à son passage à Lyon, lui et sa ménagerie, pour le théâtre de la Porte-Saint-Martin, à un prix très élevé. Il n'a pas cru devoir refuser cet avantage, a-t-il ajouté.

— Soit — dit le père d'Aigrigny en haussant les épaules; — mais par la propagation des petits livres, par la vente des chapelets et des gravures, ainsi que par l'influence qu'il aurait certainement exercée sur des populations religieuses et peu avancées, telles que celles du Midi ou de la Bretagne, il pouvait rendre des services qu'il ne rendra jamais à Paris.

— Il est en bas avec une espèce de géant qui l'accompagne; car, en sa qualité d'ancien serviteur de Votre Révérence, Morok espérait avoir l'honneur de vous baiser la main ce soir.

— Impossible... impossible... Vous savez comment cette soirée est occupée... Est-on allé rue Saint-François?

— On y est allé... Le vieux gardien juif a été, dit-il, prévenu par le notaire... Demain, à six heures du matin, des maçons abattront la porte murée, et, pour la première fois depuis cent cinquante ans, cette maison sera ouverte.

Le père d'Aigrigny resta un moment pensif; puis il dit à Rodin : — A la veille d'un moment si décisif, il faut ne rien négliger, se remettre tout en mémoire. Relisez-moi la copie de cette note, insérée dans les archives de la société il y a un siècle et demi, au sujet de M. de Rennepont.

Le secrétaire prit une note dans un casier, et lut ce qui suit:

« Cejourd'hui, 19 février 1682, le révérend père provincial Alexandre Bour» don a envoyé l'avertissement suivant, avec ces mots en marge: *Extrême-*
» *ment considérable pour l'avenir.*

» On vient de découvrir, par les aveux d'un mourant qu'un de nos pères
» a assisté, une chose fort secrète.

» M. Marius de Rennepont, l'un des chefs les plus remuans et les plus re» doutables de la religion réformée, l'un des ennemis les plus acharnés de
» notre sainte compagnie, était apparemment rentré dans le giron de notre
» maternelle Eglise, à la seule et unique fin de sauver ses biens menacés de
» la confiscation à cause de ses déportemens irréligieux et damnables; les
» preuves ayant été fournies par différentes personnes de notre compagnie,
» comme quoi la conversion du sieur de Rennepont n'était pas sincère et ca» chait un leurre sacrilége, les biens dudit sieur, dès lors considéré comme
» *relaps*, ont été, ce pourquoi, confisqués par S. M. notre roi Louis XIV, et
» ledit sieur de Rennepont condamné perpétuellement aux galères (1), aux» quelles il a échappé par une mort volontaire, ensuite duquel crime abomi» nable il a été traîné sur la claie, et son corps abandonné aux chiens de la
» voirie.

» Ces prémisses exposées, l'on arrive à la chose secrète, si extrêmement
» considérable pour l'avenir et l'intérêt de notre Société.

---

(1) Louis XIV, le grand roi, punissait des galères perpétuelles les protestans qui, après s'être convertis, souvent forcément, revenaient à leur première croyance. Quant aux protestans qui restaient en France, malgré la rigueur des édits, ils étaient privés de sépulture, traînés sur la claie et livrés aux chiens.

» S. M. Louis XIV, dans sa paternelle et catholique bonté pour l'Eglise, et
» en particulier pour notre ordre, nous avait accordé le profit de cette con-
» fiscation, en gratitude de ce que nous avions concouru à dévoiler le sieur
» de Rennepont comme relaps infâme et sacrilége...

» Nous venons d'apprendre ASSURÉMENT qu'à cette confiscation, et consé-
» quemment à notre Société, ont été soustraites une maison sise à Paris, rue
» Saint-François, n° 3, et une somme de cinquante mille écus en or.

» La maison a été cédée avant la confiscation, moyennant une vente si-
» mulée, à un ami du sieur Rennepont, très bon catholique cependant et bien
» malheureusement, car on ne peut sévir contre lui.

» Cette maison, grâce à la connivence coupable mais inattaquable de cet
» ami, a été murée, et ne doit être ouverte que dans un siècle et demi, selon
» les dernières volontés du sieur de Rennepont.

» Quant aux cinquante mille écus en or, ils ont été placés en mains mal-
» heureusement inconnues jusqu'ici, à cette fin d'être capitalisés et exploités
» durant cent cinquante ans, pour être partagés, à l'expiration desdites cent
» cinquante années, entre les descendans alors existans du sieur de Ren-
» nepont; somme qui, moyennant tant d'accumulation, sera devenue énorme,
» et atteindra nécessairement le chiffre de quarante ou cinquante millions
» de livres tournois.

» Par des motifs demeurés inconnus, et qu'il a consignés dans un testa-
» ment, le sieur de Rennepont a caché à sa famille, que les édits contre les
» protestans ont chassée de France et exilée en Europe, a caché le placement
» des cinquante mille écus; conviant seulement ses parens à perpétuer dans
» leur lignée, de génération en génération, la recommandation aux derniers
» survivans de se trouver réunis à Paris, dans cent cinquante ans, rue Saint-
» François, le 13 FÉVRIER 1832, et pour que cette recommandation ne s'ou-
» bliât pas, il a chargé un homme dont l'état est inconnu, mais dont le si-
» gnalement est connu, de faire fabriquer des médailles de bronze où ce vœu
» et cette date sont gravés, et d'en faire parvenir une à chaque personne de
» sa famille; mesure d'autant plus nécessaire que, par un autre motif éga-
» lement ignoré, et que l'on suppose aussi expliqué dans le testament, les
» héritiers seront tenus de se présenter ledit jour, avant midi, *en personne*
» et non par représentant, faute de quoi ils seraient exclus du partage.

» L'homme inconnu, qui est parti pour distribuer ces médailles aux mem-
» bres de la famille Rennepont, est un homme de trente à trente-six ans, de
» mine fière et triste, de haute stature; il a les sourcils noirs, épais et sin-
» gulièrement rejoints; il se fait appeler *Joseph*; on soupçonne fort ce voya-
» geur d'être un actif et dangereux émissaire de ces forcenés républicains et
» réformés des *sept Provinces-Unies*.

» De ce qui précède, il résulte que cette somme, confiée par ce relaps à
» une main inconnue, d'une façon subreptice, a échappé à la confiscation à
» nous octroyée par notre bien-aimé roi; c'est donc un dommage énorme,
» un vol monstrueux, dont nous sommes tenus de nous récupérer, sinon
» quant au présent, du moins quant à l'avenir.

» Notre compagnie étant, pour la plus grande gloire de Dieu et de notre
» *saint-père*, impérissable, il sera facile, grâce aux relations que nous avons
» par toute la terre au moyen des missions et autres établissemens, de suivre
» dès à présent la filiation de cette famille Rennepont de génération en gé-
» nération, de ne jamais la perdre de vue, afin que dans cent cinquante
» ans, au moment du partage de cette immense fortune accumulée, notre
» compagnie puisse rentrer dans ce bien qui lui a été traîtreusement dé-
» robé, et y rentrer *fas aut nefas*, par quelque moyen que ce soit, même
» par ruse ou par violence, notre compagnie n'étant tenue d'agir autrement
» à l'encontre des détenteurs futurs de nos biens si malicieusement lar-
» ronnés par ce relaps infâme et sacrilége... pour ce qu'il est enfin légitime
» de défendre, conserver et récupérer son bien par tous les moyens que le
» Seigneur met entre nos mains.

» Jusqu'à restitution complète, cette famille de Rennepont sera donc dam-
» nable et réprouvée, comme une lignée maudite de ce Caïn de relaps, et il
» sera bon de la toujours furieusement surveiller.

» Pour ce faire, il sera urgent que chaque année, à partir de cejourd'hui,

» l'on établisse une sorte d'enquête sur la position successive des membres » de cette famille. »

Rodin s'interrompit, et dit au père d'Aigrigny : — Suit le compte rendu, année par année, de la position de cette famille depuis 1682 jusqu'à nos jours. Il est inutile de le lire à Votre Révérence ?

— Très inutile — dit l'abbé d'Aigrigny — cette note résume parfaitement les faits... — Puis, après un moment de silence, il reprit avec une expression d'orgueil triomphant. — Combien est grande la puissance de l'association, appuyée sur la tradition et sur la perpétuité !... Grâce à cette note insérée dans nos archives depuis un siècle et demi... cette famille a été surveillée de génération en génération ;... toujours notre ordre a eu les yeux fixés sur elle, la suivant sur tous les points du globe où l'exil l'avait disséminée... Enfin demain nous rentrerons dans cette créance peu considérable d'abord, et que cent cinquante ans ont changée en une fortune royale... Oui... nous réussirons, car je crois avoir prévu toutes les éventualités... Une seule chose pourtant me préoccupe vivement.

— Laquelle ? — demanda Rodin.

— Je songe à ces renseignemens que l'on a déjà, mais en vain, essayé d'obtenir du gardien de la maison de la rue Saint-François. A-t-on tenté encore une fois, ainsi que j'en avais donné l'ordre ?

— On l'a tenté...

— Eh bien ?

— Cette fois, comme les autres, ce vieux juif est resté impénétrable ; il est d'ailleurs presque en enfance, et sa femme ne vaut guère mieux que lui.

— Quand je songe — reprit le père d'Aigrigny — que depuis un siècle et demi que cette maison de la rue Saint-François a été murée et fermée, sa garde s'est perpétuée de génération en génération dans cette famille de Samuels, je ne puis croire qu'ils aient tous ignoré qui ont été et qui sont les dépositaires successifs de ces fonds devenus immenses par leur accumulation.

— Vous l'avez vu — dit Rodin — par les notes du dossier de cette affaire, que l'ordre a toujours très soigneusement suivie depuis 1682. A diverses époques, on a tenté d'obtenir quelques renseignemens à ce sujet, que la note du père Bourdon n'éclaircissait pas. Mais cette race de gardiens juifs est restée muette, d'où l'on doit conclure qu'ils ne savaient rien.

— C'est ce qui m'a toujours semblé impossible... car enfin... l'aïeul de tous ces Samuels a assisté à la fermeture de cette maison il y a cent cinquante ans. Il était, dit le dossier, l'homme de confiance ou domestique de M. de Rennepont. Il est impossible qu'il n'ait pas été instruit de bien des choses dont la tradition se sera sans doute perpétuée dans sa famille.

— S'il m'était permis de hasarder une petite observation — dit humblement Rodin.

— Parlez...

— Il y a très peu d'années qu'on a eu la certitude, par une confidence de confessionnal, que les fonds existaient et qu'ils avaient atteint un chiffre énorme.

— Sans doute : c'est ce qui a rappelé vivement l'attention du révérend père général sur cette affaire...

— On sait donc, ce que probablement tous les descendans de la famille Rennepont ignorent, l'immense valeur de cet héritage ?

— Oui — répondit le père d'Aigrigny — la personne qui a certifié ce fait à son confesseur est digne de toute croyance... Dernièrement encore, elle a renouvelé cette déclaration ;... mais, malgré toutes les instances de son directeur, elle a refusé de faire connaître entre les mains de qui étaient les fonds, affirmant toutefois qu'ils ne pouvaient être placés en des mains plus loyales.

— Il me semble alors — reprit Rodin — que l'on est certain de ce qu'il y a de plus important à savoir.

— Et qui sait si le détenteur de cette somme énorme se présentera demain, malgré la loyauté qu'on lui prête ? Malgré moi, plus le moment approche, plus mon anxiété augmente... Ah ! — reprit le père d'Aigrigny près un moment de silence — c'est qu'il s'agit d'intérêts si immenses, que les conséquences du succès seraient incalculables... Enfin, du moins... tout ce qu'il était possible de faire aura été tenté.

A ces mots, que le père d'Aigrigny adressait à Rodin, comme s'il eût demandé son adhésion, le *socius* ne répondit rien...

L'abbé, le regardant avec surprise, lui dit : — N'êtes-vous pas de cet avis? pouvait-on oser davantage? n'est-on pas allé jusqu'à l'extrême limite du possible?

Rodin s'inclina respectueusement, mais resta muet.

— Si vous pensez que l'on a omis quelque précaution — s'écria le père d'Aigrigny avec une sorte d'impatience inquiète — dites-le... il est temps encore... Encore une fois, croyez-vous que tout ce qu'il était possible de faire ait été fait? Tous les descendans enfin écartés, Gabriel en se présentant demain rue Saint-François ne sera-t-il pas le seul représentant de cette famille, et, par conséquent, le seul possesseur de cette immense fortune? Or, d'après sa renonciation, et d'après nos statuts, ce n'est pas lui, mais notre ordre qui possédera. Pouvait-on agir mieux ou autrement? Parlez franchement.

— Je ne puis me permettre d'émettre une opinion à ce sujet — reprit humblement Rodin en s'inclinant de nouveau — le bon ou le mauvais succès répondront à Votre Révérence...

Le père d'Aigrigny haussa les épaules et se reprocha d'avoir demandé quelque conseil à cette machine à écrire qui lui servait de secrétaire, et qui n'avait, selon lui, que trois qualités : la mémoire, la discrétion et l'exactitude.

CHAPITRE XI.

L'ÉTRANGLEUR.

Après un moment de silence, le père d'Aigrigny reprit : — Lisez-moi les rapports de la journée sur la situation de chacune des personnes signalées.

— Voici celui de ce soir... on vient de l'apporter.

— Voyons.

Rodin lut ce qui suit :

« — Jacques Rennepont, dit Couche-tout-Nu, a été *vu* dans l'intérieur de
» la prison pour dettes à huit heures, ce soir... »

— Celui-ci ne nous inquiétera pas demain... Et d'un... Continuez.

« — Madame la supérieure du couvent de Sainte-Marie, avertie par ma-
» dame la princesse de Saint-Dizier, a cru devoir enfermer plus étroitement
» encore les demoiselles Rose et Blanche Simon. Ce soir, à neuf heures, elles
» ont été enfermées soigneusement dans leur cellule, et des rondes armées
» veilleront la nuit dans le jardin du couvent. »

— Rien non plus à craindre de ce côté, grâce à ces précautions — dit le père d'Aigrigny. — Continuez.

« — M. le docteur Baleinier, aussi prévenu par madame la princesse de
» Saint-Dizier, continue de faire surveiller mademoiselle de Cardoville ; à
» huit heures trois quarts la porte de son pavillon a été verrouillée et fer-
» mée. »

— Encore un sujet d'inquiétude de moins...

— Quant à M. Hardy — reprit Rodin — j'ai reçu ce matin de Toulouse un billet de M. de Bressac, son ami intime, qui nous a servi si heureusement à éloigner ce manufacturier depuis quelques jours; ce billet contient une lettre de M. Hardy adressée à une personne de confiance. M. de Bressac a cru devoir détourner cette lettre de sa destination et nous l'envoyer comme une preuve nouvelle du succès de ses démarches, dont il espère que nous lui tiendrons compte ; car, ajoute-t-il, pour nous servir il trahit son ami intime de la manière la plus indigne en jouant une odieuse comédie. Aussi maintenant M. de Bressac ne doute pas qu'après ses excellens offices on ne lui remette les pièces qui le placent dans notre dépendance absolue, puisque ces pièces peuvent perdre à jamais une femme qu'il aime d'un amour adultère et passionné... Il dit enfin qu'on doit avoir pitié de l'horrible alternative où on l'a placé, de voir perdre et déshonorer la femme qu'il adore, ou de trahir d'une manière infâme son ami intime.

— Ces doléances adultères ne méritent aucune pitié — répondit dédaigneusement le père d'Aigrigny. — D'ailleurs, on avisera... M. de Bressac peut nous être encore utile. Mais voyons cette lettre de M. Hardy, ce manufacturier impie et républicain, bien digne descendant de cette lignée maudite, et qu'il était si important d'écarter.

— Voici la lettre de M. Hardy, reprit Rodin — on la fera parvenir demain à la personne à qui elle est adressée. Et Rodin lut ce qui suit :

« Toulouse, 10 février.

» Enfin je retrouve le moment de vous écrire, mon cher monsieur, et de
» vous expliquer la cause de ce départ si brusque, qui a dû, non pas vous
» inquiéter, mais vous étonner. Je vous écris aussi pour vous demander un
» service. En deux mots, voici les faits. Je vous ai bien souvent parlé de Fé-
» lix de Bressac, un de mes camarades d'enfance, pourtant bien moins âgé
» que moi; nous nous sommes toujours aimés tendrement, et nous avons
» mutuellement échangé assez de preuves de sérieuse affection pour pouvoir
» compter l'un sur l'autre. C'est pour moi un *frère*. Vous savez ce que j'en-
» tends par ces paroles. Il y a plusieurs jours, il m'a écrit de Toulouse, où il
» était allé passer quelque temps.

» *Si tu m'aimes, viens, j'ai besoin de toi... Pars à l'instant... Tes consolations*
» *me donneront peut-être le courage de vivre... Si tu arrivais trop tard...*
» *pardonne-moi et pense quelquefois à celui qui sera jusqu'à la fin ton meil-*
» *leur ami.* »

» Vous jugez de ma douleur et de mon épouvante. Je demande à l'instant
» des chevaux; mon chef d'atelier, un vieillard que j'estime et que je révère,
» le père du général Simon, apprenant que j'allais dans le Midi, me prie de
» l'emmener avec moi; je devais le laisser durant quelques jours dans le dé-
» partement de la Creuse, où il désirait étudier des usines récemment fon-
» dées. Je consentis d'autant plus volontiers à ce voyage, que je pouvais au
» moins épancher le chagrin et les angoisses que me causait la lettre de
» Bressac.

» J'arrive à Toulouse; on m'apprend qu'il est parti la veille, emportant
» des armes, et en proie au plus violent désespoir. Impossible de savoir d'a-
» bord où il est allé; au bout de deux jours quelques indications recueillies
» à grand'peine me mettent sur ses traces; enfin, après mille recherches, je
» découvre dans un misérable village. Jamais, non, jamais, je ne vis un
» désespoir pareil; rien de violent, mais un abattement sinistre, un silence
» farouche. D'abord il me repoussa presque; puis cette horrible douleur ar-
» rivée à son comble se détendit peu à peu, et au bout d'un quart d'heure il
» tomba dans mes bras en fondant en larmes... Près de lui étaient ses armes
» chargées... Un jour plus tard, peut-être... et c'était fait de lui... Je ne puis
» vous apprendre la cause de son désespoir affreux, ce secret n'est pas le
» mien; mais son désespoir ne m'a pas étonné... Que vous dirai-je? c'est une
» cure complète à faire. Maintenant il faut calmer, soigner, cicatriser cette
» pauvre âme, si cruellement déchirée. L'amitié seule peut entreprendre cette
» tâche délicate, et j'ai bon espoir... Je l'ai décidé à partir et à faire un
» voyage de quelque temps; le mouvement, la distraction lui seront favora-
» bles... Je le mène à Nice; demain nous partons; s'il veut prolonger cette
» excursion, nous la prolongerons, car mes affaires ne me rappelleront pas
» impérieusement à Paris avant la fin du mois de mars.

» Quant au service que je vous demande, il est conditionnel. Voici le fait:
» Selon quelque papier de famille de ma mère, il paraît que j'aurais eu un
» certain intérêt à me trouver à Paris le 13 février, rue Saint-François, n° 3.
» Je m'étais informé; je n'avais rien appris, sinon que cette maison de très
» antique apparence était fermée depuis cent cinquante ans, par une bizar-
» rerie d'un de mes aïeux maternels, et qu'elle devait être ouverte le 13 de ce
» mois en présence des cohéritiers, qui, si j'en ai, me sont inconnus. Ne pou-
» vant y assister, j'ai écrit au père du général Simon, mon chef d'atelier, en
» qui j'ai toute confiance, et que j'avais laissé dans le département de la
» Creuse, de partir pour Paris, afin de se trouver à l'ouverture de cette mai-
» son, non comme mon mandataire, cela serait inutile, mais comme curieux,

» et de me faire savoir, à Nice, ce qu'il adviendra de cette volonté romanesque
» d'un de mes grands-parens. Comme il se peut que mon chef d'atelier ar-
» rive trop tard pour accomplir cette mission, je vous serais mille fois obligé
» de vous informer chez moi, au Plessis, s'il est arrivé, et, dans le cas con-
» traire, de le remplacer à l'ouverture de la maison de la rue Saint-François.

» Je crois bien n'avoir fait à mon pauvre ami Bressac qu'un insignifiant
» sacrifice en ne me trouvant pas à Paris ce jour-là; mais ce sacrifice eût-il
» été immense, je m'en applaudirais encore, car mes soins et mon amitié
» étaient nécessaires à celui que je regarde comme un frère.

» Ainsi, allez à l'ouverture de cette maison, je vous en prie, et soyez assez
» bon pour m'écrire poste restante, à Nice, le résultat de votre mission de
» curieux, etc.

» FRANÇOIS HARDY. »

— Quoique sa présence ne puisse avoir aucune fâcheuse importance, il serait préférable que le père du maréchal Simon n'assistât pas demain à l'ouverture de cette maison — dit le père d'Aigrigny. — Mais il n'importe ; M. Hardy est sûrement éloigné : il ne s'agit plus que du jeune prince indien.

— Quant à lui — reprit le père d'Aigrigny d'un air pensif — on a fait sagement de laisser partir M. Norval, porteur des présens de mademoiselle de Cardoville pour ce prince. Le médecin qui accompagne M. Norval, et qui a été choisi par M. Baleinier, n'inspirera de la sorte aucun soupçon...

— Aucun — reprit Rodin. — Sa lettre d'hier était complétement rassurante.

— Ainsi, rien à craindre non plus du prince indien — dit le père d'Aigrigny — tout va pour le mieux.

— Quant à Gabriel — reprit Rodin — il a écrit de nouveau ce matin pour obtenir de Votre Révérence l'entretien qu'il sollicite vainement depuis trois jours ; il est affecté de la rigueur de la punition qu'on lui a infligée en lui défendant depuis cinq jours de sortir de notre maison.

— Demain... en le conduisant rue Saint-François, je l'écouterai... il sera temps... Ainsi donc à cette heure — dit le père d'Aigrigny d'un air de satisfaction triomphante — tous les descendans de cette famille, dont la présence pouvait ruiner nos projets, sont dans l'impossibilité de se trouver demain avant midi rue Saint-François, tandis que Gabriel seul y sera... Enfin nous touchons au but.

Deux coups discrètement frappés interrompirent le père d'Aigrigny.

— Entrez — dit-il.

Un vieux serviteur vêtu de noir se présenta et dit : — Il y a en bas un homme qui désire parler à l'instant à M. Rodin pour affaire très urgente.

— Son nom ? — demanda le père d'Aigrigny.

— Il n'a pas dit son nom, mais il dit qu'il vient de la part de M. Josué... négociant de l'île de Java.

Le père d'Aigrigny et Rodin échangèrent un coup d'œil de surprise, presque de frayeur.

— Voyez ce que c'est que cet homme — dit le père d'Aigrigny à Rodin sans pouvoir cacher son inquiétude — et venez ensuite me rendre compte. — Puis, s'adressant au domestique qui sortit : — Faites entrer.

Ce disant, le père d'Aigrigny, après avoir échangé un signe expressif avec Rodin, disparut par une porte latérale.

Une minute après, Faringhea, l'ex-chef de la secte des Etrangleurs, parut devant Rodin, qui le reconnut aussitôt pour l'avoir vu au château de Cardoville.

Le *socius* tressaillit, mais il ne voulut pas paraître se souvenir de ce personnage. Cependant, toujours courbé sur son bureau, et ne semblant pas voir Faringhea, il écrivit aussitôt quelques mots à la hâte sur une feuille de papier placée devant lui.

— Monsieur... — reprit le domestique, étonné du silence de Rodin — voici cette personne.

Rodin plia le billet qu'il venait d'écrire précipitamment et dit au serviteur : — Faites porter ceci à son adresse... On m'apportera la réponse.

Le domestique salua et sortit.

Alors Rodin, sans se lever, attacha ses petits yeux de reptile sur Faringhea et lui dit courtoisement : — A qui, monsieur, ai-je l'honneur de parler ?

CHAPITRE XII.

LES DEUX FRÈRES DE LA BONNE-ŒUVRE.

Faringhea, né dans l'Inde, avait, on l'a dit, beaucoup voyagé et fréquenté les comptoirs européens des différentes parties de l'Asie ; parlant bien l'anglais et le français, rempli d'intelligence et de sagacité, il était parfaitement *civilisé*.

Au lieu de répondre à la question de Rodin, il attachait sur lui un regard fixe et pénétrant ; le *socius*, impatienté de ce silence, et pressentant avec une vague inquiétude que l'arrivée de Faringhea avait quelque rapport direct ou indirect avec la destinée de Djalma, reprit, en affectant le plus grand sang-froid :

— A qui, monsieur, ai-je l'honneur de parler ?

— Vous ne me reconnaissez pas ? — dit Faringhea faisant deux pas vers la chaise de Rodin.

— Je ne crois pas avoir jamais eu l'honneur de vous voir — répondit froidement celui-ci.

— Et moi, je vous reconnais — dit Faringhea ; — je vous ai vu au château de Cardoville le jour du naufrage du bateau à vapeur et du trois-mâts.

— Au château de Cardoville ? c'est possible... monsieur, j'y étais en effet un jour de naufrage.

— Et ce jour-là je vous ai appelé par votre nom. Vous m'avez demandé ce que je voulais de vous.... je vous ai répondu : *Maintenant, rien, frère ;... plus tard, beaucoup*.... Le temps est venu... Je viens vous demander beaucoup.

— Mon cher monsieur — dit Rodin toujours impassible — avant de continuer cet entretien, jusqu'ici passablement obscur, je désirerais savoir, je vous le répète, à qui j'ai l'avantage de parler... Vous vous êtes introduit ici sous prétexte d'une commission de M. Josué Van Daël... respectable négociant de Batavia, et...

— Vous connaissez l'écriture de M. Josué ? — dit Faringhea en interrompant Rodin.

— Je la connais parfaitement.

— Regardez... Et le métis tirant de sa poche (il était assez pauvrement vêtu à l'européenne) la longue dépêche dérobée par lui à Mahal, le contrebandier de Java, après l'avoir étranglé sur la grève de Batavia, mit ces papiers sous les yeux de Rodin, sans cependant s'en dessaisir.

— C'est en effet l'écriture de M. Josué — dit Rodin, et il tendit la main vers la lettre, que Faringhea remit lestement et prudemment dans sa poche.

— Vous avez, mon cher monsieur, permettez-moi e vous le dire, une singulière manière de faire les commissions... — dit Rodin. — Cette lettre étant à mon adresse... et vous ayant été confiée par M. Josué... vous devriez...

— Cette lettre ne m'a pas été confiée par M. Josué — dit Faringhea en interrompant Rodin.

— Comment l'avez-vous entre les mains ?

— Un contrebandier de Java m'avait trahi ; Josué avait assuré le passage de cet homme pour Alexandrie et lui avait remis cette lettre, qu'il devait porter à bord, pour la malle d'Europe. J'ai étranglé le contrebandier, j'ai pris la lettre, j'ai fait la traversée... et me voici...

L'Etrangleur avait prononcé ces mots avec une jactance farouche ; son regard fauve et intrépide ne s'abaissa pas devant le regard perçant de Rodin, qui, à cet étrange aveu, avait redressé vivement la tête pour observer ce personnage.

Faringhea croyait étonner ou intimider Rodin par cette espèce de forfanterie féroce ; mais, à sa grande surprise, le *socius*, toujours impassible comme un cadavre, lui dit simplement — Ah !... on étrangle ainsi... à Java ?

— Et ailleurs... aussi — répondit Faringhea avec un sourire amer.
— Je ne veux pas vous croire ;... mais je vous trouve d'une étonnante sincérité, monsieur... Votre nom ?...
— Faringhea.
— Eh bien! monsieur Faringhea, où voulez-vous en venir ?... Vous vous êtes emparé, par un crime abominable, d'une lettre à moi adressée; maintenant vous hésitez à me la remettre...
— Parce que je l'ai lue... et qu'elle peut me servir.
— Ah !... vous l'avez lue ? — dit Rodin un instant troublé. Puis il reprit : — Il est vrai que d'après votre manière de vous charger de la correspondance d'autrui, on ne peut s'attendre à une extrême discrétion de votre part... Et qu'avez-vous appris de si utile pour vous dans cette lettre de M. Josué ?
— J'ai appris, frère... que vous étiez, comme moi, un fils de la bonne-œuvre.
— De quelle bonne œuvre voulez-vous parler? — demanda Rodin assez étonné.
Faringhea répondit avec une expression d'ironie amère : — Dans sa lettre Josué vous dit :
« *Obéissance et courage, secret et patience, ruse et audace, union entre nous, qui avons pour patrie le monde, pour famille ceux de notre ordre, et pour reine Rome.* »
— Il est possible que M. Josué m'écrive ceci. Mais qu'en concluez-vous, monsieur ?
— Notre œuvre a, comme la vôtre, frère, le monde pour patrie; comme vous, pour famille, nous avons nos complices, et pour reine *Bohwanie*.
— Je ne connais pas cette sainte — dit humblement Rodin.
— C'est notre Rome, à nous — répondit l'Etrangleur ; il poursuivit : — Josué vous parle encore de ceux de votre œuvre qui, répandus sur toute la terre, travaillent à la gloire de Rome, votre reine. — Ceux de notre œuvre travaillent ainsi dans divers pays à la gloire de Bohwanie.
— Et quels sont ces fils de Bohwanie, monsieur Faringhea ?
— Des hommes résolus, audacieux, patiens, rusés, opiniâtres, qui, pour faire triompher la bonne-œuvre, sacrifient pays, père et mère, sœur et frère, et qui regardent comme ennemis tous ceux qui ne sont pas des leurs.
— Il me paraît y avoir beaucoup de bon dans l'esprit persévérant et religieusement exclusif de cette œuvre — dit Rodin d'un air modeste et béat...
— Seulement, il faudrait connaître ses fins et son but.
— Comme vous, frère, nous faisons des cadavres.
— Des cadavres ! — s'écria Rodin.
— Dans sa lettre — répondit Faringhea — Josué vous dit : *La plus grande gloire de notre ordre est de faire de l'homme un cadavre* (1). Notre œuvre fait aussi de l'homme un cadavre... La mort des hommes est douce à Bohwanie.
— Mais, monsieur ! s'écria Rodin — M. Josué parle de l'âme... de la volonté, de la pensée qui doivent être anéanties par la discipline.
— C'est vrai, les vôtres tuent l'âme... nous tuons les corps. Votre main, frère : vous êtes, comme nous, chasseurs d'hommes.
— Mais encore une fois, monsieur, il s'agit de tuer la volonté, la pensée — dit Rodin.
— Et que sont les corps privés d'âme, de pensée, sinon des cadavres ?... Allez, allez, frère, les morts que fait notre lacet ne sont pas plus inanimés, plus glacés que ceux que fait votre discipline. Allons, touchez là, frère... Rome et Bohwanie sont sœurs.
Malgré son calme apparent, Rodin ne voyait pas sans une secrète frayeur un misérable de l'espèce de Faringhea détenteur d'une longue lettre de Josué, où il devait être nécessairement question de Djalma. A la vérité, Rodin se croyait certain d'avoir mis le jeune Indien dans l'impossibilité d'être à Paris le lendemain; mais, ignorant les relations qui avaient pu se nouer depuis le naufrage entre le prince et le métis, il regardait Faringhea comme un homme probablement fort dangereux.

(1) Rappelons au lecteur que la doctrine de l'obéissance passive et absolue, principal levier de la Compagnie de Jésus, se résume par ces mots terribles de Loyola mourant : *Que tout membre de l'ordre soit dans les mains de ses supérieurs* COMME UN CADAVRE (PER NDE AC CADAVER).

Plus le *socius* était intérieurement inquiet, plus il affecta de paraître calme et dédaigneux. Il reprit donc : — Sans doute ce rapprochement entre Rome et Bohwanie est fort piquant... Mais qu'en concluez-vous, monsieur?

— Je veux vous montrer, frère, ce que je suis, ce dont je suis capable, afin de vous convaincre qu'il vaut mieux m'avoir pour ami que pour ennemi.

— En d'autres termes, monsieur — dit Rodin avec une ironie méprisante — vous appartenez à une secte meurtrière de l'Inde, et vous voulez, par une transparente allégorie, me donner à réfléchir sur le sort de l'homme à qui vous avez dérobé des lettres qui m'étaient adressées ; à mon tour, je me permettrai de vous faire observer en toute humilité, monsieur Faringhea, qu'ici on n'étrangle personne, et que si vous aviez la fantaisie de vouloir changer quelqu'un en cadavre pour l'amour de Bohwanie, votre divinité, on vous couperait le cou pour l'amour d'une autre divité vulgairement appelée la justice.

— Et que me ferait-on, si j'avais tenté d'empoisonner quelqu'un?

— Je vous ferai encore humblement observer, monsieur Faringhea, que je n'ai pas le loisir de vous professer un cours de jurisprudence criminelle. Seulement, croyez-moi, résistez à la tentation d'étrangler ou d'empoisonner qui que ce soit. Un dernier mot : Voulez-vous ou non me remettre les lettres de M. Josué?

— Les lettres relatives au prince Djalma? — dit le métis.

Et il regarda fixement Rodin qui, malgré une vive et subite angoisse, demeura impénétrable, et répondit le plus simplement du monde : — Ignorant le contenu des lettres que vous retenez, monsieur, il m'est impossible de vous répondre. Je vous prie, et au besoin je vous requiers de me remettre ces lettres, ou de sortir d'ici.

— Vous allez dans quelques minutes me supplier de rester, frère.

— J'en doute.

— Quelques mots feront ce prodige... Si tout à l'heure je vous parlais d'empoisonnement, frère, c'est que vous avez envoyé un médecin... au château de Cardoville pour empoisonner... momentanément le prince Djalma.

Rodin, malgré lui, tressaillit imperceptiblement, et reprit : — Je ne comprends pas.

— Il est vrai ; je suis un pauvre étranger qui ai sans doute beaucoup d'accent : pourtant je vais tâcher de parler mieux... Je sais, par les lettres de Josué, l'intérêt que vous avez à ce que le prince Djalma ne soit pas ici... demain, et ce que vous avez fait pour cela. M'entendez-vous?

— Je n'ai rien à vous répondre.

Deux coups frappés à la porte interrompirent la conversation.

Entrez — dit Rodin.

— La lettre a été portée à son adresse, monsieur — dit un vieux domestique en s'inclinant ; — voici la réponse.

Rodin prit le papier qu'on lui présentait, et, avant de l'ouvrir, dit courtoisement à Faringhea : — Vous permettez, monsieur?

— Ne vous gênez pas — dit le métis.

— Vous êtes bien bon — répondit Rodin, qui, après avoir lu, écrivit rapidement quelques mots au bas de la réponse qu'on lui apportait, et dit au domestique en la lui remettant : — Renvoyez ceci à la même adresse.

Le domestique s'inclina et disparut.

— Puis-je continuer? — demanda le métis à Rodin.

— Parfaitement.

— Je continue donc — reprit Faringhea... — Avant-hier, au moment où, tout blessé qu'il était, le prince allait, par mon conseil, partir pour Paris, est arrivée une belle voiture avec de superbes présens destinés à Djalma par un ami inconnu. Dans cette voiture il y avait deux hommes : l'un envoyé par l'ami inconnu ; l'autre était un médecin... envoyé par vous pour donner des secours à Djalma et l'accompagner jusqu'à son arrivée à Paris... C'était charitable, n'est-ce pas, frère?

— Continuez votre histoire, monsieur.

— Djalma est parti hier... En déclarant que la blessure du prince empirerait d'une manière très grave s'il ne restait pas étendu dans la voiture pendant tout le voyage, le médecin s'est ainsi débarrassé de l'envoyé de l'ami inconnu, qui est reparti pour Paris, de son côté ; le médecin a voulu m'éloigner à mon tour ; mais Djalma a si fort insisté, que nous sommes partis, le médecin, le prince et moi. Hier soir, nous arrivons à moitié chemin ; le médecin trouve qu'il faut passer la nuit dans une auberge : nous avions — disait-il — tout le temps d'être arrivés à Paris ce soir, le prince ayant annoncé qu'il lui fallait absolument être à Paris le 12 au soir. Le médecin avait beaucoup insisté pour partir seul avec le prince. Je savais, par la lettre de Josué, qu'il vous importait beaucoup que Djalma ne fût pas ici le 13 ; des soupçons me sont venus ; j'ai demandé à ce médecin s'il vous connaissait ; il m'a répondu avec embarras ;... alors au lieu de soupçons, j'ai eu des certitudes... Arrivé à l'auberge, pendant que le médecin était auprès de Djalma, je suis monté à la chambre du docteur, j'ai examiné une boîte remplie de plusieurs flacons qu'il avait apportés : l'un d'eux contenait de l'opium... J'ai deviné.

— Qu'avez-vous deviné, monsieur ?

— Vous allez le savoir... Le médecin a dit à Djalma, avant de se retirer :

— Votre blessure est en bon état, mais la fatigue du voyage pourrait l'enflammer ; il sera bon demain dans la journée de prendre une position calmante que je vais préparer ce soir afin de l'avoir toute prête dans la voiture... Le calcul du médecin était simple — ajouta Faringhea : — le lendemain (qui est aujourd'hui), le prince prenait la potion sur les quatre ou cinq heures du soir... bientôt il s'endormait profondément... Le médecin, inquiet, faisait arrêter la voiture dans la soirée... déclarait qu'il y avait du danger à continuer la route... passait la nuit dans une auberge, et s'établissait auprès du prince, dont l'assoupissement n'aurait cessé qu'à l'heure qui vous convenait. Tel était votre dessein ; il m'a paru habilement projeté, j'ai voulu m'en servir pour moi-même, et j'ai réussi.

— Tout ce que vous dites là, mon cher monsieur — dit Rodin en rongeant ses ongles — est de l'hébreu pour moi.

— Toujours, sans doute à cause de mon accent... mais, dites-moi... connaissez-vous l'*array-mow*?

— Non.

— Tant pis, c'est une admirable production de l'île de Java, si fertile en poisons.

— Eh! que m'importe ! — dit Rodin d'une voix brève et pouvant à peine dissimuler son anxiété croissante.

— Cela vous importe beaucoup. Nous autres fils de Bohwanie nous avons horreur de répandre le sang — reprit Faringhea ; — mais pour passer impunément le lacet autour du cou de nos victimes, nous attendons qu'elles soient endormies... Lorsque leur sommeil n'est pas assez profond, nous l'augmentons à notre gré ; nous sommes très adroits dans notre œuvre : le serpent n'est pas plus subtil, le lion plus audacieux. Djalma porte nos marques... L'*array-mow* est une poudre impalpable ; en en faisant respirer quelques parcelles pendant le sommeil, ou en le mêlant au tabac d'une pipe pendant qu'on veille, on jette sa victime dans un assoupissement dont rien ne peut la tirer. Si l'on craint de donner une dose trop forte à la fois, on en fait aspirer plusieurs fois durant le sommeil et on le prolonge ainsi sans danger autant de temps que l'homme peut rester sans boire ni manger... trente ou quarante heures environ... Vous voyez combien l'usage de l'opium est grossier auprès de ce divin narcotique... J'en avais apporté de Java une certaine quantité... par simple curiosité... sans oublier le contre-poison.

— Ah! il y a un contre-poison ? — dit machinalement Rodin.

— Comme il y a des gens qui sont tout le contraire de ce que nous sommes, frère de la bonne-œuvre... Les Javanais appellent le suc de cette racine le *touboe*; il dissipe l'engourdissement causé par l'*array-mow*, comme le soleil dissipe les nuages... Or, hier soir, étant certain des projets de votre émissaire sur Djalma, j'ai attendu que ce médecin fût couché, endormi.... Je me suis introduit en rampant dans sa chambre... et je lui ai fait aspirer une telle dose d'*array-mow*... qu'il doit dormir encore...

— Malheureux ! — s'écria Rodin de plus en plus effrayé de ce récit, car Faringhea portait un coup terrible aux machinations du *socius* et de ses amis ; — mais vous risquiez d'empoisonner ce médecin ?

— Frère... comme il risquait d'empoisonner Djalma. Ce matin nous sommes donc partis, laissant votre médecin dans l'auberge, plongé dans un profond sommeil. Je me suis trouvé seul dans la voiture avec Djalma. Il fumait, en véritable Indien ; quelques parcelles d'*array-mow*, mélangées au tabac dont j'ai rempli sa longue pipe, l'ont d'abord assoupi… Une nouvelle dose qu'il a aspirée l'a endormi profondément, et à cette heure il est dans l'auberge où nous sommes descendus. Maintenant, frère… il dépend de moi de laisser Djalma plongé dans son assoupissement, qui durera jusqu'à demain soir…. ou de l'en faire sortir à l'instant… Ainsi, selon que vous satisferez ou non à ma demande, Djalma sera ou ne sera pas demain rue Saint-François, n. 3.

Ce disant, Faringhea tira de sa poche la médaille de Djalma, et dit à Rodin en la lui montrant : — Vous le voyez, je vous dis la vérité… Pendant le sommeil de Djalma, je lui ai enlevé cette médaille, la seule indication qu'il ait de l'endroit où il doit se trouver demain… Je finis donc par où j'ai commencé, en vous disant : — Frère, je viens vous demander beaucoup!

Depuis quelques momens, Rodin, selon son habitude lorsqu'il était en proie à un accès de rage muette et concentrée, se rongeait les ongles jusqu'au sang. A ce moment, le timbre de la loge du portier sonna trois coups espacés d'une façon particulière. Rodin ne parut pas faire attention à ce bruit; et pourtant tout à coup une étincelle brilla dans ses petits yeux de reptile, pendant que Faringhea, les bras croisés, le regardait avec une expression de supériorité triomphante et dédaigneuse.

Le *socius* baissa la tête, garda le silence, prit machinalement une plume sur son bureau, et en mâchonna la barbe pendant quelques secondes, en ayant l'air de réfléchir profondément à ce que venait de lui dire Faringhea. Enfin, jetant la plume sur le bureau, il se retourna brusquement vers le métis, et lui dit d'un air profondément dédaigneux : — Ah çà, monsieur Faringhea, est-ce que vous prétendez vous moquer du monde avec vos histoires?

Le métis, stupéfait, malgré son audace, recula d'un pas.

— Comment, monsieur — reprit Rodin — vous venez ici, dans une maison respectable, vous vanter d'avoir dérobé une correspondance, étranglé celui-ci, empoisonné celui-là avec un narcotique! Mais c'est du délire, monsieur; j'ai voulu vous écouter jusqu'à la fin, pour voir jusqu'où vous pousseriez l'audace… Car il n'y a qu'un monstrueux scélérat qui puisse venir se targuer de si épouvantables forfaits; mais je veux bien croire qu'ils n'existent que dans votre imagination.

En prononçant ces mots avec une sorte d'animation qui ne lui était pas habituelle, Rodin se leva et, tout en marchant, s'approcha peu à peu de la cheminée pendant que Faringhea, ne revenant pas de sa surprise, le regardait en silence; pourtant, au bout de quelques instans, il reprit d'un air sombre et farouche : — Prenez garde, frère… ne me forcez pas à vous prouver que j'ai dit la vérité.

— Allons donc, monsieur! il faut venir des antipodes pour croire les Français si faciles à duper. Vous avez, dites-vous, la prudence du serpent et le courage du lion. J'ignore si vous êtes un lion courageux, mais pour serpent prudent… je le nie. Comment! vous avez sur vous une lettre de M. Josué qui peut me compromettre (en admettant que tout ceci ne soit pas une fable); le prince Djalma est plongé dans une torpeur qui sert mes projets et dont vous seul le pouvez faire sortir; vous pouvez enfin, dites-vous, porter un coup terrible à mes intérêts, et vous ne réfléchissez pas, lion terrible, serpent subtil, qu'il ne s'agit pour moi que de gagner vingt-quatre heures. Or, vous arrivez du fond de l'Inde à Paris; vous êtes étranger et inconnu à tous, vous me croyez aussi scélérat que vous, puisque vous m'appelez frère, et vous ne songez pas que vous êtes ici en mon pouvoir; que cette rue est solitaire, cette maison écartée, que je puis avoir ici sur-le-champ trois ou quatre personnes capables de vous garrotter en une seconde, tout étrangleur que vous êtes!…. et cela seulement en tirant le cordon de cette sonnette — ajouta Rodin en le prenant en effet à la main. — N'ayez donc pas peur — ajouta-t-il avec un sourire d'abolique en voyant Faringhea faire un brusque mouvement de surprise et de frayeur; — est-ce que je vous préviendrais si je voulais agir de la sorte!… Voyons, répondez… Une fois garrotté et mis en lieu de sûreté pendant vingt-quatre heures, comment pourriez-vous me nuire? Ne me serait-il pas alors facile de m'emparer des papiers de Josué, de la médaille de Djalma, qui, plongé dans un assoupissement jusqu'à demain soir, ne m'inquiéterait plus?… Vous le voyez donc bien, monsieur, vos menaces sont vaines... parce qu'elles reposent sur des mensonges, parce qu'il n'est pas vrai que le prince Djalma soit ici en votre pouvoir... Allez... sortez d'ici, et une autre fois, quand vous voudrez faire des dupes, adressez-vous mieux.

Faringhea restait frappé de stupeur : tout ce qu'il venait d'entendre lui semblait très probable ; Rodin pouvait s'emparer de lui, de la lettre de Josué, de la médaille, et, en le retenant prisonnier, rendre impossible le réveil de Djalma ; et pourtant Rodin lui ordonnait de sortir, à lui, Faringhea, qui se croyait si redoutable.

A force de chercher les motifs de la conduite inexplicable du *socius*, le métis s'imagina, et en effet il ne pouvait penser autre chose, que Rodin, malgré les preuves qu'il apportait, ne croyait pas que Djalma fût en son pouvoir ; de la sorte, le dédain du correspondant de Josué s'expliquait naturellement.

Rodin jouait un coup d'une grande hardiesse et d'une grande habileté ; aussi, tout en ayant l'air de grommeler entre ses dents d'un air courroucé, il observait en dessous, mais avec une anxiété dévorante, la physionomie de l'Etrangleur.

Celui-ci, presque certain d'avoir pénétré le secret motif de la conduite de Rodin, reprit, — Je vais sortir... mais un mot encore ;... vous croyez que je mens...

— J'en suis certain, vous m'avez débité un tissu de fables ; j'ai perdu beaucoup de temps à les écouter, faites-moi grâce du reste... Il est tard, veuillez me laisser seul.

— Une minute encore... vous êtes un homme, je le vois, à qui l'on ne doit rien cacher — dit Faringhea. — A cette heure, je ne puis attendre de Djalma qu'une espèce d'aumône et un mépris écrasant, car, du caractère dont il est, lui dire : Donnez-moi beaucoup, parce que, pouvant vous trahir, je ne l'ai pas fait... ce serait m'attirer son courroux et son dédain... J'aurais pu vingt fois le tuer... mais son jour n'est pas encore venu — dit l'Etrangleur d'un air sombre — et pour attendre ce jour... et d'autres funestes jours, il me faut de l'or, beaucoup d'or... vous seul pouvez m'en donner en payant ma trahison envers Djalma, parce qu'à vous seul elle profite. Vous refusez de m'entendre, parce que vous me croyez menteur... J'ai pris l'adresse de l'auberge où nous sommes descendus, la voici. Envoyez quelqu'un s'assurer de la vérité de ce que je dis, alors vous me croirez ; mais le prix de ma trahison sera cher. Je vous l'ai dit, je vous demanderai beaucoup.

Ce disant, Faringhea offrait à Rodin une adresse imprimée ; le *socius*, qui suivait du coin de l'œil tous les mouvemens de Faringhea, fit semblant d'être profondément absorbé, de ne pas l'entendre, et ne répondit rien.

— Prenez cette adresse... et assurez-vous que je ne mens pas — reprit Faringhea en tendant de nouveau l'adresse à Rodin.

— Hein... qu'est-ce ? — dit celui-ci en jetant à la dérobée un rapide regard sur l'adresse, qu'il lut avidement, mais sans y toucher.

— Lisez cette adresse — répéta le métis — et vous pourrez vous assurer que...

— En vérité, monsieur — s'écria Rodin en repoussant l'adresse de la main — votre impudence me confond. Je vous répète que je ne veux avoir rien de commun avec vous. Pour la dernière fois, je vous somme de vous retirer. Je ne sais pas ce que c'est que le prince Djalma... Vous pouvez me nuire, dites-vous ; nuisez-moi, ne vous en gênez pas, mais pour l'amour du ciel sortez d'ici.

Ce disant, Rodin sonna violemment.

Faringhea fit un mouvement comme s'il eût voulu se mettre en défense.

Un vieux domestique à figure débonnaire et placide se présenta aussitôt.

— Lapierre... éclairez monsieur — lui dit Rodin en lui montrant du geste Faringhea.

Celui-ci, épouvanté du calme de Rodin, hésitait à sortir.

— Mais, monsieur — lui dit Rodin remarquant son trouble et son hésitation — qu'attendez-vous ? Je désire être seul...

— Ainsi, monsieur — lui dit Faringhea en se retirant lentement et à reculons — vous refusez mes offres ? Prenez garde... demain il sera trop tard.

— Monsieur, j'ai l'honneur d'être votre très humble serviteur.

Et Rodin s'inclina avec courtoisie.

L'Etrangleur sortit. — La porte se referma sur lui...

Aussitôt, le père d'Aigrigny parut sur le seuil de la pièce voisine. Sa figure était pâle et bouleversée.

— Qu'avez-vous fait? — s'écria-t-il en s'adressant à Rodin. — J'ai tout entendu... Ce misérable, j'en suis malheureusement certain, disait la vérité... l'Indien est en son pouvoir; il va le rejoindre...

— Je ne le pense pas — dit humblement Rodin en s'inclinant et reprenant sa physionomie morne et soumise.

— Et qui empêchera cet homme de rejoindre le prince?

— Permettez... Lorsqu'on a introduit ici cet affreux scélérat, je l'ai reconnu; aussi, avant de m'entretenir avec lui, j'ai prudemment écrit quelques lignes à Morok, qui attendait le bon loisir de Votre Révérence dans la salle basse avec Goliath; plus tard, pendant le cours de la conversation, lorsqu'on m'a apporté la réponse de Morok, qui attendait mes ordres, je lui ai donné de nouvelles instructions, voyant le tour que prenaient les choses.

— Et à quoi bon tout ceci, puisque cet homme vient de sortir de cette maison?

— Votre Révérence daignera peut-être remarquer qu'il n'est sorti qu'après m'avoir donné l'adresse de l'hôtel où est l'Indien, grâce à mon innocent stratagème de dédain... S'il eût manqué, Faringhea tombait toujours entre les mains de Goliath et de Morok, qui l'attendaient dans la rue à deux pas de la porte. Mais nous eussions été très embarrassés, car nous ne savions pas où habitait le prince Djalma.

— Encore de la violence! — dit le père d'Aigrigny avec répugnance.

— C'est à regretter... fort à regretter... — reprit Rodin... — mais il a bien fallu suivre le système adopté jusqu'ici.

— Est-ce un reproche que vous m'adressez? — dit le père d'Aigrigny, qui commençait à trouver que Rodin était autre chose qu'une machine à écrire.

— Je ne me permettrais pas d'en adresser à Votre Révérence — dit Rodin en s'inclinant presque jusqu'à terre; — mais il s'agit seulement de retenir cet homme pendant vingt-quatre heures.

— Et ensuite?... Ses plaintes?

— Un pareil bandit n'osera pas se plaindre; d'ailleurs il est sorti librement d'ici. Morok et Goliath lui banderont les yeux après s'être emparés de lui. La maison a une entrée dans la rue *Vieille-des-Ursins*. A cette heure et par ce temps d'ouragan, il ne passe personne dans ce quartier désert. Le trajet dépaysera complètement ce misérable; on le descendra dans une cave du bâtiment neuf, et demain, la nuit, à pareille heure, on lui rendra la liberté avec les mêmes précautions... Quant à l'Indien, on sait maintenant où le trouver... il s'agit d'envoyer auprès de lui une personne de confiance; et s'il sort de sa torpeur... il est un moyen très simple et surtout aucunement violent, selon mon petit jugement — dit modestement Rodin — de le tenir demain éloigné toute la journée de la rue Saint-François.

Le même domestique à figure débonnaire, qui avait introduit et éconduit Faringhea, rentra dans le cabinet après avoir discrètement frappé; il tenait à la main une espèce de gibecière en peau de daim, qu'il remit à Rodin en lui disant: — Voici ce que M. Morok vient d'apporter; il est entré par la rue Vieille.

Le domestique sortit.

Rodin ouvrit le sac et dit au père d'Aigrigny en lui montrant ces objets: — La médaille... et la lettre de Josué... Morok a été habile et expéditif.

— Encore un danger évité — dit le marquis; — il est fâcheux d'en venir à de tels moyens...

— A qui les reprocher, sinon au misérable qui nous met dans la nécessité d'y avoir recours?... Je vais à l'instant dépêcher quelqu'un à l'hôtel de l'Indien.

— Et à sept heures du matin vous conduirez Gabriel rue Saint-François; c'est là que j'aurai avec lui l'entretien qu'il me demande si instamment depuis trois jours.

— Je l'en ai fait prévenir ce soir; il se rendra à vos ordres.

— Enfin — dit le père d'Aigrigny — après tant de luttes, tant de craintes,

tant de traverses, quelques heures maintenant nous séparent de ce moment depuis si longtemps attendu. . . . .
. . . .

Nous conduirons le lecteur à la maison de la rue Saint-François.

ONZIÈME PARTIE.

LE 13 FÉVRIER.

CHAPITRE PREMIER.

LA MAISON DE LA RUE SAINT-FRANÇOIS.

En entrant dans la rue *Saint-Gervais* par la rue *Doré* (au *Marais*), on se trouvait, à l'époque de ce récit, en face d'un mur d'une hauteur énorme, aux pierres noires et vermiculées par les années ; ce mur, se prolongeant dans presque toute la longueur de cette rue solitaire, servait de contrefort à une terrasse ombragée d'arbres centenaires ainsi plantés à plus de quarante pieds au-dessus du pavé : à travers leurs épais branchages apparaissaient le fronton de pierre, le toit aigu et les grandes cheminées de brique d'une antique maison, dont l'entrée était située rue Saint-François, n° 4, non loin de l'angle de la rue Saint-Gervais.

Rien de plus triste que les dehors de cette demeure ; c'était encore de ce côté une muraille très élevée, percée de deux ou trois jours de souffrance, sortes de meurtrières formidablement grillagées. Une porte cochère en chêne massif, bardée de fer, constellée d'énormes têtes de clous, et dont la couleur primitive disparaissait depuis longtemps sous une couche épaisse de boue, de poussière et de rouille, s'arrondissait par le haut, et s'adaptait à la voussure d'une baie cintrée, ressemblant à une arcade profonde, tant les murailles avaient d'épaisseur ; dans l'un des larges battans de cette porte massive s'ouvrait une seconde petite porte servant d'entrée au juif Samuel, gardien de cette sombre demeure. Le seuil franchi, on arrivait sous une voûte formée par le bâtiment donnant sur la rue. Dans ce bâtiment était pratiqué le logement de Samuel ; les fenêtres s'ouvraient sur une cour intérieure très spacieuse, coupée par une grille au delà de laquelle on voyait un jardin.

Au milieu de ce jardin s'élevait une maison de pierre de taille à deux étages, si bizarrement exhaussée, qu'il fallait gravir un perron ou plutôt un double escalier de vingt marches pour arriver à la porte d'entrée murée depuis cent cinquante ans. Les contrevens des croisées de cette habitation avaient été remplacées par de larges et épaisses plaques de plomb hermétiquement soudées et maintenues par des châssis de fer scellés dans la pierre. De plus, afin d'intercepter complètement l'air, la lumière, et de parer de la sorte à toute dégradation intérieure ou extérieure, le toit avait été recouvert d'épaisses plaques de plomb, ainsi que l'ouverture des cheminées de brique, préalablement bouchées et maçonnées. On avait usé des mêmes procédés pour la clôture d'un petit belvédère carré situé au faîte de la maison, en recouvrant sa cage vitrée d'une sorte de chape soudée à la toiture. Seulement, par suite d'une fantaisie singulière, chacune des quatre plaques de plomb qui masquaient les faces de ce belvédère, correspondant aux quatre points cardinaux, était percée de sept petits trous ronds, disposés en forme de croix, que l'on distinguait facilement à l'extérieur. Partout ailleurs, les panneaux plombés des croisées étaient absolument pleins. Grâce à ces précautions, à la solide construction de cette demeure, à peine quelques réparations extérieures avaient été nécessaires, et les appartemens, complétement soustraits à l'influence de l'air extérieur, devaient être, depuis un siècle et demi, aussi intacts que lors de leur fermeture.

L'aspect de murailles lézardées, de volets vermoulus et brisés, d'une toiture à demi effondrée, de croisées envahies par des plantes pariétaires, eût été peut-être moins triste que la vue de cette maison de pierre bardée de fer et de plomb, conservée comme un tombeau.

Le jardin, complétement abandonné, et dans lequel le gardien Samuel entrait seulement pour faire ses inspections hebdomaires, offrait, surtout pendant l'été, une incroyable confusion de plantes parasites et de broussailles. Les arbres, livrés à eux-mêmes, avaient poussé en tout sens et entremêlé leurs branches; quelques vignes folles reproduites par rejetons, rampant d'abord sur le sol, jusqu'au pied des arbres, y avaient ensuite grimpé, enroulé leurs troncs, et jeté sur les branchages les plus élevés l'inextricable réseau de leurs sarmens. L'on ne pouvait traverser cette *forêt vierge* qu'en suivant un sentier pratiqué par le gardien pour aller de la grille à la maison dont les abords, ménagés en pente douce pour l'écoulement des eaux, étaient soigneusement dallés sur une largeur de dix pieds environ. Un autre petit chemin de ronde, ménagé autour des murs d'enceinte, était chaque nuit battu par deux ou trois énormes chiens des Pyrénées, dont la race fidèle s'était aussi perpétuée dans cette maison depuis un siècle et demi.

Telle était l'habitation destinée à servir de rendez-vous aux descendans de la famille Rennepont.

La nuit qui séparait le 12 février du 13 allait bientôt finir. Le calme succédant à la tourmente, la pluie avait cessé; le ciel était pur, étoilé; la lune, à son déclin, brillait d'un doux éclat, et jetait une clarté mélancolique sur cette demeure abandonnée, silencieuse, dont aucun pas humain n'avait franchi le seuil depuis tant d'années.

Une vive lueur, s'échappant à travers une des fenêtres du logis du gardien, annonçait que le juif Samuel veillait encore.

Que l'on se figure une assez vaste chambre, lambrissée du haut en bas en vieilles boiseries de noyer, devenues d'un brun presque noir à force de vétusté; deux tisons à demi éteins fument dans l'âtre au milieu des cendres refroidies; sur la tablette de cette cheminée de pierre peinte couleur de granit gris, on voit un vieux flambeau de fer garni d'une maigre chandelle, coiffée d'un éteignoir, et auprès une paire de pistolets à deux coups et un couteau de chasse à lame affilée, dont la poignée de bronze ciselé appartient au dix-septième siècle; de plus une lourde carabine était appuyée à l'un des pilastres de la cheminée. Quatre escabeaux sans dossier, une vieille armoire de chêne et une table à pieds tors, meublaient seuls cette chambre. A la boiserie étaient symétriquement suspendues des clefs de différentes grandeurs; leur forme annonçait leur antiquité; diverses étiquettes étaient fixées à leur anneau.

Le fond de la vieille armoire de chêne, à secret et mobile, avait glissé sur une coulisse, et l'on apercevait, scellée dans le mur, une large et profonde caisse de fer, dont le battant ouvert montrait le merveilleux mécanisme de l'une de ces serrures florentines du seizième siècle, qui, mieux que toutes les inventions modernes, défiait l'effraction, et qui de plus, selon les idées du temps, grâce à une épaisse doublure de toile d'amiante, tendue assez loin des parois de la caisse sur des fils d'or, rendait incombustible en cas d'incendie les objets qu'elle renfermait.

Une grande cassette de bois de cèdre, prise dans cette caisse, et déposée sur un escabeau, contenait de nombreux papiers soigneusement rangés et étiquetés.

À la lueur d'une lampe de cuivre, le vieux gardien Samuel est occupé à écrire sur un petit registre, à mesure que sa femme Bethsabée dicte en lisant un carnet.

Samuel avait alors environ quatre-vingt-deux ans, et, malgré cet âge avancé, une forêt de cheveux gris et crépus couvrait sa tête; il était petit, maigre, nerveux, et la pétulance involontaire de ses mouvemens prouvait que les années n'avaient pas affaibli son énergie et son activité, quoique dans le *quartier*, où il apparaissait d'ailleurs très rarement, il affectât de paraître presque en enfance, ainsi que l'avait dit Rodin au père d'Aigrigny. Une vieille robe de chambre de bouracan marron, à larges manches, enveloppait entièrement le vieillard, et tombait jusqu'à ses pieds. Les traits de Samuel offraient le type pur et oriental de sa race : son teint était mat et jaunâtre, son nez aquilin, son menton ombragé d'un petit bouquet de barbe blanche; ses pommettes saillantes jetaient une ombre assez dure sur ses joues creuses et ridées. Sa physionomie était remplie d'intelligence, de finesse et de sagacité. Son front, large, élevé, annonçait la droiture, la franchise et la fermeté; ses yeux, noirs et brillans comme les yeux arabes, avaient un regard à la fois pénétrant et doux.

Sa femme, Bethsabée, de quinze ans moins âgée que lui, était de haute taille et entièrement vêtue de noir. Un bonnet plat, en linon empesé, qui rappelait la sévère coiffure des graves matrones hollandaises, encadrait son visage pâle et austère, autrefois d'une rare et fière beauté, d'un caractère tout biblique; quelques plis du front, provenant du froncement presque continuel de ses sourcils gris, témoignaient que cette femme était souvent sous le poids d'une tristesse profonde. A ce moment même, la physionomie de Bethsabée trahissait une douleur inexprimable : son regard était fixe, sa tête penchée sur sa poitrine; elle avait laissé retomber sur ses genoux sa main droite dont elle tenait un petit carnet; de son autre main, elle serrait convulsivement une grosse tresse de cheveux noirs comme le jais qu'elle portait au cou. Cette natte épaisse était garnie d'un fermoir en or d'un pouce carré; sous une plaque de cristal qui le recouvrait d'un côté comme un reliquaire, on voyait un morceau de toile plié carrément et presque entièrement couvert de taches d'un rouge sombre, couleur de sang depuis longtemps séché.

Après un moment de silence, pendant lequel Samuel écrivit sur son registre, il dit tout haut en relisant ce qu'il venait d'écrire : — D'autre part, 5,000 métalliques d'Autriche de 1,000 florins, et la date du 19 *octobre* 1826.

Ensuite de cette énumération, Samuel ajouta en relevant et en s'adressant à sa femme : — Est-ce bien cela, Bethsabée? avez-vous comparé sur le carnet?

Bethsabée ne répondit pas.

Samuel la regarda, et la voyant profondément accablée, lui dit avec une expression de tendresse inquiète : — Qu'avez-vous?... mon Dieu, qu'avez-vous?

— Le 19 octobre... 1826... — dit-elle lentement, les yeux toujours fixes, et en serrant plus étroitement encore dans sa main la tresse de cheveux noirs qu'elle portait au cou. — C'est une date funeste... Samuel... bien funeste... c'est celle de la dernière lettre que nous avons reçue de...

Bethsabée ne put continuer, elle poussa un long gémissement et cacha sa figure dans ses mains.

— Ah! je vous entends — reprit le vieillard d'une voix altérée — un père peut être distrait par de graves préoccupations, mais, hélas! le cœur d'une mère est toujours en éveil.

Et jetant sa plume sur la table, Samuel appuya son front sur ses mains avec accablement.

Bethsabée reprit bientôt, comme si elle se fût douloureusement complu dans ces cruels souvenirs : — Oui... ce jour est le dernier où notre fils Abel nous a écrit d'Allemagne en nous annonçant qu'il venait d'employer, selon vos ordres, les fonds qu'il avait emportés d'ici... et qu'il allait se rendre en Pologne pour une autre opération...

— Et en Pologne... il a trouvé la mort d'un martyr — reprit Samuel; — sans motif, sans preuve, car rien n'était plus faux, on l'a injustement accusé de venir organiser la contrebande... et le gouvernement russe, le traitant comme on traite nos frères dans ces pays de cruelle tyrannie, l'a fait condamner à l'affreux supplice du knout... sans vouloir le voir ni l'entendre... A quoi bon... entendre un juif?... Qu'est-ce qu'un juif? une créature encore bien au-dessous d'un serf... Ne leur reproche-t-on pas, dans ce pays, tous les vices qu'engendre le dégradant servage où on les plonge? Un juif expirant sous le bâton ! Qui irait s'en inquiéter ?

— Et notre pauvre Abel, si doux, si loyal, est mort sous le fouet... moitié de honte, moitié de douleur — dit Bethsabée en tressaillant. — Un de nos frères de Pologne a obtenu à grand'peine la permission de l'ensevelir... Il a coupé ses beaux cheveux noirs... et ces cheveux avec ce morceau de linge, taché du sang de notre cher fils, c'est tout ce qui nous reste de lui ! s'écria Bethsabée.

Et elle couvrait de baisers convulsifs la tresse de cheveux et le reliquaire.

— Hélas! dit Samuel en essuyant ses larmes, qui avaient aussi coulé à ce souvenir déchirant — le Seigneur, du moins, ne nous a retiré notre enfant que lorsque la tâche que notre famille poursuit fidèlement depuis un siècle et demi touchait à son terme... A quoi bon désormais notre race sur la terre? — ajouta Samuel avec une profonde amertume — notre devoir n'est-il pas accompli?... Cette caisse ne renferme-t-elle pas une fortune de roi? cette maison, murée il y a cent cinquante ans, ne sera-t-elle pas ouverte ce matin aux descendans du bienfaiteur de mon aïeul ?...

En disant ces mots, Samuel tourna tristement la tête vers la maison, qu'il apercevait de sa fenêtre.

— A ce moment, l'aube allait paraître.

La lune venait de se coucher; le belvédère, ainsi que le toit et les cheminées, se découpait en noir sur le bleu sombre du firmament étoilé.

Tout à coup Samuel pâlit, se leva brusquement et dit à sa femme d'une voix tremblante, en lui montrant la maison : — Bethsabée... les sept points de lumière, comme il y a trente ans... regarde... regarde...

En effet, les sept ouvertures rondes, disposées en forme de croix autrefois pratiquées dans les plaques de plomb qui recouvraient les croisées du belvédère, étincelèrent en sept points lumineux, comme si quelqu'un fût monté intérieurement au faîte de la maison murée.

CHAPITRE II.

DOIT ET AVOIR.

Pendant quelques instans, Samuel et Bethsabée restèrent immobiles, les yeux attachés avec une frayeur inquiète sur les sept points lumineux qui rayonnaient parmi les dernières clartés de la nuit au sommet du belvédère, pendant qu'à l'horizon, derrière la maison, une lueur d'un rose pâle annonçait l'aube naissante. Samuel rompit le premier le silence et dit à sa femme en passant la main sur son front : — La douleur que vient de nous causer le souvenir de notre pauvre enfant nous a empêché de réfléchir et de nous rappeler qu'après tout il ne devait y avoir pour nous rien d'effrayant dans ce qui se passe.

— Que dites-vous, Samuel ?

— Mon père ne m'a-t-il pas dit que lui et mon aïeul avaient plusieurs fois aperçu des clartés pareilles à de longs intervalles?

— Oui, Samuel... mais sans pouvoir, non plus que nous, s'expliquer ces clartés...

— Ainsi que mon père et mon grand-père, nous devons croire qu'une issue, inconnue de leur temps comme elle l'est encore du nôtre, donne passage à des personnes qui ont aussi quelques devoirs mystérieux à remplir dans cette demeure. Encore une fois, mon père m'a prévenu de ne pas m'inquiéter de ces circonstances étranges... qu'il m'avait prédites... et qui, depuis trente ans, se renouvellent pour la seconde fois...

— Il n'importe, Samuel... cela épouvante comme si c'était quelque chose de surnaturel.

— Le temps des miracles est passé — dit le juif en secouant mélancoliquement la tête — bien des vieilles maisons de ce quartier ont des communications souterraines avec des endroits éloignés ; quelques-unes, dit-on, se prolongent même jusqu'à la Seine et jusqu'aux catacombes... Sans doute cette maison est dans une condition pareille, et les personnes qui y viennent si rarement s'y introduisent par ce moyen.

— Mais ce belvédère ainsi éclairé...

— D'après le plan annoté du bâtiment, vous savez que ce belvédère forme le faîte ou la lanterne de ce qu'on appelle la *grande salle de deuil*, située au dernier étage de la maison. Comme il y règne une complète obscurité, à cause de la fermeture de toutes les fenêtres, nécessairement on se sert de lumière pour monter jusqu'à cette *salle de deuil*, pièce qui renferme, dit-on, des choses bien étranges, bien sinistres... ajouta le juif en tressaillant.

Bethsabée regardait attentivement, ainsi que son mari, les sept points lumineux, dont l'éclat diminuait à mesure que le jour grandissait.

— Ainsi que vous le dites, Samuel, ce mystère peut s'expliquer de la sorte... — reprit la femme du vieillard. — D'ailleurs ce jour est un jour si important pour la famille de Rennepont, que, dans de telles circonstances, cette apparition ne doit pas nous étonner.

— Et penser — reprit Samuel — que depuis un siècle et demi ces lueurs ont apparu plusieurs fois! il est donc une autre famille, qui de génération en génération s'est vouée, comme la nôtre, à accomplir un pieux devoir...

— Mais quel est ce devoir? Peut-être aujourd'hui tout s'éclaircira-t-il...

— Allons, allons, Bethsabée — reprit tout à coup Samuel en sortant de sa rêverie, et comme s'il se fût reproché son oisiveté — voici le jour, et il faut qu'avant huit heures cet état de caisse soit mis au net, ces immenses valeurs classées — et il montra le grand coffret de cèdre — afin qu'elles puissent être remises entre les mains de qui de droit.

— Vous avez raison, Samuel; ce jour ne nous appartient pas... c'est un jour solennel... et qui serait beau, oh! bien beau pour nous... si maintenant il pouvait y avoir de beaux jours pour nous — dit amèrement Bethsabée en songeant à son fils.

— Bethsabée — dit tristement Samuel en appuyant sa main sur la main de sa femme — nous serons du moins sensibles à l'austère satisfaction du devoir accompli... Le Seigneur ne nous a-t-il pas été bien favorable, quoique en nous éprouvant cruellement par la mort de notre fils? N'est-ce pas grâce à sa providence que les trois générations de ma famille ont pu commencer, continuer et achever cette grande œuvre.

— Oui, Samuel — dit affectueusement la juive — et du moins, pour vous, à cette satisfaction se joindront le calme et la quiétude, car lorsque midi sonnera vous serez délivré d'une bien terrible responsabilité.

Et ce disant, Bethsabée indiqua du geste la caisse de cèdre.

— Il est vrai — reprit le vieillard — j'aimerais mieux savoir ces immenses richesses entre les mains de ceux à qui elles appartiennent qu'entre les miennes; mais aujourd'hui je n'en serai plus dépositaire.... Je vais donc contrôler une dernière fois l'état de ces valeurs, et ensuite nous le collationnerons d'après mon registre et le carnet que vous tenez.

Bethsabée fit un signe de tête affirmatif. Samuel reprit sa plume et se livra très attentivement à ses calculs de banque; sa femme s'abandonna de nouveau, malgré elle, aux souvenirs cruels qu'une date fatale venait d'éveiller en lui rappelant la mort de son fils.

Exposons rapidement l'histoire très simple, et pourtant en apparence si romanesque, si merveilleuse, de ces 50,000 écus qui, grâce à une accumulation et une gestion sage, intelligente et fidèle, s'étaient naturellement, ou plutôt *forcément* transformés, au bout d'un siècle et demi, en une somme bien autrement importante que celle de *quarante millions* fixée par le père d'Aigrigny, qui, très incomplétement renseigné à ce sujet, et songeant d'ailleurs aux éventualités désastreuses, au pertes, aux banqueroutes qui, pendant tant d'années, avaient pu atteindre les dépositaires successifs de ces valeurs, trouvait encore énorme... le chiffre de quarante millions.

L'histoire de cette fortune se trouvant nécessairement liée à celle de la famille Samuel, qui faisait valoir ces fonds depuis trois générations, nous en dirons deux mots.

Vers 1670, plusieurs années avant sa mort, M. Marius de Rennepont, lors d'un voyage en Portugal, avait pu, grâce à de très puissans intermédiaires, sauver la vie d'un malheureux juif condamné au bûcher par l'inquisition pour cause de religion... Ce juif était *Isaac Samuel*, l'aïeul du gardien de la maison de la rue Saint-François.

Les hommes généreux s'attachent souvent à leurs obligés au moins autant que les obligés s'attachent à leurs bienfaiteurs. S'étant d'abord assuré qu'Isaac, qui faisait à Lisbonne un petit commerce d'échange, était probe, actif, laborieux, intelligent, M. de Rennepont, qui possédait alors de grands biens en France, proposa au juif de l'accompagner et de gérer sa fortune. L'espèce de réprobation et de méfiance dont les Israélites ont toujours été poursuivis, était alors à son comble. Isaac fut donc doublement reconnaissant de la marque de confiance que lui donnait M. de Rennepont. Il accepta et se promit dès ce jour de vouer son existence tout entière au service de celui qui, après lui avoir sauvé la vie, avait foi en sa droiture et en sa probité, à lui juif appartenant à une race si généralement soupçonnée, haïe et méprisée. M. de Rennepont, homme d'un grand cœur, d'un grand sens et d'un grand esprit, ne s'était pas trompé dans son choix. Jusqu'à ce qu'il fût dépossédé de ses biens, ils prospérèrent merveilleusement entre les mains d'Isaac Samuel, qui, doué d'une admirable aptitude pour les affaires, l'appliquait exclusivement aux intérêts de son bienfaiteur.

Vinrent les persécutions et la ruine de M. de Rennepont, dont les biens furent confisqués et abandonnés aux RR. PP. de la compagnie de Jésus, ses délateurs, quelques jours avant sa mort. Caché dans la retraite qu'il avait choisie pour y finir violemment ses jours, il fit mander secrètement Isaac Samuel, et lui remit 50,000 écus en or, seul débris de sa fortune passée : ce fidèle serviteur devait faire valoir cette somme, en accumuler et en placer les intérêts ; s'il avait un fils, lui transmettre la même obligation ; à défaut de fils il chercherait un parent assez probe pour continuer cette gérance à laquelle serait d'ailleurs affectée une rétribution convenable ; cette gérance devait être ainsi transmise et perpétuée de proche en proche jusqu'à l'expiration d'un siècle et demi. M. de Rennepont avait en outre prié Isaac de vivre pendant sa vie le gardien de la maison de la rue Saint-François, où il serait gratuitement logé, et de léguer ces fonctions à sa descendance, si cela était possible.

Lors même qu'Isaac Samuel n'aurait pas eu d'enfans, le puissant esprit de solidarité qui unit souvent certaines familles juives entre elles, aurait rendu praticable la dernière volonté de M. de Rennepont. Les parens d'Isaac se seraient associés à sa reconnaissance envers son bienfaiteur, et eux, ainsi que leurs générations successives, eussent accompli généreusement la tâche imposée à l'un des leurs ; mais Isaac eut un fils plusieurs années après la mort de M. de Rennepont. Ce fils, Lévi Samuel, né en 1689, n'ayant pas eu d'enfans de sa première femme, s'était remarié à l'âge de près de soixante ans, et, en 1750, il lui était né un fils : David Samuel, le gardien de la maison de la rue Saint-François, qui, en 1832 (époque de ce récit), était âgé de quatre-vingt-deux ans, et promettait de fournir une carrière aussi avancée que son père mort à quatre-vingt-treize ans ; disons enfin qu'Abel Samuel, le fils que regrettait si amèrement Bethsabée, né en 1790, était mort sous le knout russe, à l'âge de vingt-six ans.

Cette humble généalogie établie, on comprendra facilement que la longévité successive de ces trois membres de la famille Samuel, qui s'étaient perpétués comme gardiens de la maison murée, et reliaient ainsi le dix-neuvième siècle au dix-septième, avait singulièrement simplifié et facilité l'exécution des dernières volontés de M. de Rennepont, ce dernier ayant d'ailleurs formellement déclaré à l'aïeul des Samuel qu'il désirait que la somme qu'il laissait ne fût augmentée que par la seule capitalisation des intérêts à 5 0/0, afin que cette fortune arrivât jusqu'à ses descendans pure de toute spéculation déloyale.

Les coreligionnaires de la famille Samuel, premiers inventeurs de la lettre de change, qui leur servit, au moyen âge, à transporter mystérieusement des valeurs considérables d'un bout à l'autre du monde, à dissimuler leur fortune, à la mettre à l'abri de la rapacité de leurs ennemis; les juifs, disons-nous, ayant fait presque seuls le commerce du change et de l'argent jusqu'à la fin du dix-huitième siècle, aidèrent beaucoup aux transactions secrètes et aux opérations financières de la famille Samuel, qui, jusqu'en 1820 environ, plaça toujours ses valeurs, devenues progressivement immenses, dans les maisons de banque ou dans les comptoirs israélites les plus riches de l'Europe. Cette manière d'agir, sûre et occulte, avait permis au gardien actuel de la rue Saint-François d'effectuer, à l'insu de tous, par simples dépôts ou par lettres de change, des placemens énormes, car c'est surtout lors de sa gestion que la somme capitalisée avait acquis, par le seul fait de l'accumulation, un développement presque incalculable, son père, et surtout son grand-père n'ayant eu comparativement à lui que peu de fonds à gérer. Quoiqu'il s'agît simplement de trouver successivement des placemens assurés et immédiats, afin que l'argent ne restât pas pour ainsi dire sans rapporter d'intérêt, il avait fallu une grande capacité financière pour arriver à ce résultat, surtout lorsqu'il fut question de cinquantaines de millions; cette capacité, le dernier Samuel, d'ailleurs instruit à l'école de son père, la déploya à un haut degré, ainsi que le démontreront les résultats prochainement cités.

Rien ne semble plus touchant, plus noble, plus respectable que la conduite des membres de cette famille israélite qui, solidaires de l'engagement de gratitude pris par un des leurs, se vouent pendant de si longues années, avec autant de désintéressement que d'intelligence et de probité, au lent accroissement d'une fortune de roi dont ils n'attendent aucune part, et qui, grâce à eux, doit arriver pure et immense aux mains des descendans du bienfaiteur de leur aïeul. Rien enfin n'est plus honorable pour le proscrit qui fait le dépôt, et pour le juif qui le reçoit, que ce simple échange de paroles données, sans autre garantie qu'une confiance et une estime réciproques, lorsqu'il s'agit d'un résultat qui ne doit se reproduire qu'au bout de cent cinquante ans.

. . . .

Après avoir relu attentivement son inventaire, Samuel dit à sa femme: — Je suis certain de l'exactitude de mes additions; voulez-vous maintenant collationner sur le carnet que vous avez à la main l'énoncé des valeurs que je viens d'écrire sur ce registre? je m'assurerai en même temps que les titres sont classés par ordre dans cette cassette, car je dois ce matin remettre le tout au notaire, lorsqu'on ouvrira le testament.

— Commencez, mon ami, je vous suis — dit Bethsabée.

— Samuel lut l'état suivant, vérifiant à mesure dans sa caisse.

Résumé du compte des héritiers de M. DE RENNEPONT, remis par DAVID SAMUEL.

DÉBIT.	Fr.	CRÉDIT.	Fr.
Fr. 2,000,000 de rente à 5 0/0 français en inscriptions nominatives et au porteur, achetées de 1825 à 1832, suivant bordereaux à l'appui, à un cours moyen de 99 fr. 50 c.	39,800,000	Fr. 150,000 reçus de M. de Rennepont, en 1682, par Isaac Samuel, mon grand-père, et placés successivement par lui, mon père et moi, à l'intérêt de 5 0/0, avec règlement de compte par semestre et en capitalisant les intérêts, ont produit, suivant les comptes ci-joints... Fr. 225,950,000	
Fr. 900,000 de rente 3 0/0 français en diverses inscriptions achetées pendant les mêmes années à un cours moyen de 74 fr. 50 c.	22,275,000	Mais il faut en déduire, suivant le détail ci-annexé, pour pertes éprouvées dans les faillites, pour commissions et courtages payés à divers, et aussi pour appointemens des trois générations de gérans........ 13,775,000	
5,000 actions de la Banque de France, achetées en commune à 1,900 fr.	9,500,000		
3,000 actions des Quatre-Canaux, en un certificat de dépôt desdites actions à la compagnie, achetées au cours moyen de 1,115 fr.	3,345,000		
125,000 ducats de rente de Naples, au cours moyen de 82 fr. — 2,050,000 ducats : soit 4 fr. 40 c. le ducat.	9,020,000		
5,000 métalliques d'Autriche de 1,000 florins, au cours moyen de 93 florins. —4.650,000 florins au change de 2 fr. 50 c. par florin.	11,625,000		212,175,000
75,000 livres sterling de rente 3 0/0 consolidés anglais à 88 3/4. — 2,218,750 liv. sterling à 25 fr. par livre sterling...	55,468,750		
1,200,000 florins en 2 1/2 0/0 hollandais à 60 f. — 28,860,000 florins à 2 10 c. par florin des Pays-Bas.	60,606,000		
Appoints en billets de Banque, or et argent.	535,250		
	212,175,000		212 175,000

Paris, le 12 février 1832.

— C'est bien cela — reprit Samuel après avoir vérifié les lettres renfermées dans la cassette de cèdre. — Il reste en caisse, à la disposition des héritiers de la famille Rennepont, la somme de DEUX CENT DOUZE MILLIONS cent soixante-quinze mille francs.

Et le vieillard regarda sa femme avec une expression de bien légitime orgueil.

— Cela n'est pas croyable ! — s'écria Bethsabée frappée de stupeur ; — je savais que d'immenses valeurs étaient entre vos mains ; mais je n'aurais jamais cru que 150,000 fr. laissés il y a cent cinquante ans fussent la seule source de cette fortune incroyable.

— Et c'est pourtant la seule, Bethsabée... — reprit fièrement le vieillard. — Sans doute, mon grand-père, mon père et moi nous avons toujours mis autant de fidélité que d'exactitude dans la gestion de ces fonds ; sans doute il nous a fallu beaucoup de sagacité dans le choix des placemens à faire lors des temps de révolution et de crises commerciales ; mais cela nous était facile, grâce à nos relations d'affaires avec nos coreligionnaires de tous les pays ; mais jamais ni moi ni les miens nous ne nous sommes permis de faire un placement, non pas usuraire... mais qui ne fût pas même un peu au-dessous du taux légal... Les ordres formels de M. de Rennepont, recueillis par mon grand-père, le voulaient ainsi, et il n'y a pas au monde de fortune plus pure que celle-ci... Sans ce désintéressement, et en profitant seulement de quelques circonstances favorables, ce chiffre de deux cent douze millions aurait peut-être de beaucoup augmenté.

— Est-ce possible? mon Dieu !

— Rien de plus simple, Bethsabée... tout le monde sait qu'en quatorze ans un capital est doublé par la seule accumulation et composition de ses intérêts à 5 %; maintenant réfléchissez qu'en cent cinquante ans il y a dix fois quatorze ans... que ces cent cinquante premiers mille francs ont été ainsi doublés et martingalés ; ce qui vous étonne vous paraîtra tout simple. En 1682, M. de Rennepont a confié à mon grand-père 150,000 fr.; cette somme, capitalisée ainsi que je vous l'ai dit, a dû produire en 1696, quatorze années après, 300,000 fr. — Ceux-ci, doublés en 1710, ont produit 600,000 fr. Lors de la mort de mon grand-père, en 1719, la somme à faire valoir était déjà de près d'un million ; en 1724, elle aurait dû monter à 1 million 200,000 fr.; en 1738, à 2 millions 400,000 fr.; en 1752, deux ans après ma naissance, à 4 millions 800,000 fr.; en 1766, à 9 millions 600,000 fr.; en 1780, à 19 millions 200,000 fr. ; en 1794, douze ans après la mort de mon père, à 38 millions 400,000 fr. ; en 1808, à 76 millions 800,000 fr.; en 1822, à 153 millions 600,000 fr.; et aujourd'hui, en comptant les intérêts de dix années elle devrait être au moins de 225 millions environ Mais des pertes, des non-valeurs et des frais inévitables, dont le compte est d'ailleurs ici rigoureusement établi, ont réduit cette somme à 212 millions 175,000 fr. en valeurs renfermées dans cette caisse.

— Maintenant je vous comprends, mon ami — reprit Bethsabée pensive — mais qu'elle incroyable puissance que celle de l'accumulation ! et que d'admirables choses on pourrait faire pour l'avenir avec de faibles ressources au temps présent.

— Telle a été, sans doute, la pensée de M. de Rennepont; car, au dire de mon père, qui le tenait de mon aïeul, M. de Rennepont était un des plus grands esprits... de son temps — répondit Samuel en refermant la cassette de bois de cèdre.

— Dieu veuille que ses descendans soient dignes de cette fortune de roi, et en fassent un noble emploi! — dit Bethsabée en se levant.

Le jour était complétement venu ; sept heures du matin sonnèrent.

— Les maçons ne vont pas tarder à arriver — dit Samuel en replaçant la boîte de cèdre dans sa caisse de fer, dissimulée derrière la vieille armoire de chêne. — Comme vous, Bethsabée — reprit-il — je suis curieux et inquiet de savoir quels sont les descendans de M. de Rennepont qui vont se présenter ici...

Deux ou trois coups vigoureusement frappés avec le marteau de fer de l'épaisse porte cochère, retentirent dans la maison. L'aboiement des chiens de garde répondit à ce bruit. Samuel dit à sa femme : — Ce sont sans doute les maçons que le notaire envoie avec un clerc; je vous en prie, réunissez toutes les clefs en trousseau avec leurs étiquettes ; je vais revenir les prendre.

Ce disant, Samuel descendit assez lestement l'escalier, malgré son âge, s'approcha de la porte, ouvrit prudemment un guichet, et vit trois manœuvres en costume de maçon, accompagnés d'un jeune homme vêtu de noir.

— Que voulez-vous, messieurs? — dit le juif avant d'ouvrir, afin de s'assurer encore de l'identité de ces personnages.

— Je viens de la part de Me Dumesnil, notaire — répondit le clerc — pour assister à l'ouverture de la porte murée; voici une lettre de mon patron, pour M. Samuel, gardien de la maison.

— C'est moi, monsieur, dit le juif : — veuillez jeter cette lettre dans la boîte, je vais la prendre.

Le clerc fit ce que désirait Samuel, mais il haussa les épaules. Rien ne lui semblait plus ridicule que cette demande du soupçonneux vieillard.

Le gardien ouvrit la boîte, prit la lettre, alla à l'extrémité de la voûte afin de la lire au grand jour, compara soigneusement la signature de celle d'une autre lettre du notaire qu'il prit dans la poche de sa houppelande;

puis, après ces précautions, ayant mis ses dogues à la chaîne, il revint enfin ouvrir le battant de la porte au clerc et aux maçons.

— Que diable! mon brave homme — dit le clerc en entrant — il s'agirait d'ouvrir la porte d'un château-fort qu'il n'y aurait pas plus de formalités...

Le juif s'inclina sans répondre.

— Est-ce que vous êtes sourd, mon cher? — lui cria le clerc aux oreilles.

— Non, monsieur — dit Samuel en souriant doucement et faisant quelques pas en dehors de la voûte; il ajouta en montrant la maison : — Voici, monsieur, la porte maçonnée qu'il faut dégager; il faudra aussi desceller le châssis de fer et celui de plomb de la seconde croisée à droite.

— Pourquoi ne pas ouvrir toutes les fenêtres? — demanda le clerc.

— Parce que tels sont les ordres que j'ai reçus comme gardien de cette demeure, monsieur.

— Et qui vous les a donnés, ces ordres?

— Mon père... monsieur, à qui son père les avait transmis de la part du maître de la maison... Une fois que je n'en serai plus le gardien, qu'elle sera en possession de son nouveau propriétaire, celui-ci agira comme bon lui semblera.

— A la bonne heure — dit le clerc assez surpris. — Puis, s'adressant aux maçons, il ajouta : — Le reste vous regarde, mes braves, dégagez la porte et descellez le châssis de fer seulement de la seconde croisée à droite.

Pendant que les maçons se mettaient à l'ouvrage sous l'inspection du clerc de notaire, une voiture s'arrêta devant la porte cochère, et Rodin, accompagné de Gabriel, entra dans la maison de la rue Saint-François.

CHAPITRE III.

L'HÉRITIER.

Samuel vint ouvrir la porte à Gabriel et à Rodin.

Ce dernier dit au juif — Vous êtes, monsieur, le gardien de cette maison?

— Oui, monsieur — répondit Samuel.

— Monsieur l'abbé Gabriel de Rennepont que voici — dit Rodin en montrant son compagnon — est l'un des descendans de la famille de Rennepont.

— Ah! tant mieux, monsieur — dit presque involontairement le juif, frappé de l'angélique physionomie de Gabriel, car la noblesse et la sérénité de l'âme du jeune prêtre se lisaient dans son regard d'archange et sur son front pur et blanc, déjà couronné de l'auréole du martyr.

Samuel regardait Gabriel avec une curiosité remplie de bienveillance et d'intérêt; mais, sentant bientôt que cette contemplation silencieuse devenait embarrassante pour Gabriel, il lui dit : — Le notaire, monsieur l'abbé, ne doit venir qu'à dix heures.

Gabriel le regarda d'un air surpris et répondit — Quel notaire... monsieur?

— Le père d'Aigrigny vous expliquera ceci, se hâta de dire Rodin, et s'adressant à Samuel, il ajouta : — Nous sommes un peu en avance... Ne pourrions-nous pas attendre quelque part l'arrivée du notaire?

— Si vous voulez vous donner la peine de venir chez moi — dit Samuel — je vais vous conduire.

— Je vous remercie, monsieur, j'accepte, dit Rodin.

— Veuillez donc me suivre, messieurs, dit le vieillard.

Quelques momens après, le jeune prêtre et le *socius*, précédés de Samuel, entrèrent dans une des pièces que ce dernier occupait aussi au rez-de-chaussée du bâtiment de la rue et qui donnait sur la cour.

— M. l'abbé d'Aigrigny, qui a servi de tuteur à M. Gabriel, doit bientôt venir nous demander — ajouta Rodin — aurez-vous la bonté de l'introduire ici?

— Je n'y manquerai pas, monsieur — dit Samuel en sortant.

Le *socius* et Gabriel restèrent seuls.

A la mansuétude adorable qui donnait habituellement aux beaux traits du missionnaire un charme si touchant, succédait en ce moment une remarquable expression de tristesse, de résolution et de sévérité. Rodin n'ayant pas vu Gabriel depuis quelques jours, était gravement préoccupé du changement qu'il remarquait en lui; aussi l'avait-il observé silencieusement pendant le trajet de la rue des Postes à la rue Saint-François. Le jeune prêtre portait, comme d'habitude, une longue soutane noire qui faisait ressortir davantage encore la pâleur transparente de son visage. Lorsque le juif fut sorti, il dit à Rodin, d'une voix ferme : — M'apprendrez-vous enfin, monsieur, pourquoi, depuis plusieurs jours, il m'a été impossible de parler à Sa Révérence le père d'Aigrigny? pourquoi il a choisi cette maison pour m'accorder cet entretien?

— Il m'est impossible de répondre à ces questions — reprit froidement Rodin : — Sa Révérence ne peut manquer d'arriver bientôt : elle vous entendra. — Tout ce que je puis vous dire, c'est que notre révérend père a, autant que vous, cette entrevue à cœur : s'il a choisi cette maison pour cet entretien, c'est que vous avez intérêt à vous trouver ici... Vous le savez bien... quoique vous ayez affecté quelque étonnement en entendant le gardien parler d'un notaire.

Ce disant, Rodin attacha un regard scrutateur et inquiet sur Gabriel, dont la figure n'exprima rien autre chose que la surprise.

— Je ne vous comprends pas — répondit-il à Rodin. — Quel intérêt puis-je avoir à me trouver ici, dans cette maison?

— Encore une fois, il m'est impossible que vous ne le sachiez pas — reprit Rodin observant toujours Gabriel avec attention.

— Je vous ai dit, monsieur, que je l'ignorais — répondit celui-ci, presque blessé de l'insistance du *socius*.

— Et qu'est-ce donc venue vous dire hier votre mère adoptive? pourquoi vous êtes-vous permis de la recevoir sans l'autorisation du révérend père d'Aigrigny, ainsi que je l'ai appris ce matin? Ne vous a-t-elle pas entretenu de certains papiers de famille trouvés sur vous lorsqu'elle vous a recueilli?

— Non, monsieur — dit Gabriel. — A cette époque, ces papiers ont été remis au confesseur de ma mère adoptive; et, plus tard, ils ont passé entre les mains du révérend père d'Aigrigny. Pour la première fois, depuis bien longtemps, j'entends parler de ces papiers.

— Ainsi... vous prétendez que ce n'est pas à ce sujet que Françoise Baudoin est venue vous entretenir hier? — reprit opiniâtrément Rodin en accentuant lentement ses paroles.

— Voilà, monsieur, la seconde fois que vous semblez douter de ce que j'affirme — dit doucement le jeune prêtre réprimant un mouvement d'impatience. — Je vous assure que je dis la vérité.

— Il ne sait rien — pensa Rodin, car il connaissait assez la sincérité de Gabriel pour conserver dès lors le moindre doute après une déclaration aussi positive. — Je vous crois — reprit le *socius*. — Cette idée m'était venue en cherchant quelle raison assez grave avait pu vous faire transgresser les ordres du révérend père d'Aigrigny, au sujet de la retraite absolue qu'il vous avait ordonnée, retraite qui excluait toute communication avec le dehors... Bien plus, contre toutes les règles de notre maison, vous vous êtes permis de fermer votre porte, qui doit toujours rester ouverte ou entr'ouverte, afin que la mutuelle surveillance qui nous est ordonnée entre nous puisse s'exercer plus facilement... Je ne m'étais expliqué vos fautes graves contre la discipline que par la nécessité d'une conversation très importante avec votre mère adoptive.

— C'est à un prêtre et non à son fils adoptif que madame Baudoin a désiré parler — répondit Gabriel — et j'ai cru pouvoir l'entendre; si j'ai fermé ma porte, c'est qu'il s'agissait d'une confession.

— Et qu'avait donc Françoise Baudoin de si pressant à vous confesser?

— C'est ce que vous saurez tout à l'heure, lorsque je le dirai à sa Révérence, s'il lui plaît que vous m'entendiez — reprit Gabriel.

Ces mots furent dits d'un ton si net par le missionnaire, qu'il s'ensuivit un assez long silence.

Rappelons au lecteur que Gabriel avait jusqu'alors était tenu par ses supérieurs dans la plus complète ignorance de la gravité des intérêts de famille qui réclamaient sa présence rue Saint-François. La veille, Françoise Baudoin, absorbée par sa douleur, n'avait pas songé à lui dire que les orphelines devaient aussi se trouver à ce même rendez-vous, et y eût-elle d'ailleurs songé, les recommandations expresses de Dagobert l'eussent empêchée de parler au jeune prêtre de cette circonstance. Gabriel ignorait donc absolument les liens de famille qui l'attachaient aux filles du maréchal Simon, à mademoiselle de Cardoville, à M. Hardy, au prince et à Couche-tout-Nu; en un mot, si on lui eût alors révélé qu'il était l'héritier de M. Marius de Rennepont, il se serait cru le seul descendant de cette famille.

Pendant l'instant de silence qui succéda à son entretien avec Rodin, Gabriel examinait à travers les fenêtres du rez-de-chaussée les travaux des maçons occupés à dégager la porte des pierres qui la muraient. Cette première opération terminée, ils s'occupèrent alors de desceller les barres de fer qui maintenaient une plaque de plomb sur la partie extérieure de la porte.

A ce moment, le père d'Aigrigny, conduit par Samuel, entrait dans la chambre. Avant que Gabriel se fût retourné, Rodin eut le temps de dire tout bas au révérend père : — Il ne sait rien, et l'Indien n'est plus à craindre.

Malgré son calme affecté, les traits du père d'Aigrigny étaient pâles et contractés, comme ceux d'un joueur qui est sur le point de voir se décider une partie d'une importance terrible. Tout jusqu'alors favorisait les desseins de sa compagnie; mais il ne pensait pas sans effroi aux quatre heures qui restaient encore pour attendre le terme fatal.

Gabriel s'étant retourné, le père d'Aigrigny lui dit, d'un ton affectueux et cordial, en s'approchant de lui, le sourire aux lèvres et la main tendue:
— Mon cher fils, il m'en a coûté beaucoup de vous avoir refusé jusqu'à ce moment l'entretien que vous désirez depuis votre retour; il m'a été non moins pénible de vous obliger à une retraite de quelques jours. Quoique je n'aie aucune explication à vous donner au sujet des choses que je vous ordonne, je veux bien vous dire que je n'ai agi ainsi que dans votre intérêt.

— Je dois croire Votre Révérence — répondit Gabriel en s'inclinant.

Le jeune prêtre sentait malgré lui une vague émotion de crainte; car, jusqu'à son départ pour sa mission en Amérique, le père d'Aigrigny, entre les mains duquel il avait prêté les vœux formidables qui le liaient irrévocablement à la société de Jésus, le père d'Aigrigny avait exercé sur lui une de ces influences effrayantes qui, ne procédant que par le despotisme, la compression et l'intimidation, brisent toutes les forces vives de l'âme, et la laissent inerte, tremblante et terrifiée. Les impressions de la première jeunesse sont ineffaçables, et c'était la première fois, depuis son retour d'Amérique, que Gabriel se retrouvait avec le père d'Aigrigny; aussi, quoiqu'il ne sentît pas faillir la résolution qu'il avait prise, Gabriel regrettait de n'avoir pu, ainsi qu'il l'avait espéré, prendre de nouvelles forces dans un franc entretien avec Agricol et Dagobert.

Le père d'Aigrigny connaissait trop les hommes pour n'avoir pas remarqué l'émotion du jeune prêtre et ne s'être pas rendu compte de ce qui la causait. Cette impression lui parut d'un favorable augure; il redoubla donc de séduction, de tendresse et d'aménité, se réservant, s'il le fallait, de prendre un autre masque. Il dit à Gabriel, en s'asseyant, pendant que celui-ci restait, ainsi que Rodin, respectueusement debout : — Vous désirez, mon cher fils, avoir un entretien très important avec moi?

— Oui, mon père — dit Gabriel en baissant malgré lui les yeux devant l'éclatante et large prunelle grise de son supérieur.

— J'ai aussi, moi, des choses d'un grand intérêt à vous apprendre; écoutez-moi donc d'abord... vous parlerez ensuite.

— Je vous écoute, mon père...

— Il y a environ douze ans, mon cher fils — dit affectueusement le père d'Aigrigny — que le confesseur de votre mère adoptive, s'adressant à moi par l'intermédiaire de M. Rodin, appela mon attention sur vous en me parlant des progrès étonnans que vous faisiez à l'école des Frères; j'appris en effet que votre excellente conduite, que votre caractère doux et modeste, votre intelligence précoce étaient dignes du plus grand intérêt; de ce moment, on eut les yeux ouverts sur vous : au bout de quelque temps, voyant que vous ne démérititiez pas, il me parut qu'il y avait autre chose en vous qu'un artisan; on s'entendit avec votre mère adoptive, et par mes soins vous fûtes admis gratuitement dans l'une des écoles de notre compagnie. Ainsi une charge de moins pesa sur l'excellente femme qui vous avait recueilli, et un enfant qui faisait déjà concevoir de hautes espérances reçut par nos soins paternels tous les bienfaits d'une éducation religieuse... Cela n'est-il pas vrai, mon fils?

— Cela est vrai, mon père — répondit Gabriel en baissant les yeux.

— A mesure que vous grandissiez, d'excellentes et rares vertus se développaient en vous : votre obéissance, votre douceur surtout étaient exemplaires; vous faisiez de rapides progrès dans vos études. J'ignorais alors à quelle carrière vous voudriez vous livrer un jour. Mais j'étais toutefois certain que, dans toutes les conditions de votre vie, vous resteriez toujours un fils bien-aimé de l'Eglise. Je ne m'étais pas trompé dans mes espérances, ou plutôt vous les avez, mon cher fils, de beaucoup dépassées. Apprenant par une confidence amicale que votre mère adoptive désirait ardemment vous voir entrer dans les ordres, vous avez généreusement répondu au désir de l'excellente femme à qui vous deviez tant... Mais comme le Seigneur est toujours juste dans ses récompenses, il a voulu que la plus touchante preuve de gratitude que vous puissiez donner à votre mère adoptive vous fût en même temps divinement profitable, puisqu'elle vous faisait entrer parmi les membres militans de notre sainte Eglise.

A ces mots du père d'Aigrigny, Gabriel ne put retenir un mouvement en se rappelant les amères confidences de Françoise ; mais il se contint pendant que Rodin, debout et accoudé à l'angle de la cheminée, continuait de l'examiner avec une attention singulière et opiniâtre.

Le père d'Aigrigny reprit : — Je ne vous le cache pas, mon cher fils, votre résolution me combla de joie; je vis en vous une des futures lumières de l'Eglise, et je fus jaloux de la voir briller au milieu de notre compagnie. Nos épreuves, si difficiles, si pénibles, si nombreuses, vous les avez courageusement subies; vous avez été jugé digne de nous appartenir, et après avoir prêté entre mes mains un serment irrévocable et sacré qui vous attache à jamais à notre compagnie pour la plus grande gloire du Seigneur, vous avez désiré répondre à l'appel de notre saint-père, aux âmes de bonne volonté, et aller prêcher (1), comme missionnaire, la foi catholique chez les barbares. Quoiqu'il nous fût pénible de nous séparer de notre cher fils, nous dûmes accéder à des désirs si pieux : vous êtes parti humble missionnaire, vous nous êtes revenu glorieux martyr, et nous nous enorgueillissons à juste titre de vous compter parmi nous. Ce rapide exposé du passé était nécessaire, mon cher fils, pour arriver à ce qui suit; car il s'agit, si la chose était possible... de resserrer davantage encore les liens qui vous attachent à nous. Ecoutez-moi donc bien, mon cher fils, ceci est confidentiel et d'une haute importance, non-seulement pour vous, mais encore pour notre compagnie...

— Alors... mon père... — s'écria vivement Gabriel, en interrompant le père d'Aigrigny — je ne puis pas... je ne dois pas vous entendre!

Et le jeune prêtre devint pâle; on vit, à l'altération de ses traits, qu'un violent combat se livrait en lui; mais reprenant bientôt sa résolution première, il releva le front, et, jetant un regard assuré sur le père d'Aigrigny et sur Rodin, qui se regardaient muets de surprise, il reprit : — Je vous le répète, mon père, s'il s'agit de choses confidentielles sur la compagnie... il m'est impossible de vous entendre.

— En vérité, mon cher fils, vous me causez un étonnement profond. Qu'avez-vous? mon Dieu! vos traits sont altérés, votre émotion est visible... Voyons... parlez... sans crainte.... Pourquoi ne pouvez-vous m'entendre davantage?

— Je ne puis vous le dire, mon père, avant de vous avoir, moi aussi, rapidement exposé le passé... tel qu'il m'a été donné de le juger depuis quelque temps... Vous comprendrez alors, mon père, que je n'ai plus droit à vos confidences, car bientôt un abîme va nous séparer sans doute.

A ces mots de Gabriel, il est impossible de peindre le regard que Rodin et le père d'Aigrigny échangèrent rapidement; le *socius* commença de ronger ses ongles en attachant son œil de reptile irrité sur Gabriel; le père d'Aigrigny devint livide; son front se couvrit d'une sueur froide. Il se demandait avec épouvante si, au moment de toucher au but, l'obstacle viendrait de Gabriel, en faveur de qui tous les obstacles avaient été écartés. Cette pensée

(1) Les jésuites reconnaissent au seul endroit des missions l'initiative du pape à l'égard de leur compagnie.

était désespérante. Pourtant le révérend père se contint admirablement, resta calme, et répondit avec une affectueuse onction : — Il m'est impossible de croire, mon cher fils, que vous et moi soyons jamais séparés par un abîme... si ce n'est par l'abîme de douleur que me causerait quelque grave atteinte portée à votre salut;... mais... parlez... je vous écoute...

— Il y a en effet douze ans, mon père — reprit Gabriel d'une voix ferme et en s'animant peu à peu — que, par vos soins, je suis entré dans un collége de la compagnie de Jésus... J'y entrai aimant, loyal et confiant... Comment a-t-on encouragé tout d'abord ces précieux instincts de l'enfance?... le voici. Le jour de mon arrivée, le supérieur me dit, en me désignant deux enfans un peu plus âgés que moi : — Voilà les compagnons que vous préférerez; vous vous promènerez toujours tous trois ensemble; la règle de la maison défend tout entretien à deux personnes ; la règle veut aussi que vous écoutiez attentivement ce que diront vos compagnons, afin de pouvoir me le rapporter, car ces chers enfans peuvent avoir, à leur insu, des pensées mauvaises, ou projeter de commettre des fautes; or, si vous aimez vos camarades, il faut m'avertir de leurs fâcheuses tendances, afin que mes remontrances paternelles leur épargnent la punition en prévenant les fautes;... il vaut mieux prévenir le mal que de le punir.

— Tels sont en effet, mon cher fils — dit le père d'Aigrigny — la règle de nos maisons et le langage que l'on tient à tous les élèves qui s'y présentent.

— Je le sais, mon père... — répondit Gabriel avec amertume; — aussi trois jours après, pauvre enfant soumis et crédule, j'épiais naïvement mes camarades, écoutant, retenant leurs entretiens, et allant les rapporter au supérieur, qui me félicitait de mon zèle... Ce que l'on me faisait faire était indigne... et pourtant, Dieu le sait, je croyais accomplir un devoir charitable ; j'étais heureux d'obéir aux ordres d'un supérieur que je respectais, et dont j'écoutais, dans ma foi enfantine, les paroles comme j'aurais écouté celles de Dieu... Plus tard... un jour que je m'étais rendu coupable d'une infraction à la règle de la maison, le supérieur me dit : — *Mon enfant, vous avez mérité une punition sévère ; mais elle vous sera remise si vous parvenez à surprendre un de vos camarades dans la même faute que vous avez commise....* (1) Et de peur que malgré ma foi et mon obéissance aveugles cet encouragement à la délation basée sur l'intérêt personnel ne me parût odieux, le supérieur ajouta : — *Je vous parle, mon enfant, dans l'intérêt du salut de votre camarade ; car s'il échappait à la punition, il s'habituerait au mal par l'impunité; or, en le surprenant en faute et en attirant sur lui un châtiment salutaire, vous aurez donc le double avantage d'aider à son salut, et de vous soustraire, vous, à une punition méritée, mais dont votre zèle envers le prochain vous gagnera la rémission.*

— Sans doute — reprit le père d'Aigrigny de plus en plus effrayé du langage de Gabriel — et en vérité, mon cher fils, tout ceci est conforme à la règle suivie dans nos colléges et aux habitudes des personnes de notre compagnie : — QUI SE DÉNONCENT MUTUELLEMENT SANS PRÉJUDICE DE L'AMOUR ET DE LA CHARITÉ RÉCIPROQUES, ET POUR LEUR PLUS GRAND AVANCEMENT SPIRITUEL, SURTOUT QUAND LE SUPÉRIEUR L'A ORDONNÉ OU DEMANDÉ POUR LA PLUS GRANDE GLOIRE DE DIEU (2).

— Je le sais... — s'écria Gabriel; — je le sais; c'est au nom de ce qu'il y a de plus sacré parmi les hommes, qu'ainsi l'on m'encourageait au mal.

— Mon cher fils — dit le père d'Aigrigny en tâchant de cacher sous une apparence de dignité blessée sa terreur toujours croissante — de vous à moi... ces paroles sont au moins étranges.

A ce moment, Rodin, quittant la cheminée où il s'était accoudé, commença de se promener de long en large dans la chambre, d'un air méditatif, sans discontinuer de ronger ses ongles.

— Il m'est cruel — ajouta le père d'Aigrigny — d'être obligé de vous rappeler, mon cher fils, que vous nous devez l'éducation que vous avez reçue.

— Tels étaient ses fruits, mon père — reprit Gabriel. — Jusqu'alors... j'avais épié les autres enfans avec une sorte de désintéressement... mais les

---

(1) Ces obligations d'espionnage et ces abominables excitations à la délation sont la base de l'éducation donnée par les révérends pères. — (2) Tout ceci est textuellement extrait des CONSTITUTIONS DES JÉSUITES, *Examen général*, p. 29.

ordres du supérieur m'avaient fait faire un pas de plus dans cette voie indigne... J'étais devenu délateur pour échapper à une punition méritée. Et telles étaient ma foi, mon humilité, ma confiance, que je m'accoutumai à remplir avec innocence et candeur un rôle doublement odieux ; une fois, cependant, je l'avoue, tourmenté par de vagues scrupules, derniers élans des aspirations généreuses qu'on étouffait en moi, je me demandai si le but charitable et religieux que l'on attribuait à ces délations, à cet espionnage continuel, suffisait pour m'absoudre ; je fis part de mes craintes au supérieur ; il me répondit que je n'avais pas à discerner, mais à obéir, et qu'à lui seul appartenait la responsabilité de mes actes.

— Continuez, mon cher fils — dit le père d'Aigrigny cédant malgré lui à un profond accablement ; — hélas ! j'avais raison de vouloir m'opposer à votre voyage en Amérique.

— Et la Providence a voulu que ce fût dans ce pays neuf, fécond et libre, qu'éclairé par un hasard singulier sur le présent et sur le passé, mes yeux se soient enfin ouverts — s'écria Gabriel. — Oui, c'est en Amérique que, sortant de la sombre maison où j'avais passé tant d'années de ma jeunesse, et me trouvant pour la première fois face à face avec la majesté divine, au milieu des immenses solitudes que je parcourais... c'est là, qu'accablé devant tant de magnificence et tant de grandeur, j'ai fait serment... — mais Gabriel s'interrompant, reprit : — Tout à l'heure, mon père, je m'expliquerai sur ce serment ; mais, croyez-moi — ajouta le missionnaire avec un accent profondément douloureux — ce fut un jour bien fatal, bien funeste, que celui où j'ai dû redouter et accuser ce que j'avais béni et révéré pendant si longtemps... Oh ! je vous l'assure, mon père... — ajouta Gabriel les yeux humides — ce n'est pas sur moi seul qu'alors j'ai pleuré.

— Je connais la bonté de votre cœur, mon cher fils — reprit le père d'Aigrigny renaissant à une lueur d'espoir en voyant l'émotion de Gabriel — je crains que vous n'ayez été égaré ; mais confiez-vous à nous comme à vos pères spirituels, et, je l'espère, nous raffermirons votre foi malheureusement ébranlée, nous dissiperons les ténèbres qui sont venues obscurcir votre vue... car, hélas ! mon cher fils, dans votre illusion, vous aurez pris quelques lueurs trompeuses pour le pur éclat du jour... Continuez...

Pendant que le père d'Aigrigny parlait ainsi, Rodin s'arrêta, prit un portefeuille dans sa poche, et écrivit quelques notes.

Gabriel était de plus en plus pâle et ému ; il lui fallait un grand courage pour parler ainsi qu'il parlait, car depuis son voyage en Amérique il avait appris à connaître le redoutable pouvoir de la compagnie ; mais cette révélation du passé, envisagée au point de vue d'un présent plus éclairé, étant pour le jeune prêtre l'excuse ou plutôt la cause de la détermination qu'il venait signifier à son supérieur, il voulait loyalement exposer toute chose, malgré le danger qu'il affronterait sciemment. Il continua donc d'une voix altérée : — Vous le savez, mon père, la fin de mon enfance, cet heureux âge de franchise et de joie innocente, affectueuse, se passa dans une atmosphère de crainte, de compression et de soupçonneux espionnage. Comment, hélas ! aurais-je pu me laisser aller au moindre mouvement de confiance et d'abandon, lorsqu'on me recommandait à chaque instant d'éviter les regards de celui qui me parlait, afin de mieux cacher l'impression qu'il pouvait me causer par ses paroles, de dissimuler tout ce que je ressentais, de tout observer, tout écouter autour de moi ? J'atteignis ainsi l'âge de quinze ans ; peu à peu les rares visites que l'on permettait de me rendre, mais toujours en présence de l'un de nos pères, à ma mère adoptive et à mon frère, furent supprimées, dans le but de fermer complètement mon cœur à toutes les émotions douces et tendres. Morne, craintif, au fond de cette grande maison triste, silencieuse, glacée, je sentis que l'on m'isolait de plus en plus du monde affectueux et libre ; mon temps se partageait entre des études mutilées, sans ensemble, sans portée, et de nombreuses heures de pratiques minutieuses et d'exercices dévotieux. Mais, je vous le demande, mon père, cherchait-on jamais à échauffer nos jeunes âmes par des paroles empreintes de tendresse et d'amour évangélique ?... Hélas ! non... A ces mots adorables du divin Sauveur : *Aimez-vous les uns les autres*, on semblait avoir substitué ceux-ci : *Défiez-vous les uns des autres*... Enfin, mon père, nous disait-on jamais un mot de la patrie ou de la liberté ? Non... oh ! non, car ces mots-là font battre le cœur, et il ne faut pas que le cœur batte... A nos heures d'étude et de pratique, succédaient, pour unique distraction, quelques promenades à trois... jamais à deux, parce qu'à trois la délation mutuelle est plus pratiquable (1), et parce qu'à deux l'intimité s'établissant plus facilement, il pourrait se nouer de ces amitiés saintes, généreuses, qui feraient battre le cœur, et il ne faut pas que le cœur batte... Aussi, à force de le comprimer, est-il arrivé un jour où je n'ai plus senti; depuis six mois, je n'avais vu ni mon frère ni ma mère adoptive... ils vinrent au collége... Quelques années auparavant, je les aurais accueillis avec des élans de joie mêlés de larmes... Cette fois mes yeux restèrent secs, mon cœur froid; ma mère et mon frère me quittèrent éplorés; l'aspect de cette douleur pourtant me frappa... j'eus alors conscience et horreur de cette insensibilité glaciale qui m'avait gagné depuis que j'habitais cette tombe. Epouvanté, je voulus en sortir pendant que j'en avais encore la force... Alors je vous parlai, mon père, du choix d'un état... car, pendant ces quelques momens de réveil, il m'avait semblé entendre bruire au loin la vie active et féconde! la vie laborieuse et libre, la vie d'affection, de famille... Oh! comme alors je sentais le besoin de mouvement, de liberté, d'émotions nobles et chaleureuses! là j'aurais du moins retrouvé la vie de l'âme qui me fuyait... Je vous le dis, mon père... en embrassant vos genoux, que j'inondais de larmes, la vie d'artisan ou de soldat, tout m'eût convenu... Ce fut alors que vous m'apprîtes que ma mère adoptive, à qui je devais la vie, car elle m'avait trouvé mourant de misère... car, pauvre elle-même, elle m'avait donné la moitié du pain de son enfant... admirable sacrifice pour une mère... ce fut alors — reprit Gabriel en hésitant et en baissant les yeux, car il était de ces nobles natures qui rougissent et se sentent honteux des infamies dont ils sont victimes — ce fut alors, mon père — reprit Gabriel après une nouvelle hésitation — que vous m'avez appris que ma mère adoptive n'avait qu'un but, qu'un désir, celui...

— Celui de vous voir entrer dans les ordres, mon cher fils — reprit le père d'Aigrigny — puisque cette pieuse et parfaite créature espérait qu'en faisant votre salut vous assuriez le sien ;... mais elle n'osait vous avouer sa pensée, craignant que vous ne vissiez un désir intéressé dans...

— Assez... mon père — dit Gabriel interrompant le père d'Aigrigny avec un mouvement d'indignation involontaire — il m'est pénible de vous entendre affirmer une erreur: Françoise Baudoin n'a jamais eu cette pensée...

— Mon cher fils, vous êtes bien prompt dans vos jugemens — reprit doucement le père d'Aigrigny; je vous dis, moi, que telle a été la seule et unique pensée de votre mère adoptive...

— Hier, mon père, elle m'a tout dit. Elle et moi, nous avons été mutuellement trompés.

— Ainsi, mon cher fils — dit sévèrement le père d'Aigrigny à Gabriel — vous mettez la parole de votre mère adoptive au-dessus de la mienne?...

— Epargnez-moi une réponse pénible pour vous et pour moi — dit Gabriel en baissant les yeux...

— Me direz-vous maintenant — reprit le père d'Aigrigny avec anxiété — ce que vous prétendez me...

Le révérend père ne put achever.

Samuel entra et dit: Un homme d'un certain âge demande à parler à M. Rodin.

— C'est moi, monsieur ; je vous remercie, répondit le *socius* assez surpris.

Puis, avant de rejoindre le juif, il remit au père d'Aigrigny quelques mots écrits au crayon sur un des feuillets de son portefeuille. Rodin sortit fort inquiet de savoir qui pouvait venir le chercher rue Saint-François.

Le père d'Aigrigny et Gabriel restèrent seuls.

---

(1) La rigueur de cette disposition est telle, dans les colléges des jésuites, que si trois élèves se promènent ensemble, et que l'un des trois quitte un instant ses camarades, les deux autres sont obligés de s'éloigner l'un de l'autre, *hors de portée de voix*, jusqu'au retour du troisième.

CHAPITRE IV.

RUPTURE.

Le père d'Aigrigny, plongé dans une angoisse mortelle, avait pris machinalement le billet de Rodin, le tenant à la main sans songer à l'ouvrir ; le révérend père se demandait avec effroi quelle conclusion Gabriel allait donner à ses récriminations sur le passé ; il n'osait répondre à ses reproches, craignant d'irriter ce jeune prêtre, sur la tête duquel reposaient encore des intérêts si immenses.

Gabriel ne pouvait rien posséder en propre d'après les constitutions de la compagnie de Jésus ; de plus, le révérend père avait eu soin d'obtenir de lui, en faveur de l'ordre, une renonciation expresse à tous les biens qui pourraient lui revenir un jour ; mais le commencement de cet entretien semblait annoncer une si grave modification dans la manière de voir de Gabriel au sujet de la compagnie, que celui-ci pouvait vouloir briser les liens qui l'attachaient à elle ; dans ce cas, il n'était légalement tenu à remplir aucun de ses engagemens (1). La donation était annulée de fait ; et au moment d'être si heureusement réalisées, par la possession de l'immense fortune de la famille Rennepont, les espérances du père d'Aigrigny se trouvaient complétement et à jamais ruinées. De toutes les perplexités par lesquelles le révérend père avait passé depuis quelque temps au sujet de cet héritage, aucune n'avait été plus imprévue, plus terrible. Craignant d'interrompre ou d'interroger Gabriel, le père d'Aigrigny attendit avec une terreur muette le dénoûment de cette conversation jusqu'alors si menaçante.

Le missionnaire reprit : — Il est de mon devoir, mon père, de continuer cet exposé de ma vie passée, jusqu'au moment de mon départ pour l'Amérique ; vous comprendrez tout à l'heure pourquoi je m'impose cette obligation.

Le père d'Aigrigny lui fit signe de parler.

— Une fois instruit du prétendu vœu de ma mère adoptive, je me résignai... quoi qu'il m'en coutât... je sortis de la triste maison... où j'avais passé une partie de mon enfance et de ma première jeunesse, pour entrer dans l'un des séminaires de la compagnie. Ma résolution n'était pas dictée par une irrésistible vocation religieuse... mais par le désir d'acquitter une dette sacrée envers ma mère adoptive. Cependant, le véritable esprit de la religion du Christ est si vivifiant, que je me sentis ranimé, réchauffé à l'idée de pratiquer les admirables enseignemens du divin Sauveur. Dans ma pensée, au lieu de ressembler au collège où j'avais jusqu'alors vécu dans une compression rigoureuse, un séminaire était un lieu béni, où tout ce qu'il y a de pur, de chaleureux dans la fraternité évangélique était appliqué à la vie commune ; où, par l'exemple, on prêchait incessamment l'ardent amour de l'humanité, les douceurs ineffables de la commisération et de la tolérance ; où l'on interprétait l'immortelle parole du Christ dans son sens le plus large, le plus fécond ; où l'on se préparait enfin, par l'expansion habituelle des sentimens les plus généreux, à ce magnifique apostolat, d'attendrir les riches et les heureux sur les angoisses et les souffrances de leurs frères, en leur dévoilant les misères affreuses de l'humanité... Morale sublime et sainte à laquelle nul ne résiste lorsqu'on la prêche les yeux remplis de larmes, le cœur débordant de tendresse et de charité !!

En prononçant ces derniers mots avec une émotion profonde, les yeux de Gabriel devinrent humides, sa figure resplendit d'une angélique beauté.

— Tel est en effet, mon cher fils, l'esprit du christianisme ; mais il faut surtout en expliquer et en étudier la lettre — répondit froidement le père d'Aigrigny. — C'est à cette étude que sont spécialement destinés les séminaires de notre compagnie. L'interprétation de la lettre est une œuvre

---

(1) Les statuts portent formellement que la compagnie peut expulser de son sein les membres qui lui paraissent inutiles ou dangereux ; mais il n'est pas permis à un membre de rompre les liens qui l'attachent à la compagnie, si celle-ci croit de son intérêt de le conserver.

d'analyse, de discipline, de soumission, et non une œuvre de cœur et de sentiment...

— Je ne m'en aperçus que trop, mon père... A mon entrée dans cette nouvelle maison... je vis, hélas! mes espérances déçues : un moment dilaté, mon cœur se resserra; au lieu de ce foyer de vie, d'affection et de jeunesse, que j'avais rêvé, je retrouvai dans ce séminaire, silencieux et glacé, la même compression de tout élan généreux, la même discipline inexorable, le même système de délations mutuelles, la même défiance, les mêmes obstacles invincibles à toute liaison d'amitié... Aussi l'ardeur qui avait un instant réchauffé mon âme s'affaiblit : je retombai peu à peu dans les habitudes d'une vie inerte, passive, machinale, qu'une impitoyable autorité réglait avec une précision mécanique, de même que l'on règle le mouvement inanimé d'une horloge.

— C'est que l'ordre, la soumission, la régularité, sont les premiers fondemens de notre compagnie, mon cher fils.

— Hélas! mon père, c'était la mort, et non la vie, que l'on régularisait ainsi; au milieu de cet anéantissement de tout principe généreux, je me livrai aux études de scolastique et de théologie. Etudes sombres et sinistres, science cauteleuse, menaçante ou hostile, qui toujours éveille des idées de péril, de lutte, de guerre, et jamais des idées de paix, de progrès et de liberté.

— La théologie, mon cher fils — dit sévèrement le père d'Aigrigny — est à la fois une cuirasse et une épée; une cuirasse pour défendre et couvrir le dogme catholique, une épée pour attaquer l'hérésie.

— Pourtant, mon père, le Christ et ses apôtres ignoraient cette science ténébreuse, et à leurs simples et touchantes paroles les hommes se régénéraient, la liberté succédait à l'esclavage... L'Evangile, ce code divin, ne suffit-il pas pour enseigner aux hommes à s'aimer?... Mais, hélas! loin de nous faire entendre ce langage, on nous entretenait trop souvent de guerres de religions, nombrant les flots de sang qu'il avait fallu verser pour être agréable au Seigneur et noyer l'hérésie. Ces terribles enseignemens rendaient notre vie plus triste encore. A mesure que nous approchions du terme de l'adolescence, nos relations de séminaire prenaient un caractère d'amertume, de jalousie et de soupçon toujours croissant. Les habitudes de délation, s'appliquant à des sujets plus sérieux, engendraient des haines sourdes, des ressentimens profonds. Je n'étais ni meilleur ni plus méchant que les autres; tous rompus depuis des années au joug de fer de l'obéissance passive, déshabitués de tout examen, de tout libre arbitre, humbles et tremblans devant nos supérieurs, nous offrions tous la même empreinte pâle, morne et effacée... Enfin je pris les ordres : une fois prêtre, vous m'avez convié, mon père, à entrer dans la compagnie de Jésus, ou plutôt je me suis trouvé insensiblement, presque à mon insu, amené à cette détermination... Comment? je l'ignore... depuis si longtemps ma volonté ne m'appartenait plus! Je subis toutes les épreuves; la plus terrible fut décisive :... pendant plusieurs mois j'ai vécu dans le silence de ma cellule, pratiquant avec résignation l'exercice étrange et machinal que vous m'aviez ordonné, mon père. Excepté Votre Révérence, personne ne s'approchait de moi pendant ce long espace de temps; aucune voix humaine, si ce n'est la vôtre, ne frappait mon oreille;... la nuit, quelquefois j'éprouvais de vagues terreurs,... mon esprit, affaibli par le jeûne, par les austérités, par la solitude, était alors frappé de visions effrayantes; d'autres fois, au contraire, j'éprouvais un accablement rempli d'une sorte de quiétude, en songeant que prononcer mes vœux, c'était me délivrer à jamais du fardeau de la volonté et de la pensée... Alors je m'abandonnais à une insupportable torpeur, ainsi que ces malheureux qui, surpris dans les neiges, cèdent à l'engourdissement d'un froid homicide... J'attendais le moment fatal... Enfin, selon que le voulait la discipline, mon père, *étouffant dans mon agonie* (1), je hâtais le moment d'accomplir le dernier acte de ma volonté expirante : le vœu de renoncer à l'exercice de ma volonté...

---

(1) Cette expression est textuelle... Il est expressément recommandé par les Constitutions d'attendre ce moment décisif de l'épreuve pour hâter la prononciation des vœux.

— Rappelez-vous, mon cher fils — reprit le père d'Aigrigny, pâle et torturé par des angoisses croissantes — rappelez-vous que la veille du jour fixé pour la prononciation de vos vœux, je vous ai offert, selon la règle de notre compagnie, de renoncer à être des nôtres, vous laissant complétement libre, car nous n'acceptons que les vocations volontaires.

— Il est vrai, mon père — répondit Gabriel avec une douloureuse amertume — lorsque, épuisé, brisé par trois mois de solitude et d'épreuves, j'étais anéanti... incapable de faire un mouvement, vous avez ouvert la porte de ma cellule... en me disant : « Si vous le voulez, levez-vous... marchez... vous êtes libre... » — Hélas les forces me manquaient ; le seul désir de mon âme inerte, et depuis si longtemps paralysée, c'était le repos du sépulcre... aussi je prononçai des vœux irrévocables, et je retombai entre vos mains, *comme un cadavre...*

— Et jusqu'à présent, mon cher fils, vous n'aviez jamais failli à cette obéissance de cadavre... ainsi que l'a dit, en effet, notre glorieux fondateur... parce que plus cette obéissance est absolue, plus elle est méritoire...

Après un moment de silence, Gabriel reprit : — Vous m'aviez toujours caché, mon père, les véritables fins de la compagnie dans laquelle j'entrais... L'abandon complet de ma volonté que je remettais à mes supérieurs m'était demandé au nom de la plus grande gloire de Dieu... mes vœux prononcés, je ne devais être entre vos mains qu'un instrument docile, obéissant ; mais je devais être employé, me disiez-vous, à une œuvre sainte, belle et grande... Je vous crus, mon père ; comment ne pas vous croire ?... J'attendis : un événement funeste vint changer ma destinée... une maladie douloureuse, causée par...

— Mon fils — s'écria le père d'Aigrigny en interrompant Gabriel — il est inutile de rappeler ces circonstances.

— Pardonnez-moi, mon père, je dois tout vous rappeler ;... j'ai le droit d'être entendu ; je ne veux passer sous silence aucun des faits qui m'ont dicté la résolution immuable que j'ai à vous annoncer.

— Parlez donc, mon fils — dit le père d'Aigrigny en fronçant les sourcils, et paraissant effrayé de ce qu'allait dire le jeune prêtre, dont les joues, jusqu'alors pâles, se couvrirent d'une vive rougeur.

— Six mois avant mon départ pour l'Amérique — reprit Gabriel en baissant les yeux — vous m'avez prévenu que vous me destiniez à la confession... et... pour me préparer à ce saint ministère... vous m'avez remis un livre...

Gabriel hésita de nouveau. Sa rougeur augmenta. Le père d'Aigrigny contint à peine un mouvement d'impatience et de colère.

— Vous m'avez remis un livre — reprit le jeune prêtre en faisant un effort sur lui-même — un livre contenant les questions qu'un confesseur peut adresser aux jeunes garçons... aux jeunes filles... et aux femmes mariées... lorsqu'ils se présentent au tribunal de la pénitence... Mon Dieu !! — ajouta Gabriel en tressaillant à ce souvenir — je n'oublierai jamais ce moment terrible ;... c'était le soir... Je me retirai dans ma chambre... emportant ce livre, composé, m'aviez-vous dit, par un de nos pères, et complété par un saint évêque (1). Plein de respect, de confiance et de foi... j'ouvris ces pages... D'a-

---

(1) Il nous est impossible, par respect pour nos lecteurs, de donner, même en latin, une idée de ce livre infâme. Voici comment en parle M. Génin, dans son courageux et excellent ouvrage *Des Jésuites et de l'Université* :

« J'éprouve un grand embarras en commençant ce chapitre ; il s'agit de faire connaître un livre qu'il est impossible de traduire, difficile de citer textuellement ; car ce latin brave l'honnêteté avec trop d'effronterie. En tout cas, j'invoque l'indulgence du lecteur ; je lui promets, en retour, de lui épargner le plus d'osbcénités que je pourrai.

Plus loin, à propos des questions imposées par le *Compendium*, M. Génin s'écrie avec une généreuse indignation :

« Quels sont donc les entretiens qui se passent au fond du confessionnal entre le prêtre et une femme mariée ?... Je renonce à parler du reste. »

Enfin, l'auteur des *Découvertes d'un Bibliophile*, après avoir cité textuellement un grand nombre de passages de cet horrible catéchisme, dit :

« Ma plume se refuse à reproduire plus amplement cette encyclopédie de toutes les turpitudes. J'ai comme un remords qui m'épouvante d'avoir été si loin. J'ai beau me dire que je n'ai fait que copier, il me reste l'horreur qu'on éprouve après avoir touché du poison. Et cependant c'est

bord je ne compris pas... Puis enfin... je compris... Alors je fus saisi de honte et d'horreur, frappé de stupeur ; à peine j'eus la force de fermer d'une main tremblante cet abominable livre... et je courus chez vous, mon père .. m'accuser d'avoir involontairement jeté les yeux sur ces pages sans nom... que par erreur vous aviez mises entre mes mains.

— Rappelez-vous aussi, mon cher fils — dit gravement le père d'Aigrigny — que je calmai vos scrupules ; je vous dis qu'un prêtre, destiné à tout entendre sous le sceau de la confession, devait tout connaître, tout savoir et pouvoir tout apprécier ;... que notre compagnie imposait la lecture de ce *Compendium*, comme ouvrage classique, aux jeunes diacres, aux séminaristes et aux jeunes prêtres qui se destinaient à la confession...

— Je vous crus, mon père : l'habitude de l'obéissance inerte était si puissante en moi, la discipline m'avait tellement déshabitué de tout examen, que, malgré mon horreur, que je me reprochais comme une faute grave, en me rappelant vos paroles, je remportai le livre dans ma chambre et je lus. Oh ! mon père ! quelle effrayante révélation de ce que la luxure a de plus criminel, de plus désordonné dans ses rafînemens ! Et j'étais dans la vigueur de l'âge... et jusqu'alors mon ignorance et le secours de Dieu m'avaient seuls soutenu dans des luttes cruelles contre les sens... Oh ! quelle nuit ! quelle nuit ! ! A mesure qu'au milieu du profond silence de ma solitude, j'épelais, en frissonnant de confusion et de frayeur, ce catéchisme de débauches monstrueuses, inouïes, inconnues... à mesure que ces tableaux obscènes, d'une effroyable lubricité, s'offraient à mon imagination, jusqu'alors chaste et pure... vous le savez, mon Dieu ! il me semblait sentir ma raison s'affaiblir. Oui... et elle s'égara tout à fait... car bientôt je voulus fuir ce livre infernal, et je ne sais quel épouvantable attrait, quelle curiosité me retenaient haletant, éperdu, devant ces pages infâmes... et je me sentais mourir de confusion, de honte ; et, malgré moi, mes joues s'enflammaient ; une ardeur corrosive circulait dans mes veines ;... alors de redoutables hallucinations vinrent achever mon égarement... il me sembla voir des fantômes lascifs sortir de ce livre maudit... et je perdis connaissance en cherchant à fuir leurs brûlantes étreintes.

— Vous parlez de ce livre en termes blâmables — dit sévèrement le père d'Aigrigny — vous avez été victime de votre imagination trop vive : c'est à elle que vous devez attribuer cette impression funeste, produite par un livre excellent et irréprochable dans sa spécialité, autorisé d'ailleurs par l'Eglise.

— Ainsi, mon père — reprit Gabriel avec une profonde amertume — je n'ai pas le droit de me plaindre de ce que ma pensée, jusqu'alors innocente et vierge, a été depuis à jamais souillée par des monstruosités que je n'aurais jamais soupçonnées, car je doute que ceux qui sont coupables de se livrer à ces horreurs viennent en demander la rémission au prêtre.

— Ce sont là des questions que vous n'êtes pas apte à juger — répondit brusquement le père d'Aigrigny.

— Je n'en parlerai plus, mon père — dit Gabriel, et il reprit : — Une longue maladie succéda à cette nuit terrible ; plusieurs fois, me dit-on, l'on craignit que ma raison ne s'égarât. Lorsque je revins... le passé m'apparut comme un songe pénible... Vous me dites alors, mon père, que je n'étais pas encore mûr pour certaines fonctions... Ce fut alors que je vous demandai avec instances de partir pour les missions d'Amérique... Après avoir longtemps repoussé ma prière, vous avez consenti... Je partis... Depuis mon enfance j'avais toujours vécu ou au collège ou au séminaire, dans un état de compression et de sujétion continuel : à force de m'accoutumer à baisser la tête et les yeux, je m'étais pour ainsi dire déshabitué de contempler le ciel et les splendeurs de la nature... aussi quel bonheur profond, religieux, je ressentis, lorsque je me trouvai tout à coup transporté au milieu des grandeurs imposantes de la mer, lorsque, pendant la traversée, je me vis entre l'Océan

---

cette horreur même qui me rassure. Dans l'Eglise de Jésus-Christ, d'après l'ordre admirable établi par Dieu, plus le mal est grand, quand il s'agit de l'erreur, plus le remède est prompt, plus il est efficace. La sainteté de la morale ne peut être en danger sans que la vérité élève la voix et se fasse entendre. »

et le ciel? Alors il me sembla que je sortais d'un lieu d'épaisses et lourdes ténèbres ; pour la première fois depuis bien des années, je sentis mon cœur battre librement dans ma poitrine! pour la première fois je me sentis maître de ma pensée, et j'osai examiner ma vie passée; ainsi que l'on regarde du haut d'une montagne au fond d'une vallée obscure... Alors d'étranges doutes s'élevèrent dans mon esprit. Je me demandai de quel droit, dans quel but, on avait pendant si longtemps comprimé, anéanti, l'exercice de ma volonté, de ma liberté, de ma raison, puisque Dieu m'a doué de liberté, de volonté, de raison; mais je dis... que peut-être les fins de cette œuvre grande, belle et sainte, à laquelle je devais concourir, me seraient un jour dévoilées et me récompenseraient de mon obéissance et de ma résignation.

A ce moment, Rodin rentra. Le père d'Aigrigny l'interrogea d'un regard significatif; le *socius* s'approcha et lui dit tout bas, sans que Gabriel pût l'entendre : — Rien de grave;... on vient seulement de m'avertir que le père du maréchal Simon est arrivé à la fabrique de M. Hardy...

Puis, jetant un coup d'œil sur Gabriel, Rodin parut interroger le père d'Aigrigny, qui baissa la tête d'un air accablé. Pourtant il reprit, s'adressant à Gabriel, pendant que Rodin s'accoudait de nouveau à la cheminée: — Continuez, mon cher fils... j'ai hâte de savoir à quelle résolution vous vous êtes arrêté.

— Je vais vous le dire dans un instant, mon père. J'arrivai à Charleston... Le supérieur de notre établissement dans cette ville, à qui je fis part de mes doutes sur le but de la compagnie, se chargea de les éclaircir; avec une franchise effrayante, il me dévoila ce but... où tendaient non pas peut-être tous les membres de la compagnie, car un grand nombre partageait mon ignorance, mais le but que ses chefs ont opiniâtrément poursuivi depuis la fondation de l'ordre... Je fus épouvanté... Je lus les casuistes... Oh! alors, mon père, ce fut une nouvelle et effrayante révélation, lorsqu'à chaque page de ces livres écrits par nos pères, je lus l'excuse, la justification du *vol*, de la *calomnie*, du *viol*, de l'*adultère*, du *parjure*, du *meurtre*, du *régicide* (1)... Lorsque je pensai que moi, prêtre d'un Dieu de charité, de justice, de pardon et d'amour, j'appartenais désormais à une compagnie dont les chefs professaient de pareilles doctrines et s'en glorifiaient, je fis à Dieu le serment de rompre à jamais les liens qui m'attachaient à elle!...

A ces mots de Gabriel, le père d'Aigrigny et Rodin échangèrent un regard terrible : tout était perdu, leur proie leur échappait.

Gabriel, profondément ému des souvenirs qu'il évoquait, ne s'aperçut pas de ce mouvement du révérend père et du *socius*, et continua : — Malgré ma résolution, mon père, de quitter la compagnie, la découverte que j'avais faite me fut bien douloureuse... Ah! croyez-moi, pour une âme juste et bonne, rien n'est plus affreux que d'avoir à renoncer à ce qu'elle a longtemps respecté et à le renier... Je souffrais tellement... qu'en songeant aux dangers de ma mission, j'espérais avec une joie secrète que Dieu me rappellerait peut-être à lui dans cette circonstance... mais, au contraire, il a veillé sur moi avec une sollicitude providentielle.

Et ce disant, Gabriel tressaillit au souvenir de la femme mystérieuse qui lui avait sauvé la vie en Amérique. Puis, après un moment de silence, il reprit: — Ma mission est terminée, je suis revenu ici, mon père, décidé à vous prier de me rendre la liberté et de me délier de mes sermens... Plusieurs fois, mon père, je vous demandai un entretien... hier la Providence voulut que j'eusse une longue conversation avec ma mère adoptive; par elle j'ai appris la ruse dont on s'était servi pour forcer ma vocation, l'abus sacrilège que l'on a fait de la confession pour l'engager à confier à d'autres personnes les orphelines qu'une mère mourante avait remises aux mains d'un loyal soldat. Vous le comprenez, mon père, si j'avais pu hésiter encore à vouloir rompre ces liens, ce que j'ai appris hier eût rendu ma décision irrévocable... Mais à ce moment solennel, mon père, je dois vous dire que j n'accuse pas la compagnie tout entière; bien des hommes simples, crédules et confians comme moi en font sans doute partie... Dans leur aveuglement...

---

(1) Cette proposition n'a rien de hasardé. Voir des extraits du *Compendium* à l'usage des séminaires, publié à Strasbourg, en 1843, sous ce titre : *Découverte d'un Bibliophile*.

instrumens dociles, ils ignorent l'œuvre à laquelle on les fait concourir... je les plains, et je prierai Dieu de les éclairer comme il m'a éclairé.

— Ainsi, mon fils — dit le père d'Aigrigny en se levant, livide et atterré — vous venez me demander de briser les liens qui vous attachent à la compagnie?

— Oui, mon père... j'ai fait un serment entre vos mains, et je vous prie de me délier de ce serment.

— Ainsi, mon fils, vous entendez que tous les engagemens librement pris autrefois par vous soient considérés comme vains et non avenus?

— Oui, mon père.

— Ainsi, mon fils, il n'y aura désormais rien de commun entre vous et notre compagnie?

— Non, mon père... puisque je vous prie de me relever de mes vœux.

— Mais vous savez, mon fils, que la compagnie peut vous délier... mais que vous ne pouvez pas vous délier d'elle?

— Ma démarche vous prouve, mon père, l'importance que j'attache au serment, puisque je viens vous demander de m'en délier... Cependant, si vous me refusiez... je ne me croirais pas engagé, ni aux yeux de Dieu ni aux yeux des hommes.

— C'est parfaitement clair — dit le père d'Aigrigny à Rodin, et sa voix expira sur ses lèvres, tant son désespoir était profond.

Tout à coup, pendant que Gabriel, les yeux baissés, attendait la réponse du père d'Aigrigny, qui restait immobile et muet, Rodin parut frappé d'une idée subite, en s'apercevant que le révérend père tenait encore à la main son billet écrit au crayon.

Le *socius* s'approcha vivement du père d'Aigrigny, et lui dit tout bas d'un air de doute et d'alarme : — Est-ce que vous n'auriez pas lu mon billet?

— Je n'y ai pas songé — reprit machinalement le révérend père.

Rodin parut faire un effort sur lui-même pour réprimer un mouvement de violent courroux; puis il dit au père d'Aigrigny d'une voix calme : — Lisez-le donc alors...

A peine le révérend père eût-il jeté les yeux sur ce billet qu'un vif rayon d'espoir illumina sa physionomie jusqu'alors désespérée; serrant alors la main du *socius* avec une expression de profonde reconnaissance, il lui dit à voix basse : — Vous avez raison... Gabriel est à nous...

CHAPITRE V.

LE RETOUR.

Le père d'Aigrigny, avant d'adresser la parole à Gabriel, se recueillit profondément; sa physionomie, naguère bouleversée, se rassérénait peu à peu. Il semblait méditer, calculer les effets de l'éloquence qu'il allait déployer sur un thème excellent et d'un effet sûr, que le *socius*, frappé du danger de la situation, lui avait tracé en quelques lignes rapidement écrites au crayon, et que, dans son abattement, le révérend père avait d'abord négligé.

Rodin reprit son poste d'observation auprès de la cheminée, où il alla s'accouder, après avoir jeté sur le père d'Aigrigny un regard de supériorité dédaigneuse et courroucée, accompagnée d'un haussement d'épaules très significatif. Ensuite de cette manifestation involontaire et heureusement inaperçue du père d'Aigrigny, la figure cadavéreuse du *socius* reprit son calme glacial; ses flasques paupières, un moment relevées par la colère et l'impatience, retombèrent et voilèrent à demi ses petits yeux ternes.

Il faut l'avouer, le père d'Aigrigny, malgré sa parole élégante et facile, malgré la séduction de ses manières exquises, malgré l'agrément de son visage et ses dehors d'homme du monde accompli et raffiné, le père d'Aigrigny était souvent effacé, dominé par l'impitoyable fermeté, par l'astuce et la profondeur diabolique de Rodin, de ce vieux homme repoussant, crasseux, misérablement vêtu, qui sortait pourtant très rarement de son humble rôle de secrétaire et de muet auditeur.

L'influence de l'éducation est si puissante que Gabriel, malgré la rupture formelle qu'il venait de provoquer, se sentait encore intimidé en présence du père d'Aigrigny, et il attendait avec une douloureuse angoisse la réponse du révérend père à sa demande expresse de le délier de ses anciens sermens.

Sa Révérence, ayant sans doute habilement combiné son plan d'attaque, rompit enfin le silence, poussa un profond soupir, sut donner à sa physionomie, naguère sévère et irritée, une touchante expression de mansuétude, et dit à Gabriel d'une voix affectueuse : — Pardonnez-moi, mon cher fils, d'avoir gardé si longtemps le silence... mais votre brusque détermination m'a tellement étourdi, a soulevé en moi tant de pénibles pensées... que j'ai dû me recueillir pendant quelques momens pour tâcher de pénétrer la cause de votre rupture... et je crois avoir réussi... Ainsi donc, mon cher fils, vous avez bien réfléchi... à la gravité de votre démarche?

— Oui, mon père.

— Vous êtes absolument décidé à abandonner la compagnie... même contre mon gré?

— Cela me serait pénible... mon père; mais je me résignerais.

— Cela vous devrait être, en effet, très pénible, mon cher fils;... car vous avez librement prêté un serment irrévocable, et ce serment, selon nos statuts, vous engageait à ne quitter la compagnie qu'avec l'agrément de vos supérieurs.

— Mon père, j'ignorais alors, vous le savez, la nature de l'engagement que je prenais. A cette heure, plus éclairé, je demande à me retirer; mon seul désir est d'obtenir une cure dans quelque village éloigné de Paris... Je me sens une irrésistible vocation pour ces humbles et utiles fonctions; il y a dans les campagnes une misère si affreuse, une ignorance si désolante de tout ce qui pourrait contribuer à améliorer un peu la condition du prolétaire agriculteur, dont l'existence est aussi malheureuse que celle des nègres esclaves — car quelle est sa liberté, quelle est son instruction, mon Dieu!— qu'il me semble que, Dieu aidant, je pourrais, dans une cure de village, rendre quelques services à l'humanité. Il me serait donc pénible, mon père, de vous voir me refuser ce que...

— Oh! rassurez-vous, mon fils — reprit le père d'Aigrigny — je ne prétends pas lutter plus longtemps contre votre désir de vous séparer de nous...

— Ainsi, mon père... vous me relevez de mes vœux?

— Je n'ai pas pouvoir pour cela, mon cher fils; mais je vais écrire immédiatement à Rome pour en demander l'autorisation à notre général.

— Je vous remercie, mon père.

— Bientôt, mon cher fils, vous serez donc délivré de ces liens qui vous pèsent, et les hommes que vous reniez avec tant d'amertume n'en continueront pas moins à prier pour vous... afin que Dieu vous préserve de plus grands égaremens... Vous vous croyez délié envers nous, mon cher fils; mais nous ne nous croyons pas déliés envers vous; on ne brise pas ainsi chez nous l'habitude d'un attachement paternel. Que voulez-vous?... Nous nous regardons, nous autres, comme obligés envers nos créatures par les bienfaits mêmes dont nous les avons comblés... Ainsi, vous étiez pauvre... et orphelin... nous vous avons tendu les bras, autant à cause de l'intérêt que vous méritiez, mon cher fils, que pour épargner une charge trop lourde à votre excellente mère adoptive.

— Mon père... — dit Gabriel avec une émotion contenue — je ne suis pas ingrat...

— Je veux le croire, mon cher fils; pendant longues années nous vous avons donné, comme à notre enfant bien-aimé, le pain de l'âme et du corps; aujourd'hui il vous plaît de nous renier, de nous abandonner;... non-seulement nous y consentons. Maintenant que j'ai pénétré la véritable cause de votre rupture avec nous, il est de mon devoir de vous délier de vos sermens.

— De quelle cause voulez-vous parler, mon père?

— Hélas! mon cher fils! je conçois votre crainte. Aujourd'hui, des dangers nous menacent... vous le savez bien...

— Des dangers, mon père? — s'écria Gabriel.

— Il est impossible, mon cher fils, que vous ignoriez que depuis la chute de nos souverains légitimes, nos soutiens naturels, l'impiété révolutionnaire devient de plus en plus menaçante: on nous accable de persécutions... Aussi, mon cher fils, je comprends et j'apprécie comme je dois le motif qui, dans de pareilles circonstances, vous engage à vous séparer de nous.

— Mon père! — s'écria Gabriel avec autant d'indignation que de douleur — vous ne pensez pas cela de moi... vous ne pouvez pas le penser.

Le père d'Aigrigny, sans avoir égard à la protestation de Gabriel, continua le tableau imaginaire des dangers de sa compagnie, qui, loin d'être en péril, commençait déjà à ressaisir sourdement son influence.

— Oh! si notre compagnie était toute-puissante comme elle l'était il y a peu d'années encore — reprit donc le révérend père — si elle était entourée des respects et des hommages que lui doivent les vrais fidèles, malgré tant d'abominables calomnies dont on nous poursuit, peut-être alors, mon cher fils, aurions-nous hésité à vous délier de vos sermens, peut-être aurions-nous cherché à ouvrir vos yeux à la lumière, à vous arracher au fatal vertige auquel vous êtes en proie ; mais aujourd'hui que nous sommes faibles, opprimés, menacés de toutes parts, il est de notre devoir, il est de notre charité de ne pas vous faire partager forcément les périls auxquels vous avez la sagesse de vouloir vous soustraire.

En disant ces mots, le père d'Aigrigny jeta un rapide regard sur son *socius*, qui répondit par un signe approbatif, accompagné d'un mouvement d'impatience, qui semblait lui dire : — Allez donc!... allez donc!

Gabriel était atterré ; il n'y avait pas au monde un cœur plus généreux, plus loyal, plus brave que le sien. Que l'on juge de ce qu'il devait souffrir en entendant interpréter ainsi sa résolution.

— Mon père — reprit-il d'une voix émue et les yeux remplis de larmes — vos paroles sont cruelles... sont injustes... car, vous le savez... je ne suis pas lâche.

— Non... — dit Rodin de sa voix brève et incisive en s'adressant au père d'Aigrigny et lui montrant Gabriel d'un regard dédaigneux — monsieur votre cher fils est... prudent...

A ces mots de Rodin, Gabriel tressaillit ; une légère rougeur colora ses joues pâles ; ses grands yeux bleus étincelèrent d'un généreux courroux ; puis, fidèle aux préceptes de résignation et d'humilité chrétienne, il dompta ce moment d'emportement, baissa la tête, et, trop ému pour répondre, il se tut et essuya une larme furtive.

Cette larme n'échappa pas au *socius* ; il y vit sans doute un symptôme favorable, car il échangea un nouveau regard de satisfaction avec le père d'Aigrigny.

Celui-ci était alors sur le point de toucher à une question brûlante ; aussi, malgré son empire sur lui-même, sa voix s'altéra légèrement lorsque, pour ainsi dire, encouragé, poussé par un regard de Rodin, qui devint extrêmement attentif, il dit à Gabriel : — Un autre motif nous oblige encore à ne pas hésiter à vous délier de vos sermens, mon cher fils... c'est une question toute de délicatesse... Vous avez probablement appris hier, par votre mère adoptive, que vous étiez peut-être appelé à recueillir un héritage... dont on ignore la valeur...

Gabriel releva vivement la tête et dit au père d'Aigrigny : — Ainsi que je l'ai déjà affirmé à M. Rod.n, ma mère adoptive m'a seulement entretenu de ses scrupules de conscience... et j'ignorais complétement l'existence de l'héritage dont vous parlez, mon père....

L'expression d'indifférence avec laquelle le jeune prêtre prononça ces derniers mots fut remarquée par Rodin.

— Soit... — reprit le père d'Aigrigny — vous l'ignoriez... je veux le croire, quoique toutes les apparences tendent à prouver le contraire, à prouver enfin... que la connaissance de cet héritage n'est pas non plus étrangère à votre résolution de vous séparer de nous.

— Je ne vous comprends pas, mon père.

— Cela est pourtant bien simple... selon moi, votre rupture a deux motifs : d'abord nous sommes menacés... et vous jugez prudent de nous abandonner...

— Mon père...

— Permettez-moi d'achever... mon cher fils, et de passer au second motif ; si je me trompe... vous répondrez. Voici les faits : Autrefois, et dans l'hypothèse que votre famille, dont vous ignoriez le sort, vous laisserait quelque bien... vous aviez, en retour des soins que la compagnie avait pris de vous... vous aviez fait, dis-je, une donation future de ce que vous pourriez posséder, non pas à nous, mais aux pauvres, dont nous sommes les tuteurs-nés.

— Eh bien ! mon père ? — demanda Gabriel, ignorant encore où tendait ce préambule.

— Eh bien, mon cher fils... maintenant que vous voilà sûr de jouir de quelque aisance... vous voulez sans doute, en vous séparant de nous, annuler cette donation faite par vous en d'autres temps.

— Pour parler clairement, vous parjurez votre serment parce que nous sommes persécutés et parce que vous voulez reprendre vos dons — ajouta Rodin d'une voix aiguë, comme pour résumer d'une manière nette et brutale la position de Gabriel envers la compagnie de Jésus.

A cette accusation infâme, Gabriel ne put que lever les mains et les yeux au ciel en s'écriant avec une expression déchirante : — O mon Dieu ! ! ! mon Dieu ! ! !

Le père d'Aigrigny, après avoir échangé un regard d'intelligence avec Rodin, dit à celui-ci d'un ton sévère, afin de paraître le gourmander de sa trop rude franchise : — Je crois que vous allez trop loin. Notre cher fils aurait agi de la manière fourbe et lâche que vous dites, s'il avait été instruit de sa nouvelle position d'héritier; mais puisqu'il affirme le contraire... il faut le croire malgré les apparences.

— Mon père — dit enfin Gabriel, pâle, ému, tremblant, et surmontant sa douloureuse indignation — je vous remercie de suspendre du moins votre jugement... Non, je ne suis pas lâche, car Dieu m'est témoin que j'ignorais les dangers que court votre compagnie; non, je ne suis pas fourbe, non, je ne suis pas cupide, car Dieu m'est témoin qu'à ce moment seulement j'apprends par vous, mon père, qu'il est possible que je sois appelé à recueillir un héritage... et que...

— Un mot, mon cher fils ; j'ai été dernièrement instruit de cette circonstance par le plus grand hasard du monde — dit le père d'Aigrigny en interrompant Gabriel. — Et cela, grâce aux papiers de famille que votre mère adoptive avait remis à son confesseur, et qui nous ont été confiés lors de votre entrée dans notre collège... Peu de temps avant votre retour d'Amérique, en classant les archives de la compagnie, votre dossier est tombé sous la main de notre révérend père procureur; on l'a examiné, et l'on a ainsi appris que l'un de vos aïeuls paternels, à qui appartenait la maison où nous sommes, a laissé un testament qui sera ouvert aujourd'hui à midi. Hier soir encore nous vous croyions toujours des nôtres; nos statuts veulent que nous ne possédions rien en propre, vous aviez corroboré ces statuts par une donation en faveur du patrimoine des pauvres... que nous administrons... Ce n'était donc plus vous, mais la compagnie qui, dans ma personne, se présentait comme héritière en votre lieu et place, munie de vos titres, que j'ai là, bien en règle. Mais maintenant, mon fils, que vous vous séparez de nous... c'est à vous de vous présenter; nous ne venions ici que comme fondés de pouvoir des pauvres, auxquels vous aviez autrefois pieusement abandonné les biens que vous pourriez posséder un jour. A cette heure, au contraire, l'espérance d'une fortune quelconque change vos sentimens; libre à vous, reprenez vos dons.

Gabriel avait écouté le père d'Aigrigny avec une impatience douloureuse, aussi s'écria-t-il : — Et c'est vous, mon père... vous, qui me croyez capable de revenir sur une donation faite librement en faveur de la compagnie pour m'acquitter envers elle de l'éducation qu'elle m'a généreusement donnée ? C'est vous, enfin, qui me croyez assez infâme pour renier ma parole parce que je vais peut-être posséder un modeste patrimoine ?

— Ce patrimoine, mon cher fils, peut être minime, comme il peut être... considérable...

— Eh ! mon père ! il s'agirait d'une fortune de roi — s'écria Gabriel avec une noble et fière indifférence — que je ne parlerais pas autrement, et j'ai, je crois, le droit d'être cru; voici donc ma résolution bien arrêtée : — La compagnie à laquelle j'appartiens court des dangers, dites-vous ? Je me convaincrai de ces dangers : s'ils sont menaçans... fort, maintenant, de ma détermination, qui, moralement, me sépare de vous, mon père, j'attendrai pour vous quitter la fin de vos périls. Quant à cet héritage dont on me croit si avide, je vous l'abandonne formellement, mon père, ainsi que je m'y suis autrefois librement engagé; tout mon désir est que ces biens soient employés au soulagement des pauvres... J'ignore quelle est cette fortune; mais, petite ou grande, elle appartient à la compagnie, parce que je n'ai qu'une parole... Je vous l'ai dit, mon père, mon seul désir est d'obtenir une modeste cure dans quelque pauvre village... oui... pauvre surtout... parce que là mes services seront plus utiles. Ainsi, mon père, lorsqu'un homme qui n'a jamais menti de sa vie affirme qu'il ne soupire qu'après une existence aussi humble, aussi désintéressée, on doit, je crois, le regarder comme incapable de reprendre par cupidité les dons qu'il a faits.

Le père d'Aigrigny eut alors autant de peine à contenir sa joie, que naguère il avait eu de peine à cacher sa terreur; pourtant, il parut assez calme et dit à Gabriel : — Je n'attendais pas moins de vous, mon cher fils. Puis il fit un signe à Rodin pour l'engager à intervenir.

Celui-ci comprit parfaitement son supérieur; il quitta la cheminée, se rapprocha de Gabriel, s'appuya sur une table où l'on voyait une écritoire et du papier; puis, se mettant à *tambouriner* machinalement sur le bureau du bout de ses doigts noueux, à ongles plats et sales, il dit au père d'Aigrigny : — Tout ceci est bel et bon;... mais, monsieur votre cher fils vous donne pour toute garantie de sa promesse... un serment... et c'est peu...

— Monsieur! — s'écria Gabriel.

— Permettez — dit froidement Rodin — la loi, ne reconnaissant pas notre existence, ne peut reconnaître les dons faits en faveur de la compagnie... Vous pouvez donc reprendre demain ce que vous aurez donné aujourd'hui...

— Et mon serment, monsieur? s'écria Gabriel.

Rodin le regarda fixement, et lui répondit : — Votre serment?... mais vous avez aussi fait serment d'obéissance éternelle à la compagnie; vous avez juré de ne vous jamais séparer d'elle... et aujourd'hui de quel poids ce serment est-il pour vous?

Un moment Gabriel fut embarrassé; mais sentant bientôt combien la comparaison de Rodin était fausse, il se leva calme et digne, alla s'asseoir devant le bureau, y prit une plume, du papier, et écrivit ce qui suit :

« Devant Dieu, qui me voit et m'entend; devant vous, révérend père d'Ai-
» grigny, et M. Rodin, témoins de mon serment, je renouvelle à cette heure,
» librement et volontairement, la donation entière et absolue que j'ai faite à
» la compagnie de Jésus, en la personne du révérend père d'Aigrigny, de
» de tous les biens qui vont m'appartenir, quelle que soit la valeur de ces
» biens. Je jure, sous peine d'infamie, de remplir cette promesse irrévocable,
» dont, en mon âme et conscience, je regarde l'accomplissement comme l'ac-
» quit d'une dette de reconnaissance et un pieux devoir.

» Cette donation ayant pour but de rémunérer des services passés, et de
» venir au secours des pauvres, l'avenir, quel qu'il soit, ne peut en rien la
» modifier; par cela même que je sais que *légalement* je pourrais un jour de-
» mander l'annulation de l'acte que je fais à cette heure de mon plein gré,
» je déclare que si je songeais jamais, en quelque circonstance que ce fût, à
» le révoquer, je mériterais le mépris et l'horreur des honnêtes gens.

» En foi de quoi j'ai écrit ceci le 13 février 1832, à Paris, au moment de
» l'ouverture du testament de l'un de mes ancêtres paternels.

» Gabriel de Rennepont. »

Puis, se levant, le jeune prêtre remit cet acte à Rodin sans prononcer une parole.

Le *socius* lut attentivement et répondit, toujours impassible, en regardant Gabriel : — Eh bien! c'est un serment écrit... voilà tout.

Gabriel restait stupéfait de l'audace de Rodin, qui osait lui dire que l'acte dans lequel il venait de renouveler la donation d'une manière si loyale, si généreuse, si spontanée, n'avait pas une valeur suffisante.

Le *socius* rompit le premier le silence et dit avec sa froide impudence en s'adressant au père d'Aigrigny : — De deux choses l'une, ou monsieur votre cher fils Gabriel a l'intention de rendre cette donation absolument valable et irrévocable... ou...

— Monsieur — s'écria Gabriel en se contenant à peine et interrompant

Rodin — épargnez-vous et épargnez-moi une honteuse supposition.

— Eh bien donc — reprit Rodin toujours impassible — puisque vous êtes parfaitement décidé à rendre cette donation sérieuse... quelle objection auriez-vous à ce qu'elle fût légalement garantie ?

— Mais aucune, monsieur — dit amèrement Gabriel — puisque ma parole écrite et jurée ne vous suffit pas...

— Mon cher fils — dit affectueusement le père d'Aigrigny — s'il s'agissait d'une donation faite à mon profit, croyez que si je l'acceptais je me trouverais on ne peut mieux garanti par votre parole... Mais ici, c'est autre chose : je me trouve être, ainsi que je vous l'ai dit, le mandataire de la compagnie, ou plutôt le tuteur des pauvres qui profiteront de votre généreux abandon ; on ne saurait donc, dans l'intérêt de l'humanité, entourer cet acte de trop de garanties légales, afin qu'il en résulte pour notre clientèle d'infortunés une certitude... au lieu d'une vague espérance que le moindre changement de volonté peut renverser... et puis... enfin... Dieu peut vous rappeler à lui... d'un moment à l'autre... Et qui dit que vos héritiers se montreraient jaloux de tenir le serment que vous auriez fait?...

— Vous avez raison, mon père... — dit tristement Gabriel — je n'avais pas songé à ce cas de mort... pourtant si probable.

A ce moment, Samuel ouvrit la porte de la chambre et dit : — Messieurs, le notaire vient d'arriver ; puis-je l'introduire ici? A dix heures précises, la porte de la maison vous sera ouverte.

— Nous serons d'autant plus aises de voir M. le notaire — dit Rodin — que nous avons à conférer avec lui; ayez l'obligeance de le prier d'entrer.

— Je vais, monsieur, le prévenir à l'instant — dit Samuel en sortant.

— Voici justement un notaire — dit Rodin à Gabriel. — Si vous êtes toujours dans les mêmes intentions, vous pouvez par-devant cet officier public régulariser votre donation et vous délivrer ainsi d'un grand poids pour l'avenir.

— Monsieur — dit Gabriel — quoi qu'il arrive, je me trouverai aussi irrévocablement engagé par ce serment écrit que je vous prie de conserver, mon père — et Gabriel remit le papier au père d'Aigrigny — que je me trouverai engagé par l'acte authentique que je vais signer — ajouta-t-il en s'adressant à Rodin.

— Silence, mon cher fils, voici le notaire — dit le père d'Aigrigny.

En effet, le notaire parut dans la chambre.

Pendant l'entretien que cet officier ministériel va avoir avec Rodin, Gabriel et le père d'Aigrigny, nous conduirons le lecteur dans l'intérieur de la maison murée.

CHAPITRE VI.

LE SALON ROUGE.

Ainsi que l'avait dit Samuel, la porte d'entrée de la maison murée venait d'être dégagée de la maçonnerie, de la plaque de plomb et du châssis de fer qui la condamnaient, ses panneaux en bois de chêne sculptés apparurent aussi intacts que le jour où ils avaient été soustraits à l'action de l'air et du temps. Les manœuvres, après avoir terminé cette démolition, étaient restés sur le perron, aussi impatiemment curieux que le clerc du notaire qui avait surveillé leurs travaux, d'assister à l'ouverture de cette porte, car ils voyaient Samuel arriver lentement par le jardin, tenant à la main un gros trousseau de clefs.

— Maintenant, mes amis — dit le vieillard lorsqu'il fut au bas de l'escalier du perron — votre besogne est finie; le patron de monsieur le clerc est chargé de vous payer, je n'ai plus qu'à vous conduire à la porte de la rue.

— Allons donc, mon brave homme — s'écria le clerc — vous n'y pensez pas ; nous voici au moment le plus intéressant, le plus curieux : moi et ces ces braves maçons nous grillons de voir l'intérieur de cette mystérieuse maison, et vous auriez le cœur de nous renvoyer?... C'est impossible...

— Je regrette beaucoup d'y être obligé, monsieur, mais il le faut; je dois entrer le premier et absolument seul dans cette demeure, avant d'y introduire les héritiers pour la lecture du testament...

— Mais qui vous a donné ces ordres ridicules et barbares ? — s'écria le clerc, singulièrement désappointé.

— Mon père, monsieur...

— Rien n'est sans doute plus respectable ; mais voyons, soyez bonhomme, mon digne gardien, mon excellent gardien — reprit le clerc — laissez-nous seulement jeter un coup d'œil à travers la porte entre-bâillée.

— Oh ! oui, monsieur, seulement un coup d'œil — ajoutèrent les compagnons *de la truelle* d'un air suppliant.

— Il m'est désagréable de vous refuser, messieurs — reprit Samuel — mais je n'ouvrirai cette porte que lorsque je serai seul.

Les maçons, voyant l'inflexibilité du vieillard, descendirent à regret les rampes de l'escalier; mais le clerc entreprit de disputer le terrain pied à pied, et s'écria : — Moi, j'attends mon patron, je ne m'en vais pas de cette maison sans lui ; il peut avoir besoin de moi ;... or, que je reste sur ce perron ou ailleurs, peu vous importe, mon digne gardien...

Le clerc fut interrompu dans sa supplique par son patron, qui du fond de la cour l'appelait d'un air affairé, en criant : — Monsieur Piston... vite... monsieur Piston... venez tout de suite.

— Que diable me veut-il ? — s'écria le clerc, furieux — voilà qu'il m'appelle juste au moment où j'allais peut-être entrevoir quelque chose...

— Monsieur Piston... — reprit la voix en s'approchant — vous ne m'entendez donc pas ?

Pendant que Samuel reconduisait les maçons, le clerc vit, au détour d'un massif d'arbres verts, paraître et accourir son patron tête nue et l'air singulièrement préoccupé. Force fut donc au clerc de descendre du perron pour répondre à l'appel du notaire, auprès duquel il se rendit de fort mauvaise grâce.

— Mais, monsieur — dit Me Dumesnil — voilà une heure que je crie à tue-tête.

— Monsieur... je n'entendais pas — fit M. Piston.

— Il faut alors que vous soyez sourd... Avez-vous de l'argent sur vous ?

— Oui, monsieur — répondit le clerc, assez surpris.

— Eh bien ! vous allez à l'instant courir au plus voisin bureau de timbre me chercher trois ou quatre grandes feuilles de papier timbré pour faire un acte... Courez... c'est très pressé.

— Oui, monsieur — dit le clerc en jetant un regard de regret désespéré sur la porte de la maison murée.

— Mais dépêchez-vous donc, monsieur Piston — reprit le notaire.

— Monsieur, c'est que j'ignore où je trouverai du papier timbré.

— Voici le gardien — reprit Me Dumesnil — il pourra sans doute vous le dire.

En effet, Samuel revenait, après avoir conduit les maçons jusqu'à la porte de la rue.

— Monsieur — lui dit le notaire — voulez-vous m'enseigner où l'on pourrait trouver du papier timbré ?

— Ici près, monsieur — répondit Samuel — chez le débitant de tabac de la rue Vieille-du-Temple, n° 17.

— Vous entendez, monsieur Piston ? — dit le notaire à son clerc ; — vous en trouverez chez le débitant de tabac rue Vieille-du-Temple, n° 17. Courez vite, car il faut que cet acte soit dressé à l'instant même et avant l'ouverture du testament ; le temps presse.

— C'est bien, monsieur... je vais me dépêcher — répondit le clerc avec dépit. Et il suivit son patron, qui regagna en hâte la chambre où il avait laissé Rodin, Gabriel et le père d'Aigrigny.

Pendant ce temps, Samuel, gravissant les degrés du perron, était arrivé devant la porte, récemment dégagée de la pierre, du fer et du plomb qui l'obstruaient. Ce fut avec une émotion profonde que le vieillard, après avoir cherché dans son trousseau de clefs celle dont il avait besoin, l'introduisit dans la serrure, et fit rouler la porte sur ses gonds.

Aussitôt il se sentit frappé au visage par une bouffée d'air humide et froid, comme celui qui s'exhale d'une cave brusquement ouverte. La porte, soigneusement refermée en dedans et à double tour, le juif s'avança dans le vestibule, éclairé par une sorte de trèfle vitré ménagé au-dessus du cintre de la porte; les carreaux avaient à la longue perdu leur transparence, et ressemblaient à du verre dépoli. Ce vestibule, dallé de losanges de marbre alternativement blanc et noir, était vaste, sonore, et formait la cage d'un grand escalier conduisant au premier étage. Les murailles de pierre lisse et unie n'offraient pas la moindre apparence de dégradation ou d'humidité; la rampe de fer forgé ne présentait pas la moindre trace de rouille; elle était soudée, au-dessus de la première marche, à un fût de colonne en granit gris, qui soutenait une statue de marbre noir représentant un nègre portant une torchère. L'aspect de cette figure était étrange; les prunelles de ses yeux étaient de marbre blanc.

Le bruit de la marche pesante du juif résonnait sous la haute coupole de ce vestibule; le petit-fils d'Isaac Samuel éprouva un sentiment mélancolique, en songeant que les pas de son aïeul avaient sans doute retenti les derniers dans cette demeure, dont il avait fermé les portes cent cinquante ans auparavant; car l'ami fidèle en faveur duquel M. de Renneville avait fait une vente simulée de cette maison s'était plus tard dessaisi de cet immeuble pour le mettre sous le nom du grand-père de Samuel, qui l'avait ainsi transmis à ses descendans, comme s'il se fût agi de son héritage.

A ces pensées, qui absorbaient Samuel, venait se joindre le souvenir de la lumière vue le matin à travers les sept ouvertures de la chape de plomb du belvédère; aussi, malgé la fermeté de son caractère, le vieillard ne put s'empêcher de tressaillir, lorsque après avoir pris une seconde clef à son trousseau, clef sur laquelle on lisait: *clef du salon rouge*, il ouvrit une grande porte à deux battans, conduisant aux appartemens intérieurs. La fenêtre qui, seule de toutes celles de la maison, avait été ouverte, éclairait cette vaste pièce, tendue de damas dont la teinte pourpre-foncé n'avait pas subi la moindre altération; un épais tapis de Turquie couvrait le plancher; de grands fauteuils de bois doré dans le style sévère du siècle de Louis XIV, étaient symétriquement rangés le long des murs; une seconde porte, donnant dans une autre pièce, faisait face à la porte d'entrée; leur boiserie ainsi que la corniche qui encadrait le plafond était blanche, rehaussée de filets et de moulures d'or bruni. De chaque côté de cette porte étaient placés deux grands meubles de Boulle incrustés de cuivre et d'étain, supportant des garnitures de vases de céladon; la fenêtre, drapée de lourds rideaux de damas à crépines surmontées d'une pente découpée dont chaque dent se terminait par un gland de soie, faisait face à la cheminée de marbre bleu-turquin ornée de baquettes de cuivre ciselé. De riches candélabres et une pendule du même style que l'ameublement se reflétaient dans une glace de Venise à biseaux. Une grande table ronde, recouverte d'un tapis de velours cramoisi, était placée au centre de ce salon.

En s'approchant de cette table, Samuel vit un morceau de vélin blanc, portant ces mots:

« *Dans cette salle sera ouvert mon testament; les autres appartemens de-*
» *meureront clos jusques après la lecture de mes dernières volontés.*
« *M. de R.* »

— Oui — dit le juif en contemplant avec émotion ces lignes tracées depuis si longtemps — cette recommandation est aussi celle qui m'avait été transmise par mon père, car il paraît que les autres pièces de cette maison sont remplies d'objets auxquels M. de Rennepont attachait un grand prix, non pour leur valeur, mais pour leur origine, et que la *salle de deuil* est une chose étrange et mystérieuse.

— Mais — ajouta Samuel en tirant de la poche de sa houppelande un registre recouvert en chagrin noir, garni d'un fermoir de cuivre à serrure, dont il retira la clef après l'avoir posé sur la table — voici l'état des valeurs en caisse, et il m'a été ordonné de l'apporter ici avant l'arrivée des héritiers.

Le plus profond silence régnait dans ce salon au moment où Samuel venait de placer le registre sur la table. Tout à coup la chose du monde à la fois la plus naturelle, et cependant la plus effrayante, le tira de sa rêverie. Dans la pièce voisine, il entendit un timbre clair, argentin, sonner lentement dix heures...

Et en effet il était dix heures.

Samuel avait trop de bon sens pour croire au *mouvement perpétuel*, c'est-à-dire à une horloge marchant depuis cent cinquante ans. Aussi se demanda-t-il avec autant de surprise que d'effroi comment cette pendule ne s'était pas arrêtée depuis tant d'années, et comment surtout elle marquait si précisément l'heure présente. Agité d'une curiosité inquiète, le vieillard fut sur le point d'entrer dans cette chambre; mais, se rappelant les recommandations expresses de son père, recommandations réitérées par les quelques lignes de M. de Rennepont qu'il venait de lire, il s'arrêta auprès de la porte et prêta l'oreille avec la plus extrême attention. Il n'entendit rien, absolument rien, que l'expirante vibration du timbre. Après avoir longtemps réfléchi à ce fait étrange, Samuel le rapprochant du fait non moins extraordinaire de cette clarté aperçue le matin à travers les ouvertures du belvédère, conclut qu'il devait y avoir un certain rapport entre ces deux incidens.

Si le vieillard ne pouvait pénétrer la véritable cause de ces apparences étonnantes, il s'expliquait du moins ce qu'il lui était donné de voir, en songeant aux communications souterraines qui, selon la tradition, existaient entre les caves de la maison et des endroits très éloignés : des personnes mystérieuses et inconnues avaient pu ainsi s'introduire deux ou trois fois par siècle dans l'intérieur de cette demeure. Absorbé par ces pensées, Samuel se rapprochait de la cheminée, qui, nous l'avons dit, se trouvait absolument en face de la fenêtre. Un vif rayon de soleil perçant les nuages vint resplendir sur deux grands portraits placés de chaque côté de la cheminée, que le juif n'avait pas encore remarqués, et qui, peints en pied et de grandeur naturelle, représentaient, l'un une femme, l'autre un homme.

A la couleur à la fois sobre et puissante de cette peinture, à sa touche large et vigoureuse, on reconnaissait facilement une œuvre magistrale. L'on aurait d'ailleurs difficilement trouvé des modèles plus capables d'inspirer un grand peintre.

La femme paraissait âgée de vingt-cinq à trente ans; une magnifique chevelure brune à reflets dorés couronnait son front blanc, noble et élevé; sa coiffure, loin de rappeler celle que madame de Sévigné avait mise à la mode durant le siècle de Louis XIV, rappelait, au contraire, ces coiffures si remarquables de quelques portraits du Véronèse, composées de larges bandeaux ondulés encadrant les joues et surmontés d'une natte tressée en couronne derrière la tête; les sourcils, très déliés, surmontaient de grands yeux d'un bleu de saphir étincelant; leur regard, à la fois fier et triste, avait quelque chose de fatal; le nez, très fin, se terminait par des narines légèrement dilatées; un demi sourire presque douloureux contractait légèrement la bouche; l'ovale de la figure était allongé; le teint, d'un blanc mat, se nuançait à peine vers les joues d'un rose léger; l'attache du cou, le port de la tête, annonçaient un rare mélange de grâce et de dignité native; une sorte de tunique ou de robe d'étoffe noire et lustrée, faite, ainsi qu'on dit, à la vierge, montait jusqu'à la naissance des épaules, et, après avoir dessiné une taille svelte et élevée, tombait jusque sur les pieds, entièrement cachés par les plis un peu traînans de ce vêtement. L'attitude de cette femme était remplie de noblesse et de simplicité. La tête se détachait lumineuse et blanche sur un ciel d'un gris sombre, marbré à l'horizon de quelques nuages pourprés sur lesquels se dessinait la cime bleuâtre de collines lointaines et noyées d'ombre. La disposition du tableau ainsi que les tons chauds et solides des premiers plans, qui tranchaient sans aucune transition avec ces fonds reculés, laissaient facilement deviner que cette femme était placée sur une hauteur d'où elle dominait tout l'horizon. La physionomie de cette femme était profondément pensive et accablée. Il y avait surtout dans son regard à demi levé vers le ciel une expression de douleur suppliante et résignée que l'on aurait crue impossible à rendre.

Au côté gauche de la cheminée on voyait l'autre portrait aussi vigoureusement peint.

Il représentait un homme de trente à trente-cinq ans, de haute taille. Un vaste manteau brun dont il était noblement drapé laissait voir une sorte de pourpoint noir, boutonné jusqu'au cou, et sur lequel se rabattait un col blanc carré. La tête, belle et d'un grand caractère, était remarquable par des lignes puissantes et sévères qui pourtant n'excluaient pas une admirable expression de souffrance, de résignation et surtout d'ineffable bonté; les cheveux, ainsi que la barbe et les sourcils, étaient noirs; mais ceux-ci, par un caprice bizarre de la nature, au lieu d'être séparés et de s'arrondir autour de chaque arcade sourcilière, s'étendaient d'une tempe à l'autre comme un seul arc, et semblaient rayer le front de cet homme d'une marque noire. Le fond du tableau représentait aussi un ciel orageux; mais au delà de quelques rochers on voyait la mer, qui semblait à l'horizon se confondre avec les sombres nuées.

Le soleil, en frappant en plein sur ces deux remarquables figures qu'il semblait impossible d'oublier dès qu'on les avait vues, augmentait encore leur éclat.

Samuel, sortant de sa rêverie et jetant par hasard les yeux sur ces portraits, en fut frappé : ils paraissaient vivans.

— Quelles nobles et belles figures! — s'écria-t-il en s'approchant plus près pour les mieux examiner. — Quels sont ces portraits? Ce ne sont pas ceux de la famille de Rennepont, car, selon ce que mon père m'a appr s, ils sont tous dans la salle de duil... Hélas! — ajouta le vieillard — à la grande tristesse dont leurs traits sont empreints, eux aussi, ce me semble, pourraient figurer dans la salle de deuil.

Puis, après un moment de silence, Samuel reprit : — Songeons à tout préparer pour cette assemblée solennelle... car dix heures ont sonné.

Ce disant, Samuel disposa les fauteuils de bois doré autour de la table ronde ; puis il reprit d'un air pensif : — L'heure s'avance, et des descendans du bienfaiteur de mon grand-père il n'y a encore ici que ce jeune prêtre, d'une figure angélique... Serait-il donc le seul représentant de la famille Rennepont?... Il est prêtre... cette famille s'éteindrait donc en lui? Enfin voici le moment où je dois ouvrir cette porte pour la lecture du testament... — Bethsabée va conduire ici le notaire... On frappe... c'est elle... — Et Samuel, après avoir jeté un dernier regard sur la porte de la chambre où dix heures avaient sonné, se dirigea en hâte vers la porte du vestibule, derrière laquelle on entendait parler.

La clef tourna deux fois dans la serrure, et il ouvrit les deux battans de la porte. A son grand chagrin, il ne vit sur le perron que Gabriel ayant Rodin à sa gauche et le père d'Aigrigny à sa droite. Le notaire et Bethsabée, qui avait servi de guide, se tenaient derrière le groupe principal.

Samuel ne put retenir un soupir, et dit en s'inclinant sur le seuil de la porte : — Messieurs... tout est prêt... vous pouvez entrer...

CHAPITRE VII.

LE TESTAMENT.

Lorsque Gabriel, Rodin et le père d'Aigrigny entrèrent dans le salon rouge, ils paraissaient tous différemment affectés.

Gabriel, pâle et triste, éprouvait une impatience pénible; il avait hâte de sortir de cette maison, et se sentait débarrassé d'un grand poids depuis que, par un acte entouré de toutes les garanties légales, et passé par-devant Me Dumesnil, le notaire de la succession, il venait de se désister de tous ses droits en faveur du père d'Aigrigny. Jusqu'alors il n'était pas venu à la pensée du jeune prêtre qu'en lui donnant les soins qu'il rémunérait si généreusement, et en forçant sa vocation par un mensonge sacrilége, le père d'Aigrigny avait eu pour but d'assurer le bon succès d'une ténébreuse intrigue. Gabriel, en agissant ainsi qu'il faisait, ne cédait pas, selon lui, à un sentiment de délicatesse exagérée. Il avait fait librement cette donation plusieurs années auparavant. Il eût regardé comme une indignité de la rétracter. Il lui avait été déjà assez cruel d'être soupçonné de lâcheté;... pour rien au monde il n'eût voulu encourir le moindre reproche de cupidité. Il fallait que le missionnaire fût doué d'une bien rare et bien excellente nature pour que cette fleur de scrupuleuse probité n'eût pas été flétrie par l'influence délétère et démoralisante de son éducation ; mais heureusement, de même que le froid préserve quelquefois de la corruption, l'atmosphère glacée où s'était passée une partie de son enfance et de sa jeunesse avait engourdi, mais non vicié, ses généreuses qualités, bientôt ranimées par le contact vivifiant et chaud de l'air de la liberté.

Le père d'Aigrigny, beaucoup plus pâle et plus ému que Gabriel, avait tâché d'expliquer et d'excuser ses angoisses, en les attribuant au chagrin que lui causait la rupture de son cher fils avec la compagnie de Jésus.

Rodin, calme et parfaitement maître de soi, voyait avec un secret courroux la vive émotion du père d'Aigrigny, qui aurait pu inspirer d'étranges soupçons à un homme moins confiant que Gabriel; pourtant, malgré cet apparent sang-froid, le *socius* était encore plus que son supérieur ardemment impatient de la réussite de cette importante affaire.

Samuel paraissait atterré;... aucun autre héritier que Gabriel ne se présentait... Sans doute le vieillard ressentait une vive sympathie pour ce jeune homme; mais ce jeune homme était prêtre; avec lui s'éteindrait le nom de la famille Rennepont, et cette immense fortune, si laborieusement accumulée, ne serait pas sans doute répartie ou employée ainsi que l'aurait désiré le testateur.

Les différens acteurs de cette scène se tenaient debout autour de la table ronde.

Au moment où, sur l'invitation du notaire, ils allaient s'asseoir, Samuel dit, en lui montrant le registre de chagrin noir : — Monsieur, il m'a été ordonné de déposer ici ce registre; il est fermé; je vous en remettrai la clef aussitôt après la lecture du testament.

— Cette mesure est en effet consignée dans la note qui accompagne le testament que voici — dit Me Dumesnil — lorsqu'il fut déposé, en 1682, chez maître Thomas Le Semelier, conseiller du roi, notaire au Châtelet de Paris, demeurant alors place Royale, n° 13.

Ce disant, Me Dumesnil sortit d'un portefeuille de maroquin rouge une large enveloppe de parchemin jauni par les années; à cette enveloppe était annexée par un fil de soie une note aussi sur vélin.

— Messieurs — dit le notaire — si vous voulez vous donner la peine de vous asseoir, je vais lire la note ci-jointe qui règle les formalités à remplir pour l'ouverture du testament.

Le notaire, Rodin, le père d'Aigrigny et Gabriel s'assirent. Le jeune prêtre, tournant le dos à la cheminée, ne pouvait apercevoir les deux portraits.

Samuel, malgré l'invitation du notaire, resta debout derrière le fauteuil de ce dernier, qui lut ce qui suit :

« Le 13 février 1832, mon testament sera porté rue Saint-François, n. 3.

» A dix heures précises la porte du salon rouge, située au rez-de-chaussée,
» sera ouverte à mes héritiers, qui sans doute arrivés depuis longtemps à
» Paris, dans l'attente de ce jour, auront eu le loisir nécessaire pour faire va-
» lider leurs preuves de filiation.

» Dès qu'ils seront réunis, on lira mon testament, et au dernier coup de
» midi, la succession sera close et fermée au profit de ceux qui, selon ma
» recommandation perpétuée, je l'espère, par tradition, pendant un siècle et
» demi dans ma famille, à partir de ce jour, se seront présentés en per-
» sonne et non par fondés de pouvoir, le 13 février, avant midi, rue Saint-
» François.

Après avoir lu ces lignes d'une voix sonore, le notaire s'arrêta un instant, et reprit d'une voix solennelle : « M. Gabriel-François-Marie de Rennepont, prêtre, ayant justifié, par actes notariés, de sa filiation paternelle et de sa qualité d'arrière-cousin du testateur, et étant jusqu'à cette heure le seul des descendans de la famille Rennepont qui se soit présenté ici, j'ouvre le testament en sa présence, ainsi qu'il a été prescrit. » Ce disant, le notaire retira de son enveloppe le testament préalablement ouvert par le président du tribunal avec les formalités voulues par la loi.

Le père d'Aigrigny se pencha et s'accouda sur la table, ne pouvant retenir un soupir haletant. Gabriel se préparait à écouter avec plus de curiosité que d'intérêt.

Rodin s'était assis à quelque distance de la table, tenant entre ses genoux son vieux chapeau, au fond duquel, à demi cachée dans les plis d'un sordide mouchoir de cotonnade à carreaux bleus, il avait placé sa montre...

Toute l'attention du *socius* était alors partagée entre le moindre bruit qu'il entendait du dehors et la lente évolution des aiguilles de sa montre, dont son petit œil irrité semblait hâter la marche, tant était grande son impatience de voir arriver l'heure de midi.

Le notaire, déployant la feuille de vélin, lut ce qui suit au milieu d'une profonde attention :

« Hameau de Villetaneuse, le 13 février 1682.

» Je vais échapper par la mort à la honte des galères, où les implacables
» ennemis de ma famille m'ont fait condamner comme relaps.
» Et puis... la vie m'est trop amère depuis que mon fils est mort victime
» d'un crime mystérieux.
» Mort à dix-neuf ans... pauvre Henri... ses meurtriers sont inconnus...
» non... pas inconnus... si j'en crois mes pressentimens...
» Pour conserver mes biens à cet enfant, j'avais feint d'abjurer le protes-
» tantisme... Tant que cet être si aimé a vécu, j'ai scrupuleusement observé
» les apparences catholiques... Cette fourberie me révoltait, mais il s'agissait
» de mon fils...
» Quand on me l'a eu tué... cette contrainte m'a été insupportable... J'étais
» épié; j'ai été accusé et condamné comme relaps;... mes biens ont été con-
» fisqués ; j'ai été condamné aux galères.
» Terrible temps que ce temps-ci...
» Misère et servitude! despotisme sanglant et intolérance religieuse...
» Ah ! il est doux de quitter la vie... Ne plus voir tant de maux, tant de
» douleurs.... quel repos.... Et dans quelques heures.... je goûterai ce
» repos...
» Je vais mourir, songeons à ceux des miens qui vivent, ou plutôt ceux
» qui vivront... peut-être dans des temps meilleurs...
» Une somme de cinquante mille écus, dépôt confié à un ami, me reste de
» tant de biens.
» Je n'ai plus de fils... mais de nombreux parens exilés en Europe.
» Cette somme de cinquante mille écus, partagée entre tous les miens, eût
» été de peu de ressource pour eux... J'en ai disposé autrement.
» Et cela d'après les sages conseils d'un homme... que je vénère comme la
» parfaite image de Dieu sur la terre... car son intelligence, sa sagesse et sa
» bonté sont presque divines.
» Deux fois dans ma vie j'ai vu cet homme, et dans des circonstances bien
» funestes;..... deux fois je lui ai dû mon salut..... une fois le salut de
» l'âme, une fois le salut du corps.
» Hélas!... peut-être il eût sauvé mon pauvre enfant; mais il est arrivé
» trop tard... trop tard...
» Avant de me quitter, il a voulu me détourner de mourir... car il savait
» tout; mais sa voix a été impuissante : j'éprouvais trop de douleur, trop de
» regrets, trop de découragement.
» Chose étrange!... quand il a été bien convaincu de ma résolution de ter-
» miner violemment mes jours, un mot d'une terrible amertume lui est
» échappé et m'a fait croire qu'il enviait mon sort... ma mort!...
» Est-il donc condamné à vivre, lui?...
» Oui... il s'y est sans doute condamné lui-même afin d'être utile et secou-
» rable à l'humanité... et pourtant la vie lui pèse; car, je lui ai entendu dire
» un jour avec une expression de fatigue désespérée que je n'ai pas oubliée :
« Oh ! la vie... la vie... qui m'en délivrera?... »
» Elle lui est donc bien à charge?
» Il est parti ; ces dernières paroles m'ont fait envisager la mort avec séré-
» nité...
» Grâce à lui, ma mort ne sera pas stérile...
» Grâce à lui, ces lignes écrites à ce moment par un homme qui, dans
» quelques heures, aura cessé de vivre, enfanteront peut-être de grandes
» choses dans un siècle et demi ; oh ! oui, de grandes et nobles choses... si
» mes volontés sont pieusement écoutées par mes descendans, car c'est à
» ceux de ma race future que je m'adresse ainsi.
» Pour qu'ils comprennent et apprécient mieux le dernier vœu que je
» fais... et que je les supplie d'exaucer, eux... qui sont encore dans le néant
» où je vais rentrer, il faut qu'ils connaissent les persécuteurs de ma famille,

» afin de pouvoir venger leur ancêtre, mais par une noble vengeance.
» Mon grand-père était catholique ; entraîné moins par son zèle religieux
» que par de perfides conseils, il s'est affilié, quoique laïque, à une société
» dont la puissance a toujours été terrible et mystérieuse... à la société de
» Jésus... »

A ces mots du testament, le père d'Aigrigny, Rodin et Gabriel se regardèrent presque involontairement. Le notaire, ne s'étant pas aperçu de ce mouvement, continuait toujours :

« Au bout de quelques années, pendant lesquelles il n'avait cessé de profes-
» ser pour cette société le dévoûment le plus absolu, il fut soudainement
» éclairé par des révélations épouvantables sur le but secret qu'elle se pro-
» posait, et sur ses moyens d'y atteindre...
» C'était en 1610, un mois avant l'assassinat de Henri IV.
» Mon aïeul, effrayé du secret dont il se trouvait dépositaire malgré lui, et
» dont la signification se compléta plus tard par la mort du meilleur des
» rois, mon aïeul, non-seulement rompit avec la société de Jésus, mais,
» comme si le catholicisme tout entier lui eût paru solidaire des crimes de
» cette société, il abandonna la religion romaine, où il avait jusqu'alors
» vécu, et se fit protestant.
» Des preuves irréfragables attestant la connivence de deux membres de
» cette compagnie avec Ravaillac, connivence aussi prouvée lors du crime de
» Jean Châtel le régicide, se trouvaient entre les mains de mon aïeul.
» Telle fut la cause première de la haine acharnée de cette société contre
» notre famille. Grâce à Dieu, ces papiers ont été mis en sûreté ; mon père
» me les a transmis, et, si mes dernières volontés sont exécutées, on trou-
» vera ces papiers, marqués A. M. C. D. G., dans le coffret d'ébène de la salle
» de deuil de la rue saint-François.
» Mon père fut aussi en butte à de sourdes persécutions ; sa ruine, sa mort
» peut-être en eussent été la suite, sans l'intervention d'une femme angé-
» lique, pour laquelle il a conservé un culte presque religieux.
» Le portrait de cette femme, que j'ai revue il y a peu d'années, ainsi que
» celui de l'homme auquel j'ai voué une vénération profonde, ont été peints
» par moi de souvenir, et sont placés dans le salon rouge de la rue Saint-
» François. Tous deux seront, je l'espère, pour les descendans de ma famille,
» l'objet d'un culte reconnaissant. »

Depuis quelques momens, Gabriel était devenu de plus en plus attentif à la lecture de ce testament ; il songeait que, par une bizarre coïncidence, un de ses aïeux avait, deux siècles auparavant, rompu avec la société de Jésus, comme il venait de rompre lui-même depuis une heure... et que de cette rupture datant de deux siècles... datait aussi l'espèce de haine dont la compagnie de Jésus avait toujours poursuivi sa famille... Le jeune prêtre trouvait non moins étrange que cet héritage à lui transmis après un laps cent cinquante ans par un de ses parens, victime de la société de Jésus, retournât par l'abandon volontaire qu'il venait de faire, lui Gabriel, à cette même société...

Lorsque le notaire avait lu le passage relatif aux deux portraits, Gabriel, qui, ainsi que le père d'Aigrigny, tournait le dos à ces toiles, fit un mouvement pour les voir...

A peine le missionnaire eut-il jeté les yeux sur le portrait de la femme, qu'il poussa un grand cri de surprise et presque d'effroi.

Le notaire interrompit aussitôt la lecture du testament en regardant le jeune prêtre avec inquiétude.

CHAPITRE VIII.

LE DERNIER COUP DE MIDI.

Au cri poussé par Gabriel, le notaire avait interrompu la lecture du testament, et le père d'Aigrigny s'était rapproché vivement du jeune prêtre.

Celui-ci, debout et tremblant, regardait le portrait de femme avec une stupeur croissante.

Bientôt il dit à voix basse et comme se parlant à lui-même : — Est-il possible, mon Dieu! que le hasard produise de pareilles ressemblances!... Ces yeux... à la fois si fiers et si tristes... ce sont les siens;... et ce front... et cette pâleur!... oui, ce sont ses traits!... tous ses traits!

— Mon cher fils, qu'avez-vous? — dit père d'Aigrigny aussi étonné que Samuel et que le notaire.

— Il y a huit mois — reprit le missionnaire d'une voix profondément émue, sans quitter le tableau des yeux — j'étais au pouvoir des Indiens... au milieu des montagnes Rocheuses... On m'avait mis en croix, on commençait à me scalper... j'allais mourir... lorsque la divine Providence m'envoya un secours inattendu... Oui... c'est cette femme qui m'a sauvé...

— Cette femme!... — s'écrièrent à la fois Samuel, le père d'Aigrigny et le notaire.

Rodin seul paraissait complétement étranger à l'épisode du portrait; le visage contracté par une impatience courroucée, il se rongeait les ongles à vif en contemplant avec angoisse la lente marche des aiguilles de sa montre.

— Comment! cette femme vous a sauvé la vie? — reprit le père d'Aigrigny.

— Oui, c'est cette femme — reprit Gabriel d'une voix plus basse et presque effrayée; — cette femme... ou plutôt une femme qui lui ressemblait tellement, que si ce tableau n'était pas ici depuis un siècle et demi, je croirais qu'il a été peint d'après elle... car je ne puis m'expliquer comment une ressemblance si frappante peut être l'effet d'un hasard... Enfin — ajouta-t-il au bout d'un moment de silence, en poussant un profond soupir — les mystères de la nature... et la volonté de Dieu sont impénétrables.

Et Gabriel retomba accablé sur son fauteuil au milieu d'un profond silence, que le père d'Aigrigny rompit bientôt en disant : — C'est un fait de ressemblance extraordinaire, et rien de plus... mon cher fils;... seulement, la gratitude bien naturelle que vous avez pour votre libératrice donne à ce jeu bizarre de la nature un grand intérêt pour vous.

Rodin, dévoré d'impatience, dit au notaire, à côté duquel il se trouvait :
— Il me semble, monsieur, que tout ce petit roman est assez étranger au testament?

— Vous avez raison — reprit le notaire en se rasseyant; — mais ce fait est si extraordinaire, si romanesque, ainsi que vous le dites, que l'on ne peut s'empêcher de partager le profond étonnement de monsieur...

Et il montra Gabriel qui, accoudé sur un des bras du fauteuil, appuyait son front sur sa main, et semblait complétement absorbé. Le notaire continua de la sorte la lecture du testament :

« Telles ont été les persécutions auxquelles ma famille a été en butte de la
» part de la société de Jésus.
» Cette société possède, à cette heure, mes biens par la confiscation. Je
» vais mourir... Puisse sa haine s'éteindre dans ma mort et épargner ma
» race !
» Ma race, dont le sort est ma seule, ma dernière pensée à ce moment so-
» lennel.
» Ce matin, j'ai mandé ici un homme d'une probité depuis longtemps
» éprouvée, Isaac Samuel. Il me doit la vie, et chaque jour je me suis ap-
» plaudi d'avoir pu conserver au monde une si honnête, une si excellente
» créature.
» Avant la confiscation de mes biens, Isaac Samuel les avait toujours ad-
» ministrés avec autant d'intelligence que de probité. Je lui ai confié les
» cinquante mille écus qu'un fidèle dépositaire m'avait rendus.
» Isaac Samuel, et après lui ses descendans, auxquels il léguera ce devoir
» de reconnaissance, se chargent de faire valoir et d'accumuler cette somme
» jusqu'à l'expiration de la cent cinquantième année à dater de ce jour.
» Cette somme ainsi accumulée peut devenir énorme, constituer une for-
» tune de roi... si les événemens ne sont pas contraires à sa gestion.
» Puissent mes vœux être écoutés de mes descendans sur le partage et
» sur l'emploi de cette somme immense!

» Il arrive fatalement en un siècle et demi tant de changemens, tant de
» variations, tant de bouleversemens de fortune parmi les générations suc-
» cessives d'une famille, que, probablement, dans cent cinquante ans, mes
» descendans se trouveront appartenir aux différentes classes de la société,
» et représenteront ainsi les divers élémens sociaux de leur temps.

» Peut-être se rencontrera-t-il parmi eux des hommes doués d'une grande
» intelligence, ou d'un grand courage, ou d'une grande vertu; peut-être
» des savans, des noms illustres dans la guerre ou dans les arts; peut-être
» aussi d'obscurs artisans, de modestes bourgeois; peut-être aussi, hélas!
» de grands coupables...

» Quoi qu'il advienne, mon vœu le plus ardent, le plus cher, c'est que mes
» descendans se rapprochent et reconstituent ma famille par une étroite,
» une sincère union, en mettant parmi eux en pratique ces mots divins du
» Christ : *Aimez-vous les uns les autres.*

» Cette union serait d'un salutaire exemple... car il me semble que de
» l'*union*, que de l'association des hommes entre eux, doit surgir le bonheur
» futur de l'humanité.

» La compagnie qui a depuis si longtemps persécuté ma famille est un des
» plus éclatans exemples de la toute-puissance de l'association, même ap-
» pliquée au mal.

» Il y a quelque chose de si fécond, de si divin dans ce principe, qu'il force
» quelquefois au bien les associations les plus mauvaises, les plus dange-
» reuses.

» Ainsi les missions ont jeté de rares mais de pures, de généreuses clartés
» sur cette ténébreuse compagnie de Jésus... cependant fondée dans le but
» détestable et impie d'anéantir, par une éducation homicide, toute volonté,
» toute pensée, toute liberté, toute intelligence chez les peuples, afin de les
» livrer tremblans, superstitieux, abrutis et désarmés au despotisme des
» rois, que la compagnie se réservait de dominer à son tour par ses confes-
» seurs... »

A ce passage du testament, il y eut un nouveau et étrange regard échangé entre Gabriel et le père d'Aigrigny. Le notaire continua.

« Si une association perverse, fondée sur la dégradation humaine, sur la
» crainte, sur le despotisme, et poursuivie de la malédiction des peuples, a
» traversé les siècles et souvent dominé le monde par la ruse et par la ter-
» reur... que serait-ce d'une association qui, procédant de la fraternité, de
» l'amour évangélique, aurait pour but d'affranchir l'homme et la femme de
» tout dégradant servage? de convier au bonheur d'ici-bas ceux qui n'ont
» connu de la vie que les douleurs et la misère? de glorifier et d'enrichir le
» travail nourricier? d'éclairer ceux que l'ignorance déprave? de favoriser
» la libre expansion de toutes les passions que Dieu, dans sa sagesse infinie,
» dans son inépuisable bonté, a départies à l'homme comme autant de le-
» viers puissans? de sanctifier tout ce qui vient de Dieu... l'amour comme la
» maternité, la force comme l'intelligence, la beauté comme le génie? de
» rendre enfin les hommes véritablement religieux et profondément recon-
» naissans envers le Créateur, en leur donnant l'intelligence des splendeurs
» de la nature et leur part méritée des trésors dont il nous comble?

» Oh! si le ciel veut que, dans un siècle et demi, les descendans de ma fa-
» mille, fidèles aux dernières volontés d'un cœur ami de l'humanité, se rap-
» prochent ainsi dans une sainte communauté!

» Si le ciel veut que parmi eux se rencontrent des âmes charitables et
» passionnées de commisération pour ce qui souffre! des esprits élevés,
» amoureux de la liberté! des cœurs éloquens et chaleureux! des caractères
» résolus! des femmes réunissant la beauté, l'esprit et la bonté! combien
» sera féconde et puissante l'harmonieuse union de toutes ces idées, de tou-
» tes ces influences, de toutes ces forces, de toutes ces attractions groupées
» autour de cette fortune de roi qui, concentrée par l'association et sagement
» régie, rendra praticables les plus admirables utopies!

» Quel merveilleux foyer de pensées fécondes, généreuses! quels rayon-
» nemens salutaires et vivifians jailliraient incessamment de ce centre de
» charité, d'émancipation et d'amour!

» Que de grandes choses à tenter, que de magnifiques exemples à donner
» au monde par la pratique! Quel divin apostolat! Enfin quel irrésistible

élan pourrait imprimer à l'humanité tout entière une famille ainsi grou-
» pée, disposant de tels moyens d'action !
» Et puis alors cette association pour le bien serait capable de combattre
» la funeste association dont je suis victime, et qui peut-être dans un siècle
» et demi n'aura rien perdu de on redoutable pouvoir.
» Alors, à cette œuvre de ténèbres, de compression et de despotisme, qui
» pèse sur le monde chrétien, les miens pourraient opposer une œuvre de
» lumière, d'expansion et de liberté.
» Le génie du bien et le génie du mal seraient en présence.
» La lutte commencerait, et Dieu protégerait les justes...
» Et pour que les immenses ressources pécuniaires qui auraient donné
» tant de pouvoir à ma famille ne s'épuisent pas et se renouvellent avec les
» années, mes héritiers, écoutant mes volontés, devraient placer, selon les
» mêmes conditions d'accumulation, le double de la somme que j'ai placée...
» Alors, un siècle et demi après eux... quelle nouvelle source de puissance
» et d'action pour leurs descendans !!! quelle perpétuité dans le bien !!!
» On trouvera d'ailleurs dans le grand meuble d'ébène de la salle de deuil
» quelques idées pratiques au sujet de cette association.
» Telles sont mes dernières volontés, ou plutôt mes dernières espérances...
» Si j'exige absolument que ceux de ma race se trouvent *en personne* rue
» Saint-François le jour de l'ouverture de ce testament, c'est afin que, réunis
» à ce moment solennel, ils se voient, se connaissent : peut-être alors mes
» paroles les frapperont ; au lieu de vivre divisés, ils s'uniront ; leurs intérêts
» même y gagneront, et ma volonté sera accomplie.

. . . .

» En envoyant, il y a peu de jours, à ceux de ma famille que l'exil a dis-
» persés en Europe, une médaille où est gravée la date de cette convocation
» pour mes héritiers à un siècle et demi de ce jour, j'ai dû tenir secret son
» véritable motif, disant seulement que ma descendance avait un grand in-
» térêt à se trouver à ce rendez-vous.
» J'ai agi ainsi parce que je connais la ruse et la persistance de la compa-
» gnie dont je suis victime ; si elle avait pu savoir qu'à cette époque mes des-
» cendans auraient à se partager des sommes immenses, de grandes fourbe-
» ries, de grands dangers peut-être auraient menacé ma famille, car de
» sinistres recommandations se seraient transmises de siècle en siècle dans
» la société de Jésus.
» Puisse cette précaution être efficace !
» Puisse mon vœu exprimé sur les médailles avoir été fidèlement transmis
» de génération en génération !
» Si je fixe le jour et l'heure fatale où ma succession sera irrévocablement
» fermée en faveur de ceux de mes descendans qui se seront présentés rue
» Saint-François le 13 février 1832, avant midi, c'est qu'il faut un terme à
» tout délai, et que mes héritiers auront été suffisamment prévenus depuis
» bien des années de ne pas manquer à ce rendez-vous.
» Après la lecture de mon testament, la personne qui sera dépositaire de
» l'accumulation des fonds, fera connaître leur valeur et leur chiffre, afin
» qu'au dernier coup de midi ces sommes soient acquises et partagées aux
» héritiers présens.
» Alors les appartemens de la maison leur seront ouverts. Ils y verront des
» choses dignes de leur intérêt, de leur pitié, de leur respect... dans la salle
» de deuil surtout...
» Mon désir est que cette maison ne soit pas vendue, qu'elle reste ainsi
» meublée, et qu'elle serve de point de réunion à mes descendans, si, comme
» je l'espère, ils écoutent ma dernière prière.
» Si, au contraire, ils se divisent ; si, au lieu de s'unir pour concourir à
» une des plus généreuses entreprises qui aient jamais signalé un siècle, ils
» cèdent à des passions égoïstes ; s'ils préfèrent l'individualité stérile à l'as-
» sociation féconde ; si, dans cette fortune immense, ils ne voient qu'une oc-
» casion de dissipation frivole ou d'accumulation sordide... qu'ils soient mau-
» dits par tous ceux qu'ils auraient pu aimer, secourir et émanciper ;... que
» cette maison soit démolie et rasée, que tous les papiers dont Isaac Samuel
» aura laissé l'inventaire soient, ainsi que les deux portraits du salon rouge,
» brûlés par le gardien de ma demeure.

» J'ai dit...
» Maintenant, mon devoir est accompli...
» En tout ceci j'ai suivi les conseils de l'homme que je vénère et que j'aime
» comme la véritable image de Dieu sur la terre.
» L'ami fidèle qui m'a remis les cinquante mille écus, débris de ma fortune,
» sait seul l'emploi que j'en veux faire;... je n'ai pu refuser à son amitié si
» sûre cette preuve de confiance; mais aussi, j'ai dû lui taire le nom d'Isaac
» Samuel;... c'était exposer ce dernier et surtout ses descendans à de grands
» dangers.
» Tout à l'heure, cet ami, qui ignore que ma résolution de mourir va
» recevoir son accomplissement, viendra ici, avec mon notaire; c'est entre
» leurs mains, qu'après les formalités d'usage, je déposerai ce testament
» cacheté.
» Telles sont mes dernières volontés.
» Je mets leur accomplissement sous la sauvegarde de la Providence.
» Dieu ne peut que protéger ces vœux d'amour, de paix, d'union et de
» liberté.
» Ce testament *mystique* (1) ayant été fait librement par moi et entière-
» ment écrit de ma main, j'entends et veux qu'il soit scrupuleusement exé-
» cuté dans son esprit et dans sa lettre.
» Cejourd'hui, 13 février 1682, une heure de relevée.
» MARIUS DE RENNEPONT. »

A mesure que le notaire avait poursuivi la lecture du testament, Gabriel avait été successivement agité d'impressions pénibles et diverses. D'abord, nous l'avons dit, il avait trouvé étrange que la fatalité voulût que cette fortune immense, provenant d'une victime de la compagnie, revînt aux mains de cette compagnie, grâce à la donation qu'il venait de renouveler. Puis, son âme charitable et élevée lui ayant fait aussitôt comprendre quelle aurait pu être l'admirable portée de la généreuse association de famille si instamment recommandée par Marius de Rennepont... i songeait avec une profonde amertume que, par suite de sa renonciation et de l'absence de tout autre héritier, cette grande pensée était inexécutable, et que cette fortune, beaucoup plus considérable qu'il ne l'avait cru, allait tomber aux mains d'une compagnie perverse qui pouvait s'en servir comme d'un terrible moyen d'action. Mais, il faut le dire, l'âme de Gabriel était si belle, si pure, qu'il n'éprouva pas le moindre regret personnel en apprenant que les biens auxquels il avait renoncé pouvaient être d'une grande valeur; il se plut même, par un touchant contraste, en découvrant qu'il avait failli être si riche, à reporter sa pensée vers l'humble presbytère où il espérait aller bientôt vivre dans la pratique des plus saintes vertus évangéliques.

Ces idées se heurtaient confusément dans son esprit. La vue du portrait de femme, les révélations sinistres contenues dans le testament, la grandeur de vues qui s'était manifestée dans les dernières volontés de M. de Rennepont, tant d'incidens extraordinaires jetaient Gabriel dans une sorte de stupeur étonnée où il était encore plongé, lorsque Samuel dit au notaire, en lui présentant la clef du registre : —Vous trouverez, monsieur, dans ce registre l'état actuel des sommes qui sont en ma possession par suite de la capitalisation et accumulation des 150,000 francs confiés à mon grand-père par M. Marius de Rennepont.

— Votre grand-père !... — s'écria le père d'Aigrigny au comble de la surprise ; — c'est donc votre famille qui a fait constamment valoir cette somme ?

— Oui, monsieur, et ma femme va dans quelques instans apporter ici le coffret qui renferme les valeurs.

— Et à quel chiffre s'élèvent ces valeurs ? — demanda Rodin de l'air du monde le plus indifférent.

— Ainsi que M. le notaire peut s'en assurer par cet état — répondit Samuel avec une simplicité parfaite comme s'il se fût seulement agi des 150,000 francs primitifs — j'ai en caisse, en valeurs ayant cours, la somme de deux cent douze millions... cent soixante...

(1) C'est le terme consacré par la jurisprudence.

— Vous dites, monsieur ! — s'écria le père d'Aigrigny sans laisser Samuel achever ; car l'appoint importait assez peu au révérend père.

— Oui, le chiffre ! — ajouta Rodin d'une voix palpitante, et pour la première fois peut-être de sa vie il perdit son sang-froid — le chiffre... le chiffre... le chiffre !

— Je dis, monsieur — reprit le vieillard — que j'ai en caisse pour deux cent douze millions cent soixante-quinze mille francs de valeurs... soit nominatives, soit au porteur... ainsi que vous allez vous en assurer, monsieur le notaire, car voici ma femme qui les apporte.

En effet, à ce moment, Bethsabée entra, tenant entre ses bras la cassette de bois de cèdre où étaient renfermées ces valeurs, la posa sur la table, et sortit après avoir échangé un regard affectueux avec Samuel.

Lorsque celui-ci eut déclaré l'énorme chiffre de la somme en question, un silence de stupeur accueillit ses paroles.

Sauf Samuel, tous les acteurs de cette scène se croyaient le jouet d'un rêve.

Le père d'Aigrigny et Rodin comptaient sur quarante millions... Cette somme, déjà énorme, était plus que quintuplée...

Gabriel, en entendant le notaire lire les passages du testament où il était question d'une fortune de roi, et ignorant les prodiges de la capitalisation, avait évalué cette fortune à trois ou quatre millions... Aussi, le chiffre exorbitant qu'on venait de lui révéler l'étourdissait... Et malgré son admirable désintéressement et sa scrupuleuse loyauté, il éprouvait une sorte d'éblouissement, de vertige, en songeant que ces biens immenses auraient pu lui appartenir... à lui seul...

Le notaire, presque aussi stupéfait que lui, examinait l'état de la caisse de Samuel, et paraissait à peine en croire ses yeux.

Le juif, muet aussi, était douloureusement absorbé en songeant qu'aucun autre héritier ne se présentait.

Au milieu de ce profond silence, la pendule placée dans la chambre voisine commença à sonner lentement midi..!

Samuel tressaillit... puis poussa un profond soupir...

Quelques secondes encore, et le délai fatal serait expiré.

Rodin, le père d'Aigrigny, Gabriel et le notaire étaient sous le coup d'un saisissement si profond, qu'aucun d'eux ne remarqua combien il était étrange d'entendre la sonnerie de cette pendule...

— Midi ! s'écria Rodin ; et, par un mouvement involontaire, il posa brusquement ses deux mains sur la cassette, comme pour en prendre possession.

— Enfin !! — s'écria le père d'Aigrigny avec une expression de joie, de triomphe, d'enivrement, impossible à peindre ; puis, il ajouta en se jetant dans les bras de Gabriel, qu'il embrassa avec exaltation : — Ah ! mon cher fils... que de pauvres vont vous bénir !... Vous êtes un saint Vincent de Paul... Vous serez canonisé... je vous le jure...

— Remercions d'abord la Providence — dit Rodin d'un ton grave et ému, en tombant à genoux — remercions la Providence de ce qu'elle a permis que tant de biens fussent employés à la plus grande gloire du Seigneur.

Le père d'Aigrigny, après avoir embrassé Gabriel, le prit par la main et lui dit : — Rodin a raison... A genoux, mon cher fils, et rendons grâce à la Providence.

Ce disant, le père d'Aigrigny s'agenouilla et entraîna Gabriel, qui, étourdi, confondu, n'ayant plus la tête à lui, tant les événemens se précipitaient, s'agenouilla machinalement.

Le dernier coup de midi sonna. Tous se relevèrent.

Alors le notaire dit d'une voix légèrement altérée, car il y avait quelque chose d'extraordinaire et de solennel dans cette scène : — Aucun autre héritier de M. Marius de Rennepont ne s'étant présenté avant midi, j'exécute la volonté du testateur en déclarant, au nom de la justice et de la loi, monsieur François-Marie-Gabriel de Rennepont, ici présent, seul et unique héritier, et possesseur des biens meubles et immeubles, et valeurs de toute espèce provenant de la succession du testateur ; desquels biens le sieur Gabriel de Rennepont, prêtre, a fait librement et volontairement don, par acte notarié, au sieur Frédéric-Emmanuel de Bordeville, marquis d'Aigrigny, prêtre, qui, par le même acte, les a acceptés, et s'en trouve ainsi légitime possesseur, aux lieu et place dudit Gabriel de Rennepont, par le fait de cette donation entre-vifs, grossoyée par moi ce matin, et signée Gabriel de Rennepont et Frédéric d'Aigrigny, prêtres.

A ce moment, on entendit dans le jardin un grand bruit de voix. Bethsabée entra précipitamment, et dit à son mari d'une voix altérée : — Samuel... un soldat... il veut...

Bethsabée n'en put dire davantage.

A la porte du salon rouge apparut Dagobert. Le soldat était d'une pâleur effrayante ; il semblait presque défaillant, portait son bras gauche en écharpe et s'appuyait sur Agricol.

A la vue de Dagobert, les flasques et blafardes paupières de Rodin s'injectèrent subitement comme si tout son sang eût reflué vers son cerveau. Puis le *socius* se précipita sur la cassette avec un mouvement de colère et de possession si féroce, qu'on eût dit qu'il était résolu, en la couvrant de son corps, à la défendre au péril de sa vie.

CHAPITRE IX.

LA DONATION ENTRE-VIFS.

Le père d'Aigrigny ne reconnaissait pas Dagobert, et n'avait jamais vu Agricol ; aussi ne se rendit-il pas d'abord compte de l'espèce d'effroi courroucé manifesté par Rodin ; mais le révérend père comprit tout, lorsqu'il eut entendu Gabriel pousser un cri de joie et qu'il le vit se jeter entre les bras du forgeron en disant : — Toi... mon frère ? et vous... mon second père ?... Ah ! c'est Dieu qui vous envoie...

Après avoir serré la main de Gabriel, Dagobert s'avança vers le père d'Aigrigny d'un pas rapide quoiqu'un peu chancelant.

Remarquant la physionomie menaçante du soldat, le révérend père, fort des droits acquis et se sentant après tout *chez lui* depuis midi, recula d'un pas, et dit impérieusement au vétéran : — Qui êtes-vous, monsieur ? que voulez-vous ?

Au lieu de lui répondre, le soldat fit encore quelques pas, puis, s'arrêtant et se mettant bien en face du père d'Aigrigny, il le contempla pendant une seconde, avec un si effrayant mélange de curiosité, de mépris, d'aversion et d'audace, que l'ex-colonel de hussards, un moment interdit, baissa les yeux devant la figure pâle et devant le regard étincelant du vétéran.

Le notaire et Samuel, frappés de surprise, restaient muets spectateurs de cette scène, tandis qu'Agricol et Gabriel suivaient avec anxiété les moindres mouvemens de Dagobert.

Quant à Rodin, il avait feint de s'appuyer sur la cassette, afin de pouvoir toujours la couvrir de son corps.

Surmontant enfin l'embarras que lui causait le regard inflexible du soldat, le père d'Aigrigny redressa la tête et répéta : — Je vous demande, monsieur, qui vous êtes et ce que vous voulez ?

— Vous ne me reconnaissez donc pas ? — dit Dagobert en se contenant à peine.

— Non, monsieur...

— Au fait — reprit le soldat avec un profond dédain — vous baissiez les yeux de honte lorsqu'à Leipsick, où vous vous battiez avec les Russes contre les Français, le général Simon, criblé de blessures, vous a répondu, à vous, renégat, qui lui demandiez son épée : *Je ne rends pas mon épée à un traître ;* et il s'est traîné jusqu'à un grenadier russe, à qui il l'a rendue... A côté du général Simon, il y avait un soldat, aussi blessé ;... ce soldat c'était moi...

— Enfin, monsieur... que voulez-vous ? dit le père d'Aigrigny se contenant à peine.

— Je veux vous démasquer, vous qui êtes un prêtre aussi infâme, aussi exécré de tous, que Gabriel, que voilà, est un prêtre admirable et béni de tous.

— Monsieur !... — s'écria le marquis devenu livide de colère et d'émotion.

— Je vous dis que vous êtes un infâme — reprit le soldat avec plus de force.

— Pour dépouiller les filles du maréchal Simon, Gabriel et mademoiselle de Cardoville, de leur héritage, vous vous êtes servi des moyens les plus affreux.

— Que dites-vous? — s'écria Gabriel — les filles du maréchal Simon?...

— Sont tes parentes, mon brave enfant, ainsi que cette digne demoiselle de Cardoville... la bienfaitrice d'Agricol, aussi... Ce prêtre — et il montra le père d'Aigrigny — a fait enfermer l'une comme folle dans une maison de santé... et séquestrer les orphelines dans un couvent... Quant à toi, mon brave enfant, je n'espérais pas te voir ici, croyant qu'on t'aurait empêché, ainsi que les autres, de t'y trouver ce matin, mais, Dieu merci, tu es là... et j'arrive à temps; je ne suis pas venu plus tôt à cause de ma blessure. J'ai tant perdu de sang que j'ai eu toute la matinée des défaillances.

— En effet — s'écria Gabriel avec inquiétude — je n'avais pas remarqué votre bras en écharpe... Cette blessure, quelle est-elle?

A un signe d'Agricol, Dagobert reprit : — Ce n'est rien... la suite d'une chute... Mais me voilà... et bien des infamies vont se dévoiler...

Il est impossible de peindre la curiosité, les angoisses, la surprise ou les craintes des différens acteurs de cette scène en entendant ces menaçantes paroles de Dagobert.

Mais de tous, le plus atterré était Gabriel. Son angélique figure se bouleversait, ses genoux tremblaient. Foudroyé par la révélation de Dagobert, apprenant ainsi l'existence d'autres héritiers, pendant quelques minutes il ne put prononcer une parole; enfin, il s'écria d'une voix déchirante : — Et c'est moi... mon Dieu... c'est moi... qui suis cause de la spoliation de cette famille!

— Toi! mon frère? — s'écria Agricol.

— N'a-t-on pas aussi voulu te dépouiller? — ajouta Dagobert.

— Le testament — reprit Gabriel avec une angoisse croissante — portait que l'héritage appartiendrait à ceux des héritiers qui se présenteraient avant midi...

— Eh bien! — dit Dagobert effrayé de l'émotion du jeune prêtre.

— Midi a sonné — reprit celui-ci. — Seul de la famille, j'étais ici présent; comprenez-vous maintenant?... Le délai est passé... Les héritiers sont dépossédés par moi!...

— Par toi! — dit Dagobert en balbutiant de joie — par toi, mon brave enfant... tout est sauvé alors!...

— Oui, mais...

— Tout est sauvé! — reprit Dagobert radieux en interrompant Gabriel; — tu partageras avec les autres... Je te connais.

— Mais, tous ces biens, je les ai abandonnés d'une manière irrévocable — s'écria Gabriel avec désespoir.

— Abandonnés... ces biens!... — dit Dagobert pétrifié; mais à qui... à qui?

— A monsieur... — dit Gabriel en désignant le père d'Aigrigny.

— A lui! — répéta Dagobert anéanti — à lui!... au renégat... toujours le démon de cette famille!

— Mais, mon frère — s'écria Agricol — tu connaissais donc tes droits à cet héritage?

— Non — répondit le jeune prêtre avec accablement — non... je l'ai seulement appris ce matin même par le père d'Aigrigny... il avait été, m'a-t-il dit, récemment instruit de mes droits par les papiers de famille autrefois trouvés sur moi, et envoyés par notre mère à son confesseur.

Le forgeron parut frappé d'un trait de lumière, et s'écria : — Je comprends tout maintenant :... on aura vu dans ces papiers que tu pouvais être riche un jour;... alors on s'est intéressé à toi;... on t'a attiré dans ce collège, où nous ne pouvions jamais te voir... et plus tard on a trompé ta vocation par d'indignes mensonges, afin de t'obliger à te faire prêtre et de t'amener ensuite à faire cette donation... Ah! monsieur — reprit Agricol en se tournant vers le père d'Aigrigny avec indignation — mon père a raison, une telle machination est infâme!...

Pendant cette scène, le révérend père et son *socius*, d'abord effrayés et ébranlés dans leur audace, avaient peu à peu repris un sang-froid parfait. Rodin, toujours accoudé sur la cassette, avait dit quelques mots à voix basse au père d'Aigrigny. Aussi, lorsque Agricol, emporté par l'indignation, avait reproché à ce dernier ses machinations infâmes, celui-ci avait baissé la tête et modestement répondu : — Nous devons pardonner les injures... et les offrir au Seigneur comme preuve de notre humilité.

Dagobert, étourdi, écrasé par tout ce qu'il venait d'apprendre, sentait presque sa raison se troubler; après tant d'angoisses, ses forces lui manquaient devant ce nouveau et terrible coup.

Les paroles justes et sensées d'Agricol, rapprochées de certains passages du testament, éclairèrent tout à coup Gabriel sur le but que s'était proposé le père d'Aigrigny en se chargeant d'abord de son éducation et en l'attirant ensuite dans la compagnie de Jésus. Pour la première fois de sa vie, Gabriel put contempler d'un coup d'œil tous les ressorts de la ténébreuse intrigue dont il était victime; alors, l'indignation, le désespoir surmontant sa timidité habituelle, le missionnaire, l'œil éclatant, les joues enflammées d'un noble courroux, s'écria en s'adressant au père d'Aigrigny : — Ainsi, mon père, lorsque vous m'avez placé dans l'un de vos colléges, ce n'était pas par intérêt ou par commisération, c'était seulement dans l'espoir de m'amener un jour à renoncer en faveur de votre ordre à ma part de cet héritage... et il ne vous suffisait pas de me sacrifier à votre cupidité... il fallait encore me rendre l'instrument involontaire d'une indigne spoliation ! S'il ne s'agissait que de moi... que de mes droits sur ces richesses que vous convoitiez... je ne réclamerais pas; je suis ministre d'une religion qui a glorifié, sanctifié la pauvreté; la donation à laquelle j'ai consenti vous est acquise, je n'y prétends, je n'y prétendrai jamais rien;... mais il s'agit de biens qui appartiennent à de pauvres orphelines amenées du fond d'un lieu d'exil par mon père adoptif; et je ne veux pas que vous les dépossédiez... mais il s'agit de la bienfaitrice de mon frère adoptif, et je ne veux pas que vous la dépossédiez... mais il s'agit des dernières volontés d'un mourant qui, dans son ardent amour de l'humanité, a légué à ses descendans une mission évangélique, une admirable mission de progrès, d'amour, d'union, de liberté, et je ne veux pas que cette mission soit étouffée dans son germe. Non... non... et je vous dis, moi, que cette mission s'accomplira, dussé-je révoquer la donation que j'ai faite.

A ces mots, le père d'Aigrigny et Rodin se regardèrent en haussant légèrement les épaules.

Sur un signe du *socius*, le révérend père prit la parole avec un calme imperturbable, et parla ainsi d'une voix lente, onctueuse, ayant soin de tenir ses yeux constamment baissés : — Il se présente, à propos de l'héritage de M. de Rennepont, plusieurs incidens en apparence très compliqués, plusieurs fantômes en apparence très menaçans; rien cependant de plus simple, de plus naturel que tout ceci... Procédons par ordre... laissons de côté les imputations calomnieuses; nous y reviendrons. M. Gabriel de Rennepont, et je le supplie humblement de contredire ou de rectifier mes paroles si je m'écartais le moins du monde de la plus rigoureuse vérité, M. l'abbé Gabriel, pour reconnaître les soins qu'il a autrefois reçus de la compagnie à laquelle je m'honore d'appartenir, m'avait fait, comme représentant de cette compagnie, librement, volontairement, don des biens qui pourraient lui revenir un jour, et dont, ainsi que moi, il ignorait la valeur. Le père d'Aigrigny interrogea Gabriel du regard, comme pour le prendre à témoin de ces paroles.

— Cela est vrai — dit le jeune prêtre — j'ai fait librement ce don.

— C'est donc ensuite de cette conversation particulièrement intime, et dont je tairai le sujet, certain d'avance de l'approbation de M. l'abbé Gabriel...

— En effet — répondit généreusement Gabriel; — peu importe le sujet de cet entretien...

— C'est donc ensuite de cette conversation, que M. l'abbé Gabriel m'a de nouveau manifesté le désir de maintenir cette donation... je ne dirai pas en ma faveur... car les biens terrestres me touchent fort peu... mais en faveur d'œuvres saintes et charitables, dont notre compagnie serait la dispensatrice... J'en appelle à la loyauté de M. l'abbé Gabriel, en le suppliant de déclarer s'il s'est ou non engagé, non-seulement par le serment le plus formidable, mais encore par un acte parfaitement légal, passé devant maître Duhamel, que voici...

— Il est vrai — répondit Gabriel.

— L'acte a été dressé par moi — ajouta le notaire.

— Mais Gabriel ne vous faisait abandon que de ce qui lui appartenait — s'écria Dagobert. — Ce brave enfant ne pouvait supposer que vous vous serviez de lui pour dépouiller les autres !

— Faites-moi la grâce, monsieur, de me permettre de m'expliquer — reprit courtoisement le père d'Aigrigny — vous répondrez ensuite.

Dagobert contint avec peine un mouvement de douloureuse impatience.

Le révérend père continua : — M. l'abbé Gabriel a donc, par le double engagement d'un acte et d'un serment, confirmé sa donation; bien plus — reprit le père d'Aigrigny — lorsqu'à son profond étonnement, comme au nôtre, le chiffre énorme de l'héritage a été connu, M. l'abbé Gabriel, fidèle à son admirable générosité, loin de se repentir de ses dons, les a pour ainsi dire consacrés de nouveau par un pieux mouvement de reconnaissance envers la Providence, car M. le notaire se rappellera sans doute qu'après avoir embrassé M. l'abbé Gabriel avec effusion en lui disant qu'il était pour la charité un second saint Vincent de Paul, je l'ai pris par la main, et qu'il s'est ainsi que moi agenouillé pour remercier le ciel de lui avoir inspiré la pensée de faire servir ces biens immenses à la plus grande gloire du Seigneur.

— Cela est vrai — répondit loyalement Gabriel; — tant qu'il s'est agi seulement de moi, malgré un moment d'étourdissement causé par la révélation d'une fortune si énorme, je n'ai pas songé un instant à revenir sur la donation que j'ai librement faite.

Dans ces circonstances — reprit le père d'Aigrigny — l'heure à laquelle la succession devait être fermée est venue à sonner; M. l'abbé Gabriel étant le seul héritier présent, s'est trouvé nécessairement... forcément, le seul et légitime possesseur de ces biens immenses... énormes... sans doute, et je m'en réjouis dans ma charité, qu'ils soient énormes, puisque, grâce à eux, beaucoup de misères vont être secourues, beaucoup de larmes vont être taries. Mais voilà que tout à coup monsieur — et le père d'Aigrigny désigna Dagobert — monsieur, dans un égarement que je lui pardonne du plus profond de mon âme, et qu'il se reprochera, j'en suis sûr, accourt, l'injure, la menace à la bouche, et m'accuse d'avoir fait séquestrer, je ne sais où, je ne sais quels parens, afin de les empêcher de se trouver ici... en temps utile...

— Oui, je vous accuse de cette infamie? — s'écria le soldat exaspéré par le calme et l'audace du révérend père. — Oui... et je vais...

— Encore une fois, monsieur, je vous en conjure, soyez assez bon pour me laisser continuer... vous me répondrez ensuite — dit humblement le père d'Aigrigny de la voix la plus douce et la plus mielleuse.

— Oui, je vous répondrai et je vous confondrai — s'écria Dagobert.

— Laisse... laisse... mon père — dit Agricol; — tout à l'heure tu parleras.

Le soldat se tut.

Le père d'Aigrigny continua avec une nouvelle assurance : — Sans doute, s'il existe réellement d'autres héritiers que M. l'abbé Gabriel, il est fâcheux pour eux de n'avoir pu se présenter ici en temps utile. Eh! mon Dieu! si au lieu de défendre la cause des souffrans et des nécessiteux, je défendais mes intérêts, je serais loin de me prévaloir de cet avantage dû au hasard; mais comme mandataire de la grande famille des pauvres, je suis obligé de maintenir mes droits absolus à cet héritage, et je ne doute pas que M. le notaire ne reconnaisse la validité de mes réclamations en me mettant en possession de ces valeurs qui, après tout, m'appartiennent légitimement.

— Ma seule mission — reprit le notaire d'une voix émue — est de faire exécuter fidèlement la volonté du testateur. M. l'abbé Gabriel de Rennepont s'est seul présenté avant le dernier délai fixé pour la clôture de la succession. L'acte de donation est en règle; je ne puis donc refuser de lui remettre dans la personne du donataire le montant de l'héritage...

A ces mots Samuel cacha sa figure dans ses mains en poussant un gémissement profond, il était obligé de reconnaître la justesse rigoureuse des observations du notaire.

— Mais, monsieur ! — s'écria Dagobert en s'adressant à l'homme de loi — cela ne peut pas être... vous ne pouvez pas laisser ainsi dépouiller deux pauvres orphelines. C'est au nom de leur père, de leur mère, que je vous parle... Je vous jure sur l'honneur, sur mon honneur de soldat, qu'on a abusé de la confiance et de la faiblesse de ma femme pour conduire les filles du maréchal Simon au couvent et m'empêcher ainsi de les amener ici ce matin. Cela est si vrai que j'ai porté ma plainte devant un magistrat.

— Eh bien! que vous a-t-il répondu? — dit le notaire.

— Que ma déposition ne suffisait pas pour enlever ces jeunes filles du couvent où elles étaient, et que la justice informerait...

— Oui, monsieur — reprit Agricol. — Il en a été ainsi au sujet de mademoiselle de Cardoville, que l'on retient comme folle dans une maison de santé, et qui pourtant jouit de toute sa raison ; elle a, comme les filles du maréchal Simon, des droits à cet héritage. J'ai fait pour elle les mêmes démarches que mon père a faites pour les filles du maréchal Simon.

— Eh bien? — demanda le notaire.

— Malheureusement, monsieur — répondit Agricol — on m'a dit, comme à mon père, que, sur ma simple déposition, l'on ne pouvait agir... et que l'on aviserait.

A ce moment, Bethsabée ayant entendu sonner à la porte du bâtiment de la rue, sortit du salon rouge à un signe de Samuel.

Le notaire reprit, en s'adressant à Agricol et à son père : — Loin de moi, messieurs, la pensée de mettre en doute votre loyauté, mais il m'est impossible, à mon grand regret, d'accorder à vos accusations, dont rien ne me prouve la réalité, assez d'importance pour suspendre la marche légale des choses ; car enfin, messieurs, de votre propre aveu, le pouvoir judiciaire, auquel vous vous êtes adressés, n'a pas cru devoir donner suite à vos dépositions, et vous a dit qu'on s'informerait, qu'on aviserait ; or, en bonne conscience, je m'adresse à vous, messieurs, puis-je, dans une circonstance aussi grave, prendre sur moi une responsabilité que des magistrats n'ont pas osé prendre?

— Oui, au nom de la justice, de l'honneur, vous le devez — s'écria Dagobert.

— Peut-être à votre point de vue, monsieur ; mais au mien je reste fidèle à la justice et à l'honneur en exécutant fidèlement ce qui est prescrit par la volonté sacrée d'un mourant. Du reste, rien n'est pour vous désespéré. Si les personnes dont vous prenez les intérêts se croient lésées, cela pourra donner lieu plus tard à une procédure, à un recours contre le donataire de M. l'abbé Gabriel... Mais, en attendant, il est de mon devoir de le mettre en possession immédiate des valeurs... Je me compromettrais gravement si j'agissais autrement.

Les observations du notaire paraissaient tellement selon le droit rigoureux, que Samuel, Dagobert et Agricol restèrent consternés...

Gabriel, après un moment de réflexion, parut prendre une résolution désespérée et dit au notaire d'une voix ferme : — Puisque la loi est, dans cette circonstance, impuissante à soutenir le bon droit, je prendrai, monsieur, un parti extrême ; avant de m'y résoudre, je demande une dernière fois à M. l'abbé d'Aigrigny s'il veut se contenter de ce qui me revient de ces biens, à la condition que les autres parts de l'héritage resteront entre des mains sûres, jusqu'à ce que les héritiers au nom desquels on réclame aient pu justifier de leurs titres.

— A cette proposition, je répondrai ce que j'ai déjà dit — reprit le père d'Aigrigny. — Il ne s'agit pas ici de moi, mais d'un immense intérêt de charité ; je suis donc obligé de refuser l'offre partielle de M. l'abbé Gabriel, et de lui rappeler ses engagemens de toutes sortes.

— Ainsi, monsieur, vous refusez cet arrangement — dit Gabriel d'une voix émue.

— La charité me l'ordonne.

— Vous refusez... absolument.

— Je pense à toutes les œuvres saintes que ces trésors vont fonder pour la plus grande gloire du Seigneur, et je ne me sens ni le courage ni la volonté de faire la moindre concession.

— Alors, monsieur — reprit le jeune prêtre d'une voix émue — puisque vous m'y forcez, je révoque ma donation ; j'ai entendu engager seulement ce qui m'appartenait et non ce qui appartient aux autres.

— Prenez garde, monsieur l'abbé — dit le père d'Aigrigny — je vous ferai observer que j'ai entre les mains un serment écrit... formel...

— Je le sais, monsieur, vous avez un écrit par lequel je fais serment de ne jamais révoquer cette donation, sous quelque prétexte que ce soit, sous peine d'encourir l'aversion et le mépris des honnêtes gens. Eh bien! monsieur, soit...—dit Gabriel avec une profonde amertume — je m'exposerai à toutes les conséquences de mon parjure, vous le proclamerez partout; je serai en butte aux dédains, à l'aversion de tous... mais Dieu me jugera... — Et le jeune prêtre essuya une larme qui roula dans ses yeux.

— Oh! rassure-toi, mon brave enfant! — s'écria Dagobert renaissant à l'espérance — tous les honnêtes gens seront pour toi!

— Bien! bien! mon frère — dit Agricol.

— Monsieur le notaire — dit alors Rodin de sa petite voix aigre — monsieur le notaire, faites donc comprendre à M. l'abbé Gabriel qu'il peut se parjurer tant qu'il lui plaît, mais que le Code civil est moins commode à violer qu'une promesse simplement... et seulement... sacrée!!!...

— Parlez, monsieur — dit Gabriel.

— Apprenez donc à M. l'abbé Gabriel — dit Rodin — qu'une *donation entre-vifs*, comme celle qu'il a faite au révérend père d'Aigrigny, est révocable seulement pour trois raisons, n'est-ce pas?

— Oui, monsieur, trois raisons — dit le notaire.

— La première, pour survenance d'enfant, dit Rodin, et je rougirais de parler à M. l'abbé de ce cas de nullité. Le second motif d'annulation serait l'ingratitude du donataire... Or, M. l'abbé Gabriel peut être certain de notre profonde et éternelle reconnaissance. Enfin le troisième cas de nullité est l'inexécution des vœux du donateur, relativement à l'emploi de ses dons. Or, si mauvaise opinion que M. l'abbé Gabriel ait tout à coup prise de nous, il nous accordera du moins quelque temps d'épreuve pour le convaincre que ses dons, ainsi qu'il le désire, seront appliqués à des œuvres qui auront pour but la plus grande gloire du Seigneur.

— Maintenant, monsieur le notaire — reprit le père d'Aigrigny — c'est à vous de prononcer et de dire si M. l'abbé Gabriel peut ou non révoquer la donation qu'il m'a faite.

Au moment où le notaire allait répondre, Bethsabée rentra, précédant deux nouveaux personnages qui se présentèrent dans le salon rouge, à peu de distance l'un de l'autre.

CHAPITRE X.

UN BON GÉNIE.

Le premier des deux personnages dont l'arivée avait interrompu la réponse du notaire, était Faringhea.

A la vue de cet homme à figure sinistre, Samuel s'approcha, et lui dit:
— Qui êtes-vous, monsieur?

Après avoir jeté un regard perçant sur Rodin, qui tressaillit imperceptiblement et reprit bientôt son sang-froid habituel, Faringhea répondit à Samuel: — Le prince Djalma est arrivé depuis peu de temps de l'Inde, afin de se trouver ici aujourd'hui, ainsi que cela lui était recommandé par l'inscription d'une médaille qu'il portait au cou...

— Lui aussi! — s'écria Gabriel, qui, on le sait, avait été le compagnon de navigation de l'Indien depuis les Açores, où le bâtiment venant d'Alexandrie avait relâché — lui aussi héritier... En effet... pendant la traversée, le prince m'a dit que sa mère était d'origine française... Mais, sans doute, il a cru devoir me cacher le but de son voyage... Oh! c'est un noble et courageux jeune homme que cet Indien; où est-il?

L'Etrangleur jeta un nouveau regard sur Rodin, et dit en accentuant lentement ses paroles: — J'ai quitté le prince hier soir... il m'a confié que, quoiqu'il eût un assez grand intérêt à se trouver ici, il se pourrait qu'il sacrifiât cet intérêt à d'autres circonstances;... j'ai passé la nuit dans le même hôtel que lui... Ce matin, lorsque je me suis présenté pour le voir, on m'a appris qu'il était déjà sorti... Mon amitié pour lui m'a engagé à venir dans cette maison, espérant que les informations que je pouvais donner sur le prince seraient peut-être utiles.

En ne disant pas un mot du guet-apens où il était tombé la veille, en se taisant sur les machinations de Rodin à l'égard de Djalma, en attribuant surtout l'absence de ce dernier à une cause volontaire, l'Etrangleur voulait évidemment servir le *socius*, comptant bien que celui-ci saurait récompenser sa discrétion.

Il est inutile de dire que Faringhea mentait effrontément. Après être parvenu dans la matinée à s'échapper de sa prison, par un prodige de ruse, d'adresse et d'audace, il avait couru à l'hôtel où il avait laissé Djalma ; là, il avait su qu'un homme et une femme d'un âge et d'une physionomie des plus respectables, se disant les parens du jeune Indien, avaient demandé à le voir, et qu'effrayés de l'état de dangereuse somnolence où il paraissait plongé, ils l'avaient fait transporter dans leur voiture, afin de l'emmener chez eux et de lui donner les soins nécessaires.

— Il est fâcheux — dit le notaire — que cet héritier ne se soit pas non plus présenté ; mais il est malheureusement déchu de ses droits à l'immense héritage dont il s'agit.

— Ah!... il s'agissait d'un immense héritage — dit Faringhea en regardant fixement Rodin, qui détourna prudemment la vue.

Le second des deux personnages, dont nous avons parlé, entrait en ce moment. C'était le père du maréchal Simon, un vieillard de haute stature, encore alerte et vigoureux pour son âge ; ses cheveux étaient blancs et ras ; sa figure, légèrement colorée, exprimait à la fois la finesse, la douceur et l'énergie. Agricol alla vivement à sa rencontre.

— Vous ici, monsieur Simon ? — s'écria-t-il.

— Oui, mon garçon — dit le père du maréchal en serrant cordialement la main d'Agricol — j'arrive à l'instant de voyage. M. Hardy devait se trouver ici pour affaire d'héritage, à ce qu'il suppose ; mais comme il est encore absent de Paris pour quelque temps, il m'a chargé de...

— Lui aussi... héritier... M. François Hardy... — s'écria Agricol en interrompant le vieil ouvrier.

— Mais comme tu es pâle et bouleversé !... mon garçon. Qu'y a-t-il donc? — reprit le père du maréchal en regardant autour de lui avec étonnement, de quoi s'agit-il donc?

— De quoi il s'agit? de vos petites-filles que l'on vient de dépouiller — s'écria Dagobert désespéré en s'approchant du chef d'atelier — et c'est pour assister à cette indignité que je les ai amenées du fond de la Sibérie.

— Vous... — reprit le vieil ouvrier en cherchant à reconnaître les traits du soldat ; — mais vous êtes donc...

— Dagobert...

— Vous... vous... si généreusement dévoué à mon fils — s'écria le père du maréchal ; et il serra les mains de Dagobert entre les siennes avec effusion.

— Mais n'avez-vous pas parlé de la fille de Simon?...

— De ses filles... car il est plus heureux qu'il ne le croit — dit Dagobert — ces pauvres enfans sont jumelles.

— Et où sont-elles ? — demanda le vieillard.

— Au couvent...

— Au couvent!

— Oui, par la trahison de cet homme qui, en les y retenant, les a fait déshériter.

— Quel homme?

— Le marquis d'Aigrigny...

— Le plus mortel ennemi de mon fils — s'écria le vieil ouvrier en jetant un regard d'aversion sur le père d'Aigrigny, dont l'audace ne se démentait pas.

— Et ce n'est pas tout — reprit Agricol ; — M. Hardy, mon digne et brave patron, est aussi malheureusement déchu de ses droits à cet immense héritage.

— Que dis-tu? — s'écria le père du maréchal Simon ; — mais M. Hardy ignorait qu'il s'agissait pour lui d'intérêts aussi importans... Il est parti précipitamment pour aller rejoindre un de ses amis qui avait besoin de lui.

A chacune de ces révélations successives, Samuel sentait augmenter son désespoir; mais il ne pouvait que gémir, car, malheureusement, la volonté du testateur était formelle.

Le père d'Aigrigny, impatient de mettre fin à cette scène qui l'embarrassait cruellement, malgré son calme apparent, dit au notaire d'une voix grave et pénétrée : — Il faut pourtant que tout ceci ait un terme, monsieur; si la calomnie pouvait m'atteindre, j'y répondrais victorieusement par les faits qui viennent de se produire... Pourquoi attribuer à d'odieuses combinaisons l'absence des héritiers aux noms desquels ce soldat et son fils réclament si injurieusement? Pourquoi leur absence serait-elle moins explicable que celle de ce jeune Indien? que celle de M. Hardy, qui, ainsi que le dit cet homme de confiance, ignorait l'importance des intérêts qui l'appelaient ici? N'est-il pas plus probable que les filles de M. le maréchal Simon et que mademoiselle de Cardoville, par des raisons très naturelles, n'ont pu se présenter ici ce matin? Encore une fois. ceci a trop duré; je crois que M. le notaire pensera comme moi que cette révélation de nouveaux héritiers ne change absolument rien à la question que j'avais l'honneur de lui poser tout à l'heure, à savoir : que comme mandataire des pauvres, auxquels M. l'abbé Gabriel a fait don de tout ce qu'il possédait... je demeure, malgré sa tardive et illégale opposition, seul possesseur de ces biens, que je me suis engagé et que je m'engage encore, à la face de tous dans ce moment solennel, à employer pour la plus grande gloire du Seigneur... Veuillez répondre nettement, monsieur le notaire, et terminer ainsi une scène pénible pour tous...

— Monsieur — reprit le notaire d'une voix solennelle — en mon âme et conscience, au nom de la justice et de la loi, fidèle et impartial exécuteur des dernières volontés de M. Marius de Rennepont, je déclare que, par le fait de la donation de M. l'abbé Gabriel de Rennepont, vous êtes, vous, monsieur l'abbé d'Aigrigny, seul possesseur de ses biens, dont à l'heure même je vous mets en jouissance, afin que vous en disposiez selon les vœux du donateur.

Ces mots, prononcés avec conviction et gravité, renversèrent les dernières et vagues espérances que les défenseurs des héritiers auraient encore pu conserver.

Samuel devint plus pâle qu'il ne l'était habituellement; il serra convulsivement la main de Bethsabée, qui s'était rapprochée de lui, et de grosses larmes coulèrent lentement sur les joues des deux vieillards.

Dagobert et Agricol étaient plongés dans un morne accablement; frappés du raisonnement du notaire, qui disait ne pouvoir accorder plus de créance et d'autorité à leurs réclamations que les magistrats eux-mêmes ne leur en avaient accordé, ils se voyaient forcés de renoncer à tout espoir.

Gabriel souffrait plus que personne; il éprouvait de terribles remords en songeant que, par son aveuglement, il était la cause et l'instrument involontaire de cette abominable spoliation. Aussi, lorsque le notaire, après s'être assuré de la quotité des valeurs renfermées dans le coffret de cèdre, dit au père d'Aigrigny : — Prenez possession de cette cassette, monsieur;

Gabriel s'écria avec un découragement amer, un désespoir profond : — Hélas! l'on dirait que, dans ces circonstances, une inexorable fatalité s'apesantit sur tous ceux qui sont dignes d'intérêt, d'affection ou de respect... Oh! mon Dieu — ajouta le jeune prêtre en joignant les mains avec ferveur — votre souveraine justice ne peut pas permettre le triomphe d'une pareille iniquité!!!

On eût dit que le ciel exauçait la prière du missionnaire... A peine eut-il parlé qu'il se passa une chose étrange.

Rodin, sans attendre la fin de l'invocation de Gabriel, avait, selon l'autorisation du notaire, enlevé la cassette entre ses bras, sans pouvoir retenir une violente aspiration de joie et de triomphe.

A ce moment même où le père d'Aigrigny et le *socius* se croyaient enfin possesseurs du trésor, la porte de l'appartement dans lequel on avait entendu sonner la pendule, s'ouvrit tout à coup.

Une femme apparut sur le seuil.

A sa vue, Gabriel poussa un grand cri et resta foudroyé.

Samuel et Bethsabée tombèrent à genoux les mains jointes. Les deux Israélites se sentaient ranimés par une inexprimable espérance.

Tous les autres acteurs de cette scène restèrent frappés de stupeur...

Rodin... Rodin lui-même... recula de deux pas et replaça sur la table la cassette d'une main tremblante.

Quoiqu'il n'y eût rien que de très naturel dans cet incident, une femme apparaissant sur le seuil d'une porte qu'elle vient d'ouvrir, il se fit un moment de silence profond, solennel.

Toutes les poitrines étaient oppressées, haletantes. Tous enfin, à la vue de cette femme, éprouvaient une surprise mêlée d'une sorte de frayeur, d'une angoisse indéfinissable... car cette femme semblait être le vivant original du portrait placé dans ce salon depuis cent cinquante ans. C'était la même coiffure, la même robe à plis un peu traînans, la même physionomie empreinte d'une tristesse poignante et résignée.

Cette femme s'avança lentement, et sans paraître s'apercevoir de la profonde impression que causait sa présence. Elle s'approcha de l'un des meubles incrustés de cuivre et d'étain, poussa un ressort dissimulé dans les moulures de bronze doré, ouvrit ainsi le tiroir supérieur de ce meuble, y prit une enveloppe de parchemin cacheté, puis, s'avançant auprès de la table, plaça ce papier devant le notaire, qui, jusqu'alors immobile et muet, le prit machinalement.

Après avoir jeté sur Gabriel, qui semblait fasciné par sa présence, un long regard mélancolique et doux, cette femme se dirigea vers la porte du vestibule restée ouverte. En passant auprès de Samuel et de Bethsabée, toujours agenouillés, elle s'arrêta un instant, inclina sa belle tête vers les deux vieillards, les contempla avec une tendre sollicitude; puis, après leur avoir donné ses mains à baiser, elle disparut aussi lentement qu'elle avait apparu... après avoir jeté un dernier regard sur Gabriel.

Le départ de cette femme sembla rompre le charme sous lequel tous les assistans étaient restés pendant quelques minutes.

Gabriel rompit le premier le silence, en murmurant d'une voix altérée : — C'est elle !... encore elle... ici... dans cette maison !

— Qui... elle... mon frère ? — dit Agricol, inquiet de la pâleur et de l'air presque égaré du missionnaire, car le forgeron, n'ayant pas remarqué jusqu'alors l'étrange ressemblance de cette femme avec le portrait, partageait cependant, sans pouvoir s'en rendre compte, la stupeur générale.

Dagobert et Faringhea se trouvaient dans une pareille situation d'esprit.

— Cette femme, quelle est-elle?... — reprit Agricol en prenant la main de Gabriel, qu'il sentit humide et glacée.

— Regarde !... — dit le jeune prêtre ; — il y a plus d'un siècle et demi que ces tableaux sont là... — Et du geste il indiqua les deux portraits devant lesquels il était alors assis.

Au mouvement de Gabriel, Agricol, Dagobert et Faringhea levèrent les yeux sur les deux portraits placés de chaque côté de la cheminée...

Trois exclamations se firent entendre à la fois.

— C'est elle... c'est la même femme! — s'écria le forgeron stupéfait ; — et depuis cent cinquante ans son portrait est ici !...

— Que vois-je?... l'ami et l'émissaire du maréchal Simon! — s'écria Dagobert en contemplant le portrait de l'homme. — Oui, c'est bien la figure de celui qui est venu nous trouver en Sibérie l'an passé... Oh! je le reconnais à son air triste et doux, et aussi à ses sourcils noirs qui n'en font qu'un.

— Mes yeux ne me trompent pas... non... c'est bien l'homme au front rayé de noir que nous avons étranglé et enterré au bord du Gange — se disait tout bas Faringhea en frémissant d'épouvante — l'homme que l'un des fils de Bohwanie, l'an passé, à Java, dans les ruines de Tchandi... assurait avoir rencontré depuis le meurtre près de l'une des portes de Bombay... cet homme maudit, qui, disait-il, laissait partout après lui... la mort sur son passage... et il y a un siècle et demi que cette peinture existe!

Et ainsi que Dagobert et Agricol, l'Etrangleur ne pouvait détacher ses yeux de ce portrait étrange.

— Quelle mystérieuse ressemblance !—pensait le père d'Aigrigny ;... puis, comme frappé d'une idée subite, il dit à Gabriel : — Mais cette femme est celle qui vous a sauvé la vie en Amérique?

— C'est elle-même... — répondit Gabriel en tressaillant — et pourtant elle m'avait dit qu'elle s'en allait vers le nord de l'Amérique... ajouta le jeune prêtre en se parlant à lui-même.

— Mais comment se trouve-t-elle ici dans cette maison?— dit le père d'Aigrigny en s'adressant à Samuel. — Répondez, gardien... Cette femme s'était donc introduite ici avant nous ou avec vous?...

— Je suis entré ici le premier et seul, lorsque pour la première fois, depuis un siècle et demi, la porte a été ouverte — dit gravement Samuel.

— Alors, comment expliquerez-vous la présence de cette femme ici? — ajouta le père d'Aigrigny.

— Je ne cherche pas à expliquer — dit le juif: — je vois... je crois... et maintenant j'espère, ajouta-t-il en regardant Bethsabée avec une expression indéfinissable.

— Mais, encore une fois, vous devez expliquer la présence de cette femme — dit le père d'Aigrigny, qui se sentait vaguement inquiet — qui est-elle, comment est-elle ici?

— Tout ce que je sais, monsieur, c'est que d'après ce que m'a souvent dit mon père, il existe des communications souterraines entre cette maison et des endroits éloignés de ce quartier.

— Ah! maintenant rien de plus simple — dit le père d'Aigrigny; — il me reste seulement à savoir quel était le but de cette femme en s'introduisant ainsi dans cette maison. Quant à cette singulière ressemblance avec ce portrait, c'est un jeu de la nature.

Rodin avait partagé l'émotion générale lors de l'apparition de cette femme mystérieuse; mais lorsqu'il l'eut vue remettre au notaire un paquet cacheté, le *socius*, au lieu de se préoccuper de l'étrangeté de cette apparition, ne fut plus préoccupé que du violent désir de quitter cette maison avec le trésor désormais acquis à la compagnie; il éprouvait une vague inquiétude à l'aspect de l'enveloppe cachetée de noir, que la protectrice de Gabriel avait remise au notaire, et que celui-ci tenait machinalement entre ses mains. Le *socius*, jugeant donc très opportun et très à propos de disparaître avec la cassette au milieu de la stupeur et du silence qui duraient encore, poussa légèrement du coude le père d'Aigrigny, lui fit un signe d'intelligence, et, prenant le coffret de cèdre sous son bras, se dirigea vers la porte.

— Un moment, monsieur — lui dit Samuel en se levant et lui barrant le passage: — je prie M. le notaire d'examiner l'enveloppe qui vient de lui être remise;... vous sortirez ensuite...

— Mais, monsieur — dit Rodin en essayant de forcer le passage; — la question est définitivement jugée en faveur du père d'Aigrigny... Ainsi permettez...

— Je vous dis, monsieur — reprit le vieillard d'une voix retentissante — que ce coffret ne sortira pas d'ici avant que M. le notaire ait pris connaissance de l'enveloppe que l'on vient de lui remettre.

Ces mots de Samuel attirèrent l'attention de tous.

Rodin fut forcé de revenir sur ses pas...

Malgré sa fermeté, le juif frissonna au regard implacable qu'à ce moment lui lança Rodin.

Le notaire, s'étant rendu au vœu de Samuel, examinait l'enveloppe avec attention.

— Ciel!... — s'écria-t-il tout à coup — que vois-je?... Ah! tant mieux!

A l'exclamation du notaire, tous les yeux se tournèrent vers lui.

— Oh! lisez, lisez, monsieur — s'écria Samuel en joignant les mains — mes pressentimens ne m'auront peut-être pas trompé!

— Mais, monsieur — dit le père d'Aigrigny au notaire, commençant à partager les anxiétés de Rodin; — mais, monsieur... quel est ce papier?

— Un codicille — reprit le notaire — un codicille qui remet tout en question.

— Comment, monsieur — s'écria le père d'Aigrigny en fureur en s'approchant vivement du notaire — tout est remis en question? et de quel droit?

— C'est impossible — ajouta Rodin — nous protestons.

— Gabriel... mon père... Ecoutez donc — s'écria Agricol — tout n'est pas perdu... il y a de l'espoir. Gabriel, entends-tu? il y a de l'espoir.

— Que dis-tu?... — reprit le jeune prêtre en se levant, et croyant à peine ce que lui disait son frère adoptif.

— Messieurs — dit le notaire — je dois vous donner lecture de la suscription de cette enveloppe... Elle change ou plutôt elle ajourne toutes les dispositions testamentaires.

— Gabriel — s'écria Agricol en sautant au cou du missionnaire — tout est ajourné, rien n'est perdu!!!

— Messieurs, écoutez — reprit le notaire, et il lut ce qui suit :

Ceci est un codicille qui, pour des raisons que l'on trouvera déduites sous ce pli, ajourne et proroge au 1er juin 1832, mais sans les changer aucunement, toutes les dispositions contenues dans le testament fait par moi aujourd'hui à une heure de relevée... Ma maison sera refermée et les fonds seront toujours laissés au dépositaire, pour être, le 1er juin 1832, distribués aux ayants droit.
Villetaneuse... cejourd'hui 13 février 1682, à onze heures du soir.
MARIUS DE RENNEPONT.

— Je m'inscris en faux contre ce codicille! — s'écria le père d'Aigrigny livide de désespoir et de rage.

— La femme qui l'a remis aux mains du notaire nous est suspecte... — ajouta Rodin. — Ce codicille est faux.

— Non, monsieur — dit sévèrement le notaire ; — car je viens de comparer les deux signatures, et elles sont absolument semblables... Du reste... ce que je disais ce matin pour les héritiers non présens vous est applicable :... vous pouvez attaquer l'authenticité de ce codicille; mais tout demeure en suspens et comme non avenu... puisque le délai pour la clôture de la succession est prorogé à trois mois et demi...

Lorsque le notaire eut prononcé ces derniers mots, les ongles de Rodin étaient saignans;... pour la première fois ses lèvres blafardes parurent rouges.

— Oh! mon Dieu! vous m'avez entendu... vous m'avez exaucé... — s'écria Gabriel agenouillé et joignant les mains avec une religieuse ferveur et en tournant vers le ciel son angélique figure ; — votre souveraine justice ne pouvait laisser l'iniquité triomphante.

— Que dis-tu, mon brave enfant? — s'écria Dagobert, qui, dans le premier étourdissement de la joie, n'avait pas bien compris la portée de ce codicille.

— Tout est reculé, mon père — s'écria le forgeron ; — le délai pour se présenter est fixé à trois mois et demi, à dater d'aujourd'hui... Et maintenant que ces gens-là sont démasqués... — Agricol désigna Rodin et le père d'Aigrigny — il n'y a plus rien à craindre d'eux ; on sera sur ses gardes, et les orphelines, mademoiselle de Cardoville, mon digne patron M. Hardy et le jeune Indien rentreront dans leurs biens.

. . . .

Il faut renoncer à peindre l'ivresse, le délire de Gabriel et d'Agricol, de Dagobert et du père du maréchal Simon, de Samuel et de Bethsabée.

Faringhea seul resta morne et sombre devant le portait de l'homme au front rayé de noir.

Quant à la fureur du père d'Aigrigny et de Rodin, en voyant Samuel reprendre le coffret de cèdre, il faut aussi renoncer à la peindre...

Sur l'observation du notaire, qui emporta le codicille pour le faire ouvrir selon les formules de la loi, Samuel comprit qu'il était plus prudent de déposer à la banque de France les immenses valeurs dont on le savait détenteur.

Pendant que tous les cœurs généreux qui avaient un moment tant souffert, débordaient de bonheur, d'espérance et d'allégresse, le père d'Aigrigny et Rodin quittaient cette maison la rage et la mort dans l'âme.

Le révérend père monta dans sa voiture et dit à ses gens : — A l'hôtel Saint-Dizier!

Puis, éperdu, anéanti, il tomba sur les coussins en cachant sa figure dans ses mains et poussant un long gémissement.

Rodin s'assit auprès de lui... et contempla avec un mélange de courroux et de mépris cet homme ainsi abattu et affaissé.

— Le lâche!... — se dit-il tout bas. — Il désespère... pourtant...

. . . .

Au bout d'un quart d'heure, la voiture arriva rue de Babylone et entra dans la cour de l'hôtel Saint-Dizier.

CHAPITRE XI.

LES PREMIERS SONT LES DERNIERS, LES DERNIERS SONT LES PREMIERS.

La voiture du père d'Aigrigny arriva rapidement à l'hôtel de Saint-Dizier.

Pendant toute la route, Rodin resta muet, se contentant d'observer et d'écouter attentivement le père d'Aigrigny, qui exhala les douleurs et les furies de ses déceptions dans un long monologue entrecoupé d'exclamations, de lamentations, d'indignations, à l'endroit des impitoyables coups de la destinée qui ruinent en un moment les espérances les mieux fondées.

Lorsque la voiture du père d'Aigrigny entra dans la cour et s'arrêta devant le péristyle de l'hôtel de Saint-Dizier, on put apercevoir derrière les vitres d'une fenêtre, et à demi cachée par les plis d'un rideau, la figure de la princesse; dans son ardente anxiété elle venait voir si c'était le père d'Aigrigny qui arrivait. Bien plus, au mépris de toute convenance, cette grande dame d'apparences ordinairement si réservées, si formalistes, sortit précipitamment de son appartement et descendit quelques-unes des marches de l'escalier pour courir au devant du père d'Aigrigny, qui gravissait les degrés d'un air abattu. La princesse, à l'aspect de la physionomie livide, bouleversée du révérend père, s'arrêta brusquement et pâlit... elle soupçonna que tout était perdu... Un regard rapidement échangé avec son ancien amant ne lui laissa aucun doute sur l'issue qu'elle redoutait.

Rodin suivait humblement le révérend père.

Tous deux, précédés de la princesse, entrèrent bientôt dans son cabinet.

La porte fermée, la princesse, s'adressant au père d'Aigrigny avec une angoisse indicible, s'écria : — Que s'est-il donc passé?...

Au lieu de répondre à cette question, le révérend père, les yeux étincelans de rage, les lèvres blanches, les traits contractés, regarda la princesse en face et lui dit : — Savez-vous à combien s'élève cet héritage que nous croyions de quarante millions?...

— Je comprends — s'écria la princesse — on nous a trompés... cet héritage se réduit à rien;... vous avez agi en pure perte.

— Oui... nous avons agi en pure perte — répondit le révérend père, les dents serrés de colère. — En pure perte!!! et il ne s'agissait pas de quarante millions... mais de deux cent douze millions...

— Deux cent douze millions!... — répéta la princesse avec stupeur en reculant d'un pas ; — c'est impossible...

— Je les ai vus, vous dis-je, en valeurs renfermées dans un coffret inventorié par le notaire.

— Deux cent douze millions! — reprit la princesse avec accablement; — mais c'était une puissance immense, souveraine... Et vous avez renoncé... et vous n'avez pas lutté, par tous les moyens possibles, jusqu'aux derniers momens?...

— Eh! madame, j'ai fait tout ce que j'ai pu!! malgré la trahison de Gabriel, qui, ce matin même, a déclaré qu'il nous reniait... qu'il se séparait de la compagnie.

— L'ingrat! — dit naïvement la princesse.

— L'acte de donation que j'avais eu la précaution de faire légaliser par le notaire était en si bonne forme, que, malgré les réclamations de cet enragé de soldat et de son fils, le notaire m'avait mis en possession de ce trésor.

— Deux cent douze millions! — répéta la princesse en joignant les mains.

— En vérité... c'est comme un rêve.

— Oui — répondit amèrement le père d'Aigrigny — pour nous cette possession a été un rêve, car on a découvert un codicille qui prorogeait à trois mois et demi toutes les dispositions testamentaires; or, maintenant l'éveil est donné, par nos précautions mêmes, à cette bande d'héritiers;... ils connaissent l'énormité de la somme;... ils sont sur leurs gardes; tout est perdu.

— Mais ce codicille, quel est donc l'être maudit qui l'a fait connaître?

— Une femme.

— Quelle femme?

— Je ne sais quelle créature nomade que ce Gabriel a, dit-il, rencontrée déjà en Amérique, et qui lui a sauvé la vie...

— Et comment cette femme se trouvait-elle là? Comment savait-elle l'existence de ce codicille?

— Tout ceci, je le crois, était convenu avec un misérable juif, gardien de cette maison, et dont la famille est dépositaire des fonds depuis trois générations; il avait sans doute quelque instruction secrète... dans le cas où l'on soupçonnerait les héritiers d'être retenus; car, dans son testament... ce Marius de Rennepont avait prévu que la compagnie surveillerait sa race.

— Mais, ne peut-on plaider sur la valeur de ce codicille?

— Plaider... dans ce temps-ci? plaider pour une affaire de testament? nous exposer sans certitude de succès à mille clameurs? il est déjà bien assez fâcheux que tout ceci doive s'ébruiter... Ah! c'est affreux... et au moment de toucher au but... après tant de peines! une affaire poursuivie avec tant de soins, tant de persistance depuis un siècle et demi!

— Deux cent douze millions... dit la princesse; — ce n'était plus en pays étranger que l'ordre s'établissait; c'est en France, au cœur de la France qu'il s'imposait avec de telles ressources...

— Oui — reprit le père d'Aigrigny avec amertume — et, par l'éducation, nous nous emparions de toute la génération naissante... C'était politiquement d'une portée incalculable; — puis, frappant du pied, il reprit : — Je vous dis que c'est à en devenir fou de rage, une affaire si sagement, si habilement, si patiemment conduite!...

— Ainsi, aucun espoir?

— Le seul est que ce Gabriel ne rétracte pas sa donation en ce qui le concerne. Ce qui serait déjà considérable... car sa part s'élèverait seule à trente millions.

— Mais c'est énorme... mais c'est presque ce que vous espériez — s'écria la princesse; — alors pourquoi vous désespérer?

— Parce qu'il est évident que Gabriel plaidera contre cette donation; si légale qu'elle soit, il trouvera moyen de la faire annuler, maintenant que le voilà libre, éclairé sur nous, et entouré de sa famille adoptive; je vous dis que tout est perdu; il ne reste aucun espoir. Je crois même prudent d'écrire à Rome pour obtenir de quitter Paris pendant quelque temps. Cette ville m'est odieuse.

— Oh! oui, je le vois... il faut qu'il n'y ait plus d'espoir... pour que vous, mon ami, vous vous décidiez presque à fuir...

Et le père d'Aigrigny restait complètement anéanti, démoralisé; ce coup terrible avait brisé en lui tout ressort, toute énergie; il se jeta dans un fauteuil avec accablement.

Pendant l'entretien précédent, Rodin était modestement resté debout auprès de la porte, tenant son vieux chapeau à la main. Deux ou trois fois, à certains passages de la conversation du père d'Aigrigny et de la princesse, la face cadavéreuse du *socius*, qui paraissait en proie à un courroux concentré, s'était légèrement colorée, ses flasques paupières étaient devenues rouges comme si le sang lui eût monté à la tête par suite d'une violente lutte intérieure... puis, son morne visage avait repris sa teinte blafarde.

— Il faut que j'écrive à l'instant à Rome pour annoncer cet échec... qui devient un événement de la plus haute importance, puisqu'il renverse d'immenses espérances — dit le père d'Aigrigny avec abattement.

Le révérend père était resté assis; montrant, d'un geste, une table à Rodin, il lui dit d'une voix brusque et hautaine : — Ecrivez...

Le *socius* posa son chapeau par terre, répondit par un salut respectueux à l'ordre du révérend père, et le cou tors, la tête basse, la démarche oblique, il alla s'asseoir sur le bord du fauteuil placé devant le bureau; puis, prenant du papier et une plume, silencieux et immobile, il attendit la dictée de son supérieur.

— Vous permettez, princesse? — dit le père d'Aigrigny à madame de Saint-Dizier.

Celle-ci répondit par un mouvement d'impatience, qui semblait reprocher au père d'Aigrigny sa demande formaliste.

Le révérend père s'inclina et dicta ces mots d'une voix sourde et oppressée :

« Toutes nos espérances, devenues récemment presque des certitudes,

» viennent d'être déjouées subitement. L'affaire Rennepont, malgré tous les
» soins, toute l'habileté employés jusqu'ici, a échoué complétement et sans
» retour. Au point où en sont les choses, c'est malheureusement plus qu'un
» insuccès... c'est un événement des plus désastreux pour la compagnie,
» dont les droits étaient d'ailleurs moralement évidens sur ces biens, dis-
» traits frauduleusement d'une confiscation faite en sa faveur... J'ai du
» moins la conscience d'avoir tout fait, jusqu'au dernier moment, pour dé-
» fendre et assurer nos droits. Mais il faut, je le répète, considérer cette im-
» portante affaire comme absolument et à jamais perdue, et n'y plus songer. »

Le père d'Aigrigny dictait ceci en tournant le dos à Rodin.

Au brusque mouvement que fit le *socius* en se levant et en jetant sa plume sur la table, au lieu de continuer à écrire, le révérend père se retourna, et regardant Rodin avec un profond étonnement, il lui dit : — Eh bien !... que faites-vous ?

— Il faut en finir... cet homme extravague ! — dit Rodin en se parlant à lui-même, et en s'avançant lentement vers la cheminée.

— Comment !... vous quittez votre place... vous n'écrivez pas ? — dit le révérend père stupéfait. Puis, s'adressant à la princesse, qui partageait son étonnement, il ajouta en désignant le *socius* d'un coup d'œil méprisant : — Ah ça ! mais il perd la tête...

— Pardonnez-lui — reprit madame de Saint-Dizier — c'est sans doute le souci que lui cause la ruine de cette affaire.

— Remerciez madame la princesse, retournez à votre place, et continuez d'écrire — dit le père d'Aigrigny à Rodin d'un ton de compassion dédaigneuse ; et d'un doigt impérieux il lui montra la table.

Le *socius*, parfaitement indifférent à ce nouvel ordre, s'approcha de la cheminée, et se tournant il redressa son dos voûté, se campa ferme sur ses jarrets, frappant le tapis du talon de ses gros souliers huilés, croisa ses mains derrière les pans de sa vieille redingote graisseuse, et, redressant la tête, regarda fixement le père d'Aigrigny.

Le *socius* n'avait pas dit un mot, mais ses traits hideux, alors légèrement colorés, révélaient tout à coup une telle conscience de sa supériorité, un si souverain mépris pour le père d'Aigrigny, une audace si calme, et pour ainsi dire si sereine, que le révérend père et la princesse restèrent confondus. Il se sentaient étrangement dominés et imposés par ce vieux petit homme si laid et si sordide.

Le père d'Aigrigny connaissait trop les coutumes de sa compagnie pour croire son humble secrétaire capable de prendre subitement, sans motif ou plutôt sans un droit positif, ces airs de supériorité transcendante... Bien tard, trop tard, le révérend père comprit que ce subordonné pouvait bien être à la fois un espion et une sorte d'auxiliaire expérimenté qui, selon les constitutions de l'ordre, avait pouvoir et mission, dans certains cas urgens, de destituer et de remplacer provisoirement l'agent incapable auprès duquel on le plaçait préalablement comme *surveillant*.

Le révérend père ne se trompait pas, depuis le général jusqu'aux provinciaux, jusqu'aux recteurs des colléges, tous les membres supérieurs de la compagnie ont, auprès d'eux, souvent tapis, à leur insu, dans les fonctions en apparence les plus infimes, des hommes très capables de remplir leurs fonctions à un moment donné, et qui, à cet effet, correspondent incessamment et directement avec Rome.

Du moment où Rodin se fut ainsi posé, les manières ordinairement hautaines du père d'Aigrigny changèrent à l'instant : quoiqu'il lui en coûtât beaucoup, il lui dit avec une hésitation remplie de déférence : — Vous avez sans doute pouvoir de me commander... à moi... qui vous ai jusqu'ici commandé.

Rodin, sans répondre, tira de son portefeuille gras et éraillé un pli timbré des deux côtés, où étaient écrites quelques lignes en latin.

Après avoir lu, le père d'Aigrigny approcha respectueusement, religieusement ce papier de ses lèvres, puis il le rendit à Rodin, en s'inclinant profondément devant lui. Lorsque le père d'Aigrigny releva la tête, il était pourpre de dépit et de honte ; malgré son habitude d'obéissance passive et d'immuable respect pour les volontés de l'ordre, il éprouvait un amer, un violent courroux de se voir si brusquement dépossédé... Ce n'était pas tout encore...

Quoique depuis très longtemps toute relation de galanterie eût cessé entre lui et madame de Saint-Dizier, celle-ci n'en était pas moins pour lui une femme... et souffrir cet humiliant échec devant une femme lui était doublement cruel. car, malgré son entrée dans l'ordre, il n'avait pas complétement dépouillé l'homme du monde...

De plus, la princesse, au lieu de paraître peinée, révoltée, de cette transformation subite du supérieur en subalterne, et du subalterne en supérieur, regardait Rodin avec une sorte de curiosité mêlée d'intérêt. Comme femme... et comme femme âprement ambitieuse, cherchant à s'attacher à toutes les hautes influences, la princesse aimait ces sortes de contrastes, elle trouvait à bon droit curieux et intéressant de voir cet homme, presque en haillons, chétif et d'une laideur ignoble, naguère encore le plus humble des subordonnés, dominer de toute l'élévation de l'intelligence qu'on lui savait nécessairement, dominer, disons-nous, le père d'Aigrigny, grand seigneur par sa naissance, par l'élégance de ses manières, et naguère si considérable dans sa compagnie. De ce moment, comme personnage important, Rodin effaça complétement le père d'Aigrigny dans l'esprit de la princesse.

Le premier mouvement d'humiliation passé, le révérend père d'Aigrigny, quoique son orgueil saignât à vif, mit au contraire tout son amour-propre, tout son savoir-vivre d'homme de bonne compagnie à redoubler de courtoisie envers Rodin, devenu son supérieur par un si brusque revirement de fortune.

Mais l'ex-*socius*, incapable d'apprécier ou plutôt de reconnaître ces nuances délicates, s'établit carrément, brutalement et impérieusement dans sa nouvelle position, non par réaction d'orgueil froissé, mais par conscience de ce qu'il valait; une longue pratique du père d'Aigrigny lui avait révélé l'infériorité de ce dernier.

— Vous avez jeté la plume — dit le père d'Aigrigny à Rodin avec une extrême déférence — lorsque je vous dictais cette note pour Rome ;... me ferez-vous la grâce de m'apprendre en quoi... j'ai mal agi ? — A l'instant même — reprit Rodin de sa voix aiguë et incisive ; — pendant longtemps, quoique cette affaire me parût au-dessus de vos forces,.. je me suis abstenu :... et pourtant que de fautes !... quelle pauvreté d'invention !... quelle grossièreté dans les moyens employés par vous pour la mener à bonne fin !...

— J'ai peine à comprendre... vos reproches... — répondit doucement le père d'Aigrigny, quoiqu'une secrète amertume perçât dans son apparente soumission : — le succès n'était-il pas certain sans ce codicille ?... N'avez-vous pas contribué vous-même... à ces mesures que vous blâmez à cette heure?

— Vous commandiez alors... et j'obéissais... vous étiez d'ailleurs sur le point de réussir... non à cause des moyens dont vous vous êtes servi... mais malgré ces moyens, d'une maladresse, d'une brutalité révoltantes...

— Monsieur... vous êtes sévère — dit le père d'Aigrigny.

— Je suis juste... Faut-il donc des prodiges d'habileté pour enfermer quelqu'un dans une chambre et fermer ensuite la porte à double tour ?... Hein !... Eh bien ! avez-vous fait autre chose ?... Non... certes ! Les filles du général Simon ? à Leipsick emprisonnées, à Paris enfermées au couvent; Adrienne de Cardoville? enfermée; Couche-tout-Nu? en prison... Dajlma ? un narcotique... Un seul moyen ingénieux et mille fois plus sûr, parce qu'il agissait moralement et non matériellement, a été employé pour éloigner M. Hardy... Quant à vos autres procédés... allons donc !... mauvais, incertains, dangereux... Pourquoi ? parce qu'ils étaient violens, et qu'on répond à la violence par la violence ; alors ce n'est plus une lutte d'hommes fins, habiles, opiniâtres, voyant dans l'ombre, où ils marchent toujours... c'est un combat de crocheteurs au grand soleil. Comment ? bien qu'en agissant sans cesse, nous devons avant tout nous effacer, disparaître, et vous ne trouvez rien de plus intelligent que d'appeler l'attention sur nous par des moyens d'une sauvagerie et d'un retentissement déplorables... Pour plus de mystère, c'est la garde, c'est le commissaire de police, ce sont des geôliers que vous preniez pour complices... Mais cela fait pitié, monsieur... Un succès éclatant pouvait seul faire pardonner ces pauvretés !!! et ce succès vous ne l'avez pas eu...

— Monsieur, dit le père d'Aigrigny vivement blessé, car madame de Saint-Dizier, ne pouvant cacher l'espèce d'admiration que lui causait la parole nette et cassante de Rodin, regardait son ancien amant d'un air qui semblait dire : Il a raison ; — monsieur, vous êtes plus que sévère... dans votre jugement... et malgré la déférence que je vous dois, je vous dirai que je ne suis pas habitué...

— Il y a bien d'autres choses, ma foi, auxquelles vous n'êtes pas habitué — dit durement Rodin en interrompant le révérend père ; — mais vous vous y habituerez... Vous vous êtes fait jusqu'ici une fausse idée de votre savoir ; il y a en vous un vieux levain de batailleur et de mondain qui toujours fermente, et ôte à votre raison le froid, la lucidité, la pénétration qu'elle doit avoir ;... vous avez été un beau militaire, fringant et musqué : vous avez couru les guerres, les fêtes, les plaisirs, les femmes... Ces choses vous ont usé à moitié. Vous ne serez jamais maintenant qu'un subalterne ; vous êtes jugé. Il vous manquera toujours cette vigueur, cette concentration d'esprit qui dominent hommes et événemens. Cette vigueur, cette concentration d'esprit, je l'ai, moi, et je l'ai... savez-vous pourquoi ? c'est que, uniquement voué au service de notre compagnie, j'ai toujours été laid, sale et vierge ;... oui, vierge... toute ma virilité est là...

En prononçant ces mots d'un orgueilleux cynisme, Rodin était effrayant.

La princesse de Saint-Dizier le trouva presque beau d'audace et d'énergie.

Le père d'Aigrigny, se sentant dominé d'une manière invincible, inexorable, par cet être diabolique, voulut tenter un dernier effort de révolte et s'écria : — Eh ! monsieur, ces forfanteries ne sont pas des preuves de valeur et de puissance... on vous verra à l'œuvre.

— On m'y verra... — reprit froidement Rodin... — et savez-vous à quelle œuvre ? (Rodin affectionnait cette formule interrogative) à celle que vous abandonnez si lâchement.

— Que dites-vous ? — s'écria la princesse de Saint-Dizier, car le père d'Aigrigny, stupéfait de l'audace de Rodin, ne trouvait pas une parole.

— Je dis — reprit lentement Rodin — je dis que je me charge de faire réussir l'affaire de l'héritage Rennepont, que vous regardez comme désespérée.

— Vous ? — s'écria le père d'Aigrigny — vous ?
— Moi...
— Mais on a démasqué nos manœuvres.
— Tant mieux, on sera obligé d'en inventer de plus habiles...
— Mais l'on se défiera de nous.
— Tant mieux, les succès difficiles sont les plus certains.
— Comment ! vous espérez faire consentir Gabriel à ne pas révoquer sa donation... qui d'ailleurs est peut-être entachée d'illégalité ?
— Je ferai rentrer dans les coffres de la compagnie les deux cent douze millions dont on veut la frustrer. Est-ce clair ?
— C'est aussi clair qu'impossible.
— Et je vous dis, moi, que cela est possible... et qu'il faut que cela soit possible... entendez-vous ! Mais vous ne comprenez donc pas, esprit de courte vue... — s'écria Rodin en s'animant à ce point que sa face cadavéreuse se colora légèrement — vous ne comprenez donc pas que maintenant il n'y a plus à balancer ?... ou les deux cent douze millions seront à nous, et alors ce sera le rétablissement assuré de notre souveraine influence en France, car, avec de telles sommes, par la vénalité qui court, on achète un gouvernement, et s'il est trop cher ou mal accommodant, on allume la guerre civile, on le renverse et l'on restaure la légitimité, qui, après tout, est notre véritable milieu, et qui, nous devant tout, nous livrera tout.

— C'est évident — dit la princesse en joignant les mains avec admiration.

— Si, au contraire — reprit Rodin — ces deux cent douze millions restent entre les mains de la famille Rennepont, c'est notre ruine, c'est notre perte ; c'est faire une souche d'ennemis acharnés, implacables... Vous n'avez donc pas entendu les vœux exécrables de ce Rennepont, au sujet de cette association qu'il recommande, et que, par une fatalité inouïe, sa race maudite peut merveilleusement réaliser ?... Mais songez donc aux forces immenses qui se grouperaient alors autour de ces millions ; c'est le maréchal Simon, agissant au nom de ses filles, c'est-à-dire l'homme du peuple fait duc sans en être plus vain, ce qui assure son influence sur les masses, car l'esprit militaire et le bonapartisme incarné représentent encore, aux yeux du peuple, la tradition d'honneur et de gloire nationale. C'est ensuite ce François Hardy, le bourgeois libéral, indépendant, éclairé, type du grand manufacturier, amoureux du progrès et du bien-être des artisans!... Puis, c'est Gabriel, le bon prêtre, comme ils disent, l'apôtre de l'Evangile primitif, le représentant de la démocratie de l'Eglise contre l'aristocratie de l'Eglise, du pauvre curé de campagne contre le riche évêque, c'est-à-dire, dans leur jargon, le travailleur de la sainte vigne contre l'oisif despote, le propagateur né de toutes les idées de fraternité, d'émancipation et de progrès... comme ils disent encore, et cela non pas au nom d'une politique révolutionnaire, incendiaire, mais au nom du Christ, au nom d'une religion toute de charité, d'amour et de paix... pour parler comme ils parlent. Après, vient Adrienne de Cardoville, le type de l'élégance, de la grâce, de la beauté, la prêtresse de toutes les sensualités qu'elle prétend diviniser à force de les raffiner et de les cultiver. Je ne vous parle pas de son esprit, de son audace; vous ne les connaissez que trop. Aussi rien ne peut nous être aussi dangereux que cette créature, patricienne par le sang, peuple par le cœur, poète par l'imagination. C'est enfin ce prince Djalma, chevaleresque, hardi, prêt à tout, parce qu'il ne sait rien de la vie civilisée, implacable dans sa haine comme dans son affection, instrument terrible pour qui saura s'en servir... Il n'y a pas enfin dans cette famille détestable jusqu'à ce misérable Couche-tout-Nu, qui isolément n'a aucune valeur, mais qui, épuré, relevé, régénéré par le contact de ces natures généreuses et expansives, comme ils appellent cela, peut avoir une large part dans l'influence de cette association, comme représentant de l'artisan... Maintenant, croyez-vous que tous ces gens-là, déjà exaspérés contre nous, parce que, disent-ils, nous avons voulu les spolier, suivent, et ils les suivront, j'en réponds, les détestables conseils de ce Rennepont, croyez-vous que s'ils associent toutes les forces, toute l'action dont ils disposent autour de cette fortune énorme, qui en centuplera la puissance; croyez-vous que, s'ils nous déclarent une guerre acharnée, à nous et à nos principes, ils ne seront pas les ennemis les plus dangereux que nous ayons jamais eus? Mais je vous dis, moi, que jamais la compagnie n'aurait été plus sérieusement menacée; oui, et c'est maintenant pour elle une question de vie ou de mort; il ne s'agit plus à cette heure de se défendre, mais d'attaquer, afin d'arriver à l'annihilation de cette maudite race des Rennepont, et à la possession de ces millions.

A ce tableau, présenté par Rodin avec une animation fébrile d'autant plus influente qu'elle était plus rare, la princesse et le père d'Aigrigny se regardèrent, interdits.

— Je l'avoue — dit le révérend à Rodin — je n'avais pas songé à toutes les dangereuses conséquences de cette association en bien, recommandée par M. de Rennepont; je crois qu'en effet ses héritiers, d'après le caractère que nous leur connaissons, auront à cœur de réaliser cette utopie... Le péril est très grand, très menaçant; mais pour le conjurer... que faire?

— Comment, monsieur! vous avez à agir sur des natures ignorantes, héroïques et exaltées comme Djalma; sensuelles et excentriques comme Adrienne de Cardoville; naïves et ingénues comme Rose et Blanche Simon; loyales et franches comme François Hardy; angéliques et pures comme Gabriel; brutales et stupides comme Couche-tout-Nu, et vous demandez : Que faire?

— En vérité, je ne vous comprends pas — dit le père d'Aigrigny.

— Je le crois bien, votre conduite passée, dans tout ceci, me le prouve assez — reprit dédaigneusement Rodin :... — vous avez eu recours à des moyens grossiers, matériels, au lieu d'agir sur tant de passions nobles, généreuses, élevées, qui, réunies un jour, formeraient un faisceau redoutable, mais qui, maintenant divisées, isolées, prêteront à toutes les surprises, à toutes les séductions, à tous les entraînemens, à toutes les attaques! Comprenez-vous enfin?... Non, pas encore? — Et Rodin haussa les épaules. — Voyons, meurt-on de désespoir?

— Oui.

— La reconnaissance de l'amour heureux peut-elle aller jusqu'aux dernières limites de la générosité la plus folle?

— Oui.

— N'est-il pas de si horribles déceptions, que le suicide est le seul refuge contre d'affreuses réalités?
— Oui.
— L'excès des sensualités peut-il nous conduire au tombeau dans une lente et voluptueuse agonie?
— Oui.
— Est-il dans la vie des circonstances si terribles que les caractères les plus mondains, les plus fermes ou les plus impies... viennent aveuglément se jeter, brisés, anéantis, entre les bras de la religion, et abandonnent les plus grands biens de ce monde pour le cilice, la prière et l'extase?
— Oui.
— N'est-il pas enfin mille circonstances dans lesquelles la réaction des passions amène les transformations les plus extraordinaires, les dénoûmens les plus tragiques dans l'existence de l'homme ou de la femme?
— Sans doute.
— Eh bien! pourquoi me demander: que faire? et que diriez-vous si, par exemple, les membres les plus dangereux de cette famille Rennepont... venaient, avant trois mois, à genoux, implorer la faveur d'entrer dans cette compagnie dont ils ont horreur, et dont Gabriel s'est aujourd'hui séparé?
— Une telle conversion est impossible! s'écria le père d'Aigrigny.
— Impossible... Et qu'étiez-vous donc, il y a quinze ans, monsieur! — dit Rodin — un mondain impie et débauché,.. et vous êtes venu à nous, et vos biens sont devenus les nôtres... Comment! nous avons dompté des princes, des rois, des papes; nous avons absorbé, éteint dans notre unité de magnifiques intelligences, qui, en dehors de nous, rayonnaient de trop de clarté; nous avons dominé presque les deux mondes; nous nous sommes perpétués vivaces, riches et redoutables jusqu'à ce jour à travers toutes les haines, toutes les proscriptions, et nous n'aurions pas raison d'une famille qui nous menace si dangereusement, et dont les biens, dérobés à notre compagnie, nous sont d'une nécessité capitale?... Comment! nous ne serons pas assez habiles pour obtenir ce résultat sans maladroites violences, sans crimes compromettans?... Mais vous ignorez donc les immenses ressources d'anéantissement mutuel ou partiel que peut offrir le jeu des passions humaines, habilement combinées, opposées, contrariées, surexcitées... et surtout lorsque peut-être, grâce à un tout-puissant auxiliaire — ajouta Rodin avec un sourire étrange — ces passions peuvent doubler d'ardeur et de violence...?
— Et cet auxiliaire... quel est-il?—demanda le père d'Aigrigny, qui, ainsi que la princesse de Saint-Dizier, ressentait alors une sorte d'admiration mêlée de frayeur.
— Oui — reprit Rodin sans répondre au révérend père — car ce formidable auxiliaire, s'il nous vient en aide, peut amener des transformations foudroyantes, rendre pusillanimes les plus indomptables, crédules les plus impies... féroces... les plus angéliques...
— Mais cet auxiliaire... — s'écria la princesse oppressée par une vague frayeur — cet auxiliaire si puissant, si redoutable... quel est-il?...
— S'il arrive enfin — reprit Rodin toujours impassible et livide — les plus jeunes, les plus vigoureux... seront à chaque minute du jour en danger de mort... aussi imminent que l'est un moribond à sa dernière minute...
— Mais cet auxiliaire?—reprit le père d'Aigrigny de plus en plus épouvanté, car plus Rodin assombrissait ce terrible tableau, plus sa figure devenait cadavéreuse.
— Cet auxiliaire enfin pourra bien décimer des populations, emporter dans le linceul, qu'il traîne après lui, toute une famille maudite; mais il sera forcé de respecter la vie de ce grands corps immuable, que la mort de ses membres n'affaiblit jamais... parce que son esprit... l'esprit de la société de Jésus est impérissable...
— Enfin... cet auxiliaire?
— Eh bien! cet auxiliaire — reprit Rodin — cet auxiliaire, qui s'avance... s'avance... à pas lents, et dont de lugubres pressentimens, répandus partout, annoncent la venue terrible...
— C'est...
— Le choléra.

A ce mot, prononcé par Rodin d'une voix brève et stridente, la princesse et le père d'Aigrigny pâlirent et frissonnèrent...

Le regard de Rodin était morne, glacé ; on eût dit un spectre.

Pendant quelques momens, un silence de tombe régna dans le salon.

Rodin l'interrompit le premier. Toujours impassible, il montra d'un geste impérieux au père d'Aigrigny la table où, quelques momens auparavant, il était, lui Rodin, modestement assis, et lui dit d'une voix brève : — Ecrivez!!

Le révérend père tressaillit d'abord de surprise ; puis, se souvenant que de supérieur il était devenu subalterne, il se leva, s'inclina devant Rodin en passant devant lui, alla s'asseoir à la table, prit la plume, et, se retournant vers Rodin, lui dit : — Je suis prêt...

Rodin dicta ce qui suit et le révérend père écrivit :

« Par l'inintelligence du révérend père d'Aigrigny, l'affaire de l'héritage
» Rennepont a été gravement compromise aujourd'hui. La succession se
» monte à deux cent douze millions. Malgré cet échec, on croit pouvoir for-
» mellement s'engager à mettre la famille Rennepont hors d'état de nuire à
» la compagnie, et à faire restituer à ladite compagnie les deux cent douze
» millions qui lui appartiennent légitimement... On demande seulement les
» pouvoirs les plus complets et les plus étendus. »

Un quart d'heure après cette scène, Rodin sortait de l'hôtel Saint-Dizier, brossant du coude son vieux chapeau graisseux, qu'il ôta pour répondre par un salut profond au salut du portier.

DOUZIEME PARTIE.

LES PROMESSES DE RODIN.

CHAPITRE PREMIER.

L'INCONNU.

La scène suivante se passait le lendemain du jour où le père d'Aigrigny avait été si rudement rejeté par Rodin dans la position subalterne naguère occupée par le *socius*.

La rue *Clovis* est, on le sait, un des endroits les plus solitaires du quartier de la Montagne-Sainte-Geneviève ; à l'époque de ce récit, la maison portant le n° 4, dans cette rue, se composait d'un corps de logis principal, traversé par une allée obscure qui conduisait à une petite cour sombre, au fond de laquelle s'élevait un second bâtiment singulièrement misérable et dégradé.

Le rez-de-chaussée de la façade formait une boutique demi-souterraine, où l'on vendait du charbon, du bois en falourdes, quelques légumes et du lait.

Neuf heures du matin sonnaient ; la marchande, nommée la mère Arsène, vieille femme d'une figure douce et maladive, portant une robe de futaine brune et un fichu de rouennerie rouge sur la tête, était montée sur la dernière marche de l'escalier qui conduisait à son antre, et finissait son *étalage*, c'est-à-dire que d'un côté de sa porte elle plaçait un seau à lait en fer-blanc, et de l'autre quelques bottes de légumes flétris, accostés de têtes de choux jaunâtres ; au bas de l'escalier, dans la pénombre de cette cave, on voyait luire les reflets de la braise ardente d'un petit fourneau.

Cette boutique, située tout auprès de l'allée, servait de loge de portier, et la fruitière servait de portière.

Bientôt une gentille petite créature, sortant de la maison, entra, légère et frétillante, chez la mère Arsène. Cette jeune fille était Rose-Pompon, l'amie intime de la reine Bacchanal ; Rose-Pompon, momentanément *veuve*, et dont le bachique, mais respectueux sigisbé, était, on le sait, *Nini-Moulin*, ce *chicard* orthodoxe qui, le cas échéant, se transfigurait, après boire, en Jacques Dumoulin l'écrivain religieux, passant ainsi allègrement de la danse échevelée à la polémique ultramontaine, de la *Tulipe orageuse* à un pamphlet catholique.

Rose-Pompon venait de quitter son lit, ainsi qu'il apparaissait au négligé de sa toilette matinale et bizarre; sans doute, à défaut d'autre coiffure, elle portait crânement sur ses charmans cheveux blonds, bien lissés et peignés, un bonnet de police emprunté à son costume de coquet débardeur; rien n'était plus espiègle que cette mine de dix-sept ans, rose, fraîche, potelée, brillamment animée par deux yeux bleus, gais et pétillans. Rose Pompon s'enveloppait si étroitement depuis le cou jusqu'aux pieds dans son manteau écossais à carreaux rouges et verts un peu fané, que l'on devinait une pudibonde préoccupation ; ses pieds nus, si blancs que l'on ne savait si elle avait ou non des bas, étaient chaussés de petits souliers de maroquin rouge à boucle argentée... Il était facile de s'apercevoir que son manteau cachait un objet qu'elle tenait à la main.

— Bonjour, mademoiselle Rose-Pompon — dit la mère Arsène d'un air avenant — vous êtes matinale aujourd'hui, vous n'avez donc pas dansé hier ?

— Ne m'en parlez pas, mère Arsène, je n'avais guère le cœur à la danse ; cette pauvre Céphyse (la reine Bacchanal, sœur de la Mayeux) a pleuré toute la nuit, elle ne peut pas se consoler de ce que son amant est en prison.

— Tenez — dit la fruitière — tenez, mademoiselle, faut que je vous dise une chose à propos de votre Céphyse. Ça ne vous fâchera pas ?

— Est-ce que je me fâche, moi ?... — dit Rose-Pompon en haussant les épaules...

— Croyez-vous que M. Philémon, à son retour, ne me grondera pas ?

— Vous gronder ! Pourquoi ?

— A cause de son logement, que vous occupez...

— Ah çà, mère Arsène, est-ce que Philémon ne vous a pas dit qu'en son absence je serais maîtresse de ses deux chambres comme je l'étais de lui-même ?

— Ce n'est pas pour vous que je parle, mademoiselle, mais pour votre amie Céphyse, que vous avez aussi amenée dans le logement de M. Philémon.

— Et où serait-elle allée sans moi, ma bonne mère Arsène ? Depuis que son amant a été arrêté, elle n'a pas osé retourner chez elle, parce qu'ils y devaient toutes sortes de termes. Voyant sa peine, je lui ai dit : Viens toujours loger chez Philémon. A son retour, nous verrons à te caser autrement.

— Dame ! mademoiselle, si vous m'assurez que M. Philémon ne sera pas fâché... à la bonne heure.

— Fâché, et de quoi ? qu'on lui abîme son ménage ? Il est si gentil, son ménage ! Hier, j'ai cassé la dernière tasse... et voilà dans quelle drôle de chose je suis réduite à venir chercher du lait.

Et Rose-Pompon, riant aux éclats, sortit son joli petit bras blanc de son manteau et fit voir à la mère Arsène un de ces verres à vin de Champagne de capacité colossale, qui tiennent une bouteille environ.

— Ah ! mon Dieu ! — dit la fruitière ébahie — on dirait une trompette de cristal.

— C'est le verre de grande tenue de Philémon, dont on l'a décoré quand il a été reçu *canotier-flambard* — dit gravement Rose-Pompon.

— Et dire qu'il va falloir vous mettre votre lait là-dedans, ça me rend toute honteuse — dit la mère Arsène.

— Et moi donc... si je rencontrais quelqu'un dans l'escalier... en tenant ce verre à la main comme un cierge... Je rirais trop... je casserais la dernière pièce du bazar à Philémon et il me donnerait sa malédiction.

— Il n'y a pas de danger que vous rencontriez quelqu'un ; le premier est déjà sorti, et le second ne se lève que très tard.

— A propos de locataire — dit Rose-Pompon — est-ce qu'il n'y a pas à louer une chambre au second, dans le fond de la cour ? Je pense à ça pour

Céphyse, une fois que Philémon sera de retour.

— Oui, il y a un mauvais petit cabinet sous le toit… au-dessus des deux pièces du vieux bonhomme qui est si mystérieux — dit la mère Arsène.

— Ah! oui, le père Charlemagne… vous n'en savez pas davantage sur son compte?

— Mon Dieu, non, mademoiselle, si ce n'est qu'il est venu ce matin au point du jour; il a cogné aux contrevens. — Avez-vous reçu une lettre pour moi, ma chère dame? — m'a-t-il dit (il est toujours si poli, ce brave homme). — Non, monsieur — que je lui ai répondu. — Bien! bien! alors ne vous dérangez pas, ma chère dame, je repasserai — et il est reparti.

— Il ne couche donc jamais dans la maison?

— Jamais. Probablement qu'il loge autre part, car il ne vient passer ici que quelques heures dans la journée tous les quatre ou cinq jours.

— Et il y vient seul?

— Toujours seul.

— Vous en êtes sûre? Il ne ferait pas entrer par hasard de petite femme en minon-minette? car alors Philémon vous donnerait congé — dit Rose-Pompon d'un air plaisamment pudibond.

— M. Charlemagne!!! une femme, chez lui? Ah! le pauvre cher homme! — dit la fruitière en levant les mains au ciel — si vous le voyiez, avec son chapeau crasseux, sa vieille redingote, son parapluie rapiécé et son air bonasse; il a plutôt l'air d'un saint que d'autre chose.

— Mais alors, mère Arsène, qu'est-ce qu'il peut venir faire ainsi tout seul pendant des heures dans ce taudis du fond de la cour, où on voit à peine clair en plein midi?

— C'est ce que je vous demande, mademoiselle; qu'est-ce qu'il y peut faire? car pour venir s'amuser à être dans ses meubles, c'est pas possible : il y a en tout chez lui un lit de sangle, une table, un poêle, une chaise et une vieille malle.

— C'est dans les prix de l'établissement de Philémon — dit Rose-Pompon.

— Eh bien! malgré ça, mademoiselle, il a autant de peur qu'on entre chez lui que si l'on était des voleurs, et qu'il aurait des meubles en or massif; il a fait mettre à ses frais une serrure de sûreté; il ne me laisse jamais sa clef; enfin il allume son feu lui-même dans son poêle, plutôt que de laisser entrer quelqu'un chez lui.

— Et vous dites qu'il est vieux?

— Oui, mademoiselle… dans les cinquante à soixante.

— Et laid?

— Figurez-vous comme deux petits yeux de vipère percés avec une vrille, dans une figure toute blême, comme celle d'un mort… si blême enfin que les lèvres sont blanches; voilà pour son visage. Quant à son caractère, le vieux brave homme est si poli, il vous ôte si souvent son chapeau en vous faisant un grand salut, que c'en est embarrassant.

— Mais j'en reviens toujours là — reprit Rose-Pompon — qu'est-ce qu'il peut faire tout seul dans ses deux chambres? Après ça, si Céphyse prend le cabinet au-dessus quand Philémon sera revenu, nous pourrons nous amuser à en savoir quelque chose… Et combien veut-on louer ce cabinet?

— Dame… mademoiselle, il est en si mauvais état que le propriétaire le laisserait, je crois bien, pour cinquante à cinquante-cinq francs par an, car il n'y a guère moyen d'y mettre de poêle, et il est seulement éclairé par une petite lucarne en tabatière.

— Pauvre Céphyse! — dit Rose-Pompon en soupirant et en secouant tristement la tête; — après s'être tant amusée, après avoir tant dépensé d'argent avec Jacques Rennepont, habiter là et se remettre à vivre de son travail!… Faut-il qu'elle ait du courage!…

— Le fait est qu'il y a loin de ce cabinet à la voiture à quatre chevaux où mademoiselle Céphyse est venue vous chercher l'autre jour, avec tous ces beaux masques, qui étaient si gais… surtout ce gros en casque de papier d'argent avec un plumeau et en bottes à revers… Quel réjoui!

— Oui, Nini-Moulin ; il n'y a pas son pareil pour danser le *fruit défendu*… Il fallait le voir en vis-à-vis avec Céphyse… la reine Bacchanal… Pauvre rieuse… pauvre tapageuse!… Si elle fait du bruit maintenant, c'est en pleurant…

— Ah !... les jeunesses... les jeunesses !... — dit la fruitière.

— Ecoutez donc, mère Arsène, vous avez été jeune aussi... vous...

— Ma foi, c'est tout au plus ! et à vrai dire, je me suis toujours vue à peu près comme vous me voyez.

— Et les amoureux, mère Arsène ?

— Les amoureux, ah ! bien oui ! d'abord j'étais laide, et puis j'étais trop bien préservée.

— Votre mère vous surveillait donc beaucoup ?

— Non, mademoiselle... mais j'étais attelée...

— Comment, attelée ? — s'écria Rose-Pompon ébahie, en interrompant la fruitière.

— Oui, mademoiselle, attelée à un tonneau de porteur d'eau avec mon frère. Aussi, voyez-vous, quand nous avions tiré comme deux vrais chevaux pendant huit ou dix heures par jour, je n'avais guère le cœur de penser aux gaudrioles.

— Pauvre mère Arsène, quel rude métier ! — dit Rose-Pompon avec intérêt.

— L'hiver surtout, dans les gelées... c'était le plus dur... moi et mon frère nous étions obligés de nous faire clouter à glace, à cause du verglas.

— Et une femme encore... faire ce métier-là !... ça fend le cœur... Et on défend d'atteler des chiens !... (1) — ajouta très sensément Rose-Pompon.

— Dame ! c'est vrai — reprit la mère Arsène — les animaux sont quelquefois plus heureux que les personnes ; mais que voulez-vous ? il faut vivre... Où la bête est attachée, faut qu'elle broute... mais c'était dur... J'ai gagné à cela une maladie de poumons, ce n'est pas ma faute ! Cette espèce de bricole dont j'étais attelée... en tirant, voyez-vous, ça me pressait tant et tant la poitrine que je ne pouvais pas respirer ;... aussi j'ai abandonné l'attelage et j'ai pris une boutique. C'est pour vous dire que si j'avais eu des occasions et de la gentillesse j'aurais peut-être été comme tant de jeunesses qui commencent par rire et qui finissent...

— Par tout le contraire, c'est vrai, mère Arsène ; mais aussi tout le monde n'aurait pas le courage de s'atteler pour rester sage... Alors on se fait une raison, on se dit qu'il faut s'amuser tant qu'on est jeune et gentille... et puis qu'on n'a pas dix-sept ans tous les jours... Eh bien ! après... après... la fin du monde, ou bien on se marie...

— Dites donc, mademoiselle, il aurait peut-être mieux valu commencer par là.

— Oui, mais on est trop bête, on ne sait pas enjôler les hommes, ou leur faire peur ; on est simple, confiante, et ils se moquent de vous... Tenez, moi, mère Arsène, c'est ça qui serait un exemple à faire frémir la nature si je voulais ; mais c'est bien assez d'avoir eu des chagrins, sans s'amuser encore à s'en faire de la graine de souvenirs.

— Comment ça, mademoiselle ?... vous si jeune, si gaie, vous avez eu des chagrins ?

— Ah ! mère Arsène ! je crois bien, à quinze ans et demi j'ai commencé à fondre en larmes, et je n'ai tari qu'à seize ans... C'était assez gentil, j'espère ?

— On vous a trompée, mademoiselle ?

— On m'a fait pis... comme on a fait à tant d'autres pauvres filles qui, pas plus que moi, n'avaient d'abord envie de mal faire... Mon histoire n'est pas longue... Mon père et ma mère sont des paysans du côté de Saint-Valery, mais si pauvres, si pauvres, que sur cinq enfans que nous étions ils ont été obligés de m'envoyer à huit ans chez ma tante, qui était femme de ménage ici, à Paris. La bonne femme m'a prise par charité ; et c'était bien à elle, car elle ne gagnait pas grand'chose. A onze ans, elle m'a envoyée travailler dans une des manufactures du faubourg Saint-Antoine. C'est pas pour dire du mal des maîtres des fabriques, mais ça leur est bien égal que les petites filles et les petits garçons soient pêle-mêle avec des jeunes filles et des jeunes gens de dix-huit à vingt ans... aussi pêle-mêle entre eux... Alors vous concevez...

---

(1) On sait qu'il y a en effet deux ordonnances, remplies d'un touchant intérêt pour la race canine, qui interdisent l'attelage des chiens.

il y a là-dedans comme partout des mauvais sujets; ils ne se gênent ni en paroles ni en actions, et je vous demande quel exemple pour des enfans qui voient et qui entendent plus qu'ils n'en ont l'air! Alors, que voulez-vous!... on s'habitue en grandissant à entendre et à voir tous les jours des choses qui plus tard ne vous effarouchent plus.

— C'est vrai, au moins, ce que vous dites là, mademoiselle Rose-Pompon; pauvres enfans! qui est-ce qui s'en occupe? ni le père ni la mère; ils sont à leur tâche...

— Oui, oui, allez, mère Arsène, on a bien vite dit d'une jeune fille qui a mal tourné : C'est une ci, c'est une ça; mais si on savait le pourquoi des choses, on la plaindrait plus qu'on ne la blâmerait... Enfin, pour en revenir à moi, à quinze ans j'étais très gentille... Un jour, j'ai une réclamation à faire au premier commis de la fabrique. Je vais le trouver dans son cabinet; il me dit qu'il me rendra justice, et que même il me protégera si je veux l'écouter, et il commence par vouloir m'embrasser. Je me débats... Alors il me dit : « Tu me refuses, tu n'auras plus d'ouvrage; je te renvoie de la fabrique. »

— Oh! le méchant homme! dit la mère Arsène.

— Je rentre chez nous tout en larmes, ma pauvre tante m'encourage à ne pas céder et à me placer ailleurs... Oui... mais impossible; les fabriques étaient encombrées. Un malheur ne vient jamais seul : ma tante tombe malade, pas un sou à la maison : je prends mon grand courage; je retourne à la fabrique supplier le commis. Rien n'y fait. « Tant pis pour toi, me dit-il ; » tu refuses ton bonheur, car si tu avais voulu être gentille, plus tard je » t'aurais peut-être épousée... » Que voulez-vous que je vous dise, mère Arsène? La misère était là; je n'avais pas d'ouvrage; ma tante était malade; le commis disait qu'il m'épouserait... j'ai fait comme tant d'autres.

— Et quand, plus tard, vous lui avez demandé le mariage?

— Il m'a ri au nez, bien entendu, et, au bout de six mois, il m'a plantée là... C'est alors que j'ai tant pleuré toutes les larmes de mon corps... qu'il ne m'en reste plus... J'en ai fait une maladie... et puis enfin, comme on se console de tout... je me suis consolée;... de fil en aiguille, j'ai rencontré Philémon. Et c'est sur lui que je me revenge des autres... Je suis son tyran — ajouta Rose-Pompon d'un air tragique, et l'on vit se dissiper le nuage de tristesse qui avait assombri son joli visage pendant son récit à la mère Arsène.

— C'est pourtant vrai — dit la mère Arsène en réfléchissant. — On trompe une pauvre fille... qu'est-ce qui la protége, qu'est-ce qui la défend? Ah! oui, bien souvent le mal qu'on fait ne vient pas de vous... et...

— Tiens!... — s'écria Rose-Pompon en interrompant la fruitière et en regardant de l'autre côté de la rue, est-il matinal!... Qu'est-ce qu'il peut me vouloir?

Et Rose-Pompon s'enveloppa de plus en plus pudiquement dans son manteau.

Jacques Dumoulin s'avançait en effet le chapeau sur l'oreille, le nez rubicond et l'œil brillant; il était vêtu d'un paletot-sac qui dessinait la rotondité de son abdomen; ses deux mains, dont l'une tenait une grosse canne *au port d'arme*, étaient plongées dans les vastes poches de ce vêtement.

Au moment où il s'avançait sur le seuil de la boutique, sans doute pour interroger la portière, il aperçut Rose-Pompon.

— Comment! ma pupille déjà levée!... ça se trouve bien!... moi qui venais pour la bénir au lever de l'aurore!

Et Nini-Moulin avança, les bras ouverts, à l'encontre de Rose-Pompon, qui recula d'un pas.

— Comment!... enfant ingrat... reprit l'écrivain religieux — vous refusez mon accolade matinale et paternelle ?

— Je n'accepte d'accolades paternelles que de Philémon... J'ai reçu hier une lettre de lui avec un petit baril de raisiné, deux oies, une cruche de ratafia de famille, et une anguille. Hein! voilà un présent ridicule! J'ai gardé le ratafia et j'ai troqué le reste pour deux amours de pigeons vivans que j'ai installés dans le cabinet de Philémon, ce qui me fait un petit colombier bien gentil. Du reste, *mon époux* arrive avec sept cents francs qu'il a demandés à sa respectable famille sous le prétexte d'apprendre la basse, le cornet à pistons et le porte-voix, afin de séduire en société et de faire un mariage... chicandard... comme vous dites, bon sujet.

— Eh bien, ma pupille chérie! nous pourrons déguster le ratafia de famille et festoyer en attendant Philémon et ses sept cents francs.

Ce disant, Nini-Moulin frappa sur les poches de son gilet, qui rendirent un son métallique, et il ajouta : — Je venais vous proposer d'embellir ma vie aujourd'hui, et même demain, et même après-demain, si le cœur vous en dit...

— Si c'est des amusemens décens et paternels, mon cœur ne dit pas non.

— Soyez tranquille, je serai pour vous un aïeul, un bisaïeul, un portrait de famille... Voyons, promenade, dîner, spectacle, bal costumé, et souper ensuite, ça vous va-t-il?

— A condition que cette pauvre Céphyse en sera. Ça la distraira.

— Va pour Céphyse.

— Ah çà! vous avez donc fait un héritage, gros apôtre?

— Mieux que cela, ô la plus rose de toutes les Roses-Pompon... Je suis rédacteur en chef d'un journal religieux... Et comme il faut de la tenue dans cette respectable boutique, je demande tous les mois un mois d'avance et trois jours de liberté; à cette condition-là, je consens à faire le saint pendant vingt-sept jours sur trente, et à être grave et assommant comme le journal.

— Un journal, vous? En voilà un qui sera drôle, et qui dansera tout seul, sur les tables des cafés, des pas défendus.

— Oui, il sera drôle, mais pas pour tout le monde! Ce sont tous sacristains cossus qui font les frais;... ils ne regardent pas à l'argent, pourvu que le journal morde, déchire, brûle, broie, extermine et assassine... Parole d'honneur! je n'aurai jamais été plus forcené — ajouta Nini-Moulin en riant d'un gros rire; — j'arroserai les blessures toutes vives avec mon venin *premier cru* ou avec mon fiel *grrrrrand mousseux*!!!

Et, pour péroraison, Nini-Moulin imita le bruit que fait en sautant le bouchon d'une bouteille de vin de Champagne, ce qui fit beaucoup rire Rose-Pompon.

— Et comment s'appellera-t-il, votre journal de sacristains? — reprit-elle.

— Il s'appelle *l'Amour du Prochain*.

— A la bonne heure! voilà un joli nom!

— Attendez donc, il en a un second.

— Voyons le second.

— *L'Amour du Prochain, ou l'Exterminateur des Incrédules, des Indifférens, des Tièdes et autres*; avec cette épigraphe du grand Bossuet : *Ceux qui ne sont pas avec nous sont contre nous.*

— C'est aussi ce que dit toujours Philémon dans ses batailles à la Chaumière en faisant le moulinet.

— Ce qui prouve que le génie de l'aigle de Meaux est universel. Je ne lui reproche qu'une chose, c'est d'avoir été jaloux de Molière.

— Bah! jalousie d'acteur — dit Rose-Pompon.

— Méchante!... — reprit Nini-Moulin en la menaçant du doigt.

— Ah çà, vous allez donc exterminer madame de la Sainte-Colombe... car elle est un peu tiède, celle-là... et votre mariage?

— Mon journal le sert au contraire. Pensez donc! rédacteur en chef... c'est une position superbe; les sacristains me prônent, me poussent, me soutiennent, me bénissent. J'empaume la Sainte-Colombe... et alors une vie... une vie à mort!

A ce moment, un facteur entra dans la boutique et remit une lettre à la fruitière en lui disant; — Pour M. Charlemagne... Affranchie... rien à payer.

— Tiens — dit Rose-Pompon — c'est pour le petit vieux si mystérieux, qui a des allures extraordinaires. Est-ce que cela vient de loin?...

— Je crois bien, ça vient d'Italie, de Rome — dit Nini-Moulin en regardant à son tour la lettre que la fruitière tenait à la main.

— Ah çà! — ajouta-t-il — qu'est-ce donc que cet étonnant petit vieux dont vous parlez?

— Figurez-vous, mon gros apôtre — dit Rose-Pompon — un vieux bonhomme qui a deux chambres au fond de la cour; il n'y couche jamais, et il vient s'y enfermer de temps en temps pendant des heures sans laisser monter personne chez lui... et sans qu'on sache ce qu'il y fait.

— C'est un conspirateur ou un faux-monnayeur... — dit Nini-Moulin en riant.

— Pauvre cher homme! dit la mère Arsène — où serait-elle donc, sa fausse monnaie? il me paye toujours en gros sous le morceau de pain et le radis noir que je lui fournis pour son déjeuner, quand il déjeune.

— Et comment s'appelle ce mystérieux caduc? — demanda Dumoulin.

— M. Charlemagne — dit la fruitière. Mais tenez... quand on parle du loup ... on en voit la queue.

— Où est-elle donc, cette queue?

— Tenez... ce petit vieux, là-bas... le long de la maison ; il marche le cou de travers avec son parapluie sous son bras.

— M. Rodin!—s'écria Nini-Moulin ; et se reculant brusquement, il descendit en hâte trois marches de l'escalier, afin de n'être pas vu. Puis il ajouta : — Et vous dites que ce monsieur s'appelle?

— M. Charlemagne... Est-ce que vous le connaissez? — demanda la fruitière.

— Que diable vient-il faire ici sous un faux nom?—dit Jacques Dumoulin à voix basse en se parlant à lui-même.

— Mais vous le connaissez donc? — reprit Rose-Pompon avec impatience. — Vous voilà tout interdit.

— Et ce monsieur a pour pied-à-terre deux chambres dans cette maison? et il y vient mystérieusement? — dit Jacques Dumoulin de plus en plus surpris.

— Oui — reprit Rose-Pompon — on voit ses fenêtres du colombier de Philémon.

— Vite! vite! passons par l'allée; qu'il ne me rencontre pas — dit Dumoulin.

Et, sans avoir été aperçu de Rodin, il passa de la boutique dans l'allée, et de l'allée monta l'escalier qui conduisait à l'appartement occupé par Rose-Pompon.

— Bonjour, monsieur Charlemagne — dit la mère Arsène à Rodin, qui s'avançait alors sur le seuil de la porte — vous venez deux fois en un jour; à la bonne heure, car vous êtes joliment rare.

— Vous êtes trop honnête, ma chère dame — dit Rodin avec un salut fort courtois.

Et il entra dans la boutique de la fruitière.

CHAPITRE II.

LE RÉDUIT.

La physionomie de Rodin, lorsqu'il était entré chez la mère Arsène, respirait la simplicité la plus candide; il appuya ses deux mains sur la pomme de son parapluie et dit : — Je regrette bien, ma chère dame, de vous avoir éveillée ce matin de très bonne heure...

— Vous ne venez déjà pas assez souvent, mon digne monsieur, pour que je vous fasse des reproches.

— Que voulez-vous, chère dame! j'habite la campagne, et je ne peux venir que de temps à autre dans ce pied-à-terre, pour faire mes petites affaires. A propos de ça, monsieur, la lettre que vous attendiez hier est arrivée ce matin; elle est grosse et vient de loin. La voilà —dit la fruitière en tirant la lettre de sa poche — elle n'a pas coûté de port.

— Merci, ma chère dame — dit Rodin en prenant la lettre avec une indifférence apparente; et il la mit dans la poche de côté de sa redingote, qu'il reboutonna ensuite soigneusement.

— Allez-vous monter chez vous, monsieur?

— Oui, ma chère dame.

— Alors je vais m'occuper de vos petites provisions — dit la mère Arsène. — Est-ce toujours comme à l'ordinaire, mon digne monsieur?

— Toujours comme à l'ordinaire.
— Ça va être prêt en un clin d'œil.

Ce disant, la fruitière prit un vieux panier; après y avoir jeté trois ou quatre mottes à brûler, un petit fagotin de cotrets, quelques morceaux de charbon, elle recouvrit ces combustibles d'une feuille de chou; puis, allant au fond de sa boutique, elle tira d'un bahut un gros pain rond, en coupa une tranche, et choisit ensuite d'un œil connaisseur un magnifique radis noir parmi plusieurs de ces racines, le divisa en deux, y fit un trou qu'elle remplit de gros sel gris, rajusta les deux morceaux et les plaça soigneusement auprès du pain, sur la feuille de chou qui séparait les combustibles des comestibles. Prenant enfin à son fourneau quelques charbons allumés, elle les mit dans un petit sabot rempli de cendres qu'elle posa aussi dans le panier.

Remontant alors jusqu'à la dernière marche de son escalier, la mère Arsène dit à Rodin :

— Voici votre panier, monsieur.

— Mille remercîmens, chère dame—répondit Rodin ;—et plongeant la main dans le gousset de son pantalon, il en tira huit sous qu'il remit un à un à la fruitière, et lui dit en emportant le panier : — Tantôt, en redescendant de chez moi, je vous rendrai, comme d'habitude, votre panier.

— A votre service, mon brave monsieur, à votre service, dit la mère Arsène.

Rodin prit son parapluie sous son bras gauche, souleva de sa main droite le panier de la fruitière, entra dans l'allée obscure, traversa une petite cour, monta d'un pas allègre jusqu'au second étage d'un corps de logis fort délabré ; puis arrivé là, sortant une clef de sa poche, il ouvrit une première porte, qu'ensuite il referma soigneusement sur lui.

La première des deux chambres qu'il occupait était complétement démeublée ; quant à la seconde, on ne saurait imaginer un réduit d'un aspect plus triste, plus misérable. Un papier tellement éraillé, passé, déchiré, que l'on ne pouvait reconnaître sa nuance primitive, couvrait les murailles ; un lit de sangle boiteux, garni d'un mauvais matelas et d'une couverture de laine mangée par les vers, un tabouret, une petite table de bois vermoulu, un poêle de faïence grisâtre aussi *craquelée* que la porcelaine de Japon, une vieille malle à cadenas placée sous le lit, tel était l'ameublement de ce taudis délabré. Une étroite fenêtre aux carreaux sordides éclairait à peine cette pièce presque entièrement privée d'air et de jour par la hauteur du bâtiment qui donnait sur la rue ; deux vieux mouchoirs à tabac attachés l'un à l'autre avec des épingles, et qui pouvaient à volonté glisser sur une ficelle tendue devant la fenêtre, servaient de rideaux ; enfin le carrelage disjoint, rompu, laissant voir le plâtre du plancher, témoignait de la profonde incurie du locataire de cette demeure.

Après avoir fermé sa porte, Rodin jeta son chapeau et son parapluie sur le lit de sangle, posa par terre son panier, en tira le radis noir et le pain, qu'il plaça sur la table ; puis s'agenouillant devant son poêle, il le bourra de combustibles et l'alluma en soufflant d'un poumon puissant et vigoureux sur la braise apportée dans le sabot. Lorsque, selon l'expression consacrée, son poêle *tira*, Rodin alla étendre sur leur ficelle les deux mouchoirs à tabac qui lui servaient de rideaux : puis, se croyant bien celé à tous les yeux, il tira de la poche de côté de sa redingote la lettre que la mère Arsène lui avait remise. En faisant ce mouvement, il amena plusieurs papiers et objets différens ; l'un de ces papiers, gras et froissé, plié en petit paquet, tomba sur la table et s'ouvrit ; il renfermait une croix de la Légion d'honneur en argent noirci par le temps ; le ruban rouge de cette croix avait presque perdu sa couleur primitive.

A la vue de cette croix, qu'il remit dans sa poche avec la médaille dont Faringhea avait dépouillé Djalma, Rodin haussa les épaules en souriant d'un air méprisant et sardonique ; puis il tira sa grosse montre d'argent, et la plaça sur la table à côté de la lettre de Rome. Il regardait cette lettre avec un singulier mélange de défiance et d'espoir, de crainte et d'impatiente curiosité.

Après un moment de réflexion, il s'apprêtait à décacheter cette enveloppe... Mais il la rejeta brusquement sur la table, comme si, par un étrange caprice, il eût voulu prolonger de quelques instans l'angoisse d'une incertitude aussi poignante, aussi irritante que l'émotion du jeu. Regardant sa montre, Rodin se résolut de n'ouvrir la lettre que lorsque l'aiguille marquerait neuf heures et demie; il s'en fallait alors de sept minutes.

Par une de ces bizarreries puérilement fatalistes, dont de très grands esprits n'ont pas été exempts, Rodin se disait : — Je brûle du désir d'ouvrir cette lettre; si je ne l'ouvre qu'à neuf heures et demie, les nouvelles qu'elle m'apporte seront favorables. Pour employer ces minutes, Rodin fit quelques pas dans sa chambre, et alla se placer, pour ainsi dire, en contemplation admirative devant deux vieilles gravures jaunâtres, rongées de vétusté, attachées au mur par deux clous rouillés.

Le premier de ces *objets d'art*, seuls ornemens dont Rodin eût jamais décoré ce taudis, était une de ces images grossièrement dessinées et enluminées de rouge, de jaune, de vert et de bleu, que l'on vend dans les foires; une inscription italienne annonçait que cette gravure avait été fabriquée à Rome. Elle représentait une femme couverte de guenilles, portant une besace et ayant sur ses genoux un petit enfant; une horrible diseuse de bonne aventure tenait dans ses mains la main du petit enfant, et semblait y lire l'avenir, car ces mots sortaient de sa bouche en grosses lettres bleues : *Sara papa* (il sera pape).

Le second de ces objets d'art, qui semblaient inspirer les profondes méditations de Rodin, était une excellente gravure en taille-douce, dont le fini précieux, le dessin à la fois hardi et correct contrastaient singulièrement avec la grossière enluminure de l'autre image. Cette rare et magnifique gravure, payée par Rodin six louis (luxe énorme), représentait un jeune garçon vêtu de haillons. La laideur de ses traits était compensée par l'expression spirituelle de sa physionomie vigoureusement caractérisée; assis sur une pierre, entouré çà et là d'un troupeau qu'il gardait, il était vu de face, accoudé sur son genou, et appuyant son menton dans la paume de sa main. L'attitude pensive, réfléchie, de ce jeune homme vêtu comme un mendiant, la puissance de son large front, la finesse de son regard pénétrant, la fermeté de sa bouche rusée, semblaient révéler une indomptable résolution jointe à une intelligence supérieure et à une astucieuse adresse. Au-dessous de cette figure, les attributs pontificaux s'enroulaient autour d'un médaillon au centre duquel se voyait une tête de vieillard dont les lignes, fortement accentuées, rappelaient d'une manière frappante, malgré leur sénilité, les traits du jeune gardeur de troupeaux.

Cette gravure portait enfin pour titre : LA JEUNESSE DE SIXTE-QUINT; et l'image enluminée, *la Prédiction !* (1)

A force de contempler ces gravures de plus en plus près, d'un œil de plus en plus ardent et interrogatif, comme s'il eût demandé des inspirations ou des espérances à ces images, Rodin s'en était tellement rapproché que, toujours debout et repliant son bras droit derrière sa tête, il se tenait pour ainsi dire appuyé et accoudé à la muraille, tandis que, cachant sa main gauche dans la poche de son pantalon noir, il écartait ainsi un des pans de sa vieille redingote olive.

Pendant plusieurs minutes il garda cette attitude méditative.

. . . .

Rodin, nous l'avons dit, venait rarement dans ce logis; selon les règles de son ordre, il avait jusqu'alors toujours demeuré avec le père d'Aigrigny, dont la surveillance lui était spécialement confiée : aucun membre de la congrégation, surtout dans la position subalterne où Rodin s'était jusqu'alors tenu, ne pouvait ni se renfermer chez soi, ni même posséder un meuble fermant à clef; de la sorte, rien n'entravait l'exercice d'un espionnage mutuel, incessant, l'un des plus puissans moyens d'action et d'asservissement employés par la compagnie de Jésus. En raison de diverses combinaisons qui lui étaient toutes personnelles, bien que se rattachant par quelques points aux intérêts généraux de son ordre, Rodin avait pris à l'insu de tous ce pied-à-terre de la rue Clovis. C'est du fond de ce réduit ignoré que le *socius* correspondait directement avec les personnages les plus éminens et les plus influens du Sacré-Collége.

(1) Selon la tradition, il aurait été prédit à la mère de Sixte-Quint qu'il serait pape, et il aurait été, dans sa première jeunesse, gardeur de troupeaux.

On se souvient peut-être qu'au commencement de cette histoire, lorsque Rodin écrivait à Rome que le père d'Aigrigny, ayant reçu l'ordre de quitter la France sans voir sa mère mourante, *avait* hésité à partir; on se souvient, disons-nous, que Rodin avait ajouté en forme de *post-scriptum*, au bas du billet qui annonçait au général de l'ordre l'hésitation du père d'Aigrigny :

« DITES *au cardinal-prince qu'il peut compter sur moi, mais qu'à son tour*
» *il me serve activement.* »

Cette manière familière de correspondre avec le plus puissant dignitaire de l'ordre, le ton presque protecteur de la recommandation que Rodin adressait à un cardinal-prince, prouvait assez que le *socius*, malgré son apparente subalternité, était, à cette époque, regardé comme un homme très important par plusieurs princes de l'Eglise ou autres dignitaires, qui lui adressaient leurs lettres à Paris sous un faux nom, et d'ailleurs chiffrées avec les précautions et les sûretés d'usage.

Après plusieurs momens de méditation contemplative passés devant le portrait de *Sixte-Quint*, Rodin revint lentement à sa table, où était cette lettre, que par une sorte d'atermoiement superstitieux il avait différé d'ouvrir, malgré sa vive curiosité. Comme il s'en fallait encore de quelques minutes que l'aiguille de sa montre ne marquât neuf heures et demie, Rodin, afin de ne pas perdre de temps, fit méthodiquement les apprêts de son frugal déjeuner; il plaça sur sa table, à côté d'une écritoire garnie de plumes, le pain et le radis noir; puis s'asseyant sur son tabouret, ayant pour ainsi dire le poêle entre ses jambes, il tira de son gousset un couteau à manche de corne, dont la lame aiguë était aux trois quarts usée, coupa alternativement un morceau de pain et un morceau de radis, et commença son frugal repas avec un appétit robuste, l'œil fixé sur l'aiguille de sa montre...

L'heure fatale atteinte, Rodin décacheta l'enveloppe d'une main tremblante.

Elle contenait deux lettres.

La première parut le satisfaire médiocrement; car, au bout de quelques instants, il haussa les épaules, frappa impatiemment sur la table avec le manche de son couteau, écarta dédaigneusement cette lettre du revers de sa main crasseuse, et parcourut la seconde missive, tenant son pain d'une main, et, de l'autre, trempant par un mouvement machinal une tranche de radis dans le sel gris répandu sur un coin de la table.

Tout à coup la main de Rodin resta immobile. A mesure qu'il avançait dans sa lecture il paraissait de plus en plus intéressé, surpris, frappé. Se levant brusquement, il courut à la croisée, comme pour s'assurer, par un second examen des chiffres de la lettre, qu'il ne s'était pas trompé, tant ce qu'on lui annonçait lui paraissait inattendu. Sans doute Rodin reconnut qu'il *avait bien déchiffré*; car, laissant tomber ses bras, non pas avec abattement, mais avec la stupeur d'une satisfaction aussi imprévue qu'extraordinaire, il resta quelque temps la tête basse, le regard fixe, profond;... la seule marque de joie qu'il donnât se manifestait par une sorte d'aspiration sonore, fréquente et prolongée.

Les hommes aussi audacieux dans leur ambition que patiens et opiniâtres dans leur sape souterraine, sont surpris de leur réussite lorsque cette réussite devance et dépasse incroyablement leurs sages et prudentes prévisions. Rodin se trouvait dans ce cas.

Grâce à des prodiges de ruse, d'adresse et de dissimulation; grâce à de puissantes promesses de corruption; grâce enfin au singulier mélange d'admiration, de frayeur et de confiance que son génie inspirait à plusieurs personnages influens, Rodin apprenait du gouvernement pontifical que, selon une éventualité possible et probable, il pourrait, dans un temps donné, prétendre avec chance de succès à une position qui n'a que trop souvent excité la crainte, la haine ou l'envie de bien des souverains, et qui a été quelquefois occupée par de grands hommes de bien, par d'abominables scélérats ou par des gens sortis des derniers rangs de la société. Mais, pour que Rodin atteignît plus sûrement ce but, il lui fallait absolument réussir dans ce qu'il s'était engagé à accomplir, sans violence, et seulement par le jeu et par le ressort des passions habilement maniées, à savoir : *assurer à la compagnie de Jésus la possession des biens de la famille Rennepont;*

Possession qui, de la sorte, avait une double et immense conséquence; car

Rodin, selon ses visées personnelles, songeait à se faire de son ordre (dont le chef était à sa discrétion) un marchepied et un moyen d'intimidation.

Sa première impression de surprise passée, impression qui n'était pour ainsi dire qu'une sorte de modestie d'ambition, de défiance de soi, assez commune aux homme réellement supérieurs; Rodin, envisageant plus froidement, plus logiquement les choses, se reprocha presque sa surprise. Pourtant bientôt après, par une contradiction bizarre, cédant encore à une de ces idées puériles auxquelles l'homme obéit souvent lorsqu'il se sait ou se croit parfaitement seul et caché, Rodin se leva brusquement, prit la lettre qui lui avait causé une si heureuse surprise, et alla, pour ainsi dire, l'étaler sous les yeux de l'image du jeune pâtre devenu pape; puis, secouant fièrement, triomphalement la tête, dardant sur le portrait son regard de reptile, il dit entre ses dents, en mettant son doigt crasseux sur l'emblème pontifical:
— Hein! frère? et moi aussi... peut-être...

Après cette interpellation ridicule, Rodin revint à sa place, et comme si l'heureuse nouvelle qu'il venait de recevoir eût exaspéré son appétit, il plaça la lettre devant lui pour la relire encore une fois, et la couvant des yeux il se prit à mordre avec une sorte de furie joyeuse dans son pain dur et dans son radis noir en chantonnant un vieil air de litanies.

. . . .

Il y avait quelque chose d'étrange, de grand et surtout d'effrayant dans l'opposition de cette ambition immense, déjà presque justifiée par les événemens, et contenue, si cela peut se dire, dans un si misérable réduit.

Le père d'Aigrigny, homme sinon très supérieur, du moins d'une valeur réelle, grand seigneur de naissance, très hautain, placé dans le meilleur monde, n'aurait jamais osé avoir seulement la pensée de prétendre à ce que prétendait Rodin de prime-saut; l'unique visée du père d'Aigrigny, il la trouvait impertinente, était d'arriver à être un jour élu général de son ordre, de cet ordre qui embrassait le monde.

La différence des aptitudes ambitieuses de ces personnages est concevable. Lorsqu'un homme d'un esprit éminent, d'une nature saine et vivace, concentrant toutes les forces de son âme et de son corps sur une pensée unique, pratique obstinément, ainsi que le faisait Rodin, la chasteté, la frugalité, enfin le renoncement volontaire à toute satisfaction du cœur ou des sens, presque toujours cet homme ne se révolte ainsi contre les vœux sacrés du Créateur qu'au profit de quelque passion monstrueuse et dévorante, divinité infernale qui, par un acte sacrilége, lui demande, en échange d'une puissance redoutable, l'anéantissement de tous les nobles penchans, de tous les ineffables attraits, de tous les tendres instincts dont le Seigneur dans sa sagesse éternelle, dans son inépuisable munificence, a si paternellement doué la créature.

. . . .

Pendant la scène muette que nous venons de dépeindre, Rodin ne s'était pas aperçu que les rideaux d'une des fenêtres situées au troisième étage du bâtiment qui dominait le corps de logis où il habitait s'étaient légèrement écartés, et avaient à demi découvert la mine espiègle de Rose-Pompon et la face de Silène de Nini-Moulin.

Il s'ensuivait que Rodin, malgré son rempart de mouchoirs à tabac, n'avait été nullement garanti de l'examen indiscret et curieux des deux coryphées de la Tulipe orageuse.

CHAPITRE III.

UNE VISITE INATTENDUE.

Rodin, quoiqu'il eût éprouvé une profonde surprise à la lecture de la seconde lettre de Rome, ne voulut pas que sa réponse témoignât de cet étonnement. Son frugal déjeuner terminé, il prit une feuille de papier et chiffra rapidement la note suivante, de ce ton rude et tranchant qui lui était habituel lorsqu'il n'était pas obligé de se contraindre:

« Ce que l'on m'apprend ne me surprend point. — J'avais tout prévu. —
» Indécision et lâcheté portent toujours ces fruits-là. — Ce n'est pas assez.
» — La Russie hérétique égorge la Pologne catholique. — Rome bénit les
» meurtriers et maudit les victimes (1).
» — Cela me va.
» — En retour, la Russie garantit à Rome, par l'Autriche, la compression
» sanglante des patriotes de la Romagne.
» — Cela me va toujours.
» — Les bandes d'égorgeurs du bon cardinal Albani ne suffisent plus au
» massacre des libéraux impies; elles sont lasses.
» Cela ne me va plus. — Il faut qu'elles marchent. »

Au moment où R din venait d'écrire ces derniers mots, son attention fut tout à coup distraite par la voix fraîche et sonore de Rose-Pompon, qui, sachant son Béranger par cœur, avait ouvert la fenêtre de Philémon, et, assise sur la barre d'appui, chantait avec beaucoup de charme et de gentillesse ce couplet de l'immortel chansonnier :

> Mais, quelle erreur! non, Dieu n'est pas colère.
> S'il créa tout... à tout il sert d'appui :
> Vins qu'il nous donne, amitié tutélaire,
> Et vous, amours, qui créez après lui,
> Prêtez un charme à ma philosophie ;
> Pour dissiper des rêves affligeans,
> Le verre en main, que chacun se confie
> Au Dieu des bonnes gens!

Ce chant, d'une mansuétude divine, contrastait si étrangement avec la froide cruauté des quelques lignes écrites par Rodin qu'il tressaillit et se mordit les lèvres de rage en reconnaissant ce refrain du poëte véritablement chrétien, qui avait porté de si rudes coups à la mauvaise Eglise. Rodin attendit quelques instans dans une impatience courroucée, croyant que la voix allait continuer ; mais Rose-Pompon se tut, ou du moins ne fit plus que fredonner, et bientôt même passa à un autre air, celui du *Bon pape*, qu'elle vocalisa, mais sans paroles. Rodin, n'osant pas aller regarder par sa croisée quelle était cette importune chanteuse, haussa les épaules, reprit sa plume et continua :

« Autre chose : — Il faudrait exaspérer les indépendans de tous les pays —
» soulever la rage *philosophaille* de l'Europe — faire écumer le libéralisme,
» ameuter contre Rome tout ce qui vocifère. — Pour cela, proclamer à la
» face du monde les trois propositions suivantes :

« 1° *Il est abominable de soutenir que l'on peut faire son salut dans quelque*
» *profession de foi que ce soit pourvu que les mœurs soient pures;*
» 2° *Il est odieux et absurde d'accorder aux peuples la liberté de conscience;*
» 3° *L'on ne saurait avoir trop d'horreur contre la liberté de la presse* (2) ; »

---

(1) On lit dans les *Affaires de Rome* cet admirable réquisitoire contre Rome, dû au génie le plus véritablement *évangélique* de notre siècle :

« Tant que l'issue de la lutte entre la Pologne et ses oppresseurs demeura douteuse, le journal officiel romain ne contint pas un mot qui pût blesser le peuple vainqueur en tant de combats; mais à peine eût-il succombé, à peine les atroces vengeances du czar eurent-elles commencé le long supplice de toute une nation dévouée au glaive, à l'exil, à la servitude, que le même journal ne trouva pas d'expressions assez injurieuses pour flétrir ceux que la fortune avait abandonnés. *On aurait tort pourtant d'attribuer directement cette indigne lâcheté au pouvoir pontifical; il subissait la loi que la Russie lui imposait; elle lui disait:* VEUX-TU VIVRE? TIENS-TOI LÀ... PRÈS DE L'ÉCHAFAUD... ET A MESURE QU'ELLES PASSERONT... MAUDIS LES VICTIMES!!!
(LAMENNAIS, *Affaires de Rome*, p. 110. Pagnerre, 1844.)

(2) On lit les passages suivans dans la *Lettre encyclique* adressée par le pape actuel à tous les évêques de France, en 1832, afin qu'ils aient à se conformer, eux et leurs ouailles, à ces instructions, bien qu'elles soient en opposition directe avec les lois du pays et les droits des citoyens.

Est il besoin de dire que M. de Lamennais a protesté, de toute la puissance de son génie et de son grand cœur, contre d'aussi odieuses maximes, que voici dans toute leur candeur ultramontaine :

« Nous arrivons maintenant — dit le saint-père — à une autre cause dont nous gémissons

» Il faut amener *l'homme faible* à déclarer ces propositions de tout point
» orthodoxes — lui vanter leur bon effet sur les gouvernemens despotiques
» — sur les vrais catholiques, sur les museleurs de populaire. — Il se prendra
» au piége. — Les propositions formulées, la tempête éclate. — Soulèvement
» général contre Rome — scission profonde — le Sacré Collége se divise en
» trois partis. — L'un approuve — l'autre blâme — l'autre tremble. — *L'homme*
» *faible*, encore plus épouvanté qu'il ne l'est aujourd'hui d'avoir laissé égor-
» ger la Pologne, recule devant les clameurs, les reproches, les menaces, les
» ruptures violentes qu'il soulève.

» Cela me va toujours, et beaucoup.

» Alors à notre père vénéré d'ébranler la conscience de *l'homme faible* —
» d'inquiéter son esprit — d'effrayer son âme.

» En résumé : — l'abreuver de dégoûts — diviser son conseil — l'isoler —
» l'effrayer — redoubler l'ardeur féroce du bon Albani — réveiller l'appétit
» des *Sanfédistes* (1) — leur donner des libéraux à leur faim — pillage — viol
» — massacre comme à Césène — vraie marée montante de sang carbonaro
» — *l'homme faible* en aura le déboire — tant de tueries en son nom!!! — il
» reculera... il reculera... — chacun de ses jours aura son remords — chaque
» nuit sa terreur — chaque minute son angoisse. — Et l'abdication dont il
» menace déjà viendra enfin — peut-être trop tôt. — C'est le seul danger à
» présent; — à vous d'y pourvoir.

» En cas d'abdication... le grand pénitencier m'a compris. — Au lieu de
» confier à un *général* le commandement de notre ordre, la meilleure milice
» du saint-siége, je la commande moi-même.— Dès lors cette milice ne m'in-
» quiète plus : — exemple... les janissaires et les gardes prétoriennes, tou-
» jours funestes à l'autorité; — pourquoi? — parce qu'ils ont pu s'organiser
» comme défenseurs du pouvoir en dehors du pouvoir — de là, leur puis-
» sance d'intimidation.

» Clement XIV? un niais. — Flétrir, abolir notre compagnie, faute ab-
» surde. — La défendre — l'innocenter — s'en déclarer le général — voilà
» ce qu'il devait faire. La compagnie, alors à sa merci, consentait à tout; —

---

de voir l'Eglise affligée en ce moment : savoir, à cet *indifférentisme* ou à cette *opinion perverse* qui s'est répandue de tous côtés par les artifices des méchans, et d'après laquelle on POURRAIT ACQUÉRIR LE SALUT ÉTERNEL PAR QUELQUE PROFESSION DE FOI QUE CE SOIT, POURVU QUE LES MŒURS SOIENT DROITES ET HONNÊTES... Il ne vous sera pas difficile, dans une matière si claire et si évidente, de repousser une erreur aussi fatale des peuples confiés à vos soins. »

C'est assez clair. Avis à nous autres qui sommes confiés aux soins des pasteurs. Ce n'est pas tout. Voici qu'un moine italien, chef ultramontain de nos évêques, biffe d'un trait de plume un de nos droits les plus sacrés, un droit qui a coûté au pays des torrens de sang répandu dans les guerres religieuses.

« De cette source infecte de l'indifférentisme — poursuit le saint-père — découle cette maxime absurde et erronée, ou plutôt ce délire, qu'*il faut assurer et garantir à qui que ce soit la* LIBERTÉ DE CONSCIENCE... On prépare la voie à cette pernicieuse erreur par la liberté d'opinions pleine et sans bornes qui se répand au loin pour le malheur de la société religieuse et civile. »

Il est évident que le saint-père ordonne à nos évêques d'inspirer à leurs ouailles l'horreur d'une des lois fondamentales de notre société. Terminons par une sortie dudit saint-père, non moins violente et non moins concluante, contre le dragon de la presse :

« Là se rapporte cette *liberté funeste*, et dont on ne peut avoir assez d'horreur, LA LIBERTÉ DE LIBRAIRIE, *pour publier quelque écrit que ce soit*, liberté que quelques-uns osent solliciter et étendre avec autant de bruit que d'ardeur. »

(*Lettre encyclique du P. Grégoire XVI aux évêques de France.*)

---

(1) Le pape Grégoire XVI venait à peine de monter sur le trône pontifical, quand il apprit la révolte de Bologne. Son premier mouvement fut d'appeler les Autrichiens et d'exciter les *Sanfédistes*.—Le cardinal Albani battit les libéraux à Césène, ses soldats pillèrent les églises, — saccagèrent la ville — violèrent les femmes. — A Forli, les bandes commirent des assassinats de sang-froid.—En 1832, les *Sanfédistes* se montrèrent au grand jour avec des médailles à l'effigie du duc de Modène et du saint-père, des lettres patentes au nom de la congrégation apostolique, des priviléges et des indulgences. Les *Sanfédistes* prêtaient littéralement le serment suivant : « Je jure d'élever le trône et l'autel sur les os des infâmes libéraux, et de les exterminer, sans » pitié pour les cris des enfans et les larmes des vieillards et des femmes. » — Les désordres commis par ces brigands passaient toutes les limites ; la cour de Rome régularisait l'anarchie, organisait les *Sanfédistes* en corps de volontaires auxquels elle accordait de nouveaux priviléges.

(*La Révolution et les Révolutionnaires en Italie. — Revue des Deux-Mondes*, 15 novembre 1844.)

» il nous absorbait, nous inféodait au saint-siège, qui n'avait plus à redou-
» ter... *nos services!!!* — Clément XIV est mort de la colique. — A bon en-
» tendeur, salut. — Le *cas échéant*, je ne mourrai pas de cette mort. »

La voix vibrante et perlée de Rose-Pompon retentit de nouveau.

Rodin fit un bond de colère sur sa chaise; mais bientôt, et à mesure qu'il entendit le couplet suivant, qu'il ne connaissait pas (il ne possédait pas son *Béranger* comme la *veuve* de Philémon), le jésuite, accessible à certaines idées bizarrement superstitieuses, resta interdit, presque effrayé de ce singulier rapprochement. (C'est *le bon pape* de Béranger qui parle :)

> Que sont les rois, de sots bélîtres !
> Ou des brigands, qui, gros d'orgueil,
> Donnant leurs crimes pour des titres,
> Entre eux se poussent au cercueil.
> A prix d'or je puis les absoudre
> Ou changer leur sceptre en bourdon.
>   Ma dondon,
>   Riez donc !
>   Sautez donc !
> Regardez-moi lancer la foudre.
> Jupin m'a fait son héritier,
>   Je suis entier.

Rodin, à demi levé de sa chaise, le cou tendu, l'œil fixe, écoutait encore, que Rose-Pompon, voltigeant comme une abeille d'une fleur à l'autre de son répertoire, chantonnait déjà le ravissant refrain de *Colibri*. N'entendant plus rien, le jésuite se rassit avec une sorte de stupeur; mais au bout de quelques minutes de réflexion, sa figure rayonna tout à coup : il voyait un heureux présage dans ce singulier incident. Il reprit sa plume, et ses premiers mots se ressentirent pour ainsi dire de cette étrange confiance dans la fatalité.

« Jamais je n'ai cru plus au bon succès qu'en ce moment. Raison de plus
» pour ne rien négliger. — Tout pressentiment commande un redoublement
» de zèle. — Une nouvelle pensée m'est venue hier.

» On agira ici de concert. — J'ai fondé un journal ultra-catholique : *l'Amour
» du Prochain*. — A sa furie ultramontaine — tyrannique — liberticide —
» on le croira l'organe de Rome. — J'accréditerai ces bruits. — Nouvelles
» furies.

» Cela me va.

» Je vais soulever la question de liberté d'enseignement; — les libéraux
» du cru nous appuieront. — Niais, ils nous admettent au droit commun,
» quand nos privilèges, nos immunités, notre influence du confessional, no-
» tre obéissance à Rome, nous mettent en dehors du droit commun même,
» par les avantages dont nous jouissons. — Doubles niais, ils nous croient
» désarmés parce qu'ils le sont eux-mêmes contre nous.

» Question brûlante; — clameurs irritantes; — nouveaux dégoûts pour
» *l'homme faible*. — Tout ruisseau grossit le torrent.

» Cela me va toujours.

» Pour résumer en deux mots : — *la fin*, c'est l'abdication. — Le *moyen*,
» harcèlement, torture incessante. — L'héritage Rennepont paye l'élection.
» Prix faits — marchandise vendue. »

Rodin s'interrompit brusquement d'écrire, croyant avoir entendu quelque bruit à la porte de sa chambre, qui ouvrait sur l'escalier; il prêta l'oreille, suspendit sa respiration; tout redevint silencieux. Il croyait s'être trompé, et reprit la plume.

« Je me charge de l'affaire Rennepont — unique pivot de nos combinai-
» sons *temporelles*; — il faut la reprendre en sous-œuvre — substituer le
» jeu des intérêts, le ressort des passions, aux stupides coups de massue du
» père d'Aigrigny; il a failli tout compromettre; — il a pourtant de très
» bonnes parties — il a du monde — de la séduction — du coup d'œil —
» mais une seule gamme — et puis pas assez grand pour savoir se faire pe-
» tit. — Dans son vrai milieu, j'en tirerai parti — les morceaux en sont bons.

» J'ai usé à temps du franc pouvoir du révérend père général; — j'ap-
» prendrai, si besoin est, au père d'Aigrigny, les engagemens secrets pris
» envers moi par le général : — jusqu'ici on lui a laissé forger pour cet héri-

» tage la destination que vous savez — bonne pensée, mais inopportune —
» même but par autre voie.
» Les renseignemens, faux. — Il y a plus de deux cents millions; l'*éven-*
» *tualité échéant*, le douteux est certain — reste une latitude immense. —
» L'affaire Rennepont est à cette heure deux fois mienne; — avant trois
» mois ces deux cents millions seront *à nous* — par la libre volonté des hé-
» ritiers; — il le faut. — Car, ceci manquant, le parti *temporel* m'échappe
» — mes chances diminuent de moitié. — J'ai demandé pleins pouvoirs; —
» le temps presse, j'agis comme si je les avais. — Un renseignement m'est
» indispensable pour mes projets; je l'attends de vous; — *il me le faut* —
» vous m'entendez? — la haute influence de votre frère à la cour de Vienne
» vous servira. — Je veux avoir les détails les plus précis sur la position ac-
» tuelle du *duc de Reichstadt* — le Napoléon II des impérialistes. — Peut-on,
» oui ou non, nouer, par votre frère, une correspondance secrète avec le prince
» à l'insu de son entourage?
» Avisez promptement — ceci est urgent — cette note part aujourd'hui —
» je la compléterai demain... — Elle vous parviendra, comme toujours, par
» le petit marchand. »

Au moment où Rodin venait de mettre et de cacheter cette lettre sous une double enveloppe, il crut de nouveau entendre du bruit au dehors... Il écouta...

Au bout de quelques momens de silence, plusieurs coups frappés à sa porte retentirent dans la chambre. Rodin tressaillit : pour la première fois l on heurtait à sa porte depuis près d'une année qu'il venait dans ce logis.

Serrant précipitamment dans la poche de sa redingote la lettre qu'il venait d'écrire, le jésuite alla ouvrir la vieille malle cachée sous le lit de sangle, y prit un paquet de papiers enveloppé d'un mouchoir à tabac en lambeaux, joignit à ce dossier les deux lettres chiffrées qu'il venait de recevoir, et cadenassa soigneusement la malle.

L'on continuait de frapper au dehors avec un redoublement d'impatience.

Rodin prit le panier de la fruitière à la main, son parapluie sous son bras, et, assez inquiet, alla voir quel était l'indiscret visiteur. Il ouvrit la porte, et se trouva en face de Rose-Pompon, la chanteuse importune, qui, faisant une accorte et gentille révérence, lui demanda d un air parfaitement ingénu :

— Monsieur Rodin, s'il vous plaît ?

CHAPITRE IV.

UN SERVICE D'AMI.

Rodin, malgré sa surprise et son inquiétude, ne sourcilla pas; il commença par fermer sa porte après soi, remarquant le coup d'œil curieux de la jeune fille; puis il lui dit avec bonhomie :

— Qui demandez-vous, ma chère fille?

— Monsieur Rodin — reprit crânement Rose-Pompon en ouvrant ses jolis yeux bleus de toute leur grandeur, et regardant Rodin bien en face.

— Ce n'est pas ici... — dit-il en faisant un pas pour descendre. — Je ne connais pas... Voyez plus haut ou plus bas.

— Oh! que c'est joli! Voyons... faites donc le gentil, à votre âge ! — dit Rose-Pompon en haussant les épaules — comme si on ne savait pas que c'est vous qui vous appelez M. Rodin.

— Charlemagne — dit le *socius* en s'inclinant — Charlemagne, pour vous servir, si j'en étais capable.

— Vous n'en êtes pas capable — répondit Rose-Pompon d'un ton majestueux, et elle ajouta d'un air narquois : — Nous avons donc des cachettes à la minon-minette, que nous changeons de nom?... Nous avons peur que mamau Rodin nous espionne?

— Tenez, ma chère fille — dit le *socius* en souriant d'un air paterne — vous vous adressez bien : je suis un vieux bonhomme qui aime la jeunesse... la joyeuse jeunesse... Ainsi, amusez-vous, même à mes dépens... mais laissez-moi passer, car l'heure me presse... — Et Rodin fit de nouveau un pas vers l'escalier.

— Monsieur Rodin — dit Rose-Pompon d'une voix solennelle — j'ai des choses très importantes à vous communiquer, des conseils à vous demander sur une affaire de cœur...

— Ah çà! voyons, petite folle, vous n'avez donc personne à tourmenter dans votre maison, que vous venez dans celle-ci?

— Mais je loge ici, monsieur Rodin — répondit Rose-Pompon en appuyant malicieusement sur le *nom* de sa victime.

— Vous? ah bah! j'ignorais un si joli voisinage.

— Oui... je loge ici depuis six mois, monsieur Rodin.

— Vraiment! et où donc?

— Au troisième, dans le bâtiment du devant, monsieur Rodin.

— C'est donc vous qui chantiez si bien tout à l'heure?

— Moi-même, monsieur Rodin.

— Vous m'avez fait le plus grand plaisir, en vérité.

— Vous êtes bien honnête, monsieur Rodin.

— Et vous logez avec votre respectable famille, je suppose?

— Je crois bien, monsieur Rodin — dit Rose-Pompon en baissant les yeux d'un air ingénu : — j'habite avec grand-papa Philémon et grand'maman Bacchanal.. une reine, rien que ça.

Rodin avait été jusqu'alors assez gravement inquiet, ignorant de quelle manière Rose-Pompon avait surpris son véritable nom; mais, en entendant nommer la reine Bacchanal et en apprenant qu'elle logeait dans cette maison, il trouva une compensation à l'incident désagréable soulevé par l'apparition de Rose-Pompon; il importait en effet beaucoup à Rodin de savoir où trouver la reine Bacchanal, maîtresse de Couche-tout-Nu et sœur de la Mayeux, de la Mayeux, signalée comme dangeureuse depuis son entretien avec la supérieure du couvent, et depuis la part qu'elle avait prise aux projets de fuite de mademoiselle de Cardoville. De plus, Rodin espérait, grâce à ce qu'il venait d'apprendre, amener adroitement Rose-Pompon à lui confesser le nom de la personne dont elle tenait que M. Charlemagne s'appelait M. Rodin.

A peine la jeune fille eut-elle prononcé le nom de la reine Bacchanal, que Rodin joignit les mains, paraissant aussi surpris que vivement intéressé.

— Ah! ma chère fille — s'écria-t-il — je vous en conjure, ne plaisantons pas... S'agirait-il, par hasard, d'une jeune fille qui porte ce surnom et qui est sœur d'une ouvrière contrefaite?...

— Oui, monsieur, la reine Bacchanal est son surnom — dit Rose-Pompon assez étonnée à son tour; — elle s'appelle Céphyse Soliveau, c'est mon amie.

— Ah! c'est votre amie! — dit Rodin en réfléchissant.

— Oui, monsieur, mon amie intime...

— Et vous l'aimez?

— Comme une sœur... Pauvre fille! je fais ce que je peux pour elle! et ce n'est guère... Mais comment un respectable homme de votre âge connaît-il la reine Bacchanal?... Ah! ah! c'est ce qui prouve que vous portez des faux noms...

— Ma chère fille! je n'ai plus envie de rire maintenant — dit si tristement Rodin, que Rose-Pompon, se reprochant sa plaisanterie, lui dit :

— Mais enfin, comment connaissez-vous Céphyse?

— Hélas! ce n'est pas elle que je connais... mais un brave garçon qui l'aime comme un fou!...

— Jacques Rennepont?...

— Autrement dit Couche-tout-Nu... A cette heure, il est en prison pour dettes — reprit Rodin avec un soupir. — Je l'y ai vu hier.

— Vous l'avez vu hier? Mais, comme ça se trouve! — dit Rose-Pompon en frappant dans ses mains. — Alors, venez vite, venez tout de suite chez Philémon, vous donnerez à Céphyse des nouvelles de son amant;... elle est si inquiète!...

— Ma chère fille... je voudrais ne lui donner que de bonnes nouvelles de ce digne garçon que j'aime malgré ses folies (car, qui n'en a pas fait... des folies?) — ajouta Rodin avec une indulgente bonhomie.

— Pardieu!... — dit Rose-Pompon en se balançant sur ses hanches comme si elle eût été encore costumée en débardeur.

— Je dirai plus — ajouta Rodin — je l'aime à cause de ses folies; car, voyez-vous, on a beau dire, ma chère fille, il y a toujours un bon fond, un bon cœur, quelque chose enfin, chez ceux qui dépensent généreusement leur argent pour les autres.

— Eh bien! tenez, vous êtes un très brave homme, vous! dit Rose-Pompon enchantée de la philosophie de Rodin. — Mais pourquoi ne voulez-vous pas venir voir Céphyse pour lui parler de Jacques?

— A quoi bon lui apprendre ce qu'elle sait? Que Jacques est en prison?... Ce que je voudrais, moi, ce serait tirer ce pauvre garçon d'un si mauvais pas...

— Oh! monsieur, faites cela, tirez Jacques de prison — s'écria vivement Rose-Pompon — et nous vous embrassons nous deux Céphyse.

— Ce serait du bien perdu, chère petite folle — dit Rodin en souriant; — mais rassurez-vous, je n'ai pas besoin de récompense pour faire un peu de bien quand je le puis.

— Ainsi vous espérez tirer Jacques de prison?...

Rodin secoua la tête et reprit d'un air chagrin et contrarié : — Je l'espérais;... mais, à cette heure... que voulez-vous? tout est changé...

— Et pourquoi donc? — demanda Rose-Pompon surprise.

— Cette mauvaise plaisanterie que vous me faites en m'appelant M. Rodin doit vous paraître très amusante, ma chère fille; je le comprends : vous n'êtes en cela qu'un écho... Quelqu'un vous aura dit: — Allez dire à M. Charlemagne qu'il s'appelle M. Rodin... ça sera fort drôle... »

— Bien sûr qu'il ne me fût pas venu à l'idée de vous appeler monsieur Rodin... on n'invente pas un nom comme celui-là soi-même — répondit Rose-Pompon.

— Eh bien! cette personne, avec ses mauvaises plaisanteries, a fait, sans le savoir, un grand tort au pauvre Jacques Rennepont.

— Ah! mon Dieu! et cela parce que je vous ai appelé M. Rodin au lieu de M. Charlemagne? — s'écria Rose-Pompon tout attristée, regrettant alors la plaisanterie qu'elle avait faite à l'instigation de Nini-Moulin.

— Mais enfin, monsieur — reprit-elle — qu'est-ce que cette plaisanterie a de commun avec le service que vous vouliez rendre à Jacques?

— Il ne m'est pas permis de vous le dire, ma chère fille. En vérité... je suis désolé de tout ceci pour ce pauvre Jacques... croyez-le bien; mais permettez-moi de descendre.

— Monsieur... écoutez-moi, je vous en prie — dit Rose-Pompon — si je vous disais le nom de la personne qui m'a engagée à vous appeler M. Rodin, vous intéresseriez-vous toujours à Jacques?

— Je ne cherche à surprendre les secrets de personne... ma chère fille;... vous avez été dans tout ceci le jouet ou l'écho de personnes peut-être fort dangereuses, et, ma foi! malgré l'intérêt que m'inspire Jacques Rennepont, je n'ai pas envie, vous m'entendez bien, de me faire des ennemis, moi, pauvre homme... Dieu m'en garde!

Rose-Pompon ne comprenait rien aux craintes de Rodin, et il y comptait bien; car, après une seconde de réflexion, la jeune fille lui dit : — Tenez, monsieur, c'est trop fort pour moi, je n'y entends rien; mais ce que je sais, c'est que je serais désolée d'avoir fait tort à un brave garçon par une plaisanterie; je vais donc vous dire tout bonnement ce qui en est; ma franchise sera peut-être utile à quelque chose...

— La franchise éclaire souvent les choses obscures — dit sentencieusement Rodin.

— Après tout — dit Rose-Pompon — tant pis pour Nini-Moulin. Pourquoi me fait-il dire des bêtises qui peuvent nuire à l'amant de cette pauvre Céphyse? Voilà, monsieur, ce qui est arrivé : Nini-Moulin, un gros farceur, vous a vu tout à l'heure dans la rue; la portière lui a dit que vous vous appeliez M. Charlemagne. Il m'a dit, à moi : — Non, il s'appelle Rodin, il faut lui faire une farce : Rose-Pompon, allez à sa porte, frappez-y, appelez-le M. Rodin. Vous verrez la drôle de figure qu'il fera. J'avais promis à Nini-Moulin de ne pas le nommer; mais dès que ça pourrait risquer de nuire à Jacques... tant pis, je le nomme.

Au nom de Nini-Moulin, Rodin n'avait pu retenir un mouvement de surprise. Ce pamphlétaire, qu'il avait fait charger de la rédaction de l'*Amour du Prochain*, n'était pas personnellement à craindre; mais Nini-Moulin, très bavard et très expansif après boire, pouvait être inquiétant, gênant, surtout si

Rodin, ainsi que cela était probable, devait revenir plusieurs fois dans cette maison pour exécuter ses projets sur Couche-tout-Nu, par l'intermédiaire de la reine Bacchanal. Le *socius* se promit donc d'aviser à cet inconvénient.

— Ainsi, ma chère fille — dit-il à Rose-Pompon — c'est un monsieur Desmoulins qui vous a engagée à me faire cette mauvaise plaisanterie?

— Non pas Desmoulins... mais Dumoulin — reprit Rose-Pompon. — Il écrit dans les journaux des sacristains, et il défend les dévots pour l'argent qu'on lui donne, car si Nini-Moulin est un saint... ses patrons sont *saint Soiffard* et *saint Chicard*, comme il dit lui-même.

— Ce monsieur me paraît fort gai.

— Oh! très bon enfant!

— Mais attendez donc, attendez donc — reprit Rodin en paraissant rappeler ses souvenirs; — n'est-ce pas un homme de trente-six à quarante ans, gros... la figure colorée?

— Colorée comme un verre de vin rouge — dit Rose-Pompon — et par là-dessus le nez bourgeonné... comme une framboise...

— C'est bien lui... M. Dumoulin... oh! alors vous me rassurez complètement, ma chère fille; la plaisanterie ne m'inquiète plus guère. Mais c'est un très digne homme que M. Dumoulin, aimant peut-être un peu trop le plaisir.

— Ainsi, monsieur, vous tâcherez toujours d'être utile à Jacques? La bête de plaisanterie de Nini-Moulin ne vous en empêchera pas?

— Non, je l'espère.

— Ah çà! il ne faudra pas que je dise à Nini-Moulin que vous savez que c'est lui qui m'a dit de vous appeler M. Rodin, n'est-ce pas, monsieur?

— Pourquoi non? En toutes choses, ma chère fille, il faut toujours dire franchement la vérité.

— Mais, monsieur, Nini-Moulin m'a tant recommandé de ne pas vous le nommer...

— Si vous me l'avez nommé, c'est par un très bon motif; pourquoi ne pas le lui avouer?... Du reste, ma chère fille, ceci vous regarde, et non pas moi... Faites comme vous voudrez.

— Et pourrais-je dire à Céphyse vos bonnes intentions pour Jacques?

— La franchise, ma chère fille, toujours la franchise... On ne risque jamais rien de dire ce qui est...

— Pauvre Céphyse, va-t-elle être heureuse!... — dit vivement Rose-Pompon — et cela lui viendra bien à propos...

— Seulement, il ne faut pas qu'elle s'exagère trop ce bonheur... je ne promets pas positivement... de faire sortir ce digne garçon de prison;... je dis que je tâcherai; mais ce que je promets positivement... car depuis l'emprisonnement de Jacques, je crois votre amie dans une position bien gênée...

— Hélas! monsieur...

— Ce que je promets, dis-je, c'est un petit secours... que votre amie recevra aujourd'hui, afin qu'elle ait le moyen de vivre honnêtement... et si elle est sage, eh bien!... si elle est sage, plus tard on verra...

— Ah! monsieur! vous ne savez pas comme vous venez à temps... au secours de cette pauvre Céphyse... On dirait que vous êtes son vrai bon ange... Ma foi, que vous vous appeliez M. Rodin ou M. Charlemagne, tout ce que je puis jurer, c'est que vous êtes un excellent...

— Allons, allons, n'exagérons rien — dit Rodin en interrompant Rose-Pompon — dites un bon vieux brave homme et rien de plus, ma chère fille. Mais voyez donc comme les choses s'enchaînent quelquefois! Je vous demande un peu qui m'aurait dit, lorsque j'entendais frapper à ma porte, ce qui m'impatientait fort, je l'avoue, qui m'aurait dit que c'était une petite voisine qui, sous le prétexte d'une mauvaise plaisanterie, me mettait sur la voie d'une bonne action?... Allons, donnez courage à votre amie... ce soir elle recevra un secours, et, ma foi, confiance et espoir! Dieu merci! il est encore de bonnes gens sur la terre.

— Ah! monsieur... vous le prouvez bien.

— Que voulez-vous? c'est tout simple : le bonheur des vieux... c'est de voir le bonheur des jeunes...

Ceci fut dit par Rodin avec une bonhomie si parfaite, que Rose-Pompon sentit ses yeux humides, et reprit tout émue : — Tenez, monsieur, Céphyse et moi, nous ne sommes que de pauvres filles; il y en a de plus vertueuses, c'est encore vrai; mais nous avons, j'ose le dire, bon cœur: aussi, voyez-vous, si jamais vous étiez malade, appelez-nous; il n'y a pas de bonnes sœurs qui vous soigneraient mieux que nous... C'est tout ce que nous pouvons vous offrir; sans compter Philémon, que je ferais se scier en quatre morceaux pour vous; je m'y engage sur l'honneur; comme Céphyse, j'en suis sûre, s'engagerait aussi pour Jacques, qui serait pour vous à la vie, à la mort.

— Vous voyez donc bien, chère fille, que j'avais raison de dire : tête folle, bon cœur... Adieu et au revoir!

— Puis Rodin, reprenant son panier, qu'il avait posé à terre à côté de son parapluie, se disposa à descendre l'escalier.

— D'abord vous allez me donner ce panier-là, il vous gênerait pour descendre — dit Rose-Pompon en retirant en effet le panier des mains de Rodin, malgré la résistance de celui-ci. Puis elle ajouta : Appuyez-vous sur mon bras : l'escalier est si noir... vous pourriez faire un faux pas.

— Ma foi, j'accepte votre offre, ma chère fille, car je ne suis pas bien vaillant.

Et s'appuyant paternellement sur le bras droit de Rose-Pompon, qui portait le panier de la main gauche, Rodin descendit l'escalier et traversa la cour.

— Tenez, voyez-vous là-haut, au troisième, cette grosse face collée aux carreaux? — dit tout à coup Rose-Pompon à Rodin en s'arrêtant au milieu de la petite cour — c'est Nini-Moulin... Le reconnaissez-vous?... Est-ce bien le vôtre?

— C'est le mien — dit Rodin après avoir levé la tête; et il fit de la main un salut très affectueux à Jacques Dumoulin, qui, stupéfait, se retira brusquement de la fenêtre.

— Le pauvre garçon!... Je suis sûr qu'il a peur de moi... depuis sa mauvaise plaisanterie — dit Rodin en souriant; — il a bien tort...

Et il accompagna les mots *il a bien tort* d'un sinistre pincement de lèvres dont Rose-Pompon ne put s'apercevoir.

— Ah çà! ma chère fille — lui dit-il lorsque tous deux entrèrent dans l'allée — je n'ai plus besoin de votre aide; remontez vite chez votre amie, lui donner les bonnes nouvelles que vous savez.

— Oui, monsieur, vous avez raison, car je grille d'aller lui dire quel brave homme vous êtes.

Et Rose-Pompon s'élança dans l'escalier.

— Eh bien!... eh bien!... et mon panier qu'elle emporte, cette petite folle! — dit Rodin.

— Ah! c'est vrai... Pardon, monsieur, le voici... Pauvre Céphyse! va-t-elle être contente! Adieu, monsieur.

Et la gentille figure de Rose-Pompon disparut dans les limbes de l'escalier, qu'elle gravit d'un pied alerte et impatient.

Rodin sortit de l'allée.

— Voici votre panier, chère dame — dit-il en s'arrêtant sur le seuil de la boutique de la mère Arsène. — Je vous fais mes très humbles remercîmens... de votre obligeance...

— Il n'y a pas de quoi, mon digne monsieur; c'est tout à votre service... Eh bien, le radis était-il bon?

— Succulent, ma chère dame, succulent et excellent.

— Ah! j'en suis bien aise. Vous reverra-t-on bientôt?

— J'espère que oui... Mais pourriez-vous m'indiquer un bureau de poste voisin?

— En détournant la rue à gauche, la troisième maison, chez l'épicier.

— Mille remercîmens.

— Je parie que c'est un billet doux pour votre bonne amie — dit la mère Arsène, probablement mise en gaîté par le contact de Rose-Pompon et de Nini-Moulin.

— Eh!... eh!... eh!... cette chère dame — dit Rodin en ricanant; puis, redevenant tout à coup parfaitement sérieux, il fit un profond salut à la fruitière en lui disant : — Votre serviteur de tout mon cœur... Et il gagna la rue.

. . . .

Nous conduirons maintenant le lecteur dans la maison du docteur Baleinier, où était encore enfermée mademoiselle de Cardoville.

CHAPITRE V.

LES CONSEILS.

Adrienne de Cardoville avait été encore plus étroitement renfermée dans la maison du docteur Baleinier depuis la double tentative nocturne d'Agricol et de Dagobert, ensuite de laquelle le soldat, assez grièvement blessé, était parvenu, grâce au dévoûment intrépide d'Agricol assisté de l'héroïque Rabat-Joie, à regagner la petite porte du jardin du couvent et à fuir par le boulevard extérieur avec le jeune forgeron.

Quatre heures venaient de sonner; Adrienne, depuis le jour précédent, avait été conduite dans une chambre du deuxième étage de la maison de santé; la fenêtre grillée, défendue au dehors par un auvent, ne laissait parvenir qu'une faible clarté dans cet appartement. La jeune fille, depuis son entretien avec la Mayeux, s'attendait à être délivrée, d'un jour à l'autre, par l'intervention de ses amis; mais elle éprouvait une douloureuse inquiétude au sujet d'Agricol et de Dagobert; ignorant absolument l'issue de la lutte engagée pendant une des nuits précédentes par ses libérateurs contre les gens de la maison de fous et du couvent, en vain elle avait interrogé ses gardiennes; celles-ci étaient restées muettes. Ces nouveaux incidents augmentaient encore les amers ressentimens d'Adrienne contre la princesse de Saint-Dizier, le père d'Aigrigny et leurs créatures. La légère pâleur du charmant visage de mademoiselle de Cardoville, ses beaux yeux un peu battus, trahissaient de récentes angoisses; assise devant une petite table, son front appuyé sur une de ses mains, à demi voilée par les longues boucles de ses cheveux dorés, elle feuilletait un livre.

Tout à coup la porte s'ouvrit et M. Baleinier entra. Le docteur, jésuite de robe courte, instrument docile et passif des volontés de l'ordre, n'était, on l'a dit, qu'à moitié dans les confidences du père d'Aigrigny et de la princesse de Saint-Dizier. Il avait ignoré le but de la séquestration de mademoiselle de Cardoville, il ignorait aussi le brusque revirement de position qui avait eu lieu la veille entre le père d'Aigrigny et Rodin, après la lecture du testament de Marius de Rennepont; le docteur avait seulement la veille, reçu l'ordre du père d'Aigrigny (alors obéissant aux inspirations de Rodin) de resserrer plus étroitement encore mademoiselle de Cardoville, de redoubler de sévérité à son égard, et de tâcher enfin de la contraindre, on verra par quels moyens, à renoncer aux poursuites qu'elle se proposait de faire plus tard contre ses persécuteurs.

A l'aspect du docteur, mademoiselle de Cardoville ne put cacher l'aversion et le dédain que cet homme lui inspirait.

M. Baleinier, au contraire, toujours souriant, toujours doucereux, s'approcha d'Adrienne avec une aisance, avec une confiance parfaites; s'arrêta à quelques pas d'elle, comme pour examiner attentivement les traits de la jeune fille; puis il ajouta, comme s'il eût été satisfait des remarques qu'il venait de faire : — Allons! les malheureux événemens de l'avant-dernière nuit auront une influence moins fâcheuse que je ne craignais... Il y a du mieux, le teint est plus reposé, le maintien plus calme; les yeux sont encore un peu vifs, mais non plus brillans d'un éclat anormal. Vous allez si bien!... Voici le terme de votre guérison reculé... car ce qui s'est malheureusement passé l'avant-dernière nuit vous a jeté dans un état d'exaltation d'autant plus fâcheuse que vous n'en avez pas eu la conscience. Mais heureusement, nos soins aidant, votre guérison ne sera, je l'espère, reculée que de quelque temps.

Si habituée qu'elle fût à l'audace de l'affilié de la congrégation, mademoiselle de Cardoville ne put s'empêcher de lui dire avec un sourire de dédain amer : — Quelle impudente probité est donc la vôtre, monsieur! Quelle effronterie dans votre zèle à bien gagner votre argent!... Jamais un moment sans votre masque : toujours la ruse, le mensonge aux lèvres. Vraiment, si cette honteuse comédie vous fatigue autant qu'elle me cause de dégoût et de mépris, on ne vous paye pas assez cher.

— Hélas! — dit le docteur d'un ton pénétré — toujours cette fâcheuse imagination de croire que vous n'aviez pas besoin de mes soins! que je joue la comédie quand je vous parle de l'état affligeant où vous étiez lorsqu'on a été obligé de vous conduire ici à votre insu! Mais, sauf cette petite marque d'insanité rebelle, votre position s'est merveilleusement améliorée; vous marchez à une guérison complète. Plus tard, votre excellent cœur me rendra la justice qui m'est due, et un jour.., je serai jugé comme je dois l'être.

— Je le crois, monsieur, oui, le jour approche où vous serez *jugé comme vous devez l'être* — dit Adrienne en appuyant sur ces mots.

— Toujours cette autre idée fixe — dit le docteur avec une sorte de commisération. — Voyons, soyez donc raisonnable... Ne pensez plus à cet enfantillage...

— Renoncer à demander aux tribunaux réparation pour moi et flétrissure pour vous et vos complices... jamais, monsieur... oh! jamais.

— Bon!! — dit le docteur en haussant les épaules — une fois dehors... Dieu merci! vous aurez à songer à bien d'autres choses... ma belle ennemie.

— Vous oubliez pieusement, je le sais, le mal que vous faites... Mais moi, monsieur, j'ai meilleure mémoire.

— Parlons sérieusement; avez-vous réellement la pensée de vous adresser aux tribunaux? — reprit le docteur Baleinier d'un ton grave.

— Oui, monsieur. Et, vous le savez... ce que je veux... je le veux fermement.

— Eh bien, je vous prie, je vous conjure de ne pas donner suite à cette idée — ajouta le docteur d'un ton de plus en plus pénétré; — je vous le demande en grâce, et cela au nom de votre propre intérêt...

— Je crois, monsieur, que vous confondez un peu trop vos intérêts avec les miens...

— Voyons — dit le docteur Baleinier avec une feinte impatience et comme s'il eût été certain de convaincre mademoiselle de Cardoville — voyons, auriez-vous le triste courage de plonger dans le désespoir deux personnes remplies de cœur et de générosité?

— Deux seulement? La plaisanterie serait plus complète si vous en comptiez trois : vous, monsieur, ma tante et l'abbé d'Aigrigny ;... car telles sont, sans doute, les personnes généreuses au nom desquelles vous invoquez ma pitié.

— Eh! mademoiselle, il ne s'agit ni de moi, ni de votre tante, ni de l'abbé d'Aigrigny.

— De qui donc s'agit-il alors, monsieur? — dit mademoiselle de Cardoville avec surprise.

— Il s'agit de deux pauvres diables qui, sans doute, envoyés par ceux que vous appelez vos amis, se sont introduits dans le couvent voisin pendant l'autre nuit, et sont venus du couvent dans ce jardin... Les coups de feu que vous avez entendus ont été tirés sur eux.

— Hélas! je m'en doutais... Et l'on a refusé de m'apprendre s'ils avaient été blessés!... — dit Adrienne avec une douloureuse émotion.

— L'un d'eux a reçu en effet une blessure, mais peu grave, puisqu'il a pu marcher et échapper aux gens qui le poursuivaient.

— Dieu soit loué! — s'écria mademoiselle de Cardoville en joignant les mains avec ferveur.

— Rien de plus louable que votre joie en apprenant qu'ils ont échappé; mais alors, par quelle étrange contradiction voulez-vous donc maintenant mettre la justice sur leurs traces?... Singulière manière, en vérité, de reconnaître leur dévouement.

— Que dites-vous, monsieur? — demanda mademoiselle de Cardoville.

— Car enfin, s'ils sont arrêtés — reprit le docteur Baleinier sans lui répondre — comme ils se sont rendus coupables d'escalade et d'effraction pendant la nuit, il s'agira pour eux des galères...

— Ciel!... et ce serait pour moi!...

— Ce serait *pour* vous... et, qui pis est, *par* vous, qu'ils seraient condamnés.

— Par moi... monsieur?

— Certainement, si vous donniez suite à vos idées de vengeance contre votre tante et l'abbé d'Aigrigny (je ne vous parle pas de moi, je suis à l'abri), si, en un mot, vous persistiez à vouloir vous plaindre à la justice d'avoir été injustement séquestrée dans cette maison.

— Monsieur, je ne vous comprends pas. — Expliquez-vous — dit Adrienne avec une inquiétude croissante.

— Mais, enfant que vous êtes — s'écria le jésuite de robe courte d'un air convaincu — croyez-vous donc qu'une fois la justice saisie d'une affaire, on arrête son cours et son action où l'on veut, et comme l'on veut? Quand vous sortirez d'ici, vous déposerez une plainte contre moi et contre votre famille, n'est-ce pas? Bien! qu'arrive-t-il? la justice intervient, elle s'informe, elle fait citer des témoins, elle entre dans les investigations les plus minutieuses. Alors, que s'ensuit-il? Que cette escalade nocturne que la supérieure du couvent a un certain intérêt à tenir cachée dans la peur du scandale; que cette tentative nocturne, que je ne voulais pas non plus ébruiter, se trouve forcément divulguée; et comme il s'agit d'un crime fort grave, qui entraîne une peine infamante, la justice prend l'initiative, se met à la recherche de ces malheureux; et si, comme il est probable, ils sont retenus à Paris, soit par quelques devoirs, soit par leur profession, soit même par la trompeuse sécurité où ils sont, probablement convaincus d'avoir agi dans un motif honorable, on les arrête; et qui aura provoqué cette arrestation? vous-même, en déposant contre nous.

— Ah! monsieur, cela serait horrible... c'est impossible.

— Ce serait très possible — reprit M. Baleinier. — Ainsi, tandis que moi et la supérieure du couvent, qui, après tout, avons seuls le droit de nous plaindre, nous ne demandons pas mieux que de chercher à étouffer cette méchante affaire... c'est vous... vous... pour qui ces malheureux ont risqué les galères, c'est vous qui allez les livrer à la justice!

Quoique mademoiselle de Cardoville ne fût pas complétement dupe du jésuite de robe courte, elle devinait que les sentimens de clémence dont il semblait vouloir user à l'égard de Dagobert et de son fils seraient absolument subordonnés au parti qu'elle prendrait d'abandonner ou non la vengeance légitime qu'elle voulait demander à la justice!...

En effet, Rodin, dont le docteur suivait sans le savoir les instructions, était trop adroit pour faire dire à mademoiselle de Cardoville : Si vous tentez quelques poursuites, on dénonce Dagobert et son fils; tandis qu'on arrivait aux mêmes fins en inspirant assez de craintes à Adrienne au sujet de ses deux libérateurs pour la détourner de toute poursuite.

Sans connaître la disposition de la loi, mademoiselle de Cardoville avait trop de bon sens pour ne pas comprendre qu'en effet Dagobert et Agricol pouvaient être très dangereusement inquiétés à cause de leur tentative nocturne, et se trouver ainsi dans une position terrible. Et pourtant, en songeant à tout ce qu'elle avait souffert dans cette maison, en comptant tous les justes ressentimens qui s'étaient amassés au fond de son cœur, Adrienne trouvait cruel de renoncer à l'âpre plaisir de dévoiler, de flétrir au grand jour de si odieuses machinations. Le docteur Baleinier observait celle qu'il croyait sa dupe avec une attention sournoise, bien certain de savoir la cause du silence et de l'hésitation de mademoiselle de Cardoville.

— Mais enfin, monsieur — reprit-elle sans pouvoir dissimuler son trouble — en admettant que je sois disposée, par quelque motif que ce soit, à ne déposer aucune plainte, à oublier le mal qu'on m'a fait, quand sortirai-je d'ici?

— Je n'en sais rien, car je ne puis savoir à quelle époque vous serez radicalement guérie — dit bénignement le docteur. — Vous êtes en excellente voie;... mais...

— Toujours cette insolente et stupide comédie! — s'écria mademoiselle de Cardoville en interrompant le docteur avec indignation. — Je vous demande, et, s'il le faut, je vous prie, de me dire combien de temps encore je dois être séquestrée dans cette horrible maison? car enfin... j'en sortirai un jour, je suppose.

— Certes, je l'espère bien — répondit le jésuite de robe courte avec componction; — mais quand? je l'ignore... D'ailleurs, je dois vous en avertir franchement, toutes les précautions sont prises pour que des tentatives pareilles à celle de cette nuit ne se renouvellent plus : la surveillance la plus rigoureuse est établie afin que vous n'ayez aucune communication au dehors. Et cela dans votre intérêt, afin que votre pauvre tête ne s'exalte pas de nouveau dangereusement.

— Ainsi, monsieur — dit Adrienne presque effrayée — auprès de ce qui m'attend, les jours passés étaient des jours de liberté?

— Votre intérêt avant tout, —répondit le docteur d'un ton pénétré.

Mademoiselle de Cardoville, sentant l'impuissance de son indignation et de son désespoir, poussa un soupir déchirant et cacha son visage dans ses mains.

A ce moment, on entendit des pas précipités derrière la porte; une gardienne de la maison entra après avoir frappé.

— Monsieur — dit-elle au docteur d'un air effaré, il y a en bas deux messieurs qui demandent à vous voir à l'instant, ainsi que mademoiselle.

Adrienne releva vivement la tête; ses yeux étaient baignés de larmes.

— Quel est le nom des personnes? — dit M. Baleinier fort étonné.

— L'un d'eux m'a dit — reprit la gardienne : — Allez prévenir monsieur le docteur que je suis magistrat, et que je viens exercer ici une mission judiciaire concernant mademoiselle de Cardoville.

— Un magistrat! — s'écria le jésuite de robe courte en devenant pourpre et ne pouvant maîtriser sa surprise et son inquiétude.

— Ah! Dieu soit loué! — s'écria Adrienne en se levant avec vivacité, la figure rayonnante d'espérance à travers ses larmes : — mes amis ont été prévenus à temps!... l'heure de la justice est arrivée!

— Priez ces personnes de monter — dit le docteur Baleinier à la gardienne après un moment de réflexion.

Puis, la physionomie de plus en plus émue et inquiète, se rapprochant d'Adrienne d'un air dur, presque menaçant, qui contrastait avec la placidité habituelle de son sourire hypocrite, le jésuite de robe courte lui dit à voix basse : — Prenez garde... mademoiselle!... ne vous félicitez pas trop tôt...

— Je ne vous crains plus maintenant! — répondit mademoiselle de Cardoville, l'œil brillant et radieux. — M. de Montbron aura sans doute, de retour à Paris, été prévenu à temps;... il accompagne le magistrat... il vient me délivrer!... — Puis Adrienne ajouta avec un accent d'ironie amère : — Je vous plains, monsieur, vous et les vôtres.

— Mademoiselle — s'écria Baleinier ne pouvant plus dissimuler ses angoisses croissantes — je vous le répète, prenez garde... songez à ce que je vous ai dit... votre plainte entraînera, nécessairement, la révélation de ce qui s'est passé pendant l'autre nuit... Prenez garde! le sort, l'honneur de ce soldat et de son fils sont entre vos mains... Songez-y... il y va pour eux des galères.

— Oh! je ne suis pas votre dupe, monsieur... vous me faites une menace détournée : ayez donc au moins le courage de me dire que si je me plains à ce magistrat... vous dénoncerez à l'instant le soldat et son fils.

— Je vous répète que si vous portez plainte, ces gens-là sont perdus — répondit le jésuite de robe courte d'une manière ambiguë.

Ebranlée par ce qu'il y avait de réellement dangereux dans les menaces du docteur, Adrienne s'écria : — Mais enfin, monsieur, si ce magistrat m'interroge, croyez-vous que je mentirai?

— Vous répondrez... ce qui est vrai. D'ailleurs — se hâta de dire M. Baleinier dans l'espoir d'arriver à ses fins — vous répondrez que vous vous trouviez dans un tel état d'exaltation d'esprit il y a quelques jours, que l'on a cru devoir, dans votre intérêt, vous conduire ici à votre insu ; mais qu'aujourd'hui votre état est fort amélioré, que vous reconnaissez l'utilité de la mesure que l'on a été obligé de prendre dans votre intérêt. Je confirmerai ces paroles... car, après tout, c'est la vérité.

— Jamais! — s'écria mademoiselle de Cardoville avec indignation — jamais je ne serai complice d'un mensonge aussi infâme, jamais je n'aurai la lâcheté de justifier ainsi les indignités dont j'ai tant souffert.

— Voici le magistrat — dit M. Baleinier en entendant un bruit de pa derrière la porte. — Prenez garde...

En effet, la porte s'ouvrit, et, à la stupeur indicible du docteur, Rodin parut, accompagné d'un homme vêtu de noir, d'une physionomie digne et sévère.

Rodin, dans l'intérêt de ses projets et par des motifs de prudence rusée que l'on saura plus tard, loin de prévenir le père d'Aigrigny et conséquemment le docteur de la visite inattendue qu'il comptait faire à la maison de santé avec un magistrat, avait, au contraire, la veille, ainsi qu'on l'a dit, fait donner l'ordre à M. Baleinier de resserrer mademoiselle de Cardoville plus étroitement encore.

On comprend donc le redoublement de stupeur du docteur lorsqu'il vit cet officier judiciaire, dont la présence imprévue et la physionomie imposante l'inquiétaient déjà extrêmement, lorsqu'il le vit, disons-nous, entrer accompagné de Rodin, l'humble et obscur secrétaire de l'abbé d'Aigrigny.

Dès la porte, Rodin, toujours sordidement vêtu, avait, d'un geste à la fois respectueux et compatissant, montré mademoiselle de Cardoville au magistrat. Puis, pendant que ce dernier, qui n'avait pu retenir un mouvement d'admiration à la vue de la rare beauté d'Adrienne, semblait l'examiner avec autant de surprise que d'intérêt, le jésuite se recula modestement quelques pas en arrière. Le docteur Baleinier, au comble de l'étonnement, espérant se faire comprendre de Rodin, lui fit coup sur coup plusieurs signes d'intelligence, tâchant de l'interroger ainsi sur l'arrivée imprévue du magistrat.

Autre sujet de stupeur pour M. Baleinier : Rodin paraissait ne pas le reconnaître et ne rien comprendre à son expressive pantomime, et le considérait avec un ébahissement affecté. Enfin, au moment où le docteur, impatienté, redoublait d'interrogations muettes, Rodin s'avança d'un pas, tendit vers lui son cou tors, et lui dit d'une voix très haute : — Plaît-il... monsieur ? le docteur ?

A ces mots, qui déconcertèrent complétement Baleinier, et qui rompirent le silence qui régnait depuis quelques secondes, le magistrat se retourna, et Rodin ajouta avec un imperturbable sang-froid :

— Depuis notre arrivée, M. le docteur me fait toutes sortes de signes mystérieux... Je pense qu'il a quelque chose de fort particulier à me communiquer... Moi, qui n'ai rien de secret, je le prie de s'expliquer tout haut.

Cette réplique, si embarrassante pour M. Baleinier, prononcée d'un ton agressif et accompagnée d'un regard de froideur glaciale, plongea le médecin dans une nouvelle et si profonde stupeur, qu'il resta quelques instans sans répondre.

Sans doute le magistrat fut frappé de cet incident et du silence qui le suivit, car il jeta sur M. Baleinier un regard d'une grande sévérité.

Mademoiselle de Cardoville, qui s'attendait à voir entrer M. de Montbron, restait aussi singulièrement étonnée.

FIN DU PREMIER VOLUME.

TABLE DES CHAPITRES

DU PREMIER VOLUME.

Première partie.

	Pages.
Prologue	1
CHAPITRE I. L'Auberge du Faucon-Blanc	3
II. Les Voyageurs	7
III. L'arrivée	13
IV. Morok et Dagobert	16
V. Rose et Blanche	23
VI. Les Confidences	27
VII. Le Voyageur	31
VIII. Fragmens du journal du général Simon	37
IX. Les Gages	42
X. La Surprise	46
XI. Jovial et la Mort	49
XII. Le Bourgmestre	53
XIII. Le Jugement	57
XIV. La Décision	61

Deuxième partie.

I. Les Messages	66
II. Les Ordres	71
III. Épilogue	78

Troisième partie.

I. L'Ajoupa	82
II. Le Tatouage	86
III. Le Contrebandier	88
IV. M. Josué Van Daël	92
V. Les Ruines de Tchandi	96
VI. L'Embuscade	100

Quatrième partie.

I. M. Rodin	. . . .	106
II. La Tempête.	. . . .	115
III. Les Naufragés	. . . .	118
IV. Le Départ pour Paris	. . . .	123

Cinquième partie.

I. La Femme de Dagobert	. . . .	129
II. La Sœur de la reine Bacchanal.	. . . . .	132
III. Agricol Baudoin	. . . .	137
IV. Le Retour	. . . .	144
V. Agricol et la Mayeux	. . . .	149
VI. Le Réveil	. . . .	154

Sixième partie.

I. Le Pavillon.	. . . .	161
II. La Toilette d'Adrienne	. . . .	165
III. L'Entretien.	. . . .	172
IV. Une Jésuitesse.	. . . .	178
V. Le Complot.	. . . .	182
VI. Les Ennemis d'Adrienne.	. . . . . .	188
VII. L'Escarmouche.	. . . .	193
VIII. La Révolte.	. . . .	196
IX. La Trahison	. . . .	203
X. Le Piége	. . . .	204

Septième partie.

I. Un Faux ami	. . . .	210
II. Le Cabinet d'un ministre	. . . . . .	215
III. La Visite	. . . .	221

Huitième partie.

I. Pressentimens.	. . . .	228
II. La Lettre	. . . .	233
III. Le Confessional	. . . .	238
IV. Monsieur et Rabat-Joie	. . . . . .	245
V. Les Apparences	. . . .	248
VI. Le Couvent	. . . .	251
VII. L'Influence d'un Confesseur	. . . . .	257
VIII. L'Interrogatoire	. . . .	262

Neuvième partie.

I. La Mascarade.	265
II. Les Contrastes	271
III. Le Réveille-Matin	276
IV. Les Adieux	282

Dixième partie.

I. Florine.	284
II. La Mère Sainte-Perpétue	292
III. La Tentation	297
IV. La Mayeux et mademoiselle de Cardoville	302
V. Les Rencontres	308
VI. Les Rendez-vous.	314
VII. Découvertes	318
VIII. Le Code pénal.	323
IX. Escalade et Effraction	328
X. La Veille d'un grand jour	334
XI. L'Etrangleur	339
XII. Les Deux frères de la bonne-œuvre	342

Onzième partie.

I. La Maison de la rue Saint-François	349
II. Doit et avoir.	352
III. L'Héritier	358
IV. Rupture	365
V. Le Retour	370
VI. Le Salon rouge.	375
VII. Le Testament	379
VIII. Le Dernier coup de midi.	382
IX. La Donation entre-vifs	388
X. Un Bon génie	393
XI. Les Premiers sont les derniers, les derniers sont les premiers	399

Douzième partie.

I. L'Inconnu.	406
II. Le Réduit.	412
III. Une Visite inattendue	416
IV. Un Service d'ami.	420
V. Les Conseils	425

FIN DE LA TABLE DU PREMIER VOLUME.

PARIS. — Imprimerie SERRIERE et Cⁱᵉ, rue Montmartre, 131.

www.ingramcontent.com/pod-product-compliance
Lightning Source LLC
Chambersburg PA
CBHW071101230426
43666CB00009B/1788